여러분의 합격을 응원하는
해커스경찰의 특별 혜택!

FREE 경찰학 특강

해커스경찰(police.Hackers.com) 접속 후 로그인 ▶ 상단의 [무료강좌 → 경찰 무료강의] 클릭하여 이용

해커스경찰 온라인 단과강의 20% 할인쿠폰

4DF36FA37FF2ESHD

해커스경찰(police.Hackers.com) 접속 후 로그인 ▶ 상단의 [내강의실] 클릭 ▶
[쿠폰/포인트] 클릭 ▶ 쿠폰번호 입력 후 이용

* 등록 후 7일간 사용 가능(ID당 1회에 한해 등록 가능)

경찰 합격예측 온라인 모의고사 응시권 + 해설강의 수강권

D5CE7BA9FD9C2JUA

해커스경찰(police.Hackers.com) 접속 후 로그인 ▶ 상단의 [내강의실] 클릭 ▶
[쿠폰/포인트] 클릭 ▶ 쿠폰번호 입력 후 이용

* ID당 1회에 한해 등록 가능

쿠폰 이용 관련 문의 1588-4055

단기 합격을 위한 해커스경찰 커리큘럼

입문
탄탄한 기본기와 핵심 개념 완성!
누구나 이해하기 쉬운 개념 설명과 풍부한 예시로 부담없이 쌩기초 다지기
TIP 베이스가 있다면 **기본 단계**부터!

기본+심화
필수 개념 학습으로 이론 완성!
반드시 알아야 할 기본 개념과 문제풀이 전략을 학습하고
심화 개념 학습으로 고득점을 위한 응용력 다지기

기출+예상 문제풀이
문제풀이로 집중 학습하고 실력 업그레이드!
기출문제의 유형과 출제 의도를 이해하고 최신 출제 경향을 반영한
예상문제를 풀어보며 본인의 취약영역을 파악 및 보완하기

동형문제풀이
동형모의고사로 실전력 강화!
실제 시험과 같은 형태의 실전모의고사를 풀어보며 실전감각 극대화

최종 마무리
시험 직전 실전 시뮬레이션!
각 과목별 시험에 출제되는 내용들을 최종 점검하며 실전 완성

PASS

* 커리큘럼 및 세부 일정은 상이할 수 있으며, 자세한 사항은 해커스경찰 사이트에서 확인하세요.

단계별 교재 확인 및 수강신청은 여기서!
police.Hackers.com

해커스경찰

김민철
경찰학 기본서

해커스경찰

김민철

약력
동국대학교 경찰행정학과 졸업(31기)
동국대학교 대학원 경찰학 전공

현 | 해커스 경찰학원 경찰학 강의
전 | 울산대학교 경찰학과 겸임교수
　　　대구가톨릭대학교 경찰행정학과 산학협력교수
　　　경찰공제회 경찰승진 실무종합 전임강사
　　　EBS 명품강좌 경찰학 전임강사
　　　에듀윌 경찰학 전임강사
　　　노량진 메가경찰학원 경찰학 전임강사
　　　대구 한국경찰학원 경찰학 전임강사

저서
김민철 경찰학 기본서, 해커스경찰
김민철 경찰학 기출1000제, 미래가치
김민철 경찰학 핵심요약집, 미래가치

절대 포기하지 않는다! 나는 너를

다년간 강의를 통해 늘 강조해 온 것은 개념과 이해의 중요성입니다.

특히 2022년도부터 경찰시험 과목이 개편되면서 그 중요성은 더욱 커졌습니다. 단순 암기에 치우쳤던 기존 출제 방식에서 벗어나, 기본 개념을 제대로 알고 있는지 확인하는 문제가 많아지고 있으며, 경찰학 전반에 걸친 맥락을 알아야 풀 수 있는 문제도 출제되고 있습니다. 이러한 출제 경향과 지침을 반영하여 출제 방향에 맞는 교재를 출간하고자 집필에 집중하였습니다.

수험생뿐 아니라 이를 가르치는 강사 입장에서도 경찰학이라는 과목을 한마디로 정의하기는 쉽지 않습니다. 본 교재를 저술하는 과정에서 시종일관 잃지 않으려 했던 것은 전체를 관통하는 맥락과 정확한 개념 전달이었습니다. 이에 각각의 개념들이 체계적으로 연결될 수 있도록 노력하였습니다.

본 교재는 기본서로서 기본적인 내용이 중심입니다. 다만 수험서를 만드는 목적에 맞춰 시험에 꼭 필요한 내용 위주로 양을 줄이고자 했습니다. 많은 내용을 무책임하게 싣는 것은 수험생의 부담을 가중시켜 부적절하다고 생각했기 때문입니다. 제한된 시간에 합격에 필요한 내용을 집중적으로 공부하는 것이 빠른 합격의 길이라 믿고 만들었습니다. 그럼에도 초보 수험생들이 양이 많게 느낄 수 있는데, 기본서에 있는 내용이 모두 시험에 출제되는 것은 아니니 처음부터 너무 겁내지 마시고, 강의를 통해 강약을 조절하며 자주 출제되는 내용 위주로 정리하면 충분히 소화할 수 있습니다.

시험 과목 개편 이후 출제 방향이 어느 정도 자리 잡았으며, 이러한 출제 경향에 맞춰 최고의 교재를 만들고자 했습니다. 마지막 탈고를 하며 처음 욕심만큼 완벽하지 않은 점이 아쉽지만, 부족한 부분은 강의를 통해 채워드리겠습니다.

이 책을 출간하면서 많은 분들의 도움을 받았습니다. 모교 은사이자 동국대 경찰행정학과 명예교수인 이황우 교수님과 대학원 지도교수인 최응렬 교수님을 비롯해 현장에서 제자 양성에 힘쓰고 계신 여러 교수님들의 저서와 논문을 참고하였음을 밝힙니다. 또한, 처음부터 끝까지 든든한 배경이 되어 도와주신 해커스 임직원분들에게도 감사드립니다.

늘 감사한 마음으로 교재를 만들고 강의하겠습니다. 모든 수험생의 합격을 기원합니다. 감사합니다.

2025년 7월
김민철

목차

PART 01 경찰학의 기초이론

Chapter 01 경찰학의 기초이론

제 1 절	목적에 의한 행정의 분류(이론상 개념)	10
제 2 절	경찰개념의 역사적 변천과정	10
제 3 절	대륙법계(전통적)와 영미법계(현대적) 경찰개념의 비교	13
제 4 절	형식적 의미의 경찰과 실질적 의미의 경찰 비교	13
제 5 절	우리나라에서의 경찰개념의 형성	14
제 6 절	경찰의 분류	15
제 7 절	경찰의 기본적 임무	16
제 8 절	경찰의 관할	19
제 9 절	경찰의 기본이념	21
제10절	경찰 인권보호 규칙(경찰청훈령)	22

Chapter 02 경찰문화와 윤리

절	제목	쪽
제 1 절	경찰문화	26
제 2 절	경찰의 일탈과 부패	28
제 3 절	사회계약설로부터 도출되는 바람직한 경찰활동의 기준(코헨과 펠드버그)	30
제 4 절	악법에 대한 철학적 논쟁	33
제 5 절	경찰윤리강령	34
제 6 절	부정청탁 및 금품등 수수의 금지에 관한 법률	35
제 7 절	경찰청 공무원 행동강령(경찰청훈령)	40
제 8 절	공직자의 이해충돌 방지법	46
제 9 절	경찰의 적극행정	52
제10절	범죄이론	55
제11절	지역사회 경찰활동	66
제12절	순찰효과 연구(미국)	70
제13절	순찰의 종류	71

PART 02 한국경찰의 역사와 비교경찰

Chapter 01 한국경찰의 역사와 제도

제 1 절	개관	76
제 2 절	갑오개혁 이전 경찰제도	76
제 3 절	갑오개혁 이후 근대경찰	77
제 4 절	식민지 경찰시대(1910~1945)	80
제 5 절	대한민국 임시정부경찰	81
제 6 절	미군정하의 경찰	83
제 7 절	대한민국 정부수립 이후 경찰법 제정(1991) 전의 경찰	85
제 8 절	1991년 「경찰법」 제정 이후의 경찰	89
제 9 절	우리나라 경찰의 연혁	90
제10절	한국경찰사에 길이 빛날 자랑스러운 경찰의 표상	91

Chapter 02 비교경찰

제 1 절	영국경찰과 사법제도	94
제 2 절	미국경찰과 사법제도	98
제 3 절	독일경찰과 사법제도	101
제 4 절	프랑스경찰과 사법제도	104
제 5 절	일본경찰과 사법제도	107
제 6 절	중국경찰과 사법제도	109
제 7 절	각국의 비교	111

목차

PART 03 경찰행정법

Chapter 01 경찰행정법의 기초
- 제 1 절 경찰행정법의 구성 — 114
- 제 2 절 법치행정 — 114
- 제 3 절 경찰법의 법원 — 115
- 제 4 절 훈령과 직무명령 — 124

Chapter 02 경찰조직법
- 제 1 절 경찰행정주체와 경찰행정기관 — 127
- 제 2 절 경찰관청 상호간의 관계 — 128
- 제 3 절 권한의 대리와 위임 — 128
- 제 4 절 국가경찰과 자치경찰의 조직 및 운영에 관한 법률 — 131
- 제 5 절 경찰공무원법 — 145
- 제 6 절 경찰공무원 근무관계 변경 — 153
- 제 7 절 경찰공무원 근무관계 소멸 — 159
- 제 8 절 경찰공무원의 권리와 의무 — 160
- 제 9 절 경찰공무원의 징계책임 — 164
- 제10절 경찰공무원의 권익보장제도 — 171

Chapter 03 경찰작용법
- 제 1 절 경찰관 직무집행법 — 174
- 제 2 절 경찰관의 정보수집 및 처리 등에 관한 규정(대통령령) — 190
- 제 3 절 위해성 경찰장비의 사용기준 등에 관한 규정(대통령령) — 191
- 제 4 절 경찰 물리력 행사의 기준과 방법에 관한 규칙(경찰청예규) — 194
- 제 5 절 경찰권 발동의 근거와 한계(경찰책임의 원칙, 경찰비례의 원칙) — 197
- 제 6 절 법치행정의 원칙 — 200
- 제 7 절 반사적 이익과 경찰개입청구권 — 201
- 제 8 절 행정기본법 — 202
- 제 9 절 경찰하명과 허가 및 면제 — 208
- 제10절 행정상 의무이행(실효성) 확보수단 — 210

Chapter 04 행정절차법
- 제 1 절 개념 및 행정절차 — 213
- 제 2 절 경찰강제 — 224
- 제 3 절 행정행위(경찰처분) — 232
- 제 4 절 경찰하명과 경찰허가 — 236
- 제 5 절 행정행위의 부관 — 239
- 제 6 절 행정행위의 하자(흠)와 그 효과 — 245
- 제 7 절 행정행위의 취소와 철회, 실효 — 250
- 제 8 절 경찰벌 — 256

Chapter 05 경찰구제법
- 제 1 절 국가배상 — 263
- 제 2 절 행정심판 — 272
- 제 3 절 행정소송법 — 280

PART 04 경찰행정학

Chapter 01　경찰관리일반론　300

Chapter 02　경찰조직관리　304

Chapter 03　경찰인사관리　308

Chapter 04　경찰예산관리　316

Chapter 05　경찰장비관리　325

Chapter 06　경찰보안관리　331

Chapter 07　경찰홍보　339

Chapter 08　경찰통제　343

PART 05 분야별 경찰활동

Chapter 01　생활안전경찰　370

Chapter 02　수사경찰　405

Chapter 03　경비경찰　431

Chapter 04　교통경찰　455

Chapter 05　정보경찰　490

Chapter 06　안보경찰　512

Chapter 07　외사경찰　540

해커스경찰
police.Hackers.com

해커스경찰
김민철 경찰학 기본서

PART 01

경찰학의 기초이론

Chapter 01 경찰학의 기초이론
Chapter 02 경찰문화와 윤리

Chapter 01 / 경찰학의 기초이론

제1절 목적에 의한 행정의 분류(이론상 개념) [A급]

사회목적적 행정	의의	사회공공의 안녕과 질서유지나 이익증대를 직접 목적으로 하는 행정		
	내용	내무행정	소극적	질서행정 = 보안경찰 + 협의의 행정경찰
			적극적	복지행정(= 복리행정, 급부행정)
국가목적적 행정	의의	국가 자체의 존립과 활동을 직접 목적으로 하는 행정		
	내용	외무행정	다른 나라와의 관계 유지	
		재무행정	국가 재정의 취득과 관리 유지	
		사법행정	사법적 제도관리와 재판에 의한 질서유지	
		군사행정	국가 병력의 취득과 관리	

제2절 경찰개념의 역사적 변천과정 [A급]

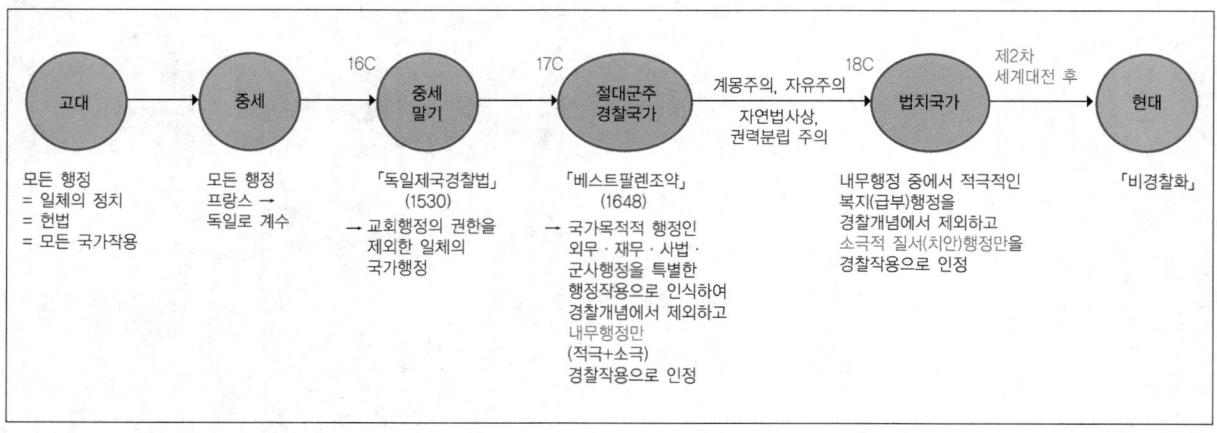

1. 대륙법계 중심으로 ➡ 경찰권 발동범위의 축소화 과정(국정전반 ➡ 내무행정 ➡ 위험방지 ➡ 보안경찰)

고대국가	경찰어원	polis(도시국가)의 축소개념인 "politia"에서 유래 10. 경행	경찰과 행정의 미분화
	경찰개념	도시국가에 관한 **모든** 국가작용, 정치를 포함한 일체의 영역, 특히 **헌법**을 지칭하는 포괄적 의미 10 · 16. 채용, 18. 경간	
중세	14세기	14세기 프랑스 경찰권 개념은 라 폴리스(La Police)라는 단어에 의해 대표되었는데, 이 단어의 뜻은 **초기**에는 '국가목적 또는 국가작용'을 의미했다가 나중에는 '공동체의 질서 있는 상태(국가의 평온한 질서 있는 상태)'를 의미하였다. 08 · 22. 경간	경찰과 행정의 미분화
	15세기	① 프랑스의 경찰개념이 독일에 계수되어 독일의 경찰개념은 양호한 질서를 포함한 **국가행정 전반**을 포괄하는 의미 10 · 13 · 14. 승진, 17. 경간, 20. 법학 ② 15세기 말 프랑스에서 독일로 도입된 경찰권이론은 '**국민의 공공복리**를 위해 강제력을 동원할 수 있는 통치자의 권한'으로 인정되어 **절대적 국가권력의 기초를 제공**하였다. 22. 경간	
	16세기	독일의 제국경찰법(1530)에 의해 교회행정의 권한을 제외한 일체의 국가행정을 의미 10 · 12 · 13 · 19. 승진, 18. 채용, 20. 법학	
경찰국가 (17세기)	경찰개념	17세기에 국가활동의 확대와 복잡화로 국가목적적 행정(외무 · 재무 · 사법 · 군사)은 경찰개념에서 제외되고 경찰이란 사회목적적 행정(적극적 복지증진 + 소극적 질서유지), 즉 내무행정 전반을 의미 10 · 12. 채용, 11 · 18. 경간, 14 · 19. 승진	경찰과 행정의 **분화 시작** 10. 승진
	특징	① 국왕의 통치권이 내무행정 전반에 미침 ② 관료는 국왕의 절대적 권력에 복종하고 헌신하는 반면, **포괄적 권한**에 근거하여 재판의 통제 없이 **적극적으로 국민의 권리관계에 간섭** ③ **경찰과 사법의 분리**: 사법이 국가의 특별한 작용으로 인정 ➡ 1648년 '베스트팔렌조약'에서 비롯됨 ④ 소극적인 질서유지뿐만 아니라 적극적인 복지증진을 위해서도 경찰권의 발동이 가능 10. 채용, 18. 경간, 19. 승진	
법치국가 (18세기)	등장배경	자유주의적 **자연법** 사상과 **계몽주의** 철학의 등장으로 권력분립주의와 법치주의가 대두 20. 법학	경찰과 행정의 분화
	경찰개념	적극적인 복리증진 작용이 경찰개념에서 제외되고 소극적인 질서유지와 위해방지를 위한 작용(위험방지)에 한정 19. 승진, 20. 법학	
현대국가 (20세기)	등장배경	제2차 세계대전 후 보안경찰을 제외한 **협의의 행정경찰사무**(산업, 건축, 영업, 위생 등)가 다른 관청의 분장사무로 이관되는 비경찰화가 이루어져 오늘날과 같이 경찰의 임무가 보안경찰의 임무로 한정 10 · 15 · 18. 채용, 11 · 17. 경간, 14 · 19. 승진	
	경찰개념	사회 공공의 안녕과 질서유지(보안경찰)	

2. 경찰의 개념을 소극적 질서유지로 제한한 관련 법률과 판결 19. 채용

(1) 독일

프로이센 일반란트법 (1794)		"경찰관청은 공공의 평온·안녕 및 질서를 유지하고, 또한 공중 및 그의 개개 구성원들에 대한 **절박한 위험을 방지**하기 위하여 필요한 기관이다."라고 규정 10·18·19. 승진, 12·18. 채용, 13·14·20·21. 경간, 20. 법학
크로이츠베르크 판결 (1882)	의의	법해석을 통하여 **경찰의 임무는 위험방지와 질서유지에 한정된다는 사상**을 확립 10·19. 채용, 12·18. 승진, 13·17·18·20·21. 경간, 20. 법학
	내용	① 경찰권을 발동할 수 있는 분야를 소극적 **위험방지** 분야로 한정 ② 경찰작용의 **목적 축소**(소극목적에 국한)와 관계가 깊은 판결
프로이센 경찰행정법 (1931)		"경찰관청은 일반 또는 개인에 대한 공공의 안녕과 질서를 위협하는 위험을 방지하기 위하여 **현행법의 범위 내에서 의무에 합당한 재량**에 따라 필요한 조치를 취하지 않으면 안 된다."고 규정 13. 승진, 14·18. 경간

(2) 프랑스

죄와 형벌법전 (경죄처벌법전) (1795)	의의	행정경찰과 사법경찰을 최초로 구분하여 법제화 18·19. 채용, 21. 경간
	내용	① "경찰은 공공의 질서를 유지하고 **개인의 자유와 재산 및 안전**을 유지하는 것을 임무로 한다."라고 규정 13·19. 승진, 14·20. 경간 ② 행정경찰은 공공질서유지·범죄예방을 목적으로 하고, 사법경찰은 범죄의 수사·체포를 목적으로 한다.
	영향	프랑스의 죄와 형벌법전(경죄처벌법전) ➡ 일본의 '행정경찰규칙' ➡ 한국의 '행정경찰장정'(한국 근대경찰 최초의 작용법) ➡ 경찰관 직무집행법(1953)
지방자치법전 (1884)		"자치단체 경찰은 공공의 질서·안전 및 위생을 확보함을 목적으로 한다."고 규정하였다. 즉, 위생사무 등 **협의의 행정경찰적 사무를 포함하여** 경찰의 직무를 **소극목적에 한정**하였다. 10. 승진, 18. 지능, 19. 채용, 13·14·17·20·21. 경간

💡 **시간순**: 프로이센 일반란트법(1794) ➡ 프랑스 죄와 형벌법전(1795) ➡ 크로이츠베르크 판결(1882) ➡ 프랑스 지방자치법전(1884) ➡ 프로이센 경찰행정법(1931) 14. 경간, 19. 채용

⊕ PLUS 참고판례

블랑코(Blanco) 판결(1873)	국영담배공장 운반차에 의해 부상을 당한 사안에서 **국가배상을 최초로 인정**하고, 그 책임에 관한 소송은 행정재판소 관할이라는 원칙이 확립되는 계기가 된 판결 18. 승진
띠톱 판결(1960)	**행정(경찰)개입청구권**을 최초로 인정한 판결 10. 채용, 21. 경간
맵(Mapp) 판결(1961)	위법수집증거 배제법칙 확립
에스코베도(Escobedo) 판결(1964)	**변호인과의 접견교통권을 침해하여 획득한 자백은 증거능력이 없다**고 한 판결 18. 승진
미란다(Miranda) 판결(1966)	변호인선임권, 접견교통권 및 진술거부권을 고지하지 않은 상태에서 이루어진 자백의 증거능력을 부정하여, **자백의 임의성과 관계없이 채취과정에 위법이 있는 자백을 배제**하게 되는 계기가 된 판결

제3절 대륙법계(전통적)와 영미법계(현대적) 경찰개념의 비교 [A급]

구분	대륙법계(전통적 경찰개념)	영미법계(현대적 경찰개념)
경찰(국가)과 시민과의 관계	• 대립관계(반비례·수직관계) 18. 채용 • 시민은 경찰권의 객체	• 대등관계(비례·수평관계) • 시민과 경찰은 **상호 협력**
경찰의 임무·목적	공공의 안녕과 질서의 유지에 중점	국민의 생명·신체·재산의 보호에 중점
경찰권의 기초	(일반)**통치권**	(주민)**자치권** 08. 채용
경찰의 수단	권력적 수단을 중시	비권력적 수단을 중시
경찰개념	• 경찰이란 무엇인가에 중점 19. 승진 • 경찰권의 발동범위와 성질을 기준으로 형성	• 경찰활동은 무엇인가에 중점 19. 승진 • 경찰은 무엇을 하는가에 중점 • 경찰의 기능·역할을 기준으로 형성 12. 승진, 18. 경간
행정경찰과 사법경찰의 구분	• 구분 있다. • 행정경찰만 경찰의 고유한 임무로 본다. • 수사를 경찰의 고유관할로 인정하지 않는다. → 경찰국가시대부터 경찰개념에서 제외되었다.	• 구분 없다. • 행정·사법(수사)경찰 모두 경찰의 고유한 임무로 본다. 08. 채용 • 우리나라는 영미법계의 영향을 받아 행정경찰뿐만 아니라 **사법(수사)경찰도 경찰의 임무로 규정**되어 있다.
개념 변천과정	경찰권 발동범위의 축소화	경찰활동 범위의 확대화
중심학자	행정법학자	행정학자
현대적 입장	경찰이란 소극적인 질서유지와 위험방지를 목적으로 각종 **서비스 제공**	

제4절 형식적 의미의 경찰과 실질적 의미의 경찰 비교 [A급]

10·11·12·14·15·17. 채용, 13·14. 경간, 18. 지능, 10·14·15·19·20. 승진

구분	형식적 의미의 경찰 10. 승진, 10·11·17. 채용	실질적 의미의 경찰
개념	① 실정법상 보통경찰기관에 분배되어 있는 임무를 달성하기 위하여 행하여지는 경찰 활동 12·15·17. 채용, 18. 지능, 15·19·20. 승진 ② 제도적(실무상 **정립**) 의미의 경찰 20. 채용 ③ 각국의 전통이나 현실적 환경에 의하여 결정되므로 **시대와 국가에 따라 개념 차이가 발생**(나라마다 실정법이 다르기 때문) 19·20. 승진	① 사회 공공의 안녕, 질서유지와 같은 소극적 목적을 위하여 **일반통치권**에 근거하여 국민에게 명령·강제하는 권력적 작용 10·15·19·20. 승진, 18. 지능, 20. 경간 ② **학문적**(이론상 **정립**) 의미의 경찰 10. 승진, 20. 채용 ③ 독일 행정법학에서 유래 13. 경간, 14·15. 승진, 18. 채용
구별 기준	조직(소속) 중심 20. 채용	작용(성질) 중심 08·15·20. 채용
사례	**사법경찰, 정보·보안(대공)경찰, 서비스 활동** 09·15. 채용, 10·15. 승진, 09·20. 경간	건축·영업·위생·경제·산림·철도경찰 등(협의의 행정경찰) 10. 승진

관계	① 형식적 의미의 경찰(보통경찰기관)이 사회공공의 안녕과 질서유지(위험방지)라는 실질적 의미의 경찰작용을 행하는 경우에는 양자가 일치한다. ② **풍속경찰**은 보통경찰기관의 임무이므로 **형식적 의미의 경찰**이면서 사회공공의 안녕과 질서유지를 목적으로 하는 권력적 작용이므로 **실질적 의미의 경찰**에도 속한다. ③ 형식적 의미의 경찰과 실질적 의미의 경찰은 **서로 포함관계가 아니라 별개의 개념**이다. 09·17. 채용, 15. 승진, 20. 경간 ④ 법정경찰과 의원경찰은 형식적 의미의 경찰도 아니고, 실질적 의미의 경찰에도 속하지 않는다. ⑤ 일반행정기관이 실질적 의미의 경찰작용을 하는 경우는 있으나, 형식적 의미의 경찰작용을 하는 경우는 없다. 19. 법학 ⑥ 행정경찰은 **실질적 의미(형식적 의미×)의 경찰**이다. 08. 채용, 10·15·19·20. 승진 ⑦ 「경찰관 직무집행법」 제3조에 의한 불심검문은 범인을 검거하고 범죄를 예방하는 데 가장 중요한 경찰상 즉시강제의 권력작용이라는 면에서 **실질적 의미의 경찰**에 해당하고, 실정법에서 **경찰행정기관에 그 권한을 맡긴 것이라는 면에서 형식적 의미의 경찰**이기도 하다. 14. 승진

제5절 우리나라에서의 경찰개념의 형성

대륙법계의 경찰개념 도입 (일제식민지)	① **일본의 영향**으로 대륙법계의 경찰개념이 도입되었다. ② 프랑스(죄와 형벌법전)의 영향으로 행정경찰과 사법경찰을 개념상·이론상 구분하였다. 13. 경간 ③ 프랑스(1795. 죄와 형벌법전, 경죄처벌법전) ➡ 일본(1875. 행정경찰규칙) ➡ 한국(**1894. 행정경찰장정**) ➡ 경찰관 직무집행법(1953) ➡ 우리의 경찰관 직무집행법의 원전은 프랑스의 죄와 형벌법전(경죄처벌법전)
영미법계의 경찰개념 도입 (미군정기)	① 국민의 생명·신체·재산의 보호라는 민주적 이념이 도입되었다. ② 영미법계의 영향으로 **행정경찰과 사법경찰을 조직법상으로 구분하지 않게 되었다.**
특징	① 현재 우리나라는 대륙법계의 사회질서유지 중심의 경찰관점과 영미법계의 시민의 생명과 재산보호의 경찰관점이 **혼합**되어 있다. 12. 채용 ② 우리나라에서는 **보통경찰기관**이 행정경찰 및 사법경찰 업무를 모두 담당한다. 21. 채용

제6절 경찰의 분류 (A급)

1. 분류기준에 따른 종류

분류기준	분류	내용	참고
3권분립(목적) 18. 채용, 22. 경간	행정경찰	공공질서유지 및 범죄예방(**사전예방**) 13. 경간	**실질적 의미의 경찰**
	사법경찰	형사사법권의 보조적 적용(**사후진압**) 13. 경간	**형식적 의미의 경찰**
경찰권 발동시점 13. 승진, 18·21. 채용	예방경찰	위해의 발생을 방지하기 위한 권력적 작용	총포·화약류의 취급제한, **위해를 미칠 우려가 있는** 정신착란자 보호조치
	진압경찰	발생된 범죄수사를 위한 권력적 작용	사람을 공격한 멧돼지 사살, **위해를 주는** 정신착란자 보호
업무의 독자성 10. 승진, 12·18·21. 채용, 18. 지능, 22. 경간	보안경찰	다른 행정영역과 무관한 독립적 경찰작용	생활안전·풍속·교통·경비경찰
	협의의 행정경찰	다른 행정영역과 관련하여 행하여지는 경찰작용	건축·영업·위생경찰
권한과 책임의 소재 08. 경간	국가경찰	국가가 설립하여 책임·관리하는 경찰	
	자치경찰	자치단체가 설립하여 책임·관리하는 경찰	
위해정도 적용 법규 담당기관 08. 경간, 13. 승진, 21. 채용, 22. 경간	평시경찰	평온한 상태에서 경찰 법규에 의하여 보통경찰기관이 행하는 경찰작용	
	비상경찰	**국가비상시에 비상시법에 의해 군대가** 일반 치안을 담당	
경찰활동의 질과 내용 12·18·21. 채용, 22. 경간	질서경찰	권력적(**명령·강제**) 수단으로 법집행을 하는 경찰	범죄진압, 즉시강제
	봉사경찰	비권력적(**서비스**) 수단으로 직무를 수행하는 경찰	방범순찰, 청소년선도, 교통정보제공
사회적 가치나 보호법익에 따른 분류 (프랑스에서 유래) 22. 경간	고등경찰	국가의 존립과 유지를 보장하기 위하여 국가적 기관 및 제도에 대한 위해를 방지하는 활동 예 정보과, 외사과, 대공정보수집, 반국가적 범죄수사 등	
	보통경찰	일반사회의 안녕과 질서유지를 목적으로 하는 활동	

2. 국가경찰과 자치경찰(경찰유지의 권한과 책임소재에 따른 분류) 10·16·20. 채용, 18. 지능, 18. 경간

구분	국가경찰(효율성↑, 민주성↓)	자치경찰(효율성↓, 민주성↑)
의의	국가가 경찰유지의 권한과 책임을 가지는 경찰	지방자치단체가 경찰유지의 권한과 책임을 가지는 경찰
장점	① 타 (경찰)기관과의 업무상 협조·조정 용이하다. ② 전국적으로 균등한 경찰서비스를 제공할 수 있다. ③ 조직의 통일적 운영과 경찰활동의 **능률성·기동성**을 발휘할 수 있다. ④ 전국적인 통계자료의 정확성을 기할 수 있다. ⑤ 강력하고 광범위한 법집행력 행사가 가능하고 비상시 유리하다.	① 인권보장과 민주성이 보장되어 주민들의 지지를 받기 쉽다. ② 각 지방의 특성에 적합한 경찰행정이 행해질 수 있다. ③ 지방별로 독립된 조직이므로 **경찰조직·운영**의 개혁이 용이하다.
단점	① 관료화되어 지역주민을 위한 봉사자 의식이 희박 ② 각 지방의 특수성·창의성이 저해될 수 있다. ③ 정부의 특정정책 수행에 이용되어 경찰본연의 임무를 벗어날 우려가 있다.	① **타 경찰기관과의 업무협조가 곤란** ② 전국적·광역적 범죄에 대처가 어렵다. ③ 통일성·집행력·기동력이 미약 ④ 통계자료에 정확을 기하기 곤란

제7절 경찰의 기본적 임무

① 공공의 안녕과 질서에 대한 위험의 방지 – 궁극적 목적 17. 채용
② 범죄수사
③ 각종 치안서비스 제공

1. 실정법상 경찰의 임무 [A급] 10·12·15·21. 채용, 15. 지능

국가경찰과 자치경찰의 조직 및 운영에 관한 법률(제3조)	경찰관 직무집행법(제2조)
1. 국민의 생명·신체 및 재산의 보호 2. 범죄의 예방·진압 및 수사 3. 범죄피해자 보호 4. **경비·요인경호** 및 대간첩·대테러 작전 수행 5. 공공안녕에 대한 위험의 예방과 대응을 위한 정보의 수집·작성 및 배포 6. 교통의 단속과 위해의 방지 7. 외국 정부기관 및 국제기구와의 국제협력 8. 그 밖에 공공의 안녕과 질서유지	1. 국민의 생명·신체 및 재산의 보호 2. 범죄의 예방·진압 및 수사 2의2. **범죄피해자 보호** 18·19. 채용 3. **경비, 주요 인사 경호** 및 대간첩·대테러 작전 수행 4. 공공안녕에 대한 위험의 예방과 대응을 위한 정보의 수집·작성 및 배포 5. **교통 단속과 교통 위해의 방지** 6. 외국 정부기관 및 국제기구와의 국제협력 7. **그 밖에 공공의 안녕과 질서 유지**

2. 공공의 안녕과 질서에 대한 위험의 방지(경찰의 궁극적 목적) B급

(1) 공공의 안녕(安寧)

구분		내용
의의		법질서, 국가 또는 기타 공권력 주체의 기관과 집행, 각 개인의 법익 및 권리에 대한 불가침성을 의미하는 것으로 성문규범의 **총체**를 말한다. 19. 법학
성격		공공의 안녕은 경찰의 위험방지의 보호대상
구성		공공의 안녕은 **개인**과 관련된 것과 국가 등 **집단**과 관련된 것을 모두 **내포하는** 이중적 개념이다.
공공의 안녕의 3요소		① 법질서의 불가침성 ② 국가의 존립과 국가기관의 기능성의 불가침성 ③ 개인의 권리와 법익의 불가침성
법질서의 불가침성	성격	공공의 안녕의 제1요소이다. 11. 승진, 17·20·21. 채용, 19. 법학
	공법적 질서	공법적 질서에 대한 침해는 공공의 안녕에 대한 위험을 발생시키므로 원칙적으로 경찰권의 개입이 허용된다.
	사법적 질서 12. 승진	① 원칙: 사법적 질서는 개인 상호간의 문제이므로 경찰의 **민사개입금지의 원칙**에 따라 경찰의 개입이 금지된다. ➡ 경찰공공의 원칙(= 사적자치의 원칙) ② 예외: 법적 보호가 적시에 이루어지지 않고, 경찰의 원조 없이는 법을 실현시키는 것이 무효화되거나 사실상 어려워질 경우에는 **예외적으로 경찰의 개입이 허용**된다(보충성의 원칙). 이 경우 **잠정적 조치만** 가능(최종적 판단×)하다.
국가의 존립과 국가기관의 기능의 불가침성	국가의 존립	경찰은 사회공공과 관련하여 국가의 존립을 보호할 의무가 있다.
	국가기관의 기능	① 경찰기관은 국회, 정부, 법원, 자치단체 등 국가기관의 정상적인 기능발휘를 보호해야 한다. ② 국가기관의 기능성을 보장하기 위해 공무원의 직무에 관한 죄, 공무방해에 관한 죄 등을 규정하고 있다. ③ 행정관청 또는 경찰의 활동에 대한 중대한 방해는 공공의 안녕에 대한 위험으로 간주되며 형법의 범죄구성요건을 충족시킨다.
	활동범위	국가기관의 기능 보호를 위한 경찰활동은 **형법적 가벌성의 범위에 국한되지 않는다**. 가벌성의 범위에 이르지 않았더라도 국민의 자유와 권리를 침해하지 않는 범위 내에서 수사나 정보, 보안, 외사 등 **기본적 경찰활동**을 할 수 있다.
개인의 권리와 법익의 불가침성	보호법익	경찰은 인간의 존엄성·명예·생명·건강·자유의 개인적 법익뿐만 아니라, **사유 재산적 가치 또는 무형의 권리도 보호하여야 한다.** 10. 채용
	활동범위	① 원칙: 개인은 효과적인 보호의 시기를 놓쳐 권리가 무효화될 우려가 있을 때에만 경찰의 원조를 요청할 수 있다. 이 경우에도 경찰은 최종적인 규제를 취해서는 아니 되며, **잠정적인 보호에 국한**되어야 하고, 최종적 보호는 법원에 의해 구제 받아야 한다. ② 예외: 개인법익에 대한 침해가 동시에 형법이나 행정법 등의 공법규범을 위반할 경우 경찰은 잠정적인 조치만 취해서는 아니 되고, 직접적으로 개입해야 한다.

(2) 공공의 질서 15. 경간, 19. 채용

구분		내용
의의		원만한 공동체생활을 위한 불가결적 전제조건으로서의 각 개인의 활동에 대한 불문규범의 총체이다. 15·21. 경간, 20. 채용
성격		공공의 안녕개념(성문규범)에 대한 보충적 개념이다.
특징	유동성·상대성	공공질서의 개념은 시대와 장소에 따라 변화하는 유동적·상대적 개념이다. 15. 경간, 21. 채용
	사용범위의 축소	불문화된 사회적 행동규칙과 가치관만을 포괄하는 공공질서의 개념은 성문화(규범화) 추세에 따라 적용가능 분야가 점점 축소되고 있다. 11. 승진, 15·21. 경간, 17·20. 채용
	엄격한 합헌성 요구	① 공공질서의 확대적용은 국민의 기본권을 침해할 우려가 있으므로 엄격한 합헌성이 요구된다. 15. 경간 ② 공공질서와 관련하여 경찰의 개입 여부는 경찰의 재량에 맡겨져 있으나, 이 경우에도 경찰관청의 '의무에 합당한 재량행사'가 있어야 한다.

(3) 위험 10·17. 채용, 11·12·17·18. 승진, 15·16·19. 경간, 19. 법학

		내용
위험		가까운 장래에 공공의 안녕에 손해가 나타날 가능성이 개개의 경우에 충분히 존재하는 상태 12·17·18. 승진, 16. 경간
손해		보호받는 개인 및 공동의 법익에 관한 정상적 상태의 객관적 감소를 뜻하고, 보호법익에 대한 현저한 침해행위가 있어야 한다. 12·17. 승진, 16. 경간
위험의 현실성 20. 채용	구체적 위험	개개의 경우에 존재하는 가까운 장래에 손해발생의 충분한 가능성 존재하는 경우
	추상적 위험	구체적인 위험의 예견가능성, 가설적이고 상상적 경우
위험의 인식 16. 경간	외관적 위험	① 경찰이 의무에 합당한 사려 깊은 판단을 하여 개입을 하였으나 실제로는 위험이 존재하지 않는 경우 20. 채용 ② 적법한 경찰개입에 해당하므로 손해배상의 문제가 발생하지 않으며 경찰관 개인에게 민·형사상 책임을 물을 수 없다. 다만, 국가의 손실보상 책임이 발생할 수 있다. 11·12·18. 승진, 16·21. 경간, 19. 법학
	오상위험 (추정적 위험)	① 객관적으로 판단할 때 위험의 외관 또는 혐의가 정당화되지 않음에도 경찰이 위험의 존재를 잘못 추정한 경우 18. 승진, 19. 경간, 19. 법학, 20. 채용 ② 위법한 경찰개입에 해당하므로 경찰관 개인에게는 민·형사상 책임이, 국가에게는 손해배상 책임이 발생할 수 있다. 16. 경간
	위험 혐의	① 경찰이 의무에 합당한 사려 깊은 판단을 할 때 실제로 위험의 가능성은 예측되나 불확실한 경우 19. 법학 ② 위험의 존재 여부가 명백해질 때까지 예비적인 위험조사 차원의 경찰개입은 정당화될 수 있다. 18. 승진, 18. 경간

위험과 경찰개입	① 경찰의 개입은 **구체적 위험 내지 추상적 위험이 있을 때 가능**하다. 12·17·18. 승진, 15. 지능, 17·20·21. 채용, 19. 경간 ② 위험은 경찰개입의 전제요건이다. 하지만 **위험이 보호를 받게 되는 법익에 대해 필수적으로 존재(내재)하여야 하는 것은 아니다.** 10. 채용, 17. 승진, 21. 경간 ③ 가벌성의 범위 내에 이르지 않았더라도 국민의 자유와 권리를 침해하지 않는 범위 내에서 기본적인 경찰활동이 가능하다. 10. 채용 ④ 사유재산적 가치 또는 무형의 권리도 보호의 대상이 된다. 10. 채용

3. 범죄의 수사 – 수사는 법률이 정하는 바에 따라 임의수사가 원칙이다. :C급:

4. 각종 치안서비스 제공 :C급:

적극적 서비스활동의 요청	최근 21세기적 사회복지행정이 강하게 요구되면서 경찰행정 분야도 소극적인 위험방지를 위한 법집행적인 임무뿐만 아니라, 적극적인 서비스활동을 통해 국민에게 봉사하는 활동이 요청되고 있다.
급부행정	사회복지국가 원리를 바탕으로 하여 사회구성원의 이익추구활동을 직접적으로 조장하여 주는 배려적 활동(적극목적의 성격을 가짐)을 말한다. 예 교통정보 또는 지리정보 제공, 범죄신고자 보상금지급, 어린이 교통안전교육 등

제8절 경찰의 관할

1. 사물관할(= 직무범위, 조직규범, 조직법적 근거) :C급: 15. 경간, 17·20. 채용

의의	경찰의 사물관할이란 경찰이 처리할 수 있고 또 처리해야 하는 **사무내용의 범위**를 말한다.
특징	① 「국가경찰과 자치경찰의 조직 및 운영에 관한 법률」 제3조와 「경찰관 직무집행법」 제2조에 규정되어 있는 경찰의 직무범위가 사물관할에 해당한다. ② 우리나라는 **영미법계의 영향으로 범죄수사에 관한 임무**가 경찰의 사물관할로서 인정되고 있으며, 작용법인 **경찰관 직무집행법에 조직법적 임무규정이 포함**되어 있다. 17. 경간, 20. 채용

2. 지역관할(= 토지관할) [B급]

의의		경찰권이 발동될 수 있는 지역적 범위를 말하며, 대한민국의 영역 내에 모두 적용됨이 원칙이다.
예외	국회의장의 국회경호권 16. 채용	① 국회의장이 국회 안에서 행사하며, 국회의장은 필요시 국회운영위원회의 동의를 얻어 정부에 대하여 **경찰공무원의 파견을 요구**할 수 있으며, 파견된 경찰공무원은 회의장 건물 밖에서만 경호하도록 제한된다. 19. 경간 ② 국회 안에 현행범인이 있을 때에는 경찰관은 이를 체포한 후 의장의 지시를 받아야 한다. 다만, **국회의원은 회의장 안에 있어서는 의장의 명령 없이 이를 체포할 수 없다.** 15·19. 경간
	법원의 법정경찰권 17·19. 경간	법정에서의 질서유지권은 재판장이 행사하며, 재판장은 법정의 질서유지를 위하여 필요하다고 인정할 때에는 개정 전·후를 불문하고 관할경찰서장에게 경찰공무원의 파견을 요구할 수 있다. 이때 파견된 경찰관은 법정 내외의 질서유지에 관하여 재판장의 지휘를 받는다. 19. 경간
	치외법권 지역	외교사절의 공관이나 개인주택 및 교통수단(승용차·보트·비행기 등)은 국제법적으로 불가침 대상이므로 외교사절의 동의 없이 출입할 수 없다. 15·19. 경간 다만, 예외적으로 화재나 전염병의 발생과 같은 긴급사태시에는 외교사절의 동의 없이 공관이나 개인주택 및 교통수단(승용차·보트·비행기 등) 등에 출입이 가능한데 이는 국제적 관습으로 인정되고 있다. 즉, **화재 발생자나 전염병 발병자에 대한 상태책임**을 해결하기 위해 들어갈 수 있다.
	미군영 내	시설 및 구역 내부 경찰권은 원칙적으로 미군이 행사하나, 미군 당국이 동의한 경우와 **중대한 죄를 범하고 도주하는 현행범을 추적하는 경우**에는 예외적으로 대한민국 경찰도 시설 및 구역 내에서 범인을 체포할 수 있다. 09·20. 채용, 15·17. 경간

3. 인적관할(人的管轄) [C급]

의의	광의의 경찰권이 어떤 사람에게 적용되는가의 문제로서, 원칙적으로 국가의 일반통치권에 복종하는 모든 사람이 경찰권의 대상이 된다.
예외	대통령(헌법), 국회의원(헌법), 외교사절(국제법), 주한미군(SOFA) 등에 대해서는 일정한 제한이 있다.

제9절 경찰의 기본이념

민주주의	대외적 민주화 방안	"모든 권력은 국민으로부터 나온다." 국민의 경찰에 대한 민주적 통제와 참여 장치의 보장(**경찰위원회제도, 국민감사청구제도**)과 경찰활동의 공개(**공공기관의 정보공개에 관한 법률, 행정절차법**) 등이 있다. 21. 경간
	대내적 민주화 방안	경찰조직 내부의 적절한 권한분배와 경찰관 개인의 민주적 의식이 확립되어야 한다.
법치주의 09. 채용, 11. 승진		법치주의라 함은 **국민의 자유와 권리에 대한 제한이나 국민에게 새로운 의무부과는 국회에서 제정한 법률에 근거가 있어야 한다는 원칙**(법률의 법규창조력)이다.
정치적 중립주의		① 헌법(제7조)에서 경찰공무원의 정치적 중립을 규정하고 있으며, **국가경찰과 자치경찰의 조직 및 운영에 관한 법률**(제5조)에서도 경찰은 국민 전체에 대한 봉사자로서 공정중립을 지킬 것을 강조한다. ② 이를 위해 경찰공무원에게 **정치운동금지 의무(국가공무원법)**를 부과하고 있다. ③ 또한 정치적 중립을 보장하기 위해 공무원의 **신분보장과 직업공무원제**를 채택하고 있다. ④ 의결기관으로서의 **국가경찰위원회를 민간인으로 구성토록** 한 것도 정치적 중립주의와 관련이 있다.
인권존중주의 11·13. 승진, 19. 채용, 21. 경간		① 모든 국민은 인간으로서의 존엄과 가치를 가지며, 행복을 추구할 권리를 가진다. 국가는 개인이 가지는 불가침의 기본적 인권을 확인하고 이를 보장할 의무를 진다(헌법 제10조). ② 경찰은 그 직무를 수행할 때 헌법과 법률에 따라 국가는 국민의 자유와 권리 및 모든 개인이 가지는 불가침의 기본적 인권을 보호해야 한다(국가경찰과 자치경찰의 조직 및 운영에 관한 법률 제5조). ③ 인권존중주의는 **수사경찰에게 더욱 중요한 이념**으로서 형사소송법이 **임의수사**를 원칙으로 하고, 강제처분법정주의를 택하고 있는 것도 피의자 등의 인권을 존중하기 위함이다.
경영주의		① 경찰경영의 궁극적인 목표는 고객인 국민의 감동이다. ② 경영주의 실현방안으로 **성과급제도** 21. 경간, **민원일괄처리제도(One-stop service), 원격서비스제도(On-line service) 방식** 등이 있다.

✎ 출제지문: 국민의 모든 자유와 권리는 국가안전보장·질서유지 또는 공공복리를 위하여 필요한 경우에 한하여 **법률로써 제한할 수 있으며, 제한하는 경우에도 자유와 권리의 본질적인 내용을 침해할 수 없다.** 21. 경간

제10절 경찰 인권보호 규칙(경찰청훈령) [시행 2024.11.20.] A급

정의 (제2조)	경찰관등	경찰청과 그 소속기관의 경찰공무원, 일반직공무원, 무기계약근로자 및 기간제근로자를 의미한다.
	인권침해	경찰관등이 직무를 수행하는 과정에서 모든 사람에게 보장된 인권을 침해하는 것을 말한다.
	조사담당자	인권침해를 내용으로 하는 진정을 조사하고 이에 따른 구제 업무 등을 수행하는 경찰청과 그 소속기관에 근무하는 공무원을 말한다.
인권위원회 설치 (제3조)	경찰 활동 전반에 걸친 민주적 통제를 구현하여 경찰력 오·남용을 예방하고, 경찰 행정의 인권지향성을 높여 인권을 존중하는 경찰 활동을 정립하기 위해 경찰청장 및 시·도경찰청장의 **자문기구**로서 각각 경찰청 인권위원회, 시·도경찰청 인권위원회를 **설치하여 운영**한다.	
인권위원회 구성 (제5조)	① 위원회는 **위원장 1명을 포함하여 7명 이상 13명 이하**의 위원으로 구성한다. 이때, **특정 성별이 전체 위원 수의 10분의 6을 초과하지 아니해야** 한다. ② **위원장은 위원회에서 호선**하며, 위원은 당연직 위원과 위촉 위원으로 구분한다. ③ **당연직 위원**은 경찰청은 감사관, 시·도경찰청은 청문감사인권담당관으로 한다. ④ 위촉 위원은 인권 분야에 전문적인 지식과 경험이 있고 아래 각 호의 어느 하나에 해당하는 사람 중에서 경찰청장 또는 시·도경찰청장(이하 "청장"이라 한다)이 위촉한다. 이때, **각 호에 해당하는 사람이 반드시 1명 이상 포함되어야** 한다. 1. **판사·검사 또는 변호사**로 3년 이상의 경력이 있는 사람 2. 「초·중등교육법」 제2조제1호부터 제4호, 「고등교육법」 제2조제1호부터 제6호까지의 규정에 따른 학교에서 **교원 또는 교직원**으로 3년 이상 근무한 경력이 있는 사람 3. 「비영리민간단체지원법」 제2조제1호부터 제3호, 제5호부터 제6호까지의 규정에 따른 단체에서 **인권 분야에 3년 이상 활동한 경력**이 있거나 그러한 단체로부터 인권위원으로 위촉되기에 적합하다고 추천을 받은 사람 4. 그 밖에 사회적 약자 등 다양한 사회 구성원의 목소리를 반영할 수 있는 사람	
위촉 위원 결격사유 (제6조)	다음 각 호의 어느 하나에 해당하는 사람은 위원이 될 수 없다. 1. 선거에 후보자(예비후보자 포함)로 등록한 사람 2. 선거에 의하여 취임한 공무원이거나 그 직에서 **퇴직한 날부터 3년**이 지나지 아니한 사람 3. 경찰의 직에 있거나 그 직에서 **퇴직한 날부터 3년**이 지나지 아니한 사람 4. 선거사무관계자 및 **정당의 당원**	
임기 (제7조)	① 위원장과 위촉 위원의 임기는 **위촉된 날로부터 2년**으로 하며 **위원장의 직은 연임할 수 없고, 위촉 위원은 두 차례만 연임**할 수 있다. ② 위촉 위원에 결원이 생긴 경우 새로 위촉할 수 있고, 이 경우 새로 위촉된 **위원의 임기는 위촉된 날부터 기산**한다.	

위원의 해촉 (제8조)	다음 각 호의 어느 하나에 해당하는 경우에는 **청장은** 위원회의 의견을 들어 위원을 **해촉할 수 있다.** 1. 입건 전 조사·수사 중인 **사건에 청탁** 또는 경찰 **인사에 관여**하는 행위를 하거나 기타 직무 관련 **비위사실**이 있는 경우 2. 위원회의 **명예를 실추**시키거나 위원으로서의 **품위를 손상**시키는 행위를 한 경우 3. 특별한 사유 없이 연속으로 정기회의에 3회 불참 등 직무를 태만히 한 경우 4. 위원 스스로 직무를 수행하는 것이 곤란하다고 의사를 밝힌 경우 5. 그 밖에 부득이한 사유로 업무를 수행할 수 없는 경우
회의 (제11조)	① 위원회의 회의는 정기회의와 임시회의로 구분하며, **재적위원 과반수의 출석으로 개의**하고, **출석위원 과반수의 찬성으로 의결**한다. ② 정기회의는 경찰청은 월 1회, 시·도경찰청은 분기 1회 **개최**한다. ③ **임시회의는 위원장이 필요하다고 인정하거나 청장 또는 재적위원 3분의 1 이상이 소집을 요구하는 경우** 위원장이 소집한다.
경찰 인권정책 기본계획 수립	**경찰청장은** 국민의 인권보호와 증진을 위하여 경찰 인권정책 기본계획(이하 "기본계획"이라 한다)을 **5년마다 수립해야 한다**(제18조).
경찰 인권 교육계획 수립 (제18조의2)	① 경찰청장은 경찰관등(경찰공무원으로 신규 임용될 사람 포함)이 근무하는 동안 지속적·체계적으로 교육을 받을 수 있도록 3년 **단위**로 인권교육종합계획을 수립하여 시행해야 한다. ② **경찰관서의 장**은 경찰청 인권교육종합계획의 내용을 반영하여 매년 **인권교육 계획을 수립하여 시행**하여야 한다.

경찰
인권교육협의회
운영
(제18조의3)
	① 경찰관등에게 실시하는 인권교육에 관하여 다양한 의견을 수렴하고 대내외 협력을 강화하기 위하여 **경찰청에** 경찰 인권교육협의회를 **둔다.**
	② 협의회는 다음 각 호의 사항을 협의한다.
	    1. 제18조의2에 따른 **경찰 인권교육계획의 수립**을 위하여 필요한 사항
	    2. **경찰 인권교육 프로그램 등 자료 개발과 보급 및 활용**에 관한 사항
	    3. 그 밖에 경찰 인권교육에 필요한 사항
	③ 협의회는 **협의회장을 포함한 10명 이상 20명 이하**의 위원으로 구성한다.
	④ **협의회장은 경찰청 인권보호담당관**으로 하고, 위원은 다음 각 호에 해당하는 사람이 **반드시 1명 이상 포함되어야 한다.** 이 경우 제3호의 **민간 전문가는** 특정 성별이 10분의 6을 초과하지 않아야 한다.
	    1. 경찰청 각 국·관 서무업무 담당 계장
	    2. 각 시·도경찰청 인권업무 담당 계장
	    3. 국가인권위원회 교육 관련 부서 과장과 민간 전문가
	⑤ 협의회 회의는 정기회의와 임시회의로 구분하며, **정기회의는 연 2회 개최**하고, 임시회의는 협의회장이 필요하다고 인정하는 경우 개최할 수 있다.
	⑥ 인권보호담당관은 **협의회 회의 결과**를 경찰청 내 **관련 부서에 통보**하고, 해당 부서는 통보받은 내용을 정책에 **반영하도록 노력해야 한다.**

교육시기 및 이수시간 (제20조의3)	경찰관등에 대한 인권교육은 교육대상에 따라 다음 각 호와 같이 실시해야 한다. 1. **신규 임용예정 경찰관등**: 각 교육기관 교육기간 중 **5시간 이상** 2. **경찰관서의 장**(지역경찰관서의 장과 기동부대의 장을 포함한다) 및 각 경찰관서 **재직 경찰관등**: 연 **6시간 이상** 3. **교육기관에 입교한 경찰관등**: 보수·직무교육 등 교육과정 중 **1시간 이상** 4. **인권 강사 경찰관등**: 연 **40시간 이상**

인권영향평가의 실시 (제21조)	① 경찰청장은 인권침해를 예방하고, 인권친화적인 치안 행정이 구현되도록 다음 사항에 대하여 **인권영향평가**를 실시해야 한다.
	  1. **제·개정하려는 법령 및 행정규칙**: 해당 안건을 **국가경찰위원회에 상정하기 60일 이전**
	  2. **국민의 인권에 영향을 미치는 정책 및 계획**: 해당 사안이 **확정되기 이전**
	  3. 참가인원, 내용, 동원 경력의 규모, 배치 장비 등을 고려하여 **인권침해 가능성이 높다고 판단되는 집회 및 시위**: 집회 및 시위 종료일로부터 **30일 이전**
	  ▶ 위에서 정한 기한에 평가를 실시할 수 없는 부득이한 사유가 발생한 경우에는 기한에 관계없이 평가를 실시할 수 있다(제23조 제2항).
	② 제1항에도 불구하고 다음의 어느 하나에 해당하는 경우 **평가 대상에서 제외**할 수 있다. 이 경우 제1항 각 호와 관련된 업무를 소관하는 부서의 장은 소관 사항을 인권영향평가 대상에서 제외하고자 하는 경우 **경찰청 감사관에게 평가 제외를 요청**하고, 감사관은 소관 부서장과 **인권보호담당관의 사전협의** 결과를 고려하여 제외 여부를 결정한다.
	  1. 제·개정하려는 법령 및 행정규칙의 내용이 경미한 경우
	  2. 사전에 청문, 공청회 등 의견 청취 절차를 거친 정책 및 계획
	③ 시·도경찰청장은 해당 시·도경찰청 소관 업무 중 제1항 각 호의 사항(경찰청 소관업무와 중복되는 사항은 제외한다)에 대하여 **인권영향평가를 실시해야 한다**. 다만, 인권영향평가 대상 소관 부서장은 평가 대상에서 제외하고자 하는 경우 소속 시·도경찰청 인권 담당 부서장에게 제외를 요청하고, 인권 담당 부서장은 소관 부서장과 협의를 거쳐 제외 여부를 결정한다.
	  ▶ **시·도경찰청장**은 제21조제3항에 따라 **인권영향평가**를 실시한 경우 그 결과를 **경찰청 인권보호담당관에게 지체 없이 제출해야 한다**(제23조 제5항).
	④ **경찰대학장·경찰인재개발원장·중앙경찰학교장·경찰수사연수원장 및 경찰병원장**은 해당 기관의 소관 업무 중 제1항 각 호의 사항에 대하여 경찰청장에게 **인권영향평가**를 의뢰한다.

점검 (제24조)	간사(경찰청: 인권보호담당관, 시·도경찰청: 인권업무 담당 계장)는 반기 1회 이상 **인권영향평가의 이행 여부를 점검**하고, 이를 소속 위원회에 제출해야 한다.

집회시위 현장 점검단 운영 (제24조의2)	① 경찰청, 시·도경찰청 및 경찰서의 인권업무 담당 부서장은 제21조 제1항 제3호에 따른 **인권영향평가의 원활한 실시**를 위하여 필요한 경우 집회시위 현장 점검단을 설치하여 **운영할 수 있다**.
	② 점검단은 다음의 사람으로 구성된 인력 후보군 중에서 10명 내외로 **선정**한다. 이 경우 **특정 성별**이 전체 구성원 수의 10분의 6을 초과하지 않아야 한다.
	  1. 경찰청, 시·도경찰청 및 경찰서의 인권업무 담당 경찰관등
	  2. 「집회 및 시위에 관한 법률」 제21조에 따른 **집회·시위자문위원**(전직 위원을 포함한다.)
	  3. 제5조제4항 각 호에 해당하는 자격을 갖춘 사람

	③ **경찰청장, 시·도경찰청장 및 경찰서장**은 점검단으로 활동한 사람(소속 경찰관등은 제외한다)에게 예산의 범위 내에서 **자문료를 지급할 수 있다.**
진단사항 (제25조)	**인권보호담당관**은 인권침해를 예방하고 제도를 개선하기 위해 연 1회 이상 다음 각 호의 사항을 진단**하여야 한다.** 1. 인권 관련 정책 이행 실태 2. 인권교육 추진 현황 3. 경찰청과 소속기관의 청사 및 부속 시설 전반의 **인권침해적 요소의 존재 여부**
물건 등의 보관 등 (제32조)	① 조사담당자는 사건 조사 과정에서 진정인·피진정인 또는 참고인 등이 **임의로 제출한 물건** 중 사건 조사에 필요한 물건은 보관할 수 있다. ② 조사담당자는 제출자가 보관 중인 물건의 **반환**을 요구하는 경우에는 반환하여야 하며, 다음 각 호의 어느 하나에 해당하는 경우에는 제출자가 요구하지 않더라도 반환할 수 있다. 1. 진정인이 진정을 취소한 사건에서 진정인이 제출한 물건이 있는 경우 2. 사건이 종결되어 더 이상 보관할 필요가 없는 경우 3. 그 밖에 물건을 계속 보관하는 것이 적절하지 않은 경우
진정의 각하 (제29조)	① **경찰청 및 그 소속기관의 장**은 다음 각 호의 어느 하나에 해당할 경우에는 그 진정을 각하할 수 있다. 1. 진정 내용이 인권침해에 해당하지 아니하는 것이 명백한 경우 2. 진정 내용이 명백히 사실이 아니거나 이유가 없다고 인정되는 경우 3. 피해자가 아닌 사람이 한 진정으로서 피해자가 조사를 원하지 않는다는 의사표시를 명백하게 한 경우 4. 진정의 원인이 된 사실이 공소시효, 징계시효 및 민사상 시효 등이 모두 완성된 경우 6. 진정이 익명이나 가명으로 제출된 경우 7. 진정인이 진정을 취소한 경우 8. 기각 또는 각하된 진정과 동일한 내용으로 다시 진정한 경우
조사중지 (제35조)	**조사담당자**는 인권침해 사건을 조사하는 과정에서 다음 각 호의 어느 하나에 해당하는 사유로 사건 조사를 진행할 수 없는 경우에는 **조사를 중지할 수 있다.** 다만, 확인된 인권침해 사실에 대한 구제 절차는 계속하여 이행할 수 있다. 1. 진정인이나 피해자의 소재를 알 수 없는 경우 2. **사건 해결과 진상 규명에 핵심적인 중요 참고인의 소재를 알 수 없는 경우** 3. 그 밖에 제1호 또는 제2호와 유사한 사정으로 더 이상 사건 조사를 진행할 수 없는 경우 4. **감사원의 조사, 경찰·검찰 등 수사기관에서 조사 또는 수사가 개시된 경우**
진정의 기각 (제37조)	**경찰청 및 그 소속기관의 장**은 진정 내용을 조사한 결과 다음 각 호의 어느 하나에 해당하는 경우에는 그 진정을 기각할 수 있다. 1. **진정 내용이 사실이 아니거나 사실 여부를 확인하는 것이 불가능한 경우** 2. 진정 내용이 이미 피해회복이 이루어지는 등 따로 구제조치가 필요하지 아니하다고 인정되는 경우 3. 진정 내용은 사실이나 인권침해에 해당하지 아니하는 경우

Chapter 02 / 경찰문화와 윤리

제1절 경찰문화

1. 냉소주의와 회의주의 B급 14. 승진

구분	냉소주의	회의주의
대상	불특정 대상	특정 대상
의심	아무런 근거 없이 의심한다.	특정대상을 합리적으로 의심한다.
개선의지	대상을 개선시키겠다는 의지가 없다.	대상을 개선시키겠다는 의지가 있다.
극복방안	① 의사결정 과정에의 **참여** ② 커뮤니케이션 과정의 개선 ③ Y이론에 입각한 행정관리 ☑ 인간관 중 Y이론은 인간이 책임감 있고 정직하여 민주적인 관리를 해야 한다는 이론이고, X이론은 인간을 게으르고 부정직한 것으로 보아 **권위**적으로 관리해야 한다는 이론으로, Y이론에 의한 관리가 냉소주의를 극복하는 방안이 된다. 18. 승진	
공통점	불신을 바탕으로 불평, 불만 가짐	

🖉 출제지문: 윤리적 냉소주의 가설(Ethical cynicism hypothesis)은 경찰에 대한 외부통제기능을 수행하는 **정치권력, 대중매체, 시민단체의 부패**는 경찰의 **냉소주의를 부채질**하고 부패의 **전염효과**를 가져 온다고 한다. 22. 경간

2. 바람직한 경찰의 역할 모델 B급

(1) '범죄와 싸우는 경찰' 모델(the crime fighter model)

개념	수사, 형사 등 법 집행을 통한 범법자 제압측면을 강조한 모델로서 시민들은 범인을 제압하는 것이 경찰의 주된 임무라고 인식한다.
장·단점	① 경찰역할을 뚜렷이 인식시켜 '전문직화'에 기여하지만, 전체 경찰의 업무를 포괄하는 것은 불가능하다. 21. 법학 ② 법 집행에 있어서 **흑백논리**에 따른 이분법적 오류에 빠질 우려가 있고 이럴 경우 **인권침해**의 우려가 있다. 21. 법학 ③ 범죄진압 이외의 업무에 종사하는 경찰인들의 사기를 떨어뜨리고, 다른 영역의 업무를 수행하기 위한 기법이나 지식의 개발이 등한시될 우려가 있다.
대안	실제 범죄는 다양한 요인에 의해 발생하므로 **보다 넓게 경찰활동을 규정**해야 한다.

(2) '치안서비스 제공자로서의 경찰' 모델(service worker model)

개념	치안서비스란 경찰활동의 전 부분을 포괄하는 용어이며 가장 바람직한 모델로서 범죄와의 싸움도 치안서비스의 한 부분에 불과하고, 시민에 대한 서비스 활동과 사회봉사활동의 측면이 강조되어 지역사회 경찰활동과 일맥상통하는 측면이 있다. 21. 법학
경찰의 활동	① 대역적 권위(stand-in authority)에 의한 활동: 경찰은 24시간 근무와 지역적으로 널리 퍼져 있는 조직을 가지고 있어서 사고현장이나 응급조치가 필요한 경우 제일 먼저 접근할 수 있기 때문에 여러 사회영역에서 공식적이고 명백하게 권한의 근거가 없는 경우에도 비공식적으로 또는 관행적으로 사회봉사활동에 관여하는 것을 의미한다. 다만, 이는 일시적이고 임시방편적이어서, 법적 근거를 가진 사회봉사 활동기관의 활동 내에서 이루어져야 한다. ② 비권력적 치안서비스의 적극제공 ③ 사회적 갈등 해결 및 갈등발생의 개연성 최소화

(3) 경찰의 전문직업화의 장점 및 문제점 B급 10·11·12·16·18. 승진

의의		경찰의 높은 사회적 지위를 확보하기 위하여 추진된 경찰개혁운동인 경찰의 전문직업화운동은 미국의 오거스트 볼머(August Vollmer) 등에 의하여 추진되었다. 22. 경간
장점		① 사회적 위상 제고와 긍지를 불러일으킨다. 22. 경간 ② 자율과 재량의 촉진을 통해 업무의 수행을 원활히 한다. ③ 인적 자원의 질적 향상을 기대할 수 있다. ④ 보수상승의 요인이 된다. ⑤ 조직 내 우수한 인재들을 흡수할 수 있다. ⑥ 치안서비스 질의 향상을 기대할 수 있다. 22. 경간
문제점	부권주의 (父權主義)	① 전문직업적 부권주의란 아버지가 자식의 문제를 결정하듯이 전문가가 우월적 지식에 근거하여 비전문가의 판단을 전혀 고려하지 않고 자신의 판단으로 대신하려는 윤리적 문제점 ② 치안서비스의 질을 저하시킬 수 있다.
	차별의 문제	① 전문직이 되는 데 장기간의 교육과 비용이 들어 경제적 약자인 가난한 사람은 전문가가 되는 기회를 상실하는 것 ② 자신의 이익을 추구함에 따라 경제적·교육적 약자에게 경찰에의 접근을 차단하는 현상이 발생한 경우
	소외의 문제	나무는 보고 숲은 보지 못하듯 전문가가 자신의 국지적 분야만 보고 전체적인 맥락을 보지 못하는 것
	사적인 이익을 위한 이용	전문직들은 그들의 지식과 기술로 상당한 사회적 힘을 소유한다. 그러나 이러한 힘을 때때로 공익보다는 사적인 이익을 위해서만 이용하기도 한다.

제2절 경찰의 일탈과 부패

1. 작은 호의에 대한 논의 [A급] 09·13·15·17·19. 채용, 11·12·18. 승진, 12·13·15·22. 경간

부정론	미끄러지기 쉬운 경사로 이론	셔먼: 부패에 해당되지 않는 작은 호의가 습관화될 경우 미끄러운 경사로를 타고 내려오듯이 점점 더 큰 부패와 범죄로 빠진다는 가설이다.
	델라트르	작은 호의를 금지해야 한다고 주장
긍정론	형성재이론	사회형성재이론이라고도 하며, 작은 사례나 호의는 시민과의 원만하고 긍정적인 사회관계를 만들어주는 형성재이다. 18. 법학
	펠드버그	① 작은 호의를 받았다고 해서 반드시 경찰이 큰 부패를 범하는 것은 아니므로 셔먼의 '미끄러지기 쉬운 경사로 이론'은 관념적 가설에 지나지 않는다. ② 대부분의 경찰관들은 사소한 호의와 뇌물을 구별할 수 있으므로 '미끄러지기 쉬운 경사로 이론'은 비현실적이고, 더 나아가 경찰관의 지능에 대한 모독이다. 18. 승진

2. 경찰의 부정부패이론

(1) 하이덴하이머의 부정부패 개념 정의 및 분류 [C급]

관직중심적 정의	부패는 뇌물수수행위와 특히 결부되어 있지만 반드시 금전적인 형태일 필요가 없는 사적인 이익에 대한 고려의 결과로 권위를 남용하는 경우를 포괄하는 용어이다.
시장중심적 정의	고객들은 잘 알려진 위험을 감수하고라도 원하는 이익을 받는 것을 확실히 하기 위하여 높은 가격(뇌물)을 지불하는 결과이다.
공익중심적 정의	관직을 가진 사람이 법적으로 규정되어 있지 않은 금전적인 또는 다른 형태의 보수에 의하여 그런 보수를 제공하는 사람들에게 이로운 행위를 함으로써 공중의 이익에 손해를 가져올 때 부패가 발생한다.

① 부패행위는 돈, 재화, 서비스뿐만 아니라 지위, 영향력, 위신, 장래의 지원 등의 목적을 위해 행해진다.
② 부패행위는 권위의 남용뿐만 아니라 권위의 적절한 사용의 형태로도 이루어진다.
③ 적법한 권한행사라도 사적인 이익의 동기가 개입되고, 사적 이익이 결부되면 부정부패에 해당한다.

(2) 하이덴하이머의 부패 유형 [C급]

백색부패	이론상 일탈행위로 규정될 수 있으나, 사회구성원의 다수가 어느 정도 용인하는 선의의 부패 또는 관례화된 부패 예 경제가 어려운데 국민들의 동요나 기업활동위축을 방지하기 위해서 경기가 살아나고 있다고 공직자가 거짓말을 한 경우
흑색부패	사회체제에 명백하고 심각한 해를 끼치는 부패로 구성원 모두가 인정하고 처벌을 원하는 부패 예 업무와 관련된 대가성 있는 뇌물수수

회색부패	① 사회체제에 **파괴적인 영향**을 미칠 수 있는 **잠재성**을 지는 부패 ② 사회구성원 가운데 일부집단은 처벌을 원하지만, 다른 일부집단은 처벌을 원하지 않는 경우의 부패 ㉮ 정치권에 대한 후원금, 적은 액수의 호의표시나 선물 또는 경찰관에게 주민들이 제공하는 음료수나 과일

(3) 경찰부패의 원인에 관한 이론 A급 09·10·11·13·14·15·17·18·20. 채용, 10·11·12·18. 승진, 13·18. 경간, 18. 지능

전체사회가설 (사회전체의 부패 → 경찰조직의 부패)	① 미국의 시카고 경찰의 부패원인을 분석하던 윌슨은 "시카고 시민이 경찰을 부패시켰다."고 주장하면서 **시민사회의 부패가 경찰부패의 주원인**이라고 보는 입장으로 **미끄러지기 쉬운 경사로 이론과 유사**하다. 17·18·20. 채용, 18. 지능, 18. 승진, 18. 경간 ② 사회전체가 경찰의 부패를 묵인하거나 조장할 때 경찰관은 자연스럽게 부패행위를 하게 된다고 보는 이론이다.
구조원인가설 (경찰조직의 부패 → 경찰개인의 부패)	① 니더호퍼, 로벅, 바커 등이 주장한 가설로서 **선배경찰의 조직적인 부패형태로부터 신임경찰이 차츰 사회화되어 신임 경찰도 기존 경찰처럼 부패로 물들게 된다는 이론**이다. 18. 승진, 20. 채용, 22. 경간 ② **부패의 원인을 개인적 결함보다는 조직의 체계적(구조적) 원인**으로 보고 있다. 18. 승진 ③ 이는 '법규와 현실에 괴리'가 생겨서 발생하는 것이다. ④ 이런 부패의 관행들은 경찰관들 사이에서 '**침묵의 규범**'으로 받아들여지므로 문제점을 서로가 잘 알고 있지만 눈을 감아 주고 조직 내부적으로 '**묵시적인 관행**'으로 이어진다.
썩은 사과 가설 (경찰개인의 부패 → 경찰조직의 부패)	① 전체경찰 중 **일부 부패할 가능성이 있는 경찰을 모집단계에서 배제하지 못하여** 이들이 조직에 흡수되어 전체가 부패할 가능성이 있다는 이론이다. 16·17·18·20. 채용, 18. 승진 ② **부패의 원인을 조직의 체계적 원인보다는 개인적 결함**으로 보고 있다. 18. 지능, 18·22. 경간

(4) 경찰부패에 대한 내부고발(Whistle Blowing = Deep Throat) C급

의의	① 경찰관의 동료나 상사의 부정부패에 대하여 내부감찰이나 외부의 언론매체에 대하여 공표하는 것을 내부고발이라 한다. 09·10. 채용 ② 동료나 상사의 부정부패에 대하여 눈감아 주는 '침묵의 규범'과 반대되는 개념이다. 09·10. 채용, 18. 경간
내부고발의 정당화 요건 (클라이니히)	① **적절한 도덕적 동기**: 합리적 근거 필요, '조직에 대한 충성'과 '공익' 모두 고려해야 한다. ② **위반사항에 대한 중대성·급박성**: 도덕적 위반이 얼마나 중대하고 급박한가 등의 세심한 고려가 있어야 한다(사소하고 일상적인 경미한 사항은 내부고발의 대상×). ③ **객관적 확신**: 부적절한 행동을 하도록 지시되었다는 자신의 신념이 합리적 증거에 근거하였는지 확인해야 한다. ④ **성공가능성**: 어느 정도의 성공가능성이 있어야 한다. ⑤ **보충성(최후수단성)**: 부패가 발견되면 제일 먼저 외부에 공개하는 것이 아니라, 특별한 경우를 제외하고 공표를 하기 전에 자신의 의견을 표시하기 위한 **모든 내부적 채널을 사용했어야** 한다.

⊕ PLUS 비지 바디니스와 도덕적 해이

비지 바디니스 (busy bodiness)	동료나 상사의 비행에 대하여 일일이 참견하며 **도덕적 충고**를 하는 태도를 의미한다. 20. 채용
도덕적 해이 (moral hazard)	① 도덕적 가치관이 붕괴되어 **동료의 부패를 부패라고 인식하지 못하는 것**을 의미한다. 20. 채용 ② '**도덕적 위험**'을 의미하는 것으로 일반적으로는 윤리적으로나 법적으로 자신이 하여야 할 최선의 의무를 다하지 않는 경우를 가리킨다.

⊕ PLUS 예기적 사회화 과정 22. 경간

'예기적 사회화'란 특정한 신분이 되기 전에 그 신분에 알맞은 생각과 행동을 학습하거나 되는 것을 말한다.
① 경찰인의 사회화는 경찰이 되기 전의 가치관이나 자신의 직접경험과 친구나 가족들을 통한 간접경험, 나아가 언론매체를 통한 경찰의 이미지 등을 통해서 이루어진다.
② 개인적 성향과 조직 내 사회화 과정은 상호 보완적 관계에 있다.
③ 경찰인은 공식적 사회화 과정보다 비공식적 사회화 과정을 통해서 **영향**을 더 많이 받는다.

제3절 사회계약설로부터 도출되는 바람직한 경찰활동의 기준(코헨과 펠드버그) A급

10 · 11 · 12 · 21. 채용, 10 · 11 · 14 · 18. 승진, 21. 경간

1. 공정한 접근(Fair Access)

의의	경찰은 사회 전체의 필요에 의해서 생겨난 기구로 경찰서비스에 대한 공정한 접근(동등한 기회)을 허용해야 한다. 21. 채용 **경찰의 법집행과정에서 필요 외의 기준, 즉 성별 · 나이 · 전과유무 등에 의한 차별은 금지**되며 경찰개입의 유일한 기준은 필요이며 여기서 **평등원칙**이 도출된다. 따라서 경찰의 편들기나 특정지역이나 사람에 대한 법집행을 게을리(해태)하거나 무시하는 것은 금지가 된다.
위반 사례	① 음주단속을 하던 A경찰서 김 순경이 B경찰서 이 순경을 적발하고도 이를 동료 경찰관이라는 이유로 눈감아 준 경우(**편들기**) 10. 승진, 12. 채용 ② 김 순경은 순찰근무 중 달동네에는 가려고 하지 않고 부자 동네인 구역으로만 순찰을 다니려고 한 경우(**차별**) 21. 경간

2. 공공의 신뢰확보(Public Trust)

의의	공공의 신뢰란 시민들이 자신의 권리행사를 제한하고 치안을 경찰에게 믿고 맡겼다는 것을 인식하고 경찰이 거기에 부응하는 것을 의미한다. 경찰은 질서의 유지를 위하여 시민을 대신해서 수사상의 권한을 사용하고, 강제적인 수단을 사용할 권한을 가지고 있으므로, 경찰관은 **시민들의 신뢰에 합당한 방식으로 권한을 사용**해야 한다.
위반 사례	① **자력구제는 원칙적으로 금지**된다. 따라서 피해자가 절도 용의자를 직접 체포치 않고 수사기관에 신고해서 체포하게 하는 것은 공공의 신뢰확보에 기여하는 것이다. 11. 채용, 13. 승진, 21. 경간 ② 시민은 경찰이 사적인 이익(뇌물수수 등)을 위해 공권력을 사용하지 않을 것을 믿고 있다. ③ 경찰관 甲이 절도신고를 받고 사건현장에 도착하였으나 절도범 乙의 우람한 체격을 보는 순간 자신의 안위가 걱정되어 체포하는 척하면서 절도범 乙이 도망가도록 내버려두었다면 이는 공공의 신뢰를 저버린 것이다. 10. 승진, 17. 경간 ④ 시민은 경찰이 강제력을 행사할 때 시민들의 신뢰에 합당한 방식으로 권한을 행사하고 필요한 만큼의 최소한의 강제력(비례의 원칙)을 사용할 것을 신뢰한다. 12·21. 채용 ㉠ 경찰서에서 근무하는 김 형사는 절도범을 추격 중 달아나는 절도범의 등 뒤에서 총을 쏘아 사망케 하는 경우(과잉진압) 17·21. 경간 ㉡ 경찰이 만취한 사람을 제지하는 과정에서 약간의 폭행을 당하자 흥분하여 수갑을 채우고 경찰봉으로 구타하는 경우(과잉진압) ㉢ 공원에서 만취한 사람이 맥주병을 던지고 심한 욕을 하고 있다는 신고를 받은 경찰관이 현장에 출동하여 제압하는 과정에서 물리적 폭력 없이 제압할 수 있었지만 경찰봉을 사용하여 상대방에게 약간의 상해를 입히면서 제압한 경우 등은 공공의 신뢰에 위배된다(과잉진압).

3. 생명과 재산의 안전보호(사회계약에서 경찰활동의 궁극적 목적)

의의	경찰의 법집행 활동은 **사회계약의 궁극의 목적인 생명과 재산의 안전**이라는 차원에서 이루어져야 한다.
사회계약의 목적	① 시민의 생명과 재산의 안전을 보호하는 것이 사회계약의 목적이며, **법집행은 사회계약의 실현을 위한 수단에 불과한 것**이다. 엄격한 법집행이 시민의 생명과 재산의 안전을 위할 때 그 타당성을 가지며, 오히려 안전에 위협이 될 때는 법집행이 양보해야 된다는 것을 의미한다. 12. 채용 ② 사례: 불법오토바이를 단속하던 김 순경은 정지명령에 불응하는 오토바이를 향하여 끝까지 포기하지 않고 추격한 결과, 운전자가 전신주를 들이받고 사망했다면 이는 생명과 재산의 안전보호에 실패한 것이다.
현재 위험 우선보호	① 위기상황에서 경찰은 현재 위험에 처해 있는 시민의 생명과 안전을 잠재적인 위험보다 더 우선적으로 보호하여야 한다. ② 사례: 은행강도이자 성도착자인 甲이 어린 소녀를 인질로 잡고 차량도주하고 있고 그 뒤를 경찰이 추격하자 甲이 싸이카를 향해 총격을 가하는 경우 경찰은 추격(법집행)을 계속해야 할 것으로 판단된다. 이 경우 시민들과 주위의 차량에 대한 잠재적인 위험보다 인질로 잡혀 있는 소녀의 안전이 더 심각하고 급박하기 때문이다. 21. 경간

4. 협동(Teamwork)과 역할한계

의의	경찰은 그들에게 부여된 사회적 역할 범위 내에서 활동을 하여야 하며, 이러한 범위 내의 활동을 함에 있어서도 상호협력을 통해 경찰목적을 달성해야 한다. 21. 채용
범위	**협동의 의미는 부서간 또는 사람간의 기능적인 업무협조뿐만 아니라 정보교환이라든지 무형적인 것도 포함한다.**
위배되는 사례	① 형사 乙이 좋은 사람과 나쁜 사람을 가려서, 나쁜 사람에 대해서만 적극적으로 혼내주는 경우는 검사나 판사의 역할까지 수행하는 것으로 경찰의 역할을 벗어난 것이다(**역할한계오류**). ② 경찰관 甲이 특진욕심에 중요 탈옥범 乙을 혼자서 검거하려다 놓친 경우(협동실패) ③ 형사계 김 형사는 탈주범이 자기 관내에 있다는 첩보를 입수하고도 이를 상부에 보고하지 않고 단독으로 검거하려다 실패한 경우(협동실패) 10. 승진, 12. 채용, 21. 경간

5. 냉정하고 객관적인 자세

의의	경찰관은 사회의 일부분이 아닌 **사회 전체의 이익**을 위해 업무수행을 해야 하기 때문에 냉정하고 객관적인 자세를 유지해야 하며, 경찰은 공적인 역할을 수행함에 있어 사사로운 감정에 잡히지 말고 공평하게 사심이 없어야 한다는 것을 말한다. 따라서 경찰관의 중용이 요구되며, **경찰관의 과도한 개입(편견, 지나친 관여)이나 냉소주의는 모두 금지된다.** 10. 승진
위배되는 사례	① 편견 　㉠ 아버지로부터 가정폭력을 많이 경험한 甲경장이 가정문제의 모든 잘못은 남편에게 있다고 생각하는 경우 17·21. 경간 　㉡ 김 순경은 경찰에 들어오기 전 집에 도둑을 맞은 경험이 있다. 그런데 경찰이 되어 절도범을 검거하였는데, 과거 도둑맞은 경험이 생각나 피의자에게 욕설과 가혹행위를 한 경우 10. 승진, 17·21. 경간 ② 냉소주의: 유흥가 밀집지역의 지구대에 근무하는 甲경사는 전입 온 날부터 하루도 빠짐없이 매일 저녁 주취자들의 상호폭력을 신고 받고 출동한다. 가보면 돈 꽤나 있는 새파란 젊은 것들이 난장판이다. 甲경사는 '내가 이런 것들을 위해 일해야 되나' 하면서, '이런 놈들이 다치거나 죽거나 무슨 상관이야' 하면서 이들을 위해서 노력할 필요를 전혀 못 느낀다. 그래서 그는 신고가 들어오면 '내가 가기 전에 자기들끼리 해결하겠지' 생각하면서 미적거리며 늦장을 부리며 대처한 경우

제4절 악법에 대한 철학적 논쟁

1. 악법에 대한 학설의 대립 11. 승진

법실증주의자	기본 가정	① 국가와 사회의 관계에서 사회나 개인에 대하여 국가의 우월성을 강조한다. ② 인간의 기본권은 자연권으로 존재하는 것이 아니라 법률에 의해서 비로소 창설되는 것이라고 본다.
	악법에 대한 태도	① 객관적 윤리질서보다 법적인 안정성을 강조한다. ② 자연법을 부정하는 관점에서 **정당한 절차만 밟아서 제정된 법이라면 악법도 법**이라고 본다. ③ 실정법에 위배된 자연법의 구속력을 부정한다. ④ 실정법에의 복종을 주장하며 국민의 저항권을 부정한다.
자연법론자	기본 가정	① 국가와 사회의 대립을 전제로 국가에 대한 사회나 개인의 우월성을 강조한다. ② 인간의 기본권은 국가 이전에 이미 존재하던 것을 국가가 법으로 확인하는 것이라고 주장한다.
	악법에 대한 태도	① 법적 안정성보다 공동체가 추구하는 객관적 윤리질서에 중점을 둔다. ② **공동체가 추구하는 객관적 윤리질서에 반하는 법은 명백한 악법**이다. ③ 자연법에 위배된 실정법의 구속력을 부정한다. ④ 실정법에 우선되는 자연법을 강조하여 국민의 저항권을 인정한다.

2. 저항권 행사와 경찰의 태도

의의	저항권이란 주권자로서의 국민이 공권력에 의해 침해된 헌법적 기본질서를 회복하기 위해 취할 수 있는 비상적인 헌법보호수단이자 기본권 보장을 위한 기본권의 성격을 가진다.
저항권 행사의 요건	① 민주적·법치국가적 기본질서를 전면적으로 부인하는 경우일 것 ② 공권력 행사의 불법성이 객관적으로 명백할 것 ③ **최후의 수단(보충성)**: 자연법적 관점에 의하더라도 저항권은 최후수단성이 적용되므로, 저항권은 공동체에서 용인된 제도적 수단을 총동원해도 악법에 의한 불법을 막을 길이 없을 때 최후적으로 행사되어야 한다.
저항권 행사와 경찰의 태도	① **자연법론적 관점**: 경찰이 악법에 대하여 자연법론적 관점을 가지면 악법에 대한 시민들의 저항을 어느 정도 묵인하는 태도를 취하게 된다. ② **악법 여부가 명백한 경우**: 법이 공동체의 객관적 윤리질서에 반하는 것이 명백하고 정상적인 제도적 채널로 그 해결이 어려운 경우라면 경찰은 **시민들의 저항권을 저지하기 위해 공권력을 행사할 수 없다.** ③ **악법 여부가 불분명한 경우**: 법이 공동체의 객관적 윤리질서에 위배되는지가 불분명하고 제도적 채널을 통한 해결가능성이 있는 경우라면 경찰은 법질서의 보호를 위해 **현실적인 법에 근거하여 법을 집행하여야 한다.**

제5절 경찰윤리강령

1. 경찰윤리 교육의 목적(존 클라이니히) C급 21. 법학

도덕적 결의의 강화	경찰관이 실무에서 내부 및 외부로부터 여러 압력과 유혹에도 굴복하지 않고 **자신의 소신과 직업의식에 따라 일을 처리하는 것**이다. 예 甲형사에게 사건관련자가 돈 200만원을 주면서 잘 처리해 달라고 하자 처음에는 거절하다가 결국은 돈을 받았다면 이는 도덕적 결의가 약화된 것
도덕적 감수성의 배양	실무에서 경찰이 다양한 계층의 사람들에게 모두 **인간으로서 존중하고 공평하게 봉사하는 것**이다. 예 지구대에 거지가 찾아왔을 때 상황 근무 중인 甲순경이 욕설과 험담을 하면서 거지를 쫓아냈다면 甲은 도덕적 감수성이 부족한 것
도덕적 전문능력 함양	경찰이 비판적이고 반성적인 사고방식을 배양하여 조직 내에 **관습적으로 내려오는 관행을 비판적으로 검토하고 수용하는 것**이며, 경찰윤리 교육에 있어서 **가장 중요한 목적**이다.

2. 경찰윤리강령과 문제점 B급 13·14. 승진

제정순서	경찰윤리헌장(1966) ➡ 새경찰신조(1980) ➡ 경찰헌장(1991) ➡ 경찰서비스헌장(1998)	
효력	전문직업인의 내부규율로써 선언적 효력을 가질 뿐, **법적 효력은 없다.**	
기능 14. 승진	대내적 기능	경찰공무원 개인적 기준 설정, 경찰조직의 기준 제시, 경찰조직에 대한 소속감 고취 등
	대외적 기능	서비스 수준의 보장, 국민과의 신뢰관계 형성, 과도한 요구에 대한 책임 제한 등
경찰헌장 (1991) 10·17. 채용, 13·15·19. 승진	① 모든 사람의 인격을 존중하고 누구에게나 따뜻하게 **봉사**하는 **친절한 경찰** ② **정의**의 이름으로 진실을 추구하며 어떠한 **불의**나 불법과도 타협하지 않는 **의로운 경찰** ③ 국민의 신뢰를 바탕으로 오직 **양심**에 따라 **법**을 집행하는 **공정한 경찰** ④ 건전한 상식 위에 전문지식을 갈고 닦아 맡은 일을 **성실**하게 수행하는 **근면한 경찰** ⑤ 화합과 단결 속에 항상 규율을 지키며 **검소**하게 생활하는 **깨끗한 경찰**	
경찰서비스헌장 (1998) 12. 경간	① 범죄와 사고를 철저히 예방하고 법을 어긴 행위는 단호하고 **엄정**하게 처리하겠습니다. ② 국민이 필요로 하면 **어디든지 바로** 달려가 도와 드리겠습니다. ③ 모든 민원은 **친절하고 신속·공정**하게 처리하겠습니다. ④ 국민의 **안전과 편의**를 제일 먼저 생각하고 성실히 직무를 수행하겠습니다. ⑤ 인권을 존중하고 권한을 남용하는 일이 없도록 하겠습니다. ⑥ 잘못된 업무는 즉시 **확인**하여 바로잡겠습니다.	

윤리강령의 문제점 13·14·19. 승진	실행가능성의 문제	경찰강령은 **법적 강제력이 없기** 때문에 위반했을 경우 제재할 방법이 미흡하다.
	최소주의의 위험	경찰관이 최선을 다하여 헌신과 봉사를 하려다가도 윤리강령에 포함된 정도의 수준으로만 근무를 하여 경찰강령이 **근무수행의 최소기준**이 된다. 결국 더 이상의 자기희생을 하지 않으려는 **경향**이 나타난다.
	냉소주의의 문제	경찰강령은 직원들의 참여에 의하여 이루어지는 것이 아니라 **상부에서 제정하여 하달하였기 때문에** 타율성으로 인해 진정한 봉사가 이루어지지 않을 수 있다.
	비진정성의 조장	경찰강령은 경찰관의 도덕적 자각에 따른 **자발적인 행동이 아니라 외부로부터 요구된 것**으로서 타율성으로 인해 진정한 봉사가 이루어지지 않을 수 있다.
	행위중심적 성격	경찰강령이 특정행위를 중심적으로 규정되어 있어 행위 이전의 **의도나 동기를 소홀**히 하고 있다.
	우선순위 미결정	경찰강령이 구체적인 경우 그보다 더 곤란한 현실문제에 있어서 무엇을 먼저 하고 무엇을 나중에 해야 할지 **우선순위를 결정하는 기준이 되지 못한다.**

제6절 부정청탁 및 금품등 수수의 금지에 관한 법률 [시행 2025.1.21.]

정의 (제2조)	이 법에서 사용하는 용어의 뜻은 다음과 같다. 1. "**공공기관**"이란 다음 각 목의 어느 하나에 해당하는 기관·단체를 말한다. 18. 승진 　가. 국회, 법원, 헌법재판소, 선거관리위원회, 감사원, 국가인권위원회, 고위공직자범죄수사처, 중앙행정기관(대통령 소속 기관과 국무총리 소속 기관을 **포함한다**)과 그 소속 기관 및 지방자치단체 21. 채용 　나. 「공직자윤리법」 제3조의2에 따른 공직유관단체 　다. 「공공기관의 운영에 관한 법률」 제4조에 따른 기관 　라. 「초·중등교육법」, 「고등교육법」, 「유아교육법」 및 그 밖의 다른 법령에 따라 설치된 각급 학교 및 「**사립학교법**」에 따른 학교법인 19. 법학 　마. 「언론중재 및 피해구제 등에 관한 법률」 제2조 제12호에 따른 **언론사** 2. "**공직자등**"이란 다음 각 목의 어느 하나에 해당하는 **공직자 또는 공적 업무 종사자**를 말한다. 18·19. 승진 　가. 「국가공무원법」 또는 「지방공무원법」에 따른 공무원과 그 밖에 다른 법률에 따라 그 자격·임용·교육훈련·복무·보수·신분보장 등에 있어서 공무원으로 인정된 사람 　나. 제1호 나목 및 다목에 따른 공직유관단체 및 기관의 장과 그 임직원 　다. 제1호 라목에 따른 각급 학교의 장과 교직원 및 **학교법인의 임직원** 　라. 제1호 마목에 따른 **언론사의 대표자와 그 임직원**

부정청탁의 금지 (제5조)	① 누구든지 직접 또는 제3자를 통하여 직무를 수행하는 공직자등에게 다음 각 호의 어느 하나에 해당하는 **부정청탁**을 해서는 아니 된다. 19. 법학 ② 제1항에도 불구하고 다음 각 호의 어느 하나에 해당하는 경우에는 **이 법을 적용하지 아니한다.** 　1. 「청원법」, 「민원사무 처리에 관한 법률」, 「행정절차법」, 「국회법」 및 그 밖의 다른 법령·기준(제2조 제1호 나목부터 마목까지의 공공기관의 규정·사규·기준을 포함한다. 이하 같다)에서 정하는 **절차·방법에 따라** 권리침해의 구제·해결을 요구하거나 그와 관련된 법령·기준의 제정·개정·폐지를 제안·건의하는 등 **특정한 행위를 요구하는 행위** 　2. **공개적으로** 공직자등에게 특정한 행위를 요구하는 행위 　3. **선출직 공직자**, 정당, 시민단체 등이 공익적인 목적으로 제3자의 고충민원을 전달하거나 법령·기준의 제정·개정·폐지 또는 정책·사업·제도 및 그 운영 등의 개선에 관하여 **제안·건의하는 행위** 　4. 공공기관에 직무를 **법정기한 안에 처리하여 줄 것을 신청·요구**하거나 그 진행상황·조치결과 등에 대하여 **확인·문의 등을 하는 행위** 　5. **직무 또는 법률관계에 관한 확인·증명** 등을 **신청·요구하는 행위** 　6. 질의 또는 상담형식을 통하여 직무에 관한 법령·제도·절차 등에 대하여 **설명이나 해석을 요구하는 행위** 　7. 그 밖에 **사회상규(社會常規)에 위배되지 아니하는 것으로 인정되는** 행위 19. 법학
부정청탁에 따른 직무수행 금지 (제6조)	부정청탁을 받은 공직자등은 그에 따라 직무를 수행해서는 아니 된다.
부정청탁의 신고 및 처리 (제7조)	① 공직자등은 부정청탁을 받았을 때에는 부정청탁을 한 자에게 부정청탁임을 알리고 이를 **거절하는 의사를 명확히 표시하여야 한다.** 19. 법학, 19. 승진 ② 공직자등은 제1항에 따른 조치를 하였음에도 불구하고 동일한 부정청탁을 다시 받은 경우에는 이를 소속기관장에게 서면(전자문서를 포함한다. 이하 같다)으로 신고하여야 한다. ③ 제2항에 따른 신고를 받은 소속기관장은 신고의 경위·취지·내용·증거자료 등을 조사하여 신고 내용이 부정청탁에 해당하는지를 신속하게 확인하여야 한다. ④ **소속기관장은** 부정청탁이 있었던 사실을 알게 된 경우 또는 제2항 및 제3항의 부정청탁에 관한 신고·확인 과정에서 해당 직무의 수행에 지장이 있다고 인정하는 경우에는 부정청탁을 받은 공직자등에 대하여 **다음 각 호의 조치를 할 수 있다.** 　1. **직무 참여 일시중지** 　2. **직무 대리자의 지정** 　3. **전보** 　4. 그 밖에 국회규칙, 대법원규칙, 헌법재판소규칙, 중앙선거관리위원회규칙 또는 대통령령으로 정하는 조치 ⑤ 소속기관장은 공직자등이 다음 각 호의 어느 하나에 해당하는 경우에는 **제4항에도 불구하고 그 공직자등에게 직무를 수행하게 할 수 있다.** 이 경우 제20조에 따른 소속기관의 담당관 또는 다른 공직자등으로 하여금 그 공직자등의 공정한 직무수행 여부를 주기적으로 확인·점검하도록 하여야 한다.

	1. 직무를 수행하는 공직자등을 대체하기 지극히 어려운 경우 2. 공직자등의 **직무수행에 미치는 영향이 크지 아니한 경우** 3. 국가의 안전보장 및 경제발전 등 **공익증진**을 이유로 **직무수행의 필요성이 더 큰 경우** ⑥ 공직자등은 제2항에 따른 신고를 감독기관·감사원·수사기관 또는 국민권익위원회에도 할 수 있다. ⑦ **소속기관장**은 다른 법령에 위반되지 아니하는 범위에서 부정청탁의 내용 및 조치사항을 **해당 공공기관의 인터넷 홈페이지 등에 공개할 수 있다.** ⑧ 제1항부터 제7항까지에서 규정한 사항 외에 부정청탁의 신고·확인·처리 및 기록·관리·공개 등에 필요한 사항은 **대통령령**으로 정한다.
금품등의 수수 금지 (제8조)	① **공직자등은 직무 관련 여부 및 기부·후원·증여 등 그 명목에 관계없이 동일인으로부터 1회에 100만원 또는 매 회계연도에 300만원을 초과하는 금품등을 받거나 요구 또는 약속해서는 아니 된다.** 19. 법학, 19·20. 승진, 19·21. 채용 ② **공직자등은 직무와 관련하여 대가성 여부를 불문하고 제1항에서 정한 금액 이하의 금품등을 받거나 요구 또는 약속해서는 아니 된다.** 19. 승진 ③ 제10조의 외부강의등에 관한 사례금 또는 다음 각 호의 어느 하나에 해당하는 금품등의 경우에는 제1항 또는 제2항에서 **수수를 금지하는 금품등에 해당하지 아니한다.** 18·19·20. 승진, 19. 채용 1. 공공기관이 소속 공직자등이나 파견 공직자등에게 지급하거나 상급 공직자등이 **위로·격려·포상** 등의 목적으로 하급 공직자등에게 제공하는 금품등 2. 원활한 직무수행 또는 사교·의례 또는 부조의 목적으로 제공되는 **음식물·경조사비·선물** 등으로서 대통령령으로 정하는 가액 범위 안의 금품등. 다만, 선물 중 「농수산물 품질관리법」 제2조 제1항 제1호에 따른 농수산물 및 같은 항 제13호에 따른 농수산가공품(농수산물을 원료 또는 재료의 50퍼센트를 넘게 사용하여 가공한 제품만 해당한다)은 대통령령으로 정하는 설날·추석을 포함한 기간에 한정하여 그 가액 범위를 두배로 한다. 3. **사적 거래**(증여는 제외한다)로 인한 **채무의 이행** 등 정당한 권원에 의하여 제공되는 금품등 4. 공직자등의 **친족**(「민법」 제777조에 따른 친족을 말한다)이 제공하는 금품등 5. 공직자등과 관련된 직원상조회·동호인회·동창회·향우회·친목회·종교단체·사회단체 등이 정하는 기준에 따라 구성원에게 제공하는 금품등 및 그 소속 구성원 등 공직자등과 **특별히 장기적·지속적인 친분관계**를 맺고 있는 자가 질병·재난 등으로 어려운 처지에 있는 공직자등에게 제공하는 금품등 6. 공직자등의 직무와 관련된 공식적인 행사에서 주최자가 참석자에게 통상적인 범위에서 **일률적으로 제공하는 교통, 숙박, 음식물 등의 금품등** 7. **불특정 다수인에게 배포하기 위한 기념품 또는 홍보용품** 등이나 경연·추첨을 통하여 받는 보상 또는 상품 등 8. 그 밖에 다른 법령·기준 또는 사회상규에 따라 허용되는 금품등 ④ 공직자등의 배우자는 공직자등의 직무와 관련하여 제1항 또는 제2항에 따라 공직자등이 받는 것이 금지되는 금품등(이하 "수수 금지 금품등"이라 한다)을 받거나 요구하거나 제공받기로 약속해서는 아니 된다. ⑤ 누구든지 공직자등에게 또는 그 공직자등의 배우자에게 수수 금지 금품등을 제공하거나 그 제공의 약속 또는 의사표시를 해서는 아니 된다.

수수 금지 금품등의 신고 및 처리 (제9조)	① 공직자등은 다음 각 호의 어느 하나에 해당하는 경우에는 **소속기관장에게 지체 없이 서면으로 신고하여야 한다.** 21. 채용 1. 공직자등 자신이 수수 금지 금품등을 받거나 그 제공의 약속 또는 의사표시를 받은 경우 21. 채용 2. 공직자등이 자신의 배우자가 수수 금지 금품등을 받거나 그 제공의 약속 또는 의사표시를 받은 사실을 안 경우
외부강의등의 사례금 수수 제한 (제10조)	① 공직자등은 **자신의 직무와 관련**되거나 그 지위·직책 등에서 유래되는 사실상의 영향력을 통하여 요청받은 교육·홍보·토론회·세미나·공청회 또는 그 밖의 회의 등에서 한 강의·강연·기고 등(이하 "**외부강의등**"이라 한다)의 대가로서 대통령령으로 정하는 금액을 **초과하는 사례금을 받아서는 아니 된다.** ② 공직자등은 **사례금을 받는 외부강의등을 할 때에는** 대통령령으로 정하는 바에 따라 외부강의등의 요청 명세 등을 소속기관장에게 그 외부강의등을 마친 날부터 10일 이내에 서면으로 신고하여야 한다. 다만, 외부강의등을 요청한 자가 **국가나 지방자치단체인 경우에는 그러하지 아니하다.** 19. 승진 ③ 삭제 〈2019.11.26.〉 ④ **소속기관장은** 제2항에 따라 공직자등이 신고한 외부강의등이 공정한 직무수행을 저해할 수 있다고 판단하는 경우에는 그 공직자등의 외부강의등을 **제한할 수 있다.** 20. 경간 ⑤ 공직자등은 제1항에 따른 금액을 **초과하는 사례금을 받은 경우에는** 대통령령으로 정하는 바에 따라 소속기관장에게 신고하고, 제공자에게 그 초과금액을 지체 없이 **반환하여야 한다.** 공직자등이 외부강의등을 신고를 할 때 상세 명세 또는 사례금 총액 등을 미리 알 수 없는 경우에는 **해당 사항을 제외한 사항을 신고한 후 해당 사항을 안 날부터 5일 이내에 보완하여야 한다**(부정청탁 및 금품등 수수의 금지에 관한 법률 시행령 제26조 제2항). 19. 승진
위반행위의 신고 등 (제13조)	① **누구든지** 이 법의 위반행위가 발생하였거나 발생하고 있다는 사실을 알게 된 경우에는 다음 각 호의 어느 하나에 해당하는 기관에 **신고할 수 있다.** 19. 승진 1. 이 법의 위반행위가 발생한 공공기관 또는 그 감독기관 2. 감사원 또는 수사기관 3. 국민권익위원회 ② 제1항에 따른 **신고를 한 자가** 다음 각 호의 어느 하나에 해당하는 경우에는 이 법에 따른 **보호 및 보상을 받지 못한다.** 1. 신고의 내용이 **거짓**이라는 사실을 알았거나 알 수 있었음에도 신고한 경우 2. 신고와 관련하여 **금품등**이나 근무관계상의 **특혜**를 요구한 경우 3. 그 밖에 **부정한** 목적으로 신고한 경우 ③ 제1항에 따라 신고를 하려는 자는 자신의 인적사항과 신고의 취지·이유·내용을 적고 서명한 문서와 함께 신고 대상 및 증거 등을 제출하여야 한다.

비실명 대리신고 (제13조의2)	① 제13조 제3항에도 불구하고 같은 조 제1항에 따라 신고를 하려는 자는 자신의 인적사항을 밝히지 아니하고 변호사를 선임하여 신고를 대리하게 할 수 있다. 이 경우 제13조 제3항에 따른 신고자의 인적사항 및 신고자가 서명한 문서는 변호사의 인적사항 및 변호사가 서명한 문서로 갈음한다. ② 제1항에 따른 신고는 국민권익위원회에 하여야 하며, 신고자 또는 신고를 대리하는 변호사는 그 취지를 밝히고 신고자의 인적사항, 신고자임을 입증할 수 있는 자료 및 위임장을 국민권익위원회에 함께 제출하여야 한다. ③ 국민권익위원회는 제2항에 따라 제출된 자료를 봉인하여 보관하여야 하며, 신고자 본인의 동의 없이 이를 열람하여서는 아니 된다.
신고의 처리 (제14조)	① 조사기관은 신고를 받거나 국민권익위원회로부터 신고를 이첩받은 경우에는 그 내용에 관하여 **필요한 조사·감사 또는 수사를 하여야 한다.** ② 국민권익위원회가 제13조 제1항에 따른 신고를 받은 경우에는 그 내용에 관하여 신고자를 상대로 사실관계를 확인한 후 대통령령으로 정하는 바에 따라 조사기관에 이첩하고, 그 사실을 신고자에게 통보하여야 한다. ③ **조사기관은 조사·감사 또는 수사를 마친 날부터 10일 이내**에 그 **결과를 신고자와 국민권익위원회에 통보**(국민권익위원회로부터 이첩받은 경우만 해당한다)하고, 조사·감사 또는 수사 결과에 따라 공소 제기, 과태료 부과 대상 위반행위의 통보, 징계 처분 등 필요한 조치를 하여야 한다. ④ **국민권익위원회는** 제3항에 따라 조사기관으로부터 조사·감사 또는 수사 결과를 통보받은 경우에는 **지체 없이 신고자에게 조사·감사 또는 수사 결과를 알려야 한다.** ⑤ 조사·감사 또는 수사 결과를 통보받은 **신고자는 조사기관에 이의신청을 할 수 있으며,** 조사·감사 또는 수사 결과를 통지받은 **신고자는 국민권익위원회에도 이의신청을 할 수 있다.** ⑥ 국민권익위원회는 조사기관의 조사·감사 또는 수사 **결과가 충분하지 아니하다고 인정되는 경우에는** 조사·감사 또는 수사 결과를 **통보받은 날부터 30일 이내에 새로운 증거자료의 제출 등 합리적인 이유를 들어 조사기관에 재조사를 요구할 수 있다.** ⑦ 재조사를 요구받은 조사기관은 **재조사를 종료한 날부터 7일 이내에** 그 결과를 국민권익위원회에 통보하여야 한다. 이 경우 국민권익위원회는 통보를 받은 **즉시 신고자에게 재조사 결과의 요지를 알려야 한다.**
벌칙 (제22조)	**부정청탁을 받은 공직자등이 그에 따라 직무를 수행한 경우 2년 이하의 징역 또는 2천만원 이하의 벌금**에 처한다. 19·20. 승진

➕ PLUS 부정청탁 및 금품등 수수의 금지에 관한 법률 시행령 [별표 2]

1. 공직자등별 사례금 상한액

   가. 「국가공무원법」 또는 「지방공무원법」에 따른 공무원과 그 밖에 다른 법률에 따라 그 자격·임용·교육훈련·복무·보수·신분보장 등에 있어서 공무원으로 인정된 사람, 공직유관단체 및 기관의 장과 그 임직원에 해당하는 공직자등(각급 학교의 장과 교직원 및 언론사의 대표자와 그 임직원에 해당하는 사람은 제외한다): 40만원
   나. 각급 학교의 장과 교직원 및 학교법인의 임직원, 언론사의 대표자와 그 임직원: 100만원
   다. 가목 및 나목에도 불구하고 국제기구, 외국정부, 외국대학, 외국연구기관, 외국학술단체, 그 밖에 이에 준하는 외국기관에서 지급하는 외부강의등의 사례금 상한액은 사례금을 지급하는 자의 지급기준에 따른다.

2. 적용기준

   가. 제1호의 상한액은 강의 등의 경우 1시간당, 기고의 경우 1건당 상한액으로 한다.
   나. 1시간을 초과하여 강의 등을 하는 경우에도 사례금 총액은 강의시간에 관계없이 1시간 상한액의 100분의 150에 해당하는 금액을 초과하지 못한다.
   다. 상한액에는 강의료, 원고료, 출연료 등 명목에 관계없이 외부강의등 사례금 제공자가 외부강의등과 관련하여 공무원에게 제공하는 일체의 사례금을 포함한다.
   라. 다목에도 불구하고 공무원이 소속 기관에서 교통비, 숙박비, 식비 등 여비를 지급받지 못한 경우에는 「공무원 여비 규정」의 기준 내에서 실비수준으로 제공되는 교통비, 숙박비 및 식비는 제1호의 사례금에 포함되지 않는다.

➕ PLUS 음식물·경조사비·선물 등의 가액 범위(제14조 제3항) [별표 1]

1. 음식물(제공자와 공무원이 함께 하는 식사, 다과, 주류, 음료, 그 밖에 이에 준하는 것을 말한다): 3만원
2. 경조사비: 축의금·조의금은 5만원. 다만, 축의금·조의금을 대신하는 화환·조화는 10만원으로 한다.
3. 선물: 금전, 유가증권, 제1호의 음식물 및 제2호의 경조사비를 제외한 일체의 물품, 그 밖에 이에 준하는 것은 5만원. 다만, 농수산물 및 농수산가공품(농수산물을 원료 또는 재료의 50퍼센트를 넘게 사용하여 가공한 제품만 해당한다)은 10만원으로 한다.

제7절 경찰청 공무원 행동강령(경찰청훈령) [시행 2022.10.7.]

11·13. 경간, 11·12·13·14·18·19. 승진, 13·15·17·18. 채용

직무관련자	공무원의 소관 업무와 관련되는 자로서 개인[공무원이 사인(私人)의 지위에 있는 경우에는 개인으로 본다] 또는 법인·단체를 말한다.
직무관련공무원	공무원의 직무수행과 관련하여 이익 또는 불이익을 직접적으로 받는 다른 공무원(기관이 이익 또는 불이익을 받는 경우에는 그 기관의 관련 업무를 담당하는 공무원을 말한다)을 말한다.
금품등	① 금전, 유가증권, 부동산, 물품, 숙박권, 회원권, 입장권, 할인권, 초대권, 관람권, 부동산 등의 사용권 등 일체의 재산적 이익 ② 음식물·주류·골프 등의 접대·향응 또는 교통·숙박 등의 편의 제공 ③ 채무 면제, 취업 제공, 이권(利權) 부여 등 그 밖의 유형·무형의 경제적 이익
경찰유관단체	경찰기관에서 민관 치안협력 또는 민간전문가를 통한 치안자문활동 목적으로 조직·운영하고 있는 단체를 말한다.

구분	내용
적용범위	이 규칙은 **경찰청 소속 공무원과 경찰청에 파견된 공무원에게 적용**한다. 18·20. 승진
공정한 직무수행을 해치는 지시에 대한 처리 (제4조)	① 공무원은 상급자가 자기 또는 타인의 부당한 이익을 위하여 공정한 직무수행을 현저하게 해치는 지시를 하였을 때에는 **별지 제1호 서식 또는 전자우편 등의 방법으로 그 사유를 상급자에게 소명하고 지시에 따르지 아니하거나, 별지 제2호 서식 또는 전자우편 등의 방법으로 행동강령책임관과 상담할 수 있다.** 12·14·18·19·20. 승진, 13. 경간, 15·17·18·20. 채용 ② 제1항에 따라 지시를 이행하지 아니하였는데도 **같은 지시가 반복될 때에는 즉시 행동강령책임관과 상담하여야 한다.** 17·20. 승진, 20. 채용 ③ 제1항이나 제2항에 따라 상담 요청을 받은 행동강령책임관은 지시 내용을 확인하여 **지시를 취소하거나 변경할 필요가 있다고 인정되면 소속 기관의 장에게 보고하여야 한다.** 다만, 지시 내용을 확인하는 과정에서 부당한 지시를 한 **상급자가 스스로 그 지시를 취소하거나 변경하였을 때에는 소속 기관의 장에게 보고하지 아니할 수 있다.** 20. 채용, 20. 승진 ④ 제3항에 따른 보고를 받은 소속 기관의 장은 필요하다고 인정되면 지시를 취소·변경하는 등 적절한 조치를 하여야 한다. 이 경우 공정한 직무수행을 해치는 지시를 제1항에 따라 이행하지 아니하였는데도 **같은 지시를 반복한 상급자에게는 징계 등 필요한 조치를 할 수 있다.**
부당한 수사지휘에 대한 이의제기 (제4조의2)	① 공무원은 「범죄수사규칙」 제30조에 따른 **경찰관서 내 수사 지휘에 대한 이의제기와 관련하여 행동강령책임관에게 상담을 요청할 수 있다.** 17·18. 채용, 19. 경간 ② 제1항의 상담요청을 받은 행동강령책임관은 해당 지휘의 취소·변경이 필요하다고 인정되면 소속기관장에게 보고하여야 한다.
수사·단속 업무의 공정성 강화 (제5조의2)	① 공무원은 수사·단속의 대상이 되는 업소 중 경찰청장이 지정하는 유형의 **업소 관계자와 부적절한 사적 접촉을 하여서는 아니 되며, 공적 또는 사적으로 접촉한 경우 경찰청장이 정하는 방법에 따라 신고하여야 한다.** 17. 채용 ② 공무원은 수사 중인 **사건의 관계자**(해당 사건의 처리와 법률적·경제적 이해관계가 있는 자로서 경찰청장이 지정하는 자를 말한다)와 부적절한 사적접촉을 해서는 아니 되며, 소속 경찰관서 내에서만 접촉하여야 한다. 다만, 현장 조사 등 공무상 필요한 경우 외부에서 접촉할 수 있으며, 이 경우에는 수사서류 등 공문서에 기록하여야 한다.
특혜의 배제 (제6조)	공무원은 직무를 수행함에 있어 지연·혈연·학연·종교 등을 이유로 특정인에게 특혜를 주어서는 아니 된다.
예산의 목적 외 사용 금지(제7조)	공무원은 여비, 업무추진비 등 공무 활동을 위한 예산을 목적 외의 용도로 사용하여 소속 기관에 재산상 손해를 입혀서는 아니 된다.
정치인 등의 부당한 요구에 대한 처리 (제8조)	① 공무원은 정치인이나 정당 등으로부터 부당한 직무수행을 강요받거나 청탁을 받은 경우에는 별지 제9호 서식 또는 전자우편 등의 방법으로 소속 기관의 장에게 보고하거나 **행동강령책임관과 상담하여야 한다.** 14. 승진, 17·18. 채용, 19. 경간 ② 제1항에 따라 보고를 받은 소속 기관의 장이나 상담을 한 행동강령책임관은 그 공무원이 공정한 직무수행을 할 수 있도록 적절한 조치를 하여야 한다.
인사 청탁 등의 금지 (제9조)	① 공무원은 자신의 임용·승진·전보 등 인사에 부당한 영향을 미치기 위하여 타인으로 하여금 인사업무 담당자에게 청탁을 하도록 해서는 아니 된다. 17. 채용 ② 공무원은 직위를 이용하여 다른 공무원의 임용·승진·전보 등 인사에 부당하게 개입해서는 아니 된다.

구분	내용
이권 개입 등의 금지(제10조)	공무원은 자신의 직위를 직접 이용하여 부당한 이익을 얻거나 타인이 부당한 이익을 얻도록 해서는 아니 된다.
직위의 사적이용 금지(제10조의2)	공무원은 직무의 범위를 벗어나 사적 이익을 위하여 소속기관의 명칭이나 직위를 공표·게시하는 등의 방법으로 이용하거나 이용하게 하여서는 아니 된다.
직무 관련 정보를 이용한 거래 등의 제한(제12조)	공무원은 직무수행 중 알게 된 정보를 이용하여 유가증권, 부동산 등과 관련된 재산상 거래 또는 투자를 하거나 타인에게 그러한 정보를 제공하여 재산상 거래 또는 투자를 돕는 행위를 해서는 아니 된다.
사적 노무 요구 금지 (제13조의2)	공무원은 자신의 **직무권한을 행사**하거나 **지위·직책** 등에서 유래되는 사실상 영향력을 행사하여 직무관련자 또는 직무관련공무원으로부터 사적 노무를 제공받거나 요구 또는 약속해서는 아니 된다. 다만, 다른 법령 또는 사회상규에 따라 허용되는 경우에는 그러하지 아니하다. 12. 승진
직무권한 등을 행사한 부당 행위의 금지 (제13조의3)	공무원은 **자신의 직무권한을 행사**하거나 **지위·직책** 등에서 유래되는 사실상 영향력을 행사하여 다음 각 호의 어느 하나에 해당하는 부당한 행위를 해서는 안 된다. 1. 인가·허가 등을 담당하는 공무원이 그 신청인에게 불이익을 주거나 제3자에게 이익 또는 불이익을 주기 위하여 부당하게 그 신청의 접수를 지연하거나 거부하는 행위 2. 직무관련공무원에게 직무와 관련이 없거나 직무의 범위를 벗어나 부당한 지시·요구를 하는 행위 3. 공무원 자신이 소속된 기관이 체결하는 물품·용역·공사 등 계약에 관하여 직무관련자에게 자신이 소속된 기관의 의무 또는 부담의 이행을 부당하게 전가하거나 자신이 소속된 기관이 집행해야 할 업무를 부당하게 지연하는 행위 4. 공무원 자신이 소속된 기관의 소속 기관 또는 산하기관에 자신이 소속된 기관의 업무를 부당하게 전가하거나 그 업무에 관한 비용·인력을 부담하도록 부당하게 전가하는 행위 5. 그 밖에 직무관련자, 직무관련공무원, 공무원 자신이 소속된 기관의 소속 기관 또는 산하기관의 권리·권한을 부당하게 제한하거나 의무가 없는 일을 부당하게 요구하는 행위
금품등을 받는 행위의 제한 (제14조)	① 공무원은 직무 관련 여부 및 기부·후원·증여 등 그 명목에 관계없이 **동일인으로부터** 1회에 100만원 또는 매 회계연도에 300만원을 초과하는 금품등을 받거나 요구 또는 약속해서는 아니 된다. 19. 승진, 19. 채용, 19. 법학 ② 공무원은 직무와 관련하여 대가성 여부를 불문하고 제1항에서 정한 금액 이하의 금품등을 받거나 요구 또는 약속해서는 아니 된다. ③ 제15조의 외부강의등에 관한 사례금 또는 다음의 어느 하나에 해당하는 금품등은 제1항 또는 제2항에서 **수수(收受)**를 금지하는 금품등에 해당하지 아니한다. 1. 소속 기관의 장등이 소속 공무원이나 파견 공무원에게 지급하거나 상급자가 **위로·격려·포상** 등의 목적으로 하급자에게 제공하는 금품등 2. 원활한 직무수행 또는 사교·의례 또는 부조의 목적으로 제공되는 **음식물·경조사비·선물** 등으로서 별표 1의 가액 범위 내의 금품등 19. 채용 3. **사적 거래**(증여는 제외한다)로 인한 **채무의 이행** 등 정당한 권원에 의하여 제공되는 금품등 17. 승진, 19. 채용 4. 공무원의 **친족**(「민법」 제777조에 따른 친족을 말한다)이 제공하는 금품등 19. 승진

	5. 공무원과 관련된 직원상조회·동호인회·동창회·향우회·친목회·종교단체·사회단체 등이 정하는 기준에 따라 구성원에게 제공하는 금품등 및 그 소속 구성원 등 공무원과 **특별히 장기적·지속적인 친분관계를 맺고 있는 자가 질병·재난 등으로 어려운 처지에 있는 공무원에게 제공하는 금품등** 17·19. 승진 6. 공무원의 직무와 관련된 공식적인 행사에서 주최자가 참석자에게 통상적인 범위에서 **일률적으로 제공하는 교통, 숙박, 음식물 등의 금품등** 18. 승진 7. **불특정 다수인에게 배포하기 위한 기념품 또는 홍보용품** 등이나 경연·추첨을 통하여 받는 보상 또는 상품 등 18. 승진 8. 그 밖에 사회상규(社會常規)에 따라 허용되는 금품등 19. 채용 ④ 공무원은 제3항 제5호에도 불구하고 같은 호에 따라 **특별히 장기적·지속적인 친분관계를 맺고 있는 자가 직무관련자 또는 직무관련공무원으로서 금품등을 제공한 경우에는 그 수수 사실을 별지 제2호서식에 따라 소속 기관의 장에게 신고하여야 한다.** ⑤ 공무원은 자신의 배우자나 직계 존속·비속이 자신의 직무와 관련하여 제1항 또는 제2항에 따라 공무원이 받는 것이 금지되는 금품등을 받거나 요구하거나 제공받기로 약속하지 아니하도록 하여야 한다. ⑥ 공무원은 다른 공무원에게 또는 그 공무원의 배우자나 직계 존속·비속에게 수수 금지 금품등을 제공하거나 그 제공의 약속 또는 의사표시를 해서는 아니 된다.
감독기관의 부당한 요구 금지 (제14조의2)	① 감독·감사·조사·평가를 하는 기관(감독기관)에 소속된 공무원은 자신이 소속된 기관의 출장·행사·연수 등과 관련하여 감독·감사·조사·평가를 받는 기관(피감기관)에 다음 각 호의 어느 하나에 해당하는 부당한 요구를 해서는 안 된다. 　1. 법령에 근거가 없거나 예산의 목적·용도에 부합하지 않는 금품 등의 제공 요구 　2. 감독기관 소속 공무원에 대하여 정상적인 관행을 벗어난 예우·의전의 요구 ② 제1항에 따른 부당한 요구를 받은 피감기관 소속 공직자는 그 이행을 거부해야 하며, **거부했음에도 불구하고 감독기관 소속 공무원으로부터 같은 요구를 다시 받은 때에는 별지 제11호의 서식에 따라 그 사실을 피감기관의 행동강령책임관에게 알려야 한다.** 이 경우 행동강령책임관은 그 요구가 제1항 각 호의 어느 하나에 해당하는 경우에는 지체 없이 피감기관의 장에게 보고해야 한다. ③ 제2항 후단에 따른 보고를 받은 피감기관의 장은 제1항 각 호의 어느 하나에 해당하는 경우에는 그 사실을 해당 감독기관의 장에게 알려야 하며, 그 사실을 통지받은 **감독기관의 장은 해당 요구를 한 소속 공무원에 대하여 징계 등 필요한 조치를 해야 한다.**
외부강의등의 사례금 수수 제한 (제15조)	① 공무원은 **자신의 직무와 관련되거나 그 지위·직책 등에서 유래되는 사실상의 영향력**을 통하여 요청받은 교육·홍보·토론회·세미나·공청회 또는 그 밖의 회의 등에서 한 강의·강연·기고 등(이하 "**외부강의등**"이라 한다)의 대가로서 별표 2에서 정하는 금액을 초과하는 사례금을 받아서는 아니 된다. ② 공무원은 **사례금을 받는 외부강의등을 할 때에는 외부강의등의 요청 명세 등을 별지 제12호서식의 외부강의등 신고서에 따라 소속 기관의 장에게 그 외부강의등을 마친 날부터 10일 이내에 신고하여야 한다. 다만, 외부강의등을 요청한 자가 국가나 지방자치단체인 경우에는 그러하지 아니하다.** 13. 채용, 18. 승진

	③ 공무원은 제2항에 따른 신고를 할 때 신고사항 중 상세 명세 또는 사례금 총액 등을 제2항의 기간 내에 알 수 없는 경우에는 해당 사항을 제외한 사항을 신고한 후 해당 사항을 안 날부터 5일 이내에 보완하여야 한다. 18. 승진 ④ 공무원이 대가를 받고 수행하는 외부강의등은 월 3회를 초과할 수 없다. 국가나 지방자치단체에서 요청하거나 겸직 허가를 받고 수행하는 외부강의등은 그 횟수에 포함하지 아니한다. 12. 승진 ⑤ 공무원은 제4항에도 불구하고 월 3회를 초과하여 대가를 받고 외부강의등을 하려는 경우에는 미리 소속 기관의 장의 승인을 받아야 한다. 12. 승진
초과사례금의 신고 등 (제15조의2)	① 공무원은 제15조 제1항에 따른 금액을 초과하는 사례금을 받은 경우에는 그 사실을 안 날로부터 2일 이내에 별지 제13호 서식으로 소속기관의 장에게 신고하여야 하며, 제공자에게 그 초과금액을 지체 없이 반환하여야 한다. 18. 승진 ② 제1항에 따른 신고를 받은 소속 기관의 장은 초과사례금을 반환하지 아니한 공무원에 대하여 신고사항을 확인한 후 7일 이내에 반환하여야 할 초과사례금의 액수를 산정하여 해당 공무원에게 통지하여야 한다. 18. 승진 ③ 제2항에 따라 통지를 받은 공무원은 지체 없이 초과사례금(신고자가 초과사례금의 일부를 반환한 경우에는 그 차액으로 한정한다)을 제공자에게 반환하고 그 사실을 소속 기관의 장에게 알려야 한다. ④ 공무원은 제1항 또는 제3항에 따라 초과 사례금을 반환한 경우에는 증명자료를 첨부하여 그 반환 비용을 소속 기관의 장에게 청구할 수 있다.
직무관련자에게 협찬 요구 금지 (제16조의2)	공무원은 직무관련자에게 직위를 이용하여 행사 진행에 필요한 직·간접적 경비, 장소, 인력, 또는 물품 등의 협찬을 요구하여서는 아니 된다.
직무관련자와 골프 및 사적여행 제한 (제16조의3)	① 공무원은 직무관련자와는 비용 부담 여부와 관계없이 골프를 같이 하여서는 아니 된다. 다만, 다음 각 호와 같은 부득이한 사정에 따라 골프를 같이 하는 경우에는 소속관서 행동강령 책임관에게 사전에 신고하여야 하며, 사전에 신고하기 어려운 특별한 사유가 있는 경우에는 사후에 즉시 신고하여야 한다. 19. 승진 　1. 정책의 수립·시행을 위한 의견교환 또는 업무협의 등 공적인 목적을 위하여 필요한 경우 　2. 직무관련자인 친족과 골프를 하는 경우 　3. 동창회 등 친목단체에 직무관련자가 있어 부득이 골프를 하는 경우 　4. 그 밖에 위 각 호와 유사한 사유로 부득이하다고 인정되는 경우 ② 공무원은 직무관련자와 함께 사적인 여행을 하여서는 아니 된다. 다만, 제1항 각 호의 사유가 있어 같은 항 단서에 따른 신고를 한 경우에는 그러하지 아니하다.
경조사의 통지 제한 (제17조)	공무원은 직무관련자나 직무관련공무원에게 경조사를 알려서는 아니 된다. 다만, 다음의 어느 하나에 해당하는 경우에는 경조사를 알릴 수 있다. 　1. 친족에게 알리는 경우 　2. 현재 근무하고 있거나 과거에 근무하였던 기관의 소속 직원에게 알리는 경우 　3. 신문, 방송 또는 제2호에 따른 직원에게만 열람이 허용되는 내부통신망 등을 통하여 알리는 경우 　4. 공무원 자신이 소속된 종교단체·친목단체 등의 회원에게 알리는 경우

위반 여부에 대한 상담 (제18조)	① 공무원은 알선·청탁, 금품등의 수수, 외부강의등의 사례금수수, 경조사의 통지 등에 대하여 이 규칙을 위반하는지가 분명하지 아니할 때에는 행동강령책임관과 상담한 후 처리하여야 하며 행동강령책임관은 별지 제6호 서식에 따라 상담내용을 관리하여야 한다. ② 행동강령책임관은 제1항에 따른 상담이 원활하게 이루어질 수 있도록 해당 기관의 규모 등 여건을 고려하여 전용전화·상담실 설치 등 필요한 조치를 취할 수 있다.
위반행위의 신고 및 확인 (제19조)	① 누구든지 공무원이 이 규칙을 위반한 사실을 알게 되었을 때에는 그 공무원이 소속된 기관의 장, 그 기관의 행동강령책임관 또는 국민권익위원회에 신고할 수 있다. ② 제1항에 따라 신고하는 자는 별지 제7호 서식의 **위반행위신고서에 본인과 위반자의 인적 사항과 위반 내용을 구체적으로 제시해야 한다.** ③ 제1항에 따라 위반행위를 신고받은 소속 기관의 장과 행동강령책임관은 신고인과 신고내용에 대하여 비밀을 보장하여야 하며, 신고인이 신고에 따른 불이익을 받지 아니하도록 하여야 한다. ④ 행동강령책임관은 제1항에 따라 신고된 위반행위를 확인한 후 해당 공무원으로부터 받은 소명자료를 첨부하여 소속 기관의 장에게 보고하여야 한다.
징계 등(제20조)	제19조 제4항에 따른 보고를 받은 소속기관의 장은 해당 공무원을 징계하는 등 필요한 조치를 할 수 있다.
교육 (제22조)	① 경찰청장(소속기관장, 시·도경찰청장, 경찰서장 등을 포함한다)은 소속 공무원에 대하여 이 규칙의 준수를 위한 교육계획을 수립·시행하여야 하며, 매년 1회 **이상 교육을 하여야 한다.** ② 경무인사기획관은 신임 및 경사, 경위, 경감, 경정 기본교육과정에 이 규칙의 교육을 포함시켜 시행하여야 한다.
행동강령책임관의 지정 (제23조)	① 경찰청, 소속 기관, 시·도경찰청, 경찰서에 이 규칙의 시행을 담당하는 행동강령책임관을 둔다. ② **경찰청에 감사관, 시·도경찰청에 청문감사인권담당관, 경찰서에 청문감사인권관을 행동강령책임관으로 한다**(소속 기관 및 청문감사관제 미운영 관서는 감사 업무를 담당하는 부서장으로 한다). ③ 행동강령책임관은 소속 기관의 공무원에 대한 이 규칙의 교육·상담, 준수 여부에 대한 점검 및 위반행위의 신고접수·조사처리에 관한 업무를 담당한다. ④ 행동강령책임관은 이 규칙과 관련하여 상담한 내용에 대하여 비밀을 누설해서는 아니 된다. ⑤ 행동강령책임관은 상담내용을 별지 제15호 서식의 행동강령책임관 상담기록관리부에 기록·관리하여야 한다.

⊕ PLUS 관련 법령 - 민법

제767조【친족의 정의】 배우자, 혈족 및 인척을 친족으로 한다.

제777조【친족의 범위】 친족관계로 인한 법률상 효력은 이 법 또는 다른 법률에 특별한 규정이 없는 한 다음 각 호에 해당하는 자에 미친다.

> 1. 8촌 이내의 혈족
> 2. 4촌 이내의 인척
> 3. 배우자

제779조【가족의 정의】 ① 다음의 자는 가족으로 한다.

> 1. 배우자, 직계혈족 및 형제자매
> 2. 직계혈족의 배우자, 배우자의 직계혈족 및 배우자의 형제자매

② 제1항 제2호의 경우에는 생계를 같이 하는 경우에 한한다.

제8절 공직자의 이해충돌 방지법 [시행 2022.5.19.]

01 용어의 정의 :A급:

| 정의
(제2조) | 1. "**공공기관**"이란 다음 각 목의 어느 하나에 해당하는 기관·단체를 말한다.

　가. 국회, 법원, 헌법재판소, 선거관리위원회, 감사원, 고위공직자범죄수사처, 국가인권위원회, 중앙행정기관(대통령 소속 기관과 국무총리 소속 기관을 **포함**한다)과 그 소속 기관
　나.「지방자치법」에 따른 지방자치단체의 집행기관 및 지방의회
　다.「지방교육자치에 관한 법률」에 따른 교육행정기관
　라.「공직자윤리법」제3조의2에 따른 **공직유관단체**
　마.「공공기관의 운영에 관한 법률」제4조에 따른 공공기관
　바.「초·중등교육법」,「고등교육법」또는 그 밖의 다른 법령에 따라 설치된 **각급 국립·공립 학교**
　《주의》 언론사와 사립학교는 「청탁금지법」의 적용대상에는 해당되지만 이 법의 적용대상에서는 제외한다.

2. "**공직자**"란 다음 각 목의 어느 하나에 해당하는 사람을 말한다.

　가.「국가공무원법」또는 「지방공무원법」에 따른 공무원과 그 밖에 다른 법률에 따라 그 자격·임용·교육훈련·복무·보수·신분보장 등에 있어서 **공무원으로 인정된 사람**
　나. **공직유관단체·공공기관의 장과 그 임직원**
　다. **각급 국립·공립 학교의 장과 교직원**

3. "**고위공직자**"란 다음 각 목의 어느 하나에 해당하는 공직자를 말한다.

　아. 치안감 이상의 경찰공무원 및 특별시·광역시·특별자치시·도·특별자치도의 시·도경찰청장

4. "**이해충돌**"이란 **공직자가 직무를 수행할 때**에 자신의 사적 이해관계가 관련되어 공정하고 청렴한 직무수행이 저해되거나 저해될 우려가 있는 상황을 말한다. |

5. "**직무관련자**"란 공직자가 **법령**(조례·규칙을 포함한다)·**기준**(공공기관의 규정·사규 및 기준 등을 포함한다)에 따라 수행하는 **직무와 관련되는 자**로서 다음 각 목의 어느 하나에 해당하는 개인·법인·단체 및 공직자를 말한다.

> 가. 공직자의 직무수행과 관련하여 **일정한 행위나 조치를 요구하는** 개인이나 법인 또는 단체
> 나. 공직자의 직무수행과 관련하여 **이익 또는 불이익을 직접적으로 받는** 개인이나 법인 또는 단체
> 다. 공직자가 소속된 공공기관과 계약을 체결하거나 체결하려는 것이 명백한 개인이나 법인 또는 단체
> 라. 공직자의 직무수행과 관련하여 **이익 또는 불이익을 직접적으로 받는** 다른 공직자. 다만, 공공기관이 이익 또는 불이익을 직접적으로 받는 경우에는 그 공공기관에 소속되어 해당 이익 또는 불이익과 관련된 업무를 담당하는 공직자를 말한다.

6. "**사적이해관계자**"란 다음 각 목의 어느 하나에 해당하는 자를 말한다.

> 가. 공직자 자신 또는 그 가족(「민법」 제779조에 따른 가족을 말한다)
> 나. 공직자 자신 또는 그 가족이 **임원·대표자·관리자 또는 사외이사**로 재직하고 있는 법인 또는 단체
> 다. 공직자 자신이나 그 가족이 **대리하거나 고문·자문 등을 제공하는** 개인이나 법인 또는 단체
> 라. 공직자로 채용·임용되기 전 2년 이내에 공직자 자신이 재직하였던 법인 또는 단체
> 마. 공직자로 채용·임용되기 전 2년 이내에 공직자 자신이 대리하거나 고문·자문 등을 제공하였던 **개인이나 법인 또는 단체**
> 바. 공직자 자신 또는 그 가족이 **대통령령으로 정하는 일정 비율 이상의 주식·지분 또는 자본금** 등을 소유하고 있는 법인 또는 단체
> 사. **최근 2년 이내**에 퇴직한 공직자로서 퇴직일 전 2년 이내에 제5조 제1항 각 호의 어느 하나에 해당하는 직무를 수행하는 **공직자와** 국회규칙, 대법원규칙, 헌법재판소규칙, 중앙선거관리위원회규칙 또는 대통령령으로 정하는 범위의 부서에서 **같이 근무하였던 사람**

7. "**소속기관장**"이란 공직자가 소속된 **공공기관의 장**을 말한다.

02 신고·제출 의무조항

사적이해관계자의 신고 및 회피·기피 신청 (제5조)	① 다음 각 호의 어느 하나에 해당하는 직무를 수행하는 **공직자는 직무관련자**(직무관련자의 대리인을 포함한다)가 사적이해관계자임을 안 경우 안 날부터 14일 이내에 소속기관장에게 그 사실을 서면(전자문서를 포함한다)으로 신고하고 회피를 신청하여야 한다. – 미신고시 2천만원 이하의 과태료 1. **인가·허가·면허·특허·승인·검사·검정·시험·인증·확인**, 지정·등록, 등재·인정·증명, 신고·심사, 보호·감호, 보상 또는 이에 준하는 직무 2. **행정지도·단속·감사·조사·감독**에 관계되는 직무 ··· 5. 조사·부과·징수 또는 취소·철회·시정명령 등 **제재적 처분에 관계되는 직무** ··· 8. **사건의 수사·재판·심판·결정·조정·중재·화해** 또는 이에 준하는 직무 ··· 10. **공직자의 채용·승진·전보·상벌·평가**에 관계되는 직무

	② 직무관련자 또는 공직자의 직무수행과 관련하여 직접적인 이해관계가 있는 자는 해당 공직자에게 제1항에 따른 신고 및 회피 의무가 있거나 그 밖에 공정한 직무수행을 저해할 우려가 있는 사적 이해관계가 있다고 판단하는 경우에는 그 공직자의 소속기관장에게 기피를 신청할 수 있다. ③ 다음 각 호의 어느 하나에 해당하는 경우에는 제1항 및 제2항을 적용하지 아니한다. 　1. 제1항 각 호에 해당하는 직무와 관련하여 **불특정다수를 대상**으로 하는 법률이나 대통령령의 제정·개정 또는 폐지를 수반하는 경우 　2. 특정한 사실 또는 법률관계에 관한 확인·증명을 신청하는 **민원에 따라 해당 서류를 발급하는 경우**
공공기관 직무 관련 부동산 보유·매수 신고 (제6조)	① **부동산을 직접적으로 취급하는** 대통령령으로 정하는 **공공기관의 공직자**는 다음 각 호의 어느 하나에 **해당하는 사람**이 소속 공공기관의 업무와 관련된 부동산을 **보유하고 있거나 매수하는 경우** 소속기관장에게 그 사실을 서면으로 **신고하여야 한다.** - 미신고시 2천만원 이하의 과태료 　1. 공직자 자신, 배우자 　2. 공직자와 생계를 같이하는 직계존속·비속(배우자의 직계존속·비속으로 생계를 같이하는 경우를 포함한다) ② **제1항에 따른 공공기관 외의 공공기관의 공직자**는 소속 공공기관이 택지개발, 지구 지정 등 대통령령으로 정하는 **부동산 개발 업무를 하는 경우** 제1항 각 호의 어느 하나에 해당하는 사람이 그 부동산을 보유하고 있거나 매수하는 경우 소속기관장에게 그 사실을 서면으로 **신고하여야 한다.** ③ 제1항 및 제2항에 따른 신고는 **부동산을 보유한 사실을 알게 된 날부터 14일 이내, 매수 후 등기를 완료한 날부터 14일 이내**에 하여야 한다.
고위공직자의 민간 부문 업무 활동 내역 제출 및 공개 (제8조)	① **고위공직자**는 그 직위에 임용되거나 임기를 개시하기 전 3년 이내에 **민간 부문**에서 업무 활동을 한 경우, 그 활동 내역을 그 직위에 임용되거나 임기를 개시한 날부터 30일 이내에 소속기관장에게 **제출하여야 한다.** - 미제출시 1천만원 이하의 과태료 ② 제1항에 따른 업무활동 내역에는 다음 각 호의 사항이 포함되어야 한다. 　1. 재직하였던 법인·단체 등과 그 업무 내용 　2. 대리, 고문·자문 등을 한 경우 그 업무 내용 　3. 관리·운영하였던 사업 또는 **영리행위의 내용** 　《주의》 정부, 지자체, 국공립학교, 공공기관, 공직유관단체에서의 활동은 민간 분야 업무 활동이 아님
직무관련자와의 거래 신고 (제9조)	① **공직자**는 자신, 배우자 또는 직계존속·비속(배우자의 직계존속·비속으로 생계를 같이하는 경우를 포함한다) 또는 **특수관계사업자**(자신, 배우자 또는 직계존속·비속이 대통령령으로 정하는 일정 비율 이상의 주식·지분 등을 소유하고 있는 법인 또는 단체를 말한다)가 **공직자 자신의 직무관련자**(「민법」 제777조에 따른 친족인 경우는 제외한다)와 다음 각 호의 어느 하나에 해당하는 **행위를 한다는 것을 사전에 안 경우**에는 안 날부터 14일 이내에 소속기관장에게 그 사실을 서면으로 **신고하여야 한다.** - 미신고시 2천만원 이하의 과태료

	1. **금전을 빌리거나 빌려주는 행위 및 유가증권을 거래하는 행위**. 다만, 「금융실명거래 및 비밀보장에 관한 법률」에 따른 금융회사등, 「대부업 등의 등록 및 금융이용자 보호에 관한 법률」에 따른 대부업자등이나 그 밖의 금융회사로부터 통상적인 조건으로 금전을 빌리는 행위 및 유가증권을 거래하는 행위는 제외한다. 2. **토지 또는 건축물 등 부동산을 거래하는 행위**. 다만, 공개모집에 의하여 이루어지는 분양이나 공매·경매·입찰을 통한 재산상 거래 행위는 제외한다. 3. 제1호 및 제2호의 거래 행위 외의 **물품·용역·공사 등의 계약을 체결하는 행위**. 다만, 공매·경매·입찰을 통한 계약 체결 행위 또는 거래관행상 불특정다수를 대상으로 반복적으로 행하여지는 계약 체결 행위는 제외한다. ② 공직자는 제1항 각 호에 따른 행위가 있었음을 **사후에 알게 된 경우**에도 안 날부터 14일 이내에 소속기관장에게 그 사실을 서면으로 **신고하여야 한다**.
퇴직자 사적 접촉 신고 (제15조)	① 공직자는 직무관련자인 소속 기관의 퇴직자(공직자가 아니게 된 날부터 2년이 지나지 아니한 사람만 해당한다)와 사적 접촉(골프, 여행, 사행성 오락을 같이 하는 행위를 말한다)을 하는 경우 소속기관장에게 **신고하여야 한다**. 다만, 사회상규에 따라 허용되는 경우에는 그러하지 아니하다. – 미신고시 1천만원 이하의 과태료 신고를 하려는 공직자는 **사적 접촉을 하기 전에** 정해진 사항을 적은 서면을 소속기관장에게 **제출해야 한다**. 다만, 불가피한 사유가 있는 경우에는 **사적 접촉을 한 날부터 14일 이내에 제출해야 한다**(동시행령 제15조).

03 제한·금지 의무조항

직무관련 외부활동 제한 (제10조)	공직자는 다음 각 호의 행위를 하여서는 아니 된다. 다만, 「국가공무원법」 등 다른 법령·기준에 따라 허용되는 경우는 그러하지 아니하다. – 위반시 2천만원 이하의 과태료 1. 직무관련자에게 **사적으로 노무 또는 조언·자문 등을 제공하고 대가를 받는 행위** 2. 소속 공공기관의 소관 **직무와 관련된 지식이나 정보를 타인에게 제공하고 대가를 받는 행위**. 다만, 「부정청탁 및 금품등 수수의 금지에 관한 법률」 제10조에 따른 외부강의등의 대가로서 사례금 수수가 허용되는 경우와 소속기관장이 허가한 경우는 제외한다. 3. 공직자가 소속된 공공기관이 당사자이거나 직접적인 이해관계를 가지는 사안에서 자신이 소속된 공공기관의 상대방을 대리하거나 그 상대방에게 조언·자문 또는 정보를 제공하는 행위 4. **외국의 기관·법인·단체 등을 대리하는 행위**. 다만, 소속기관장이 허가한 경우는 제외한다. 5. **직무와 관련된 다른 직위에 취임하는 행위**. 다만, 소속기관장이 허가한 경우는 제외한다.
가족 채용 제한 (제11조)	① 공공기관(공공기관으로부터 출연금·보조금 등을 받거나 법령에 따라 업무를 위탁받는 산하 공공기관과 「상법」 제342조의2에 따른 자회사를 **포함한다**)은 다음 각 호의 어느 하나에 해당하는 **공직자의 가족을 채용할 수 없다**. – 위반시 3천만원 이하의 과태료 1. 소속 고위공직자 2. 채용업무를 담당하는 공직자 3. 해당 산하 공공기관의 감독기관인 공공기관 소속 고위공직자 4. 해당 자회사의 모회사인 공공기관 소속 고위공직자

	② 다음 각 호의 어느 하나에 해당하는 경우에는 제1항을 **적용하지 아니한다**. 1. 「국가공무원법」 등 다른 법령(공공기관의 인사 관련 규정을 포함한다)에서 정하는 **공개경쟁채용시험** 또는 경력 등 응시요건을 정하여 같은 사유에 해당하는 **다수인을 대상으로 하는 채용시험에 합격한 경우** 2. 「국가공무원법」 등 다른 법령에 따라 **다수인을 대상으로 시험을 실시하는 것이 적당하지 아니하여 다수인을 대상으로 하지 아니한 시험으로 공무원을 채용하는 경우**
수의계약 체결 제한 (제12조 제1항)	① **공공기관**(공공기관으로부터 출연금·보조금 등을 받거나 법령에 따라 업무를 위탁받는 산하 공공기관과 「상법」 제342조의2에 따른 **자회사를 포함한다**)은 다음 각 호의 **어느 하나**에 해당하는 자와 물품·용역·공사 등의 **수의계약을 체결할 수 없다.** 다만, 해당 물품의 생산자가 1명뿐인 경우 등 대통령령으로 정하는 불가피한 사유가 있는 경우에는 그러하지 아니하다. – 위반시 3천만원 이하의 과태료 1. 소속 고위공직자 2. 해당 계약업무를 법령상·사실상 담당하는 소속 공직자 3. 해당 산하 공공기관의 감독기관 소속 고위공직자 4. 해당 자회사의 모회사인 공공기관 소속 고위공직자 … 7. 제1호부터 제6호까지의 어느 하나에 해당하는 **공직자의 배우자** 또는 **직계존속·비속**(배우자의 직계존속·비속으로 생계를 같이하는 경우를 포함한다.)
공공기관 물품 등의 사적 사용· 수익금지 (제13조)	**공직자는 공공기관이 소유하거나 임차한 물품·차량·선박·항공기·건물·토지·시설 등을 사적인 용도로 사용·수익하거나 제3자로 하여금 사용·수익하게 하여서는 아니 된다.** 다만, 다른 법령·기준 또는 사회상규에 따라 허용되는 경우에는 그러하지 아니하다. – 위반시 2천만원 이하의 과태료
직무상 비밀 등 이용금지 (제14조)	① 공직자(공직자가 아니게 된 날부터 3년이 경과하지 아니한 사람을 포함)는 직무수행 중 알게 된 비밀 또는 소속 공공기관의 미공개정보(재물 또는 재산상 이익의 취득 여부의 판단에 중대한 영향을 미칠 수 있는 정보로서 불특정 다수인이 알 수 있도록 공개되기 전의 것을 말한다)를 이용하여 재물 또는 재산상의 이익을 취득하거나 제3자로 하여금 재물 또는 재산상의 이익을 취득하게 하여서는 아니 된다. – 위반시 7년 이하의 징역 또는 7천만원 이하의 벌금(징역과 벌금 병과 가능) + 몰수·추징한다. ② 공직자로부터 직무상 비밀 또는 소속 공공기관의 미공개정보임을 알면서도 제공받거나 부정한 방법으로 취득한 자는 이를 이용하여 재물 또는 재산상의 이익을 취득하여서는 아니 된다. – 위반시 5년 이하의 징역 또는 5천만원 이하의 벌금(징역과 벌금 병과 가능) + 몰수·추징한다. ③ 공직자는 직무수행 중 알게 된 비밀 또는 소속 공공기관의 미공개정보를 사적 이익을 위하여 이용하거나 제3자로 하여금 이용하게 하여서는 아니 된다. – 위반시 3년 이하의 징역 또는 3천만원 이하의 벌금(징역과 벌금 병과 불가)

구분	내용
위반행위의 신고 등(제18조)	「부정청탁 및 금품 등 수수의 금지에 관한 법률」 제13조의 내용과 동일함
위반행위 신고의 처리(제19조)	「부정청탁 및 금품 등 수수의 금지에 관한 법률」 제14조의 내용과 동일함
신고자 등의 보호·보상(제20조)	「부정청탁 및 금품 등 수수의 금지에 관한 법률」 제15조의 내용과 동일함
교육 및 홍보 등 (제24조 제1항)	① 공공기관의 장은 공직자에게 이해충돌 방지에 관한 내용을 매년 1회 이상 **정기적으로 교육**하여야 한다.
징계(제26조)	공공기관의 장은 소속 공직자가 이 법 또는 이 법에 따른 명령을 위반한 경우에는 **징계처분을** 하여야 한다.

☑ SUMMARY | 이해충돌방지규정 위반에 따른 벌칙(경찰공제회, 「경찰실무종합」 총론Ⅱ)

구분	위반행위	제재내용
형벌 (제27조)	직무상 비밀·소속기관의 미공개 정보를 이용, 재물 또는 재산상 이득을 취한 공직자	7년 이하 징역 또는 7천만원 이하 벌금(병과가능)
	공직자로부터 제공받거나 **부정 취득한** 비밀·미공개 정보를 **이용하여 재물·재산상 이익 취득한 자**	**5년 이하 징역 또는 5천만원 이하 벌금(병과 가능)**
	사적 이익을 위해 직무상 비밀 또는 미공개 정보를 이용하거나 제3자가 이용하도록 한 공직자	**3년 이하 징역 또는 3천만원 이하 벌금**
과태료 (제28조)	공공기관(산하기관, 자회사)에 가족이 채용되도록 지시·유도 또는 묵인을 한 공직자	3천만원 이하 과태료
	공공기관(산하기관, 자회사)이 제12조 제1항 각 호의 자와 수의계약을 체결하도록 지시·유도·묵인을 한 공직자	
	사적 이해관계를 신고하지 않은 공직자	2천만원 이하 과태료
	부동산 보유·매수를 신고하지 않은 공직자	
	직무관련자와의 거래를 신고하지 않은 공직자	
	직무관련 외부활동을 한 공직자	
	공공기관 물품을 사적으로 사용·수익하거나 제3자로 하여금 사용·수익하게 한 공직자	
	임용·임기 개시 전 **업무활동내역을 제출하지 않은 고위 공직자**	1천만원 이하 과태료
	직무관련자인 소속기관의 퇴직자와의 사적 접촉을 신고하지 아니한 공직자	

제9절 경찰의 적극행정

01 적극행정의 의의

적극행정 운영규정 (대통령령)	"**적극행정**"이란 공무원이 불합리한 규제를 개선하는 등 공공의 이익을 위하여 창의성과 전문성을 바탕으로 적극적으로 업무를 처리하는 행위를 말한다.
경찰청 적극행정 면책제도 운영규정 (경찰청훈령)	"**적극행정**"이란, 경찰청 소속 공무원 등이 국가 또는 공공의 이익을 증진하기 위해 성실하고 능동적으로 업무를 처리하는 행위를 말한다.

02 경찰청 적극행정 면책제도 운영규정(경찰청훈령) [시행 2022.10.7.] A급

정의 (제2조)	적극행정	경찰청 소속 공무원 등이 국가 또는 공공의 이익을 증진하기 위해 성실하고 능동적으로 업무를 처리하는 행위를 말한다.
	면책	적극행정 과정에서 발생한 부분적인 절차상 하자 또는 비효율, 손실 등과 관련하여 그 업무를 처리한 경찰청 소속 공무원 등에 대하여 다음 각 목의 어느 하나에 해당하는 **책임을 묻지 않거나 감면**하는 것을 말한다. 가. 「경찰청 감사규칙」 제10조에서 징계 또는 문책 요구, 시정 요구, 경고·주의 요구 및 통보 나. 「경찰공무원 징계령」에 따른 징계 및 징계부가금
	감사 책임자	**현장에서 감사활동을 지휘하는 자**를 말하여 감사단장 등 현장 지휘자가 없을 경우에는 감사담당관 또는 감찰담당관을 말한다.
	사전컨설팅 감사	불합리한 제도 등으로 인해 적극적인 업무 수행이 어려운 경우, 해당 업무의 수행에 앞서 업무 처리 방향 등에 대하여 미리 감사의견을 듣고 이를 업무처리에 반영하여 적극행정을 추진하는 것을 말한다.
	사전컨설팅 대상 기관 및 대상 부서의 장	각 시·도경찰청장, 부속기관의 장, 산하 공직유관단체의 장 및 경찰청 관·국의 장을 말한다.
적용대상(제3조)		이 규정은 경찰청의 **감사(감찰 포함)대상 업무 전반**에 적용된다.
면책 대상자(제4조)		이 규정에 의한 면책은 **경찰청 및 그 소속기관의 공무원 또는 산하단체의 임·직원 등**에게 적용된다.

적극행정 면책요건 (제5조)	① 자체 감사를 받는 사람이 적극행정면책을 받기 위해서는 다음 각 호의 요건을 모두 갖추어야 한다. 　1. 감사를 받는 사람의 업무처리가 불합리한 규제의 개선, 공익사업의 추진 등 공공의 이익을 위한 것일 것 　2. 감사를 받는 사람이 대상 업무를 적극적으로 처리한 결과일 것 　3. 감사를 받는 사람의 행위에 고의나 중대한 과실이 없을 것 ② 제1항 제3호의 요건을 적용하는 경우 자체감사를 받는 사람이 다음 각 호의 요건을 모두 갖추어 업무를 처리한 것으로 인정되는 경우에는 그 행위에 **고의나 중대한 과실이 없는 경우에 해당하는 것으로 추정한다.** 　1. 자체감사를 받는 사람과 대상 업무 사이에 사적인 이해관계가 없을 것 　2. 대상 업무를 처리하면서 중대한 절차상의 하자가 없었을 것
면책대상제외 (제6조)	제5조에도 불구하고 업무처리과정에서 기본적으로 지켜야 할 의무를 다하지 않았거나 다음 각 호에 해당하는 경우에는 **면책대상에서 제외한다.** 　1. 금품을 수수한 경우 　2. 고의·중과실, 무사안일 및 업무태만의 경우 　3. 자의적인 법 해석 및 집행으로 법령의 본질적인 사항을 위반한 경우 　4. 위법·부당한 민원을 수용한 특혜성 업무처리를 한 경우 　5. 그 밖에 위 각 호에 준하는 위법·부당한 행위를 한 경우
사전컨설팅 감사원칙(제14조)	사전컨설팅 대상 기관등의 장은 불합리한 제도 등으로 인하여 **공공의 이익이 훼손되는 일이 없도록** 사전컨설팅 감사를 적극 활용하여야 한다.
사전컨설팅 감사대상 (제15조)	① **사전컨설팅 대상 기관등의 장은** 다음 각 호의 어느 하나에 해당하는 업무를 수행하기 전에 감사관에게 **사전컨설팅 감사를 신청할 수 있다.** 　1. 인가·허가·승인 등 규제 관련 업무 　2. 법령·행정규칙 등의 해석에 대한 이견 등으로 인하여 능동적인 업무처리가 곤란한 경우 　3. 그 밖에 적극행정 추진을 위해 감사관이 필요하다고 인정하는 경우 ② **행정심판, 소송, 수사 또는 타 기관에서 감사 중인 사항,** 타 법령에서 정하고 있는 **재심의 절차를 거친 사항** 등은 사전컨설팅 감사 대상에서 제외한다.
사전컨설팅 감사실시 (제18조)	① 사전컨설팅 감사는 서면감사를 원칙으로 하되, 현지 확인 등 **실지감사를 함께 할 수 있다.** ② **감사관은** 필요하다고 인정되는 경우 관련 기관 및 직원에 대하여 출석 및 진술, 의문사항에 대한 질의·확인 및 **필요한 자료의 제출을 요청할 수 있다.** 이 경우 관련 기관 및 직원은 특별한 사정이 없으면 **감사관의 요청에 따라야 한다.** ③ 감사관은 사전컨설팅 감사의 내용이 국민생활에 미치는 영향이 크거나 다수의 이해관계자와 관련된 사항 등에 해당되어 신중한 검토가 필요하다고 판단되는 경우에는 「경찰청 규제심사위원회 운영규칙」 제2조에 따른 규제심사위원회 자문 또는 **외부전문가의 자문을 거칠 수 있다.**
사전컨설팅 감사효력 (제20조 제1항)	① 감사관은 제19조 제2항에 따라 **사전컨설팅 감사 의견을 반영하여 적극행정을 추진한 결과**에 대하여 자체감사규정에 따른 **감사 시 책임을 묻지 아니한다.**

03 적극행정 운영규정(대통령령) [시행 2024.8.14.] [A급]

정의(제2조)	적극행정	공무원이 **불합리한 규제를 개선**하는 등 **공공의 이익을 위해** 창의성과 전문성을 바탕으로 **적극적으로 업무를 처리하는 행위**를 말한다.
	소극행정	공무원이 **부작위 또는 직무태만** 등 소극적 업무행태로 **국민의 권익을 침해**하거나 **국가 재정상 손실**을 발생하게 하는 행위를 말한다.
교육(제8조)		① **중앙행정기관의 장은** 소속 공무원을 대상으로 **적극행정 관련 교육을 연 1회 이상 실시해야** 한다.
징계요구 등 면책 (제16조)		① 공무원이 적극행정을 추진한 결과에 대해 그의 행위에 고의 또는 중대한 과실이 없는 경우에는 「감사원법」 제34조의3 및 「공공감사에 관한 법률」 제23조의2에 따라 징계 요구 또는 문책 요구 등 책임을 묻지 않는다. ② 공무원이 **사전컨설팅 의견대로 업무를 처리한 경우**에는 제1항에 따른 면책 요건을 충족한 것으로 추정한다. 다만, 공무원과 대상 업무 사이에 사적인 이해관계가 있거나 감사원이나 감사기구의 장이 사전컨설팅을 하는 데 필요한 정보를 충분히 제공하지 않은 경우에는 그렇지 않다. ③ 공무원이 **적극행정위원회가 제시한 의견대로 업무를 처리한 경우**에는 「공공감사에 관한 법률」 제23조의2에 따른 면책 요건을 충족한 것으로 추정한다. 다만, 해당 공무원과 대상 업무 사이에 사적인 이해관계가 있거나 위원회가 심의하는 데 필요한 정보를 충분히 제공하지 않은 경우에는 그렇지 않다. ④ **적극행정위원회는** 공무원이 적극행정을 추진한 결과에 대해 「감사원법」에 따른 감사원 감사를 받게 되는 경우에는 해당 공무원의 요청에 따라 감사원에 같은 법 제34조의3에 따른 **면책을 건의할 수 있다.**
징계 등 면제 (제17조)		① 공무원이 적극행정을 추진한 결과에 대해 그의 행위에 **고의 또는 중대한 과실이 없는 경우**에는 징계 관련 법령에 따라 징계의결등을 하지 않는다. ② 공무원이 **사전컨설팅 의견대로 업무를 처리한 경우**에는 징계 관계 법령에 따라 징계의결 등을 하지 않는다. 다만, 공무원과 대상 업무 사이에 사적인 이해관계가 있거나 감사원이나 감사기구의 장이 사전컨설팅을 하는 데 필요한 정보를 충분히 제공하지 않은 경우에는 그렇지 않다. ③ 공무원이 **적극행정위원회가 제시한 의견대로 업무를 처리한 경우에는** 징계의결등을 하지 않는다. 다만, 공무원과 대상 업무 사이에 사적인 이해관계가 있거나 위원회가 심의하는 데 필요한 정보를 충분히 제공하지 않은 경우에는 그렇지 않다.
소극행정 신고 (제18조의3)		① **누구든지** 공무원의 **소극행정을** 소속 중앙행정기관의 장이나 **소극행정 신고센터에 신고할 수 있다.** ② **중앙행정기관의 장은** 제1항에 따른 신고의 내용에 상당한 이유가 있다고 인정되는 경우에는 사실관계 확인을 위한 조사를 하여 신속한 업무처리를 하는 등 **적절한 조치를 하고, 그 처리결과를 신고인에게 알려야 한다.** ③ 국민권익위원회는 중앙행정기관 소속 공무원의 소극행정 예방 및 근절을 위해 소극행정 신고센터를 운영하고, 중앙행정기관의 장에게 제1항에 따른 신고사항에 대해 **적절한 조치를 하도록 권고할 수 있다.**

제10절 범죄이론

01 범죄의 개념 [C급]

범죄개념의 상대성	어떤 행위가 범죄인가 아닌가를 판단하는 기준이 되는 사회규범이나 법규범은 시대와 환경에 따라 다르기 때문에 **범죄는 역사적·문화적 환경에 따라 다른 모습을 하게 된다**[사이크스(G. M. Sykes)]. 10. 승진	
의미상 분류	형식적 의미	범죄란 실정법(형법)에 위배되는 행위
	실질적 의미	범죄란 사회적 행동규범에 위배되는 행위, 즉 반사회적 행위의 일체를 의미
	자연적 의미	① 자연범: 시간과 문화를 초월하여 범죄로 인정되는 행위 ② 법정범: 국가가 범죄로 규정함으로써 범죄가 되는 것
범죄예방의 대상	① 형식적 의미의 범죄뿐만 아니라 실질적 의미의 범죄도 포함 ② 자연범·법정범을 모두 포함 ③ 개별현상으로서의 범죄와 집단현상으로서의 범죄를 모두 포함	

02 범죄원인론 분류 [A급]

개인적 차원	고전주의	(형벌을 통한) 억제이론	
	실증주의	치료 및 갱생이론	
사회적 차원	사회구조원인론	• **아노미(긴장)**이론 • **사회해체**론 • **하위문화**이론 • **문화전파**이론 • **문화갈등**이론	
	사회과정원인론	사회학습이론	• 차별적 **접촉**이론 • 차별적 **동일시**이론 • 차별적 **강화**이론 • **중화기술**이론
		사회통제이론	• 견제이론 • 동조성 전념이론 • 사회유대이론
		낙인이론	

03 범죄원인론의 의의 [A급]

개념	범죄원인론이란 범죄의 발생원인에 대한 접근법을 의미한다.	
범죄의 요소	실리(J. Sheley)의 4가지 요소 10. 승진, 14. 경간, 10 · 13 · 15 · 18. 채용	① 범행의 동기 ② 범행의 기회(범죄피해자×) 21. 경간 ③ 범행의 기술 ④ 사회적 제재로부터의 자유
	일상활동이론에서 3가지 요소	① (잠재적) 범죄자(동기가 부여된 가해자) ② (잠재적) 피해자(적절한 범행대상) ③ 보호자의 부재(감시의 부재)

04 범죄원인론

1. 개인적 수준의 범죄원인론 – 개인의 자유의지 유무를 기준으로 범죄원인을 찾는 것

(1) 고전주의 범죄학(18세기) [A급]

의의	① 이성적인 인간을 전제로 형벌의 감소를 목표로 하며 사회통제를 관념적으로 연구하는 이론 ② 범죄를 발생시킨 **외부환경은 무시**하고 그 **결과만을** 가지고 범죄 원인을 연구하는 이론 ③ 강력하고 신속한 형벌만 범죄를 효과적으로 예방할 수 있다고 본다. 18. 승진
사상적 배경	**계몽주의 · 자유주의 · 인도주의 · 공리주의 사상**을 배경으로 법과 정의실현을 위해 이성과 인권에 기초해야 한다는 사상에서 출발
내용	① 의사 비결정론적 인간관(**자유의지 인정**): 인간은 누구나 **자유의지를 가지고 있는 합리적인 인간**이라고 전제한다. 19. 승진 ② 객관주의: 형벌의 종류와 경중은 범죄의 외부적 행위와 결과에 상응한다고 주장 ➡ **범죄와 형벌의 균형 강조** ③ 일반예방주의: 형벌을 통한 위하적 작용을 통해 잠재적 범죄인인 **일반인에 의한 범죄예방**을 강조 ④ 학자: 베까리아(죄와 형벌의 균형론), 벤담(공리주의)

(2) 실증주의 범죄학(19세기) [A급]

의의	인간의 행위는 자유의사가 아닌 생물적, 심리학적, 사회적 성질에 의해 결정된다는 이론
내용	① 의사 결정론적 인간관(**자유의지 부정**): 범죄는 인간의 자유의지에 의한 것이 아니고 외적요소에 의해 강요되는 것이라고 주장한다. 19. 승진 ② 범죄학의 연구에 있어 **과학적인(경험적) 연구방법**을 추구한다. ③ 범죄자의 행위결과보다 범죄자의 타고난 속성을 연구한다. ④ 범죄인에 대한 처우강조, 교정전문가들의 역할강조, 형사처분의 다양화 주장

유형	이탈리아 실증학파	① **롬브로조(Lombroso)**: 그의 저서 「범죄인」에서 범죄자는 원시인의 속성을 격세유전에 의하여 전수받은 자라고 하는 생래적 범죄인론을 주장하였다. ② **페리(Ferri)**: 그의 저서 「범죄사회학」에서는 범죄인을 생래적 범죄인, 기회범, 격정범, 정신병적 범죄인으로 나누고, 범죄포화의 법칙을 주장하였다. ③ **가로팔로(Garofalo)**: 그의 저서 「범죄학」에서 범죄자의 특성에 가장 적합한 형벌을 부과해야 한다고 주장하면서 범죄를 **자연범과 법정범으로 구별**하여 자연범의 경우 사형이나 유형제도를, 법정범은 정기구금제도의 필요성을 인정하는 한편, 과실범은 불처벌을 주장하였다.
	생물학적 범죄학	① 고다드(Goddard): 칼리카크家(家) 연구 ➡ 범죄의 유전성을 긍정 ② 크레츠머(E. Kretschmer): 체형이론 ➡ 신체구조와 범죄의 관계를 연구 ③ 셀던(W. H. Sheldon): 체격결정요소 ➡ 내배엽, 중배엽, 외배엽형으로 구분
	심리학적 범죄학	① 고링(C. Gorring): 범죄와 낮은 지능의 관련성 연구 ② 따르드(G. Tarde): 모방학습이론 ➡ 현대 사회학습이론과 유사

2. 사회적 수준의 범죄원인론 [A급]

(1) 사회구조원인: 사회구조적 원인에서 범죄발생 원인을 찾는 것 14·15. 채용, 15·19. 경간

	주장자	뒤르켐(Durkheim) 21. 경간
아노미 이론 (긴장이론)	내용	① **자살론**: 저서인 '자살론'에서 **사회준칙(규범)이 붕괴**되어 규범에 대한 **억제력의 상실상태**에서 아노미적 자살이 발생한다고 한다. ② **범죄의 불가피성**: 범죄는 어떤 시대와 사회에도 존재하는 것으로 인간 본성의 일부이며 범죄는 불가피하다고 보았다. **사회규범이 붕괴되어 제대로 작용하지 못하는 상태를 아노미상태**라고 하면서 이러한 무규범상태에서 범죄가 발생한다고 하였다. 21. 경간 ③ **머튼(R. Merton)의 긴장이론의 기초**가 된다. ➡ 머튼(Merton)의 긴장(아노미)이론: 목표와 그 목표를 이루기 위한 수단과의 간극이 커지면서 아노미 조건이 유발되어 분노와 좌절이라는 긴장이 초래되고, 그 목적을 달성하기 위한 수단으로서 범죄를 선택한다. 21. 경채
하위문화 이론	주장자	코헨(Cohen), 밀러(Miller)
	내용	① **코헨**: 하류계층의 청소년들이 목표와 수단의 괴리로 인해 중류계층에 대한 저항으로 비행을 저지르며, 목표달성의 어려움을 극복하기 위해 자신들만의 하위문화를 만들게 되며 **범죄는 이러한 하위문화에 의해 저질러진다**. 19. 경간 ② **밀러**: 범죄는 하위계층문화에 따라 인정받기 위해 선택하는 것으로 **하위문화의 가치와 규범이 정상적으로 반영된 것이다**. 19. 경간

		주장자	쇼우(C. R. Shaw)와 맥케이(H. D. McKay)
사회 해체론		내용	① 범죄의 원인: 도심지의 **특정지역(빈민지역)**에서 비행이 일반화되는 이유는 산업화 및 도시화과정에서 그 지역의 **사회조직이 극도로 해체**되기 때문이라고 주장한다. 21. 채용 ② 빈민지역의 특징 　㉠ 빈민지역은 유동인구가 많고, 결손가정이 많으며, 평균소득이 낮고, 임대입주자가 많으며, 이민가족과 유색인종이 많은 특성을 가진다. 　㉡ 빈민지역의 구성원이 바뀌더라도 비행발생률은 변하지 않는 특징을 가진다. 21. 채용 ③ 소년 비행률이 사회해체 지역에서 높다는 사실을 확인, 그 원인을 분석 실험하였다.
동심원 이론		주장자	버제스(Burgess & Park)
		내용	① 지역별 특징에 따라 중심상업지역, 퇴행변이지역, 노동자계층지역, 중간계급지역, 교외지역으로 구분 ② **퇴행변이지역**이 **범죄학상 가장 문제시되는 지역**이라고 주장하였다.
문화 전파론		주장자	쇼우(C. R. Shaw)와 맥케이(H. D. McKay)
		내용	① 범죄의 원인: 범죄를 부추기는 가치관으로의 사회화나 범죄에 대한 구조적·문화적 유인에 대한 자기통제의 상실을 범죄의 원인으로 본다. 10. 채용 ② 범죄를 부추기는 가치관으로의 사회화: **범죄도 문화와 같이 부모로부터 아이에게 전해진다.** 따라서 성장과정에서 정상적인 사회화 과정을 거치지 않고 비행성 등 범죄를 일으킬 수 있는 성향을 띠는 것을 말한다.
문화 갈등이론		주장자	셀린(T. Sellin – 시카고학파)
		내용	① 범죄의 원인: 행위규범의 갈등이 심리적인 갈등의 원인이 되고, 나아가 범죄의 원인이 된다는 것 ② 행위규범의 갈등의 의의: 행위를 지배하는 서로 다른 문화 간에 발생하는 갈등현상 (예 기성세대와 신세대의 갈등) ③ 갈등의 유형: 이질적 문화 사이에서 발생하는 1차적 갈등과 동일문화 내에서 발생하는 2차적 갈등으로 구분
마르크스주의이론			구조적으로 야기된 경제적 문제나 **신분, 지위**의 문제를 범죄의 원인으로 본다.

(2) **사회과정원인**: 개인의 사회화 과정에서 범죄발생 원인을 찾는 것

			주장자	서덜랜드와 크레시(E. H. Sutherland & D. R. Cressey) – '범죄학의 원리'
사회 학습 이론	차별적 접촉 이론		내용	① 어떠한 인간이 이질적으로 분화된 사회조직 속에서 분화적으로 **범죄문화에 접촉·참가·동조**함에 의해서 **범죄행동이 학습**되는 것이라는 이론으로 학습자체는 정상적 학습으로 본다. 10. 채용 ② 범행에 공헌하는 **물리적 환경**을 범죄의 원인으로 본다.

		주장자	글레이저(D. Glaser)
	차별적 동일시 이론 19. 채용	내용	① 서덜랜드의 접촉 대신 동일화라는 개념을 사용하여 차별적 접촉이론을 수정·보완하였는데 사람들이 동일화되어가는 과정에서 범죄행동을 수정한다고 보았다. ② 청소년들이 **영화의 주인공을 모방하고 자신과 동일시하면서 범죄를 학습**한다고 보았다. 19. 승진
		주장자	버제스와 에이커스(Burgess & Akers)
	차별적 강화 이론	내용	① 범죄행위의 결과로서 보상이 취득되고 처벌이 회피될 때 그 행위는 강화되는 반면, 보상이 상실되고 처벌이 강화되면 그 행위는 약화된다. 21. 채용 ② 범죄분석의 대상을 범죄행위 자체에 두고 범행의 결과 자신에게 보상이 된다면 **범죄행위를 계속하게 된다.** ③ 청소년의 비행행위는 처벌이 없거나 칭찬받게 되면 반복적으로 저질러진다. 19·21. 경간
		주장자	맛차와 사이크스(D. Matza & G. M. Sykes)
	중화 기술 이론	내용	① 범죄자는 자기의 범죄나 비행행위에 대한 자기자신 또는 타인들로부터의 **비난을 의식적으로 합리화 내지 정당화시킴**으로써 그 비난을 벗어난 안도감에서 범죄 등 비행행위를 저지른다는 이론 09. 채용, 10·18·19. 승진, 14. 경간 ② **중화의 기술 5가지 유형** 09. 채용 　㉠ 행위에 대한 책임의 부정(회피) – 겁만 주려고 했는데, 피하다가 맞았다. 　㉡ 행위로 인한 피해 발생의 부정(가해의 부정) – 빌린 것이다. 　㉢ 피해자의 부정 – **피해자가 맞을 짓을 했다.** 　㉣ 비난자에 대한 비난 – 너나 잘해라. 　㉤ 보다 높은 충성심에의 호소 등 – 의리 때문에, 사랑 때문에
사회 통제 이론		주장자	렉클레스(Reckless)
	견제 이론	내용	① **자아관념이론을 발전시켜 강력한 내면적 통제와 이를 보강하는 외부적 통제**가 사회적·법적 행위규범의 위반에 대한 하나의 절연체를 구성한다고 주장 ② 좋은 자아관념은 주변의 범죄적 환경에도 불구하고 **비행행위에 가담하지 않도록 하는 중요한 요소**이다. 19. 경간, 21. 채용
		주장자	브라이어와 필리아빈(Briar & Piliavin)
	동조성 전념 이론	내용	① 일정한 원인으로 발생하는 관습적 목표를 지향하려는 노력으로 인해 인간의 목표달성 행위를 전념시킴으로써 **인간의 범행잠재력을 통제하게 되어 상황적 일탈을 감소시킨다는 이론이다.** ② 동조성에 대한 전념은 대인관계를 통해서 이루어지며 그것은 사람에 따라 강도가 다르며 상황에 따라 다르게 나타날 수 있다.
		주장자	허쉬(T. Hirschi)
	사회 유대 이론	내용	① **사회적 유대가 약화되면 규범의 내면화가 약해지고 통제력이 결함 또는 부재 때문에 잠재되어 있던 일탈의 가능성이 범죄로 발현된다**는 이론 09. 채용, 19. 승진 ② 누구나 일탈을 할 잠재적 가능성을 가진다고 주장 ③ **사회적 결속 요소: 애착, 참여, 전념, 신념**(기회 ×) 등 21. 경간

낙인이론 14. 경간, 19. 채용	주장자	탄넨바움(Tannenbaum)
	내용	① 범죄자 또는 비행자로 만드는 것은 행위 자체의 질적인 면이 아니라 사회인들이 가지고 있는 그 행위에 대한 인식이라고 주장 ② 낙인이론은 범죄원인보다는 범죄 그 자체가 어떻게 형성되는가에 더 관심을 가지고 있다.

3. 범죄통제(예방)의 이론

(1) 고전학파 - 억제이론 B급 11·18. 승진, 12. 경간, 14·17. 채용

의의	① 18세기에 전개된 고전학파의 범죄이론을 바탕으로 한다. 09. 채용 ② 범죄행위에 대한 국가의 강력한 처벌을 통하여 억제하려는 것 09. 채용, 12. 경간 → 처벌을 통한 범죄의지의 억제효과를 강조(일반예방효과 강조)
내용	① 인간의 자유의지(의사비결정론)와 도덕적 책임감을 강조하며, 범죄자를 합리적(경제적)으로 결정·행동하는 존재로 파악 ② 범죄자가 범죄를 저지르게 되는 동기나 원인, 사회적 환경 등에는 관심이 없고 범죄에 대한 적절한 처벌에 초점을 두고 있다. ③ 범죄에 대한 책임은 전적으로 개인에게 있고 사회의 책임이 아니므로 강력하고 확실한 처벌을 통하여 범죄를 억제할 수 있다고 한다. 09. 채용 ④ 응보주의적 입장에서 범죄에 대한 대가로서의 처벌과 범죄억제를 위한 적절한 처벌을 강조 19. 채용 ⑤ 처벌을 통한 범죄억제의 효과를 얻기 위하여는 처벌의 신속성·확실성·엄격성을 요구하며 이 중에서 처벌의 확실성을 특히 강조한다.
비판	① 합리적 선택이론에 근거하고 있어서, 절도, 강도 등의 재산범죄에는 어느 정도 적용이 되지만, 폭력과 같은 충동적 범죄유형에는 적용되기 어려운 점이 있다. 14·18. 채용, 18. 승진 ② 어떠한 범죄를 저지르면, 어떠한 처벌을 받는다는 것을 공중이 인지하고 있어야 한다는 것을 전제하지만, 현실은 그렇지 못하다. ③ 처벌을 통한 예방효과가 실패하였을 경우, 이를 보완할 다른 대안을 갖고 있지 못하다.

(2) 실증주의 - 치료 및 갱생이론 B급 09·10·14·17. 채용, 18. 승진

의의	① 생물학적·심리학적 범죄이론을 바탕으로 한다. 09·17·19. 채용 ② 결정론적 인간관에 기초하여 범죄자의 치료와 갱생을 통하여 범죄를 예방하려는 이론
내용	① 범죄행위보다는 범죄자에 관심을 갖고 범죄자의 속성에 대하여 연구를 집중 ② 범죄자는 정상인과 다른 어떠한 특성을 갖고 있으므로 범죄자에 대한 확실하고 엄격한 처벌을 통한 일반예방효과보다는 범죄자의 치료와 갱생을 통한 특별예방효과에 중점을 둔다. 10·17·18. 채용 ③ 범죄를 개인의 책임이 아니라 사회의 책임으로 인식하고, 사회가 범죄문제를 적극적으로 해결하여야 한다고 파악한다. 10. 채용
비판	① 치료 및 갱생활동은 비교적 비용이 많이 든다. ② 대부분 범죄행위에 대한 간접적 통제활동이기 때문에 적극적인 범죄예방에는 한계가 있다. ③ 범죄행위가 아닌 범죄자를 대상으로 하므로 일반예방 효과에는 한계가 있다. 18. 승진

(3) 사회학적 범죄학 - 사회발전을 통한 예방이론(사회발전이론) [C급] 10. 채용

의의	① 사회학적 범죄학에 근거한 범죄예방이론 ② 사회발전을 통하여 범죄를 예방하려는 이론
내용	① 결정론적 인간관에 근거한다. ② 범죄자의 사회적 환경을 범죄자의 내재적 성향보다 더 중요한 범죄원인으로 본다. ③ 범죄를 유발할 수 있는 **사회적 환경의 개선을 통한 근본적 범죄예방 강조** ④ 공동체의 유대를 강화시켜 범죄를 예방하고자 한다.
비판	① 전반적인 사회발전, 즉 경제적·사회적·문화적 환경의 발전과 연결되어야 하고, 막대한 인적·물적 자원이 필요하다. ② 범죄의 원인이 되는 사회적 환경을 개선할 능력이 있는가의 여부 ③ 사회발전을 통한 범죄예방이론에 대하여는 개인이나 소규모의 조직체에 의해 수행될 수 없다는 비판이 제기된다. 10. 채용

(4) 현대적 범죄예방이론 - 생태학적 관점 [A급]

상황적 범죄 예방이론 19. 채용	합리적 선택 이론	① 고전주의 범죄학 이론에 기반을 둔 것으로, 인간은 범죄로부터 얻을 수 있는 이익보다 더 큰 고통을 받게 되면, 범죄를 저지르지 않을 것이라는 전제를 하고 있다. 범죄통제를 위해서는 처벌의 엄격성, 신속성, 확실성이 요구되며 이 중 처벌의 확실성이 가장 중요하다. 21. 채용 ② 인간의 자유의지를 인정하는 비결정론적(결정론적 ×) 인간관에 입각하여 범죄자는 자신의 범죄행위에 있어서 비용과 이익을 계산하고, 자신에게 유리한 경우에 범죄를 행한다고 본다. - 신고전주의(Clarke & Cornish, 1985) 10·17·19. 채용, 18. 법학, 21. 경간 ③ **효과적인 범죄예방의 방법**은 범죄자의 입장에서 선택할 수 있는 기회를 미리 진단하여 '체포의 위험성'과 '처벌의 확실성'을 높이는 것이다. 21. 법학 ④ 합리적 선택이론은 미시적(거시적 ×) 범죄예방모델에 입각한 일반예방효과(특별예방효과 ×)에 중점을 둔다. 19·21. 채용
	일상활동 이론	① **지역사회의 차등적 범죄율과 변화를** 지역사회의 구조적 특성의 차이가 아닌 **개인들의 일상활동의 변화에서 찾고 있다**(Cohen & Felson, 1979). ② 범죄기회가 주어지면 누구든지 범죄를 저지를 수 있다고 보아, 모든 개인을 **잠재적 범죄자**로 파악한다. 즉, 잠재적 범죄자가 힘 있는 보호자에 의해 감시되고 있지 않은 적절한 피해자나 물건을 발견한 때 범죄가 발생한다고 보고 있다. 21. 법학 ③ 추상적·거시적 분석보다는 구체적·미시적 **범죄분석에 중점을 둔다.** ④ 범죄발생 요소를 고려하여 범죄에 대응할 것을 주장하며, 이러한 3가지 요소가 동시에 일어날 수 있는 확률은 개인의 일상행동에 의해 큰 영향을 받는다고 본다. ▶ **범죄발생의 3요소**: 동기가 부여된 범죄자(가해자), 적절한 범행대상(피해자), 보호자(감시)의 부재 10·11·12. 승진, 12. 경간, 14·17. 채용 ▶ **VIVA모델**: 범행피해 리스크 수준을 결정해주는(또는 범죄자의 입장에서 범행을 결정하는 데 고려되는) 4가지 요소 10. 채용, 10. 승진, 22. 경간 ➔ 대상의 가치(Value), 이동의 용이성(Inertia), 가시성(Visibility), 접근성(Access) 21. 경간

	범죄패턴 이론 (브랜팅햄)	① **잠재적인 범죄인**은 일상활동과정에서 적절한 범죄대상을 찾게 되고 그들이 잘 알고 있는 지역 안에서 잘 알고 있는 이동경로나 수단을 이용해서 적당한 기회가 왔을 경우에 범행을 저지른다고 주장한다. ② 범죄에는 일정한 **장소적 패턴**이 있으므로 **지리적 프로파일링**을 통해 범행지역을 예측하여 범죄를 예방할 수 있다. 17·21·22. 경간, 18·21. 법학, 21. 채용
	비판	① 범죄가 예방되는 것이 아니라, 범죄가 다른 곳으로 전이되어 전체 범죄는 줄지 않는다(**전이효과 = 풍선효과**). 22. 경간 ② 모든 사람을 잠재적 범죄인으로 보아서 범죄를 줄이기 위해 개인의 사생활 등을 국가가 과도하게 통제하여 요새화된 사회를 만들어 인권이나 기본권이 침해될 수 있다. 22. 경간
환경범죄학		① 어두운 거리에 가로등을 설치하는 등 범죄취약요인을 제거함으로써 범죄예방을 하고자 한다. ➡ **CPTED(환경설계를 통한 범죄예방기법 – 제프리)**: CCTV의 설치, 순찰 및 감시가 용이한 주택설계 등 ② **제프리(Jeffery)의 범죄예방모델 3가지** 20. 경특

범죄억제모델	형벌을 통해 범죄를 억제하고 통제
사회복귀모델	㉠ 범죄자의 **치료(재사회화)와 갱생**을 통한 사회복귀 ㉡ 지역 활동, 교육·직업훈련, 복지정책 등을 통해 범죄자를 재사회화시키는 것
범죄예방모델	㉠ **사회환경 개선**을 통한 범죄예방(CPTED ➡ 환경공학적 접근) ㉡ 도시정책, 환경정화 등

③ **방어공간이론(오스카 뉴먼)**: 주거에 대한 영역성의 강화를 통해 주민들이 살고 있는 지역이나 장소를 자신들의 영역이라 생각하고 감시를 게을리하지 않으면 어떤 지역이든 범죄로부터 안전할 수 있다고 주장하는 이론 21. 법학, 22. 채용

💡 **방어적 공간(Defensible Space)의 4가지 요소**

영역성	㉠ 자기소유의 관념, 본인의 집 또는 동네라는 인식을 가지고 있는 것을 말한다. ㉡ 이웃과의 좋은 유대관계를 가지고 있는 것도 영역성 증대요소가 된다.
자연적 감시	집 또는 거리를 일상생활에서 자연히 감시할 수 있는 능력(물리적인 요소 중심)
이미지	㉠ 이미지로 판단하여 범죄자가 범죄실행가능성이 용이한지에 관한 판단을 한다. 깨진 유리창 이론과 유사한 점이다. ㉡ 깨끗하고 고급스러운 건물, 지역 또는 낡고 허름한 건물, 지역에 따른 범죄를 실행하기 용이한지 여부
입지조건 (안전지대)	입지적 요인(주위환경)에 따른 범죄실행 용이성 여부

④ 비판

㉠ 잠재적 범죄인이 환경의 변화에 비교적 쉽게 적응하고 있다.
㉡ 물리적 환경의 변화만으로는 범죄예방이 불가능하며 지역주민의 참여가 필수적인데 이를 간과하고 있다.

집합효율성 이론 12. 승진, 12·17. 경간, 14·18. 채용, 18. 지능	① 시카고학파의 사회해체이론을 현대도시의 맥락에서 계승·발전시켜, 지역사회의 차이의 원인을 사회구조적으로 설명하고자 한다(로버트 샘슨과 동료들, 1997). ② 지역사회 구성원들이 범죄문제를 해결하기 위해 적극적으로 참여하는 것이 중요한 범죄예방의 열쇠가 된다고 본다. ➡ 비공식적 사회통제 강조 21. 경간 ③ 집합효율성: 지역주민 간의 상호신뢰 또는 연대감과 범죄에 대한 적극적인 개입과 결합을 의미 14·18·21. 채용 ④ 비판: 공식적 사회통제, 즉 경찰 등 법집행기관의 중요성을 간과하고 있다.
깨진유리창 이론 09·19. 채용, 12. 승진, 17. 경간, 18. 지능	① 무질서와 심각한 범죄를 이론적으로 연결시킨 최초의 시도로 범죄학자인 윌슨(James Q. Wilson)과 켈링(George L. Kelling)이 제시 ➡ 무관용(Zero Tolerance) 경찰활동(처벌의 확실성을 높여 범죄를 억제하는 전략) 21. 채용 ② 무질서한 행위와 환경을 그대로 방치하면 주민들은 공공장소를 회피하게 되고 범죄두려움은 증가하며 범죄와 무질서가 심각해지므로 무질서에 대한 엄격한 통제관리가 요구 ③ 무관용 원칙: 직접적인 피해자가 없는 사소한 무질서행위에 대한 경찰의 강경한 대응(Zero Tolerance)을 강조한다. 09·18. 채용 ④ 지역주민들의 상호협력: 시민들이 파괴되거나 더럽혀진 주변 환경에 대해 신속한 회복을 수행함으로써, 지역주민 간의 상호협력을 통한 범죄와 무질서의 예방노력이 어우러진 결과 효과적인 범죄예방이 이루어진다. ⑤ 무관용 정책과 집합효율성의 강화가 범죄를 예방하는데 중요한 기여를 하게 된다. ⑥ 한계: 경미한 비행에 대한 무관용 개입은 낙인효과를 유발할 수 있다.

(5) 환경설계를 통한 범죄예방활동(CPTED; Crime Prevention Through Environment Design) A급

09·12·13·20·22. 경간, 10·11·12·15·18. 승진, 10·13·15·16·19. 채용

개념		① 기존의 경찰력(인력 + 경찰장비)에 의존해 왔던 범죄예방과 범죄진압이 한계에 이르렀고 범죄는 더욱 다양화·지능화·무동기화·흉포화됨에 따라 보다 근본적이고 효과적인 범죄예방을 위한 방안으로 주거 및 도시지역의 물리적 환경 설계 또는 재설계를 통해 범죄기회를 차단하고자 하는 기법 ② 제프리가 처음으로 환경설계를 통한 범죄예방(CPTED)이라는 용어를 사용 ③ 영국의 '방범환경설계제도', 호주의 '건축허가 시 범죄위험성 평가 의무화' ④ 오스카 뉴먼은 방어공간(Defensible Space)과 관련하여 영역성, 감시, 이미지, 안전지대의 4가지 관점을 제시하였다. 22. 경간, 22. 채용 ⑤ 우리나라에서는 서울시 마포구 염리동에서 적용한 사례가 있고, 자치단체 조례로 서울특별시 마포구 범죄예방을 위한 도시환경 디자인 조례가 2018년 제정되어 시행되고 있다. 22. 경간
근거		방범용 CCTV설치·운용 ➡ 「개인정보 보호법」에서 법적 근거를 두고 있다.
기본원리	자연적 감시	건축물이나 시설물의 설계시 가시권을 최대 확보하여 외부침입에 대한 감시 기능을 확대함으로써 범죄행위의 발견 가능성을 증가시키고, 기회를 감소시킬 수 있다는 원리 예 조명·조경·가시권확대를 위한 건물의 배치 등

	자연적 접근통제	일정한 지역에 접근하는 사람들을 **정해진 공간으로 유도**하거나 외부인의 **출입을 통제**하도록 설계하여, 접근에 대한 심리적 부담을 증대시키는 원리 예 **차단기 · 방범창 · 잠금장치 · 통행로의 설계, 출입구의 최소화** 등
	영역성의 강화	사적공간에 대한 경계를 표시하여 **주민들의 책임의식과 소유의식을 증대**함으로써 사적공간에 대한 관리권과 권리를 강화시키고, 외부인들에게는 침입에 대한 불법사실을 인식시켜 범죄기회를 차단하는 원리 예 **울타리 · 펜스의 설치, 사적 · 공적 공간의 구분** 등
	활동성의 강화 (활용성의 증대)	지역사회의 설계시 주민들이 모여서 상호의견을 교환하고 유대감을 증대할 수 있는 **공공장소**를 설치하고 이용하도록 함으로써 '**거리의 눈**'을 활용한 자연적 감시와 접근통제의 기능을 확대하는 원리 예 **놀이터 · 공원의 설치**, 체육시설의 접근성과 이용의 증대, 벤치 · 정자의 위치 및 활용성에 대한 설계 등
	유지관리	처음 설계된 대로 혹은 개선한 의도대로 기능을 **지속적으로 유지하도록 관리**함으로써 범죄예방을 위한 환경설계의 장기적이고 지속적인 효과를 유지하는 원리 예 **파손의 즉시보수, 청결유지, 조명 · 조경의 관리**

(6) 방범용 CCTV의 설치 및 운용 [C급]

개념	방범용 CCTV는 **상황적 범죄예방이론**에서 다루고 있는 'Target Hardening(**목표의 견고화**)'의 기법에 기초하는 것으로 최근에는 **CPTED의 감시원리와 연관**하여 논의되기도 한다.
방범용 CCTV 운용의 기대효과	① 범죄예방과 검거자료, 범죄입증자료 활용까지 범죄 전반에 걸친 유용한 자료로 활용할 수 있다. ② CCTV는 감시의 강화로 범행욕구를 저지시키려는 제1차적 범죄예방(일반예방) 전략이다. ③ 인권단체에서는 기본권 침해의 소지가 많으므로 거리 등 공공장소에서의 CCTV 설치는 제한되어야 한다고 주장한다.

(7) 브랜팅햄(Brantingham)과 파우스트(Faust)의 범죄예방 유형 [A급] 09. 채용

유형	대상	내용
1차적 범죄예방	일반대중	① 물리적 · 사회적 환경 중 범죄원인이 되는 조건을 개선하기 위한 활동 ② 범죄를 야기할 가능성을 가진 문제들을 방지하는 것에 초점을 두고 있다. ③ 범죄의 기회를 제공하는 물리적 환경조건을 찾아 개입하는 전략 ④ 범죄발생 원인에 영향을 미치는 경제 및 사회 조건에 개입 예 **건축설계 · 비상벨 · CCTV 설치 등의 환경설계, 시민순찰과 같은 이웃감시 활동, 방범교육(생활안전교육), 민간경비활동의 강화**

2차적 범죄예방	우범자 우범집단	① 잠재적 범죄자(청소년범죄자)를 초기에 발견하여 개입하는 전략 ② 이미 존재하는 요인들과 일탈행위를 조장하는 오인들의 제거에 더 중점을 두고 있다. ③ 우범지역을 중심으로 지역사회 지도자, 교육자, 부모 등에 의해 수행된다. 예 청소년 우범지역 단속활동, 범죄지역분석, 청소년범죄자의 전환(Diversion) 제도
3차적 범죄예방	범죄자	실제 범죄자를 대상으로 하는 범죄자 격리 및 재범예방활동으로 형사사법기관이나 민간단체 등에 의해 수행됨 ➡ 상습범 및 재범억제를 지향한다. 예 범인의 체포·구금, 기소, 교도소 구금조치, 범죄자에 대한 민간단체나 지역사회의 교정치료(교정프로그램) 등

(8) 멘델존(Mendelsohn)의 범죄피해자 유형론 [A급] 14. 승진

피해자의 유형	내용
완전히 책임 없는 피해자	영아살해에 있어서의 영아, 약취·유인된 아동
책임이 조금 있는 피해자	무지에 의한 낙태여성, 인공유산을 시도하다 사망한 임산부
가해자와 같은 정도의 책임이 있는 피해자	촉탁살인에 의한 피살자, 동반자살 피해자
가해자보다 더 책임이 있는 피해자	사건을 유발한 피해자, 자신의 부주의로 인한 피해자
가장 책임이 높은 피해자	공격을 가한 자신이 피해자가 되는 가해적 피해자

> **⊕ PLUS 프로파일링(Profiling)** [C급] 21. 경간
> 1. 프로파일링은 범죄자의 **신원을 파악하는 것이 아니라 유형을 파악하는 것**이다.
> 2. 프로파일링은 범죄현장에는 **범인의 성향이 반영된다**는 것과 **범인의 성격은 쉽게 변하지 않는다**는 전제를 지니고 있다.
> 3. 지리학적 **프로파일링**은 범행 위치 및 피해자의 거주지 등 범죄와 관련된 정보를 계량화하여 **범인이 생활하는 근거지를 확인**하는 방법이다.
> 4. 한국은 도시간의 간격이 협소하고 거주지역 내 인구가 밀집되어 있어 **지리학적 프로파일링에 최적화된 환경을** 제공하기 어렵다.

제11절 지역사회 경찰활동

01 전통적인 경찰활동과 지역사회 경찰활동의 비교 [A급] 09·11. 채용, 09·10·18. 승진, 13·14. 경간

구분	전통적인 경찰활동	지역사회 경찰활동
주체(의의)	경찰만이 범죄예방과 진압의 책임을 지는 유일한 정부기관이다.	경찰과 시민 모두에게 범죄예방의 의무가 있다.
경찰의 역할	범죄해결(법집행자, 범죄해결자)	문제해결(서비스제공자, 문제해결자)
업무평가 주요척도	범인검거율(사후진압)	범죄나 무질서의 감소율(사전예방)
경찰업무의 우선순위	범죄와 폭력의 퇴치	범죄와 폭력의 퇴치 + 주민의 문제 및 관심사항의 해결
효율성의 측정	범죄 신고에 대한 경찰의 반응시간	주민의 경찰업무에의 협조정도
조직구조	집권화	분권화
타 기관과의 관계	권한과 책임 문제로 인한 갈등구조	공동목적 수행을 위한 협력구조
강조점	집중화된 조직구조, 법과 규범에 의한 규제, 법을 엄격히 준수하는 책임을 강조	지역사회의 요구에 부응하는 분권화된 경찰관 개개인의 능력을 강조
패러다임의 전환	① 범인검거에서 **범죄예방** 분야로의 역량강화 ② 지역문제 해결을 위한 **지역사회 협력치안**의 강화 ③ **권한분산과 하의상달**의 의사통로 확보 등을 통한 **경찰내부의 개혁**	

02 지역사회 경찰활동(Community Policing) 개관 [A급] 20. 채용, 21. 법학

① 지역사회 경찰활동은 범죄와 무질서, 범죄에 대한 두려움을 줄이고자 고안된 것으로 **지역주민과 경찰과의 긴밀한 관계를 통한** 협력활동이며, 경찰활동에 관한 새로운 철학이다.
② 지역사회 경찰활동을 실제로 수행하기 위한 프로그램(지역사회 경찰활동의 세 가지 구성요소)으로 전략지향적 경찰활동, 이웃지향적 경찰활동, 문제지향적 경찰활동 등이 있다. 20. 채용, 22. 경간
③ 타 기관과는 권한과 책임 문제로 인한 갈등구조가 아닌 **지역사회 문제해결의 공동목적 수행을 위한 협력구조**를 이룬다. 20. 채용
④ **업무평가의 주요한 척도**는 사후진압을 강조한 범인검거율이 아닌 사전예방을 **강조한 범죄나 무질서의 감소율**이다. 20. 채용, 22. 경간
⑤ 지역사회 경찰활동(COP)은 **경찰 – 주민간 파트너십의 강화**, 지역사회 문제에 대한 **근본적 해결**, 경찰 조직 내 **권한의 이양** 등을 강조한다. 20. 법학
⑥ 골드슈타인(H. Goldstein)은 지역사회 지향적 경찰활동(COP)에서 "경찰은 **스스로를 지역사회의 구성원으로 인식**하고, 지역사회와 **친밀한 관계를 유지**하여야 한다. 경찰은 **지역주민들과 언제든지 접촉**할 수 있어야 한다. 지역주민의 **눈에 쉽게 띄어야** 하고, 지역주민과 **자주 만나 대화**를 나누어서 서로의 관심과 지역의 문제를 파악하여야 한다. 이러한 것들은 **지역사회와의 신뢰관계를 형성**하며, 적극적으로 지역사회의 문제를 파악하여 **지역주민과 협력**하여 해결하려는 것이다."라고 말했다.

⑦ 지역사회 경찰활동의 특성 4가지[스콜닉(J. H. Skolnick)과 베일리(D. H. Bayley)]

1. 지역사회에 기초한 범죄예방은 지역사회 경찰활동의 가장 중요하고 궁극적인 목표이다.
2. 순찰체계는 기존의 차량순찰체계로부터 도보순찰과 공공서비스 위주 순찰로 전환한다.
3. 지역주민과 관련된 경찰의 책임을 강화한다.
4. 경찰활동에 대한 명령체계를 가능한 한 중간관리층으로 분권화하여 지역사회의 실정에 맞는 경찰활동을 할 수 있게 한다.

⑧ 경찰의 역할에서 범죄투사(Crime fighter)의 역할보다 문제해결자(Problem solver)로서의 역할에 중점을 둔다.
22. 경간

⊕ **PLUS** 지역사회 경찰활동의 발달 과정과 경찰 – 지역사회 관계(PCR)

① 1930년대 ~ 1960년대까지: 전통적 경찰활동
② 1960년대 ~ 1980년대까지: 경찰–지역사회 관계(Police Community Relations: PCR)
③ 1980년대 이후 ~ 현재: 지역사회 경찰활동(Community Policing)

◆ 경찰 – 지역사회 관계(Police Community Relations: PCR)는 경찰과 지역주민 사이에 좋은 관계를 유지하고 경찰활동을 널리 지역주민에게 이해시키고, 범죄예방활동에 지역주민을 적극적으로 참여시켜 협력해 주도록 하는 경찰활동을 말한다. 지역주민들에게 경찰을 우호적으로 만들며 전통적인 경찰기능의 효과성을 증진시키기 위해 고안 되어졌다. 그리고 중요한 것은 이와 관련된 프로그램들은 기본적인 경찰서비스를 전달하는 데에 어떤 중요한 변화를 수반하지않는다는 것이다.

(출처: 이황우·한상암, 「경찰행정학」 제8판, p.508)

03 지역중심 경찰활동(Community Oriented Policing; COP) [A급]

의의	지역사회와 경찰 사이의 새로운 관계를 증진시키기 위한 조직적인 전략이고 원리를 말한다.
내용	① 지역사회에서의 전반적인 "삶의 질 향상"을 목표로 한다. ② 대표학자로는 '트로야노비치와 버케로'가 있으며 사전 예방적 대응을 강조하였다. ③ 경찰과 지역사회 구성원이 함께 마약이나 범죄에 대한 두려움, 사회적·물리적 무질서 그리고 전반적인 지역의 타락이나 일탈과 같은 당면의 문제들을 확인하고 우선순위를 정하여 해결하고자 함께 노력한다.

04 전략지향적 경찰활동(Strategic Oriented Policing; SOP) [A급]

의의	① 지역사회 경찰활동의 첫 번째 요소는 전략지향적 경찰활동이다. ② 전략지향적 경찰활동과 관련하여 경찰은 확인된 문제들에 대해서 경찰자원들을 재분배하고 전통적인 경찰활동 및 절차들을 이용한다.
목적	① 범죄의 요소나 사회 무질서의 원인을 제거하고 지역사회를 교정하는 데 있어서 지역사회에 그 기초를 확립할 기회를 제공해 주는 것이다. ② 전략적 경찰활동(Strategic Policing)은 하버드 경찰간부회의에 의해 사용된 용어로서, 전략적 경찰활동이란 경찰의 전문적인 범죄진압능력을 향상시키는 것을 포함한다. ③ 전략적 경찰활동의 목적은 효과적인 범죄통제이다.

내용	① 관할구역을 넘어서 활동하는 **직업 범죄자들과 조직범죄들을 목표로 한다.** ② 광역범죄와 싸우기 위해 전략적 경찰활동은 여러 관할을 담당하는 **특별수사대와 전문 수사반**을 이용한다. ③ 전략적 경찰활동은 복잡한 범죄에 대해서는 **법집행적 대응**을 한다. ④ 전략적 경찰활동은 **지역사회 참여가 경찰임무의 중요한 측면이라고 인식**한다.

05 이웃지향적 경찰활동(Neighborhood Oriented Policing; NOP) [A급]

의의	① 지역사회 경찰활동의 두 번째 요소인 이웃지향적 경찰활동이란 지역사회의 진정한 의미를 파악하기 위해서 **경찰과 주민 사이의 의사소통 라인을 개설하는 모든 프로그램**을 말한다. ② 이웃감시 프로그램은 **지역주민들이 서로 친밀한 관계를 유지하여 이웃사람들의 습관이나 일상 활동에 대해 잘 알게 되면** 자신들의 구역 내에서 의심스러운 사람이나 행동을 쉽게 발견할 수 있어 이를 통해 지역 내의 범죄를 예방하려는 프로그램이다. ③ 이웃감시 프로그램은 **이웃 지켜주기**(Neighborhood Watch), **구역 지켜주기**(Block Watch), **가정 지켜주기**(Home Watch), **지역사회 지켜주기**(Community Watch) 등 여러 이름으로 불리는 활동으로 1960년대에 처음으로 시작됐으며, 대표적인 학자는 윌리엄스이다.
내용	① 지역에서 **범죄가 발생하는 원인은 비공식적 사회통제의 약화와 경제적 궁핍이 소외를 정당화**하기 때문이다. ② **지역조직은 경찰관에게 중요한 역할을 부여받으며,** 서로를 위해 **감시하고 공식적인 민간순찰**을 실시한다. ③ 지역조직은 거주자들에게 **지역에 관한 정보를 제공**하며 **경찰과 협동해서 범죄를 억제**하는 기능을 수행한다.

06 문제지향적 경찰활동(Problem Oriented Policing; POP) [A급]

의의	① 문제지향적 경찰활동의 목표는 전통적인 경찰업무로 해결할 수 없거나, 그것의 해결을 위하여 특별한 관심을 필요로 하는 특정 문제를 해결함에 있어서 **경찰과 지역사회가 특정문제의 상황에 맞는 해결책을 개발하기 위하여 함께 노력하는 것**이다. ② 골드슈타인(Goldstein)은 경찰은 "**사건지향적이기보다는 오히려 문제지향적이어야 한다.**"고 했다.
등장배경	① 전통적 경찰활동의 특징인 **전문적 또는 사건지향적 경찰활동에 대한 불만족으로 인해** 1970년대 후반에 처음 대두되었다. ② 문제지향적 경찰활동의 개념은 골드슈타인(Goldstein)에 의하여 제기되었으나 **실제 상황에서의 개념은 에크**(Eck)**와 스펠만**(Spelman)**에 의한 'SARA'모델에 의하여 구체화**되고 있다.
내용	① 일선경찰관에게 문제해결에 필요한 **상당한 자유재량(권한)과 시간을 부여**하고 범죄분석자료를 제공한다. ② 「형법」의 적용은 여러 대응 수단 중 하나에 불과하다.

		③ 경찰활동에 대한 **정보에 바탕을 둔 체계적인 접근방법**이다. 따라서 문제지향적 경찰활동에서는 특정문제를 다루고, 그 문제를 분석하고 대안을 결정하며, 프로그램을 집행하고, 지속적으로 평가한다.
		④ 문제지향 경찰활동은 경찰활동이 단순한 법집행자의 역할에서 **지역사회 범죄문제의 근원적 원인을 확인하고 해결하는 역할**로 전환할 것을 추구한다.
		⑤ 문제지향 경찰활동에서는 문제들에 대한 효과적인 대응 전략들을 마련하면서 필요한 경우 **경찰과 지역사회가 협력**할 수 있는 대응전략들에 보다 높은 가치를 부여한다.
		⑥ 문제지향 경찰활동은 종종 **지역사회 경찰활동과 병행**되어 실시되곤 한다.
문제해결과정 (SARA 모델)	조사(Scanning)	① 지역에서 **반복적으로** 발생하고 있는 문제를 파악하는 데에서 출발하여 문제라고 여겨지는 **개인과 관련된 사건을 분류**하고, 정확하고 유용한 **용어를 활용**하여 이러한 문제를 조사한다. ② 일반시민과 경찰에 고민거리가 되는 **재발성 문제를 확인**하는 단계로서 **지역사회에서 일반적으로 발생하는 문제나 쟁점사항들을 인식**하는 활동을 말한다. 이는 단순한 사고나 범죄의 구분을 넘어서 문제들의 **범주를 넓히는 과정**이다.
	분석(Analysis)	① 지역사회와 경찰이 **협력**하는 등의 방법으로 문제의 원인을 파악하고, 분석하는 단계이다. ② 각종 통계자료 등 **수집된 자료**를 활용하여 **심층적인 분석**을 실시하며, **당면문제의 성격**을 정확하게 **파악**하기 위해 문제분석 삼각모델(problem analysis triangle)을 유용한 분석도구로 활용할 수 있다.
	대응(Response)	경찰이 보유한 자원과 역량만으로는 한계가 있으므로 **지역사회 내의 여러 다른 기관들과의 협력**을 통한 대응방안을 추구하며, 상황적 범죄예방에서 제시하는 25가지 범죄예방기술을 적용해 볼 수도 있다.
	평가(Assessment)	대응의 적절성을 평가하며, **과정평가와 효과평가**의 두 단계로 구성되며, 이전 문제해결과정에의 환류를 통해 각 단계가 **지속적인 순환 과정**으로 작동할 수 있도록 한다는 점에서 중요한 의미를 가진다.

07 정보주도적 경찰활동(Intelligence-Led Policing; ILP) A급

의의	① 정보기반 경찰활동은 **범죄자의 활동, 조직범죄, 중범죄자**에 대한 관리 및 예방에 중점을 두는 경찰활동으로 **범죄를 감소시키기 위해서는 범죄의 정보**(범죄사건정보 ×)**와 분석기법을 통합한 법집행 위주의 경찰활동**을 하여야 한다는 것이다. ② 정보기반 경찰활동의 방식은 지역사회정보와 감시, 범죄의 분석, 사건분석을 위해 지리정보시스템을 활용한 분석기법 등을 통해 **정보에 입각한** 범죄다발지역에 대한 강력한 순찰 및 법집행, 그리고 범죄예방활동을 진행하는 것이다. ③ 경찰의 **효과성 향상**을 위한 **전략**이다.
등장배경	**지역사회 경찰활동이나 문제지향적 경찰활동이 범죄의 해결보다는 근본적인 지역의 문제에 더욱 치중하는 것이 경찰활동을 비효율적으로 만드는 것**이라는 비판하면서, 이에 대한 개선의 필요성으로 제기되었다.

08 증거기반 경찰활동(Evidence Based Policing; EBP) [A급]

의의	경찰정책과 의사결정에 있어서 과학적·의학적 증거에 기반하여 증거의 개발, 검토, 활용을 위해 경찰관 및 직원이 연구기관과 함께 활동하는 접근방법이다.
내용	① 대표학자로 셔먼을 들 수 있다. ② 단순한 통계적 분석이나 경험적 분석을 넘어 임상실험에서 얻어진 결과를 더 중시한다.

제12절 순찰효과 연구(미국) [B급]

뉴욕경찰의 25구역 순찰 실험 (1954~1966)	내용	범죄다발지역인 뉴욕 맨해튼 동부 25구역에 4개월간 순찰근무 경찰관의 수를 두 배로 증원하여 배치하였다.
	평가	① 순찰의 효과를 과학적으로 측정하고자 했던 최초의 연구이다. ② 순찰 횟수가 증가할수록 범죄가 감소한다는 상관관계를 밝혔으나, 과학적 연구가 갖추어야 할 기본적인 조건들을 갖추지 못한 불완전한 상태의 실험이었다.
캔자스(Kansas)시 예방순찰 실험(1972)	내용	차량순찰을 증가해도 범죄는 감소하지 않고, 일상적인 순찰을 생략해도 범죄는 증가하지 않았으며 대부분의 시민들은 순찰수준의 변화조차 인식하지 못하였다. 07·09. 채용
	평가	① 차량순찰의 효과가 과장되어 있고 매우 비효율적이라는 점을 시사한 실험이었다. ② 차량순찰의 증감은 범죄율과 관련성이 없다. ③ 차량순찰은 시민의 안전감에 긍정적인 영향을 미치지 못한다. ④ 사무엘 워커는 순찰의 기능 중 하나로 주민의 심리적 안전감을 제고할 수 있다는 측면을 언급한 바 있으나, 캔자스시의 차량 예방순찰 실험에서는 해당 주장이 지지받지 못하였다. 20. 법학 **🔍 참고** ★ 사무엘 워커는 순찰의 기능으로 범죄의 억제, 대민서비스 제공, 공공안정감 증진을 주장하였다. 21. 채용 ★ 해일(C. D. Hale)은 순찰의 기능을 범죄예방과 범인검거, 법집행, 질서유지, 대민서비스 제공, 교통지도단속으로 나누어 설명하였다. ⑤ 차량순찰의 증감이 범죄율과 시민의 안전감에 영향을 미치지 못한다는 결과를 도출하여 경찰의 순찰활동전략을 재고하게 만든 최초의 과학적 연구라는 데 그 의의가 있다. 09. 채용

뉴왁(Newark)시 도보순찰 실험 (1978~1979)	내용	도보순찰을 하는 지역과 도보순찰을 하지 않는 지역으로 구분하여 비교하는 실험을 실시하였다.
	평가	① 도보순찰을 증가하여도 범죄발생은 감소되지 않으나, **주민들은 자신들의 구역 내에서 범죄가 줄어들고 있다고 생각**하였다. 09. 채용 ② 도보순찰은 주민과 경찰 모두에게 심리적으로 매우 긍정적인 효과가 있었음을 입증하였다.
플린트(Flint) 도보순찰 실험(1979)	내용	순찰구역을 도보순찰과 자동차순찰로 다양하게 나누어 실시하였다.
	특이사항	실험기간 중 일부 실험 지역에서 **범죄발생 건수가 증가했음에도 불구하고, 도보순찰 결과 시민들은 더 안전하다고 느끼고 있었다.** 09. 채용
	평가	도보순찰의 심리적 효과를 긍정한 사례이다.
도보순찰 공통점		**뉴왁시** 도보순찰 실험과 **플린트** 도보순찰 프로그램 모두에서 도보순찰이 주민의 심리적 안전감에는 긍정적인 영향을 미치나 **실제 범죄율 감소에는 긍정적인 영향을 미치지 않는 것**으로 밝혀졌다. 09. 채용, 20. 법학

제13절 순찰의 종류 C급

1. 순찰노선에 의한 구분

정선 순찰	개념	① 가급적 관할구역 전부에 미칠 수 있도록 **사전에 정하여진 노선을 규칙적으로 순찰**하는 방법 ② **인간에 대한 불신을 바탕으로** 강제를 통하여 경찰관 개인의 직업윤리의식 수준과 상관없이 일정한 산출을 올리려는 제도
	장점	순찰노선이 일정하고 경찰관행동이 규칙적이므로 **감독과 통제가 용이**하다.
	단점	① 범죄자들이 이를 예측하고 출현할 수 있으므로 **범죄예방효과가 약화**될 수 있다. ② 근무자의 **자율성이 저하**되고 책임회피식 순찰이 될 위험이 있다.
난선 순찰	개념	임의로 경찰사고발생상황 등을 고려하여 순찰지역이나 노선을 선정하여 **불규칙적으로 순찰**하는 방법
	장점	범죄자의 예측을 교란시킬 수 있고, 종횡무진한 순찰을 통하여 **범죄예방효과를 증대**시킬 수 있다.
	단점	순찰근무자의 위치추정이 곤란하고, **근무자의 태만과 소홀을 조장**할 우려가 있다.
요점 순찰	개념	순찰구역 내의 중요지점을 지정하여 순찰자는 반드시 그곳을 통과하며, **지정된 요점과 요점 사이에서는 난선순찰 방식에 따라 순찰**하는 방법
	특징	① **정선순찰과 난선순찰의 장점을 살리고 단점도 보완되도록 절충한 방식** ② 중요 요점에만 순찰함이 놓이게 되므로 순찰함이 정선순찰에 비해 적게 소요된다.
자율 순찰	개념	지구대 관할 지역을 몇 개의 소구역으로 나누고 지정된 개인별 담당구역을 요점순찰하는 방법
	특징	① 인간에 대한 신뢰와 자율성을 바탕으로 창의적으로 임무를 수행하도록 하는 행위 ② 순찰시간과 지역을 정해주고 각자의 판단과 업무필요에 따라 순찰하는 방법 ③ 구역순찰과 자율순찰을 결합한 순찰방식

2. 기동력에 의한 순찰의 구분

구분	장점	단점
도보순찰	① **주민접촉이 용이**하며 대민관계의 기회를 높임 ② 순찰자가 상세하고 치밀하게 정황을 관찰 12. 경특 ③ 야간 등 청력을 필요로 하는 경우에 유리 ④ 특별한 경비가 불필요	① 순찰자의 **피로**로 순찰노선의 단축과 순찰횟수 감소를 야기 ② 기동성의 부족과 **장비휴대의 한계** ③ 통행자가 다수일 경우 기동성이 떨어짐
자동차순찰	① 높은 가시방범효과 12. 경특 ② 기동성에 의한 신속한 사건·사고의 처리 12. 경특 ③ 안정성이 높고, 다양한 장비의 적재가 가능 12. 경특	① **좁은 골목길 주행이 불가능** ② 정황관찰의 **범위가 제한** ③ 많은 경비의 소요
오토바이순찰	① 기동성 양호 ➡ **좁은 골목길 순찰이 용이** ② 가시효과가 높음	① **안전성이 미흡** ② 은밀한 순행이 불가능
자전거순찰	① **도보순찰보다** 피로가 적고, 넓은 범위의 순찰이 가능 ② 정황관찰과 시민과의 접촉이 비교적 용이 ③ 경제적이고 특별한 기술이 필요 없음 ④ **신체적 피로가 도보순찰보다 적음**	① 오토바이나 자동차에 비해 기동성 저하 ② **장비적재에 한계**가 있음

police.Hackers.com

해커스경찰
police.Hackers.com

해커스경찰
김민철 경찰학 기본서

PART 02

한국경찰의 역사와 비교경찰

Chapter 01 한국경찰의 역사와 제도
Chapter 02 비교경찰

Chapter 01 / 한국경찰의 역사와 제도

제1절 개관 [B급]

구분	시기	특징
전근대적 경찰	고조선 ~ 갑오개혁(1894) 이전	① 경찰기능의 미분화현상 ② 중국의 영향
근대적 경찰	**갑오개혁 ~ 한일합병(1910)**	① **경찰기능의 분화시작**(경찰이 일반행정 또는 군기능으로부터 분리되기 시작) ② 경찰의 **조직법적·작용법적 근거를 마련함으로써** 근대적 경찰로 탄생하는 계기 마련 13. 채용 ③ 일본의 영향(제국주의·군국주의 침략의 도구)
식민시대 경찰	한일합병 ~ 해방(1945. 8. 15)	식민지 지배수단
미군정시대 경찰	해방 ~ 미군신탁통치	① 최초의 **영미법계 경찰개념 도입** ② 국민의 생명 및 재산의 보호와 **민주적 요소** 강조 12. 승진 ③ 경찰의 민주화에 성공하지 못함 14. 채용, 18. 승진
현대 경찰	1948. 8. 15. 정부수립 이후	① **최초로 자주적인 경찰운용** ② 치안국 ➔ 치안본부 ➔ 경찰청 ③ **경찰법 제정(1991)**으로 경찰청이 내무부 외청으로 독립 ④ 국가경찰위원회와 치안행정협의회 설치

제2절 갑오개혁 이전 경찰제도 [C급]

구분	경찰제도	특징
부족국가시대	① **고조선**: 팔조금법(살인 ➔ 사형, 상해 ➔ 곡물로 배상, 절도 ➔ 노·비, 50만전) ② **한사군**: 지방의 위, 유요, 정장에게 오병지급 ③ **부여**: 일책십이법, 영고, 감옥○ ④ **고구려**: 일책십이법, 감옥× ⑤ **동예**: 책화제도(경계를 침범하면 노예나 우마로 배상) ⑥ **삼한**: 제정분리(천관이 다스리는 소도라는 신성지역 존재)	① 군사, 형 집행기능과 **통합 수행** ② 가부장적 사회질서 유지

삼국시대	① 고구려: 지방장관 **욕살**(5부) ② 백제: 지방의 **방령**(5방), 수도의 달솔 ③ 신라: 지방의 **군주**(5주)	① 중앙집권적 국가체제 ② 행정과 군사의 일체 ③ 반역죄 엄벌 ④ 주요 범죄: 백제의 관인수재죄
통일신라시대	① 중앙: **이방부**(수사·집행), **사정부**(풍속경찰) ② 지방: 총관(9주), 사신(5소경) ③ 해양경찰: 장보고 등장	① **왕권을 보호하기 위한 범죄**: 모반죄, 모대역죄, **지역사불고언죄** ② 관리들의 직무 관련 범죄: **불휼국사죄**, 배공영사죄
고려시대	① 중앙: **어사대**(풍속경찰), **금오위**(수도의 경찰업무, 포도금란) ② 지방: **안찰사**(5도), 병마사(**양계**) ③ 현위를 장으로 하는 위아라고 하는 지방기관	① **순군만호부**: 정치경찰적 활동 ② 공무원범죄, 문서훼손범죄, 무고죄, 도주죄, 방화죄, 실화연소죄, 성범죄, 도박죄, 유기죄, 인신매매죄, 장물죄 등이 새롭게 처벌
조선시대	① 중앙: 의금부(**왕족범죄**, 특별범죄), 사헌부(풍속경찰), 수성금화사(소방) ② 지방: 관찰사(8도), 수령(부, 목, 군, 현) ③ **포도청**: 성종 2년(1471년) '**포도장제**'에서 기원하였으며, **포도청**이란 명칭은 중종 치세기에 처음으로 등장한다. 갑오개혁(1894년) 때 '**경무청관제직장**'이 제정되어 한성부에 **경무청**이 실시되면서 폐지되었다.	① **직수아문**: 중앙의 각 기관이 경찰기능 수행 (**경찰권의 다원화**) ② 다모: 여자관비로서 양반집 수색과 여자도적 검거 ③ 암행어사: 오늘날 정보경찰 ④ 토포사: 지방의 포도청 역할

제3절 갑오개혁 이후 근대경찰

1. 일본내각에 의한 근대경찰의 창설결정과 그 시행 [A급]

김홍집 내각의 일본각의 결정 시행	① 김홍집 내각은 일본 각의에 의해 경찰 창설을 요구받고 1894년 6월 28일 「각아문관제」에서 처음으로 '경찰'이라는 용어를 사용하고, 18. 채용, 19. 승진 **경찰을 법무아문 소속으로 창설할 것을 정하였다가 실제 창설시(1894년 7월 1일) 내무아문 소속으로 변경하였다.** 09·13. 채용, 12·13. 승진, 22. 경간 ② 1895년 「내부관제」의 제정을 통해 내부대신의 경찰에 대한 지휘감독권을 정비하였고, 1896년 「지방경찰규칙」을 제정하여 지방경찰의 작용법적 근거를 마련하였다. 20. 경간
경무청관제직장과 행정경찰장정 제정	1894년 7월 14일 한국 최초의 **경찰조직법**이라고 할 수 있는 「경무청관제직장」과 한국 최초의 **경찰작용법**이라 할 수 있는 「행정경찰장정」을 제정하면서 최초의 근대경찰인 경무청이 수도 한성부에 창설되었다.
경찰권 일원화	그동안 시행되어 왔던 각 부·각 아문·각 군문의 체포나 사형에 관한 권한을 금지(직수아문 폐지)하여 **경찰권의 일원화**가 이루어졌다.

2. 경무청관제직장 - 조직법 [A급]

의의 및 성격	한국 최초의 경찰조직법이라고 할 수 있는 「경무청관제직장」은 일본의 경시청관제를 모방한 것이다. 13·14·22. 경간, 14. 채용
경과	일본의 경시청을 모방하여 그 계급을 일본의 경시총감, 경시, 경부, 순사를 경무사(경무청의 수장), 경무관, 총순, 순검으로 바꾸어 사용하였다.
경무청 신설	경무청관제직장에 의해 당시의 좌·우 포도청을 합쳐서 한성부에 경무청을 창설하고 **경무청의 장은 경무사**로 보하였다. 13·14. 승진, 13·18. 채용, 18·19·22. 경간
경무청의 관할	경무청을 내무아문에 예속시켜 **한성부 내(전국관할이 아님)의 일체의 경찰사무와 감옥사무**를 총괄하도록 하였다.
경무청의 업무범위	경무청에 그 장인 경무사를 두고 경무사로 하여금 한성부의 경찰사무와 감옥사무를 총괄하고, 범죄인을 체포·수사하여 법사(法司)에 이송하는 임무(사법사무)를 부여하였다. **이때부터 경찰이 일반행정 또는 군사기능과 분리되기 시작한다.**
경찰지서 설치	한성부의 **오부자(五部字) 내**에 지금의 경찰서격인 경찰지서가 설치되고 경무관을 장(長)으로 보하였다.

3. 행정경찰장정 - 작용법 13. 채용, 18. 지능, 10·13·14. 승진, 14·17. 경간

의의 및 성격	일본의 행정경찰규칙과 위경죄즉결례를 혼합하여 한문으로 옮겨놓은 것이 **한국 최초의 경찰작용법**이라 할 수 있다. 13. 채용, 13·14. 승진, 14·20. 경간
경무청의 활동범위 규정	영업·시장·회사에 관한 사무, 소방, 전염병 예방소독·검역·종두·식물·음수·의약·가축 등 위생에 관한 사무와, 결사·집회·신문잡지·도서에 관한 사무까지 담당하게 하여 **경찰의 업무범위를 광범위하고 포괄적으로 규정**한 전근대적인 입법이었다. 18. 지능, 20. 경간
특징	경찰과 일반 행정과의 분화가 시작은 되었으나, 경찰 직무범위의 포괄성과 업무영역의 광범성(위생, 영업, 감옥, 소방 등 담당)으로 인해 경찰업무와 일반 행정과의 분화가 제대로 이루어지지는 못하였다(경찰과 일반 행정과의 완전한 분화는 미군정기에 이루어진다).
경찰작용법의 경과	프랑스 죄와 형벌법전(1795) ➡ 일본의 행정경찰규칙 + 위경죄즉결례 ➡ 행정경찰장정(조선) ➡ 경찰관 직무집행법(1953)

> **⊕ PLUS** 한국 근대경찰의 아버지 '유길준' 22. 경간
>
> ① 유길준은 「서유견문」 '제10편 순찰의 규제'를 통해 **경찰제도 개혁을 주장**하면서 영국 근대경찰의 창시자인 **로버트 필을 소개**하고 영국의 근대 경찰제도를 높이 평가하였다. 22. 경간
> ② 유길준은 근대적 경찰제도를 '치안유지'와 함께 '개명(開明)한 진보'를 위한 중요한 수단으로 보았고, 그 목적이 '**민생의 복지와 안강(安康)**'에 있다고 인식하였다.
> ③ 유길준은 경찰제도를 **행정경찰과 사법경찰로 구분**하여 행정경찰은 주로 범죄의 예방과 재난방지에, 사법경찰은 이미 발생한 범죄에 대한 수색·체포 등을 주요 임무로 하는 것으로 구분하여, 전통적인 경찰제도에서 혼합되어 있던 경찰과 사법기능의 분리를 주장하였다. 22. 경간
> ④ 1880년대 김옥균, 박영효 등이 부국강병을 위해 '순검제'를 주장하며 근대적 경찰제도의 필요성을 강조한 것과 유길준이 문명개화를 위한 중요한 수단으로 근대적 경찰제도를 인식한 점에서 공통점이 있다.

⑤ 또한 경찰의 주요 기능에서도 사법권과의 분리는 물론 **경찰의 기본 업무로 치안에 집중할 것을 강조하면서** 인민의 건강을 위한 '위생'을 경찰업무에 포함시켜 강조하는 점도 공통적이다. 22. 경간
⑥ 다만, **김옥균, 박영효** 등이 일본의 경찰제도로부터 영향을 받은 반면, **유길준**은 영국의 경찰제도로부터 영향을 받았다. 22. 경간

4. 광무개혁(1897)에 따른 경부경찰체제의 출범(1900)과 좌절

경부의 신설 20. 경간	1900년 「경부관제」에 의하여 경찰을 내부에서 독립시켜 내부와 동등한 중앙관청인 '**경부**'를 설치(**최초로 행정부서로부터 완전 독립된 때**)하여 경찰의 위상이 높아졌다. 14. 승진, 18. 지능
이원적 경찰체제 12. 승진, 18. 지능	① 중앙: **경부**에서 **한성** 및 **각** 개항시장의 경찰업무와 감옥 사무를 통할 수행하였다. 19. 승진, 20. 경간 ② 지방: 각 관찰부에는 **관찰사** 밑에 **총순**을 **파견**하여 관찰사를 보좌하여 치안업무를 담당하게 하였다. 이때 총순은 관찰사의 지휘·감독을 받는다. ③ 궁내경찰서와 한성부 내 5개 경찰서, 3개 분서를 두고, 이를 지휘하는 **경무감독소**를 두며, 한성부 이외의 **각 관찰부에 총순을 두었다**.

5. 경무청체제로의 전환(= 신경무청시대)(1902)

개요	경부경찰체제가 실패한 후에 1901년 3월 18일의 조칙 '경부관제를 전 경무청에 의해 시행하는 건'과 1902년 2월 18일의 칙령 3호 '경무청관제'를 통하여 **내부 소속의 경무청을 다시 설치**하여 경무청이 경부의 업무를 관리하게 되었다.
담당업무 및 관할	구 경무청(1894)이 한성부만을 관할대상으로 하였지만, 새로운 경무청은 황궁 내외 및 **전국의 경찰업무와 감옥업무**를 관리하여 모든 경찰사무를 관리·감독했다는 면에서 **오늘날의 경찰청의 원형**이라 볼 수 있다. 경무청의 장(長)인 경무사가 국내 일체의 경찰사무를 관리하게 되었다.

6. 을사조약(1905)과 한국경찰권의 상실 과정 12·14·18. 채용

고문경찰제도(1904)	
통감부(府) 경무부(기존의 경무청은 한성부 관할로 축소) 경찰체제(1905. 을사조약)	
경시청체제의 출범(1907. 7)과 한국 내의 한·일 경찰의 통합과정	
경찰사무에 관한 취극서 (1908. 10. 29)	**재한국 일본인**에 대한 경찰사무의 지휘감독권을 일본관헌의 지휘감독을 받아 일본계 한국경찰관이 행사하도록 위양 14. 채용
재한국 외국인민에 대한 경찰에 관한 한일협정(1909. 3. 15)	**재한국 외국인**에 대한 경찰사무의 지휘감독권을 일본관헌의 지휘감독을 받아 일본계 한국경찰관이 행사하도록 위양
한국사법 및 감옥 사무 위탁에 관한 각서(1909. 7. 12)	한국의 사법 경찰권을 포함하는 **사법과 감옥 사무**를 일본에 위탁
한국 경찰사무 위탁에 관한 각서(1910. 6. 24)	한국의 **경찰사무**를 완전히 일본에 위탁하고, 한국 측은 내부관제와 지방관제에서 경찰에 관한 규정을 삭제하고 경시청관제를 폐지하며 비용에 관한 것은 한국이 부담한다.

제4절 식민지 경찰시대(1910~1945) [A급]

1. 헌병경찰제도(1910. 8 ~ 1919. 3)

배치지역	조선주차헌병조령(1910)에 의해 헌병이 경찰직무를 수행하게 되어 **보통경찰은 개항장이나 도시에 배치되고, 헌병경찰은 군사상 필요한 지역 또는 의병활동지역** 등에 주로 배치되었다. 13. 승진, 17. 채용, 18. 지능, 19. 경간
임무	헌병경찰은 첩보 수집·의병토벌이 주 임무였으나, 여기에 한정되지 않고 민사소송의 조정·집달관 업무·국경세관의 업무·일본어 보급·부업의 장려 등 **광범위한 업무를 수행**하였고, 특히 지방에서는 헌병이 한국민의 생사여탈권을 쥐고 있었다고 할 정도로 권한이 막강하였다. 13. 경간
치안입법	보안법, 집회단속에 관한 법률, 신문지법, 출판법

2. 보통경찰제도(3·1운동 이후)

3·1운동과 보통경찰제로의 전환	① 3·1운동을 계기로 일본은 **헌병경찰제도에서 보통경찰제도로 전환**하여, 14·19. 경간 종래의 총독부 직속의 경무총감부는 폐지되고, 그 대신에 경무국을 설치하여 전국의 경찰사무와 위생사무를 관장하게 하였다. ② **경찰의 조직은 변화(축소)하였으나, 직무와 권한에 대한 기본적 변화는 없었다.** 13. 승진, 17. 경간 ③ 헌병경찰시대의 헌병이 담당하던 임무를 보통경찰이 그대로 담당하였다. 즉, 보통경찰제도로 전환되었으나 **기존의 치안유지업무 이외에 각종 조장행위에의 원조, 민사쟁송 조정사무, 집달리 사무 등도 계속하여 경찰이 맡아 수행**하였다. ④ 3·1운동을 계기로 총독부 직속의 경무총감부가 폐지되고 경무국이 경찰사무와 위생사무를 감독하였다. 18. 경간
치안입법	① 3·1운동을 계기로 정치범처벌법(1919. 4)을 제정하여 단속체제는 더욱 강화되었으며, **일본에서 1925년에 제정된 치안유지법을 그대로 우리나라에 적용**하는 등 탄압적 지배체제가 한층 강화되었다. 14·15·19. 경간, 18. 채용 ② 일제 말기인 1941년 예비검속법 등을 통해서 독립운동에 대한 탄압을 강화하고, 전시동원 체제를 공고히 하는 데 경찰을 이용하였다.

3. 식민지기의 경찰의 특징

① 일본은 조선에 총독부를 설치하여 총독의 제령권(일종의 입법권으로서 경찰권 행사의 법적 근거가 됨)과 **경무총장·경무부장 등의 명령권**을 통하여 전제적·제국주의적인 경찰권을 행사하였다. 18. 채용, 19. 경간, 19. 법학
② **경찰의 대상영역이 광범위**하여 사상경찰·경제경찰·외사경찰의 영역까지 확대되어갔다.

제5절 대한민국 임시정부경찰 [A급]

1. 대한민국 임시정부경찰 역사적 의의

① 1919년 3·1 운동으로 태어난 대한민국임시정부는 임시헌장(헌법)에서 우리 민족 최초의 '민주공화제'를 선포하였다. 따라서 **임시정부경찰은 우리 역사상 최초의 '민주공화제 경찰'로서 민주경찰의 효시**라는 제도사적 의의를 가진다.
② 현행 헌법은 "임시정부의 법통을 계승한다."라고 하고 있는 만큼 임시정부경찰은 오늘날 한국경찰의 뿌리라고 할 수 있다.

2. 임시정부경찰 조직

(1) 상해 시기(1919~1932)

내무부 아래 경무국, 연통제(경무사), 대한교민단 산하 의경대가 경찰기구로서 운영되었다.

내무부	경무국	① 1919년 4월 25일 '대한민국 임시정부 장정'(이하 장정) 공포로 **임시정부 경찰조직인 경무국직제와 분장사무가 처음으로 규정**되었다. ② 1919년 8월 초대 경무국장으로 김구를 임명하였고, 1919년 11월 「대한민국임시관제」를 제정하여 **내무부에 경무국**을 두었다. 22. 경간 ③ 장정에서 경무국의 소관 사무는 행정경찰에 관한 사항, 고등경찰에 관한 사항, 도서출판 및 저작권에 관한 사항, 일체 위생에 관한 사항 등으로 규정되었다. ④ 임시정부경찰 운영을 위해 **정식예산이 편성**되었고, **규정에 의해 소정의 월급이 지급**되었다.
	연통제 (경무사)	① 상해 임시정부는 **지역적 한계를 극복하고 국내와 연계하여 연락·정보수집·선전활동 및 정부 재정 확보 등을 수행하기 위해 연통제를 실시**하였다. ☑ 연통제의 실질적 목적은 점령된 본국의 국민들에게 독립의식을 잊지 않게 하고, 기밀 탐지 활동과 독립운동을 위한 군자금의 모집활동을 하며 최종적으로는 일제 저항운동을 일으키려는데 있었다. ② 국내 각 도 단위 지방행정기관으로 독판부를 설치하였으며, **독판부 산하 경찰기구로 경무사**를 두었다. 부·군 단위 지방행정기관으로는 부서·군청이 있었고 산하 경찰기구로 경무과를 두었다. 22. 경간 ③ 각 독판부·부서·군청 및 경무사·경무과 소속의 경감과 경호원이 경찰업무를 수행하였다. ④ 1920년 9월에 회령의 연통기관이 일제 경찰에게 발각되는 등 일제의 감시와 탄압이 심해지면서 1921년 이후 점차 와해되었다.
	의경대	① 임시정부는 '임시 거류민단제'를 통해 교민들의 자치제도를 공인하였고, 교민단체는 '**의경대 조례'를 통해 자치경찰조직인 의경대를 조직**하였다. 22. 경간 ② **김구 선생**이 중심이 되어 1923년 12월 17일 대한교민단 산하에 별도의 경찰 조직인 의경대를 창설하였고, 1932년에는 직접 **의경대장**을 맡기도 하였다. ③ 의경대는 교민사회에 침투한 일제의 밀정을 색출하고 친일파를 처단하는 역할을 맡았으며, 그밖에 교민사회의 질서유지, 호구조사, 민단세 징수, 풍기단속 등의 업무를 수행하였다. ④ 의경대는 1932년 윤봉길 의사 의거로 일제의 탄압이 심해진 후 수난의 이동시기를 겪던 1936년에 사실상 와해되었다.

(2) 이동 시기

1932년 윤봉길 의사 의거 후 일제의 탄압이 극심해져 고난의 이동 시기(1932~1940. 9.)를 겪었다. 이동 시기에는 행정기능이 제 역할을 다하지 못했고, 사실상 제대로 된 경찰 조직을 유지할 수 없었다.

(3) 중경 시기(1940~1945)

경무과와 경위대가 경찰기구로서 운영되었다. 22. 경간

경무과	① 1940년 9월 임시정부가 중국 정부의 임시수도인 중경에 자리 잡으면서 정부조직법 또한 개편되는데, 1943년 제정된 「**대한민국 잠행관제**」에 따라 내무부 경무과가 만들어졌다. ② 경무과는 내무부 하부조직으로 일반 경찰사무, 인구조사, 징병 및 징발, 국내 정보 및 적 정보 수집 등의 업무를 수행하였다.
경위대	① 중경시기 임시정부는 대일전쟁을 추구하며 체제를 정비하는 가운데 자체적으로 정부를 수호할 수 있도록 **1941년 내무부 직속으로 경찰 조직인 경위대를 설치**하고, 그 규칙으로 경위대 규정을 따로 두었다. ② 통상 경위대장은 경무과장이 겸임하였다. ③ 경위대는 주요 임무는 임시정부 청사를 경비하고, 임시정부 요인을 보호하는 것으로서, 군사 조직이 아닌 경찰조직으로서 **임시정부 수호의 최일선을 담당**하였다. ④ 광복 후 1945년 11월 23일 임시정부 요인들이 환국할 때 경위대는 김구 주석 등이 안전하게 귀국할 수 있도록 경호 업무를 수행하였다.

3. 임시정부경찰의 활동(평가)

① 임시정부경찰은 임시정부의 법령에 의하여 설치된 **정식 치안조직**이었다.
② 상해 시기 임시정부는 경무국 외에도 대한교민단의 의경대, 기타 임시정부와 관련한 여러 의용단체들을 통해 수호될 수 있었다.
③ 의경대는 교민사회의 안녕과 질서유지를 담당하였는데, 의경대의 교민사회 유지활동은 결국 임시정부 수호에도 기여하였다.
④ 대한민국 임시정부의 독립전쟁 최전선에서 한국광복군이 역할을 했다면, **정부 수호·국민 보호의 최일선을 담당**한 것은 임시정부경찰이었다.
⑤ 중경 시기 경위대는 정부 청사를 경비하고 요인들을 경호하면서 임시정부 수호의 최일선을 담당하였다.
⑥ 일제의 밀정을 처단하는 일은 임시정부의 보호뿐만 아니라 독립운동의 성공을 위해서도 매우 중요한 일이었다. 따라서 임시정부경찰은 **일제의 밀정을 색출**하고 처단하는 임무를 통해서, 임시정부를 수호하고 임시정부의 **항일투쟁을 수행하는 데 핵심적 역할**을 하였다.

4. 임시정부경찰 주요인물

백범 김구 선생	① **초대 경무국장 백범 김구 선생**은 경찰을 지휘하며 임시정부 수호를 책임졌고, 그 결과 임시정부의 성공적 정착에 이바지했다. 20. 승진 ② 백범 김구 선생을 측근에서 보좌한 것은 임시정부경찰의 경위대로서, 백범 김구 선생과 임시정부경찰의 인연은 역사적 운명을 함께 했다.
나석주 의사	임시정부 경무국 경호원 및 의경대원으로 활동하면서 1926년 12월 식민수탈의 심장인 **식산은행과 동양척식회사에 폭탄을 투척**하였다.
김석 선생	의경대원으로 활동하면서 윤봉길 의사를 배후 지원하였는데, 윤봉길 의사는 1932년 4월 29일 상해 홍구 공원에서 열린 일왕의 생일축하 기념식장에 폭탄을 던졌다.
김용원 열사	1921년에는 김구 선생의 뒤를 이어 **제2대 경무국장**을 역임하였다. 1924년 지병으로 귀국 후 군자금 모금, 병보석과 체포를 반복하다 옥고 후유증으로 1934년 순국하였다.
김철 선생	의경대 심판을 역임하였으며 1932년 11월 30일 상하이 프랑스조계에 잠입하였다가 일제 경찰에 체포되어 감금당하였고, 이후 석방되었으나 1934년 6월 29일 고문 후유증으로 생애를 마감하였다.

제6절 미군정하의 경찰 (A급)

창설	① 미군정 초창기에는 '태평양미군총사령부포고1호'를 통해 '군정의 실시'와 '구관리의 현직유지'를 포고함으로써, 일제시대 경찰을 그대로 유지하였다. ② **1945년 10월 21일(현재 한국경찰창설기념일)**에 미군정아래 **경무국 창설**로 일본인 경찰들을 모두 추방하고 **비로소 한국인들로만 구성된 경찰체계가 출범**하였다. ③ **미군정 초기**에는 해방 이후의 혼란에 대비하기 위하여 일시적으로 국방사령부의 지휘·감독을 받았는데, 이에 따라 1945년 12월 27일에는 '국립경찰의 조직에 관한 건'이 공포되어 각 도 경찰기구를 시·도지사에서 분리하는 등 **일종의 부대로서의 경찰을 조직**하였다. ④ '경무국 경무부에 관한 건'(1946년 1월 16일)에 의해 **1946년 3월 29일** 경무국을 국방사령부와 같은 직급인 **경무부로 승격·개편**하고, 지방의 3개소에 경무총감부와 그 산하에 도지사로부터 독립된 11개의 관구경찰청을 두었다.
주요내용	① 비경찰화 작업: 경찰이 담당하였던 위생사무가 위생국으로 이관되고, 경제경찰과 고등경찰이 폐지되는 등 비경찰화 작업이 진행되었다. ㉠ 위생사무의 이관: 1945년 '위생국의 설치에 관한 건'에 의하여 경무국 위생과를 폐지하고 경찰이 담당하였던 위생사무를 위생국으로 이관하였다. ㉡ 고등경찰의 폐지: 1945년 9월 고등경찰업무를 담당하던 경무국 보안과가 폐지되었다. ㉢ 경찰사법권 폐지: 일체의 사법권(협의)을 행사하지 못하게 하고, 1946년 경찰서장의 즉결처분권 및 훈계방면권을 사법부에 정식으로 이관하였다. ㉣ 검열, 출판업무의 이관: 활동사진·필름의 검열권·출판업무는 공보부로 이관하였다. 단, 공연장의 질서유지는 여전히 경찰이 담당하였다. ㉤ 각종 허가권의 이관 및 폐지: 1947년 종전 경무부가 관장해 오던 각종 허가권을 일부는 계속 관장하되, 일부는 각 도지사 또는 서울시장에게 이관하고 일부는 폐지하였다.

　　　　ⓑ **선박 및 선원의 단속, 현장조사 및 수색업무 이관**: 1948년 국립경찰이 담당해 온 개항장에서 선박 및 선원의 단속, 현장조사 및 수색에 관한 권한 등을 재무부 세관국으로 이관하였다.
　　　　ⓐ **경제경찰의 폐지**: 1945년 경무국 경제경찰과를 폐지하고, 경제경찰이 담당하던 일부 업무를 물가행정청으로 이관하였다.
　② **정보과 신설**: 비경찰화 작업이 진행되는 대신에 정보업무를 담당할 정보과를 신설하였다.
　③ **강점기의 치안입법의 폐지**: 1945년에 정치범처벌법·치안유지법·예비검속법이 폐지되었고, 1948년에 마지막으로 보안법을 폐지하였다.
　④ **여자경찰제도 신설**(1946년 7월 1일): 여자경찰관은 부녀자와 14세 미만 아동을 대상으로 하는 사건을 포함하여 주로 풍속, 소년, 여성보호 업무를 담당하였으며, 서울·인천·대구·부산 총 4곳에 여자경찰서가 설치되었다.
　⑤ **경찰개혁**: 한국경찰의 표어인 '봉사와 질서'를 흉장으로 패용하고, 경찰검을 경찰봉으로 대체하였다. 이를 기본 이념으로 하는 개혁을 추진하였다.
　⑥ **중앙국가경찰위원회 설치**: 1947년 6인 위원으로 구성된 '중앙경찰위원회'가 법령 157호로 설치되어, 주요 경무정책의 수립 및 경무부 장관이 회부한 경무정책과 그 운영의 심의 결정, 경찰관리의 소환, 심문과 임면, 이동 기타 군정장관이 회부한 사항을 심의하는 등 경찰민주화를 위한 조치를 시행하였다.
　⑦ **경찰의 독자적 수사권 인정**: 광복 이후 미군정은 일제가 운용하던 비민주적 형사제도를 상당 부분 개선하고, **영미식 형사제도를 도입**하기도 하였는데 특히, 1945년 12월 29일 미군정 '법무국 검사에 대한 훈령 제3호'가 발령되어 '**수사는 경찰 - 기소는 검사**' 체제가 도입되며 **경찰의 독자적 수사권이 인정**되었다.

특징	① 해방 이후 우리 경찰은 새롭게 창설된 것이 아니라, **일제 강점기시대의 경찰을 그대로 유지한 데 지나지 아니하였다.** ② 고등경찰이 폐지되고, 경제경찰업무 등이 경찰업무로부터 제외되어 어느 정도 조직법적·작용법적 정비가 이루어지지만, 경찰제도의 개혁과 일제 강점기시대 기생하던 **인력의 청산은 이루어지지 않았다.** ③ 비경찰화 작업으로 **경찰의 활동영역이 축소**되었다. ④ 경찰의 임무면에서 국민의 생명과 재산의 보호라는 새로운 자각이 일어나고, 조직면에서도 '중앙국가경찰위원회'를 통한 경찰통제가 시도되는 등 **민주적 요소가 도입되고 강화되었으나, 결과적으로 성공을 거두지는 못하였다.** 14. 채용 ⑤ 1945년 광복 이후 신규 경찰을 대거 채용하는 과정에서 전체의 20%가량은 일제경찰 출신들이 재임용되기도 하였지만, **상당히 많은 독립운동가 출신들이 경찰에 채용**되었는데, 이는 당시의 한국경찰이 일제 강점기 경찰과는 분명히 단절된 새로운 경찰이었다는 점을 보여주는 것이다. ⑥ 사회공공의 안녕과 질서유지라는 임무를 부여받은 경찰로서는 광복 이후의 좌우대립과 혼란의 극한상황을 극복함으로써 **건국의 기초를 쌓는 데 어느 정도 기여하였다.**

제7절 대한민국 정부수립 이후 경찰법 제정(1991) 전의 경찰 [A급]

☑ SUMMARY | 개관 - 치안국 ~ 치안본부 시대

치안국 (1948)	중앙 (내무부 치안국)	① 독립국가로서 한국 역사상 최초로 자주적인 입장에서 경찰을 운용해 나갔다. 12. 승진, 20. 경간 정부수립 이후의 경찰체제를 규정한 것은 법률 제1호인 정부조직법이다. 18. 경간
		② 경무부를 '치안국'으로 축소한 이유
		    ㉠ 정부조직법 제정과정에 참여한 사람들이 일제 강점기시대 관료출신들이어서 **일본 정부의 과거 행정조직을 모방**함
		    ㉡ 식민지시대 경찰권력의 가혹한 침해로 인한 경찰권력에 대한 **국민의 반감**
		    ㉢ **좌우익 대립**하에 좌익계열의 경찰권 약화기도

	지방 (시·도경찰국)	서울시와 각 도가 지방경찰을 인수하여 지명을 붙인 시·도 경찰국과 경찰서로 단순화시켰다.
	특징	① 경찰작용에 관한 기본법으로서 경찰관 직무집행법을 제정(1953)하여 국민의 생명·재산의 보호라는 영미법적 사고가 최초로 도입되었으나, 경찰조직에 대한 기본법을 갖추지 않아 조직법적 체계는 갖추지 못하였다. 19. 법학, 20. 경간 ② 경찰의 총책임자인 **치안국장**이나 시·도의 경찰국장은 그 지위가 **보조기관**에 불과하였으나, **경찰서장만은 1991년 이전에도 경찰에서 유일하게 행정관청으로서의 지위를 유지**하였다. ③ 해양경찰업무, 전투경찰업무가 경찰의 업무범위에 추가되었다. 20. 경간
치안본부 (1974)		① 1974년 8월 15일 대통령 영부인 저격사건(문세광 사건)을 계기로 경찰활동의 강화책으로 **치안국의 조직을 확대**하여 1974년 12월 24일 **치안본부(보조기관)**로 개편하였다. 17·18. 채용, 19. 경간 ② 이후 1991년 내무부의 외청으로 독립될 때까지 유지된다.
주요 내용		① 독립국가로서 한국역사상 **최초로 자주적인 입장**에서 경찰이 운용되었다. ② 경찰작용에 관한 기본법으로서 「**경찰관 직무집행법**」이 제정되었다. ③ 경찰이 비로소 주권국가 대한민국의 존립과 안녕, 대한민국 국민의 생명과 신체 및 재산의 보호라는 경찰 본연의 임무를 수행하게 되었다. ④ 해양경찰업무, 전투경찰업무가 정식으로 경찰의 업무 범위에 추가되고, 소방업무가 경찰의 업무에서 배제되는 등 경찰활동 영역의 변화가 있었다. ⑤ 부정선거 개입으로 '**경찰의 정치적 중립**'이 국민적 요청사항으로, 내부적으로는 경찰의 기구독립이 조직의 숙원과제로 부각되었다.

1. 제1공화국(1948년 정부수립)과 경찰

조직 격하	① 법률 제1호인 「정부조직법」에서 기존의 경무부를 내무부의 일국인 치안국에서 인수하도록 함으로써 경찰조직은 부에서 국으로 격하(경무부 ➡ 치안국)되었다. ② 이는 「정부조직법」 제정에 참여한 구성원이 대부분 일제 강점기의 관리로 구 총독부나 **일본 정부의 과거 행정조직을 모방**했기 때문이다. ③ 지방경찰도 중앙과 마찬가지로 1991년 「경찰법」이 제정될 때까지 관청으로 지위를 얻지 못하고 시·도지사의 보조기관에 머물렀다. 단, **경찰서장**은 1991년 이전에도 경찰 내 유일한 **행정관청** 으로서 지위를 가지게 된다.

기본법 제정	① 1953년 「경찰관 직무집행법」 제정으로 **경찰작용(직무집행)**에 관한 **기본법**을 마련하였다. ② 동법 제정 당시 제1조 목적에 '국민의 생명, 신체, 재산의 보호'라는 영미법적 사고가 반영되었다.
6 · 25전쟁	① **구국 경찰**은 6 · 25전쟁 전 공산주의 무장유격대 상대의 비정규전과 38선 인근 국지전투, 6 · 25전쟁 중 각종 전투, 정전 후 잔비토벌, 이후 대간첩작전 등 **국가수호를 위한 경찰의 모든 대적 활동을 통칭**한다. ② 경찰은 6 · 25전쟁 이전에도 1948년 11월부터 1950년 3월 25일까지 침투한 총 2,345명의 북한 인민유격대를 국군과 함께 소탕하고, 874회에 이르는 38도선에서의 불법 침공에 맞서 토벌작전을 전개하였다. ③ 6 · 25전쟁의 최초 전사자는 경찰관(강릉경찰서 전대욱 경사)이었으며, 6 · 25전쟁 발발 직후 경찰관들은 태안사 · 개성 · 고랑포 · 춘천 등 곳곳에서 결사항전하여 북한군의 남진 속도를 지연시켜 아군이 전투태세를 정비하고 주민들이 피난할 수 있는 시간을 확보하는 데 기여하였다. ④ 전황이 악화되어 최후의 저지선인 낙동강 선에서 대치가 본격화되자 함안 · 다부동 전투 등 수많은 희생 끝에 낙동강 방어선 사수에 기여하였고, UN군에 배속된 15,000여 명의 경찰관은 인천상륙작전 · 서울 수복작전에 참여한 것을 비롯하여 UN군과 함께 북진하면서 장진호 전투 등에서 전공을 올리기도 하였다. ⑤ 6 · 25전쟁 기간 동안 전 경찰관의 3분의 1에 해당하는 10,648명이 전사 · 실종되고 6,980명이 부상당하였다.
4 · 19혁명	① 1960년 3월 15일 정 · 부통령 선거가 부정선거로 치러지자 마산에서 대규모 시위가 일어났고 경찰은 시민들을 향해 발포, 4월 11일 김주열 열사의 시신이 발견되며 전국적 시위로 확산되었다. ② 경찰은 4월 19일 서울 전역에서 시위대를 향해 발포하였고 사태가 심각해지자 4월 27일 대통령 하야 성명 발표, 경찰 또한 4,520명이 축출되고 부정선거 연루자의 공민권이 제한되었다. ③ 3 · 15부정선거 및 4 · 19혁명 결과 정치 · 사회적으로 '경찰의 정치적 중립 제도화'가 추진되었다.

⊕ PLUS 6 · 25전쟁 중 주요 전투

춘천 내평 전투	① 1950년 6월 25일 양구경찰서 내평지서장 노종해 경감 등은 불과 10여 명의 인력으로 춘천으로 가는 길목을 지키고 북한군 1만 명의 진격을 1시간 이상 지연시킨 후 전사하였다. ② 국군이 방어선을 구축할 수 있도록 함으로써 6 · 25전쟁 최초 승전인 춘천지구 전투 승리의 결정적 역할을 하였다.
함안 전투	① 전남 · 북 및 경남 3개 도 경찰관 6,800명과 미군 25사단 일부는 1950년 8월 18일부터 9월 15일까지 수없이 많은 전투를 이겨내면서 북한군 4개 사단을 격퇴하고 끝내 방어선을 지켜냈다. ② 당시 경남경찰 3,400여 명을 지휘한 경남경찰국장은 독립운동가 출신 **최천 경무관**이다.
다부동 전투	① 대구 북방 22km에 위치한 경북 칠곡군 다부동은 낙동강 방어의 성패를 좌우하는 가장 중요한 전술적 요충지였는데, 55일간의 치열한 전투 끝에 낙동강 방어선을 사수할 수 있었다. ② 당시 불리한 전황에 정부와 군 지휘부가 부산으로 이동하자 대구는 일대 혼란이 가중됐는데, **경찰만은 끝까지 대구 사수를 결의하고 대구에 남아 대구 시민을 보호**하였다. ③ 이는 군대가 일방적으로 패퇴하는 상황에서 국민들 곁에 위치하면서 생활 안정을 위한 사회유지 활동을 전개하여 정부가 건재하고 있음을 국민들에게 증명했다는 점에서 중요한 의의를 가진다.

장진호 전투	① 장진호 전투는 1950년 11월 말부터 12월 초까지 함경남도 장진 일대에서 UN군과 중공군이 벌인 전투로서, 당시 미 해병 1사단에 배속되어 있던 **한국경찰 '화랑부대' 1개 소대 기관총 부대**가 장진호 유담리 전투에서 뛰어난 전공을 거두고 미.해병의 극찬을 받았다. ② **'화랑부대'는 미군으로부터 별도 정예훈련을 받고 부대단위로 편제된 경찰관 부대**를 통칭하였다. ③ 당시 한국경찰의 UN군 배속은 말도 통하지 않고 지리도 잘 모르는 이국땅에서 UN군이 전쟁을 원활히 수행하는 데 큰 역할을 하였다.

⊕ PLUS 전투상황 관련 인물

김해수	① 1948년 간부후보생 3기로 입직하였다. ② 1950년 7월 8일 영월화력발전소 탈환작전 도중 47명의 결사대와 함께 73명의 적을 사살하고 전사하였다.
라희봉	① 1949년 순경으로 입직하였으며, 1951년 순창서 쌍치지서장으로 재직하면서 다수의 공비를 토벌하였다. ② 1952년 11월 700명에 달하는 공비와 전투하던 중 24세 나이로 전사하였다.
권영도	① 경찰 입직 이전 경남경찰 산하 서하특공대에 입대, 산청군 일대에서 공비 소탕작전 선봉으로 나서 공비 23명을 사살하였다. ② 1951년 순경으로 특채되었으며, 1952년 7월 무장공비 소탕 중 26세의 나이로 전사하였다.

💡 위 인물들은 모두 국가보훈처에서 선정한 '이달의 호국인물'임

⊕ PLUS 보도연맹사건과 안종삼 서장

보도연맹 사건	① 1949년 4월 좌익 사범들을 전향시키기 위한 유화책으로 사상 전향자들로 **'국민보도연맹'(보도연맹이 신분보장을 약속하고 좌익들을 전향시켜 '요시찰인'으로 관리하는 것)**이라는 관변단체를 조직하였다. ② 하지만, 1950년 6·25전쟁이 발발하자 정부와 군·경은 **보도연맹들을 북한에 동조할 위험이 있는 인물들로 보고 구금**하였고, **즉결처분 방식으로 수만 명(추정)을 사살**하였다.
안종삼 서장	① 구례경찰서 안종삼 서장은 여·순사건 이후 구례군에 국민훈련원 구례분원을 설치하여 **보도연맹원들에게 복권의 기회를 부여**하였다. ② 1950년 7월 24일 전쟁발발로 예비검속된 보도연맹원들에 대한 총살 명령이 내려오자 480명의 예비검속자 앞에서 **'내가 죽더라도 방면하겠으니 국가를 위해 충성해 달라.'**라고 연설한 후 전원을 방면하여 구명하였다. ③ 이러한 의기를 기려 2012년 7월 구례경찰서 서정에 안종삼 서장의 동상이 제막되었다.

2. 제2공화국과 경찰(1960년 4·19혁명으로 6월 15일 제2공화국 탄생 ~ 1963년 12월)

경찰중립보장	1960년 6월 15일에 개정된 헌법 제75조 제2항에는 '(전략) … 법률에는 **경찰의 중립을 보장**하기에 필요한 기구에 관하여 규정을 두어야 한다.'는 **규정이 신설**되었다.
검사영장청구 독점	그러나 1961년 5월 16일 군사정변으로 정권을 장악한 5·16군부는 이 조항을 삭제하고 검사의 영장청구 독점 조항을 헌법에 신설하였다.
청원경찰법 제정	청원경찰법은 1962년 4월(제2공화국) 법률 제1049호로 제정되었지만, 실제로는 실정법으로 제도화되지 못하고 사문화 상태로 있다가 1973년 전문개정으로 인해 제도화되었다.

3. 제3공화국과 경찰(1963년 12월 7일 박정희 취임 ~ 1972년 10월 17일까지)

경찰기동대 창설	3공화국 초기 학원가를 중심으로 한일회담 반대 등 시위가 격화되자, 1962년 청와대 부근에 경찰관으로 구성된 경찰기동대 1개를 창설한 이래 계속 증설하였다.
수사경찰의 검찰종속 강화	5·16군부는 1962년 12월 26일에는 개헌(5차 개정)을 통해 헌법 제10조 제3항 "체포·구금·수색·압수에는 검찰관의 신청에 의하여 법관이 발부한 영장을 제시하여야 한다."는 규정을 신설하여 검사의 영장 청구 독점을 명시함으로써, **수사경찰의 검찰에 종속을 강화**하였다.
대통령경호실 설치	1963년 12월 1일 군 출신 중심으로 대통령경호실을 설치하면서 **경찰의 경호 기능은 경호실의 지휘·통제를 받게 되었다.**
중앙정보부의 경찰정보업무감독	1964년 3월 10일 대통령령인 「정보 및 보안 업무 조정·감독 규정」에 경찰의 정보·보안·외사 기능을 통제하는 법적근거를 마련하였고, 이후 **중앙정보부에서 경찰의 정보·보안·외사 등 업무를 조정·감독**하게 되었다.
대간첩작전 기능 강화	1968년 1·21 무장공비 침투사건이 발생하자 경찰의 대간첩작전 기능 강화를 위해 정부차원에서 경찰기구 확대방안이 추진되었다.
경찰공무원법 제정	1969년 1월 7일에 경찰이 바라던 「**경찰공무원법**」이 제정되어 경찰관을 일반 공무원과 구별하여 군인이나 교사처럼 '**별정직(현 특정직)**'화하게 되었다. 이때 처음으로 치안국장에게 '치안총감'이라는 경찰 계급이 부여되고, '**경정**', '**경장**' 계급이 신설되었으며 **경감 이상의 계급정년제** 등이 도입되었다.

4. 제4공화국과 경찰(1972년 10월 17일 '10월 유신' 이후 ~ 1981년 3월)

치안본부로 격상	1974년 영부인 저격사건이 발생하였다. 이로 인해 유신 이후 강조되어 온 대공과 시국치안이 더욱 강화되었고, 이를 담당할 경찰기구가 확장되면서 기존에 **치안국에서 치안본부로 격상**되었다.
'의경' 제도 신설	유신헌법 선포 후 대학가를 중심으로 한 시위는 더욱 늘어나, 시위 진압 전담 부대가 더욱 증가했다. 당시는 모두 경찰관으로 구성되었지만, 이후 1980년대 신군부시절 '**의경**' 제도가 만들어지면서 병역의무자인 의무경찰로 구성된 시위 진압 부대가 대폭 창설되었다.
소방 업무 이관	1975년 8월 치안본부 제2부 소방과를 독립적으로 분리하여 내무부 민방위본부 소방국으로 설치함으로써 이전까지 경찰 소관이던 소방업무의 전문성을 강화하였다.
경호 업무 강화	경호 업무 강화를 위해 1974년에는 **22특별경비대가 창설**되었고 1976년에는 **101경비단**이 증설되었다.
경찰대학설치법	우수한 인적자원을 선발·육성하기 위한 노력의 일환으로 1979년 12월에는 **경찰대학설치법**을 제정하여 1981년부터 **신입생을 선발**함으로써 경찰간부 육성을 위한 초석을 마련하였다.
신군부 지시거부	1980년 5·18 당시 **안병하** 전남경찰국장과 **이준규** 목포서장은 신군부의 무장 강경진압 방침을 거부하였다.

5. 제5공화국과 경찰

6월 민주항쟁	1987년 1월 14일 경찰 대공분실에서 발생한 박종철 고문치사 사건은 **6월 민주항쟁**의 도화선이 되었다.
경찰중립화요구	6월 항쟁 이후 경찰 내부에서는 정치적 중립을 지키지 못했던 과오를 반성하고 경찰중립화를 요구하는 성명발표 등 자성의 목소리도 나왔다.

제8절 1991년 「경찰법」 제정 이후의 경찰 [A급]

「경찰법」 제정의 의의	① **독립관청화**: 1991년 5월 31일 경찰법이 제정되었고, 같은 해 8월 1일 내무부의 보조기관이었던 치안본부가 내무부의 외청인 경찰청으로 분리·승격되었고, **경찰청장과 지방경찰청장은 보조기관에서 독립관청으로 성격이 바뀌었다.** 13·19. 채용 ② 내무부장관(현재는 행정안전부장관)의 직접적인 지휘·감독을 받던 치안정책을 경찰법에서 고유의 권한과 책임 아래 수행할 수 있게 되면서, 직제·인사·예산 등 조직 운영의 필수적인 사항을 주체적으로 담당할 수 있게 되었다. ③ 하지만, 경찰을 선거부처(당시 내무부)로부터 완전히 독립시키지 못하여 **정치적 중립을 확보하지 못한 아쉬움**이 있다. 14. 채용, 20. 경간 ④ 내무부(현 행정안전부)에 국가경찰위원회를 두어 민주적 통제시스템 구축, 시·도지사 밑에 치안행정협의회를 두도록 하여 치안협력체제를 마련하였다. 17. 채용, 18. 승진
수사구조개혁 논의 연혁	① 2004년 참여정부 당시 「수사권 조정 자문위원회」가 발족되어 논의하였으나 조정안 도출 실패하였다. ② 2011년 18대 국회는 「수사현실의 법제화」 측면에서 경찰의 수사개시·진행권 명문화 및 모든 수사에 대한 검찰의 지휘를 인정하는 내용의 형소법 개정안 의결되었다. ③ 2020년 1월 13일 국회에서 형사소송법과 검찰청법 개정안이 통과되어 비로소 **경찰과 검찰이 대등 협력 관계를 구축하고 '수사는 경찰, 기소는 검찰'이라는 민주적인 분권형 수사구조를 구현할 수 있게 되었다.** 다만, 검사의 독점적 영장청구권에 대한 문제, 경찰의 책임수사 기반 등 추가적인 과제들이 남아 있지만, 가장 중요한 수사구조에 관한 기본 규정이 개혁된 것은 수사개혁의 성과로 평가된다.

제9절 우리나라 경찰의 연혁 [A급]

미군정기	1945	우리경찰 창설기념일(미 군정청에 **경무국** 설치, 10. 21.)
	1946	경무국을 **경무부**로 승격
	1946	최초로 여자경찰관 채용
	1947	**중앙국가경찰위원회** 설치(6인) 13·18. 경간
치안국	1948	내무부장관 산하에 **치안국** 설치
	1949	**경찰병원** 설치 10. 채용, 19. 경간
	1953	경찰관 직무집행법 제정(12. 14.) 12·18. 승진, 13·17·18. 채용, 13·19·22. 경간
	1953	해양경찰대 발족(12. 23.) 12. 경간
	1954	**경범죄 처벌법** 제정
	1955	국립과학수사연구소 설치 19·22. 경간
	1966	경찰관 해외주재관제도 신설(7. 1.) 10·13·17. 채용, 19. 경간
	1966	**경찰윤리헌장** 선포(7. 12.)
	1968	시·도에 **전투경찰대**(1. 21 김신조 무장공비침투 사태 계기), 기동타격대, 향토예비군 발족
	1969	경찰공무원법 제정(**경정·경장** 2계급 신설, 2급지 서장을 경감에서 경정으로 격상) 10·17. 채용, 12·19·20·22. 경간, 18. 승진
	1970	**전투경찰대** 설치법 제정
치안본부	1974	내무부 치안국을 **치안본부**로 개편
	1975	소방업무가 **민방위본부**로 이관 12. 승진, 18. 경간
	1976	정풍운동
	1979	경찰대학설치법 제정·공포 ➡ 1981년 개교
	1990	범죄와의 전쟁 선포(10. 13.)
경찰청	1991	• 경찰법 제정으로 치안본부가 **경찰청**으로 승격 • **경찰헌장** 제정, 국가경찰위원회와 **치안행정협의회** 설치
	1996	**해양경찰청을 해양수산부로 이관** 19. 경간
	1999	경찰서에 **청문감사관제** 도입 12. 경간
	1999	운전면허시험관리단 신설(청장직속의 책임운영기관화 ➡ 2010년 도로교통공단으로 변경)
	2000	**사이버테러대응센터** 신설
	2004	기존 파출소를 지구대·파출소 체제로 개편
	2005	경찰청 생활안전국에 여성청소년과 신설
	2005	**경찰병원을 책임운영기관화**(특별회계)
	2006	경찰청 외사관리관을 외사국으로 확대개편
	2006	**제주특별자치도 자치경찰** 출범(2006. 7. 1.) 13·18. 채용, 19. 경간

2006	• 제주지방경찰청장을 치안감급으로 격상(2006. 10. 31.) • 경찰청 수사국 내에 **인권보호센터** 신설
2007	광주·대전지방경찰청 신설
2012	부산시·도경찰청장을 치안정감급으로 격상, 차장을 없애고 3부제로 개편함(1. 25.)
2012	• 시·도지사 소속으로 2개의 지방경찰청을 설치할 수 있도록 함(2. 22.) • 경찰서장을 경무관·총경·경정으로 보하도록 함
2013	• 4대 사회악(성폭력, 학교폭력, 가정폭력, 불량식품) 근절 전담부대 발대식 • 전국지방경찰청 여성청소년과 신설 • 착한운전 마일리지제 시행
2014	• 정부조직법 개정(11. 19.)으로 안전행정부장관 소속의 경찰청이 행정자치부장관 소속으로 변경 • 인천지방경찰청장을 치안정감급으로 격상, 차장을 없애고 부장제로 개편함
2017	• 정부조직법 개정으로 행정자치부장관 소속의 경찰청이 행정안전부장관 소속으로 변경 • 국민안전처장관 소속이었던 소방이 행정안전부장관 소속의 소방청으로 변경
2021	• 국가경찰과 자치경찰의 조직 및 운영에 관한 법률 • 경찰청에 국가수사본부설치, 시·도자치경찰위원회 설치

제10절 한국경찰사에 길이 빛날 자랑스러운 경찰의 표상 [A급] 19. 채용

백범 김구 선생	[민족의 사표(師表)] ① 1919년 상하이에서 수립한 대한민국 임시정부의 초대 경무국장을 역임하였다. 18. 승진, 19. 법학 ② 경무국장 취임 후 임시정부경찰을 지휘하며 임시정부의 성공적 정착에 이바지하였다. ③ 1932년에는 직접 **대한교민단 의경대장**(32. 1. 11~32. 2) 취임하여 일제의 밀정 색출·친일파 처단 및 상해 교민사회의 질서유지 등 임무 수행하였다. ④ 윤봉길 의사 의거 이후 김구 선생과 임시정부 요인들은 일제의 탄압을 피해 중국 전역을 이동하는 고난의 시기를 겪었으며 1940년에는 **대한민국 임시정부 주석으로 선출**되었다. ⑤ 광복 후 귀국한 김구 선생은 1947년 경무부 교육국에서 출간한 「민주경찰」 창간호에 '**자주독립과 민주경찰**'이라는 축사를 기고하였고 국립경찰 창설기념 특호에서는 "**국민의 경종이 되소서**"라는 휘호를 선물하는 등 경찰에 대한 남다른 애정을 보이기도 하였다.
안맥결 총경	(독립운동가 출신 여성경찰관) ① **도산 안창호 선생의 조카딸**로서, 1919년 10월 평양 숭의여학교 재학 중 만세시위에 참여하다 체포되어 20일간 구금되었다. ② 1936년 임시정부 군자금 조달 혐의로 5개월간 구금되었으며, 1937년 일제가 조작한 수양동우회사건으로 수배된 후 만삭의 몸으로 서대문형무소에 수감되었다가 가석방되었다. ③ **1946년 5월 미군정하 제1기 여자경찰간부로 임용**되며 국립경찰에 투신하였고 **1952년부터 2년간 서울여자경찰서장을 역임**하며 풍속·소년·여성보호 업무를 담당하였다. ④ 여자경찰제도는 당시 권위적인 사회 속에서 선진적이고 민주적인 제도였다.

	⑤ 1957년 국립경찰전문학교 교수로 발령받아 후배경찰교육에 힘쓰다 1961년 5·16군사정변이 일어나자 군사정권에 협력할 수 없다며 사표를 제출하였다. ⑥ 2018년 **독립유공자로 등록**(건국포장 수훈)되었다.
문형순 경감	**(민주·인권경찰의 표상)** ① 문형순 서장은 신흥무관학교를 졸업한 독립군 출신으로 광복 이후 **경찰간부(경위)로 경력채용**되어 경찰에 입직하였다. ② 제주 4·3사건 당시인 1948년 12월, 제주 대정읍 하모리에서 검거된 좌익총책의 명단에 연루된 100여 명의 주민들이 처형위기에 처하자 당시 모슬포서장 문형순은 조남수 목사의 선처 청원을 받아들여 이들에게 자수토록 하고, 1949년 초에 자신의 결정으로 전원을 훈방하였다. ③ **1950년 8월 30일 성산포경찰서장** 재직시 계엄군의 예비검속자 총살 명령에 '부당함으로 불이행'한다고 거부하고 278명 방면하였다. ④ 2018년 경찰영웅으로 선정되었다.
차일혁 경무관	**(호국경찰·인권경찰·문화경찰의 표상)** 18. 승진 ① 전북 18전투경찰대대장(경감)으로 경찰 투신, 남부군 사령관 이현상 사살(1953)로 빨치산 토벌의 주역이었다. ② 빨치산 토벌 당시 이현상을 '적장의 예'로써 화장해주고, 생포한 공비들에 대하여 관용과 포용으로 귀순을 유도한 인본경찰·인권경찰의 표상이 되었다. ③ 공비들의 근거지가 될 수 있는 사찰들을 불태우라는 상부의 명령에 대하여 "절을 태우는 데는 한나절이면 족하지만, 세우는 데는 천 년 이상의 세월로도 부족하다."며 **사찰의 문짝만 태움으로써 화엄사(구례)** 등 사찰과 문화재를 보호하였고, 충주경찰서장 재직 당시 '충주직업소년학원'을 설립하여 불우아동들에게 배움의 기회를 제공하는 등 문화경찰의 표본이 되었다. ④ 화엄사 공적비 건립(1998), 보관문화훈장 수훈(2008), '문화재를 지켜낸 인물' 선정(2008. 문화재청), 드라마 '여명의 눈동자' 주인공 장하림(박상원 역)의 실제 모델(1991, MBC) 등으로 업적을 인정받았다. ⑤ 2019년 경찰영웅으로 선정되었다.
최규식 경무관, 정종수 경사	**(호국경찰의 표상)** 16. 경간, 18. 승진 ① 1968년 1·21 무장공비침투사건 당시 최규식 총경(경무관특진) 등 경찰관 10명이 차단·격투 끝에 청와대 사수하였다. ② 군 방어선이 뚫린 상황에서 경찰관 최규식(태극무공훈장)·정종수(화랑무공훈장)의 순국으로 대한민국을 지켜내고 조국의 발전을 가능하게 한 영웅적인 사례이다.
안병하 치안감	**(민주·인권경찰의 표상)** ① 육군사관학교 출신으로 1962년 경찰에 투신, 1979년 2월 전라남도 경찰국장으로 임명되었다. ② **5·18 광주 민주화운동 당시 무장 강경진압 방침이 내려오자** 안병하 전남경찰국장은 전남경찰들에게 '분산되는 자는 너무 추적하지 말 것, 부상자가 발생하지 않도록 할 것' 등을 지시하고 '연행과정에서 학생의 피해가 없도록 유의하라'고 지시하여 **비례의 원칙에 입각한 경찰권 행사 및 시위대 인권보호를 강조**하였다. ③ 신군부의 명령을 어긴 죄로 직무유기 혐의로 직위해제 당하고 보안사 동빙고 분실로 끌려가 10여 일간 혹독한 고문을 받은 후, 후유증으로 투병하다 사망하였다. ④ 2006년 순직경찰로 인정받아 서울국립현충원에 영면하게 되었다.

	⑤ 2009년 문을 연 충남 아산 경찰교육원(경찰인재개발원)에는 안병하 치안감의 이름을 딴 안병하 홀이 생기게 되었다. ⑥ 2017년 경찰영웅으로 선정되었다.
이준규 총경	(민주·인권경찰의 표상) ① 이준규 서장은 1948. 3. 31. 경찰 입직(순경 공채)하였는데, **1980년 5·18 당시 목포경찰서장으로 재임하면서 안병하 국장의 방침에 따라 경찰 총기 대부분을 군부대 등으로 사전에 이동**시켰으며, 자체 방호를 위해 가지고 있던 소량의 총기마저 격발할 수 없도록 방아 쇠뭉치를 모두 제거해 경찰관들과 함께 고하도 섬으로 이동시키는 등 **원천적으로 시민들과의 유혈충돌을 피하도록 조치하여 광주와 달리 목포에서는 사상자가 거의 나오지 않았다고 한다.** ② 이에 신군부에 의해 직무유기 혐의로 구속되어 1980년 직위해제된 후 파면되는 한편, 강경 진압지시 거부 및 자위권 소홀 혐의로 군법회의에서 징역 1년의 선고유예를 받았다. ③ 2018년에 5·18민주유공자로 등록되었고, 2019년에는 형사판결 재심 무죄 선고 및 파면처분 직권 취소 등 명예 회복이 이루어졌다.
최중락 총경	(대한민국 수사경찰의 표상) ① 최중락 총경은 **1950년 11월 경찰에 입직(순경공채), '63·'68·'69년 치안국 포도왕(검거왕)**으로 선정되었고 재직 중 1,300여 명의 범인을 검거하는 등 수사경찰의 상징적인 존재가 되었다. ② 1970~1980년대 MBC드라마·수사반장의 실제 모델로 20년간 각종 자료 제공 및 자문, 1990년 퇴직 후에는 '촉탁수사연구관'으로 선임되어 후배 수사 경찰관들을 지도하기도 하였다. ③ 녹조근정훈장·근정포장·대통령표창을 비롯해 120여 개 훈·포장과 표창을 받았다. ④ 2019년 경찰영웅으로 선정되었다.
김학재 경사	① 부천남부서 형사였던 김학재 경사(당시 경장)는 1998년 5월 강도강간 신고출동 현장에서 피의자로부터 좌측 흉부를 칼로 피습당한 가운데에서도 **끝까지 격투를 벌여 범인 검거 후 순직함** ② 2018년 문형순 서장과 함께 경찰영웅으로 선정됨
박재표 경위	1956년 8월 13일 제2대 **지방의원 선거 당시 정읍 소성지서에서 순경으로 근무하던 중 투표함을 바꿔치기 하는 부정선거를 목격하고 이를 기자회견을 통해 세상에 알리는 양심적 행동을** 하였다.
안종삼 서장	① 구례경찰서 안종삼 서장은 여·순사건 이후 구례군에 국민훈련원 구례분원을 설치하여 **보도연맹원들에게 복권의 기회를 부여**하였다. ② 1950년 7월 24일 전쟁발발로 예비검속된 보도연맹원들에 대한 총살 명령이 내려오자 480명의 예비검속자 앞에서 '내가 **죽더라도 방면하겠으니 국가를 위해 충성해 달라.**'라고 연설한 후 전원을 방면하여 구명하였다.

Chapter 02 / 비교경찰

제1절 영국경찰과 사법제도

1. 영국경찰의 역사

고대경찰	영국에서 경찰을 지칭하는 용어는 Police, Sheriff, Constable 등이 있다.
	① Police: 고대 그리스 도시국가 Polis에서 유래. 학문적으로 **사회적 통제를 유지**하는 기능, 그 기능을 수행하기 위해 설립한 조직체를 의미 ➡ 1829년 런던수도경찰청의 설립과 더불어 사용하였다.
	② Constable: 오늘날의 영국경찰관의 기원
	   ⊙ **집단안전체제**: 안녕유지의 1차적 책임을 각각의 마을
	   ⓒ **100인 조합**: 이를 관리하기 위하여 1명의 관리책임자(Constable)를 임명
	③ Sheriff: 앵글로색슨 정착기에 10가구씩 모여 형성된 10호반이 모여 100호반으로, 100호반을 다시 모아 샤이어(Shire)가 되고, 각 샤이어의 치안을 유지하기 위해 Shire의 수장으로서 왕으로부터 재판권을 위임받은 지역의 귀족을 리브(Reeve)라고 칭하였다. 이후 노르만족이 색슨족을 점령하면서 왕이 군인이면서 법관인 국왕대관(Shire Reeve)을 임명하고, 이후 보안관(Sheriff)이 되었다.

중세경찰	① 1116년 『헨리법전』에서 **국왕에게 살인·강도·강간 등 범죄에 대한 재판권을 부여**하였다. 이에 의해 범죄를 개인이나 집단이 아닌 국가가 처벌해야 한다는 사고가 대두되었다(**노르만정복시기**). ② **윈체스터법의 제정(1285년, 지방도시 치안유지를 위한 법)**: 약화된 십인조 제도를 교구순경(parish Constable)으로 대치, 교구마다 1명이 1년 동안 무급순경 역할을 수행하였다. ③ **Constable의 주임무**는 **범법자를 체포하여 법정에 데려오는 것**이며, 도시지역의 Constable은 야경원(night watch)을 지휘하며 치안을 유지하였고, 치안조력의무(Hue and cry제도)를 통해 일반 시민에게 범인추격과 체포를 강제할 수 있었다. ④ Constable 제도는 생업 이외의 근로부담으로 인해 일반인의 기피대상이 되었고, 점차 자원봉사에서 유급종사로 변모되면서 약 600년간 치안제도로 기능하였으나, 18세기 산업혁명으로 새로운 치안제도로의 개혁이 요구되었다. ⑤ 14~17C 교회지역의 사회단위인 **교구가 행정력을 갖춘 지방행정 단위로 변천**하게 되었고, 경찰제도도 명예직으로 유지되었던 교구경찰 중심으로 이루어졌다. ⑥ 교구경찰은 16C 중반까지 권위를 유지하다 중상주의의 영향으로 경찰직의 대역제 현상이 대두되어, 실업자들이 낮은 보수를 받고 준영구적으로 경찰직을 수행하게 되면서 **17C 말에 와서 교구경찰은 몰락**하게 되었다.

근대경찰	① **헨리 필딩 법관**: 1749년 헨리필딩에 의해 런던 최초의 직업경찰관이라고 할 수 있는 Bow Street Runner(비공식적으로는 Thief – taker)가 창설되고, 이후에 기마순찰대, 도보순찰대가 만들어져 나중에 수도경찰청의 기본이 되었다. ② **신경찰제도의 창설**: 1829년 수도경찰법이 만들어지고 로버트 필 경(Robert Peel)에 의해 수도경찰청이 탄생하였다. ③ 지방 ㉠ **1835년 도시자치법**: 시·군경찰위원회를 발족하여 전국 경찰의 표준화 작업이 이루어졌다. ㉡ **1839년 지방경찰법**: 농촌지역에서 인구 1천명당 1인의 경찰관을 임용하도록 하였다. ㉢ **1856년 지방 및 자치구 경찰법**: 자치경찰에 대한 내무부장관의 감독권과 통제권이 강화되었고, 경찰기관의 통일성을 확보하였다.
현대경찰	① **「경찰법」의 제정(1964)**: 왕립위원회 보고서의 권고내용을 반영함 ㉠ **지방경찰이 통·폐합**: 수도경찰청과 런던시를 제외한 모든 경찰본부가 관리기구인 경찰위원회로 통합되고, 내무부장관에게 경찰본부 합병권이 부여되었다. ㉡ **3원체제가 정립**: 내무부장관, 지방경찰위원회, 지방경찰청장의 3자가 지방경찰을 관리한다. 22. 경간 ② **영국경찰의 신중앙집권화 경향(1980년대 치안상황의 악화 때문)**: 3원체제 내에서 내무부장관의 영향력이 강화되었다(1994). ③ **영국경찰제도의 변화**: 심각하게 중앙집권화된 기존 삼원체제에 대한 비판으로 2011년 지방경찰제도로의 회귀현상이 나타났다. ④ **사원체제의 구성**: 지역치안위원장, 지역치안평의회, 지방경찰청장, 내무부장관으로 구성되는 사원체제로 변경하였다(2012).

2. 영국경찰의 조직

(1) 수도경찰청

창설	① 1829년 **로버트 필에 의해 창설**되었으며, 영국경찰 중 가장 오래된 역사를 가지고 있다. ② 창설 당시에는 경찰위원회가 아닌 **내무부장관 관리하의 국가경찰로 창설**되었다.
경찰청장	① 수도경찰청장은 전국의 고위 경찰간부나 민간인 중에서 내무부장관의 추천으로 국왕이 **임명**한다. ② 경찰청장은 내무부장관의 관리 외에는 **대외적으로 독립한 지위**를 갖는다. ③ 치안법관으로서 법정에 출정하지만, 재판은 할 수 없다.

(2) 런던시 경찰청

성질 및 관할	① 수도경찰청과는 **독립된 자치체 경찰**이다. ② 관리권은 시의회의원과 순회판사로 구성되는 런던시의회에 있다.
관리	시의회는 입법기관인 동시에 집행기관으로서 **시의회 내의 경찰위원회를 통해 경찰을 관리**한다.
경찰청장	런던시 경찰청장은 런던시의회가 국왕의 동의(승인)를 얻어 임명한다.

시의회와의 관계	① 시의회는 경찰청장의 임명, 경찰예산의 의결, 그 밖에 법률의 집행에 필요한 조례·규칙의 제정 등을 관장한다. ② 경찰사무에 대한 질의 및 답변을 요구할 수 있지만 경찰의 지휘·운영에는 관여할 수 없고 **실제 업무처리는 경찰청장이 행한다.** ③ 런던시의회의 질의에 경찰위원회에서 서명 또는 출석으로 답변하고 경찰청장의 출석을 요구하지 못한다.

(3) 지방경찰

지방경찰청의 관리는 4원체제(내무부장관 + 지역치안위원장 + 지역치안평의회 + 지방경찰청장)	
지역치안 위원장	① 지역주민의 선거에 의해 선출되고 해당지역 치안문제에 대해 권한과 책임을 가진다. – **지역경찰의 민주적 통제기관** ② 종전 경찰위원회의 임무를 대체하여 **지방경찰청장 및 차장의 임면권을** 행사 12. 경간 ③ 지방경찰의 **예산 및 재정에 대한 총괄권** 12. 경간 ④ **지역치안계획을 수립** 12. 경간
지역치안 평의회	① **지역치안위원장의 견제기구로서** 각 지방자치단체에서 파견된 **선출직 대표와 독립위원**으로 구성 ② 지역경찰의 예산지출에 감사권 12. 경간 ③ **지방경찰청장** 임명과 관련하여 인사청문회 개최 ④ **지역치안위원장에** 대한 정보와 출석요구권 ⑤ 지역치안위원장의 **직권남용 조사의뢰** 및 **주민소환투표** 실시
지방 경찰청장	① 관할 경찰에 대한 독자적인 지휘·운영 12. 경간 ② **차장 이외의** 모든 경찰에 대한 인사권 ③ 예산운용권
내무부장관	① 내무부 지원예산(50%)에 대한 감사권 12. 경간 ② 국가적인 **조직범죄 대응에 관련하여 지역경찰에 대한 임무부여 및 조정** 12. 경간 ③ 지방경찰청장 중에서 1명을 국립범죄청장으로 **임명** ④ **전략적 경찰활동** 요구권한

(4) 국립범죄청

의의	① 자치경찰제의 특징이 강했던 영국 경찰은 조직적인 범죄나 테러 사건 등에 효율적으로 대응하기 위해 1992년 국립범죄정보국, 1997년 **국립범죄수사국을** 설치하였다. ② 이후 국립범죄 정보국(NCIS)과 국립범죄수사국(NCS)이 합쳐져 **2006년 국립조직범죄수사청(SOCA)이** 설립되었다. ③ 이러한 국립조직범죄수사청(SOCA)은 아동착취 및 온라인 아동 범죄 대응센터(CEOPC)를 흡수하여 **2013년 국립범죄청이** 설립되었다.
특징	① 내무부 산하의 수사기관으로 내무부 지원을 받지만, **활동은 내무부로부터 독립**되어 있다. ② 지역경찰과의 협력을 위해 **내무부장관이 지방경찰청장 중 국립범죄청장을 임명**한다.

업무	① 강력범죄에 대한 정보수집 및 수사권, 체포권은 직접행사할 수 있다. ② 마약밀매, 약물범죄, 아동범죄, 조직범죄, 인신매매, 불법 밀입국, 여권과 화폐위조범죄, 대테러범죄 등을 다룬다. ③ 미국의 FBI와는 달리 **범죄정보를 수집·분석**하고 지방경찰의 활동을 **지원**하는 범죄정보기관의 성격을 가지고 있다.

(5) 스코틀랜드 경찰과 북아일랜드 경찰

스코틀랜드	① 2012년 스코틀랜드의회법의 통과로 2013년 4월 1일부터 Police Scotland로 단일화하였다. ② 보안관이 전통적인 치안법관의 역할을 수행하며, **치안법관 제도는 비교적 발달하지 않았다.**
북아일랜드	① **내무부장관 직속**의 강력한 국가경찰제도를 취하고 있다. ② 아일랜드 독립 후 영국령으로 있으면서 신구교도간의 분쟁이 계속되고 북아일랜드공화국(IRA)이 각종 테러를 계속하여 치안유지에 어려움이 많다. ③ 무장반란과 폭동의 진압업무를 담당하는 헌병대 조직을 보유하고 있다.

3. 영국의 사법제도(경찰과 형사증거법, 경찰사건사무규칙)

형사기소제도	① 전통적으로 피해자가 법관에게 소추를 하는 사인소추주의 ② 1829년 경찰창설 이후 1985년 이전: 경찰이 소추 ③ 1985년 범죄기소법을 통해 국립검찰청(왕립기소청)을 창설, 경찰업무에서 기소업무가 분리, 검찰로 이관. 범죄기소법 제정에 의해 국립검찰청 창설 이후 기소의 권한은 검찰이 행사한다. 따라서 검찰은 **경찰의 기소결정에 구속되지 않고 독립적으로 기소 여부를 결정**한다. 09. 채용 ④ 검찰(소추기관)과 경찰(수사기관)은 조직과 업무상 완전한 독립형태이며 항상 긴밀한 협조관계를 유지한다. 09. 채용
수사경찰의 권한	① **영국경찰은 수사의 주재자**로서 모든 범죄에 대해 수사를 경찰이 담당하며, **광범위한 재량권을 가지고 있다.** ② 그 외에도 영국경찰은 불심검문권, 정지 및 압수·수색권, 체포·구금권 등이 있다. ③ **수사종결 후 경찰이 검찰에 송치 여부, 무혐의 처리 또는 정액벌금 부과결정을 독자적으로 결정한다.** ④ 기소결정시에도 경찰이 구속 또는 불구속 결정을 한다.
영미법계 형사사법제도	① **검찰과 경찰의 관계**: 공소제기와 수사의 권한이 각각 독립적으로 검사와 경찰에게 구분되어 있으며 상호 대등한 협력관계이다. 09. 채용 ② **수사활동의 재량권**: 대륙법계의 경찰보다 영미법계가 더 크다. ③ **수사의 지휘통제**: 검사는 경찰에 대한 일반적인 지휘권을 가지고 있지 않고, 범죄수사의 주도권은 원칙적으로 경찰에게 있다. ④ **시민에 의한 통제중심**이다.

제2절 미국경찰과 사법제도

1. 미국경찰의 역사

독립 이전	① 영국경찰제도의 영향으로 **보안관(sheriff)**과 **치안관(constable), 야경인(watchman)** 제도를 도입하였다. ② 작은 정부 지향사상(제퍼슨, 토크빌, 로크) ③ 이민 초기 지역적 환경에 의한 영향 | 북부지역	치안관(constable)과 야경인(watchman)이 치안을 담당하였다. • **치안관(constable)**: 처음 선거직으로 선출되었으나 이후 일부 임명직으로 전환, 법집행과 질서유지 업무 담당 • **야경인(watchman)**: 화재·범죄·소란 등을 예방하기 위하여 도시순찰, 초기는 야간순찰만 담당하다가 도시가 확대되면서 주간 야경대도 조직
남부지역	**보안관(sheriff)**제도가 발달하여 남부 농촌지역의 경찰기능을 담당하였다. • **보안관(sheriff)**: 식민지 주지사가 임명하는 지방정부최고책임자로, 형법을 집행하며 세금징수·도로 및 교량 건설 등 사무 담당
서부지역	지역특성에 따라 제도가 **혼합**되어 발달하였다. | ④ 미국 민간경비의 시초(서부개척 당시) ⑤ 독립 이후 영국식 경찰제도의 개혁
근대경찰 (19C 정치적 시대)	① **근대 경찰의 탄생배경**: 1830년대에서 1840년대 도시화, 산업화 신이민의 증가로 범죄가 증가한다. ② **도시경찰의 창설**: 보스턴 경찰(1838)을 필두로 ➔ 뉴욕(1845) ➔ 필라델피아 경찰 ③ **보스턴시 경찰개혁**: 오늘날의 도시경찰의 원형이 시작되었고, 이는 다시 보스턴시 경찰국을 탄생시켰고, 이때 **최초의 제복경찰관이 등장**하였다. ④ **영국경찰과의 차이점**: 영국보다 통제방식에서 더 민주적이었음. 유권자들은 모든 정부기관에 대하여 직접적인 통제권을 행사함으로써, 런던경찰이 정치적 영향으로부터 자유로운 상태에서 엄격한 근무 자세와 공정한 법집행을 중시한 반면, **미국의 경찰은 지역사회와 유착**되어 엄격하고 공정한 충원과정을 거치지 못하였고, 부정부패와 연루됨으로써, 비효율·부패·전문직업경찰제도의 부재 등 문제가 나타난다. ⑤ 엽관주의 등으로 정치와 경찰의 강한 유착관계에서 경찰에 대한 정치적 영향력이 컸으며, **지나친 분권화로 인한 비능률**이 문제점으로 대두되었다. ⑥ 지나친 분권화를 극복하고 경찰의 전문화가 요구되면서 주경찰과 고속도로 순찰대를 탄생시켰다. ⑦ 연방경찰은 설립하기는 하였지만 효율성이 낮아 20C 초까지 치안유지는 주나 자치제에서 담당하였고, 연방경찰은 제대로 성립되지 못하였다. ➔ 미국인들의 작은 정부사상의 영향 ⑧ **국제경찰장회의(IACP ; International Association of Chiefs of Police)** ➔ 경찰조직 운영에 있어 전국적 통일의 결여를 보완하기 위해 전국의 경찰책임자들이 모여 창설하였다.

경찰개혁 1920년 이후	① 19세기 미국경찰은 비전문적이고 부패와 비능률이 지배하였다.
	② **연방범죄수사국 창설**: 주간 통상이나, 화폐위조, 도량형 표준화, 우편사무의 증가 등에 의한 필요성 때문에, 1908년 루즈벨트 대통령의 지시로 연방정부에 **최초로 전담범죄수사기관**으로 '수사국'이 설치되었고, 1935년에 '연방범죄수사국'으로 변경되었다.
	③ 「준법 및 법집행에 대한 실태조사위원회(워커샘 위원회)」의 보고서: 1929년 Hoover 대통령에 의해 설립하고 오거스트 볼머가 참여한 워커샘위원회가 개최되었다.
	    ㉠ 경찰에 대한 **정치적 간섭 배제**
	    ㉡ **경찰채용기준 및 교육의 강화**를 통한 경찰의 기술혁신
	    ㉢ 경찰관의 근무조건 개선
	④ O. Wilson이 주장한 경찰개혁(20세기 초): 20세기 초 O. Wilson은 상관인 볼머의 경찰전문화 운동을 계승하여 경찰개혁 방안을 제시하였다.
	    ㉠ 조직구조의 혁신 – 전문직업 경찰제도
	    ㉡ 순찰운용의 효율성 – **자동차를 이용한 순찰 및 1인 순찰제**
	    ㉢ 무선통신의 효율성을 통한 경찰업무의 혁신과 전문직화
	    ㉣ 주기적인 **담당구역**의 변경 및 시민의 신고에 대한 즉응체제 구축
	⑤ 1960년대 민권운동의 전개와 함께 경찰의 위기 대두: 20세기 초 연방대법원의 판결에서는 경찰업무 집행에도 「**적법절차**」를 요구하게 되었다. 10. 승진
	    ㉠ 1957년 맬러리(Mallory)사건: 체포 후 즉시 법관에게 인치하지 않고 구금 중에 받은 자백의 능력을 부정해야 한다.
	    ㉡ 1961년 맵(Mapp) 판결: "불법수색과 불법압수로 수집한 증거는 피고인에게 불리하게 사용될 수 없다."
	    ㉢ 1964년 Escobedo 판결: 변호인과의 접견교통권을 침해하여 획득한 자백의 증거능력을 부정하였다.
	    ㉣ 1966년 미란다(Miranda) 판결: 경찰관은 신문 전에 피의자에게 묵비권, 그의 진술이 법정에서 불리하게 작용될 수 있다는 것, 변호인선임권, 공설변호인선임 등 피의자의 권리를 고지하여야 한다고 판시하였다.
	⑥ 1960년대 이후 경찰관 채용에서 유색인종과 소수민족의 비율이 증가
	⑦ 1964년 인권법(Civil Right Act)에 의해 성별에 의한 차별금지로 여성에 대한 진입장벽이 없어짐으로써 **여성경찰관 채용증가**
	⑧ 형사사법학과 학생들에 대한 재정지원 프로그램으로 대졸경찰관 증가
	⑨ 신임 경찰교육시간 확대 및 교육프로그램개선(가정폭력, 인종문제 등)
	⑩ 1980~1990년대 단순한 범죄해결뿐만 아니라 **사회질서를 유지하면서도 주민에게 봉사하는 경찰활동**을 지향하게 되었다.

2. 미국경찰의 조직

기본구조		① 철저한 분권구조(대등협력관계) - 연방경찰, 주경찰, 지방자치경찰은 각각 **독립적 운용한다**(시·군 자치경찰이 주경찰의 지휘를 받는다×). ② 미국의 경찰조직은 행정단위의 구성형태에 따라 연방경찰, 주경찰, 지방경찰로 나누어 볼 수 있으며, 연방경찰은 법집행기관으로 불리운다. ③ 우리나라의 경찰청과 같이 전국 경찰을 **일원적으로 지휘**하는 제도나 기구는 없다. ④ 시민의 자유가 사회의 안전이나 범죄통제보다 우위에 있다. ⑤ 지역경찰의 관할권 제한과 넓은 지역으로 인한 활동의 한계로 **민간경비가 발달**하였다.
연방경찰	권한	① 연방정부는 헌법상 경찰권이 없다. ② 그러나 헌법이 부여한 과세권이나 주간의 통상규제권 등으로 사실상 경찰권을 행사한다. ➡ 최근 확대·강화 경향
	법무부 09. 채용	① **연방범죄수사국(FBI)**: 연방범죄수사, 대테러업무 담당, 공안관련 정보수집 ② **마약단속국(DEA)**: 불법마약 제조와 판매의 단속 ③ **연방보안관실(US Marshals Service)**: 체포영장의 집행, 연방범죄피의자의 호송, 주요증인의 신변안전업무 09. 경간, 10. 승진 ④ **알코올·담배·총기수사국(ATF)**: 총기류와 폭발물 단속
	국토안보부 (DHS)	① 2001년 9·11테러 이후 **대테러기능을 통합 운영**하기 위하여 신설 ② 직속기관: 시크릿 서비스(SS 대통령 등 요인 경호), 해안경비대, 위기관리국 등
	문제점	연방 법집행기관의 난립으로 임무의 중복 등, 비능률과 비경제적
주 경찰	권한	① 경찰권은 원칙적으로 주의 권한(수정헌법 제10조) ② **주경찰은 실질적인 경찰권을 행사**함으로써 연방경찰의 제한적인 활동에 비해 경찰권의 행사 범위가 훨씬 광범위하다. 10. 승진
	조직 형태의 다양성	① 주정부에 주 경찰국, 고속도로 순찰대, 주경찰청 중 하나가 일반경찰기관으로 설치되어 있다. ② 미국 최초 주(州)경찰은 멕시코 국경경비를 전담하기 위해 1835년에 창설된 **텍사스주 경찰청(Texas Ranger)**이다. ③ 미국 정부는 주경찰의 규모·활동범위 등을 제한하고 있어, 실질적 치안유지는 위임받은 지방경찰이 행사하고 있다.
도시경찰	의의	① 지방자치도시인 시(city), 법인격을 가진 타운(incorporated town), 빌리지(village) 또는 버로우(Borough)의 경찰을 총칭 ② 미국경찰조직의 중심이다. ③ 전형적인 경찰기능담당(수사, 순찰)
	규모 및 조직	① 도시경찰 중 가장 규모가 큰 것은 **뉴욕시 경찰**이다. ② 미국경찰조직의 중심이고 3만명 규모의 뉴욕시에서 10명 이하 규모까지 다양하고 각각 대등한 독립기관이다. ➡ 도시경찰은 자치제경찰이므로 상부기관의 통제를 받지 않는다.
기타 지방경찰	보안관	로스아일랜드와 하와이 주를 제외하고는 선거로 선출되어 법집행기관으로서의 역할 및 판사역할, 교정사무까지 담당하며 **점차 업무범위는 축소**되고 있다. 22. 경간
	검시관	선거에 의해 선출되어 전문성이 떨어지는 한계가 있다.

3. 미국의 사법제도

특징	① FBI(연방범죄수사국), DEA(마약단속국), SS(화폐위조·변조), ATF(알코올·담배·무기), IRS(국세청), FAA(연방항공국) 등 ➡ 분권적 수사구조를 가지고 있다. ② 연방범죄나 기타 법률에 의하여 지정된 범죄에 대하여는 연방경찰에, 주법에 규정된 범죄는 주경찰에, 이외의 범죄는 지방경찰에 수사권을 부여하고 있다. ③ 사법경찰과 검사는 법률조언 및 상호 보완적 관계를 유지하고 있다. ➡ 경찰이 수사과정에서 검사의 조언을 구하거나 체포영장의 검토를 받는 경우가 있는 등 경찰과 검찰은 기소를 위해서 상호신뢰 및 긴밀한 협력관계를 유지하고 있다.
사법경찰	① 개개의 사건에 대한 독립된 수사주체: 어느 주에서나 수사의 주재, 수사의 개시 및 수행은 경찰 독자적 판단으로 이루어지고 있다. ② 경찰이 독자적인 수사종결권을 가지고 있다. ③ 예비심문절차: 체포 전 구금제도(일시구금) 또는 불심검문이 최근 몇 개 주에서 명문화되었는데, 이에 의하면 합리적 의심이 있는 경우 사람을 정지시키고 질문·동행·신체수색이 가능하며, 2시간 이내 신체구금이 인정된다. ④ 미국의 미란다 원칙: 범죄자 체포시 변호인의 조력을 받은 권리와 진술거부권을 고지해야 한다(우리나라는 체포시 진술거부권 고지의무×).
검사	① 검찰은 연방검찰과 지방검찰로 구분되며, 경찰이 수사를 개시·진행·종결하여 검찰에 송치 후에야 비로소 검사가 기소 여부를 결정하고 소추절차를 진행한다. ② 검사는 주로 공소제기와 유지라는 소송절차상의 역할만 수행한다. 단, 수사가 검사의 주된 임무라고는 볼 수 없으나 주에 따라서는 조직범죄, 경제범죄, 공직자부정 등 특수한 범죄는 검사가 직접 수사를 하기도 한다. ③ 검찰이 개별사건에 대한 기소를 결정하는 과정에서 경찰의 수사방향과 증거수집에 관하여 예외적으로 수사지휘를 하기도 한다.

제3절 독일경찰과 사법제도 [C급]

1. 독일경찰의 역사

근대경찰	① 14세기 이후 18세기: 영주권 행사를 보장하기 위해 포괄적 기능을 행하는 경찰권을 부여 ➡ 농촌은 기마경찰, 도시는 자치경찰의 형태로 운영되었다. ② 크로이쯔베르크 판결(1882): 경찰의 임무영역이 공공의 안녕과 질서로 제한되는 계기가 되었다. ③ 1848년 베를린에서 최초로 국가경찰인 정복경찰이 탄생한 이후 다른 도시지역에 확산되었다. ④ 제1차 세계대전 당시에 중앙집권적 경찰을 창설하였지만(1919), 연합국의 해체요구로 다음 해 지방경찰로 재편성되었다.
나치시대	① 각 주에 속해 있던 경찰권을 박탈하고, 경찰권을 중앙에 집중하여 국가경찰화하였다(1936). ② 보안경찰·질서경찰 및 돌격대를 합쳐 국가치안본부를 설치·운용하였다(1937).

2차 대전 이후	① 4D 정책의 추진: 탈나치화, 탈군사화, 비정치화, 민주화 및 지방분권화를 추진하였다. ② 연합군이 추진한 개혁의 3대 목표: 지방분권화, 자치경찰화, 행정경찰과 집행경찰의 분리되었다. ③ 1949년 제정된 독일기본법(Bonn헌법)에서 일반경찰행정권을 주(州)정부의 권한으로 귀속시켰다. ④ 독일 대부분의 주는 자치경찰을 채택하지는 않고, 대부분의 주정부에서는 자체입법으로 '주(州)단위의 국가경찰제도'를 채택하고 있다.

2. 독일경찰의 조직

(1) 연방경찰

연방과 주경찰과의 관계	① 독일 기본법상 경찰권은 원칙적으로 주정부에 속하고 연방정부는 전국적인 특수상황을 대비하여 헌법이 규정한 범위 내에서 연방경찰권을 보유하고 있다. 헌법에 의하면 경찰조직은 각 주의 입법사항(따라서 원칙적으로 주정부의 관할)에 속한다. ② 연방경찰조직은 전국적 사항이나 국가적 긴급사태에 대처하기 위한 조직이므로 경비·공안 등 제한된 범위에서 경찰권을 행사한다. ③ 연방경찰과 주경찰은 지휘·복종 관계가 아닌 상호 독자적인 지위가 인정되는 것이 원칙이나 연방경찰과 관할에 속하는 업무에 관하여 주경찰에 대한 통제를 인정하고 있다. ④ 연방의 최상급 경찰관청인 연방내무부장관은 원칙적으로 주경찰에 대하여 재정지원이나 지휘감독권을 가지지 않는다. ⑤ 연방경찰은 연방정부 내무부 소속, 주경찰은 주정부 내무부 소속이다.
연방헌법보호청 (BVS) 08·22. 경간, 10. 승진	① 1950년 독일의 기본법을 근거로 설치되어 국가방첩업무와 반국가단체 및 문제인물에 대한 감시를 담당한다. 극좌·극우의 합법·비합법단체, 스파이 등 기본법 위반의 혐의가 있는 모든 행위에 대한 감시업무와 정보수집·분석업무를 담당한다. ② 정보기관으로서 법률상 경찰강제권을 가지지 않으며 집행업무도 할 수 없다. 따라서 구속·압수·수색 등의 법집행권·수사권 없는 단순 정보수집·처리기관이다. 수사단계에서는 수사권을 가진 연방수사청이나 주경찰에 사건을 이관해야 한다. ③ 외국 첩보기관의 침투에 대한 방첩업무를 담당하며, 정보수집을 위하여 의회의 감독하에 우편개봉이나 전화감청을 할 수 있다. ④ 지방조직으로 주헌법보호청(LVS)을 두고 있으며 주정부 산하 조직으로 연방헌법보호청과는 대등한 협조관계이다.
연방범죄수사청 (BKA) 09. 경간, 10. 승진	① 1951년 연방범죄수사국설치법의 제정에 따라 각 주에서 발생하는 전국적인 범죄에 대처하기 위해 연방내무부 산하에 설치되었다. ② 연방정부 내무부소속으로 국제범죄, 조직범죄, 마약, 화폐위조, 국제공조수사에 대한 수사권과 범죄정보수집 및 분석, 주경찰에 대한 지원, 요인경호를 수행하고 있다. ③ 국제형사기구의 독일 국가사무국(독일 내 인터폴업무 담당)의 역할을 수행하고 있다.
연방경찰청 (국경수비대) 10. 승진	① 1951년 연방국경경비대가 창설되었고, 2005년 연방경찰로 명칭을 변경하였다. ② 국경경비와 해상경비, 재해경비, 공항·철도 경비, 주요 헌법기관(연방의회, 국회, 대통령, 연방정부, 헌법재판소) 및 외국대사관 등에 대한 보호 경비업무를 수행한다. 전국에 9개의 연방경찰본부와 산하 지구대가 편성되어 있다. ③ 연방경찰 소속의 서부국경수비청 산하에 대테러 특수부대인 GSG-9을 두고 있다.

(2) 주경찰

특징	① 주 단위 경찰조직은 주 내무부를 정점으로 파출소에 이르는 **피라미드 구조**로 되어 있다. ② 일부 주를 제외하고 대다수의 주는 원칙적으로 **주를 단위로 하는 국가경찰제도를 채택**하고 있으며, 각 주는 대개 고유한 경찰법을 제정하여 독자적으로 경찰을 운영하고 있다. ③ 경찰권은 주정부의 권한이고 최상급 경찰관청인 **주 내무부장관의 지휘·감독**에 복종해야 한다. ④ 독일의 대부분의 주(州)에서는 경찰권의 비대화를 막기 위해 **경찰청장을 경찰관이 아닌 민간인**으로 **임명**하고 있다.
종류	① **행정경찰**: 보안경찰(치안경찰)이라고도 하며, 정복을 착용하고 전통적·전형적 경찰업무를 수행하는 경찰이다. ② **수사경찰**: 사법경찰이라고도 하며, 정복을 입지 않고 사복으로 근무하면서, 범죄의 수사 및 예방업무를 담당하며, 이들은 사건을 직접 인지하기도 하고 치안경찰을 통하여 인지된 사건을 처리하기도 한다. ③ **기동경찰**: 폭동이나 시위 등 전국적인 긴급치안상황시 진압경찰의 역할을 수행한다. 1950년 연방과 주의 행정협정으로 설립되었다. ④ **수상경찰**: 수상로 및 내수면, 포구, 부두, 하천, 호수의 항만, 운항의 안전 및 단속 등 각종 경찰통제업무와 환경오염 범죄단속을 수행하게 되는데 일반경찰서와는 처음부터 분리되어 각 주의 **내무부장관에 직속**되어 있으며, 일부 주에서 운용하고 있고, 우리의 해양경찰대와 비슷하지만 관할범위가 훨씬 광범위하다.

3. 독일의 사법제도

경찰	경찰의 **초동수사권이 인정**되어 일반사건의 **실질적인 수사의 개시·집행은 경찰이 담당**하고 있다. 그러나 경찰은 사건처리를 검사에게 송부하여 지시를 받아야 하므로, **검사가 수사의 주재자이고 경찰은 보조자에 불과**하다.
검사	① 수사의 주체는 검사이지만, **경찰에게도 수사에 대한 일반권한을 부여함으로써 검사와 경찰 모두에게 수사권을 인정**하고 있다. ② 검사는 **경제·테러·정치·강력범죄의 경우에만 수사에 관여**하고, 일반사건의 실질적인 수사의 개시·집행은 경찰이 담당하고 있다. ➡ 경찰의 초동수사권이 인정된다. ③ 독일의 검찰은 공소제기권과 수사권을 모두 가지고 있으나, 경찰이 우수한 인력과 장비를 보유하고 있음에 비해 검찰의 경우 자체적인 집행기관(자체수사관)이 없어 **독자적인 수사진행이 불가**하여 '팔 없는 머리'로 불리기도 한다.
양자의 관계	양자는 상명하복의 관계에 있고, 검사가 수사의 주재자이고 **경찰은 보조자에 불과**하다.

제4절 프랑스경찰과 사법제도 [C급]

1. 프랑스경찰의 역사

구 체제 (11C~17C)	① 1032년 앙리 1세 시대: 파리 내의 치안을 위하여 창설한 **국왕 친위순찰대격인 프레보(Prevot)**가 등장, 재판·경찰을 담당하였으며 시민들은 야경대를 조직하여 운영하였다. ② 꼬뮌 시장의 행정경찰권: 오늘날 지방자치경찰의 시초가 되었다. ③ 17세기 도시지역의 치안부재와 전염병에 의한 비위생 등의 문제가 대두되자, **루이 14세는 1667년 파리에 최초로 경찰국장을 임명**, 이어서 지방에 있는 대도시에도 경찰국장을 임명하였다.
프랑스 혁명기 (1789)	① **혁명기에 경찰국 폐지** 09. 채용, 10. 승진 ㉠ 1789년 프랑스혁명으로 혁명정부는 경찰국장(경찰대신)을 없애고, 경찰업무를 지방자치단체장에게 속하게 하며 지방경찰체제를 수립하였고, 경찰권은 시장에게 이관되었다. ㉡ 파리시는 국립민간방위대가, 지방은 군경찰이 치안을 담당하였다. ② 나폴레옹이 집권한 1799년 행정조직 개편의 일환으로 경찰조직도 중앙에서 통제하는 **국가경찰로 변화되어 중앙집권화되었고, 지방에는 군인경찰이 확대배치**되었다. 09. 채용, 10. 승진 ㉠ **파리경찰청 창설**: 직접 중앙권력에 종속하는 경찰기관으로서 파리경찰청을 창설하였다. ㉡ **군경찰의 조직강화**: 지방군경찰사령부를 설치·운영하였다.
근대경찰	19세기 ① **중앙집권화의 강화**: 내무부 안에 경찰청을 창설하였다(1881). ② **군경찰의 변화**: 군경찰기동대가 창설되고, 중앙으로부터 예산지원을 받는 등 개혁이 이루어졌다. ③ **제복착용**: 파리경찰청은 제복을 착용하게 하였다(1829). ④ 1893년 **지문제도 도입**, 1856년 **정치경찰반**과 1894년 **정보국 설치** 등 경찰의 업무범위가 확대되었고, 이른바 드레퓌스 사건 이후에는 보안업무나 국경업무도 경찰이 담당하게 되었다.
	20세기 ① 국가경찰화 강화로 제2차 세계대전 중인 1941년 비쉬정권은 프랑스 내 **인구 1만명 도시에 있는 모든 경찰행정을 국가경찰로 전환**하였다. → 1996년부터는 2만명으로 기준을 완화하였다. ② **1934년, 기존 내무부 치안국을 국립경찰청으로 변경하면서 중앙집권화를 강화**: 파리지역을 제외한 나머지 지역에서의 경찰업무를 관리하였다. ③ 내무부의 **국립경찰청과 파리경찰청을 통합**하여 국립경찰 산하에 **파리경찰청이 설치되어 일원화**하였다(1968). ④ 군경찰의 개혁: 군경찰은 19C 말 정치경찰화로 많은 비난을 받게 되어 **20C 들어서서 국방부소속으로 배치**되었다.

2. 프랑스경찰의 조직

(1) 국립경찰

국립경찰청	① 내무부장관의 지휘하에 있는 국립경찰청장이 전국을 통일적으로 지휘·감독한다. ② 인구 2만명 이상의 코뮌에서 도지사의 관장 아래에 있는 국립경찰은 범죄예방, 교통, 질서유지 등 일반적 경찰업무를 담당한다. ③ 국립경찰은 정복경찰(행정경찰), 사복경찰(사법경찰)의 어느 하나에 속하며, 모두 내무부 소속의 국가공무원이고, 정복경찰은 외근·교통·경비 등 업무를 담당하고, 사복경찰은 수사나 형사업무를 담당한다.
파리경찰청	① 창설: 수도의 특수성으로 중앙권력의 직접 통제의 필요성 때문에 **내무부 직속기관으로 창설(1800)** ➔ **현재**는 국가경찰로 일원화되어 국립경찰청 소속으로 있다(내무부직속×). ② 관할: 파리시와 인근지역을 관할한다. ③ 국립경찰이지만 **내무부장관의 지휘**를 받고 **국립경찰청장의 지휘를 받지 않는다.** ④ 파리지역에는 상호견제를 통한 정확하고 상세한 정보수집을 위해서 **국립경찰과 군경찰이 중첩배치**를 하고 있다. ⑤ **경찰청장** 　㉠ **내무부장관의 추천으로 대통령이 임명**하며, 파리와 센느도(道) 등 인접 도(道)의 치안을 담당하고 있다. 　㉡ 파리의 일반행정 분야는 센느도지사가, 경찰행정 분야는 파리경찰청장이 권한을 행사한다. 　㉢ 경찰청장이 **행정도지사**로서의 권한도 일부 행사하므로 경찰사무 이외에도 **행정경찰적 업무를 함께 처리**한다. ⑥ 국가행정업무와 자치행정업무 및 경찰업무를 동시에 수행하는 특수한 제도로 **일반경찰업무 외에 교통·운송·민방위 업무를 수행**한다.

(2) 군경찰

개요	① **국립경찰이 배치되지 않은** 인구 2만명 미만의 소도시와 농촌지역 및 주요 간선도로 등 전 국토의 95%에 해당하는 지역의 **경찰업무를 담당**(경찰서와 병존×), 국립경찰이 배치되지 않은 읍면에서 도지사의 지휘를 받으며 지방경찰의 인원부족을 보충하는 역할을 한다. ② 군인 자체의 업무를 수행하면서(전쟁이나 내란시에는 군대로 출동) **행정경찰과 사법경찰의 기능을 수행**한다(군인경찰은 모두 사법경찰관리의 권한이 있음).
지휘	행정경찰로 활동할 때는 **내무부장관의 지휘**를 받고, **사법경찰**로 활동할 때에는 **수사판사, 검사의 지휘**를 받는다.
군경찰기동대 (기동군인경찰)	① 특정한 **관할구역이 없고 무력진압을 담당**하며 군의 예비부대로서의 성격이다. ② 폭동진압, 각종 집회 및 시위의 경비 등을 주된 임무로 하고 있다. 10. 승진 ③ 군경찰기동대의 출동에는 내무부장관의 서면 요청이 있어야 하며, 경찰업무에 동원되면 경찰청장·각 도지사·파리경찰청장의 지휘를 받는다.

도(道) 군인경찰	① 인구 2만 미만의 읍·면에서 행정·사법의 일반경찰 활동을 수행한다. 10. 승진 ② 기동타격대 ➡ 중요범죄나 대규모 사고를 대비한 도 군인경찰 소속의 특별부대
GIGN (군경찰특공대)	군인경찰 소속의 대테러 특수부대로 테러·비행기 납치·인질사건 기타 고도의 기능을 수반하는 경찰력의 개입이 필요한 경우에 출동하는 특수부대이다.
공화국 경비대	제1군사령부 직할부대로서 대통령 등 요인경호와 수도의 주요 공공 경비대 시설의 경비, 의전행사를 주된 임무로 하고 있다.

(3) 자치경찰

개요	① 인구 2만명 미만 지역에서 제한적인 경찰업무 담당(공공질서, 소란, 집회, 장례 등) ② **자치경찰의 설치는 원칙적으로 자치단체장의 권한**으로, 의무가 아니라 선택적(필요성과 재정능력에 따라)이다. 규모가 작은 자치단체는 여러 개를 합하여 관할하는 광역자치경찰을 설치할 수도 있다.
지휘	자치경찰은 읍·면장의 책임하에 두지만, 일정한 인구 이상은 읍·면에서는 도지사가 지휘·감독권을 가지고 있으며, 읍·면장은 도지사의 감독을 받아서 자치체 경찰을 지휘·감독한다.
특징	① 삼림감시관을 제외한 자치경찰은 범죄수사를 할 수 없다. ② 자치경찰은 사법경찰보조자로서 제한된 범위에서 사법경찰권을 행사한다. ③ **국립경찰과 자치체 경찰은 담당업무가 명확히 구분되어 있어** 양자간에 충돌이 없다. ④ **국립경찰은** 방범·수사·교통·질서유지 등 **일반적 경찰업무를 담당**하고, **자치체 경찰은** 지방자치단체장의 규칙 등 극히 **지역적인 경찰사무를 담당**하고 있다(교통사고처리는 자치경찰업무×).

3. 프랑스의 사법제도

기본구조	① 프랑스의 사법제도는 이심제로 운영되고 검찰이 법원의 하부조직으로 편성되어 있으며, 소추와 수사 및 재판이 독립적으로 진행된다는 특징을 가지고 있다. 즉, 소추는 검사가 하고, 수사는 수사판사가 맡게 되며, 재판은 재판판사가 담당한다. ② **수사와 재판은 법원이 담당하는 것이 원칙**이어서 수사의 상당부분이 법관의 권한이다. ③ **수사판사(예심판사)**: 판결을 행하는 법원의 선행 단계로서 **증거를 수집하고 범인이 유죄판결을 받기에 충분한지 여부를 평가하는 기관**
사법경찰조직	**수사의 주체는 검찰이고 사법경찰은 수사에 있어서 수사판사나 검사의 지휘를 받도록 되어 있으나 경찰의 독자적 수사개시권을 법률로 인정하고는 있다.** 11. 경간 따라서 실무상 대부분의 수사는 경찰이 독자적으로 수행하고, 검사는 일부 중대범죄만 개입을 한다.
사법절차	① 검사의 기소독점주의를 인정하지 않고, **모든 범죄의 직접 피해자가 검사와 독립하여 수사판사나 재판법원에 사인소추할 수 있다.** ② 경미한 형사사건은 검사의 1차 수사로서 그리고 종결할 사안이 중대하거나 복잡한 사건은 수사판사가 재수사하는 이원적인 체계를 가지고 있다(모든 사건 재수사×). ③ 검사가 10년 이상의 중죄나 소년범은 필수적으로, 경죄는 임의적으로 수사판사에게 수사개시 청구가능

제5절 일본경찰과 사법제도 (C급)

1. 일본경찰의 역사

명치 이전	중앙집권적 왕정체제가 들어서기 전, 각 번의 번주(藩主)와 그에 봉사하는 무사(사무라이)들이 지방의 치안을 담당 ① 정봉행소: 일본 최초의 경찰제도, 재판·감옥·토목업무도 수행 ② 5인조제도: 강력했던 막부의 권력을 유지하기 위한 상호연대책임제도	
명치유신(1868)~ 미군정 이전(1945)	천왕의 독립명령권을 인정(1889)하는 등 강력한 경찰체제를 보유	
	병부성 시대	군과 경찰의 구분이 없다. 번병, 부병, 폐번치현(1871)
	사법성 시대	① 근대적 경찰제도 태동: 1871년 동경부에 나졸 창설 ② 사법직무정제(1872): 사법경찰과 행정경찰 구별, 경찰이라는 용어가 등장 ③ 경보료직제장정(1872): 자치경찰제적 성격, 근대 경찰조직의 시초(프랑스 경찰제도 모방한 국가경찰조직)
	내무성 시대	① 동경 경시청 설치(1874 – 내무성 관할): 나졸이 순사가 되고, 자치경찰제적 요소 사라짐 ② 경보료가 사법성에서 내무성으로 이전(1874) ③ 행정경찰규칙 제정(1875): 전국 경찰의 중앙집권화 추구
미군정하	경찰제도의 개혁	① 명치헌법을 폐지하고 **기본권불가침성과 지방자치를 보장하는 신헌법 제정** ② 각종의 치안입법 폐지 ③ 내무대신 이하 경찰수뇌부와 사상경찰 관계자의 파면 ④ 특별(정치)경찰, 헌병대 폐지 ⑤ 비경찰화 작업 추진 ⑥ 경찰법에 범죄수사가 경찰의 책무로 정식 규정, 검사의 수사권 독점 철폐 → 경찰에게도 수사권을 부여(미국 주도하에 이루어짐)
	구경찰법 시대(1947)	① 민주경찰제도의 확립 ② 경찰활동의 범위 한정: 국민의 생명, 신체 및 재산을 보호하고 범죄의 수사와 피의자의 체포 및 공안의 유지 ③ 민주적 경찰관리기구: 국가 및 지방공안위원회 제도를 도입 ④ **이원적 구조**: '국가지방경찰'과 '시 및 인구 5천명 이상의 정·촌에 자치체경찰' ⑤ 국가비상시에는 국가공안위원회의 권고를 조건으로 내각총리대신에게 국가비상사태의 포고와 전 경찰을 통제하는 권한을 인정하고 **국가지방경찰본부장 등에게도 필요한 지휘명령권을 인정** ⑥ 기초자치단위의 영미식 자치경찰제도 실시 ⑦ 과도하게 소단위로 세분화되어 실정에 맞지 않음 ⑧ 국고보조의 부족으로 후원회 기부에 의존하면서 지역인사들과 유착

현행 경찰 (신경찰법 시대) (1954)	① **민주화 요청**: 공안위원회제도, 경찰업무 범위를 종래와 같이 경찰 본래의 임무에 한정 ② **능률화의 요청**: 경찰의 운영단위를 도도부현으로 격상·일원화 ③ **국가적 성격과 자치적 성격**: 도도부현경찰의 성격에 자치적 성격과 국가적 성격을 부여 ④ **정치적 중립**: 중앙과 지방에 공안위원회제도 유지 ⑤ **치안책임의 명확화**: 국가가 분담할 특정사항을 명문화하고, 국가공안위원회 위원장을 국무대신으로 하였다.

2. 일본경찰의 조직

기본구조	① 국가경찰과 자치체경찰의 이원제 09. 채용 ② 공안위원회에 의한 관리 ③ 관구경찰국은 동경 경시청과 북해도 경찰본부 관할구역을 제외하고 전국에 6개가 설치되었다. 22. 경간
국가경찰	① 경찰청은 국가공안위원회의 관리하에 두고, 경찰청에는 장관을 두며, **경찰청장관은 국가공안위원회가 내각총리대신의 동의를 얻어 임면한다.** ② 경찰청장관은 **예외적으로**(원칙적×) 경찰청의 소장사무의 범위 내에서 도도부현경찰을 지휘·감독한다. ③ 관구경찰국장은 소장사무의 범위내에서 예외적으로 부현경찰 관리
자치제 (도도부현) 경찰	① **동경도 경시청(경시총감)**: 국가공안위원회가 도(都)공안위원회의 동의와 내각총리대신의 승인을 얻어 임면 ② **도부현 경찰본부(경찰본부장)**: 국가공안위원회가 도부현공안위원회의 동의를 얻어 임면 ③ 도(都)도(道)부(府)현(縣)과 시(市)정(町)촌(村)의 2단계 구조 ④ **도도부현 지사**: 경찰에 대한 지휘·감독권이 없지만, 경찰에 대한 '조례안·예산안의 의회 제출권', '경찰서 설치권', '공안위원회 위원임명권(지방의회 동의를 얻어 도도부현 지사가 임면)', '예산의 지출명령권' 행사를 통해 간접적으로 영향력을 행사한다. ⑤ 자치경찰의 성격과 국가적 성격이 혼재한다. ⑥ **신분**: 지방공무원. 단 경시정 이상은 국가공무원(모두 지방공무원×)
국가공안 위원회 09. 채용	① 내각총리대신 산하에 설치된 **합의제 기관**(관리기관×)이며, **비상설기관**(상설기관×) ② 위원장과 5인의 위원으로 구성된 조직 ③ **사법경찰직원의 징계파면권**(《주의》 징계요구권×) ④ 경찰비리에 대한 감찰지시권 ⑤ 내각총리대신의 동의를 얻어 경찰청장 임면 10. 승진

3. 일본의 사법제도

개요	① 경찰과 검찰은 각자 독립된 수사기관으로 규정, 양자의 관계를 상호대등·협력관계로 명문화 ② 사법경찰직원이 **제1차적(본래적) 수사기관**, 검사는 **제2차적(보충적) 수사기관**. 고도의 법률적 지식을 요하거나 정치성을 띠는 사건은 검사가 직접 수사 09·11. 채용 ③ 대륙법계와 영미법계의 절충적인 시스템

사법경찰		① 일본경찰은 수사의 개시 · 진행 권한을 가지고 있으나, 수사종결권은 검찰에게만 있다. 08. 채용 ② 경찰은 공소제기를 할 수 없다. ③ 수사결과는 원칙적으로 모두 고소관인 검사에게 송치하여야 한다. ④ 공소에 관해서는 검사의 지시 · 지휘를 따라야 하고, **수사의 종결권과 구류청구권(구속영장청구권)은 검사에게만 인정**되고 있다. ⑤ 사법경찰은 폭넓은 강제처분을 갖는다(체포 및 압수, 수색, 검증영장청구, 체포한 피의자의 석방 송치, 고소 등의 수리, 사건의 송치, 송부, 감정처분허가의 청구, 감시, 수감장의 발부 등).
검사		① 검사는 2차적이고 보충 · 보정적 수사권과 소추권을 보유하고 있다. ② 검사는 수사의 효율화, 적정한 공소제기를 위해 일정한 범위 내에서 경찰에 대한 지시 · 지휘권을 가지고 있는바, 이는 수사 효율성 강화와 공소유지에 부합한 수사를 위한 기능적 상호협력을 의미한다. ③ 검사는 사법경찰이 정당한 이유 없이 검사의 일반적인 지시나 지휘에 따르지 않을 경우, 공안위원회(경찰청장×)에 대해 징계 또는 파면을 청구(소추)할 수 있다. ④ 일본 형사소송법에 의해 검사는 사법경찰직원에 대해 '**일반적 지휘권**'과 '**일반적 지시권**', 그리고 '**구체적 지휘권**'을 행사할 수 있다(**구체적 지시권**은 없다).

제6절 중국경찰과 사법제도 [C급]

1. 중국경찰의 역사

건국 후	건국 직후	① 공안기관의 시작 ② 중앙인민정부 공안부는 혁명초기 반혁명세력 색출, 교화시켜 사회주의 이념 확립에 주력하였다.
	헌법제정 이후 (1954)	정무원을 국무원으로 바꾸고 공안부는 국무원 소속의 중앙정권조직의 하나로 독립하였다.
문화 대혁명기		① 공안 6법 공포 ② 각급 공안기관에 대해 군사관제 실시 ㉠ 혁명파와 프롤레타리아 문화 대혁명 보호 ㉡ 군사통제의 인민경찰과 공안직원은 군사관제위원회의 명령과 지도에 따라 활동(공안기관의 독자성이 상실되었음)
현대화		① 1975년 제4기 전국인민대표회의시 채택된 헌법: 공안기관에 검찰업무와 체포권 부여 ② 1978년 2월 헌법개정: 검찰업무를 공안부에서 분리하였다. ③ 1979년 형법, 형사소송법, 법원조직법, 검찰원조직법 등 7개 법안을 채택하여 경찰업무를 정하였다. ④ 1982년 국민의 신체의 자유에 관한 규정과 불법적인 체포금지 등의 내용을 헌법에 명시하였다. ⑤ 1983년에 대간첩 및 해외정보업무가 국가안전부를 창설하면서 공안부에서 분리되었다. ⑥ 1984년 국제형사경찰기구(ICPO)에 가입하여 공안부 국제합작국 소속 인터폴업무처를 통해 국제형사경찰기구 중국사무국을 조직하였다(중국 내 인터폴업무 담당).

2. 중국경찰의 조직

국무원 공안부	① 중국공안기관의 최고지휘관인 공안부장 5년마다 공산당 전국인민대표대회에서 선임한다. ② **우리나라의 경찰청에 해당**하며 **전국의 치안활동을 지도 · 감독**한다. 조직상 성격은 **국무원의 보조기관**이다. ③ 공안부장(장관급)은 국무원의 구성원이며, 국무원 총리가 제청하여 전인대 소속의 상무위원회에서 임명하고 파면권도 갖는다. 지방의 31개 행정구를 지휘한다. ④ 공안부 주요조직으로 장비국, 변방관리국, 형사정사국 등을 두고 있다.
인민무장 경찰대	① 행정기관과 인민해방군의 중간적 성격의 치안기관 ② **우리나라의 전투경찰대와 유사** ③ 국경수비, 중요시설의 경비, 요인경호 등 주로 질서유지나 요인경호, 국가중요시설 경비업무를 담당하고 있다. ④ 군에 준하는 엄격한 훈련을 수행하고 중대한 치안사태에 대비, 조직편제와 관리 · 훈련 등은 중앙군사위원회가 담당하고 공안임무 등 업무수행에는 공안부의 지휘를 받는다.
국가안전부 (1983년 설치)	① 행정계통의 정보기관으로 공안조직 내부의 정치국의 전문화, 국가의 안전확보와 대간첩 업무를 강화하기 위해 KGB와 CIA를 모델로 하여 창설하였다. ② 행정계통의 정보기관으로서 **전국의 치안활동의 지도와 정보업무를 담당**한다. ③ **임무**: 전국의 치안활동을 지도하며 정보업무를 담당. 국가 및 당의 안전관련 업무, 대간첩업무, 반체제 인사에 대한 감시, 외국인과 유학생들에 대한 감시활동을 하고 있다.
중국경찰의 특색	① **중앙집권과 지방분권의 결합체제**(국가경찰과 자치경찰의 결합형태) 09. 경간 ② 업무범위에 수사와 범죄 예방의 경찰업무뿐만 아니라 호적정리, 소방, 출입국관리, 외국인거주관리, 변경지대 경비 등의 업무도 행하고 있어 **경찰의 권한이 광범위하다.** 09. 경간 ③ 사법경찰과 행정경찰의 **일원주의(이원주의×)**를 채택하고 있다(사법경찰의 권한유형은 대륙법계에 속한다). 09. 경간, 10. 승진 ④ 검찰의 수사범죄와 공안기관이 수사하는 범죄가 명확하게 구분되어 있다. 09. 경간, 10. 승진

3. 중국의 사법제도

개요	① **사법경찰: 원칙적 수사주재자, 검사: 예외적 수사주재자 및 공소제기자** ② 검사와 경찰의 관계는 **상호협력관계**, 검찰의 법률적 감독권
검찰과 공안부와의 관계	① 인민법원, 인민검찰원, 공안기관은 상호협력 및 상호제약의 관계에 있다. ② **사법경찰이 원칙적 수사의 주재자이고, 검사는 예외적 수사 주재자(공소주재자)** ③ 중국의 공안기관은 공무원부패 범죄와 대형경제범죄를 제외한 전분야의 범죄를 단속할 권한(수사권)이 있다(모든 범죄를 단속할 권한이 있다×). 08. 채용 　㉠ 인민검찰관: 공무원 범죄와 공무원의 직무관련범죄 단속 　㉡ 국가안전기관: 대형경제범죄같은 국가안전을 위해하는 사건 처리
사법경찰	① 중국경찰은 한국보다 비교적 강한 수사권 행사 ② 독자적 수사권을 가진 **수사주재자** ③ 특별한 법률이 없는 경우의 **원칙적 수사기관** ④ 경찰은 수사, 구치, 예비심사를 할 수 있다.

	⑤ 수사요원은 흉악하다고 인정할 때에는 피의자 · 피고인의 신체검사를 할 수 있어 재판관의 영장 없이 수색 · 압수할 수 있다. ⑥ 경찰은 **직접 지명수배영장을 발부**할 수 있다.
검사	① 공소제기권 ② 공무원의 직무상 횡령 및 뇌물범죄, 직권을 이용한 불법구금, 고문으로 인한 진술의 강요, 기타 법률이 정하는 범죄사건의 수사를 주재한다. ③ 경찰의 범인 체포 후 구속에 있어서 검찰의 승인 및 위법사항의 시정요구 ④ 범죄에 대한 기소 및 기소면제의 결정

제7절 각국의 비교 [C급]

1. 각국의 비교

구분	영국(잉글랜드 · 웨일즈), 미국	독일, 프랑스	일본
경찰과 검찰의 관계	대등협력	상명하복	대등협력
수사권	경찰	검찰	경찰(1차), 검찰(2차)
수사종결권	경찰	검찰	검찰
영장청구권	경찰	검찰	• 체포장(경찰, 검찰) • 구류장(검찰)
기소권	검찰이 대부분(영국, 1985년 이후)	검찰	검찰

2. 각국의 정보기관 12. 경간

미국	미국의 중앙정보국(CIA)은 미국 의회의 정보위원회 통제를 받지만 위원회에서 증언은 원칙적으로 모두 비공개로 되어 있다. **수사권을 보유하고 있지 않다.**
독일	연방헌법보호청(BVS)은 연방헌법의 기본질서를 파괴하려는 행위의 방지를 주목적, 정보의 수집 및 분석 기능만 수행할 뿐, **수사권이 없어** 수사단계에서는 수사권을 가진 연방수사청이나 주경찰에 사건을 이관해야 한다. 22. 경간
한국	국가정보원이 보유한 수사권은 국가안보 관련 범죄수사(내란 · 외환 · 반란죄, 군사기밀보호법 · 국가보안법 위반 범죄), 국정원 직원의 직무와 관련된 범죄수사로 제한하고 있으나, 정보기관의 본질상 비밀주의 속성으로 하고 있는 만큼 인권보장을 위해 정보기관에서 수사기관을 분리해야 한다고 주장한다.
일본	일본경찰에서 **정보활동은 경비국 소속의 공안경찰이 담당**하고 있다. 공안경찰은 공공안전과 질서유지를 목적으로 하는 활동으로서 국가의 공안이나 이익에 관계된 범죄 및 정치 · 사회운동에 관련된 범죄의 정보수집, 단속 등을 담당하고 있다. **공안경찰은 공안 · 경비범죄에 관한 체포권과 수사권이 있으므로** 공안 · 경비사범은 일반범죄를 다루는 형사부서에서 취급하지 않고 공안 · 경비부서에서 직접 취급하고 있다.

해커스경찰
police.Hackers.com

해커스경찰
김민철 경찰학 기본서

PART 03 경찰행정법

Chapter 01 경찰행정법의 기초
Chapter 02 경찰조직법
Chapter 03 경찰작용법
Chapter 04 행정절차법
Chapter 05 경찰구제법

Chapter 01 / 경찰행정법의 기초

제1절 경찰행정법의 구성 [C급]

💡 경찰행정법이란 경찰의 **조직**과 **작용** 및 그 **권리구제**에 관한 법이다.

경찰조직법	경찰행정을 운영하는 **조직**이나 **기구**에 관해 정한 법 예 정부조직법, 국가경찰과 자치경찰의 조직 및 운영에 관한 법률, 경찰공무원법, 의무경찰대 설치 및 운영에 관한 법률 등
경찰작용법	경찰조직이 수행해야 할 **경찰활동의 내용**을 정한 법 예 경찰관 직무집행법, 경찰직무 응원법, 수난구호법, 도로교통법 등
경찰구제법	경찰활동에 의해 불이익을 받은 **국민의 권리구제절차**를 정한 법 예 행정절차법, 행정심판법, 행정소송법, 국가배상법 등

제2절 법치행정 [A급]

법률의 법규창조력 (조직규범)	의의	국민의 권리제한이나 새로운 의무를 부과하는 경우에는 의회가 제정한 법률이나 법률의 위임에 의한 법규명령에 의해서만 규율할 수 있다는 원칙
	내용	① 모든 경찰기관의 활동은 **조직규범**[국가경찰과 자치경찰의 조직 및 운영에 관한 법률(제3조, 제4조)]에서 정해진 권한의 범위 내에서 행해져야 경찰기관의 행위가 되며, 경찰작용으로 인정된다. 11. 채용 ② 경찰관이 경찰조직법상의 직무범위 이외의 행위를 하게 되면 그 행위의 효과는 국가에 귀속되지 않고 경찰관 개인에게 귀속된다.
법률우위의 원칙 (제약규범)	의의	어떠한 경찰활동도 경찰활동을 제약하는 **법률의 규정에 위반해서는 안 된다**는 원칙 11. 채용
	내용	① 국민에게 법의 취지에 저촉되는 명령금지 ② 경찰조직 내부에서도 법의 취지에 반하는 직무명령 금지
법률유보의 원칙 (근거규범)	의의	법률(작용법)에 일정한 행위를 일정한 요건하에 수행하도록 **권한을 부여하는 근거 규정**이 없으면 경찰기관은 자기의 판단에 따라 독창적으로 행위를 할 수 없다는 원칙 11. 채용
	범위	권력적 수단으로 활동하는 경우에는 법률(작용법)의 구체적인 근거(수권)규정이 반드시 필요하나, 비권력적 수단이나 순수한 서비스 활동은 직무범위 내에서라면 근거(수권)규정이 없더라도 가능하다.

💡 역사적 발전과정상 형식적 법치주의에서 실질적 법치주의로 발전된다.

> ⊕ **PLUS** 법규
>
> 1. 개념: 국민의 권리·의무에 영향을 미치거나 그 범위를 확정하는 성문의 일반적·추상적 규범을 의미한다.
> 2. 내용
>   - 국민에 대한 구속력(대외적 구속력)
>   - 재판규범
>   - 위반하면 위법(소송의 대상)

제3절 경찰법의 법원 [A급]

1. 경찰법원의 종류

(1) 의의

경찰행정법의 법원이란 경찰행정(조직과 작용)에 관한 법이 어떻게 성립하고 어떠한 형식으로 존재하는지에 대한 경찰의 조직과 작용에 관한 **법의 존재형식 또는 인식근거**를 말한다. **일정한 형식을 갖춘 성문법원과 일정한 형식을 갖추고 있지 않는 불문법원으로 구별할 수 있다.** 14·20. 승진

(2) 성문법원 20. 승진, 21. 경간

헌법	헌법은 국가의 기본조직과 작용에 관한 기본법으로서, 헌법전 중에서 행정의 조직이나 작용의 기본원칙을 정한 부분은 그 범위 내에서 경찰법의 최고법원이 된다. **헌법 제95조 국무총리 또는 행정각부의 장은 소관사무에 관하여 법률이나 대통령령의 위임 또는 직권으로 총리령 또는 부령을 발할 수 있다.** 20. 승진
법률	경찰행정과 관련된 법률들을 의미하며, **가장 중요하고 중심적인 경찰법의 법원**이 된다.
조약 및 국제법규	① 헌법 제6조에 의하여 '체결·공포된 조약'과 '일반적으로 승인된 국제법규'는 **국내법과 동일한 효력**을 가진다. 11·14. 승진 ② 조약이나 국제법규가 국내에 적용되기 위해서 **별도의 국내법을 제정할 필요가 없다.** ③ 조약의 동의 또는 비준은 그 내용 전체에 대하여 하여야 하며, **일부 내용에 대하여는 할 수 없다.** 조약의 **국제법적 효력은 국회의 동의는 필요 없고 대통령의 비준만으로 발생**하며, **국내법적 효력은 국회의 동의와 대통령의 비준 후에 그 효력이 발생한다.** 따라서 **국회의 동의를 얻지 못한 조약은 국내법적으로 효력을 상실하나 국제법적으로는 효력을 상실하는 것이 아니다.**
명령 **(행정입법)** 19·20. 승진, 19. 채용, 21. 경간	개념: 행정권이 만드는 일반적·추상적인 규범을 의미하는 것으로 기술적·전문적 입법사항의 증대로 인한 의회입법의 한계, 사정변경에 신속하게 대응하기 위한 탄력적 입법의 필요성, 지방별·분야별 특수사정을 고려한 입법의 필요 때문에 행정입법이 증대하고 있다.
	종류: **법규명령(위임명령, 집행명령)**과 행정규칙 21. 경간

자치법규 (조례와 규칙) 14. 승진	개념 21. 경간	① **조례**: 지방자치단체의 의회가 법령의 범위 안에서 제정하는 자치법규 20. 승진 ② **규칙**: 지방자치단체의 장은 법령 또는 조례의 범위(조례가 위임한 범위×)에서 그 권한에 속하는 사무에 관하여 규칙을 제정할 수 있다(지방자치법 제29조).
	법률의 위임필요 여부	① 원칙적으로 조례제정에 있어서는 법률의 위임이 없어도 가능하다. 그러나 **조례로써 주민의 권리제한 또는 의무부과에 관한 사항이나 벌칙을 정하기 위해서는 반드시 법률의 위임이 있어야 한다.** ② 지방자치단체는 조례위반행위에 대하여 1천만원 이하의 과태료 부과는 가능하다.

⊕ PLUS 법령 등 공포에 관한 법률 17. 승진

시행일 (제13조)	대통령령, 총리령 및 부령은 특별한 규정이 없으면 공포한 날부터 20일이 경과함으로써 효력을 발생한다. 19. 승진
법령의 시행유예기간 (제13조의2)	**국민의 권리 제한 또는 의무 부과와 직접 관련**되는 법률, 대통령령, 총리령 및 부령은 긴급히 시행하여야 할 특별한 사유가 있는 경우를 제외하고는 **공포일부터 적어도 30일이 경과한 날부터 시행**되도록 하여야 한다.

(3) 불문법원

관습법	개념	오랜 기간에 걸쳐 반복되어 행해진 관습이 법적 확신을 얻어 법적 규율로서 인정
	성문법 제정시 소멸	관행이 없어지거나 그 내용이 관행에 반하는 성문법이 나타나면 관습법은 소멸
	종류	행정선례법, 민중관습법
	특징	법률의 개정에 의해 행정선례법의 효력을 변경할 수 있으나, 법규성이 부정되는 훈령에 의한 행정선례법의 변경은 불가능하다.
판례법	개념	동일한 내용의 판결이 반복되어 그 내용이 법으로서 확신되는 경우가 판례법이다.
	보충성	판례법은 실정법의 미비나 불비에 대한 보완 그리고 추상적인 내용의 구체화를 위해 필요하다.
	적용분야	실정법이 불확정개념을 사용하고 있는 경우에는 판례법이 형성될 수 있으나, 실정법에 명문화되어 있는 확정개념에 대하여는 판례법이 형성되기 어렵다.

조리	개념	일반사회의 **정의감**에 비추어 반드시 그러할 것이라고 인정되는 사물의 본질적 법칙 또는 **법의 일반원칙**을 말한다. 12. 승진
	특징	조리는 **불문법원**이며 최후의 보충적 법원으로서 점차 **성문화되어** 가는 추세이다.
	위반의 효과	경찰관청의 행위가 형식상 적법하더라도 조리에 위반할 경우에는 위헌 또는 위법의 문제가 발생하여 무효 또는 취소의 사유가 될 수 있다. 12·14. 승진, 19. 채용
	종류	과잉금지(비례)원칙, 11. 승진, 15. 경간 평등원칙, 신뢰보호의 원칙, 11. 승진 자기구속의 법리, 부당결부금지원칙

2. 행정입법

(1) 법규명령

의의	① 국회의 의결을 거치지 않고 행정기관에 의하여 제정된 성문법규를 **법규명령**이라고 한다. 20. 승진, 21. 경간 ② 국민의 권리·의무에 관계되는 사항으로 국민과 행정청을 구속하고 재판규범이 되는 행정입법을 말하며, **법률유보의 원칙 및 법률우위의 원칙이 적용**된다.
성질 및 효력	① **양면적 구속력**: 법규의 성질을 갖는 일반적·추상적인 규율로서 양면적 구속력이 있어 발령자와 수명자를 구속하고 재판규범성도 있다. 17. 경간, 19. 승진 ② **대외적 구속력**: 법규명령은 국민의 권리와 의무에 관계되는 것이므로 대외적 구속력을 가진다. ③ **위법성과 손해배상**: 법규명령에 위반한 행정청의 행위는 위법행위로서 무효 또는 취소사유가 되고, 이로 인해 자신의 권익이 침해된 **국민은 행정쟁송이나 국가배상을 통하여 권리를 구제받을 수 있다.**
분류	① 형식(발동권자)에 의한 분류: 대통령령(시행령), 총리령·부령(시행규칙)이 있다. ② 내용(성질)에 의한 분류: 위임명령, 집행명령
효력발생시기	특별한 규정이 없는 경우에 공포한 날로부터 20일을 경과함으로써 효력을 발생한다.
한계	위임명령	① **일반적·포괄적 위임 금지** 19. 승진 ② **국회의 전속적 입법사항의 위임 금지** 19. 승진 ③ **처벌규정(벌칙)의 위임 금지** ④ **전면적 재위임 금지** 19. 승진
	집행명령	집행명령은 **법률이나 상위명령의 위임이 없어도 제정할 수 있지만**, 집행명령은 상위법령의 집행에 필요한 절차나 형식을 정하는 데 그치므로, **새로운 법규사항을 정할 수는 없다.** 21. 승진

🖉 **출제지문**: 법규명령의 형식(부령)을 취하고 있지만 그 내용이 **행정규칙의 실질**을 가지는 경우 판례는 당해 규범을 **행정규칙**으로 보고 있다. 19. 승진, 19. 경간

SUMMARY | 위임명령과 집행명령의 비교 12·21. 승진, 16. 경간

구분	위임명령	집행명령
개념	상위법령에 의하여 개별적·구체적으로 위임받은 사항을 보충하기 위하여 발하는 명령	상위법령을 시행하기 위하여 필요한 절차나 형식 등 세부적·기술적 사항을 규율하는 명령
목적	법률의 내용 보충(보충명령)	법률의 집행(절차나 형식)
입법사항	국민의 권리·의무에 관한 **새로운 입법사항을 정할 수 있음**	국민의 권리·의무에 관한 **새로운 입법사항을 정할 수 없음**
수권규범	법률의 명시적 수권 **필요**	법률의 명시적 수권 **불요**
공통점	① 양자 모두 **법규명령으로서 법규성(대외적 구속력) 가짐** ② 실제 입법에 있어서 양자는 하나의 법령에 혼합되어 있음	
한계	① 일반적·포괄적 위임 금지 ② 국회의 전속적 입법사항의 위임 금지 ③ 처벌규정(벌칙)의 위임 금지 ④ 전면적 재위임 금지	법률이나 상위명령의 위임이 없어도 제정할 수 있지만, 상위법령의 집행에 필요한 절차나 형식을 정하는 데 그치므로, 새로운 법규사항을 정할 수는 없다. 21. 승진

(2) 행정규칙

의의	① **행정규칙**은 행정기관이 행정조직 내부 또는 특별권력관계 내부에서 조직과 활동을 규율하는 일반적·추상적 명령으로서 행정기관 내부에서 일면적 구속력만을 가지며, **법규의 성질을 갖지 않는 행정입법**이다. ② 행정규칙을 위반하면 **반드시 위법이 되는 것은 아니며** 내부적으로 징계벌(징계책임)의 원인이 된다.
법규성 (효력)	① **원칙**: 행정규칙은 행정조직 내부에서 상급기관이 하급기관에 대하여 그 조직이나 업무처리의 절차나 기준 등에 관하여 발하는 일반적·추상적 규범을 의미하므로 **법규성이 부정되어 대내적 효력만 있고 대외적 효력은 없다**(통설과 판례 입장). ② **예외**: 재량준칙은 그 자체가 직접적으로 법규성이 있는 것은 아니나 재량준칙이 되풀이 시행되어 행정관행이 성립한 경우, **평등의 원칙, 신뢰보호의 원칙을 매개로 하여 간접적으로 대외적인 구속력(법규성)을 갖는다**는 것이 일반적 견해이다(**준법규성설**). ③ 법령대위규칙(법령보충규칙): 형식은 행정규칙이지만, 내용상 법령을 대신하거나 보충하는 것이라면 법규성이 있는 것으로 본다.
한계	① **내용적 한계**: 행정규칙으로 **국민의 권리·의무에 관한 사항은 규정할 수 없다.** ② **법치주의 한계**: 행정규칙에도 **법률의 우위의 원칙은 적용되므로** 목적달성에 필요한 한도 내에서만 제정이 가능하다. 다만, 법률의 근거없이도 제정이 가능하므로 **법률 유보원칙은 적용이 안 된다.**
유형	① **내용**에 따른 유형: 조직규칙, 근무규칙, 영조물설치 및 관리규칙 ② **형식**에 따른 유형: **훈령, 고시, 예규, 일일명령, 지시** 19. 승진

요건	성립요건	① 주체: 정당한 권한을 가진 행정기관이 **그 권한의 범위 내**에서 발해야 한다. ② 내용: 법령이나 상위규칙에 반하지 않고, 수명자에 대해서는 복종의무의 한계 내의 것이어야 하고, 실현가능하고 명확하여야 한다. ③ 형식: **문서와 구두 모두 다 가능**하다. ④ 절차: 일반적 절차는 없다.
	효력요건	① 시기: 특별한 규정이 없는 한 행정규칙은 성립요건을 갖춘 때에 그 효력을 발생하여, 적당한 방법으로 **수명기관에 도달한 때부터 내부적 구속력이 발생**하게 된다. ② 형식: **공포라는 형식을 요하지 않는다.**

⊕ PLUS 재량준칙

개념	하급행정기관이 재량처분을 함에 있어서 **재량권행사의 일반적 기준을 제시하기 위해 발하는 행정규칙**이다. 즉, 통일적인 재량행사를 위해 어떠한 방식으로 어느 정도의 재량을 행사할 것인가에 대한 기준을 정하는 행정규칙이다. 19. 경간
목적	재량준칙을 발하는 이유로서는 재량권 행사의 통일성, 예측가능성을 확보하고 자의적인 재량권 행사를 방지하는 데 있다.
근거	재량준칙은 별도의 법적 근거 없이도 제정이 가능하다. 따라서 재량준칙의 제정은 **행정청에게 재량권이 인정되는 경우에만 가능**하고, 행정청이 기속권만을 갖는 경우에는 인정될 수 없다. 19. 경간
효력	① 원칙: 재량준칙은 **원칙적으로는** 법규성이 없다. ② 예외: 평등의 원칙과 행정의 자기구속의 법리를 매개로 하여 간접적으로 대외적 효력을 갖는다는 것이 일반적인 견해이다. 즉, **재량준칙에 따른 관행이 성립되어 행정이 자기구속을 받는 경우에는** 행정청이 합리적 이유 없이 재량준칙에 의해 성립된 관행에 위반된 행위를 하여서는 아니된다. 만일 행정청이 관행이 성립된 **재량준칙에 위반한 경우 손해(차별)를 입은 상대방은 행정규칙(재량준칙) 위반이 아니라 평등의 원칙, 신뢰보호의 원칙의 위반을 이유로 위법성을 주장할 수 있다**(대판 2013.11.14. 2011두28783).

(3) 법규명령과 행정규칙의 비교 17·19. 승진, 16·19. 경간, 19. 채용

구분	법규명령	행정규칙(행정명령)
근거	상위법령의 **근거 필요**(법률의 위임필요)	상위법령의 근거 불요(법률의 위임불요)
형식	문서에 의한 요식행위	보통문서의 형식을 취하나 **말로도 가능**
규정내용	국민의 권리와 의무관계 규율	기관 내부 규칙, 재량행사의 지침
효력발생시기	특별규정이 없으면 **공포일로부터 20일 경과 후**	하급기관에 도달만 하면 효력 발생(공포절차 불요)
법규성	인정(경찰기관과 모든 국민 구속)	원칙으로 부정, 예외적으로 인정(재량준칙)
구속력	**대내적 구속력○, 대외적 구속력○**	**대내적 구속력○, 대외적 구속력×**
위반의 효과	**위법**(무효 또는 취소 사유)행위이므로 행정소송의 대상이 된다.	법규성이 없으므로 위법행위가 되지 않고 **적법·유효하나 징계책임의 대상**이 된다.
한계	법률우위 원칙○, 법률유보 원칙○	법률우위 원칙○, 법률유보 원칙×
공통점	둘 다 대내적 구속력이 있다.	

판례 | 조리의 원칙 관련판례

[비례의 원칙(과잉금지의 원칙) 관련판례]

1. 경찰관이 난동을 부리던 범인을 검거하면서 가스총을 근접 발사하여 가스와 함께 발사된 고무마개가 범인의 눈에 맞아 실명한 경우 국가배상책임이 인정된다(대판 2003.3.4, 2002다57218).
2-1. 제재적 행정처분이 재량권의 범위를 일탈하였거나 남용하였는지 여부는 처분사유로 된 위반행위의 내용과 그 위반의 정도, 당해 처분에 의하여 달성하려는 공익상의 필요와 개인이 입게 될 불이익 및 이에 따르는 제반 사정 등을 객관적으로 심리하여 공익침해의 정도와 그 처분으로 인하여 개인이 입게 될 불이익을 비교·교량하여 판단하여야 한다.
2-2. 수입녹용 중 일정성분이 기준치를 0.5% 초과하였다는 이유로 수입녹용 전부에 대해 전량폐기 또는 반송 처리를 지시한 처분이 비례원칙을 위반한 것이 아니다(대판 2006.4.14, 2004두3854).
3. 음주운전으로 인한 운전면허취소처분의 재량권 일탈·남용 여부를 판단할 때, 운전면허의 취소로 입게 될 당사자의 불이익보다 음주운전으로 인한 교통사고를 방지하여야 하는 일반예방적 측면이 더 강조되어야 한다(대판 2019.1.17, 2017두59949).
4. 단 1회 훈령에 위반하여 요정 출입을 하다가 적발된 경우 가벼운 징계처분으로서도 능히 위 훈령의 목적을 달성할 수 있다고 볼 수 있는 점 등에 비추어 생각하면 이에 대해 파면처분을 한 것은 비례의 원칙에 어긋난 것으로서 재량권의 범위를 넘은 위법한 처분이다(대판 1967.5.2, 67누24).
5. 여객운송사업자가 지입제 경영을 한 경우 구체적 사안의 개별성과 특수성을 전혀 고려하지 않고 그 사업면허를 필요적으로 취소하도록 한 「여객자동차 운수사업법」 규정은 비례의 원칙에 반한다(헌재 2000.6.1, 99헌가11·12 병합).
6. 자동차를 이용하여 범죄행위를 한 경우 범죄의 경중에 상관없이 반드시 운전면허를 취소하도록 한 규정은 비례의 원칙 위반이다(헌재 2005.11.24, 2004헌가28).
7. 사법시험 제2차 시험에 과락제도를 적용하고 있는 구 사법시험령 제15조 제2항은 비례의 원칙, 과잉금지의 원칙 및 평등의 원칙 등을 위반하였다고 볼 수 없다(대판 2007.1.11, 2004두10432).
8. 도로교통법 제148조의2 제1항 제1호의 '도로교통법 제44조 제1항을 2회 이상 위반한' 것에 구 도로교통법 제44조 제1항 위반 음주운전 전과도 포함된다고 해석하는 것이 형벌불소급원칙이나 일사부재리원칙 또는 비례원칙에 위배되지 않는다(대판 2012.11.29, 2012도10269).
9. 구 「집회 및 시위에 관한 법률」 제6조 제1항은 평화적이고 효율적인 집회를 보장하고, 공공질서를 보호하기 위한 것으로 그 입법목적이 정당하고, 집회에 대한 사전신고를 통하여 행정관청과 주최자가 상호정보를 교환하고 협력하는 것은 위와 같은 목적달성을 위한 적절한 수단에 해당하며, 위 조항이 열거하고 있는 신고사항이나 신고시간 등은 지나치게 과다하거나 신고불가능하다고 볼 수 없으므로 최소침해성의 원칙에 반한다고 보기 어렵다. 나아가 위 조항이 정하는 사전신고의무로 인하여 집회개최자가 겪어야 하는 불편함이나 번거로움 등 제한되는 사익과 신고로 인해 보호되는 공익은 법익균형성 요건도 충족하므로 위 조항 중 '옥외집회'에 관한 부분이 과잉금지원칙에 위배하여 집회의 자유를 침해한다고 볼 수 없다(헌재 2009.5.28, 2007헌바22).

[신뢰보호의 원칙 관련판례]

1. 국민이 종전의 법률관계나 제도가 장래에도 지속될 것이라는 합리적인 신뢰를 바탕으로 이에 적응하여 법적 지위를 형성하여 온 경우 국가 등은 법치국가의 원칙에 의한 법적 안정성을 위하여 권리·의무에 관련된 법규·제도의 개폐에 있어서 국민의 기대와 신뢰를 보호하지 않으면 안 된다(헌재 2014.4.24, 2010헌마747).
2. 판례는 선행조치를 '공적인 견해표명'에 한정하고 있다. 행정청의 선행조치는 반드시 처분청 자신의 견해표명일 필요는 없으며 처분청 소속의 보조기관이 행한 조치도 선행조치에 해당한다(대판 1987.9.8, 87누373).
3. 선행조치인 공적인 견해표명에는 명시적 의사표시뿐만 아니라 묵시적 의사표시도 포함된다(대판 1984.12.26, 81누266).
4. 서울지방병무청 총무과 민원팀장이 국외영주권을 취득한 사람의 상담에 응하여 법령의 내용을 숙지하지 못한 채 민원봉사 차원에서 현역입영대상자가 아니라고 답변한 경우 그것이 서울지방병무청장의 공적인 견해표명이라 할 수 없다(대판 2003.12.26, 2003두1875).
5. 4년 동안 면허세를 부과할 수 있다는 사정을 알면서도 수출확대라는 공익상 필요에서 한 건도 부과한 일이 없었다면 과세관청이 비과세라는 선행조치를 한 것으로 볼 수 있다[대판 1980.6.10, 80누6(전합)].

6. 상대방의 추상적 질의에 대한 일반론적인 견해표명은 신뢰보호원칙이 적용되는 행정청의 선행조치라고 볼 수 없다. 특히 그 의사표시가 납세자의 추상적인 질의에 대한 일반론적인 견해표명에 불과한 경우에는 위 원칙의 적용을 부정하여야 한다(대판 1993.7.27. 90누10384).
7. 문화관광부장관(현 문화체육관광부장관)의 지방자치단체장에 대한 회신은 사인의 신뢰이익을 보호하기 위한 공적 견해표명에 해당되지 않는다(대판 2006.4.28. 2005두6539).
8. 행정규칙인 재량준칙의 공표만으로는 신청인이 보호가치 있는 신뢰를 갖게 되었다고 볼 수 없다(대판 2009.12.24. 2009두7967).
9. 헌법재판소의 위헌결정은 행정청이 개인에 대하여 신뢰의 대상이 되는 공적인 견해를 표명한 것이라고 할 수 없으므로 그 결정에 관련한 개인의 행위에 대하여는 신뢰보호의 원칙이 적용되지 아니한다(대판 2003.6.27. 2002두6965).
10. 도시계획구역 내 생산녹지로 답(畓)인 토지에 대하여 종교회관 건립을 이용목적으로 하는 토지거래계약의 허가를 받으면서 담당공무원이 관련법규상 허용된다 하여 이를 신뢰하고 건축준비를 하였으나, 그 후 토지형질변경허가신청을 불허가한 것은 신뢰보호원칙에 반한다(대판 1997.9.12. 96누18380).
11-1. (원고가 용도지역이 농림지역 또는 준농림지역인 일정 토지 위에 폐기물처리업을 영위할 목적으로 피고에게 폐기물처리업 사업계획서를 제출하였고, 이에 대해 피고가 일정한 조건을 부가하여 사업 계획에 대한 적정통보를 한 후 원고가 농림지역을 준도시지역으로 변경하여 달라는 국토이용계획변경신청을 하였으나 피고가 이를 거부한 사건에서) 폐기물처리업 사업계획에 대하여 적정통보를 한 것만으로 그 사업부지 토지에 대한 국토이용계획변경신청을 승인하여 주겠다는 취지의 공적인 견해표명을 한 것으로 볼 수 없다(대판 2005.4.28. 2004두8828).
11-2. 폐기물관리 법령에 의한 폐기물처리업 사업계획에 대한 적정통보와 국토이용관리 법령에 의한 국토이용계획변경은 각기 그 제도적 취지와 결정단계에서 고려해야할 사항들이 다르다는 이유로, … 공적인 견해표명을 한 것으로 볼 수 없다(대판 2005.4.28. 2004두8828).
11-3. 폐기물처리업 사업계획에 대한 적정통보 중에 토지에 대한 형질변경신청을 허가하는 취지의 공적 견해표명이 있다고 볼 수 없다(대판 1998.9.25. 98두6494).
12. 귀책사유란 사기 등 부정행위에 의한 것뿐만 아니라 행정청의 견해표명에 하자가 있음을 알았거나 중대한 과실로 알지 못한 경우까지 포함한다(대판 2002.11.8. 2001두1512).
13. 수익적 행정처분의 하자가 당사자의 사실은폐나 기타사위의 방법에 의한 신청행위에 기인한 것이라면 당사자는 처분에 의한 이익이 위법하게 취득되었음을 알아 취소가능성도 예상하고 있었다할 것이므로, 그자신이 처분에 관한 신뢰이익을 원용할 수 없음은 물론 행정청이 이를 고려하지 아니하였더라도 재량권의 남용이 되지 아니한다(대판 2014.11.27. 2013두16111).
14. 공무원의 허위 아파트입주권 부여대상 확인을 믿고 아파트입주권을 매입한 경우, 공무원의 허위 확인행위와 매수인의 손해 사이에는 상당인과관계가 있다(대판 1996.11.29. 95다21709).
15. 신뢰보호의 이익과 공익이 충돌하는 경우 양자의 이익을 비교·형량하여야 한다(대판 1997.9.12. 96누18380).
16-1. 공무원임용결격자에 대한 공무원 임용행위는 무효이며 이 경우 임용결격자는 신뢰보호원칙을 주장할 수 없다.
16-2. 국가가 공무원임용결격사유가 있는 자에 대하여 결격사유가 있는 것을 알지 못하고 공무원으로 임용하였다가 사후에 결격사유가 있는 자임을 발견하고 공무원 임용행위를 취소하는 것은 당사자에게 원래의 임용행위가 당초부터 당연무효이었음을 통지하여 확인시켜 주는 행위에 지나지 아니하는 것이므로, 그러한 의미에서 당초의 임용처분을 취소함에 있어서는 신의칙 내지 신뢰의 원칙을 적용할 수 없고 또 그러한 의미의 취소권은 시효로 소멸하는 것도 아니다(대판 1987.4.14. 86누459).
16-3. 임용 당시 임용결격사유가 있는 경우라면 임용권자의 과실에 의해 임용결격자임을 밝혀내지 못하였다 하더라도 임용행위는 당연무효로 보아야 한다(대판 2005.7.28. 2003두469).
17. 위반사실이 있은 후 3년이 지나 행정제재를 하면서 운전면허를 취소하는 행정처분을 한 경우 신뢰보호원칙에 위반된다(대판 1987.9.8. 87누373).
18. 자동차운수사업법(현 「여객자동차 운수사업법」) 제31조 제1항 제5호 소정의 중대한 교통사고를 이유로 사고로부터 1년 10개월 후 사고택시에 대하여 한 운송사업면허의 취소는 신뢰보호원칙에 위반되지 않는 적법한 처분이다(대판 1989.6.27. 88누6283).
19. 변리사 제1차 시험을 절대평가제에서 상대평가제로 환원하는 내용의 변리사법 시행령 개정조항을 즉시 시행하도록 정한 부칙 부분은 헌법상 신뢰보호원칙에 위반되어 무효이다[대판 2006.11.16. 2003두12899(전합)].

20. 폐기물처리업에 대하여 **관할관청의 사전 적정통보**를 받고 막대한 비용을 들여 허가요건을 갖춘 다음 허가신청을 하였음에도 청소업자의 난립으로 효율적인 청소업무의 수행에 지장이 있다는 이유로 한 **불허가처분**은 신뢰보호의 원칙을 위반한 위법한 처분이다(대판 1998.5.8, 98두4061).
21. 운전면허취소사유에 해당하는 음주운전을 적발한 경찰관의 소속 경찰서장이 사무착오로 위반자에게 **운전면허정지처분**을 한 상태에서 위반자의 주소지 관할 지방경찰청장(현 시·도경찰청장)이 위반자에게 **운전면허취소처분**을 한 것은 선행처분에 대한 **당사자의 신뢰 및 법적 안정성**을 저해하는 것으로서 허용될 수 없다(대판 2000.2.25, 99두10520).
22-1. 과세관청이 비과세대상에 해당하는 것으로 **잘못 알고 일단 비과세 결정**을 하였으나 그 후 과세표준과 세액의 탈루 또는 오류가 있는 것을 발견한 때에는, 이를 조사하여 다시 경정 결정을 할 수 있다(대판 1991.10.22, 90누9360).
22-2. 소득세법 제127조는 과세표준과 세액의 조사결정에 탈루 또는 오류가 있음을 발견하면 징세기관은 즉시 경정 결정을 하도록 규정하고 있으므로 피고가 일단 비과세 결정을 하였다가 이를 번복하고 다시 과세처분을 하였다는 사실만으로 피고의 **과세처분**이 신의성실의 원칙에 반하는 위법한 것이라 할 수 없다(대판 1989.1.17, 87누681).

3. 평등의 원칙

평등원칙 위반이라고 본 판례	평등원칙 위반이 아니라고 본 판례
① 함께 **화투놀이**를 한 4명 중 3명에게는 가벼운 견책처분을 하고, 1명에게만 파면처분을 한 경우(대판 1972.12.26, 72누194)	① 유예기간 없이 개인택시 운송사업면허 기준을 변경하고 그에 기한 행정청의 면허신청 접수 거부처분(대판 1996.7.30, 95누12897)
② **국·공립사범대학 출신자**를 사립사범대학 출신자보다 우선적으로 **교육공무원으로 채용**하도록 한 규정(헌재 1990.10.8, 89헌마89)	② 일반직 직원의 정년을 58세로 규정하면서 **전화교환직 직원만은 정년을 53세로 규정**한 것(대판 1996.8.23, 94누13589)
③ 공무원시험에서 **국가유공자의 가족들에게 10%의 가산점을 부여**하고 있는 규정(헌재 2006.2.23, 2004헌마675·981·1022 병합)	③ 비위를 저지른 사립중학교 교사들 중 잘못을 시인한 교사, 잘못을 시인하지 아니한 교사들에게 **서로 다른 징계를 한 경우**(대판 1999.8.20, 99두2611)
④ 공무원시험에서 **제대군인에 대해 만점의 5% 또는 3%의 가산점을 부여**한 규정(헌재 1999.12.23, 98헌마363)	
⑤ 지방의회 조사·감사를 위하여 채택된 증인의 불출석 등에 대한 과태료를 그 **사회적 신분에 따라 차등 부과**할 것을 규정한 조례(대판 1997.2.25, 96추213)	
⑥ 청원경찰의 감축을 위해 **초등학교 졸업 이하, 중학교 중퇴 이상 학력소지 집단으로 나누어 집단별로 같은 감원비율의 인원을 선정**한 것(다만, 무효사유는 아님)(대판 2002.2.8, 2000두4057)	
⑦ 개발제한구역 훼손부담금의 부과율을 규정함에 있어서 **전기공급시설 등과는 달리 집단에너지 공급시설에 차등을 두는** 구「개발제한구역의 지정 및 관리에 관한 특별조치법 시행령」제35조 제1항 제3호의 규정[대판 2007.10.29, 2005두14417(전합)]	

4. 자기구속의 원칙

1-1. 행정규칙인 재량준칙이 정한 바에 따라 행정관행이 이룩되게 되면 평등원칙이나 신뢰보호원칙에 따라 행정기관은 그 규칙에 따라야 할 자기구속을 당하게 되고 그러한 경우 행정규칙은 대외적 구속력을 가지게 된다.

1-2. 행정규칙이 법령의 규정에 의하여 행정관청에 법령의 구체적 내용을 보충할 권한을 부여한 경우, 또는 재량권행사의 준칙인 규칙이 그 정한 바에 따라 되풀이 시행되어 행정관행이 이룩되게 되면, 평등의 원칙이나 신뢰보호의 원칙에 따라 행정기관은 그 상대방에 대한 관계에서 그 규칙에 따라야 할 자기구속을 당하게 되고, 그러한 경우에는 대외적인 구속력을 가지게 된다 할 것이다(헌재 1990.9.3, 90헌마13).

2. 특정인에 대해서만 재량처분기준을 과도하게 초과하는 처분을 한 경우에는 재량권의 한계를 일탈(위법성 인정)하였다고 볼 만한 여지가 충분하다(대판 1993.6.29, 93누5635).

3. 실제의 공원구역과 다르게 경계측량 및 표지를 설치한 십수 년 후 착오를 발견하여 지형도를 수정한 조치가 신뢰보호의 원칙에 위배되거나 행정의 자기구속의 법리에 반하는 것이라 할 수 없다(대판 1992.10.13, 92누2325).

4-1. 상급행정기관이 하급행정기관에 대하여 업무처리지침이나 법령의 해석 · 적용에 관한 기준을 정하여 발하는 이른바 '**행정규칙이나 내부지침**'은 일반적으로 행정조직 내부에서만 효력을 가질 뿐 대외적인 구속력을 갖는 것은 아니므로 행정처분이 그에 위반하였다고 하여 그러한 사정만으로 곧바로 위법하게 되는 것은 아니다.

4-2. 그러나, 재량권행사의 준칙인 행정규칙이 그 정한 바에 따라 **되풀이 시행되어 행정관행이 이루어지게 되면 평등의 원칙이나 신뢰보호의 원칙에 따라 행정기관은 그 상대방에 대한 관계에서 그 규칙에 따라야 할 자기구속을 받게 되므로**, 이러한 경우에는 특별한 사정이 없는 한 그를 위반하는 처분은 평등의 원칙이나 신뢰보호의 원칙에 위배되어 재량권을 일탈 · 남용한 위법한 처분이 된다(대판 2009.12.24, 2009두7967).

5-1. 자기구속의 원칙은 통설에 따르면 평등원칙에서 유래하는 것이므로 자기구속원칙 역시 선행행정작용이 위법한 경우에는 인정되지 않는다.

5-2. 평등의 원칙은 본질적으로 같은 것을 자의적으로 다르게 취급함을 금지하는 것이고, **위법한 행정처분이 수차례에 걸쳐 반복적으로 행하여졌다 하더라도 그러한 처분이 위법한 것인 때에는 행정청에 대하여 자기구속력을 갖게 된다고 할 수 없다**(대판 2009.6.25, 2008두13132).

5. 부당결부금지의 원칙

1. 조세체납자의 관허사업 제한을 명시하고 있는 「국세징수법」 제7조의 규정은 관허사업의 제한규정이 체납된 조세와 직접 관련이 없는 사업에 대한 인 · 허가라 하더라도 이를 거부하거나 철회할 수 있도록 하고 있어 **부당결부금지원칙에 위반된다는 비판이 있다. 하지만, 판례가 위헌이라고 판시한 적은 없다.** 14. 국가9급

2. 고속국도 관리청이 고속도로 부지와 접도구역에 송유관 매설을 허가하면서 상대방과 체결한 협약에 따라 **송유관 시설을 이전하게 될 경우 그 비용을 상대방에게 부담하도록 한 경우 위 협약에 포함된 부관이 부당결부금지의 원칙에 반하지 않는다**(대판 2009.2.12, 2005다65500).

3. 주택사업계획승인을 하면서 **주택사업과는 아무런 관련이 없는 토지를 기부채납하도록 하는 부관을 붙인 경우 그 부관은 부당결부금지원칙에 위반되어 위법하다**(대판 1997.3.11, 96다49650).

4. 부당결부금지의 원칙에 위반한 위법한 부관이라도 그 하자가 중대하고 명백하지 않은 경우 당연무효사유라고는 볼 수 없다(대판 1997.3.11, 96다49650).

5-1. 2종 소형면허, 1종 대형면허, 1종 보통면허를 소지한 자가 220cc 이륜자동차를 음주운전하다가 적발된 경우 220cc 이륜자동차의 운전은 2종 소형면허로 운전할 수 있을 뿐 1종 대형면허와 1종 보통면허로는 운전을 할 수 없다. 따라서 이륜 자동차의 운전과 1종 대형면허, 1종 보통면허는 아무런 관련이 없으므로 **1종 대형면허, 1종 보통면허를 취소한 것은 부당결부금지원칙에 반하는 위법한 처분이 된다**(대판 1992.9.22, 91누8289).

5-2. 한 사람이 여러 종류의 자동차운전면허를 취득한 경우 이를 취소 또는 정지할 때 서로 **별개의 것으로 취급**하는 것이 원칙이다(대판 2012.5.24, 2012두1891).

5-3. 제1종 대형, 제1종 보통 자동차운전면허를 가지고 있는 甲이 배기량 400cc의 오토바이를 절취하였다는 이유로 지방경찰청장(현 시·도경찰청장)이 甲의 제1종 대형, 제1종 보통 자동차운전면허를 모두 취소한 사안에서, 위 **오토바이를 훔쳤다는 사유만으로 제1종 대형면허나 보통면허를 취소할 수 없다**(대판 2012.5.24, 2012두1891).

6-1. 취소사유가 특정 면허에 관한 것이 아니고 **다른 면허와 공통된 것이거나 운전면허를 받은 사람에 관한 것일 경우, 여러 면허를 전부 취소할 수 있다**(대판 2012.5.24, 2012두1891).

6-2. 제1종 보통면허로 운전할 수 있는 **승합차를 음주운전한 경우 제1종 보통면허 외에 제1종 대형면허까지 취소**한 것은 위법한 처분이 아니다(대판 1997.3.11, 96누15176).

6-3. 제1종 보통면허로 운전할 수 있는 차량을 음주운전한 경우에 이와 관련된 면허인 **제1종 대형면허와 원동기장치자전거 면허까지 취소할 수 있다**(제1종 보통면허의 취소에는 원동기장치자전거의 운전까지 금지하는 취지가 포함되어 있다고 본다)(대판 1994.11.25, 94누9672).

6-4. 승용자동차를 면허 없이 운전한 사람에 대하여 그 사람이 소지한 제2종 원동기장치자전거면허를 취소할 수 있다(대판 2012.6.28, 2011두358).

제4절 훈령과 직무명령 [A급]

1. 훈령권

개념		상급경찰관청이 하급경찰관청의 권한행사를 지휘하기 위하여 발하는 명령 12·19. 승진, 20. 경간
성격		일반적으로 예방적 감독수단이나 교정적 감독수단으로 행사되는 경우도 있다.
근거		훈령권은 감독권의 당연한 결과로서 개별적인 **법령의 근거를 요하지 않는다**. 11. 승진, 12. 경간, 16. 채용
법적 성질	원칙	경찰조직 내부관계에서 하급경찰관청의 권한 행사를 지휘하기 위하여 발해지는 것으로서 법규의 성질을 갖지 않는 **행정규칙이다**. ➔ 훈령은 하급경찰관청을 구속할 뿐 일반국민에 대한 **대외적 구속력은 없다**. 11. 경간, 12. 승진, 19. 채용
	예외	**실질적 내용이 법규명령인 훈령은 법규성이 인정되어 대외적 효력을 가진다**(다수설).
종류	협의의 훈령	상급경찰관청이 하급경찰관청의 권한 행사를 상당히 **장기간에 걸쳐 일반적으로 지휘**하기 위하여 발하는 명령
	지시	상급경찰관청이 하급경찰관청에 대하여 **개별적·구체적으로 발하는 명령** 11. 승진, 11·12. 경간
	예규	반복적 경찰 **사무의 기준**을 제시하기 위하여 발하는 명령
	일일명령	당직·출장·휴가 등의 **일일업무**에 관하여 발하는 명령
형식		특별한 형식을 요하지 않고 구두 또는 문서에 의해 상대방에게 통지함으로써 효력 발생 09·11·12. 승진, 11. 경간, 12. 채용
내용		훈령은 원칙적으로 일반적·추상적 사항에 대해서 발해져야 하지만, 개별적·구체적 사항에 대해서도 발해질 수 있다. 11·18·20·21. 경간, 11·12·18·19·20. 승진, 12·16·19. 채용, 18. 지능

요건 09·11·12. 채용, 11·12·18· 19·20. 승진, 12·18·21. 경간	형식적 요건	① 훈령권을 가지는 **상급경찰관청**에 의하여 발해질 것 ② **하급경찰관청**의 권한사항에 속하는 사항일 것 ③ 하급경찰관청의 **권한 행사의 독립성**이 보장되어 있는 사항이 아닐 것 16. 채용, 12·18. 승진, 18. 경간 ④ 법에서 정한 **형식과 절차**가 있으면 이를 구비할 것
	실질적 요건	① 내용이 **법령에 위반**되지 않을 것 ② 내용이 **실현 가능**하고 **명백**할 것 ③ 내용이 **공익**에 적합할 것
하급 기관의 심사권	형식적 요건	① 하급경찰관청은 훈령의 형식적 요건에 관해서는 **심사(판단)**할 권한이 있다. 11. 경간 ② 상급경찰관청의 훈령이 형식적 요건을 갖추지 못한 경우에는 복종을 거부하여야 한다.
	실질적 요건	① 하급경찰관청은 훈령의 실질적 요건에 관해서는 **심사(판단)**할 권한이 없다. ② 훈령의 내용이 명백하게 범죄를 구성하거나 **중대하고 명백한 하자**가 있는 경우에는 복종을 거부하여야 한다.
훈령위반의 효과	대외적 효력	훈령은 국민이나 법원에 대한 구속력이 없으므로 하급경찰관청의 법적 행위가 훈령에 위반하여 행해진 경우에 원칙적으로 그 행위는 위법이 아니며, 그 행위 자체의 효력에는 영향이 없다. 16. 채용, 18·20. 승진, 21. 경간
	대내적 효력	훈령은 행정조직 내부에서 하급관청의 행위를 기속하는 구속력이 있으므로 하급경찰관청이 **훈령에 위반**하여 권한을 행사한 경우에는 경찰공무원의 직무상 복종의무 위반이 문제가 되어 **징계사유**가 될 수 있다. 11. 경간
훈령의 경합		① 주관 상급관청과 주관이 아닌 상급관청이 서로 모순되는 훈령을 발한 경우: **주관 상급관청의 훈령에 복종** 17. 승진 ② 서로 모순되는 훈령을 발한 상급관청이 서로 상·하관계에 있는 경우: **직근 상급관청의 훈령에 복종** 12. 경간, 17. 승진 ③ 서로 모순되는 둘 이상의 상급관청의 훈령이 경합할 경우: 주관 상급관청이 불명확한 때에는 **주관쟁의의 방법**으로 해결해야 한다. 20. 경간, 17. 승진

2. 직무명령의 요건 및 심사

의의	① **상관(상급공무원)**이 직무에 관하여 그 **부하공무원**에게 발하는 명령 18. 경간, 19. 승진 ② 직무명령은 **직접이든 간접이든** 직무에 관계되는 경우라면 공무원의 사생활까지 규율할 수 있다. 12·19. 채용, 18. 지능, 18. 경간
성질	직무명령은 법규성이 없으므로 **직무명령에 위반한 행위도 적법·유효하다**. 다만, 직무명령 위반에 대해 **징계의 사유**는 될 수 있다. 19. 채용

요건 및 심사 11. 채용, 18. 지능, 18. 경간	형식적 요건	요건	① 권한 있는 **상관**이 발한 것 ② **부하공무원의 직무상 범위** 내에 속하는 사항 ③ 부하공무원의 **직무상 독립성이 보장되어 있는 사항**이 아닐 것 ④ 법정의 **형식과 절차**가 있으면 이를 구비할 것
		심사	원칙적으로 형식적 요건에 대한 **심사(판단)권**이 있으므로 형식적 요건을 구비하지 못한 경우에는 복종을 거부하여야 한다. 만약 공무원이 복종하게 되면 책임을 부담해야 한다.
	실질적 요건	요건	① 내용이 **법령에 저촉되지 않을** 것 ② 내용이 **타당하고 공익에 적합**할 것 ③ 내용이 **실현가능하고 명확**할 것
		심사	원칙적으로 실질적 요건에 대한 **심사(판단)권**이 **없으므로** 복종해야 한다. 다만, 직무명령에 복종함이 중대하고 명백한 법규위반으로 당연 무효(위법) 또는 범죄구성시에는 심사할 수 있고, 복종을 거부하여야 한다.
경합			둘 이상의 상관으로부터 서로 모순되는 직무명령을 받았을 경우에는 **직근상관의 명령에 복종해야** 한다.
기타			① **부당**한 직무명령: 자신의 의견을 진술할 수 있으며 **복종의무가 있다**. ② **위법**한 직무명령: 자신의 의견을 진술할 수 있으나 **복종의무가 없다**.

3. 훈령과 직무명령의 비교

구분	훈령	직무명령
의의	상급관청 ➔ 하급관청	상관(상급공무원) ➔ 부하(하급공무원)
구성원 변동	경찰기관의 의사를 구속 ➔ 하급관청의 **구성원**에 변동이 있어도 훈령의 효력에는 영향이 없다. 11. 경간, 17·18·19·20. 승진	기관을 구성하는 경찰공무원 개인을 구속 17. 경간 ➔ 수명공무원의 변동이 있는 경우에는 직무명령은 당연히 효력을 상실한다. 11. 경간
규율범위	하급경찰기관의 소관 사무에 국한	**직무와 관련된 경우라면** 경찰공무원의 **사생활까지 규제 가능**
양자의 관계	**훈령은 직무명령을 겸할 수 있다.** 19. 채용, 20. 경간	직무명령은 훈령의 성질을 가질 수 없다.
법적 근거	법적 근거 불요	
공통점	① 특별한 형식을 요하지 않고 법령의 직접적 **근거(수권) 없이도 발할 수 있다.** 19·20. 승진, 21. 경간 ② 훈령과 직무명령은 모두 **대외적 구속력은 없지만, 대내적 구속력**은 있다. ③ 위반시에는 위법은 아니고, **징계**의 사유가 된다.	

Chapter 02 / 경찰조직법

제1절 경찰행정주체와 경찰행정기관 A급

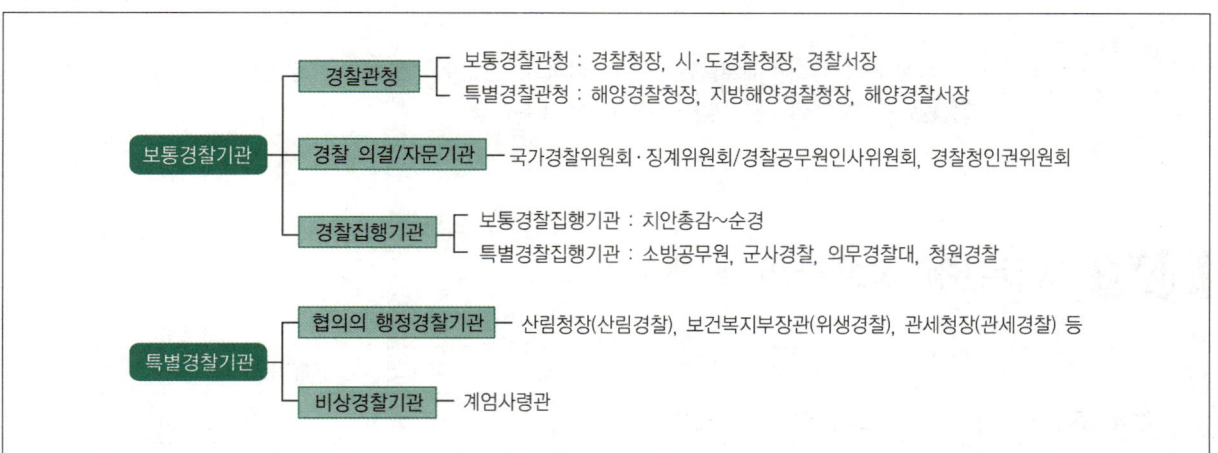

경찰행정주체	국가, 제주특별자치도, 각 시·도자치단체
경찰행정관청	① 경찰행정주체(국가)의 법률상 의사를 결정하여 외부에 자기이름(해당 관청이름)으로 표시하는 권한을 가지는 행정기관을 말한다. ② **경찰청장, 시·도경찰청장, 경찰서장**이 경찰행정관청이다. 11·12. 채용 《주의》 지구대장·파출소장은 경찰서장의 보조기관이다. ③ **소청심사위원회(인사혁신처 소속)는 합의제 행정관청**이다. 《주의》 시·도자치경찰위원회(시·도지사 소속)는 합의제 행정기관이다.
경찰의결기관	① 경찰행정관청의 의사를 구속하는 의결을 행하는 합의제 행정기관으로서의 의결을 외부에 표시할 수 있는 권한은 없다. ② **국가경찰위원회(행정안전부 소속), 징계위원회, 보안관찰심의위원회(법무부 소속)** 등이 있다. 12. 채용
경찰자문기관	① 경찰행정관청의 자문에 응하여 또는 자진하여 행정관청에게 의견을 제시하는 기관을 말하며, 다만 경찰자문기관의 의견은 경찰행정관청을 구속하지 못한다. ② **경찰공무원인사위원회(경찰청 소속)**, 집회시위자문위원회(각급 경찰서 소속), 경찰발전위원회(경찰서 소속), 경찰혁신위원회 등이 있다. 11·12. 채용
경찰집행기관	① 관청의 명을 받아 경찰행정목적을 실현하기 위하여 필요한 **실력을 행사**하는 기관을 말하며, 제복착용권, 경찰장구, 무기휴대 및 사용권을 보유하고 있다. 14. 경특 ② 경찰권을 행사하는 기관으로서 **순경에서 치안총감까지의 전 경찰공무원**을 의미한다. 12. 채용

경찰보조기관	① 경찰행정관청의 직무를 보조하기 위하여 일상적 직무를 수행하는 기관을 말한다. ② 경찰행정학상의 계선(line)기관에 해당한다. ③ **차장, 국장, 부장, 과장, 계장** 등이 있다. 11·12. 채용
경찰보좌기관	① 경찰행정기관의 기능이 원활하게 수행할 수 있도록 그 기관장이나 보조기관을 보좌함으로써 행정기관의 목적달성을 지원, 조성, 촉진하는 기관을 말한다. ② 경찰행정학상의 막료(참모: Staff)기관에 해당한다. ③ 비서실, 홍보관리관, 감사관 등이 있다.
경찰부속기관	① 경찰행정권의 직접적 행사를 임무로 하는 기관에 부속하여 그 기관을 지원하는 행정기관을 말한다. ② 경찰대학, 경찰인재개발원, 중앙경찰학교, 경찰수사연수원, 경찰병원 등이 있다. 18. 승진 《주의》 국립과학수사연구원은 행정안전부 소속이다.

제2절 경찰관청 상호간의 관계 [A급]

상하관청간의 관계	권한의 대리: 임의대리, 법정대리(협의의 법정대리, 지정대리)
	권한의 위임(권한의 이전)
	권한의 감독: 훈령권, 감시권, 주관(권한)쟁의결정권, 인가권, 취소·정지권
대등관청간의 관계	권한의 상호존중: 권한의 불가침, 주관(권한)쟁의
	상호협력관계: 협의, 사무의 위탁·촉탁, 경찰응원

제3절 권한의 대리와 위임 [A급]

1. 권한의 대리의 종류

의의		권한의 대리에는 임의대리와 법정대리가 있는데, **보통 대리는 임의대리를 의미한다.** 20. 승진
임의대리(수권대리)		피대리청의 수권에 의하여 대리관계가 발생
법정대리	협의의 법정대리	법정사실의 발생과 함께 **당연히 대리관계가 발생** 20. 승진
	지정대리	법정사실의 발생과 함께 **일정한 자의 지정이 있어야 대리관계가 발생**

2. 권한의 위임과 권한의 대리의 비교 08·09·12·13·19. 채용, 18. 법학, 14·15·19·20. 승진, 18. 지능

구분	권한의 위임	권한의 대리	
		임의대리	법정대리
권한 이전 (권한귀속)	수임청으로 이전된다.	권한은 이전되지 않는다.	권한은 이전되지 않는다.
법적 근거	반드시 필요	불요	반드시 필요
발생원인	법령에 근거한 위임청의 일방적 행위	수권행위에 의한 피대리관청의 일방적 행위	법정사실의 발생에 의해
상대방	주로 하급관청	주로 보조기관	주로 보조기관
행위방식(명의)	수임청 명의	대리기관의 명의(현명주의)	대리기관의 명의(현명주의)
권한의 범위	일부위임(주요부분×)	일부대리(주요부분×)	전부대리
효과의 귀속	수임청	피대리관청	피대리관청
책임의 귀속 (소송의 피고)	수임청	• 외부관계: 피대리관청이 책임부담(행정소송의 피고) • 내부관계: 징계책임부담	
지휘·감독권	지휘·감독 가능	지휘·감독 가능	지휘·감독 불가능
복대리·재위임	재위임 가능 (법령상 근거 필요)	복대리 불가능	복대리 가능 (복대리 자체는 임의대리)

▶ **현명주의**: 대리기관이 대리행위를 하는 경우에 피대리관청을 위한 것임을 표시하고 대리기관의 이름으로 대리권을 행사
▶ **비용부담**: 위임관청이 부담하는 것이 원칙이다. 15. 승진

3. 내부위임·위임전결·대결

내부위임	상급관청이 자기의 권한을 **하급관청에게** 외부에 표시함이 없이 내부적으로 사무처리에 관한 **결재권만을 위임**하는 것 08. 경간
위임전결	상급관청이 자기의 권한을 **보조기관에게** 외부에 표시함이 없이 **결재권만을 위임**하는 것
대결 12. 채용	행정관청 내부에서 결재권자가 휴가·출장·사고 등의 **일시부재시에 보조기관에게 대신 결재**를 맡기는 것 15. 승진
공통점	① 권한의 이전이 없으므로 법령상 근거(구체적 수권) 불요 08. 경간 ② 본래의 행정청(위임청)의 명의로 권한을 행사(현명주의×)

4. 행정권한의 위임 및 위탁에 관한 규정(대통령령) [시행 2022.1.27.] A급

제2조【정의】이 영에서 사용하는 용어의 뜻은 다음과 같다.
1. "위임"이란 법률에 규정된 행정기관의 장의 권한 중 일부를 그 보조기관 또는 하급행정기관의 장이나 지방자치단체의 장에게 맡겨 그의 권한과 책임 아래 행사하도록 하는 것을 말한다. 20. 경간
2. "위탁"이란 법률에 규정된 행정기관의 장의 권한 중 일부를 다른 행정기관의 장에게 맡겨 그의 권한과 책임 아래 행사하도록 하는 것을 말한다.
3. "민간위탁"이란 법률에 규정된 행정기관의 사무 중 일부를 지방자치단체가 아닌 법인·단체 또는 그 기관이나 개인에게 맡겨 그의 명의로 그의 책임 아래 행사하도록 하는 것을 말한다.
4. "위임기관"이란 자기의 권한을 위임한 해당 행정기관의 장을 말하고, "수임기관"이란 행정기관의 장의 권한을 위임받은 하급행정기관의 장 및 지방자치단체의 장을 말한다.
5. "위탁기관"이란 자기의 권한을 위탁한 해당 행정기관의 장을 말하고, "수탁기관"이란 행정기관의 권한을 위탁받은 다른 행정기관의 장과 사무를 위탁받은 지방자치단체가 아닌 법인·단체 또는 그 기관이나 개인을 말한다.

제3조【위임 및 위탁의 기준 등】① 행정기관의 장은 허가·인가·등록 등 민원에 관한 사무, 정책의 구체화에 따른 집행사무 및 일상적으로 반복되는 사무로서 그가 직접 시행하여야 할 사무를 제외한 **일부 권한**을 그 보조기관 또는 하급행정기관의 장, 다른 행정기관의 장, 지방자치단체의 장에게 위임 및 위탁한다. 20. 경간
② 행정기관의 장은 **행정권한을 위임 및 위탁할 때에는** 위임 및 위탁하기 전에 수임기관의 수임능력 여부를 점검하고, **필요한 인력 및 예산을 이관하여야 한다.** 13. 승진, 20. 경간
③ 행정기관의 장은 행정권한을 위임 및 위탁할 때에는 위임 및 위탁하기 전에 단순한 사무인 경우를 제외하고는 수임 및 수탁기관에 대하여 수임 및 수탁사무 처리에 필요한 교육을 하여야 하며, 수임 및 수탁사무의 처리지침을 통보하여야 한다.

제6조【지휘·감독】위임 및 위탁기관은 수임 및 수탁기관의 수임 및 수탁사무 처리에 대하여 **지휘·감독하고,** 그 처리가 위법하거나 부당하다고 인정될 때에는 이를 취소하거나 정지시킬 수 있다. 12·18. 채용, 15. 승진, 20. 경간

제7조【사전승인 등의 제한】수임 및 수탁사무의 처리에 관하여 위임 및 위탁기관은 수임 및 수탁기관에 대하여 사전승인을 받거나 협의를 할 것을 요구할 수 없다. 19. 승진, 20. 경간, 21. 채용

제8조【책임의 소재 및 명의 표시】① 수임 및 수탁사무의 처리에 관한 책임은 수임 및 수탁기관에 있으며, 위임 및 위탁기관의 장은 그에 대한 감독책임을 진다. 18. 채용, 20. 경간, 21. 채용
② 수임 및 수탁사무에 관한 권한을 행사할 때에는 **수임 및 수탁기관의 명의로 하여야 한다.** 12·13·21. 채용, 14·15. 승진

제9조【권한의 위임 및 위탁에 따른 감사】위임 및 위탁기관은 위임 및 위탁사무 처리의 적정성을 확보하기 위하여 필요한 경우에는 수임 및 수탁기관의 수임 및 수탁사무 처리 상황을 수시로 감사할 수 있다. 18. 채용, 20. 경간

제4절 국가경찰과 자치경찰의 조직 및 운영에 관한 법률 [시행 2026.2.1.]

01 총칙 [A급]

💡 약칭 '경찰법'이라 한다.

목적 (제1조)	이 법은 경찰의 민주적(합법성×)인 관리 · 운영과 효율적인 임무수행을 위하여 경찰의 기본조직 및 직무 범위와 그밖에 필요한 사항을 규정함을 목적으로 한다. 15. 채용
국가와 지방자치단체의 책무(제2조)	국가와 지방자치단체는 **국민의 생명 · 신체 및 재산을 보호**하고 공공의 안녕과 질서유지에 필요한 시책을 수립 · 시행하여야 한다.
경찰의 임무 (제3조)	경찰의 임무는 다음 각 호와 같다. 1. 국민의 생명 · 신체 및 재산의 보호 2. 범죄의 예방 · 진압 및 수사 3. 범죄피해자 보호 4. 경비 · 요인경호 및 대간첩 · 대테러 작전 수행 5. 공공안녕에 대한 위험의 예방과 대응을 위한 **정보의 수집 · 작성 및 배포** 6. 교통의 단속과 위해의 방지 7. 외국 정부기관 및 국제기구와의 국제협력 8. 그 밖에 공공의 안녕과 질서유지
경찰의 사무 (제4조)	① 경찰의 사무는 다음 각 호와 같이 구분한다. 　1. **국가경찰사무**: 제3조에서 정한 경찰의 임무를 수행하기 위한 사무. 다만, 제2호의 자치경찰사무는 제외한다. 　2. **자치경찰사무**: 제3조에서 정한 경찰의 임무 범위에서 **관할 지역의** 생활안전 · 교통 · 경비 · 수사 등에 관한 다음 각 목의 사무 　　가. 지역 내 주민의 생활안전 활동에 관한 사무 　　　1) 생활안전을 위한 순찰 및 시설의 운영 　　　2) 주민참여 방범활동의 지원 및 지도 　　　3) 안전사고 및 재해 · 재난시 긴급구조지원 　　　4) 아동 · 청소년 · 노인 · 여성 · 장애인 등 사회적 보호가 필요한 사람에 대한 보호 업무 및 가정폭력 · 학교폭력 · 성폭력 등의 예방 　　　5) 주민의 일상생활과 관련된 사회질서의 유지 및 그 위반행위의 지도 · 단속. 다만, 지방자치단체 등 다른 행정청의 사무는 제외한다. 　　　6) 그 밖에 지역주민의 생활안전에 관한 사무 　　나. 지역 내 교통활동에 관한 사무 　　　1) 교통법규 위반에 대한 지도 · 단속 　　　2) 교통안전시설 및 무인 교통단속용 장비의 심의 · 설치 · 관리 　　　3) 교통안전에 대한 교육 및 홍보 　　　4) 주민참여 지역 교통활동의 지원 및 지도

	5) 통행 허가, 어린이 통학버스의 신고, 긴급자동차의 지정 신청 등 각종 허가 및 신고에 관한 사무
	6) 그 밖에 지역 내의 교통안전 및 소통에 관한 사무
	다. 지역 내 다중운집 행사 관련 혼잡 교통 및 안전 관리
	라. 다음의 어느 하나에 해당하는 수사사무
	  1) 학교폭력 등 소년범죄
	  2) 가정폭력, 아동학대 범죄
	  3) 교통사고 및 교통 관련 범죄
	  4) 「형법」 제245조에 따른 공연음란 및 「성폭력범죄의 처벌 등에 관한 특례법」 제12조에 따른 성적 목적을 위한 다중이용장소 침입행위에 관한 범죄
	  5) 경범죄 및 기초질서 관련 범죄
	  6) 가출인 및 「실종아동등의 보호 및 지원에 관한 법률」 제2조 제2호에 따른 실종아동등 관련 수색 및 범죄
	② 제1항 제2호 가목부터 다목까지의 자치경찰사무에 관한 구체적인 사항 및 범위 등은 **대통령령으로 정하는 기준에 따라 시·도조례로 정한다.**
	③ 제1항 제2호 라목의 **자치경찰사무에 관한 구체적인 사항 및 범위 등은** 대통령령으로 정한다.

권한남용의 금지 (제5조)	경찰은 그 직무를 수행할 때 **헌법과 법률**에 따라 국민의 자유와 권리 및 모든 개인이 가지는 불가침의 기본적 인권을 보호하고, 국민 전체에 대한 봉사자로서 공정·중립을 지켜야 하며, 부여된 권한을 남용하여서는 아니 된다.
직무수행 (제6조)	① 경찰공무원은 **상관의 지휘·감독을 받아 직무를 수행**하고, 그 직무수행에 관하여 서로 협력하여야 한다. ② 경찰공무원은 구체적 사건수사와 관련된 제1항의 지휘·감독의 적법성 또는 정당성에 대하여 이견이 있을 때에는 이의를 제기할 수 있다. ③ 경찰공무원의 직무수행에 필요한 사항은 따로 법률로 정한다.

02 국가경찰위원회 [A급]

국가경찰위원회의 설치 (제7조)	① **국가경찰행정에 관하여 제10조 제1항 각 호의 사항을 심의·의결하기 위하여** 행정안전부에 국가경찰위원회를 둔다. ② 국가경찰위원회는 위원장 1명을 포함한 7명의 위원으로 구성하되, 위원장 및 5명의 위원은 **비상임으로 하고, 1명의 위원은 상임으로 한다.** 12·21. 채용, 21. 법학 ③ 제2항에 따른 위원 중 상임위원은 정무직으로 한다.
국가경찰위원회 위원의 임명 및 결격사유 등 (제8조)	① 위원은 행정안전부장관의 제청으로 **국무총리를 거쳐 대통령이 임명**한다. 12. 채용 ② 행정안전부장관은 위원 임명을 제청할 때 경찰의 정치적 중립이 보장되도록 하여야 한다. ③ 위원 중 2명은 법관의 자격이 있는 사람이어야 한다. 12·21. 채용, 21. 법학 ④ 위원은 특정 성(性)이 10분의 6을 초과하지 아니하도록 노력하여야 한다. 21. 법학

	⑤ 다음 각 호의 어느 하나에 해당하는 사람은 **위원이 될 수 없다**. 위원이 각 호의 어느 하나에 해당한 경우에는 **당연퇴직한다**. 1. **정당의 당원**이거나 **당적을 이탈한 날부터 3년**이 지나지 아니한 사람 17. 채용, 12. 경간 2. **선거에 의하여 취임하는 공직**에 있거나 그 공직에서 **퇴직한 날부터 3년**이 지나지 아니한 사람 3. **경찰, 검찰, 국가정보원 직원 또는 군인**의 직에 있거나 그 직에서 **퇴직한 날부터 3년**이 지나지 아니한 사람 17. 채용, 12. 경간 4. 「**국가공무원법**」 제33조 각 호의 어느 하나에 해당하는 사람. 다만, 「국가공무원법」 제33조 제2호 및 제5호에 해당하는 경우에는 같은 법 제69조 제1호 단서에 따른다. ⑥ 위원에 대하여는 「국가공무원법」 제60조(비밀 엄수의 의무) 및 제65조(정치 운동의 금지)를 준용한다.
국가경찰위원회 위원의 임기 및 신분보장 (제9조)	① **위원의 임기는 3년**으로 하며, **연임할 수 없다**. 이 경우 보궐위원의 임기는 전임자 임기의 남은 기간으로 한다. ② 위원은 중대한 신체상 또는 정신상의 장애로 직무를 수행할 수 없게 된 경우를 제외하고는 그 의사에 반하여 면직되지 아니한다. 17. 채용, 12. 경간
국가경찰위원회의 심의 · 의결 사항 등 (제10조)	① 다음 각 호의 사항은 국가경찰위원회의 심의 · 의결을 거쳐야 한다. 1. 국가경찰사무에 관한 인사, 예산, 장비, 통신 등에 관한 주요정책 및 경찰 업무 발전에 관한 사항 2. 국가경찰사무에 관한 인권보호와 관련되는 경찰의 운영 · 개선에 관한 사항 3. 국가경찰사무 담당 공무원의 부패 방지와 청렴도 향상에 관한 주요 정책사항 4. **국가경찰사무 외에 다른 국가기관으로부터의 업무협조 요청에 관한 사항** 12. 채용, 21. 승진 5. 제주특별자치도의 자치경찰에 대한 경찰의 지원 · 협조 및 협약체결의 조정 등에 관한 주요 정책사항 6. 제18조에 따른 시 · 도자치경찰위원회 위원 추천, 자치경찰사무에 대한 주요 **법령 · 정책** 등에 관한 사항, 제25조 제4항에 따른 시 · 도자치경찰위원회 의결에 대한 재의 요구에 관한 사항 7. 제2조에 따른 시책 수립에 관한 사항 8. 제32조에 따른 **비상사태 등 전국적 치안유지를 위한 경찰청장의 지휘 · 명령**에 관한 사항 9. 그 밖에 행정안전부장관 및 경찰청장이 중요하다고 인정하여 국가경찰위원회의 회의에 부친 사항 ② 행정안전부장관은 제1항에 따라 **심의 · 의결된 내용이 적정하지 아니하다고 판단할 때에는 재의를 요구할 수 있다.** 12. 채용, 21. 법학
국가경찰위원회의 운영 등 (제11조)	① **국가경찰위원회의 사무는 경찰청에서 수행한다.** ② 국가경찰위원회의 회의는 **재적위원 과반수의 출석과 출석위원 과반수의 찬성**으로 의결한다. 17. 채용, 12. 경간 ③ 이 법에 규정된 것 외에 국가경찰위원회의 운영 및 제10조 제1항 각 호에 따른 **심의 · 의결 사항의 구체적 범위, 재의 요구 등에 필요한 사항은 대통령령**으로 정한다.

⊕ PLUS 국가경찰위원회규정(대통령령) [시행 2023.4.18.] A급

목적 (제1조)	이 영은 국가경찰과 자치경찰의 조직 및 운영에 관한 법률(이하 "법"이라 한다) 제11조 제3항에 따라 국가경찰위원회(이하 "위원회"라 한다)의 운영 등에 관하여 필요한 사항을 규정함을 목적으로 한다.
위원장 (제2조)	① 위원장은 위원회를 대표하며, 위원회의 사무를 총괄한다. ② 위원장은 비상임위원 중에서 호선한다. ③ 위원장이 사고가 있을 때에는 상임위원, 위원 중 연장자순으로 위원장의 직무를 대리한다.
위원의 예우 등 (제3조)	① 위원 중 상임이 아닌 위원에게는 예산의 범위 안에서 수당과 여비를 지급할 수 있다. ② 상임위원은 정무직으로 한다.
위원의 면직 (제4조)	① 법 제9조 제2항의 규정에 의하여 위원이 중대한 심신상의 장애로 직무를 수행할 수 없게 되어 면직하는 경우에는 위원회의 의결이 있어야 한다. 21. 법학 ② 제1항의 의결요구는 위원장 또는 행정안전부장관이 한다.

심의·의결사항의
구체적 범위
(제5조)
	① 법 제10조 제1항 제1호의 범위는 다음과 같다.
	
	  1. 경찰청 소관 법령과 행정규칙의 제정·개정 및 폐지에 관한 사항
	  2. 경찰공무원의 채용·승진 등 인사운영 기준에 관한 사항
	  3. 경찰공무원에 대한 교육 및 복지 증진에 관한 사항
	  4. 경찰복제 및 경찰장비에 관한 사항
	  5. 경찰정보통신 개발 및 운영에 관한 사항
	  6. 경찰조직 및 예산 편성 등에 관한 사항
	  7. 경찰 중·장기 발전계획에 관한 사항
	  8. 그밖에 위원회가 경찰 주요정책 및 경찰 업무 발전에 필요하다고 인정하는 사항
	
	② 법 제10조 제1항 제2호의 범위는 다음 각 호와 같다.
	
	  1. 국민의 권리·의무와 직접 관계되는 경찰행정 및 수사절차
	  2. 경찰행정과 관련되는 과태료·범칙금 기타 벌칙에 관한 사항
	  3. 경찰행정과 관련되는 국민의 부담에 관한 사항

재의요구 (제6조)	① 법 제10조 제2항에 따라 행정안전부장관이 재의를 요구하는 경우에는 의결한 날부터 10일 이내에 재의요구서를 위원회에 제출하여야 한다. ② 위원장은 재의요구가 있는 경우에는 그 요구를 받은 날부터 7일 이내에 회의를 소집하여 다시 의결하여야 한다.
회의 (제7조)	① 위원회의 회의는 정기회의와 임시회의로 구분한다. ② 정기회의는 특별한 사유가 있는 경우를 제외하고는 매월 2회 위원장이 소집한다. ③ 위원장은 필요한 경우 임시회의를 소집할 수 있으며, 위원 3인 이상과 행정안전부장관 또는 경찰청장은 위원장에게 임시회의의 소집을 요구할 수 있다. 21. 승진 ④ 제3항의 규정에 의한 임시회의소집 요구가 있는 경우에는 위원장은 특별한 사유가 없는 한 회의를 소집하여야 한다.

간사
(제8조)
	① 위원회에 간사 1명을 두되, 간사는 경찰청 소속 과장급 경찰공무원 중에서 경찰청장이 지명한다.
	② 간사는 위원장의 명을 받아 다음 사항을 처리한다.
	
	  1. 의안의 작성
	  2. 회의진행에 필요한 준비
	  3. 회의록 작성과 보관
	  4. 기타 위원회의 사무

의견청취 등 (제9조)	① 위원장은 위원회의 심의를 위하여 필요한 경우에는 관계공무원 또는 관계전문가의 출석·발언이나 자료의 제출을 요구할 수 있다. ② 위원장은 위원회의 심의를 위하여 필요한 경우에는 관계 경찰공무원에게 필요한 사항의 보고를 요구할 수 있으며, 그 관계 경찰공무원은 성실히 이에 응하여야 한다. ③ 위원회에 출석한 관계공무원 또는 관계전문가에 대하여는 예산의 범위 안에서 수당과 여비를 지급할 수 있다. 다만, 공무원이 그 소관업무와 직접적으로 관련되어 출석하는 경우에는 그러하지 아니한다.
운영세칙 (제11조)	이 영에 규정된 사항 외에 위원회의 운영을 위하여 필요한 사항은 위원회의 의결을 거쳐 위원장이 정한다. 21. 승진

03 경찰청장 및 국가수사본부장 [A급]

경찰의 조직 (제12조)	치안에 관한 사무를 관장하게 하기 위하여 행정안전부장관 소속으로 경찰청을 둔다. 15. 채용
경찰사무의 지역적 분장기관 (제13조)	경찰의 사무를 지역적으로 분담하여 수행하게 하기 위하여 특별시·광역시·특별자치시·도·특별자치도("시·도")에 시·도경찰청을 두고, 시·도경찰청장 소속으로 경찰서를 둔다. 15·19. 채용 이 경우 인구, 행정구역, 면적, 지리적 특성, 교통 및 그 밖의 조건을 고려하여 시·도에 2개의 시·도경찰청을 둘 수 있다.
경찰청장 (제14조)	① 경찰청에 경찰청장을 두며, 경찰청장은 치안총감으로 보한다. ② 경찰청장은 국가경찰위원회의 동의를 받아 행정안전부장관의 제청으로 국무총리를 거쳐 대통령이 임명한다. 이 경우 국회의 인사청문을 거쳐야 한다. 15. 채용, 14. 경간 ③ 경찰청장은 국가경찰사무를 총괄하고 경찰청 업무를 관장하며 소속 공무원 및 각급 경찰기관의 장을 지휘·감독한다. 15. 채용 ④ 경찰청장의 임기는 2년으로 하고, 중임할 수 없다. 15·20. 채용 ⑤ 경찰청장이 직무를 집행하면서 헌법이나 법률을 위배하였을 때에는 국회는 탄핵 소추를 의결할 수 있다. 15·20. 채용 ⑥ 경찰청장은 경찰의 수사에 관한 사무의 경우에는 개별 사건의 수사에 대하여 구체적으로 지휘·감독할 수 없다. 다만, 국민의 생명·신체·재산 또는 공공의 안전 등에 중대한 위험을 초래하는 긴급하고 중요한 사건의 수사에 있어서 경찰의 자원을 대규모로 동원하는 등 통합적으로 현장 대응할 필요가 있다고 판단할 만한 상당한 이유가 있는 때에는 제16조에 따른 국가수사본부장을 통하여 개별 사건의 수사에 대하여 구체적으로 지휘·감독할 수 있다. ⑦ 경찰청장은 제6항 단서에 따라 개별 사건의 수사에 대한 구체적 지휘·감독을 개시한 때에는 이를 국가경찰위원회에 보고하여야 한다. ⑧ 경찰청장은 제6항 단서의 사유가 해소된 경우에는 개별 사건의 수사에 대한 구체적 지휘·감독을 중단하여야 한다. ⑨ 경찰청장은 제16조에 따른 국가수사본부장이 제6항 단서의 사유가 해소되었다고 판단하여 개별 사건의 수사에 대한 구체적 지휘·감독의 중단을 건의하는 경우 특별한 이유가 없는 한 이를 승인하여야 한다. ⑩ 제6항 단서에서 규정하는 긴급하고 중요한 사건의 범위 등 필요한 사항은 대통령령으로 정한다.

경찰청 차장 (제15조)	① 경찰청에 차장을 두며, **차장은 치안정감으로 보한다.** ② 차장은 경찰청장을 보좌하며, 경찰청장이 부득이한 사유로 직무를 수행할 수 없을 때에는 그 직무를 대행한다(협의의 법정대리).

국가수사본부장
(제16조)
	① 경찰청에 국가수사본부를 두며, 국가수사본부장은 치안정감으로 보한다.
	② 국가수사본부장은 「형사소송법」에 따른 경찰의 수사에 관하여 각 시·도경찰청장과 경찰서장 및 수사부서 소속 공무원을 지휘·감독한다.
	③ 국가수사본부장의 **임기는 2년**으로 하며, **중임할 수 없다.**
	④ 국가수사본부장은 임기가 끝나면 당연히 퇴직한다.
	⑤ 국가수사본부장이 직무를 집행하면서 헌법이나 법률을 위배하였을 때에는 국회는 탄핵 소추를 의결할 수 있다.
	⑥ 국가수사본부장을 경찰청 외부를 대상으로 모집하여 임용할 필요가 있는 때에는 다음 각 호의 자격을 갖춘 사람 중에서 임용한다.
	
	  1. 10년 이상 **수사업무에 종사한 사람** 중에서 「국가공무원법」 제2조의2에 따른 고위공무원단에 속하는 공무원, 3급 이상 공무원 또는 총경 이상 경찰공무원으로 재직한 경력이 있는 사람
	  2. 판사·검사 또는 변호사의 직에 10년 이상 있었던 사람
	  3. 변호사 자격이 있는 사람으로서 국가기관, 지방자치단체, 「공공기관의 운영에 관한 법률」 제4조에 따른 **공공기관**("국가기관등")에서 **법률에 관한 사무에 10년 이상 종사한 경력이** 있는 사람
	  4. **대학이나 공인된 연구기관**에서 **법률학·경찰학** 분야에서 조교수 이상의 직이나 이에 상당하는 직에 10년 이상 있었던 사람
	  5. 제1호부터 제4호까지의 **경력 기간의 합산이 15년 이상인 사람**
	
	⑦ 국가수사본부장을 **경찰청 외부를 대상으로 모집하여 임용하는 경우** 다음 각 호의 어느 하나에 해당하는 사람은 **국가수사본부장이 될 수 없다.**
	
	  1. 「경찰공무원법」 제8조 제2항 각 호의 결격사유에 해당하는 사람
	  2. 정당의 당원이거나 **당적을 이탈한 날부터 3년이 지나지 아니한 사람**
	  3. 선거에 의하여 취임하는 공직에 있거나 그 공직에서 **퇴직한 날부터 3년이 지나지 아니한 사람**
	  4. 제6항 제1호에 해당하는 공무원 또는 제6항 제2호의 판사·검사의 직에서 퇴직한 날로부터 1년이 지나지 아니한 사람
	  5. 제6항 제3호에 해당하는 사람으로서 국가기관등에서 퇴직한 날로부터 1년이 지나지 아니한 사람

하부조직 (제17조)	① 경찰청의 하부조직은 **국·부 또는 과**로 한다. ② 경찰청장·차장·국가수사본부장·국장 또는 부장 밑에 정책의 기획이나 계획의 입안 및 연구·조사를 통하여 그를 직접 보좌하는 담당관을 둘 수 있다. ③ 경찰청의 하부조직의 명칭 및 분장 사무와 공무원의 정원은 「정부조직법」 제2조 제4항 및 제5항을 준용하여 **대통령령 또는 행정안전부령으로 정한다.**

04 시 · 도자치경찰위원회 (A급)

시 · 도자치경찰 위원회의 설치 (제18조)	① 자치경찰사무를 관장하게 하기 위하여 시 · 도지사 소속으로 **시 · 도자치경찰위원회를 둔다.** 다만, 제13조 후단에 따라 시 · 도에 2개의 시 · 도경찰청을 두는 경우 시 · 도지사 소속으로 2개의 시 · 도자치경찰위원회를 둘 수 있다. ② 시 · 도자치경찰위원회는 합의제 행정기관으로서 그 권한에 속하는 **업무를 독립적으로** 수행한다. ③ 제1항 단서에 따라 2개의 시 · 도자치경찰위원회를 두는 경우 해당 시 · 도자치경찰위원회의 명칭, 관할구역, 사무분장, 그 밖에 필요한 사항은 **대통령령으로** 정한다.
구성 (제19조)	① 시 · 도자치경찰위원회는 **위원장 1명을 포함한 7명의 위원으로** 구성하되, 위원장과 1명의 위원은 상임으로 하고, 5명의 위원은 비상임으로 한다. 22. 경간 ② 위원은 특정 **성(性)이 10분의 6을 초과하지 아니하도록** 노력하여야 한다. ③ 위원 중 1명은 인권문제에 관하여 전문적인 지식과 경험이 있는 사람이 임명될 수 있도록 노력하여야 한다. 22. 경간

위원의 임명
및 결격사유
(제20조)
	① **시 · 도자치경찰위원회 위원은** 다음 각 호의 사람을 시 · 도지사가 임명한다. 21. 채용
	
	   1. 시 · 도의회가 추천하는 **2명**
	   2. 국가경찰위원회가 추천하는 **1명**
	   3. 해당 시 · 도 교육감이 추천하는 **1명**
	   4. **시 · 도자치경찰위원회** 위원추천위원회가 추천하는 **2명**
	   5. 시 · 도지사가 지명하는 **1명**
	
	② **시 · 도자치경찰위원회 위원은** 다음 각 호의 어느 하나에 해당하는 **자격을** 갖추어야 한다.
	
	   1. 판사 · 검사 · 변호사 또는 경찰의 직에 5년 이상 있었던 사람
	   2. 변호사 자격이 있는 사람으로서 국가기관등에서 법률에 관한 사무에 5년 이상 종사한 경력이 있는 사람
	   3. 대학이나 공인된 연구기관에서 법률학 · 행정학 또는 경찰학 분야의 조교수 이상의 직이나 이에 상당하는 직에 5년 이상 있었던 사람
	   4. 그밖에 지역주민 중에서 지방자치행정 또는 경찰행정 등의 분야에 경험이 풍부하고 학식과 덕망을 갖춘 사람
	
	③ 시 · 도자치경찰위원회 **위원장은** 위원 중에서 시 · 도지사가 **임명하고,** 상임위원은 시 · 도자치경찰위원회의 의결을 거쳐 위원 중에서 위원장의 제청으로 시 · 도지사가 임명한다. 이 경우 위원장과 상임위원은 지방자치단체의 공무원으로 한다.
	④ 위원은 정치적 중립을 지켜야 하며, 권한을 남용하여서는 아니 된다.
	⑤ 공무원이 아닌 위원에 대하여는 「지방공무원법」 제52조, 제57조를 준용한다.
	⑥ 공무원이 아닌 위원은 그 소관사무와 관련하여 형법이나 그 밖의 법률에 따른 벌칙을 적용할 때에는 공무원으로 본다.
	⑦ 다음 각 호의 어느 하나에 해당하는 사람은 **위원이 될 수 없다.** 위원이 각 호의 어느 하나에 해당한 경우에는 **당연퇴직한다.**
	
	   1. 정당의 당원이거나 당적을 이탈한 날부터 3년이 지나지 아니한 사람
	   2. 선거에 의하여 취임하는 공직에 있거나 그 **공직에서 퇴직한 날부터 3년이 지나지 아니한** 사람

	3. 경찰, 검찰, 국가정보원 직원 또는 군인의 직에 있거나 그 직에서 **퇴직한 날부터 3년이 지나지 아니한 사람** 4. 국가 및 지방자치단체의 공무원(국립 또는 공립대학의 조교수 이상의 직에 있는 사람은 제외한다.)이거나 **공무원이었던 사람으로서 퇴직한 날부터 3년이 지나지 아니한 사람**. 다만, 제20조 제3항 후단에 따라 위원장과 상임위원이 지방자치단체의 공무원이 된 경우에는 당연퇴직하지 아니한다. 5. 「지방공무원법」 제31조 각 호의 어느 하나에 해당하는 사람. 다만, 「지방공무원법」 제31조 제2호 및 제5호에 해당하는 경우에는 같은 법 제61조 제1호 단서에 따른다. ⑧ 그 밖에 위원의 임명방법 등에 관하여 필요한 사항은 대통령령으로 정하는 기준에 따라 시·도조례로 정한다.
위원추천위원회 (제21조)	① 시·도자치경찰위원회 위원 추천을 위하여 **시·도지사 소속으로 시·도자치경찰위원회 위원추천위원회**를 둔다. ② 시·도지사는 시·도자치경찰위원회 위원추천위원회에 각계각층의 관할 지역주민의 의견이 수렴될 수 있도록 위원을 구성하여야 한다. ③ 시·도자치경찰위원회 위원추천위원회 위원의 수, 자격, 구성, 위원회 운영 등에 관하여 필요한 사항은 대통령령으로 정한다.
위원장의 직무 (제22조)	① 시·도자치경찰위원회 위원장은 시·도자치경찰위원회를 대표하고 회의를 주재하며 시·도자치경찰위원회의 의결을 거쳐 업무를 수행한다. ② 시·도자치경찰위원회 위원장이 부득이한 사유로 직무를 수행할 수 없을 때에는 **상임위원**, 시·도자치경찰위원회 위원 중 **연장자순**으로 그 직무를 대행한다.
위원의 임기 및 신분보장 (제23조)	① 시·도자치경찰위원회 **위원장과 위원의 임기는 3년**으로 하며, 연임할 수 없다. 22. 경간 ② 보궐위원의 임기는 전임자 임기의 남은 기간으로 하되, **전임자의 남은 임기가 1년 미만인 경우 그 보궐위원은 제1항에도 불구하고 1회에 한하여 연임할 수 있다.** ③ 위원은 **중대한 신체상 또는 정신상의 장애**로 직무를 수행할 수 없게 된 경우를 제외하고는 그 의사에 반하여 면직되지 아니한다.
소관사무 (제24조)	① 시·도자치경찰위원회의 소관 사무는 다음 각 호로 한다. 1. 자치경찰사무에 관한 목표의 수립 및 평가 2. 자치경찰사무에 관한 인사, 예산, 장비, 통신 등에 관한 주요정책 및 그 운영지원 3. 자치경찰사무 담당 공무원의 임용, 평가 및 인사위원회 운영 4. 자치경찰사무 담당 공무원의 부패 방지와 청렴도 향상에 관한 주요 정책 및 인권침해 또는 권한남용 소지가 있는 규칙, 제도, 정책, 관행 등의 개선 5. 제2조에 따른 시책 수립 6. 제28조 제2항에 따른 시·도경찰청장의 임용과 관련한 경찰청장과의 협의, 제30조 제4항에 따른 평가 및 결과 통보 7. 자치경찰사무 감사 및 감사의뢰 8. 자치경찰사무 담당 공무원의 주요 비위사건에 대한 감찰요구 9. 자치경찰사무 담당 공무원에 대한 징계요구 10. 자치경찰사무 담당 공무원의 고충심사 및 사기진작 11. 자치경찰사무와 관련된 중요사건·사고 및 현안의 점검 12. 자치경찰사무에 관한 규칙의 제정·개정 또는 폐지 13. 지방행정과 치안행정의 업무조정과 그 밖에 필요한 협의·조정

	14. 제32조에 따른 비상사태 등 전국적 치안유지를 위한 경찰청장의 지휘·명령에 관한 사무 15. 국가경찰사무·자치경찰사무의 협력·조정과 관련하여 경찰청장과 협의 16. 국가경찰위원회에 대한 심의·조정 요청 17. 그 밖에 시·도지사, 시·도경찰청장이 중요하다고 인정하여 시·도자치경찰위원회의 회의에 부친 사항에 대한 심의·의결 ② 시·도자치경찰위원회의 업무와 관련하여 시·도지사는 정치적 목적이나 개인적 이익을 위해 관여하여서는 아니 된다.
심의·의결사항 등 (제25조)	① 시·도자치경찰위원회는 제24조의 사무에 대하여 심의·의결한다. ② 시·도자치경찰위원회의 회의는 **재적위원 과반수의 출석과 출석위원 과반수의 찬성**으로 의결한다. ③ 시·도지사는 제1항에 관한 시·도자치경찰위원회의 **의결이 적정하지 아니하다고** 판단할 때에는 재의를 요구할 수 있다. ④ 위원회의 의결이 **법령에 위반되거나 공익을 현저히 해친다고** 판단되면 행정안전부장관은 미리 경찰청장의 의견을 들어 국가경찰위원회를 거쳐 시·도지사에게 제3항의 재의를 요구하게 할 수 있고, 경찰청장은 국가경찰위원회와 행정안전부장관을 거쳐 시·도지사에게 재의를 요구하게 할 수 있다. ⑤ 시·도자치경찰위원회의 **위원장은 재의요구를 받은 날부터 7일 이내에** 회의를 소집하여 재의결하여야 한다. 이 경우 재적위원 과반수의 출석과 출석위원 3분의 2 이상의 찬성으로 전과 같은 의결을 하면 그 의결사항은 확정된다.
운영 등 (제26조)	① 시·도자치경찰위원회의 **회의는 정기적으로 개최하여야 한다.** 다만, **위원장이 필요**하다고 인정하는 경우, 위원 2인 이상이 요구하는 경우 및 시·도지사가 필요하다고 인정하는 경우에는 **임시회의**를 개최할 수 있다. ② 시·도자치경찰위원회는 회의 안건과 관련된 **이해관계인이 있는 경우** 그 의견을 듣거나 **회의에 참석하게 할 수 있다.** ③ 시·도자치경찰위원회의 위원회의 위원 중 공무원이 아닌 위원에게는 예산의 범위 안에서 **직무활동에 필요한 비용 등을 지급할 수 있다.** ④ 그 밖에 시·도자치경찰위원회의 운영 등에 필요한 사항은 대통령령으로 정하는 기준에 따라 시·도조례로 정한다.
사무기구 (제27조)	① 시·도자치경찰위원회의 사무를 처리하기 위하여 **위원회에 필요한 사무기구를 둔다.** ② **사무기구에는 「지방자치단체에 두는 국가공무원의 정원에 관한 법률」**에도 불구하고 **대통령령으로 정하는 바에 따라 경찰공무원을 두어야 한다.** ③ 제주특별자치도에는 「제주특별자치도 설치 및 국제자유도시 조성을 위한 특별법」 제44조 제3항에도 불구하고 같은 법 제6조 제1항 단서에 따라 이 법 제27조 제2항을 우선하여 적용한다. ④ 사무기구의 조직·정원·운영 등에 관하여 필요한 사항은 대통령령으로 정하는 기준에 따라 시·도조례로 정한다.

05 시·도경찰청 및 경찰서 등 [A급]

시·도경찰청장 (제28조)	① 시·도경찰청에 시·도경찰청장을 두며, **시·도경찰청장은 치안정감·치안감** 또는 경무관으로 보한다. ② 「경찰공무원법」 제7조에도 불구하고 **시·도경찰청장은 경찰청장이 시·도자치경찰위원회와 협의하여 추천한 사람** 중에서 행정안전부장관의 제청으로 **국무총리를 거쳐 대통령이 임용한다.** ③ 시·도경찰청장은 국가경찰사무에 대해서는 경찰청장의 **지휘·감독을,** 자치경찰사무에 대해서는 시·도자치경찰위원회의 **지휘·감독을 받아** 관할구역의 소관 사무를 관장하고 소속 공무원 및 소속 경찰기관의 장을 지휘·감독한다. 다만, 수사에 관한 사무에 대해서는 국가수사본부장의 **지휘·감독을 받아** 관할구역의 소관 사무를 관장하고 소속 공무원 및 소속 경찰기관의 장을 지휘·감독한다. ④ 제3항 본문의 경우 시·도자치경찰위원회는 자치경찰사무에 대해 심의·의결을 통하여 시·도경찰청장을 지휘·감독한다. 다만, 시·도자치경찰위원회가 심의·의결할 시간적 여유가 없거나 심의·의결이 곤란한 경우 대통령령으로 정하는 바에 따라 시·도자치경찰위원회의 지휘·감독권을 시·도경찰청장에게 위임한 것으로 본다.
시·도경찰청 차장 (제29조)	① 시·도경찰청에 차장을 둘 수 있다. ② 차장은 시·도경찰청장을 보좌하여 소관 사무를 처리하고 시·도경찰청장이 부득이한 사유로 직무를 수행할 수 없을 때에는 그 직무를 대행한다.
경찰서장 (제30조)	① 경찰서에 경찰서장을 두며, **경찰서장은 경무관, 총경 또는 경정으로 보한다.** ② 경찰서장은 시·도경찰청장의 지휘·감독을 받아 관할구역의 소관 사무를 관장하고 소속 공무원을 지휘·감독한다. ③ 경찰서장 소속으로 **지구대 또는 파출소를 두고,** 그 설치기준은 치안수요·교통·지리 등 관할구역의 특성을 고려하여 행정안전부령으로 **정한다.** 다만, 필요한 경우에는 출장소를 둘 수 있다. ④ **시·도자치경찰위원회는** 정기적으로 경찰서장의 자치경찰사무 수행에 관한 평가결과를 경찰청장에게 통보하여야 하며 경찰청장은 이를 반영하여야 한다.
직제 (제31조)	시·도경찰청 및 경찰서의 명칭, 위치, 관할구역, 하부조직, 공무원의 정원, 그밖에 필요한 사항은 「정부조직법」 제2조 제4항 및 제5항을 준용하여 **대통령령 또는 행정안전부령으로 정한다.**

06 비상사태 등 전국적 치안유지를 위한 경찰청장의 지휘·명령(제32조) [A급]

① **경찰청장은** 다음 각 호의 경우에는 제2항에 따라 자치경찰사무를 수행하는 경찰공무원(제주특별자치도의 자치경찰공무원을 포함한다)을 **직접 지휘·명령할 수 있다.** 20. 채용

1. 전시·사변, 천재지변, 그밖에 이에 준하는 국가 비상사태, 대규모의 테러 또는 소요사태가 발생하였거나 발생할 우려가 있어 **전국적인 치안유지를** 위하여 **긴급한 조치가 필요**하다고 인정할 만한 충분한 사유가 있는 경우
2. **국민안전에 중대한 영향을** 미치는 사안에 대하여 **다수의 시·도에 동일하게 적용되는 치안정책을 시행**할 필요가 있다고 인정할 만한 충분한 사유가 있는 경우

3. **자치경찰사무와 관련하여** 해당 시·도의 경찰력으로는 국민의 생명·신체·재산의 보호 및 공공의 안녕과 질서유지가 어려워 **경찰청장의 지원·조정이 필요**하다고 인정할 만한 충분한 사유가 있는 경우

② 경찰청장은 제1항에 따른 조치가 필요한 경우에는 시·도자치경찰위원회에 **자치경찰사무를 담당하는 경찰공무원을 직접 지휘·명령**하려는 사유 및 내용 등을 구체적으로 제시하여 통보하여야 한다.
③ 제2항에 따른 통보를 받은 시·도자치경찰위원회는 정당한 사유가 없으면 즉시 자치경찰사무를 담당하는 경찰공무원에게 경찰청장의 지휘·명령을 받을 것을 명하여야 하며, 제1항에 규정된 사유에 해당하지 아니한다고 인정하면 시·도자치경찰위원회의 의결을 거쳐 경찰청장에게 그 지휘·명령의 중단을 요청할 수 있다.
④ 경찰청장이 제1항에 따라 지휘·명령을 하는 경우에는 국가경찰위원회에 즉시 **보고**하여야 한다. 다만, 제1항 제3호의 경우에는 미리 국가경찰위원회의 의결을 거쳐야 하며 긴급한 경우에는 우선 조치 후 지체 없이 국가경찰위원회의 의결을 거쳐야 한다.
⑤ 제4항에 따라 보고를 받은 국가경찰위원회는 제1항에 규정된 사유에 해당하지 아니한다고 인정하면 그 지휘·명령을 중단할 것을 의결하여 경찰청장에게 **통보**할 수 있다.
⑥ 경찰청장은 제1항에 따라 지휘·명령할 수 있는 사유가 해소된 때에는 경찰공무원에 대한 지휘·명령을 즉시 중단하여야 한다.
⑦ 시·도자치경찰위원회는 제1항 제3호에 해당하는 경우 의결로 지원·조정의 범위·기간 등을 정하여 경찰청장에게 지원·조정을 요청할 수 있다.
⑧ 경찰청장은 제주특별자치도경찰청의 관할구역 내에서 제1항의 지휘·명령권을 제주특별자치도경찰청장에게 위임할 수 있다.

07 치안에 필요한 연구개발의 지원 등(제33조)

① **경찰청장**은 치안에 필요한 연구·실험·조사·기술개발("**연구개발사업**") 및 전문인력 양성 등 **치안분야의 과학기술진흥을 위한 시책**을 마련하여 추진하여야 한다.
② 경찰청장은 연구개발사업을 효율적으로 추진하기 위하여 다음 각 호의 어느 하나에 해당하는 기관 또는 단체 등과 협약을 맺어 **연구개발사업을 실시**하게 할 수 있다.

1. 국공립 연구기관
2. 「특정연구기관 육성법」 제2조에 따른 특정연구기관
3. 「과학기술분야 정부출연연구기관 등의 설립·운영 및 육성에 관한 법률」에 따라 설립된 과학기술분야 정부출연연구기관
4. 「고등교육법」에 따른 대학·산업대학·전문대학 및 기술대학
5. 「민법」이나 다른 법률에 따라 설립된 법인으로서 치안분야 연구기관 또는 법인 부설 연구소
6. 「기업부설연구소 등의 연구개발 지원에 관한 법률」 제7조 제1항에 따라 인정받은 기업부설연구소 또는 연구개발전담부서
7. 그 밖에 대통령령으로 정하는 치안분야 관련 연구·조사·기술개발 등을 수행하는 기관 또는 단체

③ 경찰청장은 제2항 각 호의 기관 또는 단체 등에 대하여 연구개발사업을 실시하는 데 필요한 **경비의 전부 또는 일부를 출연**하거나 **보조**할 수 있다.
④ 제2항에 따른 연구개발사업의 실시와 제3항에 따른 출연금의 지급·사용 및 관리 등에 **필요한 사항은 대통령령**으로 정한다.

08 보칙 C급

자치경찰사무에 대한 재정적 지원 (제34조)	국가는 지방자치단체가 이관받은 사무를 원활히 수행할 수 있도록 인력, 장비 등에 소요되는 비용에 대하여 **재정적 지원**을 하여야 한다.
예산 (제35조)	① 자치경찰사무의 수행에 필요한 예산은 **시·도자치경찰위원회의 심의·의결**을 거쳐 시·도지사가 수립한다. 이 경우 시·도자치경찰위원회는 경찰청장의 의견을 들어야 한다. ② 시·도지사는 자치경찰사무 담당 공무원에게 **조례**에서 정하는 예산의 범위 내에서 재정적 지원 등을 할 수 있다. ③ 시·도의회는 관련 예산의 효율적인 관리를 위해 의결을 통해 자치경찰사무에 대해 시·도자치경찰위원장의 출석 및 자료 제출을 요구할 수 있다.

> **⊕ PLUS** 국가경찰과 자치경찰의 조직 및 운영에 관한 법률 제14조 제10항에 따른 긴급하고 중요한 사건의 범위 등에 관한 규정(대통령령) [시행 2021.1.1.] A급

목적 (제1조)	이 영은 「국가경찰과 자치경찰의 조직 및 운영에 관한 **법률**」(이하 "법"이라 한다) 제14조 제10항에 따라 경찰청장이 구체적으로 지휘·감독할 수 있는 긴급하고 중요한 사건의 범위 등 필요한 사항을 정하는 것을 목적으로 한다.
긴급하고 중요한 사건의 범위 등 (제2조)	① 법 제14조 제6항 단서에 따른 **긴급하고 중요한 사건**은 다음의 어느 하나에 해당하는 사건 및 이와 **직접적인 관련**이 있는 사건으로 한다. 1. **전시·사변** 또는 이에 준하는 국가 비상사태가 발생하거나 발생이 임박하여 **전국적인** 치안유지가 필요한 사건 2. 재난, 테러 등이 발생하여 공공의 안전에 대한 급박한 위해나 **범죄로 인한 피해의 급속한 확산**을 방지하기 위해 신속한 조치가 필요한 사건 3. 국가중요시설 파괴·기능마비, 대규모 집단의 폭행·협박·손괴·방화 등에 대하여 **경찰의 자원**을 대규모로 동원할 필요가 있는 사건 4. **전국 또는 시·도에서 연쇄적·동시다발적**으로 발생하거나 광역화된 범죄에 대하여 집중적인 경찰력 배치, 경찰 각 기능의 종합적 대응 또는 **국가기관·지방자치단체·공공기관과의 공조**가 필요한 사건 ② 경찰청장은 법 제14조 제6항 단서에 따라 개별 사건의 수사에 대해 구체적 지휘·감독을 하려는 경우에는 그 필요성 등을 신중하게 판단해야 한다.
수사지휘의 방식 (제3조)	① 경찰청장은 국가수사본부장에게 개별 사건의 수사에 대한 구체적 지휘를 할 때에는 **서면으로 지휘**해야 한다. ② 제1항에도 불구하고 긴급한 상황 등 서면에 의한 지휘가 불가능하거나 현저히 곤란한 경우에는 **구두나 전화** 등 간편한 방식으로 지휘할 수 있다. 이 경우 **사후에 신속하게 서면으로 지휘내용을 송부**해야 한다.

✓ SUMMARY | 경찰청장과 국가수사본부장 비교 [A급]

구분	경찰청장	국가수사본부장
소속	행정안전부장관 소속	경찰청에 국가수사본부를 둔다.
계급	치안총감	치안정감
임기	2년, 중임할 수 없다.	2년, 중임할 수 없다.
임명	경찰청장은 국가경찰위원회의 동의를 받아 행정안전부장관의 제청으로 국무총리를 거쳐 대통령이 임명한다. ※ 이 경우 국회의 인사청문을 거쳐야 한다.	경찰청 외부를 대상으로 모집·임용시 **임용자격** **10년 이상**: ① 10년 이상 수사업무 고위공무원단 공무원, 3급 이상 공무원, 총경 이상 경찰공무원 ② 판사·검사·변호사 ③ 변호사 국가기관등 종사 ④ 조교수 이상 **15년 이상**: ①~④ 경력 기간 합산 **결격사유** **3년**: ① 정당의 당원, 당적 이탈한 날부터 ② 선거 공직 퇴직한 날부터 **1년**: ① 임용자격 ①에 해당하는 공무원, 판사, 검사에서 퇴직한 날부터 ② 변호사로서 국가기관등에서 퇴직한 날부터
탄핵대상	직무를 집행하면서 「헌법」이나 「법률」을 위배하였을 때 국회는 탄핵의 소추를 의결할 수 있다.	직무를 집행하면서 「헌법」이나 「법률」을 위배하였을 때 국회는 탄핵의 소추를 의결할 수 있다.
필수기관	① 경찰청에 차장 1인을 두며, 차장은 치안정감으로 보한다. ② 차장은 경찰청장을 보좌하며, 경찰청장이 부득이한 사유로 직무를 수행할 수 없을 때에는 그 직무를 대행한다.	
권한	① 각급 국가경찰기관장 지휘·감독한다. ② 비상사태 시 자치경찰 지휘·명령할 수 있다. ③ 개별 사건 수사에 대한 구체적 지휘·감독 – 원칙×, 예외○ 　㉠ 구체적 지휘·감독을 개시한 때 국가경찰위원회에 보고하고 　㉡ 사유가 해소되면 지휘·감독 중단해야 한다. 　㉢ 국가수사본부장이 중단 건의하면 승인해야 한다. 　㉣ 긴급·중요사건의 범위 및 필요한 사항은 대통령령으로 정한다.	「형사소송법」에 따른 경찰의 수사에 관하여 각 시·도경찰청장과 경찰서장 및 수사부서 소속 공무원을 지휘·감독한다.

SUMMARY | 국가경찰위원회와 시·도자치경찰위원회 비교 A급

구분	국가경찰위원회	시·도자치경찰위원회
근거	국가경찰과 자치경찰의 조직 및 운영에 관한 법률	국가경찰과 자치경찰의 조직 및 운영에 관한 법률
운영 근거	대통령령(국가경찰위원회 규정)	대통령령으로 정하는 기준에 따라 시·도조례
소속	행정안전부	시·도지사
성격	합의제 의결기관	합의제 행정기관
위원장	① 비상임위원 중에서 호선 ② 사고시 직무대리: 상임위원 ➡ 연장자	① 위원 중에서 시·도지사가 임명 ➡ 지방자치단체의 공무원 ② 시·도자치경찰위원회의 의결 거쳐 업무수행 ③ 사고시 직무대리: 상임위원 ➡ 연장자

위원의
구성
	① 위원장을 포함한 7인의 위원
	   ㉠ 위원장과 5인 위원은 비상임
	   ㉡ 1인은 상임(정무직)
	② 위원임명: 행정안전부장관 제청 ➡ 국무총리 경유 ➡ 대통령 임명
	③ 위원 중 2명은 법관의 자격이 있어야 한다.
	④ 특정 성별이 10분의 6 초과×
		① 위원장을 포함한 7인의 위원
		   ㉠ 위원장과 1명의 위원은 상임
		      (지방자치단체의 공무원)
		   ㉡ 5명은 비상임
		② 구성
		
		   | 국가경찰위원회 추천 | 1명 |
		   | 해당 시·도교육감 추천 | 1명 |
		   | 시·도지사 지명 | 1명 |
		   | 시·도 의회 추천 | 2명 |
		   | 시·도자치경찰위원회 위원추천위원회 추천 | 2명 |
		
		③ 위원 중 1명은 인권문제 전문지식과 경험 필요
		④ 특정 성별이 10분의 6 초과×

위원의
임명
	행정안전부장관 제청 ➡ 국무총리 ➡ 대통령이 임명	① 시·도지사가 임명
		② 상임위원은 시·도자치경찰위원회의 의결을 거쳐 위원 중에서 위원장의 제청으로 시·도지사가 임명
		③ 위원의 자격
		   ㉠ 판·검·변·경찰 5년 이상
		   ㉡ 변호사 국가기관 종사 5년 이상
		   ㉢ 조교수 이상 5년 이상
		   ㉣ 학식과 덕망을 갖춘 자

위원의 결격사유/ 당연퇴직	① 정당 당원, 당적 이탈한 날부터 3년 경과× ② 선거 공직에 있거나 퇴직한 날부터 3년 경과× ③ 경·검·군인·국가정보원 직에 있거나 퇴직한 날부터 3년 ④ 공무원 결격사유	① 정당의 당원, 당적 이탈한 날부터 3년 경과× ② 선거 공직에 있거나 퇴직한 날부터 3년 경과× ③ 경·검·군인·국가정보원 직에 있거나 퇴직한 날부터 3년 ④ 공무원이거나 퇴직한 날부터 3년 경과× (조교수 이상, 공무원인 위원장과 상임위원 제외)
임기	① 3년, 연임할 수 없다. ② 보궐위원: 전임자의 남은 기간	① 3년, 연임할 수 없다. ② 보궐위원: 전임자의 남은 기간 (잔임기간 1년 미만시 1회 연임 가능)

면직	신체상 또는 정신상의 장애 ➡ 위원장, 행정안전부장관이 위원회에 의결 요구	신체상 또는 정신상의 장애
의결	재적 과반수 출석, 출석 과반수 찬성	재적 과반수 출석, 출석 과반수 찬성
회의	① 정기회의 ➡ 매월 2회 ② 임시회의 요구 ➡ 위원장, 위원 3인 이상, 행정안전부장관, 경찰청장	① 정기회의 ➡ 월 1회(3일 전까지 회의 통지) ② 임시회의 요구 ➡ 위원장, 위원 2인 이상, 시·도지사
재의요구	10일 이내 행정안전부장관의 요구에 따라 ➡ 7일 이내 국가경찰위원회 의결하여야 한다.	① 시·도지사 재의 요구에 따라 ➡ 7일 이내 시·도경찰위원회 의결하여야 한다. **행정안전부장관** / **경찰청장** 경찰청장 의견 들어 / 국가경찰위원회와 ➡ 국가경찰위원회 거쳐 / 행정안전부장관 거쳐 ➡ 시·도지사에게 요구 / ➡ 시·도지사에게 요구 ② 재의결정족수: 재적위원 과반수의 출석, 출석위원 3분의 2 이상 전과 같은 의결하면 확정된다.
운영	① 위원회 사무는 **경찰청**에서 수행 ② 위원회는 간사 1인을 두되, 간사는 **경찰청혁신기획조정담당관**이 된다.	① 회의 안건과 관련된 이해관계인이 있는 경우 그 의견을 듣거나 회의에 참석하게 할 수 있다. ② 공무원이 아닌 위원에게는 예산의 범위 안에서 직무활동에 필요한 비용 등을 지급할 수 있다.

제5절 경찰공무원법

01 경찰공무원법의 목적 및 성격 C급

목적 (제1조)	이 법은 경찰공무원의 책임 및 직무의 중요성과 신분 및 근무조건의 특수성에 비추어 그 **임용, 교육훈련, 복무, 신분보장** 등에 관하여 「**국가공무원법**」에 대한 **특례를 규정**함을 목적으로 한다.
성격	경찰공무원의 경우는 경찰공무원의 책임 및 임무의 중요성과 신분 및 근무조건의 특성에 비추어 그 임용·교육훈련·복무·신분보장 등에 관하여 국가공무원법과는 별도로 **경찰공무원법**을 따로 두어 국가공무원에 관한 특례를 규정하고 있다. 즉, 경찰공무원법과 국가공무원법은 **특별법과 일반법의 관계**이다. 12. 채용 경찰공무원법은 실제로 많은 경우에 국가공무원법을 준용하고 있다.

02 경찰공무원의 분류

1. 계급제 C급

개념	경찰공무원이 가지는 개인의 특성, 즉 학력·경력·자격을 기준으로 하여 유사한 개인적 특성을 가진 공무원을 여러 범주와 집단으로 구분하여 **수직적으로 계층**을 구분하는 것을 말한다.
목적	**직책의 난이도와 보수의 차이**를 두기 위해 계급을 기준으로 분류
분류	순경, 경장, 경사, 경위, 경감, 경정, 총경, 경무관, 치안감, 치안정감, 치안총감

2. 경과 [C급]

개념	경찰업무의 여러 가지 특성에 따라 그에 적합한 경찰관을 모집·채용하고, **능력과 경력을 전문화**시킴으로써 경찰업무의 효율성을 높이기 위한 **수평적 분류**를 말한다.
목적	**직무의 성격(종류)에 따른 분류**로서 개인의 능력·적성·자격 등의 활용
부여시기	① 임용권자(임용권의 위임을 받은 자를 포함한다) 또는 임용제청권자는 경찰공무원을 **신규채용할 때**에 **경과**를 부여하여야 한다. ② **신규채용된 경찰공무원에게는 일반경과를 부여한다.** 다만, 수사, 보안, 항공, 정보통신분야로 채용된 경찰공무원에게는 임용예정 직위의 업무와 관련된 경과를 부여한다.

종류와 대상 21. 법학	종류		직무내용	적용대상
	일반경과		기획·감사·경무·생활안전·교통·경비·작전·정보·외사 기타의 직무로서 수사경과·보안경과 및 특수경과에 속하지 아니하는 직무	**총경 이하**
	수사경과		범죄수사에 관한 직무	경정 이하
	보안경과		보안경찰에 관한 직무	경정 이하
	특수경과	항공경과	경찰항공기의 운영·관리에 관한 직무	**총경 이하**
		정보통신경과	경찰정보통신의 운영·관리에 관한 직무	**총경 이하**

전과	① 전과는 **일반경과에서 수사경과·보안경과 또는 특수경과로 전과**하는 것에 한하여 인정한다. 다만, 정원감축 등 경찰청장이 정하는 사유가 있는 경우 보안경과·수사경과·정보통신경과에서 일반경과로 전과하는 것을 인정할 수 있다.
	② 다음에 해당하는 사람은 **전과를 할 수 없다.**
	   1. 현재 **경과를 부여받고 1년이 지나지 아니한 사람**
	   2. 특정한 직무분야에 **근무할 것을 조건으로 채용된 경찰공무원으로서 채용 후 5년이 지나지 아니한 사람**

03 경찰공무원 임용권자 [A급]

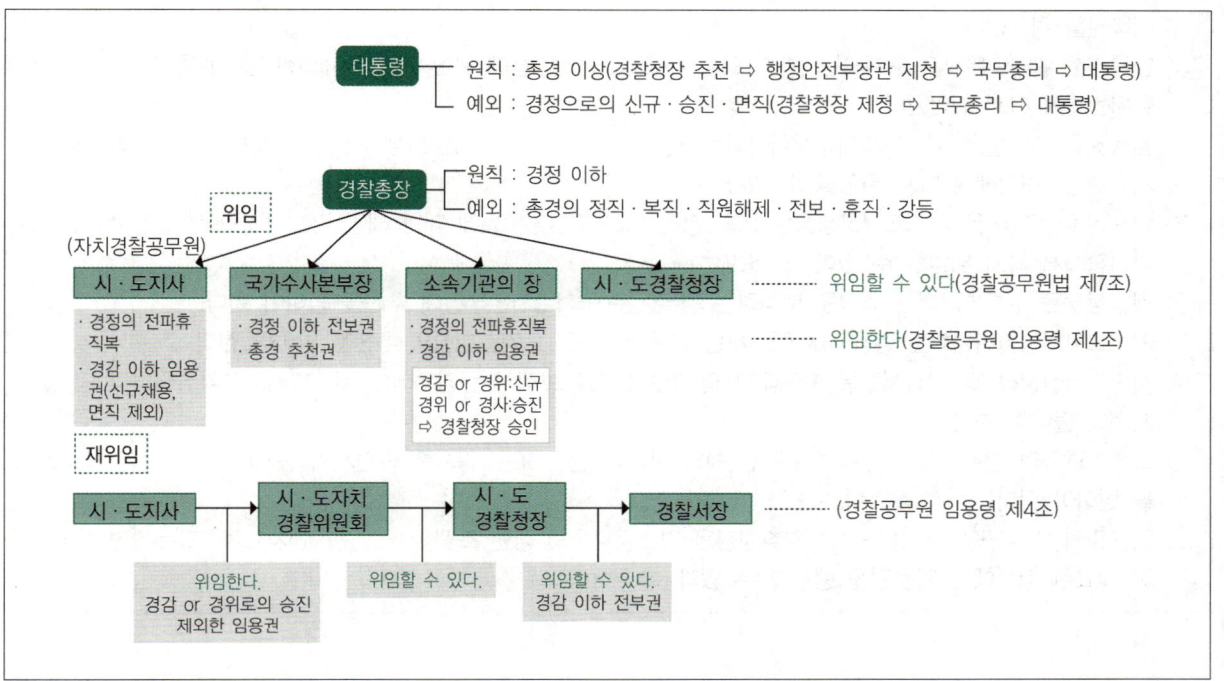

1. 임용권자(경찰공무원법 제7조)

① **총경 이상** 경찰공무원은 **경찰청장** 또는 해양경찰청장의 **추천**을 받아 **행정안전부장관** 또는 해양수산부장관의 **제청**으로 국무총리를 거쳐 **대통령이 임용**한다. 다만, **총경의 전보, 휴직, 직위해제, 강등, 정직 및 복직은 경찰청장** 또는 해양경찰청장이 한다. 14·15. 경간, 14·20. 채용
② **경정 이하의 경찰공무원은 경찰청장** 또는 해양경찰청장이 **임용**한다. 다만, **경정으로의 신규채용, 승진임용 및 면직**은 경찰청장 또는 해양경찰청장의 **제청**으로 국무총리를 거쳐 **대통령**이 한다. 13·14. 채용, 14·15. 경간
③ **경찰청장**은 대통령령으로 정하는 바에 따라 경찰공무원의 **임용**에 관한 권한의 **일부**를 시·도지사, 국가수사본부장, 소속 기관의 장, 시·도경찰청장에게 위임할 수 있다. 이 경우 시·도지사는 위임받은 권한의 **일부**를 대통령령으로 정하는 바에 따라 시·도자치경찰위원회, 시·도경찰청장에게 다시 위임할 수 있다. 15. 경간, 20. 채용

2. 임용권의 위임(경찰공무원 임용령 제4조)

① **경찰청장**은 시·도지사에게 해당 시·도의 **자치경찰사무를 담당하는 경찰공무원**[시·도자치경찰위원회, 시·도경찰청 및 경찰서(지구대 및 파출소는 제외한다)에서 근무하는 경찰공무원을 말한다] 중 **경정의 전보·파견·휴직·직위해제 및 복직에 관한 권한과 경감 이하의 임용권**(신규채용 및 면직에 관한 권한은 제외한다)을 **위임**한다.
② **경찰청장**은 **국가수사본부장**에게 국가수사본부 안에서의 **경정 이하에 대한 전보권**을 위임한다.

③ **경찰청장**은 경찰대학·경찰인재개발원·중앙경찰학교·경찰수사연수원·경찰병원 및 시·도경찰청(소속기관 등)의 장에게 그 소속 경찰공무원 중 경정의 전보·파견·휴직·직위해제 및 복직에 관한 **권한**과 경감 이하의 **임용권**을 위임한다.
④ 임용권을 위임받은 **시·도지사**는 경감 또는 경위로의 승진임용에 관한 권한을 **제외**한 **임용권**을 시·도자치경찰위원회에 **다시 위임**한다.
⑤ 임용권을 위임받은 **시·도자치경찰위원회**는 시·도지사와 시·도경찰청장의 의견을 들어 그 권한의 일부를 시·도경찰청장에게 **다시 위임**할 수 있다.
⑥ 임용권을 위임받은 **시·도경찰청장**은 소속 경감 이하 경찰공무원에 대한 해당 경찰서 안에서의 전보권을 경찰서장에게 **다시 위임**할 수 있다. 19. 경간, 20. 채용
⑦ **경찰청장**은 수사부서에서 **총경**을 보직하는 경우에는 국가수사본부장의 **추천**을 받아야 한다.
⑧ **시·도자치경찰위원회**는 임용권을 행사하는 경우에는 시·도경찰청장의 **추천**을 받아야 한다.
⑨ **시·도경찰청장 및 경찰서장**은 지구대장 및 파출소장을 보직하는 경우에는 시·도자치경찰위원회의 의견을 **사전에** 들어야 한다.
⑩ 소속기관등의 장은 경감 또는 경위를 신규채용하거나 경위 또는 경사를 승진시키려면 **미리 경찰청장의 승인**을 받아야 한다. 14·19. 경간, 20. 채용
⑪ 임용권의 위임규정에도 불구하고 **경찰청장**은 경찰공무원의 정원 조정, 승진임용, 인사교류 또는 파견을 위하여 필요한 경우에는 **임용권을 행사할 수 있다**. 20. 채용

04 경찰공무원 인사위원회 B급

설치	① 경찰공무원의 인사에 관한 중요 사항에 대하여 경찰청장 또는 해양경찰청장의 **자문에 응하**게 하기 위하여 경찰청과 해양경찰청에 경찰공무원인사위원회를 둔다. ② 인사위원회의 구성 및 운영에 필요한 사항은 **대통령령**으로 정한다.
구성 19. 경간	① **위원장을 포함한** 5명 이상 7명 이하의 위원으로 구성한다. 19. 경간 ② 인사위원회의 위원장은 **경찰청 인사담당국장**이 되고, 위원은 경찰청 소속 총경 이상 경찰공무원 중에서 **경찰청장이 각각 임명**한다. 19. 경간 ③ 위원장은 인사위원회를 대표하며, 인사위원회의 사무를 총괄한다. ④ 위원장이 부득이한 사유로 직무를 수행할 수 없는 때에는 위원 중에서 **최상위계급 또는 선임의 경찰공무원이 그 직무를 대행**한다.
심의사항	① 경찰공무원의 인사행정에 관한 **방침**과 **기준** 및 기본**계획** ② 경찰공무원의 인사에 관한 **법령의 제정·개정 또는 폐지**에 관한 사항 ③ 그 밖에 경찰청장 또는 해양경찰청장이 인사위원회의 회의에 부치는 사항 ▶ 경찰공무원의 인사 및 고충에 관한 사항(×) ➡ 고충심사위원회
회의 및 보고	① 위원장은 인사위원회의 회의를 소집하고 그 의장이 된다. ② 회의는 재적위원 과반수의 찬성으로 의결한다. 19. 경간 ③ 위원장은 인사위원회에서 심의된 사항을 지체 없이 경찰청장에게 보고하여야 한다.

05 경찰공무원 근무관계의 변동(성립, 변경, 소멸)

1. 임용의 종류

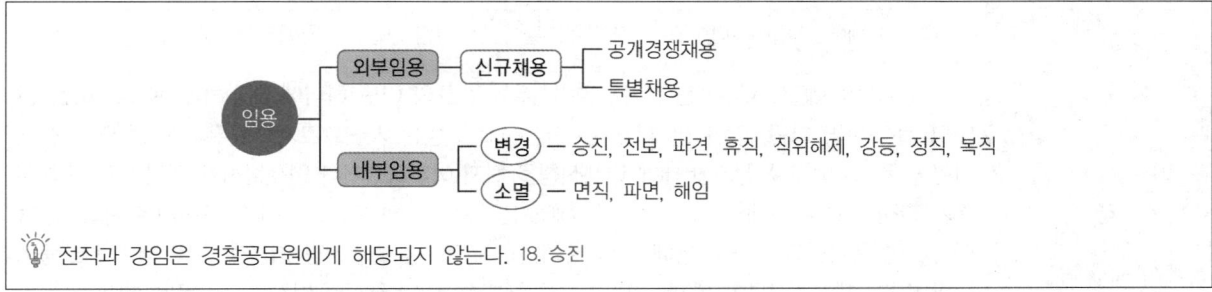

💡 전직과 강임은 경찰공무원에게 해당되지 않는다. 18. 승진

임명	신규채용
임면	신규채용 · 승진임용 · 면직(직권면직 · 의원면직 · 파면 · 해임을 포함)
임용	신규채용 · 승진 · 전보 · 파견 · 휴직 · 직위해제 · 정직 · 강등 · 복직 · 면직 · 해임 및 파면 (징계 중 감봉 · 견책은 임용의 개념에서 제외)

2. 신규채용 임용자격 및 결격사유, 당연퇴직(경찰공무원법) A급 10 · 11 · 12 · 16 · 18 · 20. 채용, 13. 승진

| 임용자격 및 결격사유 (제8조) | ① 경찰공무원은 신체 및 사상이 건전하고 품행이 방정(方正)한 사람 중에서 임용한다.
② 다음 각 호의 어느 하나에 해당하는 사람은 **경찰공무원으로 임용될 수 없다.**

1. 대한민국 국적을 가지지 아니한 사람(경찰공무원에게만 해당)
2. 「국적법」 제11조의2 제1항에 따른 복수국적자(경찰공무원에게만 해당)
3. 피성년후견인 또는 피한정후견인(피한정후견인은 경찰공무원에게만 해당)
4. **파산선고를 받고 복권되지 아니한 사람**
5. **자격정지 이상의 형(刑)을 선고받은 사람**
6. **자격정지 이상의 형의 선고유예를 선고받고 그 유예기간 중에 있는 사람**
7. **공무원으로** 재직기간 중 직무와 관련하여 「형법」 제355조(횡령, 배임) 및 제356조(업무상의 횡령과 배임)에 규정된 죄를 범한 사람으로서 300만원 이상의 벌금형을 선고받고 그 형이 확정된 후 2년이 지나지 아니한 사람
8. 다음 각 목의 어느 하나에 해당하는 죄를 범한 사람으로서 100만원 이상의 벌금형을 선고받고 그 형이 확정된 후 3년이 지나지 아니한 사람 [개정추가]

　가. 「성폭력범죄의 처벌 등에 관한 특례법」 제2조에 따른 성폭력범죄
　나. **「정보통신망** 이용촉진 및 정보보호 등에 관한 법률」 제74조 제1항 제2호 및 제3호에 따른 죄**(음란불법정보유통금지 위반죄)**
　다. 「**스토킹범죄**의 처벌 등에 관한 법률」 제2조 제2호에 따른 **스토킹범죄**

9. 미성년자에 대한 다음 각 목의 어느 하나에 해당하는 **죄를 저질러 형 또는 치료감호가 확정된 사람**(집행유예를 선고받은 후 그 집행유예기간이 경과한 사람을 포함한다) |

	가. 「성폭력범죄의 처벌 등에 관한 특례법」 제2조에 따른 성폭력범죄 나. 「아동·청소년의 성보호에 관한 법률」 제2조 제2호에 따른 아동·청소년대상 성범죄 10. 징계에 의하여 **파면 또는 해임처분을 받은 사람**(경찰공무원에게만 해당)
당연퇴직 (제27조)	경찰공무원이 **제8조 제2항**(신규채용 결격사유) 각 호의 어느 하나에 해당하게 된 경우에는 당연히 퇴직한다. 다만, 같은 항 제4호는 파산선고를 받은 사람으로서 「채무자 회생 및 파산에 관한 법률」에 따라 **신청기한 내에 면책신청을 하지 아니하였거나 면책불허가 결정 또는 면책취소가 확정된 경우만** 해당하고, 같은 항 제6호는 「형법」 제129조부터 제132조까지(수뢰죄·뇌물죄등), 「성폭력범죄의 처벌 등에 관한 특례법」 제2조, 「정보통신망 이용촉진 및 정보보호 등에 관한 법률」 제74조 제1항 제2호·제3호(음란불법정보유통금지 위반죄), 「스토킹범죄의 처벌 등에 관한 법률」 제2조 제2호(스토킹범죄), 「아동·청소년의 성보호에 관한 법률」 제2조 제2호 및 직무와 관련하여 「형법」 제355조(횡령, 배임) 또는 제356조(업무상 횡령·배임죄등)에 규정된 죄를 범한 사람으로서 **자격정지 이상의 형의 선고유예를 받은 경우만 해당한다.**
판례	① 당연무효인 임용결격자(당연퇴직사유에 해당하는 자)에 대한 임용행위에 의하여 공무원의 신분을 취득할 수는 없으므로, 임용결격자가 공무원으로 임용되어 **사실상 근무하여 왔다고** 하더라도 적법한 공무원으로서의 신분을 취득하지 못한 자로서는 공무원연금법 소정의 퇴직급여 등을 청구할 수 없으며, 나아가 **임용결격사유가 소멸된 후에 계속 근무하여 왔다고** 하더라도 그때부터 무효인 임용행위가 유효로 되어 적법한 공무원의 신분을 회복하고 퇴직급여 등을 청구할 수 있다고 볼 수는 없다(대판 1996.2.27, 95누9617). ② 국가공무원법상 **당연퇴직**은 결격사유가 있을 때 법률상 당연히 퇴직하는 것이지 **공무원관계를 소멸시키기 위한 별도의 행정처분을 요하는 것이 아니며, 당연퇴직의 인사발령**은 법률상 당연히 발생하는 퇴직사유를 공적으로 확인하여 알려주는 이른바 **관념의 통지에 불과**하고 공무원의 신분을 상실시키는 새로운 형성적 행위가 아니므로 행정소송의 대상이 되는 독립한 행정처분이라고 할 수 없다(대판 1995.11.14, 95누2036).

06 임용시기와 부정행위자에 대한 제재 [A급]

임용시기 (경찰공무원 임용령 제5조)	① 경찰공무원은 **임용장이나 임용통지서에 적힌 날짜**에 임용된 것으로 보며, **임용일자를 소급해서는 아니 된다.** ② **사망으로 인한 면직은 사망한 다음 날에 면직**된 것으로 본다.
부정행위자에 대한 제재 (경찰공무원법 제11조)	① 경찰청장 또는 해양경찰청장은 경찰공무원의 신규채용시험(경위공개경쟁채용시험을 포함한다), 승진시험 또는 그 밖의 시험에서 다른 사람에게 대신하여 응시하게 하는 행위 등 대통령령으로 정하는 **부정행위를 한 사람**에 대하여 대통령령으로 정하는 바에 따라 **해당 시험의 정지·무효 또는 합격 취소** 처분을 할 수 있다. ② 제1항에 따른 처분을 받은 사람에 대해서는 **처분이 있은 날부터 5년의 범위**에서 대통령령으로 정하는 기간 동안 신규채용시험, 승진시험 또는 그 밖의 시험의 **응시자격을 정지**한다. ③ 경찰청장 또는 해양경찰청장은 제1항에 따른 처분(시험의 정지는 제외한다)을 할 때에는 미리 그 처분 내용과 사유를 당사자에게 통지하여 **소명할 기회를 주어야** 한다.

채용 비위 관련자의 합격 등 취소 (경찰공무원법 제11조의2)	① 경찰청장 또는 해양경찰청장은 누구든지 경찰공무원의 **채용과 관련하여** 대통령령으로 정하는 비위를 저질러 **유죄판결이 확정된 경우**에는 그 비위 행위로 인하여 채용시험에 합격하거나 임용된 사람에 대하여 대통령령으로 정하는 바에 따라 **합격 또는 임용**을 취소할 수 있다. 🔍 **참고** 경찰청장은 합격 또는 임용을 취소하려는 경우에는 **채용비위심의위원회의 심의를 거쳐야 한다**(경찰공무원 임용령 제46조의2 제2항). ② 경찰청장 또는 해양경찰청장은 제1항에 따른 **취소** 처분을 하기 전에 미리 그 내용과 사유를 당사자에게 **통지**하고 소명할 기회를 주어야 한다. 🔍 **참고** 경찰청장은 **채용비위심의위원회의 회의를 개최하기** 10일 전까지 일정사항을 **당사자에게 통지해야 한다**(경찰공무원 임용령 제46조의2 제3항). ③ 제1항에 따른 **취소** 처분은 합격 또는 임용 당시로 소급하여 효력이 발생한다.

07 임용시기와 부정행위자에 대한 제재 [A급]

채용후보자의 등록 (경찰공무원 임용령 제17조)	① 경정 및 순경 공개경쟁채용시험, 경위 공개경쟁채용시험, 경력경쟁채용시험 등에 합격한 사람은 행정안전부령으로 정하는 바에 따라 임용권자 또는 임용제청권자에게 **채용후보자 등록**을 해야 한다. ② 채용후보자 등록을 하지 아니한 사람은 경찰공무원으로 **임용될 의사가 없는 것으로 본다.**
채용후보자 명부 (경찰공무원법 제12조)	① 경찰청장 또는 해양경찰청장(임용권을 위임받은 자를 **포함**한다)은 신규채용시험에 합격한 사람(경찰대학을 졸업한 사람과 경위공개경쟁채용시험합격자를 **포함**한다)을 대통령령으로 정하는 바에 따라 성적 순위에 따라 채용후보자 명부에 **등재하여야 한다.** ② 경찰공무원의 신규채용은 채용후보자 명부의 등재 순위에 따른다. 다만, 채용후보자가 경찰교육기관에서 **신임교육을 받은 경우**에는 그 교육성적 순위에 따른다. ③ **채용후보자 명부의 유효기간은** 2년의 범위에서 대통령령으로 정한다. 다만, **경찰청장 또는 해양경찰청장은 필요에 따라 1년의 범위에서 그 기간을 연장할 수 있다.** ④ 신규채용시험에 합격한 사람이 채용후보자 명부에 등재된 이후 그 유효기간 내에 「병역법」에 따른 **병역 복무**를 위하여 군에 입대한 경우(대학생 군사훈련 과정 이수자를 **포함**한다)의 **의무복무** 기간은 제3항에 따른 기간에 넣어 계산하지 아니한다. ⑤ 경찰청장 또는 해양경찰청장은 채용후보자 명부의 유효기간을 **연장**하기로 결정한 경우에는 그 사실을 **공고하여야 한다.**
채용후보자의 자격상실 (경찰공무원 임용령 제19조)	① 채용후보자가 다음의 어느 하나에 해당하는 경우에는 채용후보자로서의 자격을 상실한다. 1. 채용후보자가 **임용 또는 임용제청에 응하지 않은 경우** 2. 채용후보자로서 받아야 할 **교육훈련에 응하지 않은 경우** 3. 채용후보자로서 받은 교육훈련과정의 **수료요건 또는 졸업요건을 갖추지 못한 경우** 4. 채용후보자로서 교육훈련 중 질병, 병역 복무 또는 그 밖에 교육훈련을 계속할 수 없는 **불가피한 사정 외의 사유로 퇴교처분을 받은 경우**

> 5. 채용후보자로서 **품위를 크게 손상하는 행위**를 함으로써 경찰공무원으로서의 직무를 수행하기 곤란하다고 인정되는 경우
> 6. 법 또는 법에 따른 명령을 위반하여 「경찰공무원 징계령」 제2조 제1호에 따른 **중징계 사유에 해당하는 비위를 저지른 경우**
> 7. 법 또는 법에 따른 명령을 위반하여 「경찰공무원 징계령」 제2조 제2호에 따른 **경징계 사유에 해당하는 비위를 2회 이상 저지른 경우**

08 임용 또는 임용제청의 유예(경찰공무원 임용령 제18조의2) [A급]

> ① 임용권자 또는 임용제청권자는 채용후보자 명부에 등재된 **채용후보자**가 다음 각 호의 어느 하나에 해당하는 경우에는 **채용후보자 명부의 유효기간의 범위에서 기간을 정하여 임용 또는 임용제청을 유예할 수 있다.** 다만, 유예기간 중이라도 그 사유가 소멸한 경우에는 임용 또는 임용제청을 할 수 있다.
>
>> 1. 「**병역법**」에 따른 **병역복무**를 위하여 징집 또는 소집되는 경우
>> 2. 학업을 계속하는 경우
>> 3. **6개월 이상의 장기요양**이 필요한 **질병**이 있는 경우
>> 4. 임신하거나 **출산**한 경우
>> 5. 그 밖에 임용 또는 임용제청의 유예가 **부득이하다고 인정되는 경우**
>
> ② 임용 또는 임용제청의 유예를 원하는 사람은 해당 사유를 증명할 수 있는 **자료**를 **첨부**하여 임용권자 또는 임용제청권자가 정하는 기간 내에 신청해야 한다. 이 경우 **원하는 유예기간을 분명하게 적어야 한다.**

09 시보임용(경찰공무원법, 경찰공무원 임용령) [A급]

대상 및 기간	① 경정 이하의 경찰공무원을 신규 채용할 때에는 **1년간 시보**로 임용하고, **그 기간이 만료된 다음 날**에 **정규 경찰공무원으로 임용**한다. ② 휴직기간, 직위해제기간 및 징계에 의한 **정직처분** 또는 **감봉**처분을 받은 기간은 **시보임용기간에 산입하지 아니한다.** → 견책은 기간에 산입한다.
예외	다음에 해당하는 경우에는 **시보임용을 거치지 아니한다.** 1. 경찰대학을 졸업한 사람 또는 경위공개경쟁채용시험합격자로서 정하여진 교육훈련을 마친 사람을 경위로 임용하는 경우 2. 경찰공무원으로서 대통령령으로 정하는 **상위계급으로의 승진에 필요한 자격 요건을 갖추고 임용예정 계급에 상응하는 공개경쟁채용시험에 합격한 사람**을 해당 계급의 경찰공무원으로 임용하는 경우 3. **퇴직한 경찰공무원**으로서 퇴직 시에 재직하였던 계급의 채용시험에 합격한 사람을 **재임용하는 경우** 4. 자치경찰공무원을 그 계급에 상응하는 경찰공무원으로 임용하는 경우

지도·감독	임용권자 또는 임용제청권자는 시보임용 기간 중에 있는 경찰공무원(이하 "시보임용경찰공무원"이라 한다)의 **근무사항을 항상 지도·감독**하여야 한다.
면직	**사유**: ① 징계사유에 해당하는 경우 ② 교육훈련성적이 만점의 **60퍼센트 미만**이거나 **생활기록이 극히 불량**한 경우 ③ 제2평정 요소(근무실적, 직무수행능력, 직무수행태도)의 평정점이 만점의 **50퍼센트 미만**인 경우 ④ 채용후보자로서 교육훈련 중 질병, 병역 복무 또는 그 밖에 교육훈련을 계속할 수 없는 **불가피한 사정 외의 사유**로 퇴교처분을 받은 경우
	절차: 위의 사유에 해당하여 정규경찰공무원으로 임용함이 부적당하다고 인정되는 경우에는 **임용심사위원회**의 심사를 거쳐 당해 시보임용경찰공무원을 **면직**시키거나 면직을 **제청**할 수 있다.

⊕PLUS 임용심사위원회(경찰공무원 임용령 시행규칙) B급

구성	위원장 1명을 포함한 위원 **5명 이상 7명 이하**로 구성한다.
위원	소속 **경감 이상** 경찰공무원 중에서 위원회가 설치된 기관의 장이 임명하되, **심사대상자보다 상위 계급자**로 한다.
의결	위원회는 재적위원 **3분의 2 이상 출석과 출석위원 과반수 찬성**으로 의결한다.
운영	임용심사위원회의 구성 및 운영에 필요한 사항은 **행정안전부령**으로 정한다.

제6절 경찰공무원 근무관계 변경

01 승진 개관 A급

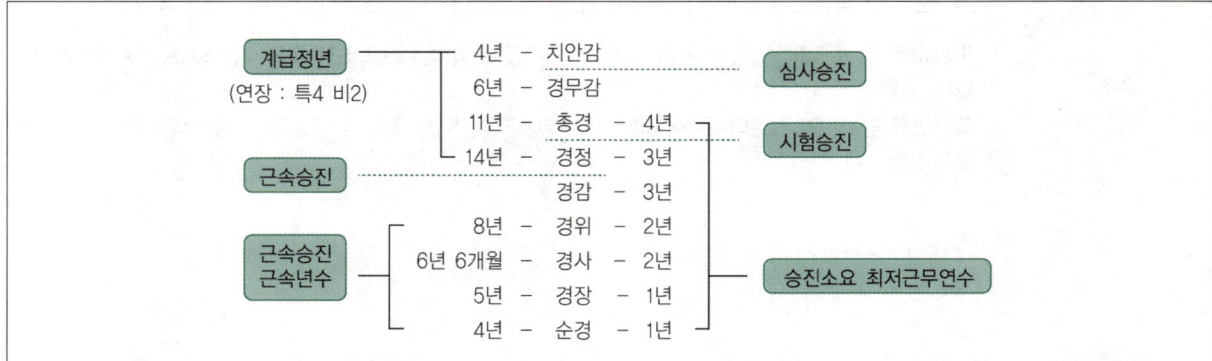

▶ 승진임용을 위해서는 승진에 필요한 최저근무연수가 경과하여야 하며, 휴직기간·직위해제기간·징계처분기간(강등·정직·감봉기간) 및 승진임용 제한기간은 승진소요 최저근무연수에 포함하지 않는다. 다만, 양육 또는 임신·출산으로 인한 휴직기간이나 공상휴직기간(병가기간)은 포함한다.

02 승진의 종류 [A급]

원칙	① 경무관 이하 계급으로의 승진은 **승진심사**에 의하여야 한다. 다만, 경정 이하 계급으로의 승진은 **대통령령으로 정하는 비율**에 따라 **승진시험과 승진심사를 병행**할 수 있다. 　🔍 **참고** 경찰공무원의 승진임용은 **심사승진임용 · 시험승진임용** 및 **특별승진임용으로 구분한다**(경찰공무원 승진임용 규정 제3조). ② 총경 이하의 경찰공무원에 대하여는 대통령령으로 정하는 바에 따라 **계급별로 승진대상자 명부를 작성하여야** 한다. ③ 승진후보자 명부에 등재된 경찰공무원이 정직 이상의 징계처분을 받는 경우에는 승진후보자 명부에서 삭제하여야 한다.
특별승진	경찰공무원으로서 **1계급 특별승진**시킬 수 있다. 다만, 경위 이하의 경찰공무원으로서 모든 경찰공무원의 귀감이 되는 공을 세우고 **전사하거나 순직한 사람**에 대하여는 **2계급 특별승진**시킬 수 있다. 　🔍 **참고** 전사 · 순직한 승진후보자의 승진(경찰공무원법 제15조의2) 승진후보자 명부에 등재된 사람이 **승진임용 전에 전사하거나 순직한 경우**에는 그 **사망일 전날을 승진일로** 하여 승진 예정 계급으로 승진한 것으로 본다.
근속승진	일정한 계급에서 일정기간 근무하면 승진임용 제한사유에 해당하지 않는 한 경감까지 승진할 수 있다.

03 근속승진 [A급]

기간	① **순경을 경장으로**: 해당 계급에서 4년 이상 근속자 ② **경장을 경사로**: 해당 계급에서 5년 이상 근속자 ③ **경사를 경위로**: 해당 계급에서 6년 6개월 이상 근속자 ④ **경위를 경감으로**: 해당 계급에서 8년 이상 근속자
단축	다음의 경우 **근속승진 기간에서 단축**할 수 있다(경찰공무원 승진임용 규정 제26조 제2항). 1. 인사교류 기간 중에 있거나 **인사교류 경력**이 있는 경찰공무원: **인사교류 기간의 2분의 1에 해당하는 기간** 2. 국정과제 등 **주요 업무의 추진실적이 우수한 경찰공무원** 또는 **적극행정 수행 태도가 돋보인 경찰공무원**: 1년

04 승진소요 최저근무연수(경찰공무원 승진임용 규정 제5조)

기간		총경: 3년 이상	경정, 경감: 2년 이상	경위, 경사, 경장, 순경: 1년 이상
산입 여부	원칙	휴직 기간, 직위해제 기간, 징계처분 기간 및 징계로 인한 승진임용 제한기간은 승진소요 최저 근무연수 기간에 포함하지 않는다.		
	예외	① 다음의 경우는 승진소요 최저근무연수 기간에 포함한다. • **공무상 질병·부상**으로 인해 장기 요양이 필요하여 휴직한 경우 • **병역 복무**를 위해 휴직한 경우 • 그 밖에 **법률의 규정에 따른** 휴직을 한 경우 • 국제기구, 외국 및 다른 국가 기관 또는 대통령령으로 정하는 민간기업 등에 **임시로 채용**되어 휴직을 한 경우 • **국외유학**으로 휴직한 경우 그 기간의 **50퍼센트**에 해당하는 기간 • **육아휴직기간**. 다만, 육아휴직을 대신하여 시간선택제전환경찰공무원으로 지정되어 근무한 기간과 합산하여 자녀 1명당 3년을 초과할 수 없다. ② 시간선택제전환경찰공무원의 근무기간은 아래와 같이 포함한다. 1. 시간선택제전환경찰공무원으로 근무한 1년 **이하**의 기간은 그 기간 전부 2. 시간선택제전환경찰공무원으로 근무한 **1년을 넘는** 기간은 근무시간에 비례한 기간 ③ 강등되었던 사람이 강등되기 직전의 계급으로 승진한 경우 **강등되기 직전의 계급**에서 재직한 기간은 승진소요 최저근무연수 **기간에 포함**한다. ④ 강등된 경우 **강등되기 직전의 계급**에서 재직한 기간은 승진소요 최저근무연수 **기간에 포함**한다.		

05 근무성적 평정(경찰공무원 승진임용 규정 시행규칙) [시행 2024.7.1.]

평정 원칙
(규정 제7조)
	① 총경 이하의 경찰공무원에 대해서는 매년 **근무성적을 평정**하여야 하며, 근무성적 평정의 결과는 승진 등 인사관리에 반영하여야 한다.
	② 근무성적은 다음 각 호의 평정 요소에 따라 평정한다. 다만, **총경의 근무성적**은 제2 평정 요소로만 평정한다.
	
	1. 제1 평정 요소
	
	    가. 경찰업무 발전에 대한 기여도
	    나. 포상 실적
	    다. 그 밖에 행정안전부령으로 정하는 평정 요소
	
	2. 제2 평정 요소
	
	    가. 근무실적
	    나. 직무수행능력
	    다. 직무수행태도

	③ 제2 평정 요소에 따른 근무성적 평정은 평정대상자의 **계급별로 평정 결과**가 다음 각 호의 **분포비율에 맞도록 하여야 한다**. 다만, 평정 결과 제4호에 해당하는 사람이 없는 경우에는 제4호의 비율을 제3호의 비율에 가산하여 적용한다. 1. 수: 20퍼센트 2. 우: 40퍼센트 3. 양: 30퍼센트 4. 가: 10퍼센트 ④ 경찰서 수사과에서 **고소·고발** 등에 대한 조사업무를 **직접 처리하는** 경위 계급의 **경찰공무원**을 평정할 때에는 제3항의 비율을 적용하지 아니할 수 있다. ⑤ 근무성적 평정 결과는 공개하지 아니한다. 다만, **경찰청장**은 근무성적 평정이 완료되면 평정 대상 경찰공무원에게 해당 근무성적 **평정 결과를 통보할 수 있다**. ⑥ 근무성적 평정의 기준, 시기, 방법, 그 밖에 필요한 사항은 행정안전부령으로 정한다.
평정의 예외 (규정 제8조)	① **휴직·직위해제** 등의 사유로 해당 **연도**의 평정기관에서 6개월 이상 근무하지 아니한 **경찰공무원**에 대해서는 근무성적을 평정하지 아니한다. … ③ **교육훈련 외의** 사유로 국가기관, 지방자치단체 또는 인사혁신처장이 지정하는 기관에 2개월 이상 **파견근무하게 된 경찰공무원**에 대해서는 파견받은 기관의 의견을 고려하여 **근무성적을 평정하여야 한다**. … ⑤ **정기평정 이후에 신규채용**되거나 **승진임용**된 경찰공무원에 대해서는 2개월이 지난 후부터 근무성적을 평정하여야 한다.
평정 시기 (시행규칙 제4조)	① **근무성적 평정, 경력 평정은 연 1회 실시한다**. ② **근무성적 평정은 10월 31일을 기준으로 하고, 경력 평정은 12월 31일을 기준으로 한다**.
평정자 (시행규칙 제6조)	근무성적 **평정자는 3명으로 하되, 제1차평정자는 평정대상자의 바로 위 감독자가 되고**, 제2차평정자는 제1차평정자의 바로 위 감독자가 되며, 제3차평정자는 제2차평정자의 바로 위 감독자가 된다.

06 전보(경찰공무원 임용령) [시행 2025.1.31.] A급

의의	① 경찰공무원의 동일직위 및 자격 내에서의 근무기관이나 부서를 달리하는 임용 또는 **계급의 변화 없이 직위만 바뀌는 것**을 의미한다. ② 전보의 기간이나 시기를 일정하게 정해 놓아야 **안정된 심리상태** 속에서 업무수행이 가능하다. ③ 전보의 목적은 같은 직위에 장기적으로 근무함으로써 생기는 **무기력현상을 막고 신선한 자극을 주어 활력이 넘치는 업무수행**으로 조직 효과성을 높이는 데 있다.
제한기간 (제27조)	① 경찰공무원에 대한 전보는 당해 직위에 임용된 날부터 1년 **이내(감사업무를 담당하는 경찰공무원의 경우에는 2년 이내)**에 다른 직위에 전보할 수 없다. 다만, 다음 각 호의 어느 하나에 해당하는 경우에는 그러하지 아니하다.

1. **직제상 최저단위인 보조기관** 또는 보좌기관 내에서 전보하는 경우
5. **전문직위**로 경찰공무원을 전보하는 경우
13. **감사담당** 경찰공무원 가운데 부적격자로 인정되는 경우
14. 경정 이하의 경찰공무원을 배우자 또는 직계존속이 거주하는 시·군·자치구 지역의 경찰기관으로 전보하는 경우
15. **임신 중인** 경찰공무원 또는 **출산 후 1년이 지나지 않은** 경찰공무원의 모성보호, 육아 등을 위하여 필요한 경우

② **교육훈련기관**의 교수요원으로 임용된 사람은 그 임용일부터 1년 이상 3년 이하의 범위에서 경찰청장이 정하는 기간 안에는 다른 직위에 **전보할 수 없다.**
③ 섬, 외딴곳 등 특수지역에 채용된 경찰공무원은 그 채용일부터 5년의 범위에서 경찰청장이 정하는 기간 안에는 채용조건에 해당하는 기관 또는 부서 외의 기관 또는 부서로 **전보할 수 없다.**

07 휴직(국가공무원법) [시행 2024.12.31.] A급

의의	경찰공무원으로서의 신분을 유지하면서 일정한 기간 직무를 담당하지 않는 것을 말한다. **직위해제와 달리 제재적 성격이 없고, 휴직은 복직이 보장된다.**
직권휴직 (제71조 제1항)	다음의 사유에 해당하면 임용권자는 **본인의 의사에도 불구하고** 휴직을 명하여야 한다. 1. 신체·정신상의 장애로 장**기요양**이 필요할 때(1년 이내, 부득이한 경우 1년의 범위에서 연장할 수 있다. 다만, 「공무원 재해보상법」상 요양급여 지급 대상 부상 또는 질병, 「산업재해보상보험법」상 요양급여 결정 대상 질병 또는 부상에 해당하는 **공무상 질병 또는 부상**으로 인한 휴직기간은 3년 이내로 하되, 의학적 소견 등을 고려하여 대통령령등으로 정하는 바에 따라 2년의 범위에서 **연장할 수 있다.**) 🔍 참고 경찰공무원이 「공무원 재해보상법」 제5조 제1호 각 목에 해당하는 직무를 수행하다가 「국가공무원법」 제72조 제1호 각 목의 어느 하나에 해당하는 공무상 질병 또는 부상을 입어 휴직하는 경우 그 휴직기간은 같은 조 제1호 단서에도 불구하고 5년 이내로 하되, 의학적 소견 등을 고려하여 대통령령으로 정하는 바에 따라 3년의 범위에서 연장할 수 있다. 2. 병역법에 따른 병역 복무를 마치기 위하여 징집 또는 소집된 때(복무기간 만료될 때까지) 3. **천재지변**이나 **전시·사변**, 그 밖의 사유로 생사 또는 소재가 **불명확**하게 될 때(일반 공무원은 3월 이내, 경찰공무원의 경우는 법원의 실종선고를 받는 날까지) 4. 그 밖에 법률의 규정에 따른 의무를 수행하기 위하여 직무를 이탈하게 될 때(복무기간 만료 때까지) 5. 노동조합 전임자로 종사하게 된 때(그 전임 기간)
의원휴직 (제71조 제2항)	임용권자는 공무원이 다음의 사유로 휴직을 원하면 휴직을 명할 수 있다. 다만, **제4호(육아휴직)**의 경우에는 대통령령으로 정하는 특별한 사정이 없으면 **휴직을 명하여야 한다.** 1. 국제기구, 외국기관, 국내외의 대학·연구기관, 다른 국가기관 또는 대통령령이 정하는 민간기업, 그 밖의 기관에 **임시로 채용될 때**(그 채용기간으로 한다. 다만, **민간기업** 등은 3년 이내) 2. **국외 유학**을 하게 된 때(3년 이내, 2년 연장이 가능)

	3. 중앙인사관장기관의 장이 지정하는 연구기관이나 교육기관 등에서 **연수**하게 된 때(2년 이내) 4. 만 8세 이하 또는 초등학교 2학년 이하의 자녀를 양육하기 위하여 필요하거나 여성공무원이 **임신** 또는 **출산**하게 된 때(자녀 1인에 대하여 3년 이내) 5. 조부모, 부모(배우자의 부모를 포함한다), 배우자, 자녀 또는 손자녀를 **부양**하거나 **돌보기 위하여** 필요한 경우. 다만, 조부모나 손자녀의 돌봄을 위하여 휴직할 수 있는 경우는 본인 외에 돌볼 사람이 없는 등 대통령령 등으로 정하는 요건을 갖춘 경우로 한정(1년 이내, 재직기간 중 총 3년 초과 불가) 6. 외국에서 근무·유학 또는 연수하게 되는 **배우자를 동반**하게 된 때(3년 이내, 2년 연장이 가능) 7. 대통령령 등으로 정하는 기간 동안(3년 이상) 재직한 공무원이 직무 관련 **연구과제 수행 또는 자기개발**을 위하여 학습·연구 등을 하게 된 때(1년 이내)
휴직의 효력 (제73조)	① 휴직 중인 공무원은 **신분은 보유**하나 직무에 종사하지 못한다. ② 휴직 기간 중 그 사유가 없어지면 30일 이내에 임용권자 또는 임용제청권자에게 신고하여야 하며, 임용권자는 **지체 없이 복직**을 명하여야 한다. ③ 휴직 기간이 끝난 공무원이 30일 이내에 복귀 신고를 하면 당연히 복직된다.

08 직위해제(국가공무원법 제73조의3) A급

의의	① 공무원 본인에게 직위를 계속 유지시킬 수 없는 사유가 있는 경우에 임용권자가 직위만을 부여하지 아니하는 조치로서 휴직과는 달리 **제재적 의미를 지닌 보직의 해제로 복직이 보장되지 아니한다(재량사항)**. ② 직위해제는 징벌적 제재인 징계와는 그 성질을 달리하는 것이어서, **동일한 사유를 이유로 직위해제된 후 징계 또는 징계 후 직위해제를 하더라도 일사부재리의 원칙이나 이중처벌 금지의 원칙에 위배되는 것은 아니다.**
특징	① 직위해제가 된 때에는 **직무에 종사하지 못하고, 출근의무도 없다.** ② 임용권자는 **직무수행 능력이 부족하거나 근무성적이 극히 나빠** 직위해제 된 자에게 3개월의 범위에서 대기를 명한다. → 대기 명령을 받은 자에게 능력 회복이나 근무성적의 향상을 위한 **교육훈련 또는 특별한 연구과제의 부여 등 필요한 조치**를 하여야 한다. ③ **직위해제기간은 승진소요 최저근무연수에 포함하지 아니한다.** 다만, 파면·해임·강등 또는 정직에 해당하는 징계의결이 요구 중이라는 사유로 직위해제처분을 받은 사람에 대한 징계 의결 요구에 대하여 관할 징계위원회가 징계하지 아니하기로 의결한 경우와 해당 직위해제처분의 사유가 된 징계처분이 소청심사위원회의 결정 또는 법원의 판결에 따라 무효 또는 취소로 확정된 경우와 형사사건으로 기소되어(약식명령이 청구된 자는 제외) 직위해제처분을 받은 사람의 처분 사유가 된 형사사건이 법원의 판결에 따라 무죄로 확정된 경우에는 승진소요 최저근무연수 기간에 포함한다(경찰공무원 승진임용규정).
사유 (제73조의3)	① 임용권자는 다음 각 호의 어느 하나에 해당하는 자에게는 **직위를 부여하지** 아니할 수 있다. 1. 〈삭제〉 2. 직무수행 능력이 부족하거나 근무성적이 극히 나쁜 자 – 봉급의 80% 지급 3. 중징계(**파면·해임·강등·정직**)에 해당하는 징계 의결이 요구 중인 자 – 봉급의 50% 지급 4. 형사 사건으로 기소된 자(약식명령이 청구된 자는 제외한다) – 봉급의 50% 지급

	5. 고위공무원단에 속하는 일반직공무원으로서 적격심사를 요구받은 자 - 봉급의 **70%** 지급 (다만, 3개월이 지나도 직위를 부여받지 못한 경우에는 봉급의 **40%** 지급) 6. **금품비위, 성범죄 등** 대통령령으로 정하는 비위행위로 인하여 감사원 및 검찰·경찰 등 **수사기관에서** 조사나 수사 중인 자로서 **비위의 정도가 중대하고** 이로 인하여 정상적인 업무수행을 기대하기 현저히 어려운 자 - 봉급의 **50%** 지급 ▶ 위 3호, 4호, 6호의 사유로 직위해제 된 사람이 3개월이 지나도 직위를 부여받지 못한 경우에는 봉급의 30%를 지급한다(공무원보수규정 제29조).
소멸	위의 사유에 따라 직위를 부여하지 아니한 경우에 그 사유가 소멸되면 **임용권자는** 지체 없이 **직위를 부여**하여야 한다.

제7절 경찰공무원 근무관계 소멸

01 정년(경찰공무원법 제30조) [A급]

① 경찰공무원의 정년은 다음과 같다.

1. **연령정년** - 60세
2. **계급정년** - **치안감:** 4년, **경무관:** 6년, **총경:** 11년, **경정:** 14년

② 징계로 인하여 **강등(경감으로 강등된 경우를 포함한다)**된 경찰공무원의 계급정년은 제1항 제2호에도 불구하고 다음 각 호에 따른다.

1. 강등된 계급의 계급정년은 강등되기 전 계급 중 가장 높은 계급의 계급정년으로 한다.
2. 계급정년을 산정할 때에는 강등되기 전 계급의 근무연수와 강등 이후의 근무연수를 합산한다.

③ **수사, 정보, 외사, 안보, 자치경찰사무 등** 특수 부문에 근무하는 경찰공무원으로서 대통령령으로 정하는 바에 따라 지정을 받은 사람은 총경 및 경정의 경우에는 4년의 범위에서 대통령령으로 정하는 바에 따라 **계급정년**을 연장할 수 있다.

④ 경찰청장 또는 해양경찰청장은 전시·사변이나 그 밖에 이에 준하는 비상사태에서는 2년의 범위에서 **계급정년**을 연장할 수 있다. 이 경우 경무관 이상의 경찰공무원에 대해서는 **행정안전부장관(또는 해양수산부장관)**과 **국무총리를 거쳐 대통령의 승인**을 받아야 하고, 총경·경정의 경찰공무원에 대해서는 **국무총리를 거쳐 대통령의 승인**을 받아야 한다.

⑤ 경찰공무원은 그 **정년이 된 날이** 1월에서 6월 사이에 있으면 6월 30일에 당연퇴직하고, 7월에서 12월 사이에 있으면 12월 31일에 당연퇴직한다.

⑥ 계급정년을 산정할 때 제주특별자치도의 자치경찰공무원으로 근무한 경력이 있는 경찰공무원의 경우에는 그 계급에 상응하는 **자치경찰공무원으로 근무한 연수를** 산입한다.

02 면직

1. 직권면직(경찰공무원법 제28조) [A급]

징계위원회 동의 불요 (객관적 사유)	① 직제와 정원의 개폐 또는 예산의 감소 등에 의하여 폐직 또는 과원이 되었을 때 ② 휴직기간이 끝나거나 휴직사유가 소멸된 후에도 직무에 복귀하지 아니하거나 직무를 감당할 수 없을 때 ③ 필요한 자격증의 효력이 상실되거나 면허가 취소되어 담당직무를 수행할 수 없게 되었을 때
징계위원회 동의 필요 (주관적 사유)	① 직무수행능력이 부족하거나 근무성적이 극히 나쁜 자로서 3개월의 범위에서 대기명령을 받은 자가 그 기간 중 능력이나 근무성적의 향상을 기대하기 어렵다고 인정된 때 ② 경찰공무원으로는 부적합할 정도로 직무 수행능력이나 성실성이 현저하게 결여된 사람에 해당된다고 인정될 때 ③ 직무를 수행하는 데에 위험을 일으킬 우려가 있을 정도의 성격적 또는 도덕적 결함이 있는 사람에 해당된다고 인정될 때

2. 의원면직 [A급]

효력발생	서면에 의한 **사직서를 제출**하고 이를 임명권자가 **수리**한 때에 **효력발생**한다. ▶ 사직서 수리 전 무단결근: 면직의 효과는 서면에 의한 사직서를 임명권자가 승인(수리)한 때 발생하며, 공무원이 사직서 제출 후 임용권자의 수리행위가 있기 전까지는 공무원관계는 유지되고 있으므로 직장을 무단이탈(결근)하면 징계 및 형사책임의 원인이 된다(대판 1991.11.12, 91누3666).

제8절 경찰공무원의 권리와 의무

01 경찰공무원의 권리 [A급]

신분상 권리	일반적 권리	직무집행권, 신분보유권, 직위보유권, 쟁송청구권
	특수한 권리	무기휴대권(경찰공무원법) 및 무기사용권(경찰관 직무집행법), 장구사용권, 제복착용권(권리이자 의무), 이의제기권(국가경찰과 자치경찰의 조직 및 운영에 관한 법률)
재산상 권리		보수청구권, 연금청구권, 실비변상청구권, 보급품수령권, 보상청구권

02 경찰공무원의 의무

1. 일반의무 [A급]

국가공무원법	선서의무(제55조)	공무원은 취임할 때에 **소속 기관장 앞에서** 대통령령등으로 정하는 바에 따라 **선서하여야 한다.** 다만, 불가피한 사유가 있으면 취임 후에 선서하게 할 수 있다.
	성실의무(제56조)	모든 공무원은 법령을 준수하며 **성실히 직무를 수행**하여야 한다(가장 기본적 의무).

2. 직무상 의무 [A급]

국가공무원법	법령준수의 의무	모든 공무원은 **법령을 준수하며** 성실히 직무를 수행하여야 한다.
	복종의 의무 (제57조)	공무원은 직무를 수행할 때 소속 상관의 직무상 명령에 복종하여야 한다.
	직장이탈금지 (제58조)	① 공무원은 소속 상관의 **허가** 또는 정당한 사유가 없으면 직장을 이탈하지 못한다. ② 수사기관이 공무원을 구속하려면 그 **소속 기관의 장에게 미리 통보**하여야 한다. 다만, **현행범은** 그러하지 아니하다.
	영리업무 및 겸직 금지 (제64조)	공무원은 공무 외에 영리를 목적으로 하는 업무에 종사하지 못하며 **소속 기관장의 허가 없이 다른 직무를 겸할 수 없다.**
	종교중립의 의무 (제59조의2)	① 공무원은 종교에 따른 차별 없이 직무를 수행하여야 한다. ② 공무원은 소속 상관이 종교중립의 의무에 위배되는 직무상 명령을 한 경우에는 이에 **따르지 아니할 수 있다.**
	친절·공정의 의무 (제59조)	공무원은 국민 전체의 봉사자로서 친절하고 공정하게 직무를 수행하여야 한다.
경찰공무원법	거짓 보고 등의 금지(제24조)	① 경찰공무원은 **직무에 관하여 거짓으로 보고나 통보를 하여서는 아니 된다.** ② 경찰공무원은 **직무를 게을리하거나 유기해서는 아니 된다.**
	지휘권 남용 등의 금지 (제25조)	전시·사변, 그 밖에 이에 준하는 비상사태이거나 작전수행 중인 경우 또는 많은 인명 손상이나 국가재산 손실의 우려가 있는 위급한 사태가 발생한 경우, 경찰공무원을 지휘·감독하는 사람은 **정당한 사유 없이 그 직무 수행을 거부 또는 유기하거나 경찰공무원을 지정된 근무지에서 진출·퇴각 또는 이탈하게 하여서는 아니 된다.**
	복제 및 무기 휴대 (제26조)	① 경찰공무원은 **제복을 착용하여야 한다.** ② 경찰공무원은 직무 수행을 위하여 필요하면 **무기를 휴대할 수 있다.** ③ 경찰공무원의 복제에 관한 사항은 행정안전부령 또는 해양수산부령으로 정한다.

경찰공무원 복무규정 (대통령령)	① 경찰공무원은 상사의 허가를 받거나 그 명령에 의한 경우를 제외하고는 **직무와 관계없는 장소**에서 **직무수행을 하여서는 아니 된다**.
	② 경찰공무원은 **근무시간 중 음주를 하여서는 아니 된다**. 다만, 특별한 사정이 있는 경우에는 예외로 하되, 이 경우 주기가 있는 상태에서 직무를 수행하여서는 아니 된다.
	③ 경찰공무원은 직위 또는 직권을 이용하여 부당하게 타인의 **민사분쟁에 개입하여서는 아니 된다**.
	④ 경찰공무원은 **신규채용 · 승진 · 전보 · 파견 · 출장 · 연가 · 교육훈련기관에의 입교** 기타 신분관계 또는 **근무관계 또는 근무관계의 변동**이 있는 때에는 **소속상관에게 신고**를 하여야 한다.
	⑤ 경찰공무원은 휴무일 또는 근무시간 외에 **2시간** 이내에 직무에 복귀하기 어려운 지역으로 여행을 하고자 할 때에는 소속 경찰기관의 장에게 신고를 하여야 한다. 다만, 치안상 특별한 사정이 있어 경찰청장, 해양경찰청장 또는 경찰기관의 장이 지정하는 기간 중에는 소속경찰기관의 장의 허가를 받아야 한다.
	⑥ 경찰기관의 장은 근무성적이 탁월하거나 다른 경찰공무원의 모범이 될 공적이 있는 경찰공무원에 대하여 **1회 10일** 이내의 포상휴가를 허가할 수 있다. 이 경우의 **포상휴가기간은 연가일수에 산입하지 아니한다**.
	⑦ 경찰기관의 장은 특별한 사정이 없는 한 **연일근무자 및 공휴일근무자**에 대하여는 그 다음 날 1일의 휴무를, 당직 또는 **철야근무자**에 대하여는 다음 날 오후 2시를 기준으로 하여 오전 또는 오후의 **휴무를 허가하여야 한다**.
	⑧ 기본강령(제3조)
	  1. **경찰사명**: 경찰공무원은 국가와 민족을 위하여 충성과 봉사를 다하며, 국민의 생명 · 신체 및 재산을 보호하고, 공공의 안녕과 질서를 유지함을 그 **사명으로 한다**.
	  2. **경찰정신**: 경찰공무원은 국민의 수임자로서 일상의 직무수행에 있어서 국민의 자유와 권리를 존중하는 **호국 · 봉사 · 정의의 정신**을 그 바탕으로 삼는다.
	  3. **규율**: 경찰공무원은 법령을 준수하고 직무상의 명령에 복종하며, 상사에 대한 존경과 부하에 대한 존중으로써 **규율을 지켜야 한다**.
	  4. **단결**: 경찰공무원은 주어진 사명을 다하기 위하여 긍지를 가지고 **한마음 한뜻으로 굳게 뭉쳐** 임무수행에 모든 역량을 기울여야 한다.
	  5. **책임**: 경찰공무원은 창의와 노력으로써 소임을 완수하여야 하며, 직무수행의 **결과에 대하여 책임을 진다**.
	  6. **성실 · 청렴**: 경찰공무원은 성실하고 청렴한 **생활태도로써** 국민의 모범이 되어야 한다.

3. 신분상 의무 [A급]

국가공무원법	비밀엄수의무 (제60조)	공무원은 **재직 중은 물론 퇴직 후에도** 직무상 알게 된 비밀을 엄수하여야 한다.
	품위유지의무 (제63조)	공무원은 **직무의 내외를 불문**하고 그 품위가 손상되는 행위를 하여서는 아니 된다.
	청렴 의무 (제61조)	① 공무원은 직무와 관련하여 **직접적이든 간접적이든** 사례 · 증여 또는 향응을 주거나 받을 수 없다. ② 공무원은 직무상의 관계가 있든 없든 그 소속 상관에게 증여하거나 소속 공무원으로부터 증여를 받아서는 아니 된다.

	정치운동의 금지의무 (제65조)		① 공무원은 정당이나 그 밖의 정치단체의 결성에 관여하거나 이에 가입할 수 없다. ② 공무원은 선거에서 특정 정당 또는 특정인을 지지 또는 반대하기 위한 행위를 하여서는 아니 된다.
	외국정부의 영예 (제62조)		공무원이 외국 정부로부터 영예나 증여를 받을 경우에는 대통령의 허가를 받아야 한다.
	집단행위 금지 (제66조)		① 공무원은 노동운동이나 그 밖에 공무 외의 일을 위한 집단행위를 하여서는 아니 된다. 다만, **사실상 노무에 종사하는 공무원은 예외로 한다.** … ③ **사실상 노무에 종사하는** 공무원으로서 노동조합에 가입된 자가 조합 업무에 전임하려면 소속 장관의 허가를 받아야 한다.
경찰공무원법	정치 관여 금지 (제23조)		① 경찰공무원은 정당이나 정치단체에 가입하거나 정치활동에 관여하는 행위를 하여서는 아니 된다. ② 제1항에서 정치활동에 관여하는 행위란 다음 각 호의 어느 하나에 해당하는 행위를 말한다. 1. 정당이나 정치단체의 결성 또는 가입을 지원하거나 방해하는 행위 2. 그 직위를 이용하여 특정 정당이나 특정 정치인에 대하여 지지 또는 반대 의견을 유포하거나, 그러한 여론을 조성할 목적으로 특정 정당이나 특정 정치인에 대하여 찬양하거나 비방하는 내용의 의견 또는 사실을 유포하는 행위 3. 특정 정당이나 특정 정치인을 위하여 기부금 모집을 지원하거나 방해하는 행위 또는 국가·지방자치단체 및 「공공기관의 운영에 관한 법률」에 따른 공공기관의 자금을 이용하거나 이용하게 하는 행위 4. 특정 정당이나 특정인의 선거운동을 하거나 선거 관련 대책회의에 관여하는 행위 5. 「정보통신망 이용촉진 및 정보보호 등에 관한 법률」에 따른 정보통신망을 이용한 제1호부터 제4호까지의 규정에 해당하는 행위 6. 소속 직원이나 다른 공무원에 대하여 제1호부터 제5호까지의 행위를 하도록 요구하거나 그 행위와 관련한 보상 또는 보복으로서 이익 또는 불이익을 주거나 이를 약속 또는 고지하는 행위
공직자윤리법	재산 등록	등록 의무자 / 법률	**총경**(자치총경을 포함한다) 이상의 경찰공무원
		등록 의무자 / 시행령	**경정, 경감, 경위, 경사**(자치경정, 자치경감, 자치경위, 자치경사)
		대상재산 (제4조)	① 등록의무자가 등록할 재산은 **본인**, **배우자**(사실상의 혼인관계에 있는 사람을 포함), 본인의 **직계존속·직계비속의 재산을 포함한다. 다만, 혼인한 직계비속인 여성과 외증조부모, 외조부모, 외손자녀 및 외증손자녀는 제외**한다. ② 소유 명의와 관계없이 **사실상 소유하는 재산, 비영리법인에 출연한 재산과 외국에 있는 재산을 포함**한다. ③ 부동산에 관한 소유권·지상권 및 전세권 ④ 자동차·건설기계·선박 및 항공기

		⑤ 합명회사 · 합자회사 및 유한회사의 출자지분 ⑥ 가상자산	
	등록가액	원칙	1,000만원 이상(현금 · 예금 · 주식 · 증권 · 채권 · 채무 및 지식재산권)
		예외	500만원 이상(금, 보석류, 골동품, 예술품, 회원권)
재산 공개의무자	치안감 이상의 경찰공무원 및 시 · 도경찰청장		
선물 신고 (제15조)	① 공무원 또는 공직유관단체의 임직원은 외국으로부터 선물(대가 없이 제공되는 물품 및 그 밖에 이에 준하는 것을 말하되, 현금은 제외)을 받거나 그 직무와 관련하여 외국인(외국단체를 포함)에게 선물을 받으면 지체 없이 소속 기관 · 단체의 장에게 신고하고 그 선물을 인도하여야 한다. ② 신고된 선물은 신고 즉시 국가 또는 지방자치단체에 귀속된다. ▶ 신고하여야 할 선물: 미국화폐 100달러 이상이거나 국내 시가로 10만원 이상		
퇴직공직자 취업제한 (제17조 제1항)	취업심사대상자는 퇴직일부터 3년간 취업심사대상기관에 취업할 수 없다. 다만, 관할 공직자윤리위원회로부터 취업심사대상자가 퇴직 전 5년 동안 소속하였던 부서 또는 기관의 업무와 취업심사대상기관 간에 밀접한 관련성이 없다는 확인을 받거나 취업승인을 받은 때에는 취업할 수 있다.		
퇴직공직자 업무취급제한 (제18조의2)	① 모든 공무원 또는 공직유관단체 임직원은 다른 법률에 특별한 규정이 있는 경우를 제외하고는 재직 중에 직접 처리한 업무를 퇴직 후에 취급할 수 없다. ② 기관업무기준 취업심사대상자는 다른 법률에 특별한 규정이 있는 경우를 제외하고는 퇴직 전 2년부터 퇴직할 때까지 근무한 기관이 취업한 취업심사대상기관에 대하여 처리하는 업무를 퇴직한 날부터 2년 동안 취급할 수 없다.		

제9절 경찰공무원의 징계책임

01 경찰공무원의 징계 [A급] 11. 승진, 11 · 12 · 15 · 17. 채용

1. 징계의 목적 및 사유

목적	특별권력관계의 내부질서 유지 ➡ 징계와 형벌 병과 가능 12. 채용	
적용원칙	① **법치주의**: 징계벌에도 일반적으로 법치주의가 적용되어 당연히 법률상의 근거가 있어야 한다. ② **일사부재리의 원칙**: 동일한 징계사유를 원인으로 다시 징계할 수 없다.	
징계사유 12. 채용	사유 12. 채용	① 국가공무원법 · 경찰공무원법 및 동법에 의한 명령을 위반하였을 때 ② 직무상의 의무에 위반하거나 직무를 태만히 한 때 ③ 직무의 내외를 불문하고 체면 또는 위신을 손상하는 행위를 한 때
	고의, 과실	① 공무원의 고의 또는 과실의 유무와 관계없이 징계 가능 ② 감독자의 감독의무 태만도 직무의 태만에 해당하여 징계사유가 된다.

시점	① 원칙: 공무원으로 임용되기 전의 행위는 원칙적으로 재직 중의 징계사유로 삼을 수 없다. ② 예외: 비록 임용 전의 행위라 하더라도 이로 인하여 임용 후의 공무원의 체면 또는 위신을 손상하게 된 경우에는 징계사유로 삼을 수 있다(대판 1990.5.22, 89누7368).

시효
14. 채용, 15. 승진
	① 원칙: 징계사유가 발생한 날로부터 3년
	② 예외
	   ㉠ 금품 및 향응수수, 공금의 횡령, 유용의 경우 5년
	   ㉡ 성범죄(성매매알선등 행위, 성폭력범죄, 아동·청소년대상 성범죄, 성희롱) 관련의 경우 10년
	💡 징계에 관하여 다른 법률의 적용을 받는 공무원이 「국가공무원법」의 징계에 관한 규정의 적용을 받는 공무원으로 임용된 경우에 임용 이전의 다른 법률에 따른 징계사유는 그 사유가 발생한 날부터 「국가공무원법」에 따른 징계사유가 발생한 것으로 본다. 12. 채용

2. 징계의 절차(경찰공무원 징계령)

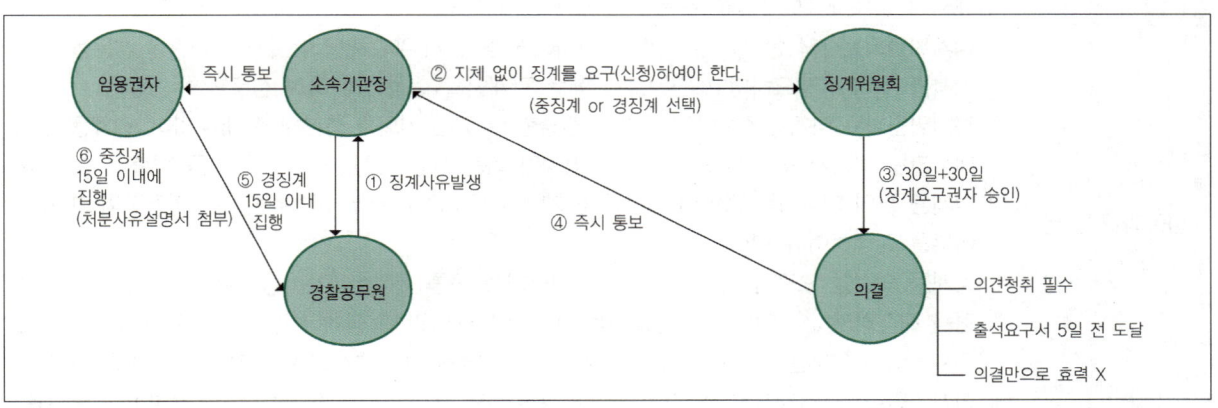

징계등 의결의 요구 (제9조)	① 경찰기관의 장은 소속 경찰공무원이 징계등 사유가 있다고 인정할 때, 징계등 의결 요구 신청을 받았을 때에는 **지체 없이 관할 징계위원회를 구성하여 징계등 의결을 요구하여야 한다.** ② 경찰기관의 장은 그 소속 경찰공무원에 대한 징계등 사건이 상급 경찰기관에 설치된 징계위원회의 관할에 속한 경우에는 **그 상급 경찰기관의 장에게 징계의결서 등을 첨부하여 징계등 의결의 요구를 신청하여야 한다.** ④ 경찰기관의 장이 징계등 의결 요구 또는 그 신청을 할 때에는 **중징계 또는 경징계로 구분하여 요구하거나 신청하여야 한다.**
징계등 사건 통지 (제10조)	① 경찰기관의 장은 그 소속이 아닌 경찰공무원에게 징계 사유가 있다고 인정될 때에는 해당 경찰기관의 장에게 그 사실을 증명할 만한 충분한 사유를 명확히 밝혀 통지하여야 한다. ② 징계 사유를 통지받은 경찰기관의 장은 타당한 이유가 없으면 통지를 받은 날부터 **30일 이내**에 관할 징계위원회에 징계등 의결을 요구하거나 그 상급 경찰기관의 장에게 **징계등 의결의 요구를 신청하여야 한다.**

	③ 징계 사유를 통지받은 경찰기관의 장은 해당 사건의 처리 결과를 징계 사유를 통지한 경찰기관의 장에게 회답하여야 한다.
진술기회부여	징계위원회가 징계사건을 심의할 때에는 반드시 당해 공무원 또는 대리인에게 출석 및 의견진술의 기회를 부여해야 하며, **의견진술의 기회를 결여한 징계는** 무효가 된다.
징계등 의결 기한 (제11조)	징계등 의결 요구를 받은 징계위원회는 그 요구서를 받은 날부터 30일 이내에 징계등에 관한 **의결을 하여야 한다.** 다만, 부득이한 사유가 있을 때에는 해당 **징계등 의결을 요구한 경찰기관의 장의 승인을 받아 30일 이내의 범위에서** 그 기한을 연기할 수 있다.
징계등 심의 대상자의 출석 (제12조)	① 징계위원회가 징계등 심의 대상자의 출석을 요구할 때에는 출석 통지서로 하되, 징계위원회 개최일 5일 전까지 그 징계등 심의 대상자에게 도달되도록 해야 한다. ② 징계위원회는 징계등 심의 대상자가 그 징계위원회에 출석하여 진술하기를 원하지 아니할 때에는 **진술권 포기서를 제출하게 하여 이를 기록에 첨부하고 서면심사로 징계등 의결을 할 수 있다.** ③ 징계위원회는 출석 통지를 하였음에도 불구하고 징계등 심의 대상자가 **정당한 사유 없이 출석하지 아니하였을 때**에는 그 사실을 기록에 분명히 적고 서면심사로 징계등 의결을 할 수 있다. 다만, 징계등 심의 대상자의 소재가 분명하지 아니할 때에는 **출석 통지를 관보에 게재하고, 그 게재일부터 10일이 지나면 출석 통지가 송달된 것으로 보며,** 징계등 의결을 할 때에는 관보 게재의 사유와 그 사실을 기록에 분명히 적어야 한다.
심문과 진술권 (제13조)	① **징계위원회는** 출석한 징계등 심의 대상자에게 징계 사유에 해당하는 사실에 관한 심문을 하고 심사를 위하여 필요하다고 인정될 때에는 **관계인을 출석하게 하여 심문할 수 있다.** ② 징계위원회는 징계등 심의 대상자에게 **진술할 수 있는 기회를 충분히 주어야 하며,** 징계등 심의 **대상자는** 의견서 또는 말로 자기에게 이익이 되는 사실을 진술하거나 **증거를 제출할 수 있다.** ③ **징계등 심의 대상자는** 증인의 심문을 신청할 수 있다. 이 경우 징계위원회는 **의결로써 그 채택 여부를 결정하여야 한다.** ④ 징계등 의결을 요구한 자 또는 징계등 의결의 요구를 신청한 자는 징계위원회에 출석하여 의견을 진술하거나 서면으로 **의견을 진술할 수 있다.** 다만, 중징계나 중징계 관련 징계부가금 요구사건의 경우에는 특별한 사유가 없는 한 징계위원회에 출석하여 의견을 진술해야 한다. ⑤ **징계위원회는** 필요하다고 인정할 때에는 사실 조사를 하거나 특별한 학식 · 경험이 있는 사람에게 **검증 또는 감정을 의뢰할 수 있다.**
징계의결통지 (제17조)	징계위원회는 징계등 의결을 하였을 때에는 **지체 없이** 징계등 의결을 요구한 자에게 **의결서 정본**을 보내어 통지하여야 한다.
징계 집행	의의	징계등 의결은 그 의결만으로써는 그 내용에 대한 효력을 발생하지 못하고, **그 임명권자가 그 의결을 집행함으로써 비로소 효력을 발생한다.**
	경징계 (제18조)	① 징계등 의결을 요구한 자는 경징계의 징계등 의결을 통지받았을 때에는 통지받은 날부터 15일 **이내에 징계등을 집행**하여야 한다. ② 징계등 의결을 요구한 자는 징계등 의결을 집행할 때에는 **의결서 사본**에 징계등 처분사유 설명서를 첨부하여 징계등 **처분대상자에게 보내야 한다.**

중징계 (제19조)	① 징계등 의결을 요구한 자는 중징계의 징계등 의결을 통지받았을 때에는 지체 없이 징계등 처분대상자의 **임용권자에게 의결서 정본을 보내어** 해당 징계등 처분을 제청하여야 한다. 다만, **경무관 이상의 강등 및 정직, 경정 이상의 파면 및 해임 처분의 제청, 총경 및 경정의 강등 및 정직의 집행은 경찰청장 또는 해양경찰청장**이 한다. ② 중징계 처분의 제청을 받은 임용권자는 15일 이내에 의결서 사본에 징계등 처분사유설명서를 첨부하여 징계등 처분대상자에게 보내야 한다.

02 징계절차상 관련규정 [A급]

징계의 절차 (경찰공무원법 제33조)	경찰공무원의 징계는 징계위원회의 의결을 거쳐 징계위원회가 설치된 **소속 기관의 장**이 하되, 「국가공무원법」에 따라 국무총리 소속으로 설치된 징계위원회에서 의결한 징계는 경찰청장 또는 해양경찰청장이 한다. 다만, **파면·해임·강등 및 정직은 징계위원회의 의결을 거쳐 해당 경찰공무원의 임용권자가 하되**, 경무관 이상의 강등 및 정직과 경정 이상의 파면 및 해임은 경찰청장 또는 해양경찰청장의 제청으로 행정안전부장관 또는 해양수산부장관과 국무총리를 거쳐 대통령이 하고, 총경 및 경정의 강등 및 정직은 경찰청장 또는 해양경찰청장이 한다.
감사원의 조사와의 관계 등 (국가공무원법 제83조)	① 감사원에서 조사 중인 사건에 대하여는 조사개시 통보를 받은 날부터 징계 의결의 요구나 그 밖의 징계 절차를 진행하지 못한다. ② **검찰·경찰**, 그 밖의 수사기관에서 수사 중인 사건에 대하여는 수사개시 통보를 받은 날부터 징계 의결의 요구나 그 밖의 **징계 절차를 진행하지 아니할 수 있다.** ③ 감사원과 검찰·경찰, 그 밖의 수사기관은 **조사나 수사를 시작한 때와 이를 마친 때에는 10일** 내에 소속 기관의 장에게 그 사실을 통보하여야 한다.

03 징계대상자에 대한 정상참작(경찰공무원 징계령 세부시행규칙, 경찰청예규)

[시행 2021.12.30.] [B급]

행위자 (제4조)	징계요구권자 또는 징계위원회는 다음 각 호의 어느 하나에 해당하는 사유가 있을 때에는 **징계책임을 감경**하여 징계의결 요구 또는 징계의결하거나 징계책임을 묻지 아니할 수 있다. 1. 과실로 인하여 발생한 의무위반행위가 다른 법령에 의해 처벌사유가 되지 않고 **비난가능성이 없는 때** 2. 국가 또는 공공의 이익을 증진하기 위하여 **성실하고 능동적으로 업무를 처리하는 과정에서 부분**적인 절차상 하자 또는 비효율, 손실 등의 잘못이 발생한 때 3. 업무매뉴얼에 규정된 **직무상의 절차를 충실히 이행한 때** 4. 의무위반행위의 발생을 방지하기 위해 **최선을 다하였으나 부득이한 사유로** 결과가 발생하였을 때 5. 발생한 의무위반행위에 대하여 **자진신고하거나 사후조치에 최선을 다하여 원상회복에 크게 기여한 때** 6. 간첩 또는 사회이목을 집중시킨 **중요사건의 범인을 검거한 공로가 있을 때**

감독자 (제5조)	징계요구권자 또는 징계위원회는 **감독자에게** 다음 각 호의 어느 하나에 해당하는 사유가 있을 때에는 **징계책임을 감경하여** 징계의결 요구 또는 징계의결하거나 징계책임을 묻지 아니할 수 있다. 1. **부하직원**의 의무위반행위를 사전에 발견하여 적법 타당하게 조치한 때 2. **부하직원**의 의무위반행위가 감독자 또는 행위자의 비번일, 휴가기간, 교육기간 등에 발생하거나, 소관업무와 직접 관련 없는 등 감독자의 실질적 감독범위를 벗어났다고 인정된 때 3. 부임기간이 1개월 미만으로 부하직원에 대한 실질적인 감독이 곤란하다고 인정된 때 4. 교정이 불가능하다고 판단된 **부하직원**의 사유를 명시하여 인사상 조치(전출 등)를 상신하는 등 성실히 관리한 이후에 같은 부하직원이 의무위반행위를 야기하였을 때 5. 기타 **부하직원**에 대하여 평소 철저한 교양감독 등 감독자로서의 임무를 성실히 수행하였다고 인정된 때

04 징계의 종류(국가공무원법) [시행 2024.12.31.] A급

중징계 (제80조)	파면	① 경찰공무원관계 소멸되고 다시 **경찰관 임용 불가**, 향후 5년간 **일반공무원 임용금지** ㉠ **퇴직급여는 1/2**(5년 이상 근무) 또는 **1/4**(5년 미만 근무)을 감액지급 ㉡ **퇴직수당**은 재직기간에 상관없이 **1/2 감액지급**
	해임	① 경찰공무원관계 소멸되고 다시 **경찰관 임용 불가**, 향후 3년간 **일반공무원 임용금지** ② 원칙: **퇴직급여 및 퇴직수당 전액지급** ③ 예외: 금품 및 향응수수, 공금의 횡령·유용 등으로 해임된 경우 감액지급 ㉠ **퇴직급여는 1/4**(5년 이상 근무) 또는 **1/8**(5년 미만 근무)을 감액지급 ㉡ **퇴직수당**은 재직기간에 상관없이 **1/4 감액지급**
	강등	① 3개월 **직무정지**, 공무원 신분보유, **보수는 전액을 감한다.** ② 1계급 아래로 직급을 내린다. ③ 강등된 계급의 계급정년은 강등되기 전 계급 중 가장 높은 계급의 계급정년으로 한다. ④ 징계처분의 집행이 끝난 날부터 18개월간(금전, 물품, 부동산, 향응 또는 그밖에 대통령령으로 정하는 재산상 이익을 취득하거나 제공한 경우, 「국가재정법」에 따른 예산 및 기금 등을 횡령, 배임, 절도, 사기 또는 유용한 경우, 소극행정, 음주운전, 성폭력, 성희롱 및 성매매에 따른 징계처분의 경우에는 각각 6개월을 더한 기간) 승진과 승급이 제한된다.
	정직	① 1~3개월 **직무정지**, 공무원 신분보유, **보수는 전액을 감한다.** ② 징계처분의 집행이 끝난 날부터 18개월간(돈관련 비위행위, 소극행정, 음주운전, 성폭력, 성희롱 및 성매매에 따른 징계처분의 경우에는 각각 6개월을 더한 기간) 승진과 승급이 제한된다.

경징계 (제80조)	감봉	① 1~3개월 보수의 3분의 1 감액하여 지급한다. ② 징계처분의 집행이 끝난 날부터 12개월간(돈 관련 비위행위, 소극행정, 음주운전, 성폭력, 성희롱 및 성매매에 따른 징계처분의 경우에는 각각 6개월을 더한 기간) 승진과 승급이 제한된다.
	견책	① 공식적인 훈계하고 경고하여 회개하게 하는 처분이다. ② 보수는 전액을 지급한다. ③ 징계처분의 집행이 끝난 날부터 6개월간(돈 관련 비위행위, 소극행정, 음주운전, 성폭력, 성희롱 및 성매매에 따른 징계처분의 경우에는 각각 6개월을 더한 기간) 승진과 승급이 제한된다(경찰공무원 승진임용 규정).

참고 경찰공무원이 징계처분을 받은 후 해당 계급에서 훈장, 포장, **모범공무원** 포상, 대통령표창 또는 국무총리표창, 제안이 채택·시행되어 포상을 받은 경우에는 승진임용 제한기간의 2분의 1을 단축할 수 있다(경찰공무원 승진임용 규정 제6조 제3항).

참고 공무원의 징계 의결을 요구하는 경우 그 징계 사유가 돈 관련 비위행위인 경우에는 해당 징계 외에 그 행위로 취득하거나 제공한 금전 또는 재산상 이득(금전이 아닌 재산상 이득의 경우에는 금전으로 환산한 금액을 말한다)의 5배 내의 징계부가금 부과 의결을 징계위원회에 요구하여야 한다(국가공무원법 제78조의2 제1항).

05 징계위원회 설치(경찰공무원법 제32조) [A급]

① 경무관 이상의 경찰공무원에 대한 징계의결은 「국가공무원법」에 따라 국무총리 소속으로 설치된 징계위원회에서 한다.
② 총경 이하의 경찰공무원에 대한 징계의결을 하기 위하여 대통령령으로 정하는 경찰기관 및 해양경찰관서에 경찰공무원 징계위원회를 둔다.
③ 경찰공무원 징계위원회의 구성·관할·운영, 징계의결의 요구 절차, 그 밖에 필요한 사항은 **대통령령**으로 정한다.

06 징계위원회 관할(경찰공무원 징계령) [A급]

징계위원회의 관할 (제4조)	① **중앙징계위원회**는 총경 및 경정에 대한 징계 또는 「국가공무원법」 제78조의2에 따른 징계부가금 부과(이하 "징계등"이라 한다) 사건을 심의·의결한다. ② **보통징계위원회**는 해당 징계위원회가 설치된 경찰기관 소속 경감 이하 경찰공무원에 대한 징계등 사건을 심의·의결한다. 다만, 다음 각 호의 기관에 설치된 보통징계위원회는 각 호의 구분에 따른 경찰공무원에 대한 징계등 사건을 심의·의결한다. 　1. **경정 이상의 경찰공무원을 장으로 하는 경찰서**, 경찰기동대·해양경찰서 등 **총경 이상의 경찰공무원을 장으로 하는 경찰기관 및 정비창**: 소속 경위 이하의 경찰공무원 　2. 전투경찰대 및 경비함정 등 경찰청장 또는 해양경찰청장이 지정하는 **경감 이상의 경찰공무원을 장으로 하는 경찰기관**: 소속 경사 이하의 경찰공무원

관련 사건의 관할 (제5조)	① 상위 계급과 하위 계급의 경찰공무원이 관련된 징계등 사건은 **상위 계급의 경찰공무원을 관할하는 징계위원회에서 심의·의결**하고, 상급 경찰기관과 하급 경찰기관에 소속된 경찰공무원이 관련된 징계 등 사건은 **상급 경찰기관에 설치된 징계위원회에서 심의·의결**한다. 다만, 상위 계급의 경찰공무원이 감독상 과실책임만으로 관련된 경우에는 관할 징계위원회에서 각각 심의·의결할 수 있다. ② 소속이 다른 2명 이상의 경찰공무원이 관련된 징계등 사건으로서 관할 징계위원회가 서로 다른 경우에는 모두를 관할하는 바로 위 상급 경찰기관에 **설치된 징계위원회**에서 심의·의결한다.

07 징계위원회 구성(경찰공무원 징계령) [A급]

구성 등 (제6조)	① 각 징계위원회는 위원장 1명을 포함하여 11명 이상 51명 이하의 공무원위원과 민간위원으로 구성한다. ② 징계위원회가 설치된 경찰기관의 장은 **징계등 심의 대상자보다 상위 계급인 경위 이상의 소속 경찰공무원** 또는 상위 직급에 있는 6급 이상의 소속 공무원 중에서 징계위원회의 공무원위원을 임명한다. ③ 징계위원회가 설치된 경찰기관의 장은 위원 수의 2분의 1 이상을 일정요건에 해당하는 사람 중에서 **성별을 고려하여 민간위원으로 위촉**한다. 위촉되는 민간위원의 임기는 2년으로 하며, 한 차례만 **연임할 수 있다**. ④ 징계위원회의 위원장은 위원 중 **최상위 계급** 또는 이에 상응하는 직급에 있거나 최상위 계급 또는 이에 상응하는 직급에 먼저 승진임용된 공무원이 된다.
징계위원회 회의 (제7조)	① 징계위원회의 회의는 **위원장과 징계위원회가 설치된 경찰기관의 장이 회의마다 지정하는 4명 이상 6명 이하의 위원으로 성별을 고려하여 구성하되**, 민간위원의 수는 위원장을 포함한 위원 수의 2분의 1 이상이어야 한다. 만일, 징계사유가 성폭력범죄, 성희롱에 해당하는 징계사건이 속한 징계위원회의 회의를 구성하는 경우에는 피해자와 같은 성별의 위원이 위원장을 제외한 **위원수의 3분의 1 이상이 포함**되어야 한다. ② 징계위원회의 위원장은 위원회의 사무를 **총괄**하며 위원회를 **대표**한다. ③ 위원장은 표결권을 가진다.
징계위원회 의결 (제14조)	① 징계위원회의 의결은 **위원장을 포함한 위원 과반수의 출석과 출석위원 과반수의 찬성으로 의결**하되, 의견이 나뉘어 출석위원 과반수의 찬성을 얻지 못한 경우에는 출석위원 과반수가 될 때까지 징계등 심의 대상자에게 **가장 불리한 의견을 제시한 위원의 수를 그 다음으로 불리한 의견을 제시한 위원의 수에 차례로 더하여 그 의견을 합의된 의견**으로 본다. ③ 징계위원회의 의결 내용은 **공개하지 아니한다**.
징계등의 정도 (제16조)	징계위원회는 징계등 사건을 의결할 때에는 징계등 심의 대상자의 비위행위 당시 계급 및 직위, 비위행위가 공직 내외에 미치는 영향, 평소 행실, 공적, 뉘우치는 정도나 그 밖의 정상과 **징계등 의결을 요구한 자의 의견**을 고려해야 한다.

제10절 경찰공무원의 권익보장제도

01 소청심사 [A급]

개념	국가공무원법에서 규정하고 있는 **특별행정심판절차**로써 징계처분 그 밖에 의사에 반하는 불리한 처분을 받은 자가 그 처분에 불복이 있는 경우에 관할 소청심사위원회에 그 심사를 청구하는 제도
목적	① **공무원의 권리구제(주된 목적)** ② 행정의 적정성 확보
청구기간	① 징계처분, 휴직, 직위해제, 면직처분: **처분사유설명서를 받은 날부터** 30일 이내 ② 기타 본인의 의사에 반하는 불리한 처분: 그 처분이 있은 것(처분사유설명서가 교부되지 아니하는 불리한 처분: 전보, 계고, 경고 등)을 **안 날부터 각각** 30일 **이내**
심사기관	인사혁신처에 설치된 소청심사위원회
심사	소청 사건을 심사할 때에는 소청인 또는 대리인에게 진술기회를 주어야 하고, **진술기회를 주지 아니한 결정은 무효**(취소사유 ×)로 한다.
심사범위	징계 또는 소청의 원인이 된 사실 이외의 사실에 대하여는 심리하지 못한다.
심사결정	① 소청을 접수하면 지체없이 심사하여야 하며, 접수일로부터 60일 **이내 결정**하는 것이 원칙이나, 불가피할 경우 30일 **연장**할 수 있다. ② 불이익변경금지 원칙에 따라 징계처분을 받은 자의 청구에 의하여 소청을 심사할 경우에는 어떤 경우에도 **원징계처분보다 중한 징계처분**을 할 수 없다.
의결 정족수	① 소청 사건의 결정은 재적위원 3분의 2 이상의 출석과 출석위원 과반수의 합의에 따르되, 의견이 나뉘어 출석위원 과반수의 합의에 이르지 못하였을 때에는 과반수에 이를 때까지 소청인에게 가장 불리한 의견에 차례로 유리한 의견을 더하여 그중 가장 유리한 의견을 합의된 의견으로 본다. ② ①에도 불구하고 **파면·해임·강등 또는 정직에 해당하는 징계처분(중징계)을 취소 또는 변경하려는 경우**와 효력 유무 또는 존재 여부에 대한 확인을 하려는 경우에는 재적위원 3분의 2 이상의 출석과 출석위원 3분의 2 이상의 합의가 있어야 한다. 이 경우 **구체적인 결정의 내용**은 출석위원 과반수의 합의에 따르되, 의견이 나뉘어 출석위원 과반수의 합의에 이르지 못하였을 때에는 과반수에 이를 때까지 소청인에게 가장 불리한 의견에 차례로 유리한 의견을 더하여 그중 가장 유리한 의견을 합의된 의견으로 본다.
결정	소청심사위원회의 결정은 다음과 같이 구분한다. 1. 심사 청구가 이 법이나 다른 법률에 적합하지 아니한 것이면 그 청구를 **각하(却下)**한다. 2. 심사 **청구가 이유 없다고 인정되면 그 청구를 기각(棄却)**한다. 3. **처분의 취소 또는 변경**을 구하는 심사 청구가 이유 있다고 인정되면 **처분을 취소 또는 변경하거나 처분 행정청에 취소 또는 변경할 것을 명한다.** 4. 처분의 효력 유무 또는 존재 여부에 대한 확인을 구하는 심사 청구가 이유 있다고 인정되면 처분의 효력 유무 또는 존재 여부를 확인한다. 5. 위법 또는 부당한 거부처분이나 부작위에 대하여 의무 이행을 구하는 심사 청구가 이유 있다고 인정되면 지체 없이 청구에 따른 처분을 하거나 이를 할 것을 명한다.

결정의 효력	① 소청심사위원회의 결정은 처분 행정청을 기속한다. ② 소청심사위원회의 **취소명령** 또는 **변경명령** 결정은 그에 따른 징계나 **그밖의 처분이 있을 때까지**는 종전에 행한 징계처분 또는 징계부가금 부과처분에 영향을 미치지 아니한다.
행정소송과의 관계	징계등 처분, 그 밖에 본인의 의사에 반한 불리한 처분이나 부작위에 관한 **행정소송**은 소청심사위원회의 심사·결정을 거치지 아니하면 제기할 수 없다(**필요적 전치주의**).

02 인사혁신처에 두는 소청심사위원회 :A급:

설치	**행정기관 소속 공무원**의 징계처분, 그 밖에 그 의사에 반하는 불리한 처분이나 부작위에 대한 소청을 심사·결정하게 하기 위하여 인사혁신처에 **소청심사위원회를 둔다**.
성격	합의제 행정 관청(의결기관 ×)
구성	① 위원장 1명을 포함한 **5명 이상 7명 이내의 상임위원**과 상임위원 수의 2분의 1 이상인 비상임위원으로 구성하되, 위원장은 정무직으로 보한다. ② 소청심사위원회의 조직에 관하여 필요한 사항은 대통령령 등으로 정한다.
자격	① 법관·검사 또는 변호사의 직에 5년 **이상** 근무한 자 ② 대학에서 행정학·정치학 또는 법률학을 담당한 **부교수 이상의 직**에 5년 **이상** 근무한 자 ③ 3급 **이상** 공무원 또는 고위공무원단에 속하는 공무원으로 3년 **이상** 근무한 자
임명	소청심사위원회의 **위원(위원장을 포함한다)**은 인사혁신처장의 제청으로 국무총리를 거쳐 **대통령**이 임명한다.
임기	상임위원의 임기는 3년으로 하며, **한 번만 연임할 수 있다**(비상임위원 임기-2년).
겸직불가	소청심사위원회의 **상임위원**(비상임위원 ×)은 **다른 직무를 겸할 수 없다**.
신분보장	위원은 금고 이상의 형벌이나 **장기의 심신쇠약**으로 직무를 수행할 수 없게 된 경우 외에는 본인의 의사에 반하여 면직되지 아니한다.
심사	① 소청심사위원회는 이 법에 따른 **소청을 접수하면 지체 없이 심사하여야** 한다. ② 소청심사위원회는 제1항에 따른 심사를 할 때 필요하면 검증·감정, 그 밖의 사실조사를 하거나 증인을 소환하여 질문하거나 관계 서류를 제출하도록 명할 수 있다. ③ 소청심사위원회가 소청 사건을 심사하기 위하여 징계 요구 기관이나 관계 기관의 **소속 공무원**을 증인으로 소환하면 해당 기관의 장은 이에 따라야 한다.

03 기타 소청심사위원회 [A급]

① 국회, 법원, 헌법재판소 및 선거관리위원회 소속 공무원의 소청에 관한 사항을 심사·결정하게 하기 위하여 **국회사무처, 법원행정처, 헌법재판소사무처 및 중앙선거관리위원회사무처에 각각 해당 소청심사위원회를 둔다**(국가공무원법 제9조 제2항).

② 국회사무처, 법원행정처, 헌법재판소사무처 및 중앙선거관리위원회사무처에 설치된 소청심사위원회는 **위원장 1명을 포함한 위원 5명 이상 7명 이하의** 비상임위원으로 구성하고, 위원장은 정무직으로 보한다(국가공무원법 제9조 제3항).

③ 소청심사위원회의 위원(위원장을 포함한다)은 인사행정에 관한 식견이 풍부한 자 중에서 **국회사무총장, 법원행정처장, 헌법재판소사무처장, 중앙선거관리위원회사무총장 또는 인사혁신처장의 제청으로 국회의장, 대법원장, 헌법재판소장, 중앙선거관리위원회위원장 또는 대통령이 임명**한다(국가공무원법 제10조 제1항).

Chapter 03 / 경찰작용법

제1절 경찰관 직무집행법 [시행 2024.9.20.]

01 목적(제1조) [A급]

① 이 법은 국민의 자유와 권리 및 모든 개인이 가지는 불가침의 기본적 인권을 보호하고 사회공공의 질서를 유지하기 위한 경찰관(경찰공무원만 해당한다)의 직무 수행에 필요한 사항을 규정함을 목적으로 한다.
② 이 법에 규정된 경찰관의 직권은 그 직무 수행에 필요한 최소한도에서 행사되어야 하며 남용되어서는 아니 된다.

02 직무의 범위(제2조) [A급]

1. 국민의 생명·신체 및 재산의 보호
2. 범죄의 예방·진압 및 수사
2의2. 범죄피해자 보호 - 〈신설 2018.4.17.〉
3. 경비, 주요 인사 경호 및 대간첩·대테러 작전 수행
4. 공공안녕에 대한 위험의 예방과 대응을 위한 정보의 수집·작성 및 배포 - 〈개정 2021.1.1.〉
5. 교통 단속과 교통 위해의 방지
6. 외국 정부기관 및 국제기구와의 국제협력
7. 그 밖에 공공의 안녕과 질서 유지

⊕ PLUS 경찰관 직무집행법상 즉시강제 수단의 구분 [A급]

대인적 즉시강제	① 불심검문(제3조) - 학설대립 ② 보호조치(제4조) ③ 범죄의 예방과 제지조치(제6조) ④ 경찰장구의 사용(제10조의2) ⑤ 분사기 등의 사용(제10조의3) ⑥ 무기의 사용(제10조의4)
대물적 즉시강제	**임시영치**(제4조 제3항)
대가택적 즉시강제	위험 방지를 위한 **출입**(제7조)
대인적·대물적(혼합적)	위험 발생의 방지조치(제5조)

03 불심검문(제3조) [A급]

① 경찰관은 다음 각 호의 어느 하나에 해당하는 사람을 **정지시켜 질문할 수 있다.**

1. 수상한 행동이나 그 밖의 주위 사정을 합리적으로 판단하여 볼 때 **어떠한 죄를 범하였거나 범하려 하고 있다고 의심할 만한 상당한 이유가 있는 사람**
2. 이미 행하여진 범죄나 행하여지려고 하는 범죄행위에 관한 사실을 안다고 인정되는 사람

② 경찰관은 제1항에 따라 같은 항 각 호의 사람을 정지시킨 장소에서 질문을 하는 것이 **그 사람에게 불리하거나 교통에 방해가 된다고 인정될 때에는** 질문을 하기 위하여 가까운 경찰서·지구대·파출소 또는 출장소(지방해양경찰관서를 포함하며, 이하 "경찰관서"라 한다)로 **동행할 것을 요구할 수 있다.** 이 경우 동행을 요구받은 사람은 그 요구를 거절할 수 있다.

③ 경찰관은 제1항 각 호의 어느 하나에 해당하는 사람에게 질문을 할 때에 그 사람이 **흉기를 가지고 있는지를 조사할 수 있다.**

④ 경찰관은 제1항이나 제2항에 따라 질문을 하거나 동행을 요구할 경우 **자신의 신분을 표시하는 증표(경찰관의 공무원증)를** 제시하면서 소속과 성명을 밝히고 질문이나 동행의 목적과 이유를 설명하여야 하며, 동행을 요구하는 경우에는 동행 장소를 **밝혀야 한다.**

⑤ 경찰관은 제2항에 따라 동행한 사람의 가족이나 친지 등에게 동행한 경찰관의 신분, 동행 장소, 동행 목적과 이유를 알리거나 본인으로 하여금 즉시 연락할 수 있는 기회를 주어야 하며, 변호인의 도움을 받을 권리가 있음을 알려야 한다.

⑥ 경찰관은 제2항에 따라 **동행한 사람을 6시간을 초과하여 경찰관서에 머물게 할 수 없다.**

⑦ 제1항부터 제3항까지의 규정에 따라 **질문을 받거나 동행을 요구받은 사람은** 형사소송에 관한 **법률에 따르지 아니하고는 신체를 구속당하지 아니하며, 그 의사에 반하여 답변을 강요당하지 아니한다.**

04 보호조치 등(제4조) [A급]

① 경찰관은 수상한 행동이나 그 밖의 주위 사정을 합리적으로 판단해 볼 때 다음 각 호의 어느 하나에 해당하는 것이 명백하고 응급구호가 필요하다고 믿을 만한 상당한 이유가 있는 사람(이하 "구호대상자"라 한다)을 발견하였을 때에는 **보건의료기관이나 공공구호기관에 긴급구호를 요청하거나 경찰관서에 보호**하는 등 적절한 조치를 할 수 있다.

1. **정신착란을 일으키거나 술에 취하여** 자신 또는 다른 사람의 생명·신체·재산에 위해를 끼칠 우려가 있는 사람
2. **자살을 시도하는 사람**
3. 미아, 병자, 부상자 등으로서 적당한 보호자가 없으며 응급구호가 필요하다고 인정되는 사람. 다만, 본인이 구호를 거절하는 경우는 제외한다.

② 제1항에 따라 긴급구호를 요청받은 보건의료기관이나 공공구호기관은 **정당한 이유 없이 긴급구호를 거절할 수 없다.**

> 💡 보건의료기관이나 공공구호기관이 **정당한 이유없이 긴급구호를 거절**하더라도 경찰관 직무집행법에는 처벌규정이 없다. → 응급의료에 관한 법률에 처벌규정이 있다.

③ 경찰관은 제1항의 조치를 하는 경우에 구호대상자가 휴대하고 있는 무기·흉기 등 위험을 일으킬 수 있는 것으로 인정되는 물건을 경찰관서에 **임시로 영치(領置)**하여 놓을 수 있다.
④ 경찰관은 제1항의 조치를 하였을 때에는 지체없이 **구호대상자의 가족, 친지 또는 그 밖의 연고자**에게 그 사실을 알려야 하며, **연고자가 발견되지 아니할 때에는 구호대상자를 적당한 공공보건의료기관이나 공공구호기관에 즉시 인계**하여야 한다.
⑤ 경찰관은 제4항에 따라 구호대상자를 공공보건의료기관이나 공공구호기관에 인계하였을 때에는 즉시 그 사실을 소속 경찰서장이나 해양경찰서장에게 보고하여야 한다.
⑥ 제5항에 따라 **보고를 받은 소속 경찰서장이나 해양경찰서장**은 대통령령으로 정하는 바에 따라 **구호대상자를 인계한 사실을 지체 없이 해당 공공보건의료기관 또는 공공구호기관의 장 및 그 감독행정청에 통보**하여야 한다.
⑦ 제1항에 따라 구호대상자를 **경찰관서에서 보호하는 기간은 24시간을 초과할 수 없고**, 제3항에 따라 물건을 경찰관서에 **임시로 영치하는 기간은 10일을 초과할 수 없다**.

05 위험발생의 방지 등(제5조) [A급]

① 경찰관은 사람의 생명 또는 신체에 위해를 끼치거나 재산에 중대한 손해를 끼칠 우려가 있는 천재, 사변, 인공구조물의 파손이나 붕괴, 교통사고, 위험물의 폭발, 위험한 동물 등의 출현, 극도의 혼잡, 그 밖의 위험한 사태가 있을 때에는 **다음 각 호의 조치를 할 수 있다.**

> 1. 그 장소에 모인 사람, 사물(事物)의 관리자, 그 밖의 관계인에게 필요한 **경고를 하는 것**
> 2. 매우 긴급한 경우에는 위해를 입을 우려가 있는 사람을 필요한 한도에서 **억류하거나 피난시키는 것**
> 3. 그 장소에 있는 사람, 사물의 관리자, 그 밖의 관계인에게 위해를 방지하기 위하여 필요하다고 인정되는 **조치를 하게 하거나 직접 그 조치를 하는 것**

② 경찰관서의 장은 대간첩 작전의 수행이나 소요 사태의 진압을 위하여 필요하다고 인정되는 상당한 이유가 있을 때에는 대간첩 작전지역이나 경찰관서·무기고 등 **국가중요시설에 대한 접근 또는 통행을** 제한하거나 금지할 수 있다.
③ 경찰관은 제1항의 조치를 하였을 때에는 **지체 없이 그 사실을 소속 경찰관서의 장에게 보고**하여야 한다.
④ 제2항의 조치를 하거나 제3항의 보고를 받은 경찰관서의 장은 관계 기관의 협조를 구하는 등 적절한 조치를 하여야 한다.

06 범죄의 예방과 제지(제6조) [A급]

경찰관은 범죄행위가 **목전(目前)**에 행하여지려고 하고 있다고 인정될 때에는 이를 **예방**하기 위하여 관계인에게 필요한 **경고**를 하고, 그 행위로 인하여 사람의 생명·신체에 위해를 끼치거나 재산에 **중대한 손해**를 끼칠 우려가 있는 **긴급한 경우**에는 그 행위를 **제지**할 수 있다.

07 위험방지를 위한 출입(제7조) [A급]

① 경찰관은 제5조 제1항·제2항 및 제6조에 따른 위험한 사태가 발생하여 사람의 생명·신체 또는 재산에 대한 **위해가 임박한 때**에 그 위해를 방지하거나 피해자를 구조하기 위하여 부득이하다고 인정하면 합리적으로 판단하여 필요한 한도에서 **다른 사람의 토지·건물·배 또는 차**(비행기×)에 출입할 수 있다.
② 흥행장, 여관, 음식점, 역, 그 밖에 **많은 사람이 출입하는 장소**의 관리자나 그에 준하는 관계인은 경찰관이 범죄나 사람의 생명·신체·재산에 대한 위해를 **예방**하기 위하여 해당 장소의 **영업시간**이나 해당 장소가 일반인에게 **공개된 시간**에 그 장소에 출입하겠다고 요구하면 **정당한 이유 없이 그 요구를 거절할 수 없다.**
③ 경찰관은 **대간첩 작전 수행**에 필요할 때에는 작전지역에서 **제2항에 따른 장소를 검색**할 수 있다.
④ 경찰관은 제1항부터 제3항까지의 규정에 따라 필요한 장소에 출입할 때에는 그 신분을 표시하는 증표를 제시하여야 하며, 함부로 관계인이 하는 정당한 업무를 방해해서는 아니 된다.

08 사실의 확인 등(제8조) [A급]

① 경찰관서의 장은 직무 수행에 필요하다고 인정되는 상당한 이유가 있을 때에는 국가기관이나 공사 단체 등에 직무 수행에 관련된 사실을 조회할 수 있다. 다만, **긴급한 경우에는 소속 경찰관으로 하여금** 현장에 나가 해당 기관 또는 단체의 장의 협조를 받아 그 **사실을 확인하게 할 수 있다.**
② 경찰관은 다음 각 호의 직무를 수행하기 위하여 필요하면 관계인에게 출석하여야 하는 사유·일시 및 장소를 명확히 적은 **출석 요구서**를 보내 경찰관서에 **출석할 것을 요구할 수 있다.**

　1. **미아를 인수할 보호자 확인**
　2. **유실물을 인수할 권리자 확인**
　3. 사고로 인한 **사상자 확인**
　4. **행정처분**을 위한 **교통사고 조사**에 필요한 사실 확인

09 정보의 수집 등(제8조의2) [A급]

① 경찰관은 **범죄·재난·공공갈등 등** 공공안녕에 대한 위험의 예방과 대응을 위한 정보의 **수집·작성·배포**와 이에 수반되는 사실의 확인 및 조사를 할 수 있다.
② 제1항에 따른 정보의 구체적인 범위와 처리 기준, 정보의 수집·작성·배포에 수반되는 사실의 확인 절차와 한계는 **대통령령**으로 정한다. – ※ 경찰관의 정보수집 및 처리 등에 관한 규정(제2절에 별도 정리함)

10 국제협력(제8조의3) [A급]

경찰청장 또는 해양경찰청장은 이 법에 따른 경찰관의 직무수행을 위하여 외국 정부기관, 국제기구 등과 자료 교환, 국제협력 활동 등을 할 수 있다.

11 유치장(제9조) [A급]

법률에서 정한 절차에 따라 **체포·구속된 사람** 또는 신체의 자유를 제한하는 **판결이나 처분을 받은 사람**을 수용하기 위하여 경찰서와 해양경찰서에 유치장을 둔다.

12 경찰장비의 사용 등(제10조) [A급]

① 경찰관은 직무수행 중 **경찰장비를 사용할 수 있다**. 다만, 사람의 생명이나 신체에 위해를 끼칠 수 있는 경찰장비(이하 이 조에서 "위해성 경찰장비"라 한다)를 사용할 때에는 필요한 안전교육과 안전검사를 받은 후 사용하여야 한다.
② 제1항 본문에서 **"경찰장비"**란 무기, 경찰장구, 경찰착용기록장치, 최루제와 그 발사장치, 살수차, 감식기구, 해안 감시기구, 통신기기, 차량·선박·항공기 등 경찰이 직무를 수행할 때 **필요한 장치와 기구를** 말한다.
③ 경찰관은 경찰장비를 **함부로 개조**하거나 경찰장비에 **임의의 장비를 부착**하여 일반적인 사용법과 달리 사용함으로써 다른 사람의 생명·신체에 **위해를 끼쳐서는 아니 된다**.
④ **위해성 경찰장비는 필요한 최소한도에서 사용하여야 한다**.
⑤ 경찰청장은 위해성 경찰장비를 새로 도입하려는 경우에는 대통령령으로 정하는 바에 따라 안전성 검사를 실시하여 그 **안전성 검사의 결과보고서를 국회 소관 상임위원회에 제출하여야 한다**. 이 경우 안전성 검사에는 외부 전문가를 참여시켜야 한다.
⑥ 위해성 경찰장비의 종류 및 그 사용기준, 안전교육·안전검사의 기준 등은 **대통령령으로 정한다**. — ※ 위해성 경찰장비의 사용기준 등에 관한 규정(제3절에서 별도 정리함)

13 경찰장구의 사용(제10조의2) [A급]

① 경찰관은 다음 각 호의 직무를 수행하기 위하여 필요하다고 인정되는 상당한 이유가 있을 때에는 그 사태를 합리적으로 판단하여 필요한 한도에서 **경찰장구를 사용할 수 있다**.

  1. 현행범이나 사형·무기 또는 장기 3년 이상의 **징역이나 금고에 해당하는 죄를 범한 범인의 체포 또는 도주 방지**
  2. 자신이나 다른 사람의 생명·신체의 방어 및 보호
  3. 공무집행에 대한 항거 제지

② 제1항에서 **"경찰장구"**란 경찰관이 휴대하여 범인 검거와 범죄 진압 등의 직무 수행에 사용하는 수갑, 포승, 경찰봉, 방패 등을 말한다.

14 분사기 등의 사용(제10조의3) A급

경찰관은 다음 각 호의 직무를 수행하기 위하여 부득이한 경우에는 현장책임자가 판단하여 필요한 최소한의 범위에서 **분사기**(「총포·도검·화약류 등의 안전관리에 관한 법률」에 따른 분사기를 말하며, 그에 사용하는 최루 등의 작용제를 포함한다) 또는 **최루탄을 사용할 수 있다.**

1. 범인의 체포 또는 범인의 도주 방지
2. 불법집회·시위로 인한 자신이나 다른 사람의 생명·신체와 재산 및 공공시설 안전에 대한 현저한 위해의 발생 억제

15 무기의 사용(제10조의4) A급

① 경찰관은 **범인의 체포, 범인의 도주 방지, 자신이나 다른 사람의 생명·신체의 방어 및 보호, 공무집행에 대한 항거의 제지**를 위하여 필요하다고 인정되는 상당한 이유가 있을 때에는 그 사태를 합리적으로 판단하여 필요한 한도에서 **무기를 사용할 수 있다.** 다만, 다음 각 호의 어느 하나에 해당할 때를 제외하고는 사람에게 위해를 끼쳐서는 아니 된다.

1. 「형법」에 규정된 정당방위와 긴급피난에 해당할 때
2. 다음 각 목의 어느 하나에 해당하는 때에 그 행위를 방지하거나 그 행위자를 체포하기 위하여 무기를 사용하지 아니하고는 다른 수단이 없다고 인정되는 상당한 이유가 있을 때

   가. **사형·무기 또는 장기 3년 이상의 징역**이나 금고에 해당하는 죄를 범하거나 범하였다고 의심할 만한 충분한 이유가 있는 사람이 경찰관의 **직무집행에 항거하거나 도주하려고 할 때**
   나. **체포·구속영장과 압수·수색영장**을 집행하는 과정에서 경찰관의 직무집행에 항거하거나 도주하려고 할 때
   다. 제3자가 가목 또는 나목에 해당하는 사람을 도주시키려고 경찰관에게 항거할 때
   라. 범인이나 소요를 일으킨 사람이 무기·흉기 등 위험한 물건을 지니고 경찰관으로부터 **3회 이상 물건을 버리라는 명령이나 항복하라는 명령**을 받고도 따르지 아니하면서 계속 항거할 때
3. 대간첩 작전 수행 과정에서 무장간첩이 항복하라는 경찰관의 명령을 받고도 따르지 아니할 때

② 제1항에서 **"무기"**란 사람의 생명이나 신체에 위해를 끼칠 수 있도록 제작된 권총·소총·도검 등을 말한다.
③ 대간첩·대테러 작전 등 국가안전에 관련되는 작전을 수행할 때에는 **개인화기** 외에 **공용화기를 사용할 수 있다.**

16 경찰착용기록장치의 사용(제10조의5) [A급]

① 경찰관은 다음 각 호의 어느 하나에 해당하는 직무 수행을 위하여 필요한 경우에는 **필요한 최소한의 범위에서 경찰착용기록장치를** 사용할 수 있다.

> 1. 경찰관이 「형사소송법」 제200조의2(영장에 의한 체포), 제200조의3(긴급체포), 제201조(구속) 또는 제212조(현행범인의 체포)에 따라 **피의자를** 체포 **또는 구속하는 경우**
> 2. 범죄 수사를 위하여 필요한 경우로서 다음 각 목의 **요건을 모두 갖춘 경우**
>> 가. **범행** 중이거나 **범행** 직전 또는 직후일 것
>> 나. **증거보전의 필요성 및** 긴급성이 있을 것
> 3. 제5조 제1항에 따른 **인공구조물의 파손이나 붕괴** 등의 위험한 사태가 발생한 경우
> 4. 경찰착용기록장치에 **기록되는 대상자로부터** 그 기록의 **요청 또는 동의를 받은 경우**
> 5. 제4조 제1항 각 호에 해당하는 것이 명백하고 **응급구호가 필요하다고** 믿을 만한 상당한 이유가 있는 경우
> 6. 제6조에 따라 사람의 생명·신체에 위해를 끼치거나 재산에 중대한 손해를 끼칠 우려가 있는 **범죄행위를 긴급하게 예방 및 제지**하는 경우
> 7. 경찰관이 「해양경비법」 제12조 또는 제13조에 따라 해상검문검색 또는 추적·나포하는 경우
> 8. 경찰관이 「수상에서의 수색·구조 등에 관한 법률」에 따라 같은 법 제2조 제4호의 수난구호 업무 시 수색 또는 구조를 하는 경우
> 9. 그 밖에 제1호부터 제8호까지에 준하는 경우로서 대통령령으로 정하는 경우

② 이 법에서 **"경찰착용기록장치"란** 경찰관이 신체에 착용 또는 휴대하여 직무수행 과정을 근거리에서 **영상·음성**으로 기록할 수 있는 기록장치 또는 그 밖에 이와 유사한 기능을 갖춘 기계장치를 말한다.

17 경찰착용기록장치의 사용 고지 등(제10조의6) [A급]

① 경찰관이 경찰착용기록장치를 사용하여 기록하는 경우로서 이동형 영상정보처리기기로 사람 또는 그 사람과 관련된 사물의 **영상을 촬영하는 때에는** 불빛, 소리, 안내판 등 대통령령으로 정하는 바에 따라 **촬영 사실을 표시하고 알려야 한다.**

> 🔍 **참고** 안내서면, 안내방송, 안내문구 부착 또는 이에 준하는 수단이나 방법 가능

② 제1항에도 불구하고 제10조의5 제1항 각 호에 따른 경우로서 **불가피하게 고지가 곤란한 경우**에는 제3항에 따라 **영상음성기록을 전송·저장하는 때에** 그 고지를 못한 사유를 기록하는 것으로 대체할 수 있다.
③ 경찰착용기록장치로 **기록을 마친 영상음성기록은** 지체 없이 제10조의7에 따른 영상음성기록정보 관리체계를 이용하여 영상음성기록정보 **데이터베이스에 전송·저장하도록 하여야 하며,** 영상음성기록을 **임의로 편집·복사하거나 삭제하여서는 아니 된다.**
④ 그 밖에 경찰착용기록장치의 사용기준 및 관리 등에 필요한 사항은 **대통령령으로 정한다.**

⊕ PLUS 경찰착용기록장치 운영 등에 관한 규정(대통령령) [시행 2024.7.31.] A급

영상음성기록 보관기간 (제5조)

① 경찰착용기록장치로 기록한 **영상음성기록의 보관기간**은 해당 기록을 법 제10조의6 제3항에 따라 영상음성기록정보 데이터베이스에 **전송·저장한 날부터 30일**(해당 영상음성기록이 수사 중인 범죄와 관련된 경우 등 경찰청장 또는 해양경찰청장이 정하는 사항에 해당하는 경우에는 **90일**)로 한다.
② 제1항에도 불구하고 경찰청장, 해양경찰청장, 시·도경찰청장, 지방해양경찰청장, 중앙해양특수구조단장, 경찰서장 또는 해양경찰서장은 범죄수사를 위한 증거 보전이 **필요한 경우** 등 영상음성기록을 **계속하여 보관할 필요**가 있다고 인정하는 경우에는 **90일**의 **범위**에서 한 차례만 보관기간을 연장할 수 있다.

18 영상음성기록정보 관리체계의 구축·운영(제10조의7) A급

경찰청장 및 해양경찰청장은 경찰착용기록장치로 **기록한 영상·음성을 저장**하고 데이터베이스로 관리하는 **영상음성기록정보** 관리체계를 구축·운영하여야 한다.

19 사용기록의 보관(제11조) A급

제10조 제2항에 따른 **살수차**, 제10조의3에 따른 **분사기, 최루탄** 또는 제10조의4에 따른 **무기(장구×)**를 사용하는 경우 그 **책임자(사용자×)**는 사용 일시·장소·대상, 현장책임자, 종류, 수량 등을 기록하여 보관하여야 한다.
《주의》 경찰관 직무집행법상 '**경찰장구**'는 사용기록의 보관 대상이 아니다. 또한 기타장비 중에서는 '**살수차**'만이 사용기록의 대상에 해당하고 그 외 기타장비는 사용기록의 보관 대상이 아니다.

20 손실보상(제11조의2) A급

① 국가는 경찰관의 적법한 직무집행으로 인하여 다음 각 호의 어느 하나에 해당하는 손실을 입은 자에 대하여 정당한 보상을 하여야 한다.
   1. 손실발생의 원인에 대하여 **책임이 없는 자**가 생명·신체 또는 재산상의 손실을 입은 경우(손실발생의 원인에 대하여 책임이 없는 자가 경찰관의 직무집행에 **자발적으로** 협조하거나 물건을 제공하여 생명·신체 또는 재산상의 손실을 입은 경우를 포함한다)
   2. 손실발생의 원인에 대하여 **책임이 있는** 자가 자신의 **책임에 상응하는 정도를 초과하는** 생명·신체 또는 재산상의 손실을 입은 경우
② 제1항에 따른 보상을 청구할 수 있는 권리는 **손실이 있음을 안 날부터 3년, 손실이 발생한 날부터 5년간** 행사하지 아니하면 시효의 완성으로 소멸한다.
③ 제1항에 따른 손실보상신청 사건을 심의하기 위하여 **손실보상심의위원회**를 둔다.

④ **경찰청장**, 해양경찰청장, **시·도경찰청장** 또는 지방해양경찰청장은 제3항의 손실보상심의위원회의 심의·의결에 따라 보상금을 지급하고, **거짓 또는 부정한 방법으로 보상금을 받은 사람에 대하여는** 해당 보상금을 환수하여야 한다.
⑤ 보상금이 지급된 경우 손실보상심의위원회는 대통령령으로 정하는 바에 따라 **국가경찰위원회** 또는 해양경찰위원회에 **심사자료와 결과를 보고하여야 한다**. 이 경우 국가경찰위원회 또는 해양경찰위원회는 손실보상의 적법성 및 적정성 확인을 위하여 필요한 자료의 제출을 요구할 수 있다.
⑥ 경찰청장, 해양경찰청장, 시·도경찰청장 또는 지방해양경찰청장은 제4항에 따라 보상금을 반환하여야 할 사람이 **대통령령으로 정한 기한까지 그 금액을 납부하지 아니한 때에는 국세강제징수의 예에 따라 징수할 수 있다**.
⑦ 제1항에 따른 손실보상의 기준, 보상금액, 지급 절차 및 방법, 제3항에 따른 손실보상심의위원회의 구성 및 운영, 제4항 및 제6항에 따른 환수절차, 그 밖에 손실보상에 관하여 필요한 사항은 **대통령령**(경찰관 직무집행법 시행령)으로 정한다.

⊕ PLUS 손실보상(경찰관 직무집행법 시행령, 대통령령) [시행 2024.9.20.] [A급]

손실보상 기준 보상금액 (제9조)	① 법 제11조의2 제1항에 따라 손실보상을 할 때 **물건을 멸실·훼손한 경우**에는 다음 각 호의 기준에 따라 보상한다. 　1. 손실을 입은 물건을 수리할 수 있는 경우: **수리비에 상당하는 금액** 　2. 손실을 입은 물건을 수리할 수 없는 경우: **손실을 입은 당시의 해당 물건의 교환가액** 　3. 영업자가 손실을 입은 물건의 수리나 교환으로 인하여 영업을 계속할 수 없는 경우: **영업을 계속할 수 없는 기간 중 영업상 이익에 상당하는 금액** ② 물건의 멸실·훼손으로 인한 손실 외의 재산상 손실에 대해서는 직무집행과 상당한 인과관계가 있는 범위에서 보상한다.
손실보상의 지급절차·방법 (제10조)	① 법 제11조의2에 따라 경찰관의 적법한 직무집행으로 인하여 발생한 손실을 보상받으려는 사람(이하 "**청구인**"이라 한다)은 별지 제4호서식의 **보상금 지급 청구서**에 손실내용과 손실금액을 증명할 수 있는 서류를 첨부하여 다음 각 호의 어느 하나에 해당하는 자에게 **제출해야 한다**. 　1. **경찰청장 또는 해양경찰청장** 　2. 손실보상청구 사건 발생지를 관할하는 시·도경찰청, 지방해양경찰청 또는 **경찰관서의 장**. 다만, 직무를 집행한 경찰관이 손실보상청구 사건 발생지를 관할하는 시·도경찰청, 지방해양경찰청 또는 경찰관서 소속이 아닌 경우에는 해당 경찰관이 소속된 시·도경찰청, 지방해양경찰청 또는 경찰관서의 장을 포함한다. ② 제1항에 따라 보상금 지급 청구서를 받은 경찰청장, 해양경찰청장, 시·도경찰청장, 지방해양경찰청장 또는 경찰관서의 장은 해당 청구서를 제11조 제1항에 따른 손실보상청구 사건을 심의할 **손실보상심의위원회가 설치된 경찰청, 해양경찰청, 시·도경찰청 또는 지방해양경찰청의 장**(이하 "**손실보상결정권자**"라 한다)에게 보내야 한다. ③ 제1항 또는 제2항에 따라 보상금 지급 청구서를 받은 **손실보상 결정권자**는 「민원 처리에 관한 법률」 제10조의2에 따른 본인정보 공동이용 또는 「전자정부법」 제36조 제1항에 따른 행정정보의 공동이용을 통하여 다음 각 호의 **행정정보를 확인해야 한다**. 다만, 청구인이 확인에 동의하지 않으면 해당 서류를 직접 첨부하도록 해야 한다. 　1. 주민등록표 등본 　2. 가족관계증명서 　3. 자동차등록증(자동차와 관련하여 재산상 손실이 발생한 경우로 한정한다)

④ 제1항 또는 제2항에 따라 보상금 지급 청구서를 받은 **손실보상 결정권자**는 특별한 사유가 없으면 보상금 지급 청구서를 받은 날부터 **60일 이내**에 손실보상심의위원회의 심의·의결에 따라 **보상 여부 및 보상금액을 결정**해야 한다. 다만, 부득이한 사유로 60일 이내에 결정할 수 없을 때에는 그 기간이 끝나는 날의 **다음 날부터 20일의 범위에서 결정기간을 한 차례만 연장**할 수 있다.

⑤ 제1항 또는 제2항에 따라 보상금 지급 청구서를 받은 손실보상 결정권자는 청구인에게 자료 보완을 요구할 수 있으며, **보완된 자료의 제출에 걸리는 기간은 제4항에 따른 보상 여부 및 보상금액 결정 기간에 산입하지 않는다**.

⑥ 손실보상 결정권자는 다음 각 호의 어느 하나에 해당하는 경우에는 그 청구를 **각하하는** 결정을 해야 한다.

> 1. 청구인이 **같은 청구 원인으로** 보상신청을 하여 보상금 지급 여부에 대하여 **결정을 받은 경우**. 다만, 기각 결정을 받은 청구인이 손실을 증명할 수 있는 **새로운 증거가 발견되었음을 소명하는 경우는** 제외한다.
> 2. 손실보상 청구가 요건과 절차를 갖추지 못한 경우. 다만, 그 잘못된 부분을 시정할 수 있는 경우는 제외한다.

⑦ 손실보상 결정권자는 다음 각 호의 구분에 따라 그 결정 내용(제2호의 경우에는 그 사유를 포함한다)을 청구인에게 통지해야 한다.

> 1. 제4항에 따른 **보상 여부 및 보상금액 결정** 또는 제6항에 따른 **각하 결정**에 대해서는 **결정일부터 10일 이내에 통지**
> 2. 제4항 단서에 따른 **결정기간 연장 결정**에 대해서는 **지체 없이 통지**

⑧ 손실보상 결정권자는 제7항에 따른 통지를 하는 경우 서면, 전자우편, 문자메시지 등 **청구인이 요청하는 방법**으로 할 수 있으며, 별도로 요청하는 방법이 없는 경우에는 다음 각 호의 구분에 따른 **서면으로 통지**한다.

> 1. 보상금을 지급하기로 결정한 경우: 별지 제5호서식의 **보상금 지급 결정 통지서**
> 2. 보상금을 지급하지 않기로 결정하거나 보상금 지급 청구를 각하하는 경우: 별지 제6호서식의 보상금 지급 청구 기각·각하 결정 통지서
> 3. 보상금 지급 청구 결정기간을 연장하기로 결정한 경우: 별지 제7호서식의 손실보상 **결정기간 연장 통지서**

⑨ 손실보상 결정권자는 특별한 사유가 없으면 보상금을 **지급하기로 결정한 날부터 30일 이내**에 이를 **지급**하되, 지급방법은 그 보상금을 지급받을 사람이 지정하는 **예금계좌**(「우체국예금·보험에 관한 법률」에 따른 체신관서 또는 「은행법」에 따른 은행의 계좌를 말한다)에 **입금하는 방법**으로 한다. 다만, 부득이한 사유가 있는 경우에는 그 보상금을 지급받을 사람의 **신청**에 따라 **현금으로 지급**할 수 있다.

⑩ 보상금은 **일시불**로 지급하되, 예산 부족 등의 사유로 일시불로 지급할 수 없는 특별한 사정이 있는 경우에는 그 보상금을 지급받을 사람의 **동의를 받아 분할하여 지급**할 수 있다.

⑪ 보상금을 지급받은 사람은 보상금을 지급받은 원인과 동일한 원인으로 인한 **부상이 악화되거나 새로 발견**되어 다음 각 호의 어느 하나에 해당하는 경우에는 **보상금의 추가 지급을 청구**할 수 있다. 이 경우 보상금 지급 청구, 보상금액 결정, 보상금 지급 결정에 대한 통지, 보상금 지급 방법 등에 관하여는 제1항부터 제10항까지의 규정을 준용한다.

> 1. 별표 제2호에 따른 부상등급이 변경된 경우(부상등급 외의 부상에서 제1급부터 제8급까지의 등급으로 변경된 경우를 포함한다)
> 2. 별표 제2호에 따른 부상등급 외의 부상에 대해 부상등급의 변경은 없으나 보상금의 추가 지급이 필요한 경우

⑫ 제1항부터 제11항까지에서 규정한 사항 외에 손실보상의 청구 및 지급에 필요한 사항은 경찰청장 또는 해양경찰청장이 정한다.

손실보상 심의위원회 설치·구성 (제11조)	① 법 제11조의2 제3항에 따라 소속 경찰관의 직무집행으로 인하여 발생한 손실보상청구 사건을 심의하기 위하여 **경찰청**, **해양경찰청**, **시·도경찰청** 및 **지방해양경찰청**에 **손실보상심의위원회**(이하 "위원회"라 한다)를 설치한다. ② 위원회는 위원장 1명을 포함한 **7명 이상 9명 이내**의 위원으로 **성별**을 고려하여 구성한다. 다만, **청구금액이 100만원 이하**인 사건에 대해서는 제3항 제1호에 해당하는 **위원 3명**으로만 구성할 수 있다. ③ 제2항 본문에 따른 **위원회의 위원**은 다음 각 호의 어느 하나에 해당하는 사람 중에서 **손실보상 결정권자**가 위촉하거나 임명한다. 이 경우 **위원의 과반수는 경찰관이 아닌 사람**으로 해야 한다. 　1. 소속 경찰관 　2. 판사·검사 또는 변호사로 5년 이상 근무한 사람 　3. 「고등교육법」 제2조에 따른 학교에서 **법학 또는 행정학**을 가르치는 **부교수 이상**으로 5년 이상 재직한 사람 　4. 경찰 업무와 손실보상에 관하여 학식과 경험이 풍부한 사람 ④ **위촉위원**의 임기는 **2년**으로 한다. ⑤ 위원회의 **사무**를 **처리**하기 위하여 위원회에 **간사 1명**을 두되, 간사는 **소속 경찰관** 중에서 **손실보상 결정권자**가 **지명**한다.
보상위원장 (제12조)	① 위원회의 **위원장**(이하 "**보상위원장**"이라 한다)은 제11조 제3항 제1호에 따른 **위원** 중에서 **손실보상 결정권자**가 **지명한 사람**이 된다. ② 보상위원장은 **위원회**를 **대표**하며, 위원회의 **업무**를 **총괄**한다. ③ 보상위원장이 부득이한 사유로 직무를 수행할 수 없는 때에는 보상위원장이 **미리 지명한 위원**이 그 **직무**를 대행한다.
손실보상 심의위원회 운영 (제13조)	① 위원장은 위원회의 회의를 소집하고, 그 의장이 된다. ② 위원회의 회의는 **재적위원 과반수의 출석**으로 개의하고, **출석위원 과반수의 찬성**으로 의결한다. ③ 위원회는 심의를 위하여 필요한 경우에는 관계 공무원이나 관계 기관에 사실조사나 **자료의 제출 등**을 요구할 수 있으며, 관계 전문가에게 필요한 정보의 제공이나 **의견의 진술 등**을 요청할 수 있다.
보상금 환수절차 (제17조의2)	① 경찰청장, 해양경찰청장, 시·도경찰청장 또는 지방해양경찰청장은 법 제11조의2 제4항에 따라 보상금을 환수하려는 경우에는 위원회의 심의·의결에 따라 환수 여부 및 환수금액을 결정하고, 거짓 또는 부정한 방법으로 보상금을 받은 사람에게 환수사유, 환수금액, 납부기한, 납부기관을 서면으로 통지해야 한다. ② 법 제11조의2 제6항에서 "**대통령령으로 정한 기한**"이란 제1항에 따른 **통지일부터 40일 이내**의 범위에서 경찰청장, 해양경찰청장, 시·도경찰청장 또는 지방해양경찰청장이 정하는 기한을 말한다.
국가경찰위원회 보고 (제17조의3)	① 법 제11조의2 제5항에 따라 **위원회**는 보상금 지급과 관련된 심사자료와 결과를 **반기별**로 **국가경찰위원회** 또는 **해양경찰위원회**에 **보고해야** 한다. ② **국가경찰위원회** 또는 해양경찰위원회는 필요하다고 인정하는 때에는 수시로 보상금 지급과 관련된 심사자료와 결과에 대한 **보고**를 **위원회에 요청**할 수 있다. 이 경우 위원회는 그 요청에 **따라야** 한다.

21 범인검거 등 공로자 보상금 지급(제11조의3) A급

① **경찰청장**, 해양경찰청장, **시·도경찰청장**, 지방해양경찰청장, **경찰서장** 또는 해양경찰서장(이하 이 조에서 "**경찰청장등**"이라 한다)은 다음 각 호의 어느 하나에 해당하는 사람에게 **보상금을 지급할 수 있다**.

　1. 범인 또는 범인의 소재를 신고하여 검거하게 한 사람
　2. 범인을 검거하여 경찰공무원에게 인도한 사람

3. 테러범죄의 예방활동에 현저한 공로가 있는 사람
4. 그 밖에 제1호부터 제3호까지의 규정에 준하는 사람으로서 대통령령으로 정하는 사람

② 경찰청장등은 제1항에 따른 보상금 지급의 심사를 위하여 대통령령으로 정하는 바에 따라 **각각 보상금심사위원회를 설치·운영하여야 한다.**
③ 제2항에 따른 보상금심사위원회는 **위원장 1명을 포함한 5명** 이내의 위원으로 구성한다.
④ 제2항에 따른 보상금심사위원회의 **위원은 소속 경찰공무원** 중에서 **경찰청장등이 임명**한다.
⑤ 경찰청장등은 제2항에 따른 보상금심사위원회의 심사·의결에 따라 보상금을 지급하고, **거짓 또는 부정한 방법으로 보상금을 받은 사람**에 대하여는 해당 **보상금을 환수**한다.
⑥ 경찰청장등은 제5항에 따라 보상금을 반환하여야 할 사람이 대통령령으로 **정한 기한까지 그 금액을 납부하지 아니한 때에는 국세강제징수의 예에 따라 징수할 수 있다.**
⑦ 제1항에 따른 보상 대상, 보상금의 지급 기준 및 절차, 제2항 및 제3항에 따른 보상금심사위원회의 구성 및 심사사항, 제5항 및 제6항에 따른 환수절차, 그 밖에 **보상금 지급에 관하여 필요한 사항은 대통령령으로 정한다.**

➕ PLUS 보상금 지급에 필요한 사항[경찰관 직무집행법 시행령(대통령령)] [시행 2024.9.20.] A급

범인검거 보상금 지급 대상자 (제18조)	법 제11조의3 제1항 제4호에서 **"대통령령으로 정하는 사람"**이란 다음 각 호의 어느 하나에 해당하는 사람을 말한다. 1. 범인의 신원을 특정할 수 있는 정보를 제공한 사람 2. 범죄사실을 입증하는 증거물을 제출한 사람 3. 그 밖에 범인 검거와 관련하여 경찰 수사 활동에 협조한 사람 중 보상금 지급 대상자에 해당한다고 법 제11조의3 제2항에 따른 보상금심사위원회가 인정하는 사람
보상금 심사위원회의 (제19조)	① 법 제11조의3 제2항에 따라 **경찰청, 해양경찰청, 시·도경찰청, 지방해양경찰청, 경찰서 또는 해양경찰서**에 두는 **보상금심사위원회의 위원장**은 해당 기관 **소속 과장급 이상**의 경찰관 중에서 **경찰청장, 해양경찰청장, 시·도경찰청장, 지방해양경찰청장, 경찰서장 또는 해양경찰서장("경찰청장등")이 임명**하는 사람으로 한다. ④ 보상금심사위원회의 회의는 **재적위원 과반수의 찬성으로 의결**한다.
범인검거 보상금 지급 절차 (제21조)	① **경찰청장등**은 보상금 지급사유가 발생한 경우에는 **직권**으로 또는 보상금을 지급받으려는 사람의 **신청**에 따라 소속 보상금심사위원회의 심사·의결을 거쳐 보상금을 지급한다. ③ **경찰청장등**은 소속 보상금심사위원회의 보상금 심사를 위하여 필요한 경우에는 보상금 지급 대상자와 관계 공무원 또는 기관에 사실조사나 **자료의 제출 등을 요청할 수 있다.**
범인검거 보상금 환수절차 (제21조의2)	① 경찰청장등은 법 제11조의3 제5항에 따라 보상금을 환수하려는 경우에는 보상금심사위원회의 심사·의결에 따라 환수 여부 및 환수금액을 결정하고, 거짓 또는 부정한 방법으로 보상금을 받은 사람에게 환수사유, 환수금액, 납부기한, 납부기관을 서면으로 통지해야 한다. ② 법 제11조의3 제6항에서 **"대통령령으로 정한 기한"**이란 제1항에 따른 **통지일부터 40일 이내**의 범위에서 경찰청장등이 정하는 기한을 말한다.
보상금 지급기준 (제20조)	법 제11조의3 제1항에 따른 **보상금의 최고액은 5억원**으로 하며, 구체적인 보상금 지급 기준은 **경찰청장 또는 해양경찰청장이 정하여 고시**한다.

⊕ PLUS 범인검거 등 공로자 보상에 관한 규정(경찰청고시) [시행 2024.4.4.] A급

보상금 지급기준 (제6조)	① 시행령 제20조에 따른 보상금 지급기준 금액은 다음 각 호와 같다. 　1. 사형, 무기징역 또는 무기금고, 장기 10년 이상의 징역 또는 금고에 해당하는 범죄: 100만원 　2. 장기 10년 미만의 징역 또는 금고에 해당하는 범죄: 50만원 　3. 장기 5년 미만의 징역 또는 금고, 장기 10년 이상의 자격정지 또는 벌금형: 30만원 ⑤ 동일한 사람에게 지급결정일을 기준으로 연간(1월 1일부터 12월 31일까지를 말한다) 5회를 초과하여 보상금을 지급할 수 없다.
중복 지급 제한 (제8조)	보상금을 지급받을 사람이 동일한 원인으로 다른 법령에 따른 포상금·보상금 등을 지급받거나 지급받을 예정인 경우에는 그 포상금·보상금 등의 액수가 지급할 보상금액과 동일하거나 이를 초과할 때에는 보상금을 지급하지 아니하며, 그 포상금·보상금 등의 액수가 지급할 보상금액보다 적을 때에는 그 금액을 공제하고 보상금액을 정하여야 한다.
이중 지급 제한 (제9조)	보상금 지급 심사·의결을 거쳐 지급이 이루어진 이후에는 동일한 사건에 대하여 보상금을 지급할 수 없다.
보상금 배분 (제10조)	범인검거 등 공로자가 2명 이상인 경우에는 각자의 공로, 당사자 간의 분배 합의 등을 감안해서 배분하여 지급할 수 있다.

22 소송 지원(제11조의4) A급

경찰청장과 해양경찰청장은 경찰관이 제2조 각 호에 따른 **직무의 수행으로 인하여 민·형사상 책임과 관련된 소송을 수행할 경우** 변호인 선임 등 소송 수행에 필요한 지원을 할 수 있다.

23 직무 수행으로 인한 형의 감면(제11조의5) A급

다음 각 호의 범죄가 행하여지려고 하거나 행하여지고 있어 타인의 생명·신체에 대한 위해 발생의 우려가 명백하고 긴급한 상황에서, 경찰관이 그 위해를 예방하거나 진압하기 위한 행위 또는 범인의 검거 과정에서 경찰관을 향한 직접적인 유형력 행사에 대응하는 행위를 하여 그로 인하여 타인에게 피해가 발생한 경우, 그 경찰관의 직무 수행이 불가피한 것이고 필요한 최소한의 범위에서 이루어졌으며 해당 경찰관에게 고의 또는 중대한 과실이 없는 때에는 그 정상을 참작하여 형을 감경하거나 면제할 수 있다.

　1. 살인, 상해와 폭행, 강간, 강도 및 이에 대하여 다른 법률에 따라 가중처벌하는 범죄
　2. 가정폭력범죄, 아동학대범죄

24 벌칙(제12조) A급

이 법에 규정된 경찰관의 의무를 위반하거나 직권을 남용하여 다른 사람에게 해를 끼친 사람은 1년 이하의 징역이나 금고 또는 300만원 이하의 벌금에 처한다.

판례 | 경찰관 직무집행법 관련 판례 (A급)

1. 경찰관 직무집행법 제3조 제4항은 경찰관이 **불심검문을** 하고자 할 때에는 자신의 신분을 표시하는 **증표를 제시하여야 한다**고 규정하고, 경찰관 직무집행법 시행령 제5조는 위 법에서 규정한 신분을 표시하는 증표는 경찰관의 공무원증이라고 규정하고 있는데, **불심검문을 하게 된 경위, 불심검문 당시의 현장상황과 검문을 하는 경찰관들의 복장**, 피고인이 공무원증 제시나 신분 확인을 요구하였는지 여부 등을 종합적으로 고려하여, 검문하는 사람이 경찰관이고 검문하는 이유가 범죄행위에 관한 것임을 피고인이 **충분히** 알고 있었다고 보이는 경우에는 **신분증을 제시하지 않았다고 하여 그 불심검문이 위법한 공무집행이라고 할 수 없다**(대판 2014.12.11, 2014도7976).
2. 미리 입수된 용의자에 대한 **인상착의와** 일부 일치되지 않는 부분이 있다고 하더라도 그것만으로 경찰관이 **불심검문 대상자로 삼은 조치가 위법하다고 볼 수 없다**(대판 2014.2.27, 2011도13999).
3. 경찰관은 불심검문 대상자에게 질문을 하기 위하여 범행의 경중, 범행과의 관련성, 상황의 긴박성, 혐의의 정도, 질문의 필요성 등에 비추어 목적 달성에 필요한 최소의 범위 내에서 **사회통념상 용인될 수 있는 상당한 방법으로 대상자를 정지시킬 수 있고** 질문에 수반하여 흉기의 소지 여부도 조사할 수 있다(대판 2014.2.27, 2011도13999).
4. 경찰관이 불심검문 대상자 해당 여부를 판단할 때에는 불심검문 당시의 구체적 상황은 물론 사전에 얻은 정보나 전문적 지식 등에 기초하여 불심검문 대상자인지를 객관적·합리적인 기준에 따라 판단하여야 하며, **불심검문 대상자에게 「형사소송법」에 의한 체포나 구속에 이를 정도의 혐의가 있을 것을 요한다고 할 수는 없다**(대판 2014.2.27, 2011도13999).
5. 「경찰관 직무집행법」상 '**제지**'는 행정상 즉시강제에 해당하며, 필요한 최소한도 내에서 행해져야 하므로, 비록 장차 특정 지역에서 구 집회 및 시위에 관한 법률에 의하여 금지되어 그 주최 또는 참가행위가 형사처벌의 대상이 되는 **위법한 집회·시위가** 개최될 것이 예상된다고 하더라도, 이와 시간적·장소적으로 근접하지 않은 다른 지역에서 그 집회·시위에 참가하기 위하여 출발 또는 이동하는 행위를 함부로 제지하는 것은 경찰관 직무집행법 제6조에 의한 행정상 즉시강제인 경찰관의 제지의 범위를 명백히 넘어서는 것이어서 허용될 수 없으므로, 이러한 제지 행위는 공무집행방해죄의 보호대상이 되는 공무원의 적법한 직무집행에 포함될 수 없다(대판 2009.6.11, 2009도2114).
6. 경찰관 직무집행법 제4조(보호조치) 제1항 제1호에서 규정하는 술에 취한 상태로 인하여 자기 또는 타인의 생명·신체와 재산에 위해를 미칠 우려가 있는 피구호자에 대한 **보호조치는** 경찰 행정상 즉시강제에 해당하므로, 그 조치가 불가피한 최소한도 내에서만 행사되도록 발동·행사 요건을 신중하고 **엄격하게 해석하여야 한다**. 따라서 이 사건 조항의 '술에 취한 상태'란 피구호자가 술에 만취하여 **정상적인 판단능력이나 의사능력을 상실할 정도에 이른 것을** 말하고, 이 사건 조항에 따른 **보호조치를 필요로 하는** 피구호자에 해당하는지는 구체적인 상황을 고려하여 경찰관 평균인을 기준으로 판단하되, 그 판단은 보호조치의 취지와 목적에 비추어 현저하게 불합리하여서는 아니 되며, **피구호자의 가족 등에게 피구호자를 인계할 수 있다면 특별한 사정이 없는 한 경찰관서에서 피구호자를 보호하는 것은 허용되지 않는다**(대판 2012.12.13, 2012도11162).
7. 경찰관 직무집행법 제4조 제1항 제1호의 보호조치 요건이 갖추어지지 않았음에도, 경찰관이 실제로는 범죄수사를 목적으로 피의자에 해당하는 사람을 이 사건 조항의 피구호자로 삼아 그의 의사에 반하여 **경찰관서에 데려간 행위는**, 달리 **현행범체포나 임의동행 등의 적법 요건을 갖추었다고 볼 사정이 없다면, 위법한 체포에 해당한다고 보아야 한다**(대판 2012.12.13, 2012도11162).
8. 교통안전과 위험방지를 위한 필요 없음에도 주취운전을 하였다고 인정할 만한 **상당한 이유가 있다는 이유만으로 이루어지는 음주측정은** 이미 행하여진 주취운전이라는 범죄행위에 대한 **증거 수집을 위한 수사절차로서 의미를 가지는데**, 도로교통법상 규정들이 음주측정을 위한 강제처분의 근거가 될 수 없으므로 위와 같은 **음주측정을 위하여 운전자를 강제로 연행하기 위해서는** 수사상 강제처분에 관한 형사소송법상 절차에 따라야 하고, 이러한 **절차를 무시한 채 이루어진 강제연행은 위법한 체포에 해당한다**. 이와 같은 위법한 체포 상태에서 음주측정요구가 이루어진 경우, 음주측정요구를 위한 위법한 체포와 그에 이은 음주측정요구는 주취운전이라는 범죄행위에 대한 증거 수집을 위하여 연속하여 이루어진 것으로서 개별적으로 적법 여부를 평가하는 것은 적절하지 않으므로 **일련의 과정을 전체적으로 보아 위법한 음주측정요구가 있었던 것으로 볼 수밖에 없고**, 운전자가 주취운전을 하였다고 인정할 만한 상당한 이유가 있다 하더라도 운전자에게 경찰공무원의 이와 같은 **위법한 음주측정요구까지 응할 의무가 있다고 보아 이를 강제하는 것은 부당하므로 그에 불응하였다고 하여 음주측정거부에 관한 도로교통법 위반죄로 처벌할 수 없다**(대판 2012.12.13, 2012도11162).

9. 화물차 운전자인 피고인이 경찰의 음주단속에 불응하고 도주하였다가 다른 차량에 막혀 더 이상 진행하지 못하게 되자 운전석에서 내려 다시 도주하려다 경찰관에게 검거되어 지구대로 보호조치된 후 2회에 걸쳐 음주측정요구를 거부하였다고 하여 도로교통법 위반(음주측정거부)으로 기소된 사안에서, 당시 피고인이 술에 취한 상태이기는 하였으나 술에 만취하여 정상적인 판단능력이나 의사능력을 **상실할 정도에 있었다고 보기 어려운 점**, 당시 상황에 비추어 평균적인 경찰관으로서는 피고인이 경찰관 직무집행법 제4조 제1항 제1호의 보호조치를 필요로 하는 상태에 있었다고 판단하지 않았을 것으로 보이는 점, 경찰관이 피고인에 대하여 이 사건 조항에 따른 **보호조치를 하고자 하였다면, 당시 옆에 있었던 피고인 처에게 피고인을 인계하였어야 하는데도**, 피고인 처의 의사에 반하여 지구대로 데려간 점 등 제반 사정을 종합할 때, 경찰관이 피고인과 피고인 처의 의사에 반하여 피고인을 지구대로 데려간 행위를 **적법한 보호조치라고 할 수 없고**, 나아가 달리 적법 요건을 갖추었다고 볼 자료가 없는 이상 경찰관이 피고인을 지구대로 데려간 행위는 **위법한 체포**에 해당하므로, 그와 같이 **위법한 체포** 상태에서 이루어진 경찰관의 음주측정요구도 위법하다고 볼 수밖에 없어 그에 불응하였다고 하여 피고인을 음주측정거부에 관한 도로교통법 위반죄로 **처벌할 수는 없다**(대판 2012.12.13, 2012도11162).

10. 경찰공무원은 교통의 안전과 위험방지를 위하여 필요하다고 인정하거나 운전자가 술에 취한 상태에서 자동차 등을 운전하였다고 인정할 만한 상당한 이유가 있고 운전자의 음주운전 여부를 확인하기 위하여 필요한 경우에는 사후의 음주측정에 의하여 음주운전 여부를 확인할 수 없음이 명백하지 않는 한 운전자에 대하여 **음주측정을 요구할 수 있고**, 운전자가 이에 불응한 경우에는 음주측정불응죄가 성립한다. 이와 같은 법리는 운전자가 경찰관 직무집행법 제4조에 따라 보호조치된 사람이라고 하여 달리 볼 것이 아니므로, 경찰공무원이 **보호조치된 운전자에 대하여 음주측정을 요구하였다는 이유만으로 음주측정 요구가 당연히 위법하다거나 보호조치가 당연히 종료된 것으로 볼 수는 없다**(대판 2012.2.9, 2011도4328).

11. 경찰관이 술에 취한 상태에서 자동차를 운전한 것으로 보이는 피고인을 경찰관 직무집행법 제4조 제1항에 따른 보**호조치 대상자로 보아 경찰서 지구대로 데려온 직후 3회에 걸쳐 음주측정을 요구**하였는데 피고인이 **불응**하여 구 도로교통법상 음주측정불응죄로 기소된 사안에서, 경찰관이 지구대로 보호조치된 피고인에게 음주측정을 요구한 것은 도로교통법에 따른 것으로서, **위법한 보호조치 상태를 이용하여 음주측정 요구가 이루어졌다는 등의 특별한 사정이 없는 한** 이에 불응한 피고인의 행위는 음주측정불응죄에 해당한다(대판 2012.2.9, 2011도4328).

12. 「경찰관 직무집행법」에 규정된 경찰관의 **경고나 제지**는 그 문언과 같이 범죄의 예방을 위하여 범죄행위에 관한 **실행의 착수 전**에 행하여질 수 있을 뿐만 아니라, **이후 범죄행위가 계속되는 중에 그 진압을 위하여도 당연히 행하여질 수 있다**고 보아야 한다(대판 2013.9.26, 2013도643).

13. 공사현장 출입구 앞 도로 한복판을 점거하고 공사차량의 출입을 방해하던 피고인의 **팔과 다리를 잡고 도로 밖으로 옮기려고 한 경찰관의 행위를 적법한 공무집행으로 보고** 경찰관의 팔을 물어뜯은 피고인에 대한 공무집행방해 및 상해의 공소사실을 모두 유죄로 인정한 원심의 판단은 정당하다(대판 2013.9.26, 2013도643).

14. 경찰관 직무집행법 제6조에 따른 경찰관의 **제지 조치가 적법한 직무집행으로 평가되기 위해서는**, 형사처벌의 대상이 되는 행위가 **눈앞에서 막 이루어지려고 하는 것이 객관적으로 인정될 수 있는 상황**이고, 그 행위를 당장 제지하지 않으면 곧 인명·신체에 위해를 미치거나 재산에 **중대한 손해를 끼칠 우려가 있는 상황**이어서, **직접 제지하는 방법 외에는** 위와 같은 결과를 막을 수 없는 절박한 사태이어야 한다. 다만 경찰관의 제지 **조치가 적법한지는 제지 조치 당시의 구체적 상황을 기초로 판단하여야 하고 사후적으로 순수한 객관적 기준에서 판단할 것은 아니다**(대판 2018.12.13, 2016도19417).

15. 주거지에서 음악 소리를 크게 내거나 큰 소리로 떠들어 이웃을 시끄럽게 하는 행위는 경범죄 처벌법 제3조 제1항 제21호에서 경범죄로 정한 '**인근소란 등**'에 해당한다. 경찰관은 경찰관 직무집행법에 따라 **경범죄에 해당하는 행위를 예방·진압·수사하고, 필요한 경우 제지할 수 있다**(대판 2018.12.13, 2016도19417).

16. 피고인이 자정에 가까운 한밤 중에 음악을 크게 켜놓거나 소리를 지른 것은 경범죄 처벌법 제3조 제1항 제21호에서 금지하는 **인근소란행위에 해당**하고, 그로 인하여 인근 주민들이 잠을 이루지 못하게 될 수 있으며, 甲과 乙이 112신고를 받고 출동하여 눈앞에서 벌어지고 있는 범죄행위를 막고 주민들의 피해를 예방하기 위해 피고인을 만나려 하였으나 피고인은 **문조차 열어주지 않고 소란행위를 멈추지 않았던 상황이라면 피고인의 행위를 제지하고 수사하는 것은 경찰관의 직무상 권한이자 의무라고 볼 수 있으므로**, 위와 같은 상황에서 甲과 乙이 피고인의 집으로 통하는 **전기를 일시적으로 차단한 것은** 피고인을 집 밖으로 나오도록 유도한 것으로서, 피고인의 범죄행위를 진압·예방하고 수사하기 위해 **필요하고도 적절한 조치로 보이고**, 경찰관 직무집행법 제1조의 목적에 맞게 제2조의 직무 범위 내에서 제6조에서 정한 **즉시강제의 요건을 충족한 적법한 직무집행으로 볼 여지가 있다**(대판 2018.12.13, 2016도19417).

17. 술에 취한 상태란 피구호자가 술에 만취하여 **정상적인 판단능력이나 의사능력을 상실할 정도에 이른 것을 말한다**(대판 2012.12.13, 2012도11162).
18. 「경찰관 직무집행법」 제6조 경찰관의 **제지**에 관한 부분은 눈앞의 급박한 경찰상 장해를 제거하여야 할 필요가 있고 의무를 명할 시간적 여유가 없거나 의무를 명하는 방법으로는 그 목적을 달성하기 어려운 상황에서 **의무이행을 전제로 하지 않고 경찰이 직접 실력을 행사**하여 경찰상 **필요한 상태를 실현**하는 **권력적 사실행위**에 관한 근거조항이다(대판 2018.12.13, 2016도19417).
19. **위해성 경찰장비**는 그 사용의 위험성과 기본권 보호 필요성에 비추어 볼 때 본래의 사용방법에 따라 지정된 용도로 사용되어야 하며 **다른 용도나 방법으로 사용**하기 위해서는 반드시 법령에 근거가 있어야 한다(대판 2022.11.30, 2016다26662).
20. **무죄추정을 받는 피의자**라고 하더라도 그에게 구속의 사유가 있어 구속영장이 발부, 집행된 이상 신체의 자유가 제한되는 것은 당연한 것이고, 특히 수사기관에서 구속된 피의자의 도주, 항거 등을 억제하는데 필요하다고 인정할 상당한 이유가 있는 경우에는 필요한 한도 내에서 **포승이나 수갑을 사용할 수 있는 것**이며, 이러한 조치가 **무죄추정의 원칙에 위배되는 것이라고 할 수는 없다**(대판 1996.5.14, 96도561).
21. 불법적인 농성을 진압하는 방법 및 그 과정에서 어떤 경찰장비를 사용할 것인지는 구체적인 상황과 예측되는 피해 발생의 구체적 위험성의 내용 등에 비추어 경찰관이 그 재량의 범위 내에서 정할 수 있다. 그러나 그 직무수행 중 특정한 경찰장비를 필요한 최소한의 범위를 넘어 관계 법령에서 정한 통상의 용법과 달리 사용함으로써 타인의 생명·신체에 위해를 가하였다면, 불법적인 농성의 진압을 위하여 그러한 방법으로라도 해당 경찰장비를 사용할 필요가 있고 그로 인하여 발생할 우려가 있는 타인의 생명·신체에 대한 위해의 정도가 통상적으로 예견되는 범위 내에 있다는 등의 특별한 사정이 없는 한 그 **직무수행은 위법**하다고 보아야 한다. 나아가 경찰관이 농성 진압의 과정에서 경찰장비를 위법하게 사용함으로써 그 직무수행이 적법한 범위를 벗어난 것으로 볼 수밖에 없다면, 상대방이 그로 인한 생명·신체에 대한 **위해를 면하기 위하여 직접적으로 대항**하는 과정에서 그 **경찰장비를 손상시켰더라도** 이는 **위법한 공무집행**으로 인한 신체에 대한 **현재의 부당한 침해에서 벗어나기 위한 행위로서 정당방위에 해당한다**(대판 2022.11.30, 2016다26662).
22. 경찰관이 **신호위반**을 이유로 한 정지명령에 불응하고 도주하던 차량에 탑승한 동승자를 추격하던 중 몸에 지닌 각종 장비 때문에 거리가 점점 멀어져 추격이 힘들게 되자 **수차례에 걸쳐 경고하고 공포탄을 발사**했음에도 불구하고 **계속 도주하자 실탄을 발사**하여 **사망케 한 경우**, 위 사망자가 아무런 흉기를 휴대하지 아니한 상태에서 경찰관을 공격하거나 위협하는 등 거칠게 항거하지 않고 단지 계속하여 도주하였다면 그러한 상황은 형법에 규정된 **정당방위나 긴급피난의 요건에 해당한다고 보기 어렵**, 위 사망자가 경찰관의 정지명령에 응하지 아니하고 **계속 도주하였다는 사실만으로** 경찰관 직무집행법에서 규정하는 **범죄를 범하였거나 범하였다고 의심할 충분한 이유가 있다고 보기도 어려우며**, 동료 경찰관이 총기를 사용하지 않고도 함께 도주하던 다른 일행을 계속 추격하여 체포한 점에 비추어 볼 때, 경찰관이 추격에 불필요한 장비를 일단 놓아둔 채 계속 추격을 하거나 공포탄을 다시 발사하는 방법으로 충분히 위 사망자를 제압할 여지가 있었다고 보이므로, 경찰관이 그러한 방법을 택하지 아니하고 실탄을 발사한 행위는 경찰관 직무집행법에 정해진 총기 사용의 허용 범위를 벗어난 위법행위라고 보았다(대판 1999.6.22, 98다61470).
23. 경찰관의 무기 사용이 특히 사람에게 위해를 가할 위험성이 큰 **권총의 사용**에 있어서는 그 요건을 더욱 엄격하게 **판단하여야 한다**(대판 2004.5.13, 2003다57956).
24. 50cc 소형 오토바이 1대를 절취하여 운전 중인 15~16세의 절도 혐의자 3인이 경찰관의 검문에 불응하며 도주하자, 경찰관이 **체포 목적으로 오토바이의 바퀴를 조준하여 실탄을 발사**하였으나 오토바이에 타고 있던 **1인이 총상을 입게 된 경우**, 제반 사정에 비추어 경찰관의 총기 사용이 사회통념상 허용범위를 벗어나 **위법하다고 보았다**(대판 2004.5.13, 2003다57956).
25. 경찰관이 길이 40cm 가량의 칼로 반복적으로 위협하며 **도주하는 차량 절도 혐의자**를 추적하던 중, 도주하기 위하여 **등을 돌린 혐의자의 몸 쪽을 향하여 약 2m 거리에서 실탄을 발사**하여 혐의자를 복부관통상으로 **사망케 한 경우**, 경찰관의 총기사용은 사회통념상 허용범위를 벗어난 **위법**행위이다(대판 1999.3.23, 98다63445).

제2절 경찰관의 정보수집 및 처리 등에 관한 규정(대통령령) [시행 2021.3.23.]

정보활동 기본원칙 (제2조)	② 경찰관은 정보활동과 관련하여 다음 각 호의 행위를 해서는 안 된다.
	  1. **정치**에 관여하기 위해 정보를 수집·작성·배포하는 행위
	  2. 법령의 직무 범위를 벗어나 **개인의 동향** 등을 파악하기 위해 **사생활에 관한 정보**를 수집·작성·배포하는 행위
	  3. 상대방의 **명시적 의사**에 반해 자료 제출이나 의견 표명을 강요하는 행위
	  4. 부당한 민원이나 **청탁**을 직무 관련자에게 전달하는 행위
	  5. 직무상 알게 된 정보를 누설하거나 **개인의 이익**을 위해 사용하는 행위
	  6. 직무와 무관한 비공식적 직함을 사용하는 행위

수집 대상 정보 구체적인 범위 (제3조)	1. 범죄의 예방과 대응에 필요한 정보(범죄수사에 필요한 정보×) 2. 수형자·가석방자의 재범방지 및 피해자의 보호에 필요한 정보 3. 국가중요시설의 안전 및 주요 인사의 보호에 필요한 정보 4. 방첩·대테러활동 등 국가안전을 위한 활동에 필요한 정보 5. 재난·안전사고 등으로부터 국민안전을 확보하기 위한 정보 6. 집회·시위 등으로 인한 공공갈등과 다중운집에 따른 질서 및 안전 유지에 필요한 정보 7. 국민의 생명·신체·재산의 보호와 공공안녕에 대한 위험의 예방과 대응을 위한 정책에 관한 정보[해당 정책의 입안·집행·평가를 위해 객관적이고 필요한 사항에 관한 정보로 한정하며, 이와 직접적·구체적으로 관련이 없는 사생활·신조 등에 관한 정보는 제외한다] 8. 도로 교통의 위해 방지·제거 및 원활한 소통 확보를 위한 정보 9. 「보안업무규정」 제45조 제1항에 따라 **경찰청장이 위탁받은 신원조사** 또는 「공공기관의 정보공개에 관한 법률」 제2조 제3호에 따른 공공기관의 장이 **법령에 근거하여** 요청한 **사실의 확인을 위한 정보**

정보 수집 사실 확인 절차 (제4조)	① 경찰관은 정보를 수집하거나 정보의 수집·작성·배포에 수반되는 사실을 확인하려는 경우에는 **상대방에게 자신의 신분**을 밝히고 정보 수집 또는 사실 확인의 목적을 **설명해야** 한다. 이 경우 강제적인 방법을 사용해서는 안 된다.
	② 제1항 전단에도 불구하고 다음 각 호의 어느 하나에 해당하는 경우에는 같은 항 전단에서 규정한 **절차를 생략할 수 있다**.
	  1. 국민의 생명·신체의 안전이나 국가안보에 긴박한 위험이 발생할 우려가 있는 경우
	  2. 범죄의 대응을 위한 정보활동에 현저한 지장을 초래할 우려가 있는 경우

정보 수집 출입의 한계 (제5조)	경찰관은 다음 각 호의 장소에 **상시적으로 출입해서는 안 되며**, 정보활동을 위해 **필요한 경우**에 한정하여 일시적으로만 출입해야 한다. 1. **언론·교육·종교·시민사회** 단체 등 민간단체(지방자치단체×) 2. 민간기업(공기업×) 3. 정당의 사무소

수집·작성한 정보의 처리 (제7조)	① 경찰관은 수집·작성한 정보를 그 목적 외의 용도로 사용해서는 안 된다. ② 경찰관은 공공안녕에 대한 위험의 예방과 대응을 위해 필요한 경우에는 수집·작성한 정보를 관계 기관 등에 통보할 수 있다. ③ 경찰관은 수집·작성한 정보가 그 목적이 달성되어 불필요하게 되었을 때에는 지체 없이 그 정보를 폐기해야 한다. 다만, 다른 법령에 따라 보존해야 하는 경우는 제외한다.
위법한 지시의 금지 및 거부 (제8조)	① 누구든지 정보활동과 관련하여 경찰관에게 이 영과 그 밖의 법령에 반하여 지시해서는 안 된다. ② 경찰관은 명백히 위법한 지시라고 판단되는 경우에는 그 집행을 거부할 수 있다. ③ 경찰관은 명백히 위법한 지시를 거부했다는 이유로 인사·직무 등과 관련한 어떠한 불이익도 받지 않는다.

제3절 위해성 경찰장비의 사용기준 등에 관한 규정(대통령령) [시행 2021.1.5.]

위해성 경찰장비 종류 (제2조)	사람의 생명이나 신체에 위해를 끼칠 수 있는 위해성 경찰장비의 종류는 다음 각 호와 같다.		
	1. 경찰장구		수갑, 포승, 호송용포승, 경찰봉, 호신용경봉, 전자충격기, 방패 및 전자방패
	2. 무기		권총, 소총, 기관총(기관단총을 포함), 산탄총, 유탄발사기, 박격포, 3인치포, 함포, 크레모아, 수류탄, 폭약류, 도검
	3. 분사기·최루탄 등		근접분사기, 가스분사기, 가스발사총(고무탄 발사겸용을 포함) 및 최루탄(그 발사 장치를 포함)
	4. 기타장비		가스차, 살수차, 특수 진압차, 물포, 석궁, 다목적발사기, 도주차량차단장비
영장집행 수갑등 사용 (제4조)	경찰관(경찰공무원에 한한다)은 체포·구속영장을 집행하거나 신체의 자유를 제한하는 판결 또는 처분을 받은 자를 법률이 정한 절차에 따라 호송하거나 수용하기 위하여 필요한 때에는 최소한의 범위 안에서 수갑·포승 또는 호송용포승을 사용할 수 있다.		
자살방지 수갑등 사용 (제5조)	경찰관은 범인·술에 취한 사람 또는 정신착란자의 자살 또는 자해기도를 방지하기 위하여 필요한 때에는 수갑·포승 또는 호송용포승을 사용할 수 있다. 이 경우 경찰관은 소속 국가경찰관서의 장(경찰청장·해양경찰청장·시·도경찰청장·지방해양경찰청장·경찰서장 또는 해양경찰서장 기타 경무관·총경·경정 또는 경감을 장으로 하는 국가경찰관서의 장을 말한다. 이하 같다)에게 그 사실을 보고해야 한다.		
불법집회 경찰봉·호신용경봉 (제6조)	경찰관은 불법집회·시위로 인하여 발생할 수 있는 타인 또는 경찰관의 생명·신체의 위해와 재산·공공시설의 위험을 방지하기 위하여 필요한 때에는 최소한의 범위 안에서 경찰봉 또는 호신용경봉을 사용할 수 있다.		
전자충격기등 사용제한 (제8조)	① 경찰관은 14세 미만의 자 또는 임산부에 대하여 전자충격기 또는 전자방패를 사용하여서는 아니 된다. ② 경찰관은 전극침 발사장치가 있는 전자충격기를 사용하는 경우 상대방의 얼굴을 향하여 전극침을 발사하여서는 아니 된다.		

구분	내용
총기사용 경고 (제9조)	경찰관은 사람을 향하여 권총 또는 소총을 발사하고자 하는 때에는 **미리 구두 또는 공포탄에 의한 사격으로 상대방에게 경고하여야 한다**. 다만, 다음 각 호의 어느 하나에 해당하는 경우로서 부득이한 때에는 **경고하지 아니할 수 있다**. 1. 경찰관을 **급습**하거나 타인의 생명·신체에 대한 중대한 위험을 야기하는 범행이 목전에 실행되고 있는 등 **상황이 급박하여 특히 경고할 시간적 여유가 없는 경우** 2. 인질·간첩 또는 테러사건에 있어서 **은밀히** 작전을 **수행**하는 경우
권총 또는 소총의 사용제한(제10조)	② 경찰관은 **총기 또는 폭발물을 가지고 대항하는 경우를 제외**하고는 14세 미만의 자 또는 임산부에 대하여 **권총 또는 소총을 발사하여서는 아니 된다**.
가스발사총등 사용제한 (제12조)	① 경찰관은 **범인의 체포 또는 도주방지, 타인 또는 경찰관의 생명·신체에 대한 방호, 공무집행에 대한 항거의 억제**를 위하여 필요한 때에는 최소한의 범위 안에서 가스발사총을 사용할 수 있다. 이 경우 경찰관은 1미터 이내의 거리에서 **상대방의 얼굴을 향하여 이를 발사하여서는 아니 된다**. ② 경찰관은 **최루탄발사기**로 최루탄을 발사하는 경우 30도 이상의 발사각을 유지하여야 하고, 가스차·살수차 또는 특수진압차의 **최루탄발사대**로 최루탄을 발사하는 경우에는 15도 이상의 발사각을 유지하여야 한다.
가스차 특수진압차 물포 사용기준 (제13조)	① 경찰관은 **불법집회·시위 또는 소요사태**로 인하여 발생할 수 있는 타인 또는 경찰관의 **생명·신체의 위해와 재산·공공시설의 위험을 억제**하기 위하여 부득이한 경우에는 현장책임자의 판단에 의하여 필요한 최소한의 범위에서 가스차를 사용할 수 있다. ② 경찰관은 소요사태의 진압, 대간첩·대테러작전의 수행을 위하여 부득이한 경우에는 필요한 최소한의 범위 안에서 특수진압차를 사용할 수 있다. ③ 경찰관은 **불법해상시위**를 해산시키거나 선박운항정지(정선)명령에 불응하고 **도주하는 선박**을 정지시키기 위하여 부득이한 경우에는 현장책임자의 판단에 의하여 필요한 최소한의 범위 안에서 경비함정의 물포를 사용할 수 있다. 다만, 사람을 향하여 직접 **물포를 발사해서는 안 된다**.
살수차 사용기준 (제13조의2)	① 경찰관은 다음 각 호의 어느 하나에 해당하여 살수차 외의 경찰장비로는 그 위험을 제거·완화시키는 것이 현저히 곤란한 경우에는 시·도경찰청장의 명령에 따라 **살수차를 배치·사용할 수 있다**. 1. **소요사태로 인해 타인의 법익이나 공공의 안녕질서에 대한** 직접적인 위험이 명백하게 초래되는 경우 2. 「통합방위법」 제21조 제4항에 따라 지정된 **국가중요시설에 대한** 직접적인 공격행위로 인해 해당 시설이 파괴되거나 기능이 정지되는 등 급박한 위험이 발생하는 경우 ② 경찰관은 제1항에 따라 살수차를 사용하는 경우 별표 3의 살수거리별 수압기준에 따라 살수해야 한다. 이 경우 사람의 생명 또는 신체에 치명적인 위해를 가하지 않도록 **필요한 최소한의 범위**에서 살수해야 한다. ③ 경찰관은 제2항에 따라 살수하는 것으로 제1항 각 호의 어느 하나에 해당하는 위험을 제거·완화시키는 것이 곤란하다고 판단하는 경우에는 시·도경찰청장의 명령에 따라 필요한 최소한의 범위에서 최루액을 혼합하여 살수할 수 있다. 이 경우 최루액의 혼합 살수 절차 및 방법은 경찰청장이 정한다.

참고 살수거리별 수압기준[동규정 (별표 3)]

살수거리	수압기준
10미터 이하	3바(bar) 이하
10미터 초과 20미터 이하	**5바(bar) 이하**
20미터 초과 25미터 이하	7바(bar) 이하
25미터 초과	13바(bar) 이하

신규 도입 장비 안전성 검사 (제18조의2)	① 경찰청장은 위해성 경찰장비를 새로 도입하려는 경우에는 법 제10조 제5항에 따라 **안전성 검사**를 실시하여 새로 도입하려는 장비("신규 도입 장비")가 사람의 생명이나 신체에 미치는 **영향을 평가**하여야 한다. ③ 안전성 검사에 참여한 **외부 전문가**는 안전성 검사가 끝난 후 **30일 이내**에 신규 도입 장비의 안전성 여부에 대한 의견을 **경찰청장**에게 제출하여야 한다. ④ 경찰청장은 신규 도입 장비에 대한 **안전성 검사**를 실시한 후 3개월 이내에 안전성 검사 결과보고서를 **국회 소관 상임위원회**에 제출하여야 한다.
개조(제19조)	국가경찰서의 장은 폐기대상인 위해성 경찰장비 또는 성능이 저하된 위해성 경찰장비를 개조할 수 있으며, 소속경찰관으로 하여금 이를 본래의 용법에 준하여 사용하게 할 수 있다.
사용기록 보관 (제20조)	① 제2조 **제2호부터 제4호까지의** 위해성 경찰장비(제4호 기타장비 경우에는 **살수차**만 해당한다)를 사용하는 경우 그 현장책임자 또는 사용자는 별지 서식의 **사용보고서**를 작성하여 직근상급 감독자에게 보고하고, 직근상급 감독자는 이를 **3년간** 보관하여야 한다. ② 제1항의 규정에 의하여 무기 사용보고를 받은 직근상급 감독자는 **지체 없이** 지휘계통을 거쳐 경찰청장 또는 해양경찰청장에게 보고하여야 한다.

➕ PLUS 위해성경찰장비 안전교육기준[동규정(별표 1)]

구분	교육 대상	교육 빈도
수갑	경위 이하	**부서발령시 1회, 연간 1회**
그 외 경찰장구	경위 이하	부서발령시 1회, 운용요원 반기 1회
권총	경정 이하	**반기별 1회, 외근요원 분기 1회**
소총·수류탄	경감 이하	부서발령시 1회, 운용요원 반기 1회
근접분사기·가스분사기·가스발사총·최루탄	경감 이하	부서발령시 1회, 운용요원 반기 1회

※ **출제지문:** 수갑을 사용하는 경위 이하 소속 경찰관은 경찰장비 사용기관에서 사용요건과 사용방법에 대하여 **부서발령시 1회, 연간 1회** 안전교육을 받아야 한다.

제4절 경찰 물리력 행사의 기준과 방법에 관한 규칙(경찰청예규) [시행 2019.11.24.]

01 목적 [A급]

이 규칙은 경찰관이 물리력 사용 시 준수하여야 할 기본원칙, 물리력 사용의 정도, 각 물리력 수단의 사용 한계 및 유의사항을 규정함으로써 국민과 경찰관의 생명·신체를 보호하고 **인권을 보장**하며 경찰 법집행의 **정당성**을 확보하는 데에 그 목적이 있다.

02 경찰 물리력 사용 3대 원칙 [A급]

객관적 합리성의 원칙	경찰관은 자신이 처해있는 사실과 상황에 비추어 합리적인 현장 경찰관의 관점(**같은 직무에 종사하는 평균 경찰관의 관점×**)에서 **가장 적절한 물리력**을 사용하여야 하며, 이를 위해 범죄의 종류, 피해의 경중, 위해의 급박성, 저항의 강약, 대상자와 경찰관의 수, 대상자가 소지한 무기의 종류 및 무기 사용의 태양, 대상자의 신체 및 건강 상태, 도주 여부, 현장 주변의 상황 등을 **종합적으로** 고려하여야 한다.
대상자 행위와 물리력 간 상응의 원칙	경찰관은 대상자의 행위에 따른 위해의 수준을 계속 평가·판단하여 **필요최소한의 수준**으로 물리력을 높이거나 낮추어서 사용하여야 한다.
위해감소노력 우선의 원칙	경찰관은 현장상황이 안전하고 시간적 여유가 있는 경우에는 대상자가 야기하는 위해 수준을 떨어뜨려 **보다 덜 위험한 물리력**을 통해 상황을 종결시킬 수 있도록 노력하여야 한다. 다만, 이러한 노력이 오히려 상황을 악화시킬 가능성이 있거나 급박한 경우에는 이 원칙을 적용하지 않을 수 있다.

03 대상자의 행위정도에 따른 분류 [A급]

순응	대상자가 **경찰관의 지시, 통제에 따르는 상태**를 말한다. 다만, 대상자가 경찰관의 요구에 즉각 응하지 않고 약간의 시간만 지체하는 경우는 '순응'으로 본다.
소극적 저항	① 대상자가 **경찰관의 지시, 통제를 따르지 않고** 비협조적이지만 경찰관 또는 제3자에 대해 **직접적인 위해를 가하지 않는 상태**를 말한다. ② 경찰관이 정당한 이동 명령을 발하였음에도 **가만히 서 있거나 앉아 있는 등** 전혀 움직이지 않는 상태, **일부러 몸의 힘을 모두 빼거나, 고정된 물체를 꽉 잡고 버팀**으로써 움직이지 않으려는 상태 등이 이에 해당한다.
적극적 저항	① 대상자가 자신에 대한 경찰관의 체포·연행 등 **정당한 공무집행을 방해**하지만 경찰관 또는 제3자에 대해 위해 수준이 낮은 행위만을 하는 상태를 말한다. ② 대상자가 자신을 체포·연행하려는 경찰관으로부터 **물리적으로 이탈**하거나 도주하려는 행위, 체포·연행을 위해 팔을 잡으려는 경찰관의 **손을 뿌리치거나**, 경찰관을 밀고 **잡아끄는** 행위, 경찰관에게 **침을 뱉거나** 경찰관을 **밀치는 행위** 등이 이에 해당한다.

폭력적 공격	① 대상자가 **경찰관 또는 제3자에 대해 신체적 위해를 가하는 상태**를 말한다. ② 대상자가 경찰관에게 폭력을 행사하려는 자세를 취하여 그 행사가 임박한 상태, **주먹·발** 등을 사용해서 경찰관에 대해 신체적 위해를 초래하고 있거나 임박한 상태, 강한 힘으로 경찰관을 밀거나 **잡아당기는 등 완력을 사용**해 체포에서 벗어나려고 하는 상태 등이 이에 해당한다.
치명적 공격	① 대상자가 경찰관 또는 제3자에 대해 사망 또는 심각한 부상을 초래할 수 있는 행위를 하는 상태를 말한다. ② **총기류**(공기총·엽총·사제권총 등), **흉기**(칼·도끼·낫 등), **둔기**(망치·쇠파이프 등)를 이용하여 경찰관, 제3자에 대해 위력을 행사하고 있거나 위해 발생이 임박한 경우, 경찰관이나 제3자의 **목을 세게 조르거나 무차별 폭행**하는 등 생명·신체에 대해 중대한 위해가 발생할 정도의 위험한 폭력을 행사하는 경우가 이에 해당한다.

04 경찰관의 대응수준 [A급]

협조적 통제	'순응' 이상의 상태인 대상자에 대해 사용할 수 있는 물리력 수준으로서, **대상자의 협조를 유도하거나 협조에 따른 물리력**을 말한다. 그 종류는 다음과 같다. 가. **현장 임장** 나. **언어적 통제** 다. 체포 등을 위한 **수갑 사용** 라. 안내·체포 등에 수반한 신체적 물리력
접촉 통제	'소극적 저항' 이상의 상태인 대상자에 대해 사용할 수 있는 물리력 수준으로서, 대상자 신체 접촉을 통해 경찰목적 달성을 강제하지만 **신체적 부상을 야기할 가능성은 극히 낮은 물리력**을 말한다. 그 종류는 다음과 같다. 가. **신체 일부 잡기·밀기·잡아끌기, 쥐기·누르기·비틀기** 나. 경찰봉 양 끝 또는 방패를 잡고 대상자의 신체에 안전하게 밀착한 상태에서 **대상자를 특정 방향으로 밀거나 잡아당기기**
저위험 물리력	'적극적 저항' 이상의 상태인 대상자에 대해 사용할 수 있는 물리력 수준으로서, **대상자가 통증을 느낄 수 있으나 신체적 부상을 당할 가능성은 낮은 물리력**을 말한다. 그 종류는 다음과 같다. 가. **목을 압박하여 제압하거나 관절을 꺾는 방법, 팔·다리를 이용해 움직이지 못하도록 조르는 방법**, 다리를 걸거나 들쳐 매는 등 균형을 무너뜨려 **넘어뜨리는 방법**, 대상자가 넘어진 상태에서 **움직이지 못하게 위에서 눌러 제압하는 방법** 나. **분사기 사용**(다른 저위험 물리력 이하의 수단으로 제압이 어렵고, 경찰관이나 대상자의 부상 등의 방지를 위해 필요한 경우)

중위험 물리력	'폭력적 공격' 이상의 상태의 대상자에 대해 사용할 수 있는 물리력 수준으로서, **대상자에게 신체적 부상을 입힐 수 있으나 생명·신체에 대한 중대한 위해 발생 가능성은 낮은 물리력**을 말한다. 그 종류는 다음과 같다. 가. 손바닥, 주먹, 발 등 **신체 부위를 이용한** 가격 나. 경찰봉으로 **중요 부위가 아닌 신체 부위를 찌르거나** 가격 다. 방패로 강하게 압박하거나 **세게 미는 행위** 라. 전자충격기 사용
고위험 물리력	가. '치명적 공격' 상태의 대상자로 인해 경찰관 또는 제3자의 생명·신체에 급박하고 중대한 위해가 초래될 가능성이 있는 경우 최후의 수단으로 사용할 수 있는 물리력 수준으로서, **대상자의 사망 또는 심각한 부상을 초래할 수 있는 물리력**을 말한다. 나. 경찰관은 대상자의 '치명적 공격' 상황에서도 현장상황이 급박하지 않은 경우에는 낮은 수준의 물리력을 우선적으로 사용하여 상황을 종결시킬 수 있도록 노력하여야 한다. 다. '고위험 물리력'의 종류는 다음과 같다. 1) 권총 등 총기류 사용 2) 경찰봉, 방패, 신체적 물리력으로 대상자의 신체 중요 부위 또는 급소 부위 가격, 대상자의 목을 강하게 조르거나 신체를 강한 힘으로 압박하는 행위

05 경찰 물리력 사용 시 유의사항 [A급]

① 경찰관은 **경찰청이 공인한** 물리력 수단을 사용하여야 한다.
② 경찰관은 **성별, 장애, 인종, 종교 및 성정체성** 등에 대한 선입견을 가지고 **차별적으로 물리력을 사용하여서는** 아니 된다.
③ 경찰관은 대상자의 **신체 및 건강상태, 장애유형** 등을 고려하여 물리력을 사용하여야 한다.
④ 경찰관은 이미 경찰목적을 달성하여 **더 이상 물리력을 사용할 필요가 없는 경우에는** 물리력 사용을 즉시 중단하여야 한다.
⑤ 경찰관은 대상자를 **징벌하거나 복수할 목적으로** 물리력을 사용하여서는 아니 된다.
⑥ 경찰관은 오직 상황의 **빠른 종결**이나, 직무수행의 **편의를** 위한 목적으로 물리력을 **사용하여서는 아니 된다.**

제5절 경찰권 발동의 근거와 한계(경찰책임의 원칙, 경찰비례의 원칙)

01 경찰관 직무집행법 제2조 제7호의 개괄적 수권조항(일반조항)의 인정 여부 [A급]

긍정설	① 입법기관이 미리 경찰권의 발동사태를 상정해서 **모든 발동요건을 법률에 규정**하는 것은 **입법기술상 불가능**하다. 그러므로 개괄적·포괄적·일반적 조항이 필요하다. ② 일반조항을 확대해석하거나 남용한 경우는 법원의 심판을 받는다. ③ 일반조항으로 인한 **경찰권의 남용 가능성**은 조리상의 한계 등으로 통제 가능하다. ④ 일반조항은 개별적 수권조항이 없는 때에 한하여 **2차적·보충적으로 적용**하면 된다.
부정설	① 경찰작용은 대표적인 **권력적·침해적 작용**으로서 **법률유보 원칙의 엄격한 적용**을 받으므로 경찰권의 발동에는 포괄적·개괄적·일반적 수권조항이 아니라 개별적·구체적 수권조항이 요구된다. ② 헌법상 국민의 자유와 권리를 제한하기 위해서는 **법률로써만 가능**하도록 규정하고 있으며, 이 경우의 법률은 당연히 개별적인 수권법이어야 한다. ③ 경찰관 직무집행법 제2조 제7호는 경찰권의 발동근거에 관한 개괄적 조항은 아니고, 단지 **경찰의 직무범위만을 정한 것**으로서 본질적으로 조직법적 성질의 **규정**이다.

02 경찰권 발동의 조리상 한계 [A급]

💡 경찰권 발동이 조리상 한계에 위배되면, 그것은 위법행위로서 무효 또는 취소사유가 된다.

경찰소극목적의 원칙	경찰권의 발동은 **사회공공의 안녕과 질서유지를 위한 소극적인(현상유지) 위해방지에 한정**되어야 하고, 복리증진과 같은 적극목적을 위해서는 발동할 수 없다는 원칙이다.
경찰공공의 원칙	경찰권은 공공질서와 직접적인 관련이 없는 **개인의 사익에 관한 사항**에는 원칙적으로 관여할 수 없다는 원칙이다. 다만, 사회공공의 안녕과 질서에 영향을 미치는 경우에 한하여 보충적·잠정적 조치를 할 수는 있다. ▶ 사생활 불가침, 사주소 불가침, 사경제자유 불가침, 민사관계 불간섭
경찰책임의 원칙	경찰권 발동의 **대상**에 관한 원칙(아래에서 별도 상술함)
경찰비례의 원칙 (과잉금지의 원칙)	경찰권 발동의 조건과 정도에 관한 원칙 ─┬─ 적합성: 수단의 적합성 ├─ 필요성: 최소침해의 원칙 └─ 상당성(협의의 비례원칙): 공익 > 사익 ㉠ 경찰비례의 원칙이란 경찰작용에 있어 목적 실현을 위한 **수단**과 당해 **목적 사이에 합리적인 비례관계**가 있어야 한다는 원칙이다. ㉡ 경찰비례의 원칙은 독일에서 **경찰법상의 판례**를 중심으로 발달하여 왔고 오늘날에는 **행정법의 모든 영역에서 적용되는 원칙**으로 이해되고 있다. ㉢ 세 가지 원칙이 모두 적용되어야 비례의 원칙이 충족되어 적법한 행정행위가 된다. ㉣ '대포로 참새를 쏘아서는 안 된다.'는 법언은 **상당성의 원칙(협의의 비례원칙)**을 잘 표현한 것이다.

경찰평등의 원칙	경찰권을 행사함에 있어서 성별, 종교, 사회적 신분 등을 이유로 하는 **차별대우는 용인될 수 없다**는 원칙을 말한다.
보충성의 원칙	개인에게 불이익을 주는 공권력의 행사는 행정목적 달성을 위하여 **다른 수단이 없을 때 최후의 수단으로 행하여야 한다**는 원칙을 말한다.

➕ PLUS 비례원칙 적용 사례연습 – '경찰은 대포로 참새를 쏘아서는 안 된다' [A급]

세부원칙 적용	내용
목적의 정당성	참새를 잡아서 농사피해를 막는 것(공익)은 정당한 목적이다.
수단의 적합성	• **목적을 달성하는데 적합한 수단을 선택해야 한다**는 의미이다. 다만, 가장 적합한 수단일 필요는 없다. • 예컨대 참새를 잡는 수단으로 소총, 기관총, 대포, 활, 새총 등을 선택해야지 연필이나 수갑을 도구로 선택한다면 수단의 적합성에 어긋나게 된다.
필요성의 원칙 (최소침해원칙)	목적을 달성할 수 있는 여러 종류의 수단 중에 국민에게 그 **피해(부담)가 가장 적게 가는 수단을 선택해야 한다**.
상당성의 원칙 (협의의 비례원칙)	'**법익의 균형성**'을 따지는 것으로 어떤 수단이 적합성, 필요성을 충족하더라도 그 수단을 사용할 때 얻어지는 **이익(공익)이 그로 인한 피해(불이익)보다 커야 한다**.
단계적 심사	**적합성 ➡ 필요성 ➡ 상당성을 순서대로 심사**하고, 이 세 가지 원칙을 모두 **충족해야 위법하지 않다**.
사례 적용	• 만일, 경찰이 여러 수단을 고려했으나, 다른 방법이 여의치 않아 '어쩔 수 없이' 대포를 쏘기로 결정했다고 할 때(목적의 정당성, 수단의 적합성, 필요성을 충족했다고 가정할 때), • 대포를 쏴서 참새를 잡는 이익이 그로 인한 불이익보다 커야만 상당성을 충족하게 된다. • 그러나 **최종결과**를 살펴볼 때 대포를 쏴서 참새를 잡는 이익이 그 피해보다 크지 않다면 이는 '**상당성**'을 결여한 행위로써 위법한 행위가 된다. ➡ 어떤 조치(대포)가 경찰목적 달성을 위해 **필요한 경우**라고 하여도 그 조치에 따른 불이익이 그 조치로 인해 발생하는 이익보다 큰 경우에는 경찰권을 발동해서는 안 된다.

03 경찰책임의 원칙 – 경찰권 발동의 대상에 관한 원칙 [A급]

의의	경찰권 발동은 원칙적으로 경찰위반의 상태를 야기한 자에게만, 객관적으로 발생한 경찰상 위험에 대하여 직접 책임을 질 사람에게만 발동될 수 있고, 제3자에게는 발동할 수 없다는 원칙을 말한다.
경찰책임자	경찰위반상태를 야기하여 경찰권 발동의 대상이 된 사람, 즉 공공의 안녕과 질서에 대한 **위험을 발생시킨 사람**, 그에 따라 직접 책임질 사람을 말한다.
주체 특징	① 경찰책임은 그 위험상태가 **객관적으로 존재하기만 하면 인정**된다. ② 경찰책임자의 고의 · 과실 · 위법성의 유무, 위험에 대한 인식 여부, 행위자의 국적 · 행위능력 · 불법행위능력 · 형사책임능력, 정당한 권원의 유무 등은 **고려하지 않는다**. ③ 사법상의 **법인**뿐만 아니라 사법상 권리능력 없는 **사단 · 재단도 경찰책임을 진다**. ④ 경찰책임은 경찰위반의 상태가 개별적인 법규위반으로부터 나오는 것이 아니라 공공의 안녕 또는 질서를 위협하는 행위나 상태로부터 나온다.

종류	행위책임	① 사람의 행위로 인해 경찰위반상태(위험)가 발생한 경우의 책임을 말한다. ② 행위책임은 자기의 행위뿐만 아니라 자기의 보호·감독하에 있는 자의 행위에 의하여 사회공공의 안녕·질서에 대한 위해가 발생한 경우에도 성립한다. 이때 책임은 대위책임이 아니라 자기책임의 성질을 갖는다.
	상태책임	① 물건이나 동물의 소유자·점유자 기타 관리자가 그 지배범위에 속하는 물건이나 동물로 인하여 경찰위반상태가 발생한 경우에 지는 책임이다. ② 현실적 지배권을 가지는 자(점유자, 관리자)가 책임을 지게 되며, 반드시 물건이나 동물에 대한 소유권 등 정당한 권원을 가지고 있는 자일 필요는 없다.
	복합적 책임	① 다수인의 행위 또는 다수인이 지배하는 물건의 상태에 기인하거나 행위책임과 상태책임의 중복에 기인하여 하나의 경찰위반상태가 발생한 경우의 책임이다. ② 여러 명의 경찰책임자가 있을 경우 경찰책임자 중 일부 또는 전체에 대하여 경찰권을 발동할 수도 있다.
경찰책임의 예외 (경찰긴급권)	의의	경찰위반(위험)에 대한 직접 책임자가 아닌 제3자(비책임자, 비장해자)에게 경찰권이 발동되는 경우를 말한다. - 긴급피난의 법리 적용
	요건	① 위반(위험)상태가 현존하고 급박한 경우 ② 반드시 실정법(자연법 ×)상 근거가 있어야 한다. ③ 제1차적 경찰책임자에 대한 경찰권의 발동으로는 경찰상의 위험을 제거할 수 없을 때에만 보충적으로 허용된다.
	내용	① 경찰긴급에 대한 일반법은 존재하지 않으며, 개별법으로 소방기본법, 경범죄처벌법, 수난구호법 등이 있다. ② 경찰이 경찰긴급권에 의하여 경찰책임이 없는 자에게 경찰권을 발동하여 손실을 입힌 경우에는 반드시 보상을 해야 한다(경찰관 직무집행법 제11조의2).
인과관계	직접원인설 (다수설)	경찰위험상태를 직접적으로 야기한 행위자만을 경찰권 발동의 대상(경찰책임자)으로 본다.
	의도적 간접원인제공설	스스로 행위를 하여 위험을 야기하지는 않았지만 제3자로 하여금 위험행위를 하게 하여 경찰상 위반상태를 의도한 자를 말하는 것으로 간접적으로 원인을 제공한 경찰책임자라 할 수 있다.
	상당인과관계설	인과관계의 일반경험칙에 따라 피해자 구제를 위한 관점에서 경찰책임의 소재를 따지는 견해
	조건설	위험이 발생하는데 직접이든 간접이든 영향을 끼친 모든 조건이나 원인을 경찰책임자로 보는 견해

제6절 법치행정의 원칙

01 법치행정의 내용(O. Mayer) A급

법률의 법규창조력 (조직규범)	의의	국민의 권리제한이나 새로운 의무를 부과하는 경우에는 의회가 제정한 **법률**이나 **법률의 위임에 의한 법규명령에 의해서만** 규율할 수 있다는 원칙
	내용	모든 경찰기관의 활동은 **조직규범**에서 정해진 권한의 범위 내에서 행해져야 경찰기관의 행위가 되며, 경찰작용으로 인정된다.
법률우위의 원칙 (제약규범)	의의	어떠한 경찰활동도 경찰활동을 제약하는 **법률의 규정에 위반해서는 안 된다**는 원칙
	내용	① 모든 행정작용에는 '법률우위의 원칙'이 적용된다. ② '법률우위의 원칙'에서 의미하는 '법률'이란, 국회에서 제정한 **법률뿐만 아니라 법규명령 등 성문법과 불문법 모두** 포함된다.
법률유보의 원칙 (근거규범)	의의	**법률(작용법)**에 일정한 행위를 일정한 요건하에 수행하도록 권한을 부여하는 근거규정이 없으면 경찰기관은 자기의 판단에 따라 독창적으로 행위를 할 수 없다는 원칙
	내용	① 권력적 수단으로 활동하는 경우에는 직무범위 내(조직규범)에서 **법률(작용법)**의 구체적인 근거(수권)규정이 반드시 필요하다. ② 비권력적 수단이나 순수한 서비스 활동은 직무범위 내(조직규범)에서라면 근거(수권)규정이 없더라도 가능하다. ③ '**법률유보의 원칙**'에서 의미하는 '**법률**'이란, 국회에서 제정한 법률과 법률에 근거한 법규명령을 의미하며, **불문법은 포함되지 않는다**. ④ '**법률에 의한 규율**'만을 뜻하는 것이 아니라 '**법률에 근거한 규율**'도 의미한다. 반드시 법률의 형식일 필요는 없고 **법률에 근거를 두고 있다면** 위임입법(법규명령)에 의하여도 기본권의 제한이 가능하다. ⑤ '법률유보의 원칙'에서 요구되는 법적 근거는 '**작용법적 근거**'를 의미한다.
	판례	오늘날 **법률유보원칙**은 단순히 행정작용이 법률에 근거를 두기만 하면 충분한 것이 아니라, 국가공동체와 그 구성원에게 기본적이고도 중요한 의미를 갖는 영역, 특히 **국민의 기본권실현과 관련된 영역**에 있어서는 국민의 대표자인 **입법자가 그 본질적 사항에 대해서 스스로 결정하여야 한다**는 요구까지 내포하고 있다(**의회유보원칙**)(헌재 1999.5.27, 98헌바70).

⊕ PLUS "법규"란?

개념	국민의 권리·의무에 영향을 미치거나 그 범위를 확정하는 **성문의 일반적·추상적 규범**을 의미한다.
내용	**국민에 대한 구속력**(대외적 구속력), **재판규범**, 위반하면 **위법**(소송의 대상)
구별	• 법률 + 법규명령 = 법령 • 법률 + 규칙 = 법규(×) ▶ 규칙은 행정기관 내부를 규율하는 것으로 원칙적으로 법규성이 없다.

제7절 반사적 이익과 경찰개입청구권

01 반사적 이익 [A급]

의의 및 쟁점	공익을 위하여 법령이 일정한 규율을 행할 때 또는 법령에 근거하여 공익 목적의 행정집행이 이루어질 때에 공익 목적에 대한 반사적 효과로서 특정 또는 불특정의 개인에게 생기는 일정한 이익을 '반사적 이익'이라 한다. 이와 같은 반사적 이익은 해당 법령의 직접적 목적에 따른 법령상 이익이 아니기 때문에 법적으로 보호를 주장할 수 없다는 것이 원칙이다. **사례** 공익을 목적으로 어떤 시설물(예를 들어 버스정류장, 지하철역, 공원 등)을 어떤 장소에 설치함에 따라 그곳에 사람들이 모여들게 되었고 이로 인해 인근 사업자들의 영업이 잘되어 받는 이익을 '반사적 이익'이라 할 수 있다. 만일, 이후에 공익적인 이유로 해당 시설물을 다른 곳으로 이동하게 되어 기존 사업자들의 영업상 이익이 침해를 받았다고 주장하면서, 기존의 사업자들이 자신들의 이익(반사적 이익) 침해를 보상해 달라고 국가에 대해 청구하였다면, 과연 이들의 청구를 국가가 적극적으로 인정해주어야 할지 말지에 대한 논쟁이 생기게 된다.
편의주의	경찰권의 발동 여부는 원칙적으로 경찰편의주의에 따른 재량사항이므로, 일반적인 경찰개입청구에 대하여 경찰의무가 존재하지 않는다. 결국 경찰개입청구권은 일반적인 상황에서는 인정되지 않는다.
인정 요건	국민의 생명·신체·재산에 중대한 침해를 받을 우려가 있는 상황에서 다른 수단으로는 해결이 불가능하고 오직 경찰이 개입해야만 해결될 것으로 인정되는 경우에 경찰개입청구권을 인정해 줄 수 있다.
효과	위와 같은 경찰권발동 여부에 대한 결정재량이 0으로 수축되어 경찰권을 발동하여야 할 의무가 발생한 경우에 국민은 경찰개입청구권이 인정받을 수 있으며 이때 경찰개입이 제대로 이루어지지 아니하는 경우에는 소송에 의한 손해배상도 가능하며, 이로 인해 개인적 공권의 확대를 가져오게 된다.
판례	① 대법원은 1·21 사태(김신조 사건) 시에 무장공비가 출현하여 그 공비와 격투 중에 있는 가족구성원인 청년이 위협받고 있는 경우에, 다른 가족구성원이 경찰에 세 차례나 출동을 요청하였음에도 불구하고 즉시 출동하지 않아 사살된 사건에서 행정청의 부작위로 인한 손해에 대하여 국가의 손해배상책임을 인정하였다. ② 독일 띠톱판결(1960): 경찰(행정)개입청구권, 무하자재량행사청구권 인정

> **⊕ PLUS 경찰개입청구권에 대한 정리** [A급]
>
> | 원칙 | ① 법률상 이익(법적으로 규정되어 보호받는 이익)에 대해서는 규정에 따라 경찰개입청구권을 행사할 수 있다.
② 반사적 이익이 침해된 경우에는 국가(경찰)에 대해 개입(보호)해 달라고 청구할 수 있는 권리가 인정되지 않는다. |
> |---|---|
> | 예외 | 반사적 이익이 침해된 경우라 하더라도 그 침해가 국민의 생명·신체·재산에 중대한 위험을 초래할 우려가 있다면 국가(경찰)에 대해 개입(보호)을 요청할 수 있고, 국가(경찰)는 이에 대해 개입(보호)해 줄 의무가 생긴다. |

제8절 행정기본법 [시행 2025.3.18.]

01 목적 및 정의 [A급]

목적 (제1조)	이 법은 행정의 원칙과 기본사항을 규정하여 행정의 **민주성**과 **적법성**을 확보하고 **적정성**과 **효율성**을 향상시킴으로써 **국민의 권익 보호**에 이바지함을 목적으로 한다.
정의 (제2조)	이 법에서 사용하는 용어의 뜻은 다음과 같다. 1. "법령등"이란 다음 각 목의 것을 말한다. 　가. 법령: 다음의 어느 하나에 해당하는 것 　　1) **법률 및 대통령령·총리령·부령** 　　2) **국회규칙·대법원규칙·헌법재판소규칙·중앙선거관리위원회규칙 및 감사원규칙** 　　3) 1) 또는 2)의 위임을 받아 중앙행정기관의 장, 국회의장, 대법원장, 헌법재판소장, 중앙선거관리위원장, 감사원장 등이 정한 **훈령·예규 및 고시 등 행정규칙** 　나. 자치법규: 지방자치단체의 **조례 및 규칙** 2. "행정청"이란 다음 각 목의 자를 말한다. 　가. 행정에 관한 의사를 결정하여 표시하는 국가 또는 지방자치단체의 **기관** 　나. 그 밖에 법령등에 따라 행정에 관한 의사를 결정하여 표시하는 권한을 가지고 있거나 그 권한을 **위임 또는 위탁**받은 공공단체 또는 그 기관이나 **사인(私人)** 3. "당사자"란 **처분의 상대방**을 말한다. 4. "처분"이란 **행정청**이 구체적 사실에 관하여 **행하는 법 집행**으로서 공권력의 행사 또는 그 거부와 그 밖에 이에 준하는 **행정작용**을 말한다. 5. "제재처분"이란 법령등에 따른 의무를 위반하거나 이행하지 아니하였음을 이유로 당사자에게 **의무를 부과**하거나 **권익을 제한하는 처분**을 말한다. 다만, 제30조 제1항 각 호에 따른 행정상 강제는 제외한다.

02 기간 및 나이의 계산 [A급]

행정에 관한 기간의 계산 (제6조)	① 행정에 관한 기간의 계산에 관하여는 이 법 또는 다른 법령등에 특별한 규정이 있는 경우를 제외하고는 「민법」을 준용한다. ② 법령등 또는 처분에서 국민의 **권익을 제한**하거나 **의무를 부과**하는 경우 권익이 제한되거나 의무가 지속되는 기간의 계산은 다음 각 호의 기준에 따른다. 다만, 다음 각 호의 기준에 따르는 것이 국민에게 불리한 경우에는 그러하지 아니하다. 　1. 기간을 일, 주, 월 또는 연으로 정한 경우에는 기간의 첫날을 산입한다. 　2. 기간의 말일이 **토요일 또는 공휴일**인 경우에도 기간은 그 날로 만료한다.

법령등 시행일의 기간 계산 (제7조)	법령등(훈령·예규·고시·지침 등을 포함한다. 이하 이 조에서 같다)의 시행일을 정하거나 계산할 때에는 다음 각 호의 기준에 따른다. 1. 법령등을 **공포한 날**(훈령·예규·고시·지침 등은 고시·공고 등의 방법으로 발령한 날을 말한다)**부터 시행하는 경우에는 공포한 날을 시행일로 한다.** 2. 법령등을 공포한 날부터 **일정 기간이 경과한 날부터 시행하는 경우** 법령등을 공포한 날을 **첫 날에 산입하지 아니한다.** 3. 법령등을 공포한 날부터 **일정 기간이 경과한 날부터 시행하는 경우** 그 기간의 말일이 **토요일 또는 공휴일인 때에는** 그 **말일로 기간이 만료한다.**
행정에 관한 나이의 계산 및 표시 (제7조의2)	행정에 관한 나이는 다른 법령등에 특별한 규정이 있는 경우를 제외하고는 **출생일을 산입하여 만(滿) 나이로 계산**하고, **연수(年數)로 표시**한다. 다만, 1세에 이르지 아니한 경우에는 월수(月數)로 표시할 수 있다.

03 행정법의 일반원칙 〔A급〕

법치행정의 원칙 (제8조)	행정작용은 법률에 위반되어서는 아니 되며(법률우위의 원칙), 국민의 **권리를 제한**하거나 **의무를 부과**하는 경우와 그 밖에 국민생활에 **중요한 영향**을 미치는 경우에는 법률에 근거하여야 한다(법률유보의 원칙).
평등의 원칙(제9조)	행정청은 **합리적 이유 없이** 국민을 **차별하여서는 아니 된다.**
비례의 원칙 (제10조)	행정작용은 다음 각 호의 원칙에 따라야 한다. 1. 행정목적을 달성하는 데 **유효하고 적절할 것(수단의 적합성)** 2. 행정목적을 달성하는 데 **필요한 최소한도에 그칠 것(최소침해 필요성)** 3. 행정작용으로 인한 **국민의 이익 침해**가 그 행정작용이 의도하는 **공익보다 크지 아니할 것(상당성)**
성실의무 및 권한 남용금지의 원칙 (제11조)	① 행정청은 법령등에 따른 의무를 성실히 수행하여야 한다. ② 행정청은 행정권한을 남용하거나 그 권한의 범위를 넘어서는 아니 된다. ▶ 조리상 도출되는 성실의무와 권한남용금지의 원칙이 **성문으로 규정**되어 있다.
신뢰보호의 원칙 (제12조)	① **행정청은** 공익 또는 제3자의 이익을 현저히 해칠 우려가 있는 경우를 제외하고는 행정에 대한 **국민의 정당하고 합리적인 신뢰를 보호하여야 한다.** ② **행정청은** 권한 행사의 기회가 있음에도 불구하고 장기간 권한을 행사하지 아니하여 국민이 그 권한이 행사되지 아니할 것으로 믿을 만한 정당한 사유가 있는 경우에는 그 **권한을 행사해서는 아니 된다.** 다만, 공익 또는 제3자의 이익을 현저히 해칠 우려가 있는 경우는 예외로 한다.
부당결부금지의 원칙(제13조)	행정청은 행정작용을 할 때 상대방에게 **해당 행정작용과 실질적인 관련이 없는 의무를 부과해서는 아니 된다.**

04 행정작용(처분) [A급]

법 적용의 기준 (제14조)	① 새로운 **법령등**은 법령등에 특별한 규정이 있는 경우를 제외하고는 그 법령등의 **효력 발생 전**에 완성되거나 종결된 사실관계 또는 법률관계에 대해서는 적용되지 아니한다(소급적용 금지의 원칙). ② 당사자의 신청에 따른 처분은 법령등에 특별한 규정이 있거나 처분 당시의 법령등을 적용하기 곤란한 특별한 사정이 있는 경우를 제외하고는 처분 당시의 **법령등**에 따른다. ③ 법령등을 위반한 행위의 성립과 이에 대한 제재처분은 법령등에 특별한 규정이 있는 경우를 제외하고는 법령등을 위반한 행위 당시의 **법령등**에 따른다. 다만, 법령등을 위반한 행위 후 **법령등의 변경**에 의하여 그 행위가 법령등을 위반한 행위에 해당하지 아니하거나 **제재처분 기준이 가벼워진** 경우로서 해당 법령등에 특별한 규정이 없는 경우에는 변경된 **법령등**을 적용한다.
처분의 효력 (제15조)	처분은 권한이 있는 기관이 취소 또는 철회하거나 기간의 경과 등으로 소멸되기 전까지는 유효한 것으로 통용된다(공정력). 다만, 무효인 처분은 처음부터 그 효력이 발생하지 아니한다.
부관 (제17조)	① 행정청은 **처분에 재량이 있는 경우**에는 부관(조건, 기한, 부담, 철회권의 유보 등)을 붙일 수 있다. ② 행정청은 처분에 **재량이 없는 경우**에는 **법률에 근거가 있는 경우**에 부관을 붙일 수 있다. ③ 행정청은 부관을 붙일 수 있는 처분이 다음 각 호의 어느 하나에 해당하는 경우에는 그 처분을 한 후에도 **부관**을 새로 붙이거나 종전의 부관을 변경할 수 있다(**철회권 유보**). 　1. 법률에 근거가 있는 경우 　2. 당사자의 동의가 있는 경우 　3. 사정이 변경되어 부관을 새로 붙이거나 종전의 부관을 변경하지 아니하면 **해당 처분의 목적을 달성할 수 없다고 인정되는 경우** ④ 부관은 다음 각 호의 요건에 적합하여야 한다. 　1. 해당 처분의 **목적**에 위배되지 아니할 것 　2. 해당 처분과 **실질적인 관련**이 있을 것 　3. 해당 처분의 목적을 달성하기 위하여 **필요한 최소한의 범위**일 것
위법 또는 부당한 처분의 취소 (제18조)	① 행정청은 위법 또는 부당한 처분의 전부나 일부를 소급하여 취소할 수 있다. 다만, 당사자의 신뢰를 보호할 가치가 있는 등 정당한 사유가 있는 경우에는 장래를 향하여 취소할 수 있다. ② 행정청은 제1항에 따라 **당사자에게 권리나 이익을 부여하는 처분**을 취소하려는 경우에는 취소로 인하여 **당사자가 입게 될 불이익**을 취소로 달성되는 **공익**과 비교·**형량**(衡量)하여야 한다. 다만, 다음 각 호의 어느 하나에 해당하는 경우에는 그러하지 아니하다. 　1. 거짓이나 그 밖의 부정한 방법으로 처분을 받은 경우 　2. 당사자가 처분의 위법성을 알고 있었거나 중대한 과실로 알지 못한 경우
적법한 처분의 철회 (제19조)	① 행정청은 적법한 처분이 다음 각 호의 어느 하나에 해당하는 경우에는 그 처분의 전부 또는 일부를 장래를 향하여 철회할 수 있다. 　1. **법률에서 정한 철회 사유에 해당**하게 된 경우 　2. 법령등의 **변경**이나 사정변경으로 **처분을 더 이상 존속시킬 필요가 없게 된 경우** 　3. 중대한 공익을 위하여 필요한 경우

	② 행정청은 제1항에 따라 처분을 **철회하려는 경우**에는 철회로 인하여 당사자가 입게 될 불이익을 철회로 달성되는 **공익과 비교·형량**하여야 한다.
자동적 처분 (제20조)	행정청은 법률로 정하는 바에 따라 완전히 자동화된 시스템(인공지능 기술을 적용한 시스템을 포함한다)으로 처분을 할 수 있다. 다만, 처분에 재량이 있는 경우는 그러하지 아니하다.
재량행사의 기준 (제21조)	행정청은 재량이 있는 처분을 할 때에는 관련 이익을 정당하게 형량하여야 하며, 그 재량권의 범위를 넘어서는 아니 된다.
제재처분의 기준 (제22조)	① **제재처분의 근거가 되는 법률**에는 제재처분의 주체, 사유, 유형 및 상한을 **명확하게 규정하여야** 한다. 이 경우 제재처분의 유형 및 상한을 정할 때에는 해당 위반행위의 특수성 및 유사한 위반행위와의 형평성 등을 종합적으로 고려하여야 한다. ② 행정청은 **재량이 있는 제재처분**을 할 때에는 다음 각 호의 사항을 고려하여야 한다. 　1. 위반행위의 **동기, 목적 및 방법** 　2. 위반행위의 **결과** 　3. 위반행위의 **횟수** 　4. 그 밖에 제1호부터 제3호까지에 준하는 사항으로서 대통령령으로 정하는 사항
제재처분의 제척기간 (제23조)	① **행정청**은 법령등의 **위반행위가 종료된 날부터 5년**이 지나면 해당 위반행위에 대하여 **제재처분**(인허가의 정지·취소·철회, 등록 말소, 영업소 폐쇄와 정지를 갈음하는 과징금 부과를 말한다)을 **할 수 없다**. ② 다음 각 호의 어느 하나에 해당하는 경우에는 제1항을 적용하지 아니한다. 　1. 거짓이나 그 밖의 부정한 방법으로 인허가를 받거나 신고를 한 경우 　2. 당사자가 인허가나 신고의 위법성을 알고 있었거나 중대한 과실로 알지 못한 경우 　3. 정당한 사유 없이 행정청의 조사·출입·검사를 기피·방해·거부하여 제척기간이 지난 경우 　4. 제재처분을 하지 아니하면 국민의 안전·생명 또는 환경을 심각하게 해치거나 해칠 우려가 있는 경우 ③ **행정청**은 제1항에도 불구하고 행정심판의 재결이나 법원의 판결에 따라 제재처분이 취소·철회된 경우에는 **재결이나 판결이 확정된 날부터 1년**(합의제행정기관은 **2년**)이 지나기 전까지는 그 취지에 따른 새로운 제재처분을 할 수 있다. ④ 다른 법률에서 제1항 및 제3항의 기간보다 짧거나 긴 기간을 규정하고 있으면 그 법률에서 정하는 바에 따른다.

05 공법상 계약 〔A급〕

공법상 계약의 체결 (제27조)	① 행정청은 **법령등을 위반하지 아니하는 범위**에서 행정목적을 달성하기 위하여 필요한 경우에는 공법상 법률관계에 관한 계약(이하 **"공법상 계약"**이라 한다)을 **체결할 수 있다**. 이 경우 계약의 목적 및 내용을 명확하게 적은 **계약서를 작성하여야** 한다. ② 행정청은 **공법상 계약의 상대방을 선정**하고 계약 내용을 정할 때 공법상 계약의 **공공성**과 제3자의 **이해관계를 고려하여야** 한다.

06 행정상 강제 A급

행정상 강제
(제30조)
	① 행정청은 행정목적을 달성하기 위하여 필요한 경우에는 **법률로** 정하는 바에 따라 필요한 최소한의 범위에서 다음 각 호의 어느 하나에 해당하는 **조치를 할 수 있다.**
	
	  1. 행정대집행: 의무자가 행정상 의무(법령등에서 직접 부과하거나 행정청이 법령등에 따라 부과한 의무를 말한다)로서 **타인이 대신하여 행할 수 있는 의무를 이행하지 아니하는 경우** 법률로 정하는 다른 수단으로는 그 이행을 확보하기 곤란하고 그 불이행을 방치하면 공익을 크게 해칠 것으로 인정될 때에 행정청이 의무자가 하여야 할 행위를 스스로 하거나 제3자에게 하게 하고 그 비용을 의무자로부터 징수하는 것
	  2. 이행강제금의 부과: **의무자가 행정상 의무를 이행하지 아니하는 경우** 행정청이 적절한 이행기간을 부여하고, 그 기한까지 행정상 의무를 이행하지 아니하면 **금전급부의무를 부과**하는 것
	  3. 직접강제: **의무자가 행정상 의무를 이행하지 아니하는 경우** 행정청이 의무자의 **신체나 재산에 실력을 행사**하여 그 행정상 의무의 **이행이 있었던 것과 같은 상태를 실현**하는 것
	  4. 강제징수: 의무자가 행정상 의무 중 **금전급부의무를 이행하지 아니하는 경우** 행정청이 의무자의 **재산에 실력을 행사**하여 그 행정상 의무가 실현된 것과 같은 상태를 실현하는 것
	  5. 즉시강제: **현재의 급박한 행정상의 장해를 제거**하기 위한 경우로서 다음 각 목의 어느 하나에 해당하는 경우에 행정청이 곧바로 국민의 **신체 또는 재산에 실력을 행사**하여 행정목적을 달성하는 것
	
	    가. 행정청이 미리 행정상 의무 이행을 명할 시간적 여유가 없는 경우
	    나. 그 성질상 행정상 의무의 이행을 명하는 것만으로는 행정목적 달성이 곤란한 경우
	
	② 행정상 강제 조치에 관하여 이 법에서 정한 사항 외에 필요한 사항은 따로 **법률로** 정한다.

직접강제 (제32조)	① **직접강제는** 행정대집행이나 이행강제금 부과의 방법으로는 **행정상 의무 이행을 확보할 수 없거나** 그 실현이 불가능한 경우에 **실시하여야 한다.** ② 직접강제를 실시하기 위하여 현장에 파견되는 집행책임자는 그가 집행책임자임을 표시하는 증표를 보여주어야 한다.

즉시강제
(제33조)
	① **즉시강제는** 다른 수단으로는 행정목적을 달성할 수 없는 경우에만 허용**되며, 이 경우에도 최소한으로만 실시하여야 한다.**
	② 즉시강제를 실시하기 위하여 현장에 파견되는 집행책임자는 그가 집행책임자임을 표시하는 증표를 보여주어야 하며, 즉시강제의 이유와 내용을 고지하여야 한다.
	③ 제2항에도 불구하고 집행책임자는 즉시강제를 하려는 **재산의 소유자 또는 점유자를 알 수 없거나** 현장에서 그 소재를 즉시 확인하기 어려운 경우에는 즉시강제를 실시한 후 **집행책임자의 이름 및 그 이유와 내용을 고지할 수 있다.** 다만, 다음 각 호에 해당하는 경우에는 게시판이나 인터넷 홈페이지에 게시하는 등 적절한 방법에 의한 공고로써 고지를 갈음할 수 있다. 〈신설 2024.1.16.〉
	
	  1. 즉시강제를 실시한 후에도 재산의 소유자 또는 점유자를 알 수 없는 경우
	  2. 재산의 소유자 또는 점유자가 국외에 거주하거나 행방을 알 수 없는 경우
	  3. 그 밖에 대통령령으로 정하는 불가피한 사유로 고지할 수 없는 경우

07 처분에 대한 이의신청과 재심사 A급

이의신청 (제36조)	① 행정청의 처분(「행정심판법」 제3조에 따라 같은 법에 따른 행정심판의 대상이 되는 처분을 말한다. 이하 이 조에서 같다)에 이의가 있는 당사자는 **처분을 받은 날부터** 30일 이내에 해당 행정청에 **이의신청을 할 수 있다**. ② 행정청은 제1항에 따른 **이의신청을 받으면** 그 신청을 받은 날부터 14일 이내에 그 이의신청에 대한 **결과를 신청인에게 통지하여야 한다**. 다만, 부득이한 사유로 14일 이내에 통지할 수 없는 경우에는 그 기간을 만료일 다음 날부터 **기산하여** 10일의 범위에서 한 차례 연장할 수 있으며, 연장 사유를 신청인에게 통지하여야 한다. ③ 제1항에 따라 이의신청을 한 경우에도 그 이의신청과 관계없이 「행정심판법」에 따른 **행정심판** 또는 「행정소송법」에 따른 **행정소송을** 제기할 수 있다. ④ 이의신청에 대한 결과를 통지받은 후 **행정심판 또는 행정소송을 제기하려는 자는** 그 결과를 통지받은 날(제2항에 따른 통지기간 내에 결과를 통지받지 못한 경우에는 같은 항에 따른 통지기간이 만료되는 날의 다음 날을 말한다)부터 90일 이내에 제1항의 처분(이의신청 결과 처분이 변경된 경우에는 변경된 처분으로 한다)에 대하여 행정심판 또는 행정소송을 제기할 수 있다. ⑦ 다음 각 호의 어느 하나에 해당하는 사항에 관하여는 **이 조를 적용하지 아니한다**. 　1. 공무원 인사 관계 법령에 따른 징계 등 처분에 관한 사항 　2. 「국가인권위원회법」 제30조에 따른 진정에 대한 **국가인권위원회의 결정** 　3. 「노동위원회법」 제2조의2에 따라 **노동위원회의 의결을 거쳐 행하는 사항** 　4. **형사, 행형 및 보안처분** 관계 법령에 따라 행하는 사항 　5. **외국인의 출입국 · 난민인정 · 귀화 · 국적회복에 관한 사항** 　6. **과태료** 부과 및 징수에 관한 사항
재심사 (제37조)	① 당사자는 처분(제재처분 및 행정상 강제는 제외한다. 이하 이 조에서 같다)이 행정심판, 행정소송 및 그 밖의 **쟁송을 통하여 다툴 수 없게 된 경우**(법원의 확정판결이 있는 경우는 제외한다)라도 다음 각 호의 어느 하나에 해당하는 경우에는 해당 처분을 한 행정청에 **처분을 취소 · 철회하거나 변경하여 줄 것을 신청할 수 있다**. 　1. 처분의 근거가 된 사실관계 또는 법률관계가 추후에 **당사자에게 유리하게 바뀐 경우** 　2. **당사자에게 유리한 결정을 가져다주었을 새로운 증거가 있는 경우** 　3. 「민사소송법」 제451조에 따른 **재심사유에 준하는 사유가 발생한 경우** 등 대통령령으로 정하는 경우 ② 제1항에 따른 신청은 해당 처분의 절차, 행정심판, 행정소송 및 그 밖의 쟁송에서 **당사자가 중대한 과실 없이** 제1항 각 호의 **사유를 주장하지 못한 경우에만** 할 수 있다. ③ 제1항에 따른 **신청은** 당사자가 제1항 각 호의 **사유를 안 날부터** 60일 이내에 하여야 한다. 다만, **처분이 있은 날부터** 5년이 지나면 신청할 수 없다. ④ 제1항에 따른 **신청을 받은 행정청은** 특별한 사정이 없으면 **신청을 받은 날부터** 90일(합의제행정기관은 180일) 이내에 처분의 재심사 **결과**(재심사 여부와 처분의 유지 · 취소 · 철회 · 변경 등에 대한 결정을 포함한다)를 신청인에게 **통지하여야 한다**. 다만, 부득이한 사유로 90일(합의제행정기관은 180일) 이내에 통지할 수 없는 경우에는 그 기간을 **만료일 다음 날부터 기산하여** 90일(합의제행정기관은 180일)의 범위에서 **한 차례 연장할 수 있으며**, 연장 사유를 신청인에게 통지하여야 한다.

⑤ 제4항에 따른 처분의 **재심사 결과** 중 처분을 유지하는 결과에 대해서는 행정심판, 행정소송 및 그 밖의 쟁송수단을 통하여 **불복할 수 없다**.
⑧ 다음 각 호의 어느 하나에 해당하는 사항에 관하여는 **이 조를 적용하지 아니한다**.

> 1. 공무원 **인사 관계 법령에 따른** 징계 등 처분에 관한 사항
> 2. 「노동위원회법」 제2조의2에 따라 **노동위원회의 의결을 거쳐 행하는 사항**
> 3. **형사, 행형 및 보안처분** 관계 법령에 따라 행하는 사항
> 4. **외국인의 출입국** · 난민인정 · 귀화 · 국적회복에 관한 사항
> 5. **과태료** 부과 및 징수에 관한 사항
> 6. 개별 법률에서 그 적용을 배제하고 있는 경우

제9절 경찰하명과 허가 및 면제

01 경찰하명 [A급]

의의	경찰하명이란 일반통치권에 기인하여 경찰목적을 달성하기 위해 국민에 대하여 **작위 · 부작위 · 급부 · 수인** 등 의무의 일체를 명하는 법률행위적 행정행위를 말한다. ▶ 경찰관의 수신호나 교통신호등의 신호도 경찰하명에 해당한다.	
작위하명	**적극적으로 어떠한 행위를 하도록** 의무를 명하는 경찰하명을 말한다.	
부작위하명	개념	**소극적으로 어떤 행위를 행하지 아니할 의무를 명하는 하명**(경찰금지)라고도 한다.
	절대적 금지	살인청부금지, 인신매매금지, 청소년에게 술이나 담배 판매금지등 **어떠한 경우에도 해제의 대상이 될 수 없는 금지**를 말한다.
	상대적 금지	총포소지금지, 음식점 · 유흥업소 영업금지, 공공시설에서의 금연, 도로통행의 금지 등 **일정한 경우에는 해제의 대상이 될 수 있는 금지**를 말한다.
수인하명	경찰권의 발동으로 인하여 **자신의 신체 · 재산 · 가택에 가하여지는 사실상의 침해를 받아들여야 할 의무를 지는 하명**을 말한다.	
급부하명	**금전 또는 물품**의 급부의무를 과하는 하명이다.	
하명의 효과	① 경찰하명을 받은 상대방은 **경찰의무가 발생되고** 하명을 발한 **행정주체에 대해서만 책임을 부담할 뿐**, 그 외 제3자에 대해서는 법적 의무를 부담하지 않는다. ② 하명에 의해 제3자가 반사적 이익을 받더라도 그로 인해 제3자에게 법적 청구권이 발생하는 것은 아니다. ③ 하명의 효과는 원칙적으로 그 수명자에게만 발생하는 것이나, **대물적 하명의 경우에는 그 대상인 물건에 대한 법적 지위를 승계한 자에게도 그 효과가 미친다.**	

	의무 불이행	경찰상의 강제집행의 대상이 된다.
하명위반의 효과	의무 위반	경찰벌(형벌 + 질서벌)의 대상이 된다. ▶ 경찰하명에 위반하여 이루어진 행위는 원칙적으로 그 법적 효력에는 아무런 영향을 받지 않는다. 그러므로 영업정지 명령에 위반하여 영업을 계속하였을 경우에도 당해 영업에 대한 거래 행위의 사법상 효력은 인정된다.
하자있는 하명		경찰하명이 무효에 해당하는 하자가 있다면 이를 위반하여도 처벌할 수 없고, 저항하여도 공무집행방해죄가 성립하지 않는다. 다만, 취소사유가 있는 하명은 권한 있는 기관에 의하여 취소되기 전까지 공정력에 의해 관계자를 구속한다.
구제		① **적법한** 하명인 경우 – **손실보상** ② **위법·부당한** 하명인 경우 – **행정심판**, 행정소송, 손해배상

02 경찰허가 A급

의의	경찰허가라 함은 국가의 일반통치권에 의거하여 일반적·상대적 금지를 특정한 경우에 해제하여 **적법하게 특정행위를 할 수 있도록 자연적 자유를 회복시켜 주는 행정행위**를 말한다.
요건	허가는 원칙적으로 **상대방의 신청**에 의하여 행하여지는 **쌍방적 행정행위**이다. ▶ 예외적으로 신청없이 직권으로 불특정다수인에게 일반허가를 하는 경우도 있다.
기준	허가 신청시와 허가 처분시의 법이 **다른 경우**, 허가기준이 되는 법령은 **처분시법**이다.
종류	**대인적 허가**	신청인의 주관적 사정을 심사하여 행하여지는 경찰허가 – 이전성 × 예 의사면허, 마약취급면허, 운전면허, 총포류 소지허가
	대물적 허가	신청인이 갖추고 있는 물적 설비, 지리적 환경 기타의 객관적 사정을 심사하여 행하여지는 경찰허가 – 이전성 ○ 예 건축허가, 자동차검사 합격처분, 목욕장영업허가, 석유판매업 등 15. 경행
	혼합적 허가	신청인의 주관적 사정과 객관적 사정을 아울러 고려하여 행하여지는 경찰허가 – 이전성 제한 예 풍속영업허가, 총포류 제조·판매허가, 자동차운전면허학원 허가
효과	① 허가는 적법하게 할 수 있도록 하는 **적법요건**이지, **유효요건은 아니다.** ② **허가를 받으면 적법행위, 허가를 받지 않으면 위법행위**이므로 강제집행이나 경찰벌의 대상은 되지만, **행위 자체(사인간 거래행위)의 효력은 유효하다.** 예 무면허 음식물 판매행위의 판매자는 허가를 받지 않음에 대한 처벌의 대상은 되지만, 판매행위(사인간 거래행위)의 자체의 효력이 무효가 되는 것은 아니다. ③ 허가는 그 근거가 된 법령에 의한 금지를 해제할 뿐이고, **타법에 의한 금지까지 해제하는 효과를 가지지는 않는다.**

03 경찰면제 [A급]

의의	법령에 의하여 과하여진 경찰상의 작위·급부·수인의 의무를 특정한 경우에 해제하여 주는 경찰상의 행정행위이다.
허가와 구별	의무해제라는 점에서 허가와 면제는 같으나, 허가는 부작위의무의 해제인 데 반하여 면제는 작위, 급부 및 수인의무의 해제라는 점에서 다르다.

제10절 행정상 의무이행(실효성) 확보수단

01 개관 [A급]

전통적 의무이행 확보수단	경찰강제 (강제처분)	즉시강제		직접적 의무이행 확보수단
		강제집행	대집행	
			강제징수	
			직접강제	
			집행벌(이행강제금)	간접적 의무이행 확보수단
	경찰벌	경찰형벌		
		경찰질서벌(과태료)		
새로운 의무이행 확보수단	① 금전상 제재(과징금, 가산금, 가산세, 부당이득세 등) ② 공표제도(명단공개) ③ 수익적 행정행위의 취소·철회(영업허가 취소) ④ 관허사업의 제한 ⑤ 국외여행 제한 ⑥ 취업제한 ⑦ 공급거부(단전·단수 조치) ⑧ 각종 신고포상금제도			

02 강제집행 [A급]

대집행	① 경찰법상의 대체적 작위의무를 진 자가 그 의무를 이행하지 아니한 경우에, 그 당해 경찰관청이 스스로 또는 제3자로 하여금 의무자가 하여야 할 행위를 하게 함으로써 의무의 이행이 있는 것과 같은 상태를 실현시킨 후, 그에 관한 비용을 의무자로부터 징수하는 경찰상의 강제집행이다(행정대집행법). ② 절차: 대집행의 계고 ➔ 대집행영장에 의한 통지 ➔ 대집행의 실행 ➔ 비용의 징수

집행벌 (이행강제금)	① 부작위의무 또는 대체적·비대체적 작위의무를 이행하지 않은 경우에는 **의무의 이행을 강제하기 위한 수단**으로서 강제금을 과하여 심리적 압박을 주는 벌을 말한다. ② 이행강제금은 **행정벌 등과 병과될 수 있으며**, 또한 **의무이행이 있을 때까지 반복하여 부과할 수 있다**.
직접강제	의무불이행의 경우 경찰상의 **최후의 수단**으로서, 직접적으로 의무자의 신체·재산에 실력을 행사하여 의무의 이행이 있었던 것과 동일한 상태를 실현하는 경찰상의 강제집행의 일종이다. 예 외국인의 강제퇴거, 무허가 영업소에 대한 폐쇄, 해산명령 불이행에 따른 해산조치
강제징수	① 경찰법상의 **금전급부의무를 이행하지 않는 경우**에 경찰관청이 강제적으로 의무가 이행된 것과 동일한 상태를 실현하는 경찰상 강제집행의 일종인데, 이는 국세징수법에 의한다. ② 독촉 ➡ 강제징수[(재산의 압류) ➡ 매각(공매, 환매) ➡ 청산(충당, 배분)]

03 경찰상 즉시강제 :A급:

의의		목전의 급박한 **경찰상 장해**를 미연에 제거하고 장해발생을 예방하기 위하여 미리 의무를 명할 시간적 여유가 없을 때 또는 그 성질상 의무를 명하는 것으로는 그 목적을 달성하기 곤란할 때에, 직접 국민의 신체 또는 재산에 실력을 가하여 경찰상 필요한 상태를 실현하는 작용 예 자연재해로 인한 강제피난조치, 감염병 환자의 즉각적인 강제격리 ▶ 즉시강제는 의무의 존재와 의무의 불이행을 전제로 하지 않는다.
근거		① 「경찰관 직무집행법」 제6조 경찰관의 제지에 관한 부분은 범죄의 예방을 위한 **경찰행정상 즉시강제**에 관한 근거조항이다. ② 「경찰관 직무집행법」 제4조 제1항 제1호에서 규정하는 "술에 취하여 자신 또는 다른 사람의 생명·신체·재산에 위해를 끼칠 우려가 있는 사람"에 대한 **보호조치는 행정상** 즉시강제에 해당한다.
한계	법규상의 한계	**엄격한 법규상의 근거가 필요**
	조리상의 한계	**급박성, 보충성, 비례성, 소극성**
	절차상의 한계	원칙적으로 영장주의가 적용된다. 다만, 불가피하다고 인정할 만한 합리적 이유가 있는 경우 예외가 허용된다는 '**영장주의 절충설**'이 현재 통설과 판례입장이다.
구제	행정쟁송	즉시강제는 권력적 사실행위로서 처분성이 인정되면 행정쟁송 제기가 가능하다. 다만, 즉시강제는 성질상 단기간 내 종료되는 것이 대부분이어서, 이미 종료된 상태라면 행정쟁송 제기가 불가
	손해전보제도	① **적법한** 즉시강제로 인한 피해가 **특별한 희생에 해당한다면 손실보상** 청구 가능 ② 위법한 즉시강제로 인한 피해는 「국가배상법」에 의한 **손해배상**을 통해 구제 가능
	정당방위	현재의 **위법한** 침해에 해당하는 경우 **정당방위도 가능**

04 경찰벌(행정벌) A급

경찰형벌	① **경찰법규 위반에 대한 제재**로서 사형, 징역, 금고, 자격상실, 자격정지, 벌금, 구류, 과료, 몰수 등 형법 제41조에 규정된 형을 과하는 경찰벌을 말한다. ② 경찰형벌은 원칙적으로 **형사소송법**에 의한 절차를 따르되, 예외적으로 **즉결심판절차** 또는 **통고처분절차**(범칙금)에 의해서 과하여지는 경우도 있다.
경찰질서벌	① **경찰법상의** 의무위반에 대한 제재로서 형법상의 형명이 없는 벌, 즉 과태료를 과하는 경찰벌을 말한다. ② 과태료에 대하여는 형법총칙이 적용되지 아니하며, **과벌절차는 질서위반행위규제법 및 비송사건절차법**이 정하는 바에 의한다. 🔍 **참고** 지방자치단체는 **조례를 위반한 행위**에 대하여 **조례로써** 1천만원 이하**의 과태료를** 정할 수 있다(지방자치법 제34조).
병과 여부	행정법상의 질서벌인 **과태료**의 부과처분과 **형사처벌**은 그 성질이나 목적을 달리하는 **별개의 것**이므로 행정법상의 질서벌인 **과태료를 납부한 후에 형사처벌을 한다고 하여 이를** 일사부재리의 원칙에 반하는 것이라고 할 수는 없다(대판 1996.4.12, 96도158).

Chapter 04 / 행정절차법 [시행 2023.3.24.]

제1절 개념 및 행정절차

01 개념 및 목적

개념	행정절차란 행정활동을 함에 있어서 거치는 사전통지, 의견청취, 이유제시 등 사전절차를 말한다.
목적(제1조)	이 법은 행정절차에 관한 공통적인 사항을 규정하여 국민의 행정 참여를 도모함으로써 행정의 **공정성·투명성 및 신뢰성**을 확보하고 국민의 권익을 보호함을 목적으로 한다.

02 정의(제2조)

행정청	① 행정에 관한 의사를 결정하여 표시하는 **국가** 또는 **지방자치단체의 기관** ② 그 밖에 법령 또는 자치법규(이하 "**법령등**"이라 한다)에 따라 **행정권한을 가지고 있거나 위임 또는 위탁받은 공공단체 또는 그 기관이나 사인**(私人)
처분	**행정청이 행하는 구체적 사실에 관한 법 집행으로서의 공권력의 행사 또는 그 거부와 그 밖에 이에 준하는 행정작용**을 말한다.
행정지도	행정기관이 그 소관 사무의 범위에서 일정한 행정목적을 실현하기 위하여 특정인에게 일정한 행위를 하거나 하지 아니하도록 **지도, 권고, 조언** 등을 하는 행정작용을 말한다.
당사자등	① **행정청의 처분에 대하여 직접 그 상대가 되는 당사자** ② 행정청이 직권으로 또는 신청에 따라 행정절차에 참여하게 한 **이해관계인**
청문	행정청이 어떠한 처분을 하기 전에 **당사자등의 의견을 직접 듣고 증거를 조사하는 절차**를 말한다.
공청회	처분을 하기 전에 행정청이 공개적인 토론을 통하여 어떠한 행정작용에 대하여 당사자등, 전문지식과 경험을 가진 사람, 그 밖의 일반인으로부터 **의견을 널리 수렴하는 절차**를 말한다.
의견제출	행정청이 어떠한 행정작용을 하기 전에 **당사자등이 의견을 제시하는 절차로서 청문이나 공청회에 해당하지 아니하는 절차**를 말한다.
전자문서	컴퓨터 등 정보처리능력을 가진 장치에 의하여 **전자적인 형태로 작성되어 송신·수신 또는 저장된 정보**를 말한다.
정보통신망	전기통신설비를 활용하거나 전기통신설비와 컴퓨터 및 컴퓨터 이용기술을 활용하여 정보를 수집·가공·저장·검색·송신 또는 수신하는 **정보통신체제**를 말한다.

03 행정절차법의 적용범위(제3조)

① 처분, 신고, 확약, 위반사실 등의 공표, 행정계획, 행정상 입법예고, 행정예고 및 행정지도의 절차(이하 "행정절차"라 한다)에 관하여 다른 법률에 특별한 규정이 있는 경우를 제외하고는 이 법에서 정하는 바에 따른다.
② 이 법은 다음 각 호의 어느 하나에 해당하는 사항에 대하여는 적용하지 아니한다.

1. 국회 또는 지방의회의 의결을 거치거나 동의 또는 승인을 받아 행하는 사항
2. 법원 또는 군사법원의 재판에 의하거나 그 집행으로 행하는 사항
3. 헌법재판소의 심판을 거쳐 행하는 사항
4. 각급 선거관리위원회의 의결을 거쳐 행하는 사항
5. 감사원이 감사위원회의의 결정을 거쳐 행하는 사항
6. 형사(刑事), 행형(行刑) 및 보안처분 관계 법령에 따라 행하는 사항
7. 국가안전보장·국방·외교 또는 통일에 관한 사항 중 행정절차를 거칠 경우 국가의 중대한 이익을 현저히 해칠 우려가 있는 사항
8. 심사청구, 해양안전심판, 조세심판, 특허심판, 행정심판, 그 밖의 불복절차에 따른 사항
9. 「병역법」에 따른 징집·소집, 외국인의 출입국·난민인정·귀화, 공무원 인사 관계 법령에 따른 징계와 그 밖의 처분, 이해 조정을 목적으로 하는 법령에 따른 알선·조정·중재(仲裁)·재정(裁定) 또는 그 밖의 처분 등 해당 행정작용의 성질상 행정절차를 거치기 곤란하거나 거칠 필요가 없다고 인정되는 사항과 행정절차에 준하는 절차를 거친 사항으로서 대통령령으로 정하는 사항

🔍 **참고** 행정절차법에는 행정조사절차와 행정계약절차에 대한 규정은 없다. 이 법은 주로 절차적 규정을 두고 있으나 아주 예외적으로 실체법적 규정(신의성실의 원칙과 신뢰보호의 원칙)을 두고 있다.

04 행정절차의 일반원칙 및 관할

신의성실 및 신뢰보호 (제4조)	① 행정청은 직무를 수행할 때 신의에 따라 성실히 하여야 한다. 14·15. 경행 ② 행정청은 법령등의 해석 또는 행정청의 관행이 일반적으로 국민들에게 받아들여졌을 때에는 공익 또는 제3자의 정당한 이익을 현저히 해할 우려가 있는 경우를 제외하고는 새로운 해석 또는 관행에 따라 소급하여 불리하게 처리하여서는 아니 된다. 22. 채용
투명성원칙과 법령해석요청권 (제5조)	행정청이 행하는 행정작용은 그 내용이 구체적이고 명확하여야 한다. 행정작용의 근거가 되는 법령등의 내용이 명확하지 아니한 경우 상대방은 해당 행정청에 그 해석을 요청할 수 있다. 이 경우 해당 행정청은 특별한 사유가 없으면 그 요청에 따라야 한다.
관할 (제6조)	① 행정청이 그 관할에 속하지 아니하는 사안을 접수하였거나 이송받은 경우에는 지체 없이 이를 관할 행정청에 이송하여야 하고 그 사실을 신청인에게 통지하여야 한다. 행정청이 접수하거나 이송받은 후 관할이 변경된 경우에도 또한 같다. ② 행정청의 관할이 분명하지 아니한 경우에는 해당 행정청을 공통으로 감독하는 상급 행정청이 그 관할을 결정하며, 공통으로 감독하는 상급 행정청이 없는 경우에는 각 상급 행정청이 협의하여 그 관할을 결정한다. 17. 경행

05 의견청취(제22조)

> 행정처분의 상대방 등 이해관계인에게 행정처분을 하기 전에 의견진술의 기회를 주는 행정절차를 **이해관계인의 입장에서 보면 의견진술절차**라고 할 수 있고 **행정청의 입장에서 보면 의견청취절차**라고 할 수 있다. 행정절차법은 제22조(의견청취)에 청문, 공청회, 의견제출을 규정하고 있다. 18. 경간

1. 청문

의의	**청문**이란 당사자등의 의견을 들을 뿐만 아니라 증거를 조사하는 등 재판에 준하는 절차를 거쳐 행하는 **의견진술절차**를 말한다(제2조 제5호).
청문의 실시	**행정청이 처분을 할 때** 다음 각 호의 어느 하나에 해당하는 경우에는 **청문을 한다.** 1. **다른 법령등에서 청문을 하도록 규정**하고 있는 경우 2. **행정청이 필요하다고 인정**하는 경우 3. 다음 각 목의 처분을 하는 경우(당사자의 신청이 있는 경우 ×) 　가. 인허가 등의 취소 　나. 신분·자격의 박탈 　다. 법인이나 조합 등의 설립허가의 취소
청문의 통지	행정청은 청문을 하려면 청문이 시작되는 날부터 10일 전까지 처분하고자 하는 원인이 되는 사실과 처분의 내용 및 법적 근거 등에 대해 **당사자등에게 통지하여야 한다**(제21조 제2항).
청문절차의 결여	판례는 **청문절차의 결여를 취소사유에 해당한다고 본다**(대판 2007.11.16. 2005두15700).
문서의 열람 및 비밀유지 (제37조)	당사자등은 의견제출의 경우에는 처분의 사전 통지가 있는 날부터 **의견제출기한까지**, 청문의 경우에는 청문의 통지가 있는 날부터 **청문이 끝날 때까지** 행정청에 해당 사안의 조사결과에 관한 문서와 그 밖에 해당 처분과 관련되는 **문서의 열람 또는 복사**를 요청할 수 있다. 이 경우 행정청은 다른 법령에 따라 공개가 제한되는 경우를 제외하고는 그 요청을 거부할 수 없다.

2. 공청회

의의	행정청이 **공개적인 토론**을 통하여 어떠한 행정작용에 대하여 당사자등, 전문지식과 경험을 가진 사람, 그 밖의 일반인으로부터 **의견을 널리 수렴하는 절차**를 말한다.
공청회 실시	행정청이 처분을 할 때 다음 각 호의 어느 하나에 해당하는 경우에는 **공청회를 개최한다.** 1. **다른 법령등에서 공청회를 개최하도록 규정**하고 있는 경우 2. 해당 처분의 영향이 광범위하여 널리 의견을 수렴할 필요가 있다고 **행정청이 인정**하는 경우 3. **국민생활에 큰 영향을 미치는 처분**으로서 대통령령으로 정하는 처분에 대하여 대통령령으로 정하는 수 이상의 **당사자등이 공청회 개최를 요구**하는 경우

개최의 알림	행정청은 공청회를 개최하려는 경우에는 **공청회 개최 14일 전까지** 일정 사항을 **당사자등에게 통지**하고 관보, 공보, 인터넷 홈페이지 또는 일간신문 등에 공고하는 등의 방법으로 널리 알려야 한다. 다만, 공청회 개최를 알린 후 예정대로 개최하지 못하여 새로 일시 및 장소 등을 정한 경우에는 공청회 개최 7일 전까지 알려야 한다. 16. 경행

3. 의견제출

의의	의견제출절차란 "행정청이 어떠한 행정작용을 하기 전에 당사자등이 의견을 제시하는 절차로서 청문이나 공청회에 해당하지 아니하는 절차"를 말한다(제2조 제7호).
의견제출의 기회제공 18. 경간	① 행정청이 당사자에게 의무를 부과하거나 권익을 제한하는 처분을 할 때 청문 또는 공청회를 개최하는 경우 외에는 **당사자등에게 의견제출의 기회를 주어야 한다**(제22조 제3항). ② 당사자가 의견진술의 기회를 포기한다는 뜻을 명백히 표시한 경우에는 의견청취를 하지 아니할 수 있다. ③ 행정청은 처분을 할 때에 당사자등이 **제출한 의견이 상당한 이유가 있다고 인정하는 경우에는 이를 반영하여야 한다**. 15·17. 경행
의견제출의 방식 18. 경간	**당사자등은 처분 전에 그 처분의 관할 행정청에 서면이나 말로 또는 정보통신망을 이용하여 의견제출을 할 수 있다**(제27조 제1항).
의견제출절차의 하자의 효력	① 당사자등이 정당한 이유 없이 의견제출기한 내에 의견제출을 하지 아니한 경우에는 **의견이 없는 것으로 본다**. ② 행정청은 당사자등이 제출한 의견을 반영하지 아니하고 처분을 한 경우 당사자등이 처분이 있음을 안 날부터 90일 이내에 그 이유의 설명을 요청하면 서면으로 그 이유를 알려야 한다. 다만, 당사자등이 동의하면 말, 정보통신망 또는 그 밖의 방법으로 알릴 수 있다. ③ 판례는 **의견제출절차의 하자를 원칙상 취소사유라고 본다**. 12. 경행

06 처분절차 및 이유제시

의의	① 행정절차법상 '처분'이란 행정청이 행하는 구체적 사실에 관한 **법 집행으로서의 공권력의 행사 또는 그 거부**와 그 밖에 이에 준하는 **행정작용**을 말한다(제2조 제2호). ② 행정절차법상의 처분개념규정은 행정쟁송법상의 개념과 동일하게 봐도 무방하다.
처분의 신청 (제17조)	① **행정청에 처분을 구하는 신청은 문서로 하여야 한다**. 다만, 다른 법령등에 특별한 규정이 있는 경우와 행정청이 미리 다른 방법을 정하여 공시한 경우에는 그러하지 아니하다. 12. 경행 ② 제1항에 따라 처분을 신청할 때 **전자문서로 하는 경우에는 행정청의 컴퓨터 등에 입력된 때에 신청한 것으로 본다**. 12. 경행 ③ 행정청은 신청에 필요한 구비서류, 접수기관, 처리기간, 그 밖에 필요한 사항을 게시(인터넷 등을 통한 게시를 포함한다)하거나 이에 대한 편람을 갖추어 두고 누구나 열람할 수 있도록 하여야 한다.

	④ 행정청은 신청을 받았을 때에는 다른 법령등에 특별한 규정이 있는 경우를 제외하고는 그 접수를 보류 또는 거부하거나 부당하게 되돌려 보내서는 아니 되며, **신청을 접수한 경우에는** 신청인에게 접수증을 주어야 한다. 다만, 대통령령으로 정하는 경우에는 접수증을 주지 아니할 수 있다. ⑤ 행정청은 신청에 구비서류의 미비 등 **흠이 있는 경우에는 보완에 필요한 상당한 기간을 정하여** 지체 없이 신청인에게 보완을 요구하여야 한다. 15. 경행 ⑥ 행정청은 신청인이 제5항에 따른 기간 내에 보완을 하지 아니하였을 때에는 그 이유를 구체적으로 밝혀 접수된 신청을 되돌려 보낼 수 있다. ⑦ **행정청은 신청인의 편의를 위하여** 다른 행정청에 신청을 접수하게 할 수 있다. 이 경우 행정청은 다른 행정청에 접수할 수 있는 신청의 종류를 미리 정하여 공시하여야 한다. 14. 경행 ⑧ 신청인은 처분이 있기 전에는 그 신청의 내용을 보완·변경하거나 취하(取下)할 수 있다. 다만, 다른 법령등에 특별한 규정이 있거나 그 신청의 성질상 보완·변경하거나 취하할 수 없는 경우에는 그러하지 아니하다.
처분기준의 설정·공표 (제20조)	① 행정청은 필요한 처분기준을 해당 처분의 성질에 비추어 되도록 구체적으로 **정하여 공표하여야 한다.** 처분기준을 변경하는 경우에도 또한 같다. 16. 경행 ② 「행정기본법」 제24조에 따른 인·허가의제의 경우 관련 인·허가 행정청은 관련 인·허가의 처분기준을 주된 인·허가 행정청에 제출하여야 하고, 주된 인·허가 행정청은 제출받은 관련 인·허가의 처분기준을 통합하여 공표하여야 한다. 처분기준을 변경하는 경우에도 또한 같다. ③ 제1항에 따른 처분기준을 공표하는 것이 해당 처분의 **성질상 현저히 곤란**하거나 **공공의 안전 또는 복리를 현저히 해치는** 것으로 인정될 만한 상당한 이유가 있는 경우에는 **처분기준을 공표하지 아니할 수 있다.** 14·16. 경행 ④ 당사자등은 공표된 **처분기준이 명확하지 아니한 경우** 해당 행정청에 그 해석 또는 설명을 요청할 수 있다. 이 경우 **해당 행정청은 특별한 사정이 없으면 그 요청에 따라야 한다.** 12. 경행
처분의 사전 통지 (제21조)	① 행정청은 당사자에게 의무를 부과하거나 권익을 제한하는 **처분을 하는 경우에는** 미리 다음 각 호의 사항을 당사자등에게 통지하여야 한다. 1. 처분의 제목 2. 당사자의 성명 또는 명칭과 주소 3. 처분하려는 원인이 되는 사실과 처분의 내용 및 법적 근거 4. 제3호에 대하여 의견을 제출할 수 있다는 뜻과 의견을 제출하지 아니하는 경우의 처리방법 5. 의견제출기관의 명칭과 주소 6. 의견제출기한 7. 그 밖에 필요한 사항 ② 행정청은 청문을 하려면 **청문이 시작되는 날부터 10일 전까지** 제1항 각 호의 사항을 **당사자등에게 통지하여야 한다.** ③ 의견제출 기한은 의견제출에 필요한 기간을 **10일 이상으로 고려하여 정하여야 한다.** ④ 다음 각 호의 어느 하나에 해당하는 경우에는 **제1항에 따른 통지를 하지 아니할 수 있다.** 1. 공공의 안전 또는 복리를 위하여 긴급히 처분을 할 필요가 있는 경우 15·16. 경행

	2. 법령등에서 요구된 자격이 없거나 없어지게 되면 반드시 일정한 처분을 하여야 하는 경우에 그 자격이 없거나 없어지게 된 사실이 법원의 재판 등에 의하여 객관적으로 증명된 경우 3. 해당 처분의 성질상 의견청취가 현저히 곤란하거나 명백히 불필요하다고 인정될 만한 상당한 이유가 있는 경우 ⑤ 행정청은 청문·공청회 또는 의견제출을 거쳤을 때에는 신속히 처분하여 해당 처분이 지연되지 아니하도록 하여야 한다. ⑥ 행정청은 **처분 후 1년 이내**에 당사자등이 요청하는 경우에는 청문·공청회 또는 의견제출을 위하여 **제출받은 서류나 그 밖의 물건을 반환하여야 한다.** 12. 경행
처분의 이유 제시 (제23조)	① 행정청은 처분을 할 때에는 **다음 각 호의 어느 하나에 해당하는 경우를 제외하고는** 당사자에게 그 근거와 이유를 제시하여야 한다. 13·14·15·18. 경행 1. 신청 내용을 모두 그대로 인정하는 처분인 경우 2. 단순·반복적인 처분 또는 경미한 처분으로서 당사자가 그 이유를 명백히 알 수 있는 경우 3. 긴급히 처분을 할 필요가 있는 경우 ② 행정청은 제1항 제2호 및 제3호의 경우에 **처분 후 당사자가 요청하는 경우**에는 그 근거와 이유를 제시하여야 한다.
처분의 방식 (제24조)	① 행정청이 처분을 할 때에는 다른 법령등에 특별한 규정이 있는 경우를 제외하고는 **문서로 하여야 하며,** 다음 각 호의 어느 하나에 해당하는 경우에는 **전자문서로 할 수 있다.** 1. 당사자등의 **동의**가 있는 경우 2. 당사자가 전자문서로 처분을 **신청**한 경우 ② 제1항에도 불구하고 공공의 안전 또는 복리를 위하여 **긴급히 처분을 할 필요가 있거나 사안이 경미한 경우에는** 말, 전화, 휴대전화를 이용한 문자 전송, 팩스 또는 전자우편 등 문서가 아닌 방법으로 처분을 할 수 있다. 이 경우 당사자가 요청하면 지체 없이 처분에 관한 문서를 주어야 한다.
처분의 정정 (제25조)	행정청은 처분에 오기(誤記), 오산(誤算) 또는 그 밖에 이에 준하는 명백한 잘못이 있을 때에는 직권으로 또는 신청에 따라 지체 없이 정정하고 그 사실을 당사자에게 통지하여야 한다. 16·17. 경행
고지 (제26조)	행정청이 처분을 할 때에는 당사자에게 그 처분에 관하여 행정심판 및 행정소송을 제기할 수 있는지 여부, 그 밖에 불복을 할 수 있는지 여부, 청구절차 및 청구기간, 그 밖에 필요한 사항을 알려야 한다. 14. 경행

07 의견제출 및 청문

제출 의견의 반영 등 (제27조의2)	① 행정청은 처분을 할 때에 당사자등이 제출한 의견이 **상당한 이유가 있다고 인정하는 경우**에는 이를 반영하여야 한다. 14. 경행 ② 행정청은 당사자등이 **제출한 의견을 반영하지 아니하고 처분을 한 경우** 당사자등이 처분이 있음을 **안 날부터 90일 이내**에 그 이유의 설명을 요청하면 서면으로 그 이유를 알려야 한다. 다만, 당사자등이 동의하면 말, 정보통신망 또는 그 밖의 방법으로 알릴 수 있다.

청문 주재자
(제28조)
	① 행정청은 **소속 직원 또는 대통령령으로 정하는 자격을 가진 사람 중에서** 청문 주재자를 공정하게 선정하여야 한다.
	② 행정청은 다음 각 호의 어느 하나에 해당하는 처분을 하려는 경우에는 **청문 주재자를 2명 이상으로 선정할 수 있다.** 이 경우 선정된 청문 주재자 중 1명이 청문 주재자를 대표한다.
	
	   1. 다수 국민의 **이해가 상충**되는 처분
	   2. 다수 국민에게 **불편이나 부담**을 주는 처분
	   3. 그 밖에 **전문적이고 공정한 청문을 위하여** 행정청이 청문 주재자를 2명 이상으로 선정할 필요가 있다고 인정하는 처분
	
	③ 행정청은 청문이 시작되는 날부터 7일 전까지 **청문 주재자에게** 청문과 관련한 필요한 **자료를 미리 통지하여야** 한다.
	④ 청문 주재자는 **독립하여 공정하게 직무를 수행**하며, 그 직무 수행을 이유로 본인의 의사에 반하여 신분상 어떠한 불이익도 받지 아니한다.

08 송달 및 기간

송달 방법 (제14조)	의의	송달은 우편, 교부 또는 정보통신망 이용 등의 방법으로 하되, 송달받을 자(대표자 또는 대리인을 포함한다)의 주소·거소·영업소·사무소 또는 전자우편주소로 한다. 다만, 송달받을 자가 동의하는 경우에는 그를 만나는 장소에서 송달할 수 있다.
	교부송달	교부에 의한 송달은 **수령확인서를 받고 문서를 교부함으로써** 하며, 송달하는 장소에서 송달받을 자를 만나지 못한 경우에는 그 사무원·피용자 또는 동거인으로서 사리를 분별할 지능이 있는 사람에게 문서를 교부할 수 있다.
	정보통신망	정보통신망을 이용한 송달은 송달받을 자가 동의하는 경우에만 **한다.** 이 경우 송달받을 자는 송달받을 전자우편주소 등을 지정하여야 한다.
	공시송달	**송달받을 자의 주소등을 통상적인 방법으로 확인할 수 없는 경우** 또는 **송달이 불가능한 경우에는** 송달받을 자가 알기 쉽도록 관보, 공보, 게시판, 일간신문 중 하나 이상에 공고하고 인터넷에도 공고하여야 **한다.**
송달효력 발생 (제15조)		① 송달은 다른 법령등에 특별한 규정이 있는 경우를 제외하고는 해당 **문서가 송달받을 자에게 도달됨으로써** 그 효력이 발생한다. ② 정보통신망을 이용하여 전자문서로 송달하는 경우에는 **송달받을 자가 지정한 컴퓨터 등에 입력된 때에 도달된** 것으로 본다. ③ 공시송달의 경우에는 다른 법령등에 특별한 규정이 있는 경우를 제외하고는 **공고일부터 14일이 지난 때에 그 효력이 발생한다.** 다만, 긴급히 시행하여야 할 특별한 사유가 있어 효력 발생 시기를 달리 정하여 공고한 경우에는 그에 따른다.

09 행정상 입법예고(제41조)

의의	행정상 입법예고는 국민의 일상생활과 밀접하게 관련되는 **법령안의 내용을 미리 국민에게 알림**으로써 국민들의 참여기회를 보장하고 법령의 실효성을 높이기 위한 절차이다.
원칙	**법령등을 제정·개정 또는 폐지(이하 "입법"이라 한다)하려는 경우에는 해당 입법안을 마련한 행정청은 이를 예고하여야 한다.** 다만, 다음 각 호의 어느 하나에 해당하는 경우에는 **예고를 하지 아니할 수 있다.** 1. 신속한 국민의 권리 보호 또는 예측 곤란한 특별한 사정의 발생 등으로 입법이 **긴급을 요하는 경우** 2. 상위 법령등의 **단순한 집행**을 위한 경우 3. 입법내용이 **국민의 권리·의무 또는 일상생활과 관련이 없는 경우** 4. **단순한 표현·자구**를 변경하는 경우 등 입법내용의 성질상 예고의 필요가 없거나 곤란하다고 판단되는 경우 5. 예고함이 공공의 안전 또는 복리를 현저히 해칠 우려가 있는 경우
방법 (제42조)	① 행정청은 입법안의 취지, 주요 내용 또는 전문(全文)을 관보나 공보의 방법으로 공고하여야 하며, 추가로 인터넷, 신문 또는 방송 등을 통하여 공고할 수 있다. ② 행정청은 대통령령을 입법예고하는 경우 국회 소관 상임위원회에 이를 제출하여야 한다.
예고기간 (제43조)	입법예고기간은 예고할 때 정하되, **특별한 사정이 없으면 40일(자치법규는 20일) 이상**으로 한다. 17. 경행

10 행정예고(제46조)

의의	행정예고란 많은 국민의 권익과 관계된 사항을 국민에게 미리 알림으로써 행정에 대한 예측가능성을 보장해 주고, **행정시책에 대한 참여를 증진**시키기 위한 절차이다.
원칙 및 방법 (제47조)	① 행정청은 정책, 제도 및 계획(이하 "정책등"이라 한다)을 수립·시행하거나 변경하려는 경우에는 이를 **예고하여야 한다.** 다만, 다음 각 호의 어느 하나에 해당하는 경우에는 **예고를 하지 아니할 수 있다.** 1. 신속하게 국민의 권리를 보호하여야 하거나 예측이 어려운 특별한 사정이 발생하는 등 **긴급한 사유로 예고가 현저히 곤란한 경우** 2. 법령등의 **단순한 집행**을 위한 경우 3. 정책등의 내용이 **국민의 권리·의무 또는 일상생활과 관련이 없는 경우** 4. 정책등의 예고가 공공의 안전 또는 복리를 현저히 해칠 우려가 상당한 경우 ② 행정청은 정책등안(案)의 취지, 주요 내용 등을 관보·공보나 인터넷·신문·방송 등을 통하여 공고하여야 한다.
기간	① 행정예고기간은 예고 내용의 성격 등을 고려하여 정하되, **20일 이상**으로 한다. 다만, 긴급한 필요가 있는 경우에는 행정예고기간을 단축할 수 있다. 이 경우 **단축된 행정예고기간을 10일 이상**으로 한다.

	② 행정예고의 방법, 의견제출 및 처리, 공청회 및 온라인공청회에 관하여는 행정상 입법예고에 관한 규정을 준용한다. ③ 법령등의 입법을 포함하는 행정예고는 입법예고로 갈음할 수 있다.

11 행정지도

의의	① 행정주체가 일정한 행정 목적을 달성하기 위해 상대방인 **국민에게 임의적인 협력을 요청**하는 비권력적 사실행위이다. ② 원칙적으로 **행정소송의 대상이 되지 않으며, 반드시 법률의 근거를 요하지 않는다.** ③ **위법한 행정지도**로 국민이 손해를 입으면 국가배상책임이 인정될 수 있다.
원칙 (제48조)	① 행정지도는 그 목적 달성에 **필요한 최소한도**에 그쳐야 하며, 행정지도의 상대방의 의사에 반하여 **부당하게 강요하여서는 아니 된다.** 15·19. 승진, 19. 채용 ② 행정기관은 행정지도의 상대방이 **행정지도에 따르지 아니하였다는 것을 이유로 불이익한 조치를 하여서는 아니 된다.** 15. 승진
지도의 방식 (제49조)	① 행정지도를 하는 자는 그 상대방에게 그 행정지도의 취지 및 내용과 신분을 밝혀야 한다. 15·19. 승진 ② 행정지도가 말로 이루어지는 경우에 **상대방이 행정지도의 사항을 적은 서면의 교부를 요구하면 그 행정지도를 하는 자는** 직무 수행에 특별한 지장이 없으면 **이를 교부하여야 한다.** 19. 채용
의견제출 (제50조)	행정지도의 **상대방은 해당 행정지도의 방식·내용 등에 관하여 행정기관에 의견제출을 할 수 있다.** 15·19. 승진, 19·22. 채용
다수인을 대상으로 하는 행정지도 (제51조)	행정기관이 같은 행정목적을 실현하기 위하여 **많은 상대방에게 행정지도를 하려는 경우에는** 특별한 사정이 없으면 **행정지도에 공통적인 내용이 되는 사항을 공표하여야 한다.**

12 온라인공청회(제38조의2)

① 행정청은 제38조에 따른 **공청회와 병행하여서만 정보통신망을 이용한 공청회(온라인공청회)를** 실시할 수 있다.
② 제1항에도 불구하고 다음 각 호의 어느 하나에 해당하는 경우에는 온라인공청회를 단독으로 개최할 수 있다.

  1. 국민의 생명·신체·재산의 보호 등 국민의 안전 또는 권익보호 등의 이유로 공청회를 개최하기 어려운 경우
  2. 공청회가 행정청이 책임질 수 없는 사유로 개최되지 못하거나 개최는 되었으나 정상적으로 진행되지 못하고 무산된 횟수가 3회 이상인 경우
  3. 행정청이 널리 의견을 수렴하기 위하여 온라인공청회를 단독으로 개최할 필요가 있다고 인정하는 경우.

③ 행정청은 온라인공청회를 실시하는 경우 의견제출 및 토론 참여가 가능하도록 적절한 전자적 처리능력을 갖춘 정보통신망을 구축·운영하여야 한다.
④ **온라인공청회를 실시하는 경우에는 누구든지** 정보통신망을 이용하여 의견을 제출하거나 제출된 의견 등에 대한 토론에 **참여할 수 있다.**

13 확약(제40조의2)

① 법령등에서 당사자가 신청할 수 있는 처분을 규정하고 있는 경우 **행정청은 당사자의 신청에 따라 장래에 어떤 처분을 하거나 하지 아니할 것을 내용으로 하는 의사표시**(이하 "확약"이라 한다)를 할 수 있다.
② 확약은 문서로 하여야 한다.
③ 행정청은 다른 행정청과의 **협의 등의 절차를 거쳐야 하는 처분에 대하여 확약을 하려는 경우에는 확약을 하기 전에 그 절차를 거쳐야 한다.**
④ 행정청은 다음 각 호의 어느 하나에 해당하는 경우에는 확약에 기속되지 아니한다.

> 1. 확약을 한 후에 확약의 내용을 이행할 수 없을 정도로 법령등이나 사정이 변경된 경우
> 2. 확약이 위법한 경우

⑤ 행정청은 확약이 제4항 각 호의 어느 하나에 해당하여 **확약을 이행할 수 없는 경우에는 지체 없이 당사자에게 그 사실을 통지하여야 한다.**

14 위반사실 등의 공표(제40조의3)

① 행정청은 법령에 따른 의무를 위반한 자의 성명·법인명, 위반사실, 의무 위반을 이유로 한 처분사실 등(이하 "위반사실등"이라 한다)을 **법률로 정하는 바에 따라 일반에게 공표할 수 있다.**
② 행정청은 위반사실등의 공표를 하기 전에 사실과 다른 공표로 인하여 당사자의 명예·신용 등이 훼손되지 아니하도록 **객관적이고 타당한 증거와 근거가 있는지를 확인하여야 한다.**
③ 행정청은 위반사실등의 공표를 할 때에는 미리 당사자에게 그 사실을 통지하고 **의견제출의 기회를 주어야 한다.** 다만, 다음 각 호의 어느 하나에 해당하는 경우에는 그러하지 아니하다.

> 1. 공공의 안전 또는 복리를 위하여 긴급히 공표를 할 필요가 있는 경우
> 2. 해당 공표의 성질상 의견청취가 현저히 곤란하거나 명백히 불필요하다고 인정될 만한 타당한 이유가 있는 경우
> 3. 당사자가 의견진술의 기회를 포기한다는 뜻을 명백히 밝힌 경우

④ 제3항에 따라 의견제출의 기회를 받은 당사자는 공표 전에 관할 행정청에 **서면이나 말 또는 정보통신망을 이용하여 의견을 제출할 수 있다.**
⑥ 위반사실등의 공표는 **관보, 공보 또는 인터넷 홈페이지** 등을 통하여 한다.
⑦ 행정청은 위반사실등의 **공표를 하기 전에 당사자가 공표와 관련된 의무의 이행, 원상회복, 손해배상 등의 조치를 마친 경우에는 위반사실등의 공표를 하지 아니할 수 있다.**
⑧ 행정청은 공표된 내용이 사실과 다른 것으로 밝혀지거나 공표에 포함된 처분이 취소된 경우에는 그 내용을 정정하여, 정정한 내용을 지체 없이 해당 공표와 같은 방법으로 공표된 기간 이상 공표하여야 한다. 다만, 당사자가 원하지 아니하면 공표하지 아니할 수 있다.

15 행정계획(제40조의4)

행정청은 행정청이 수립하는 계획 중 국민의 권리·의무에 직접 영향을 미치는 계획을 수립하거나 변경·폐지할 때에는 관련된 여러 이익을 정당하게 형량하여야 한다.

16 행정절차법 관련판례

① 구「행정절차법」제14조 제1항은 문서의 송달방법의 하나로 우편송달을 규정하고 있고, 같은 법 제16조 제2항은 외국에 거주 또는 체류하는 자에 대한 기간 및 기한은 행정청이 그 우편이나 통신에 소요되는 일수를 감안하여 정하여야 한다고 규정하고 있는 점 등에 비추어 보면, **공정거래위원회는 국내에 주소·거소·영업소 또는 사무소가 없는 외국사업자에 대하여도 우편송달의 방법으로 문서를 송달할 수 있다**(대판 2006.3.24, 2004두11275). 18. 경행

② 공무원연금관리공단의 퇴직연금의 환수결정은 당사자에게 의무를 과하는 처분이기는 하나, 관련법령에 따라 당연히 환수금액이 정하여지는 것이므로 **퇴직연금의 환수결정에 앞서 당사자에게 의견진술의 기회를 주지 아니하여도 「행정절차법」제22조 제3항이나 신의칙에 어긋나지 아니한다**(대판 2000.11.28, 99두5443). 18. 경행

③ '고시'의 방법으로 불특정 다수인을 상대로 의무를 부과하거나 권익을 제한하는 처분은 성질상 의견제출의 기회를 주어야 하는 상대방을 특정할 수 없으므로, 이와 같은 처분에 있어서까지 구「행정절차법」제22조 제3항에 의하여 그 상대방에게 의견제출의 기회를 주어야 한다고 해석할 것은 아니다(대판 2014.10.27, 2012두7745). 18. 경행

④ 특별한 사정이 없는 한 신청에 대한 거부처분이라고 하더라도 직접 당사자의 권익을 제한하는 것은 아니어서 **신청에 대한 거부처분을 여기에서 말하는 '당사자의 권익을 제한하는 처분'에 해당한다고 할 수 없는 것이어서 처분의 사전통지대상이 된다고 할 수 없다**(대판 2003.11.28, 2003두674). 18. 경행

⑤ 행정청이 문서에 의하여 처분을 한 경우 그 **처분서의 문언이 불분명하다는 등의 특별한 사정이 없는 한, 그 문언에 따라 어떤 처분을 하였는지 여부를 확정하여야 할 것이고, 처분서의 문언만으로도 행정청이 어떤 처분을 하였는지가 분명함에도 불구하고 처분경위나 처분 이후의 상대방의 태도 등 다른 사정을 고려하여 처분서의 문언과는 달리 다른 처분까지 포함되어 있는 것으로 확대해석하여서는 아니 된다**(대판 2005.7.28, 2003두469). 12. 경행

⑥ 공무원 인사관계 법령에 의한 처분에 관한 사항 전부에 대하여「행정절차법」의 적용이 배제되는 것이 아니라 **성질상 행정절차를 거치기 곤란하거나 불필요하다고 인정되는 처분이나 행정절차에 준하는 절차를 거치도록 하고 있는 처분의 경우에만「행정절차법」의 적용이 배제된다**(대판 2007.9.21, 2006두20631). 13. 경행

⑦ 행정청이 당사자와 사이에 도시계획사업의 시행과 관련한 협약을 체결하면서 관계 법령 및「행정절차법」에 규정된 청문의 실시 등 의견청취절차를 배제하는 조항을 두었다고 하더라도 위와 같은 협약의 체결로 청문의 실시에 관한 규정의 적용을 배제할 수 있다고 볼 만한 법령상의 규정이 없는 한, **이러한 협약이 체결되었다고 하여 청문의 실시에 관한 규정의 적용이 배제된다거나 청문을 실시하지 않아도 되는 예외적인 경우에 해당한다고 할 수 없다**(대판 2004.7.8, 2002두8350). 13. 경행

⑧ 세액산출근거가 누락된 납세고지서에 의한 과세처분의 하자의 치유를 허용하려면 늦어도 과세처분에 대한 불복여부의 결정 및 불복신청에 편의를 줄 수 있는 상당한 기간 내에 하여야 한다고 할 것이므로 위 과세처분에 대한 전심절차가 모두 끝나고 **상고심의 계류 중에 세액산출근거의 통지가 있었다고 하여 이로써 위 과세처분의 하자가 치유되었다고는 볼 수 없다**(대판 1984.4.10, 83누393). 13. 경행

⑨ 행정처분의 상대방이 통지된 청문일시에 불출석하였다는 이유만으로 행정청이 관계 법령상 그 실시가 요구되는 청문을 실시하지 아니한 채 침해적 행정처분을 할 수는 없을 것이므로, 행정처분의 상대방에 대한 **청문통지서가 반송되었다거나, 행정처분의 상대방이 청문일시에 불출석하였다는 이유로 청문을 실시하지 아니하고 한 침해적 행정처분은 위법하다**(대판 2001.4.13. 2000두3337). 16. 경행

⑩ 행정청이 구「학교보건법」소정의 학교환경위생정화구역 내에서 금지행위 및 시설의 해제 여부에 관한 행정처분을 하면서 **절차상 위와 같은 심의를 누락한 흠이 있다면** 그와 같은 흠을 가리켜 위 행정처분의 효력에 아무런 영향을 주지 않는다거나 경미한 정도에 불과하다고 볼 수는 없으므로, 특별한 사정이 없는 한 이는 **행정처분을 위법하게 하는 취소사유가 된다**(대판 2007.3.15. 2006두15806). 16. 경행

⑪ 행정청이 청문서 도달기간을 다소 어겼다 하더라도 영업자가 이에 대하여 이의하지 아니한 채 **스스로 청문일에 출석하여 그 의견을 진술하고 변명하는 등** 방어의 기회를 충분히 가졌다면 **청문서 도달기간을 준수하지 아니한 하자는 치유되었다고 봄이 상당하다**(대판 1992.10.23. 92누2844). 16. 경행

⑫ 행정청이 **침해적 행정처분을 함에 있어서** 당사자에게 위와 같은 사전통지를 하거나 의견제출의 기회를 주지 아니하였다면 사전통지를 하지 않거나 의견제출의 기회를 주지 아니하여도 되는 예외적인 경우에 해당하지 아니하는 한 그 처분은 위법하여 취소를 면할 수 없다(대판 2004.5.28. 2004두1254). 16. 경행

제2절 경찰강제 [A급]

01 경찰상 의무이행 확보수단의 개관

전통적 의무이행 확보수단 20. 경간	경찰강제 (강제처분)	즉시강제		직접적 의무이행 확보수단 12. 경간
		강제집행 12·13. 경행	대집행	
			강제징수	
			직접강제	
			집행벌(이행강제금)	
	경찰벌	경찰형벌		
		경찰질서벌(과태료) 12. 경행		
새로운 의무이행 확보수단 20. 경간	① 금전상 제재(과징금, 가산금, 가산세, 부당이득세 등) 12·14. 경행 ② 공표제도(명단공개) 14. 경행 ③ 수익적 행정행위의 취소·철회(영업허가 취소) ④ 관허사업의 제한 12. 지방7급 ⑤ 국외여행 제한 ⑥ 취업제한 ⑦ 공급거부(단전·단수 조치) 12. 지방7급, 14. 경행 ⑧ 각종 신고포상금제도			간접적 의무이행 확보수단 12. 경간

02 경찰상의 강제집행

의의	경찰하명에 의한 **경찰의무의 불이행**에 대하여 경찰권 자신이 강제적으로 의무를 이행시키거나 이행된 것과 동일한 상태를 실현시키는 작용
근거	① **일반법**: 행정대집행법, 국세징수법 ② **개별법**: 도로교통법, 출입국관리법, 관세법, 식품위생법, 건축법 등

03 경찰상 강제집행의 수단 [B급]

대집행	① 경찰법상의 대체적 작위의무를 진 자가 그 의무를 이행하지 아니한 경우에, 그 당해 **경찰관청이 스스로 또는 제3자**로 하여금 의무자가 하여야 할 행위를 하게 함으로써 **의무의 이행이 있는 것과 같은 상태**를 실현시킨 후, 그에 관한 **비용을 의무자로부터 징수**하는 경찰상의 강제집행이다(행정대집행법). 16·18·20. 승진 ② 대집행권자: 당해 경찰관청이나 처분청, 즉 처음에 의무를 명하는 행정행위를 한 경찰관청 ③ 절차 ⑤ 대집행의 계고 ➡ 대집행영장에 의한 통지 ➡ 대집행의 실행 ➡ 비용의 징수 12. 경행, 21. 경간 ⓒ 계고처분의 후속절차인 대집행에 위법이 있다 하더라도 선행절차인 계고처분이 부적법하게 되는 것은 아니다. 18. 경행 예 불법주차차량 강제견인조치, 무허가건물철거, 쓰레기 제거, 벽보 제거, 광고물 제거
집행벌 (이행강제금)	① 부작위의무 또는 비대체적 작위의무를 이행하지 않은 경우에는 **의무의 이행을 강제하기 위한 수단으로서 강제금을 과하는 벌**을 말한다. 11·13·16·18. 승진, 14. 경간 ② **집행벌(이행강제금)은 행정벌 등과 병과될 수 있으며, 또한 의무이행이 있을 때까지 반복하여 과할 수 있다.** 20·21. 승진, 21. 경간 ③ 근거: 건축법 제80조(이행강제금) ④ 구 「건축법」상의 이행강제금은 구 「건축법」의 위반행위에 대하여 시정명령을 받은 후 시정기간 내에 당해 시정명령을 이행하지 아니한 건축주 등에 대하여 부과되는 간접강제의 일종으로서 그 이행강제금 납부의무는 **상속인 기타의 사람에게 승계될 수 없는**(승계될 수 있다×) 일신전속적인 성질의 것이므로 **이미 사망한 사람에게 이행강제금을 부과하는 내용의 처분이나 결정은 당연무효 이다**(대결 2006.12.8, 2006마470). 18. 경행
직접강제	경찰법상의 **의무불이행의 경우 경찰상의 최후의 수단**으로서, 직접적으로 의무자의 신체·재산에 실력을 행사하여 의무의 이행이 있었던 것과 동일한 상태를 실현하는 경찰상의 강제집행의 일종이다. 예 외국인의 강제퇴거, 무허가 영업소에 대한 폐쇄, 해산명령 불이행에 따른 해산조치 11·16·18·20. 승진, 14. 경간 **판례 ǀ 직접강제** 「출입국관리법」에 따른 강제퇴거명령을 받은 외국인의 '보호'는 **퇴거명령에 따른 의무불이행을 전제로 하므로 즉시강제가 아니라 강제집행 중 직접강제에 해당한다.** 또한, 보호기간의 상한을 법률에서 규정하지 않은 것은 헌법에 위반되지 않는다는 것이 헌법재판소 판례이다.

	강제퇴거대상자의 **송환이 언제 가능해질 것인지 미리 알 수가 없으므로**, 심판대상조항이 보호기간의 상한을 두지 않은 것은 입법목적 달성을 위해 불가피한 측면이 있다. 보호기간의 상한이 규정될 경우, 그 상한을 초과하면 보호는 해제되어야 하는데, 강제퇴거대상자들이 보호해제 된 후 잠적할 경우 강제 퇴거명령의 집행이 현저히 어려워질 수 있고, 그들이 범죄에 연루되거나 범죄의 대상이 될 수도 있다. 강제퇴거대상자는 강제퇴거명령을 집행할 수 있을 때까지 일시적·잠정적으로 신체의 자유를 제한받는 것이며, 보호의 일시해제, 이의신청, 행정소송 및 집행정지 등 강제퇴거대상자가 보호에서 해제될 수 있는 다양한 제도가 마련되어 있다. 따라서 심판대상조항은 **침해의 최소성 및 법익의 균형성 요건도 충족한다**(헌재 2018.2.22, 2017헌가29).
강제징수	① 경찰법상의 금전급부의무를 이행하지 않는 경우에 경찰관청이 강제적으로 의무가 이행된 것과 동일한 상태를 실현하는 경찰상 강제집행의 일종인데 이는 국세징수법에 **의한 체납처분절차에 의한다.** 12. 지방7급, 16·18·20. 승진 ② 절차: 독촉 ➡ 체납처분[(재산의 압류) ➡ 매각(공매, 환매) ➡ 청산(충당, 배분)] ➡ 체납처분의 중지 ➡ 결손처분 18. 경행, 13. 승진, 21. 경간 ③ 행정상 강제징수에 있어 독촉은 처분성이 인정되나 최초 독촉 후에 **동일한 내용에 대해 반복한 독촉은 처분성이 인정되지 않는다.** 18. 경행

04 경찰상의 즉시강제

의의	**목전의 급박한 경찰상 장해**를 미연에 제거하고 장해발생을 예방하기 위하여 미리 의무를 명할 시간적 여유가 없을 때 또는 그 성질상 의무를 명하는 것으로는 그 목적을 달성하기 곤란할 때에, 직접 국민의 신체 또는 재산에 실력을 가하여 경찰상 필요한 상태를 실현하는 작용 12. 경행 예 자연재해로 인한 강제피난조치, 감염병 환자의 즉각적인 강제격리 20. 채용

근거	① **일반법: 경찰관 직무집행법** 12. 경행, 14. 국가9급, 19. 법학
	   ㉠ 「경찰관 직무집행법」 제6조 제1항 중 경찰관의 제지에 관한 부분은 범죄의 예방을 위한 **경찰행정상 즉시강제에 관한 근거조항**이다. 12·19. 경행
	   ㉡ 「경찰관 직무집행법」 제4조 제1항 제1호에서 규정하는 "술에 취하여 자신 또는 다른 사람의 생명·신체·재산에 위해를 끼칠 우려가 있는 사람"에 대한 **보호조치는 행정상 즉시강제에 해당한다.** 13·19. 경행
	② **개별법**: 식품위생법, 소방기본법, 마약류 관리에 관한 법률, 감염병의 예방 및 관리에 관한 법률 등

05 즉시강제의 한계

법규상의 한계		엄격한 법규상의 근거가 필요
조리상의 한계		급박성, 보충성, 비례성, 소극성
절차상의 한계	원칙	영장주의 적용 ○
	예외	영장주의 적용 × 불가피하다고 인정할 만한 합리적 이유가 있는 경우에 한하여 인정(절충설)(통설, 판례) 20. 채용

06 즉시강제에 대한 구제

적합한 즉시강제		① **적법한 즉시강제로 인한 피해가 특별한 희생에 해당한다면 손실보상청구가 가능** 20. 채용 ➡ 「경찰관 직무집행법」 제11조의2에서 명시적으로 규정 19. 법학 ② 일정한 요건 하에서 형법상 위법성조각사유에 해당하는 긴급피난도 가능 20. 채용
위법한 즉시강제		위법한 즉시강제에 항거하는 경우 공무집행방해죄를 구성하지 않는다. 12. 경행
	행정쟁송	① 즉시강제는 권력적 사실행위로서 처분성이 인정되면 행정쟁송 제기가 가능 20. 채용 ② 다만, 즉시강제는 성질상 단기간 내 종료되는 것이 대부분이어서, 이미 종료된 상태라면 행정쟁송 제기가 불가 18. 경행, 19. 법학
	손해전보제도	권리나 이익의 침해를 받은 개인은 「국가배상법」에 의한 배상을 통해서 구제 가능 12. 경행
	정당방위	자기 또는 타인의 법익에 대한 현재의 위법한 침해에 해당하는 경우 정당방위도 가능 20. 채용
판례		① 비록 장차 특정 지역에서 구「집회 및 시위에 관한 법률」에 의하여 금지되어 그 주최 또는 참가행위가 형사처벌의 대상이 되는 위법한 집회·시위가 개최될 것이 예상된다고 하더라도, 이와 **시간적·장소적으로 근접하지 않은 다른 지역에서** 그 집회·시위에 참가하기 위하여 출발 또는 이동하는 행위를 **함부로 제지하는 것은**「경찰관 직무집행법」제6조 제1항에 의한 행정상 즉시강제인 경찰관의 제지의 범위를 명백히 넘어서는 것이어서 허용될 수 없으므로 이러한 제지 행위는 공무집행방해죄의 보호대상이 되는 공무원의 **적법한 직무집행에 포함될 수 없다**(대판 2008.11.13, 2007도9794). 12. 경행

② **불법게임물 행정상 즉시강제 사건**: 이 사건에서 법률조항은 앞에서 본 바와 같이 **급박한 상황에 대처하기 위한 것**으로서 그 불가피성과 정당성이 충분히 인정되는 경우이므로, 이 사건 법률조항이 **영장 없는 수거를 인정한다고 하더라도 이를 두고 「헌법」상 영장주의에 위배되는 것으로는 볼 수 없고**, 위 구 「음반·비디오물 및 게임물에 관한 법률」 제24조 제4항에서 관계공무원이 당해 게임물 등을 수거한 때에는 그 소유자 또는 점유자에게 **수거증을 교부하도록** 하고 있고, 동조 제6항에서 수거 등 처분을 하는 관계공무원이나 협회 또는 단체의 임·직원은 **그 권한을 표시하는 증표를 지니고 관계인에게 이를 제시하도록** 하는 등의 절차적 요건을 규정하고 있으므로, 이 사건 법률조항이 **적법절차의 원칙에 위배되는 것으로 보기도 어렵다**(헌재 2002.10.31. 2000헌가12). 12·13. 경행

✏️ **출제지문**: 경찰상 즉시강제시 필요 이상으로 실력을 행사하여 경찰책임자 이외의 자에게 유형력을 행사하는 것은 **위법**이 된다.
20. 채용

➕ PLUS 경찰상 강제집행과 즉시강제의 이동(異同)

구분		경찰상 강제집행	경찰상 즉시강제
차이점	의무 존부	선행의무의 존재와 그 불이행을 전제로 한다.	선행의무의 존재와 그 불이행을 전제로 하지 않는다. 19. 법학
	성격	강제집행과 그 전제인 의무를 명하는 행위는 별개의 사실행위이다.	즉시강제는 의무를 명하는 행위와 결합된 작용이다.
	법적 근거	① **일반법**: 행정대집행법, 국세징수법 ② **개별법**: 도로교통법, 출입국관리법, 관세법, 식품위생법 등	① **일반법**: 경찰관 직무집행법 19. 법학 ② **개별법**: 소방기본법, 감염병의 예방 및 관리에 관한 법률, 식품위생법, 마약류 관리에 관한 법률 등
공통점		양자 모두 국민의 신체 또는 재산에 대하여 실력으로써 경찰상 필요한 상태를 실현시키는 **권력적 사실행위**라는 점에서 공통하다.	

07 경찰상의 조사

의의		경찰상의 조사는 경찰상의 필요한 **자료나 정보를 얻기 위하여** 행하여지는 **권력적 조사작용**을 말한다.
근거	일반법	행정조사의 일반적인 근거법으로는 **행정조사기본법**이 있으며,
	개별법	**경찰관 직무집행법**, 총포·도검·화약류 등의 안전관리에 관한 법률, 식품위생법, 소방기본법, 검역법 등의 개별법
종류	대상에 따라	① 대인적 조사 ② 대물적 조사 ③ 대가택 조사: 가택출입, 가택수색, 출입조사
	방법에 따라	① 적극적 조사(직접조사) ② 소극적 조사(간접조사)
	성질(수단)에 따라	① 행정행위 또는 행정강제의 수단에 의해 행해지는 권력적 조사 ② 비권력적 사실행위에 의해 행해지는 비권력적 조사

⊕ PLUS 경찰조사와 즉시강제의 이동(異同)

구분	경찰조사	즉시강제
목적	필요한 자료를 수집하기 위한 준비적·보조적 수단	경찰상 필요한 상태의 실현 그 자체
법적 성질	권력적 사실행위(비권력적 사실행위도 포함시키는 견해 있음)	권력적 사실행위
방법	직접적인 실력행사를 하지 않으며, 벌칙에 의하여 간접적으로 강제	직접적인 실력행사
급박성 요부	불요	필요

⊕ PLUS 행정조사기본법 [시행 2024.1.18.]

정의 (제2조)	이 법에서 사용하는 용어의 정의는 다음과 같다. 1. "**행정조사**"란 행정기관이 정책을 결정하거나 직무를 수행하는 데 필요한 정보나 자료를 수집하기 위하여 현장조사·문서열람·시료채취 등을 하거나 조사대상자에게 보고요구·자료제출요구 및 출석·진술요구를 행하는 활동을 말한다. 15·18. 경행 2. "**행정기관**"이란 법령 및 조례·규칙(이하 "법령등"이라 한다)에 따라 행정권한이 있는 기관과 그 권한을 위임 또는 위탁받은 법인·단체 또는 그 기관이나 개인을 말한다. 3. "**조사원**"이란 행정조사업무를 수행하는 행정기관의 공무원·직원 또는 개인을 말한다. 4. "**조사대상자**"란 행정조사의 대상이 되는 법인·단체 또는 그 기관이나 개인을 말한다.

적용범위
(제3조)
	① 행정조사에 관하여 다른 법률에 특별한 규정이 있는 경우를 제외하고는 이 법으로 정하는 바에 따른다.
	② 다음 각 호의 어느 하나에 해당하는 사항에 대하여는 이 법을 적용하지 아니한다.
	  1. 행정조사를 한다는 사실이나 조사내용이 공개될 경우 국가의 존립을 위태롭게 하거나 국가의 중대한 이익을 현저히 해칠 우려가 있는 국가안전보장·통일 및 외교에 관한 사항
	  2. 국방 및 안전에 관한 사항 중 다음 각 목의 어느 하나에 해당하는 사항
	    가. 군사시설·군사기밀보호 또는 방위사업에 관한 사항
	    나. 「병역법」·「예비군법」·「민방위기본법」·「비상대비에 관한 법률」에 따른 징집·소집·동원 및 훈련에 관한 사항
	  3. 「공공기관의 정보공개에 관한 법률」 제4조 제3항의 정보에 관한 사항
	  4. 「근로기준법」 제101조에 따른 근로감독관의 직무에 관한 사항
	  5. 조세·형사·행형 및 보안처분에 관한 사항
	  6. 금융감독기관의 감독·검사·조사 및 감리에 관한 사항
	  7. 「독점규제 및 공정거래에 관한 법률」, 「표시·광고의 공정화에 관한 법률」, 「하도급거래 공정화에 관한 법률」, 「가맹사업거래의 공정화에 관한 법률」, 「방문판매 등에 관한 법률」, 「전자상거래 등에서의 소비자보호에 관한 법률」, 「약관의 규제에 관한 법률」 및 「할부거래에 관한 법률」에 따른 공정거래위원회의 법률위반행위 조사에 관한 사항
	③ 제2항에도 불구하고 제4조(행정조사의 기본원칙), 제5조(행정조사의 근거) 및 제28조(정보통신수단을 통한 행정조사)는 제2항 각 호의 사항에 대하여 적용한다.

행정조사의 기본원칙 (제4조)	① 행정조사는 조사목적을 달성하는데 **필요한 최소한의 범위 안에서 실시**하여야 하며, 다른 목적 등을 위하여 조사권을 남용하여서는 아니 된다. 16. 경행 ② 행정기관은 **조사목적에 적합하도록 조사대상자를 선정**하여 행정조사를 실시하여야 한다. 16. 경행 ③ 행정기관은 유사하거나 동일한 사안에 대하여는 **공동조사 등을 실시함으로써 행정조사가 중복되지 아니하도록** 하여야 한다. 14·15·16. 경행 ④ 행정조사는 법령등의 위반에 대한 **처벌보다는 법령등을 준수하도록 유도하는 데 중점**을 두어야 한다. 14·16. 경행 ⑤ 다른 법률에 따르지 아니하고는 행정조사의 대상자 또는 행정조사의 내용을 공표하거나 직무상 알게 된 비밀을 누설하여서는 아니 된다. 16. 경행 ⑥ 행정기관은 행정조사를 통하여 알게 된 정보를 다른 법률에 따라 내부에서 이용하거나 다른 기관에 제공하는 경우를 제외하고는 원래의 조사목적 이외의 용도로 이용하거나 타인에게 제공하여서는 아니 된다.
행정조사의 근거 (제5조)	행정기관은 **법령등에서 행정조사를 규정하고 있는 경우에 한하여** 행정조사를 실시할 수 있다. 다만, 조사대상자의 자발적인 협조를 얻어 실시하는 행정조사의 경우에는 그러하지 아니하다. 14·15. 경행

조사의 주기
(제7조)
	행정조사는 법령등 또는 행정조사운영계획으로 정하는 바에 따라 **정기적으로 실시함을 원칙**으로 한다. 다만, 다음 각 호 중 어느 하나에 해당하는 경우에는 **수시조사를 할 수 있다**. 15·18. 경행
	  1. 법률에서 수시조사를 규정하고 있는 경우
	  2. 법령등의 위반에 대하여 혐의가 있는 경우
	  3. 다른 행정기관으로부터 법령등의 위반에 관한 혐의를 통보 또는 이첩받은 경우 18. 경행
	  4. 법령등의 위반에 대한 신고를 받거나 민원이 접수된 경우
	  5. 그 밖에 행정조사의 필요성이 인정되는 사항으로서 대통령령으로 정하는 경우

출석·진술 요구 (제9조)	출석한 조사대상자가 제1항에 따른 출석요구서에 기재된 내용을 이행하지 아니하여 **행정조사의 목적을 달성할 수 없는 경우를 제외하고는 조사원은 조사대상자의 1회 출석으로 당해 조사를 종결하여야 한다**(제3항).

공동조사 (제14조 제1항)	행정기관의 장은 다음 각 호의 어느 하나에 해당하는 행정조사를 하는 경우에는 공동조사를 하여야 한다. 1. 당해 행정기관 내의 2 이상의 부서가 동일하거나 유사한 업무분야에 대하여 동일한 조사대상자에게 **행정조사를 실시하는 경우** 14 · 15. 경행 2. 서로 다른 행정기관이 대통령령으로 정하는 분야에 대하여 동일한 조사대상자에게 행정조사를 실시하는 경우
중복조사의 제한 (제15조)	① 제7조에 따라 정기조사 또는 수시조사를 실시한 행정기관의 장은 동일한 사안에 대하여 동일한 조사대상자를 재조사하여서는 아니 된다. 다만, 당해 행정기관이 이미 조사를 받은 조사대상자에 대하여 위법행위가 의심되는 새로운 증거를 확보한 경우에는 그러하지 아니하다. ② 행정조사를 실시할 행정기관의 장은 행정조사를 실시하기 전에 다른 행정기관에서 동일한 조사대상자에게 동일하거나 유사한 사안에 대하여 행정조사를 실시하였는지 여부를 확인할 수 있다. 18. 경행
조사의 사전통지 (제17조)	행정조사를 실시하고자 하는 행정기관의 장은 제9조에 따른 출석요구서, 제10조에 따른 보고요구서 · 자료제출요구서 및 제11조에 따른 현장출입조사서(이하 "출석요구서등"이라 한다)를 조사개시 **7일 전까지** 조사대상자에게 서면으로 통지하여야 한다(제1항). 15. 경행
조사의 연기신청 (제18조)	행정기관의 장은 제2항에 따라 **행정조사의 연기요청**을 받은 때에는 연기요청을 받은 날부터 **7일** 이내에 조사의 연기 여부를 결정하여 조사대상자에게 통지하여야 한다(제3항).
제3자에 대한 보충조사(제19조)	행정기관의 장은 제1항에 따라 제3자에 대한 **보충조사**를 실시하는 경우에는 조사개시 **7일** 전까지 **보충조사의 일시 · 장소 및 보충조사의 취지** 등을 제3자에게 서면으로 통지하여야 한다(제2항).
자발적인 협조에 따라 실시하는 행정조사 (제20조)	① 행정기관의 장이 제5조 단서에 따라 조사대상자의 자발적인 협조를 얻어 행정조사를 실시하고자 하는 경우 조사대상자는 문서 · 전화 · 구두 등의 방법으로 당해 행정조사를 거부할 수 있다. ② 제1항에 따른 행정조사에 대하여 조사대상자가 조사에 응할 것인지에 대한 **응답을 하지 아니하는 경우**에는 법령등에 특별한 규정이 없는 한 그 조사를 거부한 것으로 본다. 15. 경행 행정조사의 상대방이 조사를 거부하는 경우에 공무원이 실력행사를 하여 강제로 조사할 수 있는지 여부에 대해서는 견해가 대립한다. 14. 국가9급
조사원 교체신청 (제22조)	① 조사대상자는 조사원에게 공정한 행정조사를 기대하기 어려운 사정이 있다고 판단되는 경우에는 행정기관의 장에게 당해 조사원의 교체를 신청할 수 있다. ② 제1항에 따른 교체신청은 그 이유를 명시한 **서면으로** 행정기관의 장에게 하여야 한다. 18. 경행
조사결과의 통지 (제24조)	행정기관의 장은 법령등에 특별한 규정이 있는 경우를 제외하고는 행정조사의 결과를 확정한 날부터 **7일** 이내에 그 결과를 조사대상자에게 통지하여야 한다. 15. 경행

> **판례 |**
>
> 납세자에 대한 **부가가치세부과처분이**, 종전의 부가가치세 경정조사와 같은 세목 및 같은 과세기간에 대하여 중복하여 실시된 **위법한 세무조사에 기초하여 이루어진 것이어서 위법하다**(대판 2006.6.2, 2004두12070). ➜ 위법한 행정조사로 수집된 정보가 정당한 것이 아님에도 그러한 사실에 기초하여 발령된 행정처분은 위법하다. 14. 경행

제3절 행정행위(경찰처분) A급

01 의의 및 행정행위의 종류

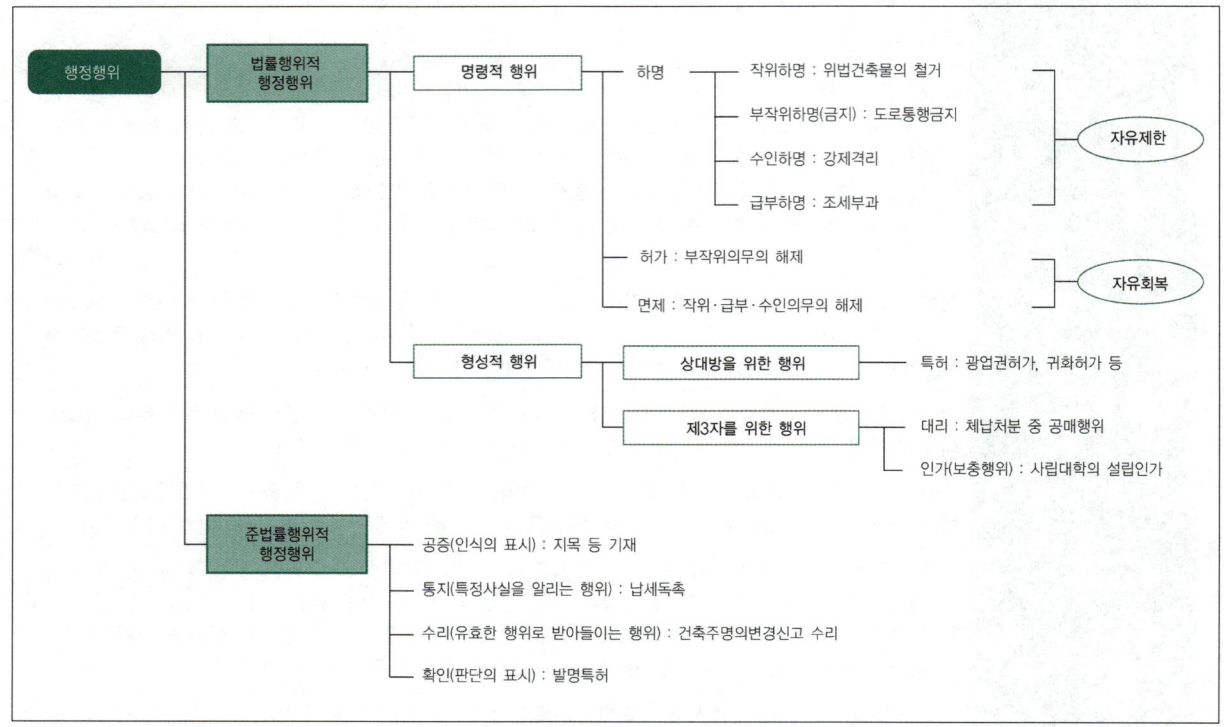

💡 "처분등"이라 함은 행정청이 행하는 **구체적 사실에 관한 법집행**으로서의 공권력의 행사 또는 그 거부와 **그 밖에 이에 준하는 행정작용**(이하 "처분"이라 한다) 및 행정심판에 대한 재결을 말한다(행정소송법 제2조).

1. 법률행위적 행정행위

개념	법률행위적 행정행위란 행정청의 의사표시(효과의사)를 구성요소로 하는 행위로서, 그 표시된 (효과)의사의 내용에 따라 법적 효과가 발생하는 행위를 말한다.
종류 — 명령적 행위	명령적 행위(하명·허가·면제)란 주로 질서유지를 위해 국민에 대하여 일정한 작위·부작위·급부·수인 **의무를 명하거나 해제해 주는 행정행위**를 말한다. 21. 경간
종류 — 형성적 행위	형성적 행위(특허·인가·대리)란 개인이 원래 가지고 있었던 것이 아닌 새로운 권리상·법률상의 지위나 힘(또는 포괄적 법률관계)을 발생·변경·소멸시키는 행정행위를 말한다. 21. 경간

명령적 행위	하명	개념	작위 · 부작위 · 급부 · 수인 등 의무를 명하는 행위
		작위하명	위법건축물의 철거명령, 불법주차 차량이동명령
		부작위하명	도로통행금지, 영업정지처분
		수인하명	강제격리, 강제입원
		급부하명	조세부과처분
	허가	개념	① 법령으로 제한된 일반적 · 상대적 금지(부작위의무)를 해제하여 본래의 자유를 회복시켜주는 행정행위 ② 허가가 기속행위인지 재량행위인지 여부는 개별법령이 정하는 바에 의한다. 13. 국회8급
		사례	음식점 영업허가, 건축허가, 운전면허 등
	면제	개념	법령으로 부과된 작위 · 급부 · 수인 등 의무를 특정한 경우 해제해 주는 행정행위
		사례	병역면제결정, 면세처분 등
형성적 행위	특허	개념	① 특정인에 대하여 새로운 권리, 능력 또는 포괄적 법률관계를 설정하는 행위로서 설권행위라고 부르기도 한다. ② 특허는 출원을 효력발생요건으로 하며 출원이 없거나 그 취지에 반하는 특허는 완전한 효력을 발생할 수 없게 된다.
		권리설정행위 (협의의 특허)	**공유수면매립면허** 12. 경행, 14. 사복, 자동차운수사업면허, 전기공급사업면허, 개인택시운송사업면허 12. 경행, 어업면허, 광업허가, 도로점용허가 18. 경행, 체류자격 변경허가 18. 경행
		능력설정행위	공법인을 설립하는 행위, 주택재건축사업조합의 설립인가 18. 경행
		포괄적 법률관계 설정행위	공무원임용, 귀화허가 18. 경행
	인가	개념	제3자의 법률적 행위를 **보충하여** 그 법률상의 **효과를 완성**시키는 행정행위를 말하며, 이런 점에서 **보충행위**라고도 한다. 인가없이 행한 행위는 '무인가행위'로서 효력이 발생하지 않는 무효가 된다. 인가는 학문상 개념으로서 실정법에서는 허가 · 승인 · 특허 등의 용어를 사용하는 경우도 있다.
		사례	**사립대학 설립인가, 특허기업 양도인가, 재단법인 정관변경허가, 허가구역 내 토지거래허가** 등
	대리	개념	**제3자가 해야 할 일을 행정청이 대신하여 행함**으로써 제3자가 스스로 행한 것과 같은 법적 효과를 발생시키는 행정행위를 말한다.
		사례	조세체납처분으로서의 공매행위, 행려병사자의 유류품 처분 등

2. 준법률행위적 행정행위

의의	준법률행위적 행정행위란 행정청의 **의사표시(효과의사) 이외의 정신작용(판단, 인식)** 등을 구성요소로 하는 행정행위로서 그 효과가 **행정청의 의사가 아닌 법률의 규정에 의해 발생하는 행위**를 말하며, 확인, 공증, 통지 및 수리행위가 이에 해당한다. 21. 경간
확인	특정한 사실 또는 법률관계의 존부나 정당성 여부에 대하여 **의문이나 다툼이 있는 경우** 행정청이 공적인 권위로써 행하는 판단의 표시행위 12. 경행 예 국가시험합격자 결정, 당선인 결정, 발명특허, 행정심판의 재결 등
공증	(의문이나 다툼이 없음을 전제로) 특정한 사실 또는 법률관계의 존재를 **공적으로 증명**하는 인식행위 (토지대장등재) 12. 경행 예 각종 등기 · 등록 · 증명서발급, 당선증서 · 합격증서 발급, 여권발급 등
통지	행정청이 특정인 또는 불특정 다수인에게 **특정한 사실 또는 의사를 알리는 행위** • **관념의 통지**: 특허출원공고, 귀화 고시, 토지수용시 사업인정고시 • **의사의 통지**: 대집행 계고, 납세의 독촉 등
수리	행정청에 대한 행위를 유효한 행위로서 수령하는 행위 예 사표의 수리, 행정심판청구서의 수리 등 **판례 |** 체육시설의 회원을 모집하고자 하는 자의 시 · 도지사 등에 대한 **회원모집계획서 제출은 수리를 요하는 신고에서의 신고에 해당하며, 시 · 도지사 등의 검토결과 통보는 수리행위로서 행정처분에 해당한다** (대판 2009.2.26, 2006두16243). 12. 경행

3. 수익적 · 침익적 · 복효적 행정행위

① 상대방에게 수익적 효과를 발생시키는 행정행위를 **수익적 행정행위**, 침익적 효과를 발생시키는 행정행위를 **침익적 행정행위**라고 한다.
② **복효적 행정행위**란 하나의 행위가 수익적 효과와 침익적 효과를 동시에 발생시키는 행정행위를 말하는데, 복수의 효과가 동일인에게 발생하는 혼합효 행정행위가 있고, 1인에게는 수익적 효과를 발생시키면서 제3자에게 **침익적 효과를 발생시키는** 제3자효 행정행위가 있다.

구분	수익적 행정행위	침익적 행정행위
법률유보	법률유보원칙의 완화 적용	법률유보원칙의 엄격한 적용
신청	보통 신청에 의함(쌍방적 행정행위)	신청과 무관(일방적 행정행위)
행정절차	절차적 통제 완화	행정절차의 엄격한 적용
부관	부관과 친숙	부관과 친숙하지 않음
취소 · 철회	신뢰보호원칙 등으로 취소 · 철회 제한	원칙적으로 취소 · 철회의 제한이 없음

4. 대인적 · 대물적 · 혼합적 행정행위

대인적 행정행위	상대방의 주관적 사정을 고려해야 하는 행정행위. 원칙적으로 **이전불가**(일신전속적) 예 의사면허, 운전면허 등
대물적 행정행위	대상인 물건이나 시설의 객관적 사정을 고려해야 하는 행정행위. **원칙적으로 이전 가능** 예 자동차검사, 준공검사 등
혼합적 행정행위	상대방의 주관적 사정과 물건 등의 객관적 사정을 모두 고려해야 하는 행정행위. 이전을 함에 있어서 행정청의 승인이나 허가를 요하도록 하는 것이 보통 예 석유사업허가, 총포화약제조업허가, 전당포영업허가 등

5. 일방적 행정행위와 쌍방적(협력을 요하는) 행정행위

일방적 행정행위	상대방의 협력을 필요로 하지 않고 행정청이 직권으로 발하는 행정행위 예 과세처분, 영업정지 · 취소처분 등 주로 침익적 행정행위
쌍방적(협력을 요하는) 행정행위	신청 · 동의 등 상대방의 협력을 필요로 하는 행정행위 예 영업허가, 운전면허 등 주로 수익적 행정행위

6. 기속행위와 재량행위

(1) 기속행위와 재량행위의 구별기준

기속행위	법이 어떤 요건하에서 어떤 행위를 할 것인가에 관해 **일의적 · 확정적으로 규정**함으로 법이 정한 일정한 요건이 충족된 경우 **법이 정한 효과로서 일정한 행정행위를 반드시 하도록 되어 있는 경우**의 행정행위		
재량행위	의의	행정청에 복수행위간의 **선택의 자유가 인정되어 있는 행정행위**	
	유형	결정재량	어떤 행정행위를 할 것인가 말 것인가의 재량
		선택재량	다수의 행위 중 어느 것을 할 것인가의 재량
구별기준	① 재량행위와 기속행위의 일차적 구별기준은 **법률의 문언** ② 다만, 법률문언뿐만 아니라 관련규정 · 입법취지 등을 고려하여 **종합적으로 판단**		

(2) 재량행위의 한계와 통제

재량권 일탈(유월)	재량권의 외적 한계, 법규상 한계 초과
재량권 남용	① 재량권의 내적 한계, 조리상 한계 초과 ② 재량행위라도 조리에 위반하면 재량권 남용으로 위법
재량권 불행사(해태, 흠결)	재량권 행사시 고려하여야 하는 구체적 사정을 전혀 고려하지 않은 경우
재량권 행사의 통제	① 행정청의 재량에 속하는 처분이라도 **재량권의 한계를 넘거나 그 남용이 있는 때에는 법원이 이를 취소할 수 있다.** ② 행정청의 재량권 행사가 위법하면 취소소송등 항고소송을 통해 구제받을 수 있고, 행정청의 재량권을 행사하여야 함에도 불구하고 행사를 하지 않은 **부작위**(불행사)가 위법하면 부작위위법확인소송이나 경찰개입청구권을 청구할 수 있다.

제4절 경찰하명과 경찰허가 [A급]

01 경찰하명 10·14. 승진, 16·21. 경간, 19. 채용, 20. 승진, 21. 법학

1. 하명

의의	경찰하명이란 일반통치권에 기인하여 경찰목적을 달성하기 위해 국민에 대하여 **작위·부작위·급부·수인** 등 의무의 일체를 명하는 **법률행위적 행정행위**를 말하며 경찰관의 수신호나 교통신호 등의 신호도 의무를 부과하는 행위로서 경찰하명에 해당한다. 19. 채용, 20. 승진, 21. 경간
작위하명	적극적으로 어떠한 행위를 **하도록 의무**를 명하는 경찰하명을 말한다. 예 집회신고의무, 예비군훈련소집통지 등
부작위하명 21. 경간	**개념**: 소극적으로 어떤 행위를 행하지 아니할 의무를 명하는 하명(경찰금지)이라고도 한다. 20. 승진 **절대적 금지**: 살인청부금지, 인신매매금지, 청소년에게 술이나 담배 판매금지등 어떠한 경우에도 해제의 대상이 될 수 없는 금지를 말한다. 21. 경간 **상대적 금지**: 총포소지금지, 음식점·유흥업소 영업금지, 공공시설에서의 금연, 도로통행의 금지 등 일정한 경우에는 해제의 대상이 될 수 있는 금지를 말한다. 10·20. 승진, 21. 경간
수인하명	경찰권의 발동으로 인하여 **자신의 신체·재산·가택에 가하여지는 사실상의 침해**를 받아들여야 할 의무를 지는 하명을 말한다. 예 영업장소에 출입하거나 장부를 검사할 때 영업주가 출입을 허용하고 검사에 응하는 것 등
급부하명	**금전 또는 물품**의 급부의무를 과하는 하명이다. 예 조세부과처분, 사용료·수수료 납부명령 등

2. 하명의 효과 – 의무발생

의무의 발생	① 경찰하명을 받은 특정인 또는 불특정 다수인은 경찰의무가 발생되고 자연적 자유가 제한된다. ② 하명의 **수명자**는 하명을 발한 **행정주체에 대해서만 책임**을 부담할 뿐이고 그 이외의 제3자에 대하여서는 법적 의무를 부담하지 않는다. 19. 채용
하명처분의 효과	원칙적으로 그 수명자에게만 발생하는 것이나, 대물적 하명의 경우에는 그 대상인 물건에 대한 법적 지위를 승계한 자에게도 그 효과가 미친다. 10. 승진, 16. 경간
위반의 효과	① 경찰의무의 불이행의 경우 경찰상의 강제집행, 경찰의무 위반의 경우 **경찰벌** 10. 승진, 19. 채용 ② 경찰하명에 위반하여 이루어진 행위는 원칙적으로 그 법적 효력에는 아무런 영향을 받지 않는다(무효×). 10. 승진, 19. 채용, 21. 법학 그러므로 영업정지 명령에 위반하여 영업을 계속하였을 경우에도 당해 영업에 대한 **거래 행위의 효력이 인정(부인×)** 된다. 21. 경간
하자의 효과	경찰하명이 무효라면 이를 위반하여도 처벌할 수 없고, 저항하여도 공무집행방해죄가 성립하지 않는다. 21. 법학 다만, 취소사유가 있는 하명은 권한 있는 기관에 의하여 취소되기 전까지 공정력에 의해 관계자를 구속한다.

지역적 범위	원칙적으로 하명을 발한 경찰관청 관할구역 내에서만 미치게 되나, **예외적으로 법령의 규정 또는 처분의 성질상 관할구역 외에 미치는 경우**도 있다.
구제	① **적법한** 하명인 경우 – 손실보상 ② **위법·부당한** 하명인 경우 – 행정심판, 행정소송, **손해배상(손실보상×)** 13. 국회8급, 16. 경간, 20. 승진, 21. 법학

02 경찰허가

의의	① 경찰허가라 함은 국가의 일반통치권에 의거하여 **일반적·상대적 금지**를 특정한 경우에 해제하여 **적법**하게 특정행위를 할 수 있도록 자연적 자유를 회복시켜 주는 행정행위를 말한다. 12. 경간 ② **상대적 금지**만 허가의 대상이 되고, 절대적 금지는 허가(해제)의 대상이 될 수 없다. 09. 채용 ③ 허가는 원칙적으로 상대방의 신청에 의하여 행하여지는 **쌍방적행정행위**이다. 예외적으로 신청 없이 직권으로 불특정다수인에게 일반허가를 하는 경우도 있다. 09. 채용, 19. 승진 ④ 경찰허가는 특정행위를 사실상 적법하게 할 수 있도록 하는 **적법요건에 불과하고 유효요건이 되는 것은 아니다.** 09. 채용
기준	허가 신청시와 허가 처분시의 법이 **다른 경우**의 **허가기준**이 되는 법령은 처분시법이다. 09. 채용
종류	① **대인적 허가(이전성×)**: 사람의 경력·자격 기타 신청인의 **주관적 사정**을 심사하여 행하여지는 경찰허가이다. 　예 의사면허 09. 채용, 마약취급면허 09. 채용, 운전면허, 총포류 소지허가 15. 경행 등 ② **대물적 허가(이전성○)**: 신청인이 갖추고 있는 물적 설비, 지리적 환경 기타의 **객관적 사정**을 심사하여 행하여지는 경찰허가이다. 　예 건축허가, 자동차검사 합격처분, 목욕장영업허가, 석유판매업 등 15. 경행 　**판례** 　대물적 허가의 성질을 갖는 석유판매업이 양도된 경우, 양도인에게 허가를 취소할 위법 사유가 있다면 이를 이유로 양수인에게 제재조치를 취할 수 있다(대판 1986.7.22, 86누203). 15. 경행 ③ **혼합적 허가(이전성△)**: 신청인의 주관적 사정과 객관적 사정을 아울러 고려하여 행하여지는 경찰허가이다. 　예 풍속영업허가, 총포류 제조·판매허가 09. 채용, 자동차운전면허학원 허가 09. 채용 등
효과	① 허가의 효과는 일반적 금지를 해제함에 그치고, 배타적이거나 독점적 권리 또는 능력을 설정하는 것은 아니다. ② 허가는 특정행위를 적법하게 할 수 있도록 하는 행위의 적법요건이지, 유효요건이 아니다. 09·18. 채용, 14. 사복, 19. 승진 ③ 허가는 그 근거가 된 법령에 의한 금지를 해제할 뿐이고 타법에 의한 금지까지 해제하는 효과를 가지지 않음이 일반적이다. ④ 허가의 효과는 당해 허가행정청의 관할구역 내에서만 미치는 것이 원칙이지만 **법령의 규정이 있거나 허가의 성질상 관할구역 외에까지 그 효과가 미치게 된다.**

	⑤ 허가를 받아 행하여야 할 행위를 허가 없이 한 경우에는 행정상의 강제집행이나 행정벌의 대상은 되지만, 행위 자체의 법률적 효력은 부인되지 않는 것이 일반적인 설명이다. ⑥ 무허가행위는 **강제집행이나 경찰벌의 대상은 되지만, 무허가행위 자체의 효력은 유효**하다. 19. 승진 　예 무면허 음식물 판매행위의 판매자는 처벌의 대상은 되지만, 판매행위의 효력이 무효가 되는 것은 아니다.
판례	① 허가 신청 후 행정처분 전에 법령의 개정으로 허가기준이 변경된 경우 허가는 원칙적으로 신청 당시의 법령이 아니라 **개정법(처분시의 법령)(신청 당시 법령×)에 따라야 한다**(대판 1996.8.20. 95누10877). 09. 채용, 14·15. 경행 ② **석유판매업(주유소)허가는 소위 대물적 허가**의 성질을 갖는 것이어서 그 사업의 양도도 가능하고 이 경우 양수인은 양도인의 지위를 승계하게 됨에 따라 양도인의 위 허가에 따른 권리의무가 양수인에게 이전되는 것이므로 만약 양도인에게 그 허가를 취소할 위법사유가 있다면 허가관청은 이를 이유로 양수인에게 응분의 제재조치를 취할 수 있다 할 것이고, 양수인이 그 양수 후 허가관청으로부터 석유판매업허가를 다시 받았다 하더라도 이는 석유판매업의 양수도를 전제로 한 것이어서 이로써 양도인의 지위승계가 부정되는 것은 아니므로 **양도인의 귀책사유는 양수인에게 그 효력이 미친다**(대판 1986.7.22. 86누203). 13·15. 경행 ③ 기한부 허가는 종기의 도래에 의하여 효력을 상실하나 기한의 갱신을 신청할 수 있는 경우에는 경찰상 장해가 발생할 새로운 사정이 없는 한 허가를 해주는 것이 원칙이다. 다만, 예외적으로 **재량허가(사행행위허가, 토지형질변경허가 등)의 경우에는 허가의 성질을 재량행위로 보기 때문에 반드시 허가할 필요는 없다**(대판 1992.10.23. 92누4543). 09. 채용 ④ 산림훼손행위는 국토의 유지와 환경의 보전에 직접적으로 영향을 미치는 행위이므로 법령이 규정하는 산림훼손 금지 또는 제한지역에 해당하는 경우는 물론 금지 또는 제한지역에 해당하지 않더라도 허가관청은 산림훼손허가신청 대상토지의 현상과 위치 및 주위의 상황 등을 고려하여 국토 및 자연의 유지와 환경의 보전 등 중대한 공익상 필요가 있다고 인정될 때에는 허가를 거부할 수 있고, 그 경우 **법규에 명문의 근거가 없더라도 거부처분을 할 수 있다**(대판 1997.9.12. 97누1228). 13. 경행 ⑤ 허가는 기한의 도래로 인해 실효되는 게 원칙이다. 그러므로 종전 허가의 유효기간이 지나서 다시 기간연장신청에 대한 허가는 종전의 허가처분을 전제로 하여 단순히 유효기간을 연장하여 주는 행정처분이라기보다는 종전의 허가처분과는 별도의 **새로운 영업허가를 내용으로 하는 행정처분**이므로 허가권자는 허가요건의 적합 여부를 새로이 판단하여 허가 여부를 결정하여야 한다(대판 1993.6.29. 92누15314). 14. 경행

> 비교 》 **예외적 승인**
> ① 예외적 승인이란 사회적으로 유해하거나 바람직하지 않은 것을 법령상 금지하는 것이 원칙이나, 특정한 경우에 예외적으로 그 금지를 해제하여 당해 행위를 적법하게 해주는 행위를 말하며 **예외적 허가**라고도 한다. 13. 국회8급
> ② 일반적인 **허가**는 위험방지를 대상으로 하고, **예외적 승인(예외적 허가)**은 사회적으로 유해한 행위를 대상으로 한다.

03 경찰면제

① 법령에 의하여 과하여진 경찰상의 **작위·급부·수인의 의무를 특정한 경우에 해제**하여 주는 경찰상의 행정행위이다. 10. 승진, 18. 채용, 19. 승진
② 경찰상의 의무를 해제하여 주는 행위이므로 **명령적 행위**에 속하며, **경찰면제의 발급 여부를 결정하는 것은 원칙적으로 경찰행정청의 기속재량**에 속한다고 한다.
③ 의무해제라는 점에서 허가와 면제는 같으나 **허가는 부작위의무의 해제**인 데 반하여 **면제는 작위, 급부 및 수인의무의 해제**라는 점에서 다르다. 13. 국회8급

제5절 행정행위의 부관 [A급]

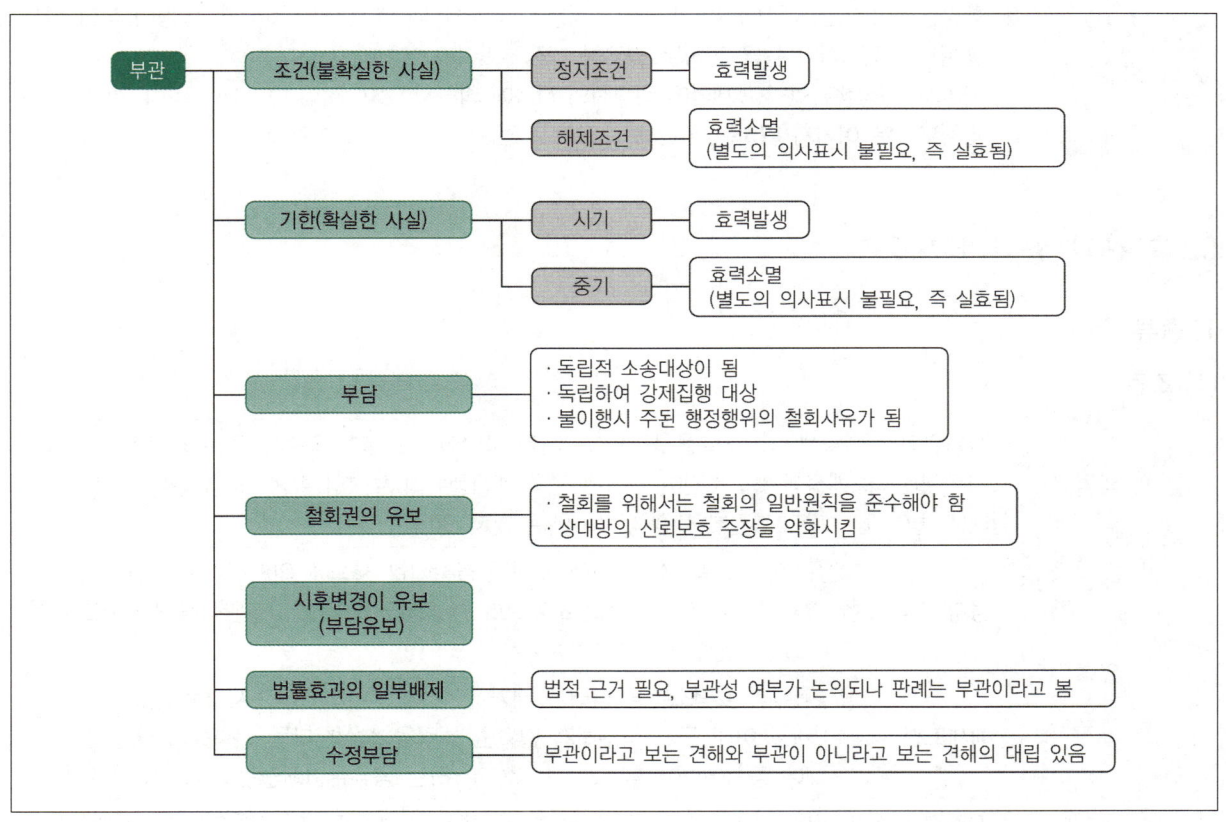

01 의의 및 구별개념

의의	① 전통적 견해에 따르면 행정행위의 부관이란 '행정행위의 효과를 **제한**하기 위하여 행정기관에 의해 그 행위의 요소인 **주된 의사표시의 내용에 붙여진 종된 의사표시**'를 말한다. 최근의 다수설에 따르면 부관을 '행정행위의 **효과를 제한·보충** 또는 요건을 보충하거나 특별한 **의무를 부과**하기 위하여 행정기관에 의해 **주된 행정행위에 부가된 종된 규율**'이라고 정의한다. ② 행정행위의 부관은 학문상 개념으로 실정법에서는 주로 '**조건**'으로 **표시**되고 있다. 한편 부관을 주된 의사표시에 붙여진 것으로 보든, 주된 행정행위에 부가된 것으로 보든, **부관도 행정행위의 내용을 이루는 것이므로** 외부에 표시되어야 한다.
부관의 기능	순기능: 행정의 합리성, 신축성, 탄력성을 보장해주는 역할을 한다.
	역기능: 행정행위의 부관이 행정편의적인 목적으로 사용되거나 과도한 부담을 주는 등 남용되는 경우 국민의 권익을 침해할 우려가 있으므로 부관에 대한 적절한 통제가 요구된다.
법정부관	① 행정행위의 조건, 기한 등이 행정청의 작용에 의해서 정해지는 것이 아니라 **법령이 직접 행정행위의 조건, 기한 등을 정하는 경우**를 법정부관이라고 한다. ② 따라서, **행정행위의 효과제한이 행정청의 작용에 의하지 않고**, 직접 법규정에 의해 이루어지는 법정부관은 **여기서 말하는** 부관에 해당하지 않는다. 18. 지방9급, 21. 경간

02 부관의 종류와 내용

1. 종류

(1) 조건

의의		행정행위의 효력발생이나 소멸을 장래의 도래가 불확실한 사실에 의존케 하는 경찰관청의 의사표시를 말한다. 행정행위의 조건이 부가된 경우 행정행위의 효력의 발생·소멸 여부가 불안정한 상태에 놓이게 되므로 조건부 행정행위의 예는 많지 않다.
유형	정지조건	행정행위의 **효력발생**을 장래 도래가 불확실한 사실에 의존시키는 부관 ㉠ 주차시설을 완비할 것을 조건으로 한 호텔영업허가, 시설완성을 조건으로 하는 학교법인설립허가 12. 경행
	해제조건	행정행위의 **효력소멸**을 장래 도래가 불확실한 사실에 의존시키는 부관 ㉠ 2개월 이내 공사 착수하지 않으면 효력을 상실한다는 건축허가, 일정한 기간 내에 공사에 착수할 것을 조건으로 하는 공유수면매립면허 11. 사복, 12. 경행
특징		**정지조건이 성취되면** 행정행위의 효력은 당연히 **발생**하고, **해제조건이 성취되면** 행정행위의 효력은 당연히 **소멸**한다.

(2) 기한(기간은 부관 아님)

의의	행정행위의 효력발생이나 소멸을 장래의 도래가 확실한 사실에 의존케 하는 경찰관청의 의사표시를 말한다. 기한은 장래 도래가 확실한 사실이라는 점에서 장래 도래가 불확실한 사실에 의존하는 조건과 구별된다.	
유형	시기	행정행위의 **효력발생**을 장래 도래가 확실한 사실에 의존시키는 부관 예 "2022년 1월 1일부터 영업을 허가한다."라는 부관
	종기	행정행위의 **효력소멸**을 장래 도래가 확실한 사실에 의존시키는 부관 예 "2022년 1월 1일까지 영업을 허가한다."라는 부관 11. 사복, 12. 경행
	확정기한	도래하는 시기까지도 확실한 기한을 말한다. 예 "2100년 12월 31일까지 연금을 지급한다."
	불확정기한	도래할 것은 확실하나 도래하는 시기까지는 확실하지 않은 기한을 말한다. 예 "사망시까지 연금을 지급한다."
판례	① 시기가 도래하면 행정행위의 효력은 당연히 발생하며, 종기가 도래하면 행정행위의 효력은 당연히 소멸한다. 또한 당사자는 기간연장에 있어 어떠한 기득권도 주장할 수 없으며, 행정청도 허가를 연장해 주어야 할 의무도 없다. 상대방이 기간연장신청을 한 경우라도 이는 새로운 행정행위의 신청에 불과하다. ② 일반적으로 행정처분에 효력기간이 정하여져 있는 경우에는 그 기간의 경과로 그 행정처분의 효력은 상실되고, 다만 허가에 붙은 기한이 그 허가된 사업의 성질상 부당하게 **짧은** 경우에는 이를 그 허가 자체의 존속기간이 아니라 그 허가 '**조건**'의 존속기간으로 보아 그 기한이 도래함으로써 그 '조건'의 개정을 고려한다는 뜻으로 해석할 수는 있지만, 그와 같은 경우라 하더라도 그 허가기간이 연장되기 위하여는 그 종기가 도래하기 전에 그 허가기간의 연장에 관한 신청이 있어야 하며, 만일 그러한 **연장신청이 없는 상태**에서 허가기간이 만료하였다면 그 허가의 효력은 상실된다(대판 2007.10.11. 2005두12404). 14. 경행, 18. 지방9급	

(3) 부담

의의	행정행위의 **주된 내용에 부가**하여 그 행정행위의 상대방에게 작위·부작위·수인·급부의 **의무**를 부과하는 부관을 말하며, 주로 허가·특허 등과 같은 **수익적 행정행위**에 붙여진다. 예 주택사업계획승인을 하면서 주택진입로 확장의무를 부과하는 경우, **공장건축허가를 하면서 근로자의 정기건강진단의무를 부과하는 경우** 11. 사복, 도로나 하천점용허가를 하면서 일정한 **점용료를 납부하도록 하는 경우** 12. 경행
특징	① 부담은 다른 부관과 달리 그 존속이 본체인 행정행위의 존재를 전제로 하는 것일 뿐 행정행위의 불가분적인 요소는 아니어서 그 자체가 하나의 독립된 행정행위의 성질을 가지므로, 주된 행정행위와 독립하여 부담만의 별도의 소송제기가 가능하다. 15. 서울9급, 18. 지방9급, 21. 경간 이에 반해 조건부 행정행위는 행정행위 전체를 대상으로 하여 소송을 제기할 수밖에 없다. ② 부담은 주된 행정행위와 독립된 행위로서 부담 그 자체가 하명의 성질을 가지므로, 부담을 이행하지 않는 경우 행정청은 부담에 대해서 독자적인 강제집행도 할 수 있다. 21. 경간 이에 반해 조건은 독자적으로 강제집행의 대상이 되지 않는다.

	③ 부담부 행정행위는 부담의 이행 여부를 불문하고 효력이 발생한다. 15. 서울9급, 18. 지방9급 그러므로 부담에 의해 부과된 의무가 정해진 기간 내에 이행되지 않은 경우, 그때로부터 부담부행정행위는 당연히 효력을 상실하는 것이 아니라, **행정청의 철회의 의사표시가 있어야 효력을 상실한다.** 14. 경행 다만, 부담도 부관인 이상 주된 행정행위에 대해 어느 정도 부종성(종속성)을 가질 수밖에 없으므로 주된 행정행위가 아무런 효력이 발생하지 않는 경우 부담도 효력이 발생하지 않는다.	
조건과 구별	① 조건과 부담은 실무상 구별이 애매한 경우가 있고 실정법상 조건이라고 규정되어 있어도 그것을 부담으로 보아야 할 경우가 있다. ② 정지조건은 조건의 성취에 의해 효력이 발생하나, 부담은 처음부터 완전히 효력이 발생한다. 따라서 부관부 영업허가의 경우 당해 부관이 부담이라면 부담의 이행 없이 영업을 하여도 무허가 영업이 아니지만, 당해 부관이 정지조건이라면 조건의 성취 없이 영업을 하면 무허가 영업으로서 불법영업이 된다. ③ 해제조건은 조건의 성취에 의해 당연히 효력이 소멸하나, 부담은 불이행이 있더라도 당연히 효력이 소멸되는 것이 아니라 행정청의 철회(취소)의 의사표시가 있어야 효력이 소멸한다. ④ **구별기준**: 행정청의 객관적 의사를 고려하여 행정행위 효력 자체를 그 조건에 의존시키려는 의사였을 경우 조건, 그렇지 않은 경우는 부담으로 볼 수 있다. 예컨대, 정지조건인지 부담인지에 대해 행정청이 부관이 성취된 시점부터 행정행위의 효력이 발생하는 것으로 하였다면 정지조건으로 볼 것이고, 그렇지 않고 처음부터 행정행위의 효력이 발생하는 것으로 하였다면 부담으로 볼 수 있다. 하지만, **행정청의 의사가 불분명한 경우 최소침해의 원칙에 따라 상대방에게 유리한 부담으로 보아야 한다.** 21. 경간	
부담의 부가방법	① 부담은 행정청이 행정처분을 하면서 일방적으로 부가할 수도 있지만 부담을 부가하기 이전에 상대방과 협의하여 부담의 내용을 협약의 형식으로 미리 정한 다음 행정처분을 하면서 이를 부가할 수도 있다는 것이 판례의 입장이다. 13. 국가9급, 14. 경행 ② 또한 판례는 **부담의 적법 여부는 처분 당시 법령을 기준으로 판단**하여야 하고, 부담이 처분 당시 법령을 기준으로 적법하다면 처분 후 부담의 전제가 된 주된 행정처분의 근거법령이 개정됨으로써 행정청이 더 이상 부관을 붙일 수 없게 되었다 하더라도 부담이 곧바로 위법하게 되는 것은 아니라고 한다.	
구별개념	수정부담	상대방이 신청한 것과 다르게 **행정행위의 내용을 정하는 부관**으로, 상대방이 수정된 내용에 동의하여야 효력이 발생한다. 21. 경간 예 화물차량의 A도로 통행허가 신청에 대하여 B도로 통행을 허가한 경우
판례	수익적 행정처분에 있어서는 **법령에 특별한 근거규정이 없다고 하더라도 그 부관으로서 부담을 붙일 수 있고**, 그와 같은 부담은 행정청이 행정처분을 하면서 일방적으로 부가할 수도 있지만 부담을 부가하기 이전에 **상대방과 협의하여 부담의 내용을 협약의 형식으로 미리 정한 다음** 행정처분을 하면서 이를 **부가할 수도 있다**(대판 2009.2.12, 2005다65500). 13. 국가9급	

(4) 철회권(취소권)의 유보

의의	철회권의 유보란 일정한 사유가 발생한 경우에 주된 행정행위를 철회할 수 있는 권한을 행정청에 유보하는 부관으로서 실무상 **취소권의 유보**라고 표현되기도 한다. [예] 유흥주점 영업허가를 하면서 만일 미성년자를 고용하면 허가를 취소한다는 부관을 붙인 경우
법적 근거	① 법령의 근거가 없더라도 행정청은 철회권을 유보할 수 있으나, 만약 철회사유가 법령에 명시적으로 규정되어 있는 경우 법령에 규정된 명시적 사유 이외의 사유를 들어 철회권을 유보할 수 있는지가 문제된다. ② 판례는 주세법 관련사건에서 **법령에 규정된 사유 외에도 철회권을 유보할 수 있다**는 취지로 판시를 한 바 있다(대판 1984.11.13. 84누269).
성질	① 철회권 유보는 행정행위 효력의 소멸이라는 점에서 '해제조건'과 유사하다. 그러나 해제조건은 조건사실이 발생하면 당연히 행정행위의 효력이 소멸되지만, 철회권유보의 경우에는 유보된 철회사유가 발생하더라도 당연히 행정행위의 효력이 소멸되는 것이 아니라, 행정청의 별도의 철회의 의사표시가 있어야 효력이 소멸된다. ② 철회권이 유보된 행정행위의 상대방은 장래 당해 행위가 철회될 수 있음을 예상할 수 있으므로 원칙적으로 **신뢰보호원칙에 기한 철회의 제한을 주장하거나 철회로 인한 손실보상을 요구할 수 없다.**
철회권 행사	① 철회권의 유보사유가 발생하더라도 행정청이 무제한으로 철회권을 행사할 수 있는 것이 아니고, **철회를 하지 않으면 안 될 공익상의 필요가 있고 행정행위의 목적에 비추어 합리적 이유가 있다고 인정되는 등 철회에 관한 일반적 요건이 충족되어야 한다**는 것이 학설과 판례의 입장이다. 13. 국가9급 ② 철회권이 유보된 경우라도 철회권의 행사는 그 자체만으로는 정당화되지 않고 **이익형량**을 해야 하는 등 **상대방 보호의 견지에서 일정한 제한을 받는다.**

(5) 법률효과의 일부배제

의의	법률효과의 일부배제는 주된 행정행위의 내용에 대해서 법령이 일반적으로 부여하고 있는 행정행위의 **법적 효과를 일부배제하는 부관**을 말한다. [예] 택시영업을 허가할 때 격일제 운행, 오토매틱자동차만에 대한 운전면허
학설과 판례	① 법률효과의 일부배제에 대해 부관인지 아닌지에 대해 학설대립이 있으나 다수설은 법률효과의 일부배제를 부관의 일종으로 보고 있다. ② 판례는 공유수면매립준공인가를 함에 있어 **매립대지의 일부에 대해 국가에 소유권을 귀속시킨 행위를 법률효과의 일부배제라는 부관으로 보았다.**

2. 부관의 가능성과 한계

부관의 가능성은 부관의 개념을 어떻게 정의하느냐에 따라 다음과 같이 학설이 대립한다.

법률행위적 행정행위	의사표시를 요소로 하는 **법률행위적 행정행위에는 부관을 붙일 수 있다**는 것이 일반적 견해이다.
준법률행위적 행정행위	**의사표시를 요소로 하지 않는** 준법률행위적 행정행위에는 부관을 붙일 수 없다는 것이 통설·판례이다.
재량행위	법률행위적 행정행위 중 **재량행위에는 법령의 근거가 없더라도 부관을 붙일 수 있다.** 14. 경행, 15. 서울9급, 18. 지방9급
기속행위	**기속행위에는 법률에서 명시적으로 부관을 붙일 수 있는 근거가 있으면 부관을 붙일 수 있음은 당연하나, 법령의 근거가 없는 한 부관을 붙일 수 없고 붙였다 하더라도 무효라고 한다.** 15. 서울9급 따라서 기속행위에 법적 근거 없이 부담을 붙인 경우, 이러한 부담은 무효이므로 부담을 이행할 의무는 없다.

3. 사후부관

문제점	부관은 행정행위 효과를 제한하는 것이므로, 행정행위의 발령 당시에 부가하는 것이 원칙인데, 발령 당시가 아닌 **행정행위를 행한 후 나중에 발하는 부관**을 말하는 것으로서, 통설은 이러한 사후부관은 법령에 근거가 있거나 사후부관이 미리 유보되어 있는 경우 또는 상대방의 동의가 있을 때에는 허용된다고 한다. 13. 국가9급
제한적 긍정설 (통설·판례)	판례는 원칙적으로 ① **법률에 명문의 규정이 있는 경우**, ② **변경이 미리 유보된 경우**, ③ **상대방(행정청×)의 동의가 있는 경우**에 허용되는 것이 원칙이지만 ④ **사정변경이 있는 경우에도** 예외적으로 부관의 사후변경이 허용된다고 한다(대판 1997.5.30. 97누2627). 16. 경행

> ⊕ PLUS 행정기본법 제17조(부관)
>
> ① 행정청은 처분에 **재량이 있는 경우에는 부관**(조건, 기한, 부담, 철회권의 유보 등을 말한다. 이하 이 조에서 같다)을 붙일 수 있다.
> ② 행정청은 처분에 **재량이 없는 경우에는 법률에 근거가 있는 경우에 부관을 붙일 수 있다.**
> ③ 행정청은 부관을 붙일 수 있는 처분이 다음 각 호의 어느 하나에 해당하는 경우에는 그 **처분을 한 후에도 부관을 새로 붙이거나 종전의 부관을 변경할 수 있다.**
>
>> 1. **법률에 근거가 있는 경우**
>> 2. **당사자의 동의가 있는 경우**
>> 3. **사정이 변경되어** 부관을 새로 붙이거나 종전의 부관을 변경하지 아니하면 해당 처분의 목적을 달성할 수 없다고 인정되는 경우
>
> ④ 부관은 다음 각 호의 요건에 적합하여야 한다.
>
>> 1. 해당 처분의 **목적**에 위배되지 아니할 것
>> 2. 해당 처분과 **실질적인 관련**이 있을 것
>> 3. 해당 처분의 목적을 달성하기 위하여 **필요한 최소한의 범위**일 것

4. 부관의 하자와 주된 행정행위의 효력

무효인 부관과 행정행위의 효력		① 중대하고 명백한 하자로 인하여 무효인 부관은 원칙적으로 부관이 없는 행정행위로서 효력을 발생한다. 즉, 부관의 무효는 본체인 행정행위에 영향을 미치지 않는다. ② 그러나 그 부관이 본체인 행정행위의 중요한 요소(본질적 요소)에 해당하여 그 부관이 없었다면, 행정행위(경찰허가)를 하지 않았을 것이라고 인정되면 본체인 행정행위(경찰허가) 자체도 무효가 된다고 본다.
취소할 수 있는 부관		무효에 해당하지 않는 경미한 하자에 의한 취소사유가 있는 부관은 권한이 있는 기관에 의하여 취소가 확정되기까지는 공정력에 의해 행정행위의 효력은 유효하다.
하자 있는 부관에 대한 행정쟁송	쟁점	① 주된 행정행위와 분리하여 부관만을 소송대상으로 할 수 있는지, ② 소송대상이 된다면 소송형태는 무엇인지, ③ 부관이 위법하다고 인정되는 경우 법원은 어떠한 판단을 내려야 하는지가 문제된다.
	학설	① 부담만의 독립쟁송가능성설 ② 모든 부관의 취소청구가능성설 또는 분리가능성설
	판례	① 대법원은 일관되게 부담만이 독립하여 항고소송의 대상이 될 수 있으며, 기타 부관의 경우에는 독립하여 항고소송의 대상이 될 수 없다는 입장이다. 13. 국가9급 ② 판례에 따르면 부담을 제외한 부관만의 취소를 구하는 소송에 대하여는 각하판결을 하여야 한다고 본다. ③ 형식상 부관부 행위 전체를 소송의 대상으로 하면서 **내용상 일부, 즉 부관만의 취소를 구하는 소송형태는 부진정일부취소소송(진정일부취소소송×)이다.** 이와 비교하여 진정일부취소소송은 전체를 소송의 대상으로 하는게 아니라 **위법한 부관만 소송의 대상으로 삼아서 그 부관만 취소하는 소송**을 말한다. 14. 경행

제6절 행정행위의 하자(흠)와 그 효과 [A급]

01 행정행위의 하자의 효과

행정행위의 무효		행정행위가 성립하여 행정행위의 외관을 갖추었으나 행정행위의 **위법이 중대하고 명백**하여 행정행위가 애초부터 효력을 발생하지 않은 경우를 무효라고 한다.
행정행위의 취소		① 행정행위의 취소란 위법한 행정행위의 효력을 그 위법을 이유로 상실시키는 것을 말한다. ② **쟁송취소**는 취소심판에 따른 취소재결과 취소소송에 따른 취소판결이 있다. ③ **직권취소**는 행정행위로서 처분청 또는 감독청이 취소하는 것을 말한다.
무효와 취소의 구별		① 무효와 취소의 구별실익
	행정쟁송의 방식	취소할 수 있는 행정행위의 경우에는 **취소심판**과 **취소소송**으로 취소를 구할 수 있고, **무효**인 행정행위에 대하여는 **무효확인심판**과 **무효확인소송**으로 무효확인을 구할 수 있다.

	행정쟁송 제기기간	취소쟁송은 단기의 제기기간 내에 제기되어야 하나, 무효확인쟁송을 제기함에는 그러한 제한을 받지 아니한다. **무효선언을 구하는 취소소송에는 제기기간이 적용**된다는 것이 **판례**의 입장이다.
	행정심판전치주의와의 관계	**행정심판전치주의는 취소소송(무효선언을 구하는 취소소송 포함)에는 적용**되지만, **무효확인소송에는 적용되지 않는다.** 왜냐하면 행정청의 처분의 위법성이 중대하고 명백하여 굳이 전문적인 판단을 거치지 않더라도 그 위법성을 알 수 있기 때문이다.
	선결문제	취소할 수 있는 행정행위는 당사자소송이나 민사소송에서 **선결문제로서 그 효력을 부인할 수 없지만**, 무효인 행정행위(예 위법한 조세부과처분)는 민사소송(예 조세과오납금환급소송)에서 그 **선결문제로서 무효를 확인할 수 있다.**
	사정재결 및 사정판결	**취소할 수 있는 행정행위**에 대하여서만 **사정재결, 사정판결**이 인정된다.

② **행정행위의 효력**: 무효인 행정행위는 행정행위가 애초부터 효력을 발생하지 않는다. 그러므로 **무효인 행정행위에는 공정력, 불가쟁력이 인정되지 않는다.** 반면 취소할 수 있는 행정행위에 대하여는 공정력이 발생하고 일정한 불복기간 내에 행정심판이나 행정소송을 제기하지 않으면 불가쟁력이 발생한다.

③ **무효사유와 취소사유의 구별기준**: 통설·판례는 행정행위의 하자가 내용상 중대하고, 외관상 명백한 경우에 무효인 하자가 되고, 이 두 요건 중 하나라도 충족하지 않는 경우에는 취소사유로 보는 **중대명백설**을 취하고 있지만, 판례는 원칙상 중대명백설을 취하면서도 구체적 상황의 고려의 여지를 남기고 있다[대판 1995.7.11, 94누4615(전합)].

02 하자의 치유

의의		하자의 치유란 성립 당시에 적법요건을 결한 흠 있는 행정행위라 하더라도 사후에 그 흠의 원인이 된 적법요건을 보완하거나 그 흠이 취소사유가 되지 않을 정도로 경미해진 경우에 그의 성립 당시의 흠에도 불구하고 하자 없는 적법한 행위로 그 효력을 그대로 유지시키는 것을 말한다.
내용	원칙	하자 있는 행정행위의 치유는 행정행위의 성질이나 법치주의의 관점에서 볼 때 **원칙적으로 허용될 수 없는 것이고**, 예외적으로 행정행위의 **무용한 반복**을 피하고 당사자의 법적 안정성을 위해 이를 인정할 수 있다(대판 1992.5.8, 91누13274). 12·13. 경행, 19. 서울7급수정
	판례	① 판례는 **절차에 관한 하자의 경우 그 치유를 인정하지만, 내용상 하자에 대해서는 치유를 인정하지 않는다.** 또한, 절차에 관한 하자의 경우 치유를 인정하더라도 **행정쟁송제기 이전에만 하자의 치유를 인정한다**(대판 1991.5.28, 90누1359). 12·14. 경행, 19. 서울7급수정 ② 판례는 이유제시의 하자를 치유하려면 **늦어도 처분에 대한 불복 여부의 결정 및 불복신청에 편의를 줄 수 있는 상당한 기간 내에**, 즉 행정심판이나 행정소송 제기 전에 **하여야 한다**고 판시하고 있다.
치유의 효력		행정행위의 하자가 치유되면 해당 행정행위는 처분 당시(처음)부터 하자가 없는 적법한 행정행위로 효력을 발생하게 된다(소급효). 12. 경행, 19. 서울7급수정

03 하자 있는 행정행위의 전환

의의	① 하자 있는 행정행위의 전환이란 행정행위가 **본래의 행정행위로서는 무효이나 다른 행정행위**로 보면 그 요건이 충족되는 경우에 하자 있는 행정행위를 하자 없는 다른 행정행위로 인정하는 것을 말한다. ② 절차상 하자는 치유의 사유가 될 수 있고, 무효인 행정행위의 경우 전환이 인정될 수 있다.
전환의 요건	① 요건, 목적, 효과 등에서 **실질적인 공통성**이 있어야 한다. ② 행정청 및 상대방이 그 **전환을 의욕**하는 것으로 인정되어야 한다.
전환의 내용	① 무효의 전환이 인정되면 새로운 행정행위가 발생한다. 즉, 하자 있는 행정행위는 송달된 날에 전환된 행정행위로서 효력이 발생한다. ② 전환 역시 하나의 행정행위로서 처분성이 인정되므로 이해관계인은 전환행위에 대해 항고소송을 제기할 수 있다.

04 하자의 승계

의의	하자(위법성)의 승계란 행정이 여러 단계의 행정행위를 거쳐 행해지는 경우에 '**선행 행정행위의 위법을 이유로 적법한 후행 행정행위의 위법을 주장할 수 있는가**'의 문제를 말한다.
전제조건	① 선행행위와 후행행위 모두 항고소송의 대상이 되는 **처분성**이 인정되어야 한다. ② 선행행위의 위법사유는 무효가 아닌 취소할 수 있는 위법이 있어야 한다. 선행행위가 무효라면 후행행위도 당연히 무효이므로 하자의 승계문제가 제기되지 않는다. 17. 경행, 17. 지방9급 ③ 선행행위에 대해 불가쟁력이 발생하여야 한다. 왜냐하면, 선행행위에 대한 취소기간이 지나지 않은 경우에는 선행행위를 다투어 권리구제를 받을 수 있기 때문이다. ④ 후행행위가 적법하여야 한다. 후행행위가 위법하면 후행행위의 위법을 다투어 권리구제를 받을 수 있기 때문에 하자의 승계를 인정할 필요가 없다.
인정기준 및 인정범위	① 통설 및 판례는 기본적으로 선행 행정행위와 후행 행정행위가 결합하여 하나의 법적 효과를 달성시키는 경우에 하자의 승계를 인정한다. 14. 경행 ② 선행 행정행위와 후행 행정행위가 서로 독립하여 별개의 법적 효과를 발생시키는 경우에는 하자의 승계를 부정한다. 17. 지방9급 | 하자의 승계를 긍정	하자의 승계를 부정
• 선행 계고처분과 후행 대집행영장발부통보처분 사이 17. 경행 • 선행 계고처분과 후행 대집행비용납부명령 사이 15. 경행 • 선행 개별공시지가와 후행 과세처분 사이 • 선행 분묘개장명령과 후행 계고처분 사이 • 선행 귀속재산의 임대처분과 후행 매각처분 사이 • 선행 한지의사시험자격인정과 후행 한지의사면허처분 사이 • 선행 안경사국가시험합격무효처분과 후행 안경사면허취소처분 사이 15. 경행	• 선행 과세처분과 후행 체납처분 사이 15. 경행 • 선행 건물철거명령과 후행 대집행(계고처분) 사이 14. 경행 • 선행 도시계획사업의 실시계획인가고시와 후행 수용재결처분 사이 15. 경행 • 선행 보충역편입처분과 후행 공익근무요원 소집처분 사이 15. 경행 • 선행 직위해제처분과 후행 직권면직처분 사이 14·15·17. 경행 • 선행 변상판정과 후행 변상명령 사이 • 선행 사업인정과 후행 수용재결 사이	

	• 선행 표준공시지가결정과 후행 수용재결(보상금 산정) 사이 15·17. 경행 • 개별공시지가와 과세처분 사이 • 「일제강점하 친일반민족행위 진상규명에 관한 특별법」에 따른 친일반민족행위자 결정과 「독립유공자 예우에 관한 법률」에 의한 법적용대상으로부터의 배제결정 15. 경행	• 선행 액화석유가스판매사업허가처분과 후행 사업개시신고반려처분 사이 • 선행 토지구획정리사업 시행인가처분과 후행 환지청산금부과처분 사이 • 선행 표준공시지가와 후행 개별공시지가 사이 • 선행 표준공시지가와 후행 토지초과이득세부과처분 사이 • 선행 토지등급의 설정 또는 수정처분과 후행 과세처분 15. 경행
예외	① 예측가능성과 수인가능성이 없는 경우에는 선행행위와 후행행위가 서로 독립하여 별개의 효과를 목적으로 하는 경우에도 선행행위의 위법을 후행행위에 대한 취소소송에서 독립된 취소사유로 주장할 수 있다(대판 1994.1.25, 93누8542: 선행행위인 개별공시지가결정의 위법을 후행행위인 과세처분 취소소송에서 취소사유로 주장할 수 있다고 한 사례). 17. 지방9급 ② 이에 반하여 수인가능성이나 예측가능성이 있는 경우에는 선행행위의 위법을 후행행위의 위법사유로 주장할 수 없다.	
효과	하자의 승계가 인정되는 경우 선행행위의 위법을 후행행위의 위법사유로 주장할 수 있고, 취소권자는 선행행위의 위법을 이유로 후행행위를 취소할 수 있다.	

판례 | 행정행위 하자관련

1. 위헌법률에 기한 행정처분의 집행이나 집행력을 유지하기 위한 행위는 위헌결정의 **기속력에 위반되어 허용되지 않는다**(대판 2002.8.23, 2001두2959). 18. 경행
2. 하자 있는 행정처분이 당연무효가 되기 위하여는 그 하자가 중대할 뿐만 아니라 명백한 것이어야 하는데, 일반적으로 법률이 헌법에 위반된다는 사정이 헌법재판소의 위헌결정이 있기 전에는 객관적으로 명백한 것이라고 할 수는 없으므로 **헌법재판소의 위헌결정 전에 행정처분의 근거되는 당해 법률이 헌법에 위반된다는 사유는 특별한 사정이 없는 한 그 행정처분의 취소소송의 전제가 될 수 있을 뿐 당연무효사유는 아니라고 봄이 상당하다**(대판 1994.10.28, 92누9463). 15. 경행
3. 법률이 헌법에 위반된다는 사정은 헌법재판소의 위헌결정이 있기 전에는 객관적으로 명백한 것이라고 할 수는 없으므로 헌법재판소의 위헌결정 전에 행정처분의 근거되는 당해 법률이 헌법에 위반된다는 사유는 특별한 사정이 없는 한 그 행정처분의 **취소소송의 전제가 될 수 있을 뿐 당연무효사유는 아니라고 봄이 상당하다**(대판 2002.11.8, 2001두3181). 12·14. 경행
4. 법률관계나 사실관계에 대하여 그 법률규정을 적용할 수 없다는 법리가 명백히 밝혀지지 않아 해석에 다툼의 여지가 있는 때에는 행정청이 이를 잘못 해석하여 행정처분을 했더라도 이는 처분 요건사실을 오인한 것에 불과하여 **하자가 명백하다고 할 수 없다**(대판 1997.5.9, 95다46722). 14. 경행
5. 행정행위를 한 처분청은 그 행위에 하자가 있는 경우에 **별도의 법적 근거가 없더라도**(별도의 법적근거가 존재하여야 ×) **스스로 이를 취소할 수 있는 것이며**, 다만 그 행위가 국민에게 권리나 이익을 부여하는 이른바 수익적 행정행위인 때에는 그 행위를 취소하여야 할 공익상 필요와 그 취소로 인하여 당사자가 입은 기득권과 신뢰보호 및 법률생활 안정의 침해 등 불이익을 비교교량한 후 공익상 필요가 당사자의 기득권침해 등 불이익을 정당화할 수 있을 만큼 강한 경우에 한하여 취소할 수 있다(대판 1986.2.25, 85누664). 15. 경행
6. 행정행위의 일부가 무효인 경우 나머지 부분은 유효한 것이 원칙이다. 다만, 행정행위의 일부가 무효일 때 그 무효부분이 중요한 것이어서 행정청이 그것 없이는 행정행위를 발하지 않았으리라 판단되는 경우에는 예외적으로 행정행위 전부가 무효로 된다. 12. 경행, 19. 서울7급수정

7. 절차상 또는 형식상 하자로 인하여 무효인 행정처분이 있은 후 행정청이 관계 법령에서 정한 **절차 또는 형식을 갖추어 다시 동일한 행정처분을 하였다면** 당해 행정처분은 종전의 무효인 행정처분과 관계없이 **새로운 행정처분이라고 보아야 한다**(대판 2014.3.13, 2012두1006). 16. 국가7급, 18. 경행
8. 계고처분의 후속절차인 대집행에 위법이 있다고 하더라도, 그와 같은 **후속절차에 위법성이 있다는 점을 들어 선행절차인 계고처분이 부적법하다는 사유로 삼을 수는 없다**(대판 1997.2.14, 96누15428). 14. 경행, 16. 국가7급
9. **적법한 건축물에 대한 철거명령은** 그 하자가 중대하고 명백하여 **당연무효라고 할 것이고, 그 후행행위인 건축물철거 대집행계고처분 역시 당연무효라고 할 것이다**(대판 1999.4.27, 97누6780). 14. 경행, 15. 지방9급, 16. 국가7급
10. 과세처분 이후 조세 부과의 근거가 되었던 법률규정에 대하여 **위헌결정이 내려진 경우, 그 위헌결정의 효력에 위배하여 이루어진 체납처분은 당연무효이다.** 16. 국가7급
11. 납세자가 아닌 제3자의 재산을 대상으로 한 압류처분은 그 처분의 내용이 법률상 실현될 수 없는 것이어서 **당연무효이다**(대판 2012.6.28, 2011두16865). 15. 지방9급
12. 환경영향평가를 거쳐야 할 대상사업에 대하여 **환경영향평가를 거치지 아니하였음에도 불구하고 승인 등 처분이 이루어진다면,** 이와 같은 행정처분은 **당연무효이다**(대판 2006.6.30, 2005두14363). 15. 지방9급
13. **음주운전을 단속한 경찰관 명의로 행한 운전면허정지처분은 무효이다.** 단속 경찰관이 자신의 명의로 운전면허행정처분통지서를 작성·교부하여 행한 운전면허정지처분은 비록 그 처분의 내용·사유·근거 등이 기재된 서면을 교부하는 방식으로 행하여졌다고 하더라도 권한 없는 자에 의하여 행하여진 점에서 무효의 처분에 해당한다(대판 1997.5.16, 97누2313). 15. 경행
14. 부동산을 양도한 사실이 없음에도 세무당국이 부동산을 양도한 것으로 오인하여 **양도소득세를 부과하였다면** 그 부과처분은 **착오에 의한 행정처분으로서** 그 표시된 내용에 중대하고 명백한 하자가 있어 **당연무효이다**(대판 1983.8.23, 83누179). 15. 경행
15. 국가가 공무원임용결격사유가 있는 자에 대하여 결격사유가 있는 것을 알지 못하고 공무원으로 임용하였다가 사후에 결격사유가 있는 자임을 발견하고 공무원 임용행위를 취소하는 것은 당사자에게 **원래의 임용행위가 당초부터 당연무효이었음을 통지하여 확인시켜 주는 행위에 지나지 아니하는 것이므로,** 그러한 의미에서 당초의 임용처분을 취소함에 있어서는 **신의칙 내지 신뢰의 원칙을 적용할 수 없고** 또 그러한 의미의 **취소권은 시효로 소멸하는 것도 아니다**(대판 1987.4.14, 86누459). 18. 경행
16. 적법한 권한 위임 없이 세관출장소장에 의하여 행하여진 관세부과처분이 그 하자가 중대하기는 하지만 **객관적으로 (외관상) 명백하다고 할 수 없어 당연무효는 아니다**(대판 2004.11.26, 2003두2403). 15. 지방9급
17. 임면권자가 아닌 국가정보원장이 5급 이상의 국가정보원직원에 대하여 한 **의원면직처분이라 하여 당연무효로 볼 수 없다**(대판 2007.7.26, 2005두15748). 행정청의 권한에는 사무의 성질 및 내용에 따르는 제약이 있고, 지역적·대인적으로 한계가 있으므로 이러한 권한의 범위를 넘어서는 권한유월의 행위는 무권한 행위로서 원칙적으로 무효라고 할 것이나, 행정청의 공무원에 대한 의원면직처분은 공무원의 사직의사를 수리하는 소극적 행정행위에 불과하고, 당해 공무원의 사직의사를 확인하는 확인적 행정행위의 성격이 강하며 재량의 여지가 거의 없기 때문에 의원면직처분에서의 행정청의 권한유월 행위를 다른 일반적인 행정행위에서의 그것과 반드시 같이 보아야 할 것은 아니다. 12·14. 경행
18. 무효인 행정행위에 대해서는 무효확인소송을 제기하는 것이 원칙이지만, **판례는 무효인 행정행위가 취소소송의 제소요건을 갖추는 경우에는 취소소송의 형식으로 소제기 할 수 있다는 입장이다.** 12·14. 경행
19. 법규에 특별한 규정이 없는 한 단순한 계산의 착오만으로 행정행위의 효력에 영향이 없다. 행정절차법 규정에 따르면 행정행위에 **단순한 오기나 오산과 같은 명백한 잘못들은** 특별한 법령상 규정이나 형식·절차 없이도 당사자의 신청이나 직권으로 지체 없이 정정할 수 있으므로 **행정행위의 하자와는 구별된다.** 12·14. 경행
20. 민원사무를 처리하는 행정기관이 민원 1회 방문 처리제를 시행하는 절차의 일환으로 민원사항의 심의·조정 등을 위한 민원조정위원회를 개최하면서 민원인에게 회의일정 등을 사전에 통지하지 아니하였다 하더라도, 이러한 사정만으로 곧바로 민원사항에 대한 행정기관의 장의 거부처분에 취소사유에 이를 정도의 흠이 존재한다고 보기는 어렵다. 다만, 행정기관의 장의 거부처분이 재량행위인 경우에, 위와 같은 사전통지의 흠결로 민원인에게 의견진술의 기회를 주지 아니한 결과 민원조정위원회의 심의과정에서 고려대상에 마땅히 포함시켜야 할 사항을 누락하는 등 **재량권의 불행사 또는 해태로 볼 수 있는 구체적 사정이 있다면, 거부처분은 재량권을 일탈·남용한 것으로서 위법하다**(대판 2015.8.27, 2013두1560). 18. 경행

21. 「경찰공무원법」상 **직위해제처분과 면직처분은 후자가 전자의 처분을 전제로 한 것이기는 하나 각각 단계적으로 별개의 법률효과를 발생**하는 행정처분이어서 **선행 직위해제처분의 위법사유가 면직처분에는 승계되지 아니한다**(대판 1984.9.11, 84누191). 14. 경행
22. 표준지공시지가결정이 위법한 경우에는 그 자체를 행정소송의 대상이 되는 행정처분으로 보아 그 위법 여부를 다툴 수 있음은 물론, 수용보상금의 증액을 구하는 소송에서도 선행처분으로서 그 수용대상 토지 가격 산정의 기초가 된 비교표준지공시지가결정의 위법을 독립한 사유로 주장할 수 있다(대판 2008.8.21, 2007두13845). 17. 경행

제7절 행정행위의 취소와 철회, 실효 [A급]

01 행정행위의 취소

취소의 개념	행정행위의 취소란 **위법한 행정행위의 효력을 상실시키는 것**을 말한다. 행정행위의 취소에는 직권취소와 쟁송취소가 있다.		
직권취소와 쟁송취소의 구별	구분	쟁송취소	직권취소
	기본적 성격	회고적 적법상태의 회복	미래지향적 행정목적의 실현
	취소권자	행정심판위원회, 법원	처분청, 감독청
	취소사유	추상적 위법성	위법사유의 구체적 내용이 개개의 구체적 행정목적 위반
	취소의 대상	주로 침해적 행위	주로 수익적 행위
	취소권의 제한	원칙적으로 제한이 없음	신뢰보호의 원칙상 제한되는 경우 있음
	취소 절차	엄격한 절차 적용	엄격한 절차 적용 없음
	취소 기간	법정되어 있음	법정되어 있지 않음
	취소의 내용	적극적 변경 불가, 다만 행정심판의 재결에 의한 취소의 경우에는 가능	적극적 변경 가능
	취소의 효과	원칙적으로 소급효가 있음	원칙상 소급효 없음. 다만, 상대방에게 귀책사유가 있는 경우 소급적으로 취소가능
철회의 개념	**철회**는 적법요건을 구비하여 완전히 효력을 발하고 있는 행정행위를 사후적으로 그 행위의 효력의 전부 또는 일부를 **장래에 향해 소멸시키는 행정처분**이다. 13. 경행		

구분		직권취소	철회
취소와 철회의 구별	목적	적법성의 회복, 장래를 향한 행정목적의 실현을 위한 수단	공익목적 달성
	취소(철회)원인	처분의 위법·부당	**사후적 사정변경** 17. 경행
	취소(철회)권자	처분청(일부견해 – 감독청)	원칙적으로 처분청만
	절차	엄격한 절차 필요	특별절차 불요
	효과	상대방에게 귀책사유가 없는 한 장래에 향하여 효력소멸	**장래에 향하여 효력소멸** 13. 경행
	보상 여부	원칙상 보상불요	• 상대방의 유책행위시 – 보상불요 • 사정변경을 이유로 하는 경우 – 보상 필요

철회원인 (철회사유)	① 원행정행위가 근거한 사실적 상황 또는 법적 상황의 변경으로 **현재의 사정하에서 원행정행위를 하면 위법이 되는 경우**에 철회할 수 있다. ② 상대방의 유책행위에 대한 제재로서의 철회할 수 있다. ③ 철회권의 유보가 있어야 한다. 다만, 판례는 "행정처분을 함에 있어서 행정청의 취소권이 유보된 경우에는 행정청은 그 유보된 취소권을 행사할 수 있으나, 그 취소는 무제한으로 허용된 것이 아니라 공익상 기타 정당한 사유가 없을 때에는 그 취소가 적법한 것이라고 볼 수 없다."고 한다(대판 1964.6.9, 63누407). ④ 그 밖에 **철회하여야 할 우월한 공익의 요구가 존재하는 경우**에 철회할 수 있다.
철회의 법적 근거	행정행위를 한 처분청은 비록 그 처분 당시에 별다른 하자가 없었고, 또 그 처분 후에 이를 취소할 **별도의 법적 근거가 없다 하더라도** 원래의 처분을 존속시킬 필요가 없게 된 사정변경이 생겼거나 또는 중대한 공익상의 필요가 발생한 경우에는 그 효력을 상실케 하는 별개의 **행정행위로 이를 취소할 수 있다**(대판 1995.2.28, 94누7713). 13·17. 경행
철회의 제한	① 철회시에는 철회를 할 공익상 필요와 철회로 인하여 상대방 등 관계인에게 가해지는 불이익을 형량하여 **철회를 할 공익상 필요가 큰 경우에 한하여 철회는 적법하게 된다.** 이를 철회시의 이익형량의 원칙이라 한다. ② 철회권이 유보된 경우의 철회에도 이익형량의 원칙은 적용된다. 다만, 철회권이 유보된 경우에는 신뢰보호의 원칙은 적용되지 않는다.
철회의 효과	철회는 장래에 향하여 원행정행위의 효력을 상실시키는 효력을 갖는다. 행정행위의 철회시 별도의 법적 근거 없이 철회의 효력을 철회사유발생일로 소급할 수 없다. 다만, **예외적으로 별도의 법적 근거가 있는 경우에는 철회의 효력을 과거로 소급시킬 수 있다**(대판 2018.6.28, 2015두58195).
철회의 취소	판례는 침익적 행정행위의 철회의 취소는 인정하지 않지만, 수익적 행정행위의 철회에 대하여는 취소가 가능한 것으로 본다. 철회행위가 취소되면 철회가 없었던 것이 되고 원행정행위는 애초부터 철회되지 않은 것이 된다. 즉, 원행정행위가 원상회복된다.

판례 | 행정행위의 취소와 철회

1. 일정한 행정처분으로 국민이 일정한 이익과 권리를 취득하였을 경우에 종전 행정처분에 하자가 있음을 전제로 직권으로 이를 취소하는 행정처분은 이미 취득한 국민의 기존 이익과 권리를 박탈하는 별개의 행정처분으로, 취소될 행정처분에 하자가 있어야 하고, 나아가 행정처분에 하자가 있다고 하더라도 취소해야 할 공익상 필요와 취소로 당사자가 입게 될 기득권과 신뢰보호 및 법률생활안정의 침해 등 불이익을 비교·교량한 후 공익상 필요가 당사자가 입을 불이익을 정당화할 만큼 강한 경우에 한하여 취소할 수 있는 것이며, 하자나 취소해야 할 필요성에 관한 증명책임은 기존 이익과 권리를 침해하는 처분을 한 행정청에 있다(대판 2014.11.27, 2014두9226). 16. 경행

2. 수익적 행정처분을 취소 또는 철회하는 경우에는 이미 부여된 그 국민의 기득권을 침해하는 것이 되므로, 비록 취소 등의 사유가 있다고 하더라도 그 취소권 등의 행사는 기득권의 침해를 정당화할 만한 중대한 공익상의 필요 또는 제3자의 이익보호의 필요가 있는 때에 한하여 상대방이 받는 불이익과 비교·교량하여 결정하여야 하고, 그 처분으로 인하여 공익상의 필요보다 상대방이 받게 되는 불이익 등이 막대한 경우에는 재량권의 한계를 일탈한 것으로서 그 자체가 위법하다(대판 1992.4.14, 91누9251). 16·17. 경행

3. 원래 행정처분을 한 처분청은 그 처분에 하자가 있는 경우에는 원칙적으로 별도의 법적 근거가 없더라도 스스로 이를 직권으로 취소할 수 있지만, 그와 같이 **직권취소를 할 수 있다는 사정만으로 이해관계인에게 처분청에 대하여 그 취소를 요구할 신청권이 부여된 것으로 볼 수는 없으므로**, 처분청이 위와 같이 법규상 또는 조리상의 신청권이 없이 한 이해관계인의 복구준공통보 등의 **취소신청을 거부하더라도, 그 거부행위는 항고소송의 대상이 되는 처분에 해당하지 않는다**(대판 2006.6.30, 2004두701). 16. 경행

4. 한 사람이 여러 자동차운전면허를 취득한 경우 이를 취소함에 있어서 서로 별개로 취급하는 것이 원칙이나, 취소사유가 특정의 면허에 관한 것이 아니고 다른 면허와 공통된 것이거나 운전면허를 받은 사람에 관한 것일 경우에는 여러 면허를 전부 취소할 수도 있다(대판 1998.3.24, 98두1031). 16. 경행

5. 교통사고가 일어난 지 1년 10개월이 지난 뒤 그 교통사고를 일으킨 택시에 대하여 운송사업면허를 취소하였더라도 택시운송사업자로서는 자동차운수사업법의 내용을 잘 알고 있어 교통사고를 낸 택시에 대하여 운송사업면허가 취소될 가능성을 예상할 수도 있었을 터이니, 자신이 별다른 행정조치가 없을 것으로 믿고 있었다 하여 바로 신뢰의 이익을 주장할 수는 없으므로 그 교통사고가 자동차운수사업 법 제31조 제1항 제5호 소정의 "중대한 교통사고로 인하여 많은 사상자를 발생하게 한 때"에 해당한다면 그 운송사업면허의 취소가 행정에 대한 국민의 신뢰를 저버리고 국민의 법생활의 안정을 해치는 것이어서 재량권의 범위를 일탈한 것이라고 보기는 어렵다(대판 1989.6.27, 88누6283). 10. 경행

6. 택시운전사가 운전면허 정지기간 중의 운전행위를 하다가 적발되어 형사처벌을 받았으나 행정청으로부터 아무런 행정조치가 없어 안심하고 계속 운전업무에 종사하고 있던 중 행정청이 위 위반행위가 있은 이후에 장기간에 걸쳐 아무런 행정조치를 취하지 않은 채 방치하고 있다가 **3년여가 지난 후에 이를 이유로 행정제재를 하면서 가장 무거운 운전면허를 취소하는 행정처분을 하였다면 이는 행정청이 그간 별다른 행정조치가 없을 것이라고 믿은 신뢰의 이익과 그 법적 안정성을 빼앗는 것이 되어 매우 가혹할 뿐만 아니라 비록 그 위반행위가 운전면허취소 사유에 해당한다 할지라도 그와 같은 공익상의 목적만으로는 위 운전사가 입게 될 불이익에 견줄 바 못 된다** 할 것이다(대판 1987.9.8, 87누373). 10. 경행

7. 과세관청은 부과의 취소를 다시 취소함으로써 원부과처분을 소생시킬 수는 없고, 납세의무자에게 종전의 과세대상에 대한 **납부의무를 지우려면 다시 법률에서 정한 부과절차에 좇아 동일한 내용의 새로운 처분을 하는 수밖에 없다**(대판 1995.3.10, 94누7027). 17. 경행

8. 행정행위의 **취소**는 일단 유효하게 성립한 행정행위를 그 행위에 위법 또는 부당한 하자가 있음을 이유로 **소급하여 그 효력을 소멸시키는 별도의 행정처분**이고, 행정행위의 **철회**는 적법요건을 구비하여 완전히 효력을 발하고 있는 행정행위를 사후적으로 그 행위의 효력의 전부 또는 일부를 **장래에 향해 소멸시키는 행정처분**이므로, 행정행위의 **취소사유는 행정행위의 성립 당시에 존재하였던 하자를 말하고, 철회사유는 행정행위가 성립된 이후에 새로이 발생한 것으로서 행정행위의 효력을 존속시킬 수 없는 사유를 말한다**(대판 2003.5.30, 2003다6422). 17. 경행

9. 행정행위를 한 처분청은 비록 그 처분 당시에 별다른 하자가 없었고, 또 그 처분 후에 이를 취소할 **별도의 법적 근거가 없다** 하더라도 원래의 처분을 존속시킬 필요가 없게 된 사정변경이 생겼거나 또는 중대한 공익상의 필요가 발생한 경우에는 그 효력을 상실케 하는 별개의 **행정행위로 이를 취소할 수 있다**(대판 1995.2.28, 94누7713). 10·13. 경행

10. 외형상 하나의 행정처분이라 하더라도 가분성이 있거나 그 처분대상의 일부가 특정될 수 있다면 그 일부만의 취소도 가능하다. 다만, 행정행위 중 당사자의 신청에 의하여 인·허가 또는 면허 등 이익을 주거나 그 신청을 거부하는 처분을 하는 것을 내용으로 하는 이른바 신청에 의한 처분의 경우에는 신청에 대하여 **일단 거부처분이 행해지면 그 거부처분이 적법한 절차에 의하여 취소되지 않는 한**, 사유를 추가하여 거부처분을 반복하는 것은 존재하지도 않는 신청에 대한 거부처분으로서 **당연무효이다**(대판 1999.12.28, 98두1895 ; 대판 2000.2.11, 99두7210). 13. 경행
11. 행정청은 **종전 처분과 양립할 수 없는 처분을 함으로써 묵시적으로 종전 처분을 취소할 수도 있다**(대판 1999.12.28, 98두1895). 13. 경행
12. 수익적 행정처분의 하자가 **당사자의 사실은폐나 기타 사위의 방법에 의한 신청행위에 기인한 것이라면** 행정청이 당사자의 신뢰이익을 고려하지 않고 취소하였다 하더라도 재량권 남용이 되지 않는다(대판 2008.11.13, 2008두8628). 17. 경행
13. 행정행위의 **취소사유**는 행정행위의 **성립 당시에 존재하였던 하자**를 말하고, **철회사유**는 행정행위가 **성립된 이후에 새로이 발생한 것**으로서 행정행위의 효력을 존속시킬 수 없는 사유를 말한다(대판 2018.6.28, 2015두58195). 17. 경행

02 행정행위의 실효

의의	① 행정행위의 실효란 **유효한 행정행위의 효력이 일정한 사실의 발생으로 장래에 향하여** 당연히 소멸하는 것을 말한다. ② 일단 유효한 행정행위의 효력이 소멸되는 것인 점에서 무효나 부존재와 다르고, 행정청의 의사가 아니라 일정한 사실의 발생으로 효력이 소멸된다는 점에서 직권취소 및 철회와 다르다. ③ 행정행위의 하자가 중대하고 명백한 경우에는 **무효(실효×)가 되며**, 무효는 처음부터 효력이 발생하지 않는다. 07. 국가7급
실효사유	① **대상의 소멸**: 행정행위의 대상이 소멸되면 행정행위는 실효된다. 　예 사람의 사망으로 인한 운전면허의 실효, 자동차가 소멸된 경우 자동차검사합격처분의 실효 ② **부관의 성취**: 해제조건이 성취되거나 종기가 도래하면 주된 행정행위는 당연히 효력을 상실한다. ③ **목적의 달성 또는 목적 달성의 불가능**: 행정행위의 목적이 달성되거나 목적달성이 불가능해지면 해당 행정행위는 당연히 실효된다. 　예 철거명령에 따라 대상물이 철거되면 해당 철거명령은 당연히 효력을 상실
판례	유기장의 영업허가는 신청에 의하여 행하여지는 처분으로서 허가를 받은 자가 **영업을 폐업할 경우에는 그 효력이 당연히 소멸되는 것**이니, 이와 같은 경우 허가행정청의 허가취소처분은 허가가 실효되었음을 확인하는 것에 지나지 않는다고 보아야 할 것이므로 유기장의 영업허가를 받은 자가 영업장소를 명도하고 유기시설을 모두 철거하여 매각함으로써 유기장업을 **폐업하였다면 영업허가 취소처분의 취소를 청구할 소의 이익이 없는 것**이라고 볼 수 있다(대판 1990.7.13, 90누2284). 07. 국가7급

03 행정행위의 효력

1. 구속력

의의	① 행정행위의 구속력이란 유효한 행정행위의 내용상 구속력을 말한다. 행정행위는 효력이 있는 한 처분청 및 관계 행정청 그리고 상대방 및 이해관계인에 대하여 미친다. 무효인 행정행위는 구속력이 없다. ② 구속력은 공정력과 다르다. 공정력은 위법하더라도 무효가 아닌 한 유효한 행위로 하는 효력이고, 구속력은 적법한 행위를 전제로 하는 유효한 행정행위의 내용상의 구속력이다. ③ 행정행위가 철회 또는 취소되거나 실효되면 행정행위는 효력과 구속력을 상실한다.
자기구속력	① 자기구속력이란 행정행위가 내용에 따라 처분행정청을 구속하는 힘을 말한다. 처분청은 자신이 한 행정행위의 내용에 구속되며 그 내용과 모순되는 결정을 하여서는 안 된다는 효력이다. 자기구속력은 자박력(自縛力)이라고도 한다. ② 행정결정이 되풀이 시행되어 관행이 성립된 경우에는 자기구속력을 갖는다는 것이 판례의 입장이다.

2. 공정력

개념	공정력이란 일단 행정행위가 행하여지면 비록 행정행위에 하자(흠)가 있다하더라도(위법 또는 부당하더라도) 그 흠이 중대하고 명백하여 무효로 되는 경우를 제외하고는 공적 기관(취소권 있는 행정기관 또는 수소법원)이 취소하기 전까지는 상대방 및 이해관계인에 대하여 일단 유효한 것으로 통용되는 힘을 말한다.		
근거	행정기본법 제15조【처분의 효력】처분은 권한이 있는 기관이 취소 또는 철회하거나 기간의 경과 등으로 소멸되기 전까지는 유효한 것으로 통용된다. 다만, 무효인 처분은 처음부터 그 효력이 발생하지 아니한다.		
공정력과 선결문제	쟁점	선결문제란 특정 행정행위의 위법 여부 또는 효력 유무가 행정소송 외에 다른 소송사건(민사·형사재판)에서 그 특정 행정행위의 위법 여부를 해당 재판부가 판단할 수 있느냐의 문제이다.	
	민·형사재판	위법성 판단	판단가능
		효력 부인	무효사유 — 무효사유는 공정력 없으므로 **효력 부인 가능**
			취소사유 — 취소사유는 공정력이 있기 때문에 **효력 부인 불가**

> **판례 | 공정력과 선결문제**
>
> 1. 민사소송에 있어서 어느 행정처분의 당연무효 여부가 선결문제로 되는 때에는 이를 판단하여 **당연무효임을 전제로** 판결할 수 있고 반드시 행정소송 등의 절차에 의하여 그 취소나 무효확인을 받아야 하는 것은 아니다(대판 2010.4.8, 2009다90092). 19. 경행
> 2. 국민이 **조세부과처분의 위법**을 이유로 이미 납부한 세금의 반환을 청구하는 민사소송을 제기한 경우, 행정행위의 하자가 취소사유에 불과한 때에는 공정력 때문에 유효하다고 통용되므로, 그 처분이 취소되지 않는 한 처분의 효력을 부정하여 그로 인한 이득을 법률상 원인 없는 이득이라고 말할 수 없다(대판 1994.11.11, 94다28000). 따라서 **민사법원은 위법한 과세처분의 효력을 직접 상실시킬 수 없으며, 납부된 세금의 반환을 명할 수 없다.** 19. 경행

3. 연령미달의 결격자 甲이 **타인(자신의 형)의 이름으로 운전면허시험에 응시, 합격하여 교부받은 운전면허**라 하더라도 **당연무효는 아니고, 당해 면허가 취소되지 않는 한 유효**하므로, 甲의 운전행위는 **무면허운전죄에 해당하지 않는다**(대판 1982.6.8. 80도2646). 19. 경행
4. 개발제한구역의 지정 및 관리에 관한 특별조치법에 따라 행정청으로부터 시정명령을 받은 자가 이를 이행하지 않은 경우, 당해 **시정명령이 위법한 것으로 인정되는 한 죄가 성립하지 않는다**(대판 2017.9.21. 2017도7321). 19. 경행

3. 존속력

불가쟁력 (형식적 확정력)	의의	① 불가쟁력이란 비록 하자 있는 행정행위라 할지라도 **쟁송제기기간이 경과하거나 쟁송수단을 다 거친 경우에는 더 이상 그 행정행위의 효력을 다툴 수 없게 하는 효력**을 말한다. ② 이와 같은 불가쟁력을 인정하는 것은 행정행위의 효력을 신속히 확정하여 행정법관계의 안정성을 확보하기 위한 것이다.
	효력	① 행정행위의 불가쟁력은 행정행위의 상대방이나 이해관계인이 행정행위의 효력을 더 이상 다투지 못하는 효력이다. 다만, **취소권을 가진 행정청**(처분행정청 또는 상급감독청)이 직권으로 불가쟁력이 발생한 행정행위를 취소 또는 철회하는 것은 가능하다. ② 국가배상청구소송은 처분의 효력을 다투는 것이 아니므로 불가쟁력이 발생한 행정행위로 손해를 입은 국민은 국가배상청구를 할 수 있다. ③ 무효인 행정행위에 대해 무효확인소송을 제기할 수 있는 기간이 제한되고 있지 않으므로 **무효인 행정행위에는 불가쟁력이 발생하지 않는다**.
	기판력과의 구별	판례는 행정행위의 존속력은 기판력과 구별되는 것으로 처분에 불가쟁력이 발생했더라도 처분의 기초가 된 사실관계 등이 확정되어 당사자나 법원이 그것과 다른 주장이나 판단을 할 수 없게 되는 것은 아니라고 한다.
불가변력 (실질적 확정력)	의의	불가변력이란 일정한 행정행위의 경우 행정행위가 행해지면 성질상 **행정행위를 한 해당 행정청 자신도 직권으로 자유로이 그 행정행위를 취소 또는 변경할 수 없게 하는 힘**을 말한다. 불가변력을 실질적 확정력이라고도 부른다.
	근거	불가변력은 법령에 명문의 규정이 없는 경우에도 행정행위의 성질에 비추어 인정되는 효력이다.
	인정범위	① **준사법적 행정행위에 불가변력을 인정**하는 것이 일반적 견해이다. 준사법적 행정행위에는 소송법상의 확정력에 준하는 불가변력이 인정된다. ⑩ 행정심판의 재결, 특허심판원의 심결, 토지수용재결 등 ② **확인행위는 성질상 처분청이 스스로 변경할 수 없고**, 다만 중대한 공익상 필요가 있거나 상대방에게 귀책사유가 있는 경우에 예외적으로 취소할 수 있는 상대적 불가변력이 발생하는 것으로 보는 것이 다수 견해이다. ⑩ 국가시험합격자결정, 당선인결정, 발명특허 등
	효력	① 행정청은 **불가변력이 있는 행정행위를 직권으로 취소 또는 철회할 수 없다**. ② **무효인 행정행위의 경우 개념상 불가변력이 발생하지 않는다**. ③ 불가변력은 당해 행정행위의 경우에만 인정되고, 동종의 행정행위라도 그 대상이 다른 경우는 인정되지 않는다는 것이 판례의 입장이다.

	공통점	행정법관계의 안정과 상대방 등의 신뢰를 보호
불가쟁력과 불가변력의 관계	차이점	① 불가쟁력은 행정행위의 **상대방 및 이해관계인**에 대한 **구속력**인 반면, **불가변력**은 처분청 등 **행정기관**에 대한 **구속력**으로 볼 수 있다. ② 불가쟁력이 생긴 행위가 당연히 불가변력을 발생시키는 것은 아니다. 따라서 **불가쟁력이 발생한 행정행위도 불가변력이 발생하지 않는 한 처분청 등이 직권으로 취소나 변경하는 것은 가능하다.** ③ 불가변력이 있는 행위가 당연히 불가쟁력을 가지는 것은 아니다. 따라서 **불가변력이 있는 행정행위에 대하여도 그 상대방 또는 이해관계인은 쟁송제기기간이 경과하기 전에 쟁송을 제기하여 그 행정행위의 효력을 다툴 수 있다.** ④ **불가쟁력은 모든 행정행위에 발생**하고, **불가변력은 확인 등 일정한 행정행위에만 발생**한다. ⑤ **불가쟁력이 절차법적 효력**인 반면, **불가변력은 실체법적 효력**이라고 한다.

제8절 경찰벌 [A급]

01 경찰벌의 종류

경찰형벌	① 경찰형벌이란 **경찰법규 위반에 대한 제재**로서 사형, 징역, 금고, 자격상실, 자격정지, 벌금, 구류, 과료, 몰수 등 형법 제41조에 규정된 형을 과하는 경찰벌을 말한다. ② 경찰형벌에 관하여는 원칙적으로 형법총칙의 규정이 적용되며, 개별법에 특별한 규정이 있는 경우에는 그에 따른다. ③ 경찰형벌은 원칙적으로 형사소송법에 의한 절차를 따르되, 예외적으로 즉결심판절차 또는 통고처분절차에 의해서 과하여지는 경우도 있다.
경찰질서벌	① 경찰질서벌이란 **경찰법상의 의무위반에 대한 제재**로서 형법상의 형명이 없는 벌, 즉 과태료를 과하는 경찰벌을 말한다. ② 경찰질서벌은 신고·보고·등록·서류비치·장부기재의무 등의 위반과 같이 직접적으로 경찰목적을 침해하는 것이 아니라 간접적으로 질서유지에 장애를 줄 위험이 있는 경우에 과하는 제재이며, 일종의 금전벌이다. ③ 과태료에 대하여는 형법총칙이 적용되지 아니하며, **과벌절차는 질서위반행위규제법 및 비송사건절차법이 정하는 바에 의한다.** 12. 경행
조례에 의한 과태료	① 지방자치법에 의거하여 지방자치단체의 조례로서 정하는 과태료이다. ② 조례에 의한 과태료에는 경찰질서벌의 성질을 가진 것과 경찰형벌의 성질을 가진 것이 있다. ③ 특별한 규정이 없는 한 지방세 징수의 예에 따라 지방자치단체의 장 또는 그 위임을 받은 자가 부과·징수하는 점에서 경찰질서벌과는 다르다.

⊕ PLUS 「지방자치법」상 과태료

지방자치법 제34조【조례 위반에 대한 과태료】 ① 지방자치단체는 조례를 위반한 행위에 대하여 조례로써 1천만원 이하의 과태료를 정할 수 있다. 11. 사복, 12. 경행, 14. 경행
② 제1항에 따른 과태료는 해당 **지방자치단체의 장**이나 그 관할 구역의 지방자치단체의 장이 **부과 · 징수**한다.

☑ SUMMARY | 경찰형벌과 경찰질서벌의 비교

구분	경찰형벌	경찰질서벌
의의	형법에 정해져 있는 **형벌을 과하는 경찰벌**	**과태료를 과하는 경찰벌**
형법총칙 적용 여부	**적용됨**(고의 · 과실 필요)	**적용 안 됨**(고의 · 과실 불요, 단, 질서위반행위규제법의 대상이 되는 경우에는 고의 · 과실 필요)
처벌절차	① 원칙: 형사소송법 적용 ② 예외: 통고처분, 즉결심판절차	질서위반행위규제법, 비송사건절차법 적용
양자의 병과 여부	① 문제점: 하나의 위반행위에 대하여 양자가 병과 가능한지가 문제 ② 학설 　㉠ 긍정설(대법원 입장): 양자는 목적이나 성질이 다르므로 일사부재리원칙에 반하지 않아 병과를 긍정하는 견해 　　행정형벌과 행정질서벌은 그 성질이나 목적을 달리하는 별개의 것이므로 행정질서벌인 **과태료를 납부한 후에 형사처벌을 한다고 하여 이를 일사부재리의 원칙에 반하는 것이라고 할 수는 없다**(대판 1996.4.12, 96도158). 12. 경행 　㉡ 부정설(헌재 입장): 양자는 하나의 위반행위에 대한 행정벌이므로 병과를 부정하는 견해 　　행정형벌과 행정질서벌은 목적 · 기능이 중복되는 면이 있어 **동일한 행위를 대상으로 하여 병과하는 경우 이중처벌금지의 기본정신에 배치될 여지가 있다는 것이 헌법재판소의 입장이다**(헌재 1994.6.30, 92헌바38). 12. 경행	

✎. 출제지문: 형사벌의 경우처럼 행정형벌에 대해서도 **죄형법정주의의 원칙이 적용된다**(적용되지 아니한다 ×). 11. 사복

☑ SUMMARY | 경찰벌과 징계벌 비교

구분		경찰벌	징계벌
경찰벌과 징계벌	권력의 기초	일반통치권	특별권력
	목적	사회질서유지	내부질서유지
	대상	일반국민	공무원
	※ 경찰벌과 징계벌은 목적이 다르므로 **양자의 병과가 가능** 14. 경간		
경찰벌과 집행벌 (이행강제금)	① 경찰벌은 과거의 의무위반에 대하여 과하는 제재이지만, 집행벌은 의무 불이행이 있는 경우 장래에 있어서 그 이행을 강제하기 위한 금전부담(이행강제금)으로 행정상 강제집행이라는 점에서 구별된다. ② 경찰벌은 일시적 · 과거적 성질을 가진다는 점에서 계속적 · 장래적 성질을 가지는 집행벌(이행강제금)과 구별된다. ③ 경찰벌과 집행벌은 목적이 다르므로 **병과가 가능**하다.		

02 경찰벌의 부과

1. 경찰형벌의 부과

원칙		형사소송법이 정하는 절차에 따라 검사의 공소제기에 의해 형사법원이 부과한다.	
예외	즉결심판	의의	즉결심판은 범증이 명백하고 죄질이 경미한 범죄사건을 통상적인 형사소송절차에 의하지 아니하고 **관할경찰서장의 청구**에 의해 지방법원 또는 시·군법원에서 심판하는 특별형사소송절차이다.
		즉결심판대상	지방법원, 지원 또는 시·군법원의 판사는 즉결심판절차에 의하여 피고인에게 **20만원 이하의 벌금, 구류 또는 과료**에 처할 수 있다.
		서류·증거물의 제출	경찰서장은 즉결심판의 청구와 동시에 즉결심판을 함에 필요한 서류 또는 증거물을 판사에게 제출하여야 한다. ➡ 공소장일본주의의 예외
		청구기각	① 판사는 사건이 즉결심판을 할 수 없거나 즉결심판절차에 의하여 심판함이 적당하지 아니하다고 인정할 때에는 **결정으로 즉결심판의 청구를 기각**하여야 한다. ② 청구기각결정시 경찰서장은 지체 없이 사건을 관할지방 검찰청 또는 지청의 장에게 송치하여야 한다.
		개정	즉결심판절차에 의한 **심리와 재판의 선고는 공개된 법정**에서 행하되, 그 **법정은 경찰관서 외의 장소**에 설치되어야 한다.
		정식재판 포기	피고인이 범죄사실을 자백하고 정식재판의 청구를 포기한 경우에는 제11조의 기록작성을 생략하고 즉결심판서에 선고한 주문과 적용법조를 명시하고 판사가 기명·날인한다.
		정식재판의 청구 - 피고인	정식재판을 청구하고자 하는 피고인은 **즉결심판의 선고·고지를 받은 날부터 7일 이내**에 정식재판청구서를 **경찰서장에게 제출**하여야 한다. 정식재판청구서를 받은 경찰서장은 지체 없이 판사에게 이를 송부하여야 한다. 20. 승진
		정식재판의 청구 - 경찰서장	무죄선고·면소판결 또는 공소기각을 선고하였을 때는 경찰서장은 선고·고지를 한 날부터 **7일 이내**에 정식재판을 청구할 수 있다. 이 경우 경찰서장은 관할지방검찰청 또는 지청의 검사의 승인을 얻어 정식재판청구서를 판사에게 제출하여야 한다. 20. 승진
		유치명령	판사는 구류의 선고를 받은 피고인이 일정한 주소가 없거나 또는 도망할 염려가 있을 때에는 **5일을 초과하지 아니하는 기간** 경찰서유치장에 유치할 것을 명령할 수 있다. 다만, 이 기간은 선고기간을 초과할 수 없다. 20. 승진
	통고처분	의의	① 정식재판에 갈음하여 행정청이 과료·벌금에 해당하는 금액의 납부를 명하는 **준사법적 행정작용**이다(행정처분 ○, 형사처분 ×). ② 통고처분시 납부하는 범칙금은 행정제재금의 성질을 갖는다.
		권한자	**경범죄 처벌법**과 **도로교통법**상 통고처분권자는 **경찰서장, 제주특별자치도지사**이다.

	범칙금 납부효력	통고처분을 받은 범칙자가 소정기간 내에 통고처분의 내용을 이행하면 **확정판결과 동일한 효력**이 발생하며, **일사부재리원칙이 적용**된다. 따라서, 범칙금을 납부한 사람은 그 범칙행위에 대하여 다시 벌 받지 아니한다.
	불이행의 효력	① 통고처분을 받은 범칙자가 소정의 기간 내에 **통고처분의 내용을 이행하지 않으면** 당해 통고처분은 별도의 행위를 기다릴 것 없이 당연히 그 효력을 상실한다. 이후 관계행정청의 고발에 의하여 통상의 형사소송절차로 이행한다. 단, **도로교통법과 경범죄 처벌법은 형사소송절차에 앞서 즉결심판을 제기하게 된다.** 18. 경행 ② 통고처분의 효력은 상실되므로 강제집행할 수 없다. ③ 검사는 관계행정청의 고발 없이 기소할 수 없다.
	불복	통고처분을 받은 자는 그 처분에 이의가 있는 경우에도 행정소송을 제기할 수 없다. 11. 사복
	판례	① 통고처분은 상대방의 임의의 승복을 그 발효요건으로 하기 때문에 **그 자체만으로는 통고이행을 강제하거나 상대방에게 아무런 권리의무를 형성하지 않으므로** 행정심판이나 행정소송의 대상으로서의 처분성을 부여할 수 없고, 통고처분에 대하여 이의가 있으면 통고 내용을 이행하지 않음으로써 고발되어 형사재판절차에서 통고처분의 위법·부당함을 얼마든지 다툴 수 있기 때문에 「관세법」 제38조 제3항 제2호가 법관에 의한 **재판받을 권리를 침해한다든가 적법절차의 원칙에 저촉된다고 볼 수 없다**(헌재결 1998.5.28, 96헌바4). 18. 경행 ② 「도로교통법」에 따라 통고처분을 받은 사람은 그 **통고처분에 대해 항고소송을 제기하지 못한다**(서울고법 1984.11.1, 84구2119). 18. 경행 ③ 「도로교통법」에서 규정하고 있는 **경찰서장의 통고처분은 행정소송의 대상이 되는 행정처분이 아니다**라는 것이 판례의 입장이다(대판 1995.6.29, 95누4674). 14. 경행 ④ 통고처분에 대하여 대법원(대판 1962.1.31, 4294행상40)과 헌법재판소의 판례(헌재 1998.5.28, 96헌바4)는 행정소송의 대상으로서의 처분성을 부정하고 있어 **취소소송의 대상으로 보지 않는다**. 11. 사복 ⑤ 판례에 의하면 통고처분을 할 것인지의 여부는 **권한행정청의 재량에 속한다**(대판 2007.5.11, 2006도1993). 14. 경행 ⑥ '조세범 처벌절차법'에 따른 통고처분이 있는 경우 **공소시효의 진행은 중단된다**(조세범 처벌절차법 제16조). 18. 경행

2. 경찰질서벌의 부과

경찰질서벌인 과태료는 원칙적으로 '**질서위반행위규제법**'에 의해 행정청이 부과한다.

→ 질서위반행위규제법 [시행 2021.1.1.]

목적 (제1조)		이 법은 법률상 의무의 효율적인 이행을 확보하고 국민의 권리와 이익을 보호하기 위하여 질서위반행위의 성립요건과 과태료의 부과·징수 및 재판 등에 관한 사항을 규정하는 것을 목적으로 한다. 14. 승진, 18. 경간
정의 (제2조)	질서위반행위	법률(지방자치단체의 조례를 포함한다)상의 의무를 위반하여 **과태료를 부과하는 행위**를 말한다.
	행정청	행정에 관한 의사를 결정하여 표시하는 국가 또는 지방자치단체의 기관, 그 밖의 법령 또는 자치법규에 따라 행정권한을 가지고 있거나 위임 또는 위탁받은 공공단체나 그 기관 또는 사인(私人)을 말한다.
	당사자	질서위반행위를 한 자연인 또는 **법인(법인이 아닌 사단 또는 재단으로서 대표자 또는 관리인이 있는 것을 포함한다)**을 말한다.
법 적용의 시간적 범위 (제3조)		① **질서위반행위의 성립과 과태료 처분은** 행위 시의 **법률에 따른다.** 17. 채용 ② 질서위반행위 후 법률이 변경되어 그 행위가 질서위반행위에 해당하지 아니하게 되거나 과태료가 **변경되기 전의 법률보다 가볍게 된 때에는** 법률에 특별한 규정이 없는 한 **변경된 법률을 적용한다.** ③ 행정청의 과태료 처분이나 법원의 과태료 재판이 확정된 후 **법률이 변경되어 그 행위가 질서위반행위에 해당하지 아니하게 된 때에는** 변경된 법률에 특별한 규정이 없는 한 **과태료의 징수 또는 집행을 면제한다.** 14. 경행
법 적용의 장소적 범위 (제4조)		① 이 법은 대한민국 영역 안에서 질서위반행위를 한 자에게 적용한다. ② 이 법은 대한민국 영역 밖에서 질서위반행위를 한 대한민국의 국민에게 적용한다. 15. 경행 ③ 이 법은 대한민국 영역 밖에 있는 대한민국의 선박 또는 항공기 안에서 질서위반행위를 한 외국인에게 적용한다.
다른 법률과의 관계 (제5조)		과태료의 부과·징수, 재판 및 집행 등의 절차에 관한 다른 법률의 규정 중 이 법의 규정에 저촉되는 것은 **이 법으로 정하는 바에 따른다.** 17. 경행
질서위반행위 법정주의(제6조)		법률에 따르지 아니하고는 어떤 행위도 질서위반행위로 과태료를 부과하지 아니한다.
고의 또는 과실 (제7조)		고의 또는 과실이 없는 질서위반행위는 과태료를 부과하지 아니한다. 13·14·17. 경행, 17·18. 채용, 19. 승진
위법성의 착오 (제8조)		자신의 행위가 위법하지 아니한 것으로 **오인하고** 행한 질서위반행위는 그 오인에 정당한 이유가 있는 때에 한하여 과태료를 부과하지 아니한다.
책임연령(제9조)		14세가 되지 아니한 자의 질서위반행위는 과태료를 부과하지 아니한다. 다만, 다른 법률에 특별한 규정이 있는 경우에는 그러하지 아니하다. 14. 경행, 18. 채용, 18. 경간
심신장애(제10조)		① 심신(心神)장애로 인하여 행위의 옳고 그름을 판단할 능력이 없거나 그 판단에 따른 행위를 할 능력이 없는 자의 질서위반행위는 과태료를 부과하지 아니한다. ② 심신장애로 인하여 제1항에 따른 **능력이 미약한 자의 질서위반행위는 과태료를 감경한다.**

	③ 스스로 심신장애 상태를 일으켜 질서위반행위를 한 자에 대하여는 제1항 및 제2항을 적용하지 아니한다.
법인의 처리 등 (제11조 제1항)	법인의 대표자, 법인 또는 개인의 대리인·사용인 및 그 밖의 종업원이 업무에 관하여 법인 또는 그 개인에게 부과된 법률상의 의무를 위반한 때에는 **법인 또는 그 개인에게 과태료를 부과한다.** 13. 경행
다수인의 질서위반행위 가담 (제12조)	① **2인 이상이 질서위반행위에 가담한 때에는 각자가 질서위반행위를 한 것으로 본다.** 17. 채용 ② 신분에 의하여 성립하는 질서위반행위에 신분이 없는 자가 가담한 때에는 신분이 없는 자에 대하여도 질서위반행위가 성립한다. 13·15. 경행 ③ 신분에 의하여 과태료를 감경 또는 가중하거나 과태료를 부과하지 아니하는 때에는 그 신분의 효과는 신분이 없는 자에게는 미치지 아니한다.
수개의 질서위반행위의 처리 (제13조)	① **하나의 행위가 2 이상의 질서위반행위에 해당하는 경우에는 각 질서위반행위에 대하여 정한 과태료 중 가장 중한 과태료를 부과한다.** 13·17. 경행 ② 제1항의 경우를 제외하고 2 이상의 질서위반행위가 경합하는 경우에는 각 질서위반행위에 대하여 정한 과태료를 각각 부과한다. 다만, 다른 법령(**지방자치단체의 조례**를 포함한다)에 특별한 규정이 있는 경우에는 그 법령으로 정하는 바에 따른다.
과태료의 시효 (제15조)	과태료는 행정청의 과태료 부과처분이나 법원의 과태료 재판이 확정된 후 **5년간** 징수하지 아니하거나 집행하지 아니하면 시효로 인하여 소멸한다. 11. 경간, 13. 경행, 17. 채용, 19. 승진
사전통지 및 의견 제출 등 (제16조)	① 행정청이 질서위반행위에 대하여 과태료를 부과하고자 하는 때에는 미리 당사자(제11조 제2항에 따른 고용주등을 포함한다)에게 대통령령으로 정하는 사항을 통지하고, 10일 이상의 기간을 정하여 의견을 제출할 기회를 주어야 한다. 이 경우 지정된 기일까지 의견 제출이 없는 경우에는 의견이 없는 것으로 본다. 11. 경간 ② 당사자는 의견 제출 기한 이내에 대통령령으로 정하는 방법에 따라 행정청에 의견을 진술하거나 필요한 자료를 제출할 수 있다. ③ 행정청은 제2항에 따라 당사자가 제출한 의견에 상당한 이유가 있는 경우에는 과태료를 부과하지 아니하거나 통지한 내용을 변경할 수 있다.
과태료의 부과 (제17조)	① 행정청은 제16조의 의견 제출 절차를 마친 후에 **서면**(당사자가 동의하는 경우에는 전자문서를 포함한다. 이하 이 조에서 같다)으로 **과태료를 부과하여야 한다.** 14. 승진, 11·18. 경간 ② 제1항에 따른 서면에는 질서위반행위, 과태료 금액, 그 밖에 대통령령으로 정하는 사항을 명시하여야 한다.
이의제기 (제20조)	① **행정청의 과태료 부과에 불복하는 당사자는 제17조 제1항에 따른 과태료 부과 통지를 받은 날부터 60일 이내에 해당 행정청에 서면으로 이의제기를 할 수 있다.** 11. 경간, 19. 승진 ② 제1항에 따른 **이의제기가 있는 경우에는 행정청의 과태료 부과처분은 그 효력을 상실한다.** 14. 경행
가산금 징수 및 체납처분 등 (제24조 제1항)	행정청은 당사자가 납부기한까지 과태료를 납부하지 아니한 때에는 **납부기한을 경과한 날부터 체납된 과태료에 대하여 100분의 3에 상당하는 가산금을 징수**한다. 15·17. 경행
과태료 재판의 집행 (제42조 제1항)	과태료 재판은 검사의 명령으로써 집행한다. 이 경우 그 명령은 집행력 있는 집행권원과 동일한 효력이 있다. 15. 경행

⊕ PLUS 「지방자치법」상 과태료

지방자치법 제34조【조례 위반에 대한 과태료】 ① 지방자치단체는 조례를 위반한 행위에 대하여 조례로써 1천만원 이하의 과태료를 정할 수 있다. 11. 사복, 12·14. 경행
② 제1항에 따른 과태료는 해당 지방자치단체의 장이나 그 관할 구역의 지방자치단체의 장이 부과·징수한다.

판례 | 경찰질서벌의 부과

1. 국가가 본래 그의 사무의 일부를 지방자치단체의 장에게 위임하여 그 사무를 처리하게 하는 기관 위임사무의 경우에는 지방자치단체는 국가기관의 일부로 보기 때문에 처벌대상이 되는 법인에 해당하지 않는다(해당한다×). 다만, 지방자치단체가 그 고유의 자치사무를 처리하는 경우에는 지방자치단체는 국가기관의 일부가 아니라 국가기관과는 별도의 독립한 공법인이므로, 지방자치단체 소속 공무원이 지방자치단체 고유의 자치사무를 수행하던 중「도로법」제81조 내지 제85조의 규정에 의한 위반행위를 한 경우에는 지방자치단체는「도로법」제86조의 양벌규정에 따라 처벌대상이 되는 법인에 해당한다(대판 2005.11.10, 2004도2657). 14. 경행
2. 행정형벌과 행정질서벌은 목적·기능이 중복되는 면이 있어 동일한 행위를 대상으로 하여 병과하는 경우 이중처벌금지의 기본정신에 배치될 여지가 있다는 것이 헌법재판소의 입장이다(헌재 1994.6.30, 92헌바38). 12. 경행

Chapter 05 / 경찰구제법

제1절 국가배상

01 손해배상 - 국가배상법 [시행 2025.1.7.]

국가 배상법	위법한 직무행위로 인한 손해배상 (제2조)	① 국가나 **지방자치단체**는 공무원 또는 공무를 위탁받은 사인이 **직무를 집행하면서** 고의 또는 과실로 법령을 위반하여 타인에게 손해를 입히거나, 「자동차손해배상 보장법」에 따라 손해배상의 책임이 있을 때에는 이 법에 따라 그 손해를 배상하여야 한다. 다만, **군인·군무원·경찰공무원** 또는 예비군대원이 전투·훈련 등 직무 집행과 관련하여 전사·순직하거나 공상을 입은 경우에 본인이나 그 유족이 다른 법령에 따라 재해보상금·유족연금·상이연금 등의 보상을 지급받을 수 있을 때에는 **이 법 및 「민법」에 따른 손해배상을 청구할 수 없다.** ② 제1항 본문의 경우에 공무원에게 **고의** 또는 **중대한 과실**이 있으면 국가나 지방자치단체는 그 공무원에게 **구상할 수 있다.** ③ 제1항 단서에도 불구하고 **전사하거나 순직한** 군인·군무원·경찰공무원 또는 예비군대원의 **유족**은 자신의 정신적 고통에 대한 **위자료**를 청구할 수 있다.

참고 국가배상 공무원 인정 여부

공무원 긍정(배상인정)	공무원 부정(배상부정)
• 향토예비군, 카투사 • **교통할아버지**, 통장 • 국가·지방자치단체에서 근무하는 청원경찰	• 자진협력하는 개인 • 의용소방대원 • 시영버스운전수

	공공시설 하자로 인한 손해배상 (제5조)	① 도로·하천, 그 밖의 **공공의 영조물의 설치나 관리에 하자가 있기 때문에** 타인에게 손해를 발생하게 하였을 때에는 **국가나 지방자치단체**는 그 손해를 배상하여야 한다. 이 경우 제2조 제1항 단서, 제3조 및 제3조의2를 준용한다. ② 제1항을 적용할 때 손해의 원인에 대하여 **책임을 질 자가 따로 있으면** 국가나 지방자치단체는 그 자에게 **구상할 수 있다.**
	헌법 (제29조)	① 공무원의 **직무상 불법행위**로 손해를 받은 국민은 법률이 정하는 바에 의하여 **국가 또는 공공단체**에 **정당한 배상**을 청구할 수 있다. 이 경우 공무원 자신의 책임은 면제되지 아니한다. ② 군인·군무원·경찰공무원 기타 법령이 정하는 자가 전투·훈련 등 **직무집행과 관련하여** 받은 손해에 대하여는 **법률이 정하는 보상 외에** 국가 또는 공공단체에 공무원의 직무상 불법행위로 인한 배상은 청구할 수 없다.

02 공무원의 직무행위로 인한 국가배상책임(국가배상법 제2조)

개념	국가의 과실책임이란 공무원의 불법행위(과실 있는 위법행위)로 인하여 발생한 손해에 대한 배상책임을 말한다.		
국가배상 성립요건	① 공무원이 ② 직무를 집행하면서 ③ 고의 또는 과실로 ④ 법령에 위반하여 ⑤ 타인에게 손해 발생 ⑥ 이러한 공무원의 직무행위와 손해 사이에 **상당인과관계**가 있으면 국가 등의 책임이 인정된다.		
공무원	의미	국가배상법 제2조는 공무원을 "공무원 또는 공무를 위탁받은 사인"으로 규정하고 있다. 이때의 '공무원'은 국가공무원법 또는 지방공무원법상의 공무원뿐만 아니라 **널리 공무를 위탁받아 실질적으로 공무에 종사하는 사람**을 말한다.	
	인정	국회의원, 법관, 집행관, 국가나 지방자치단체에 근무하는 청원경찰, 전투경찰, 통장, 소집 중인 예비군, 교통할아버지, 시청소차 운전수는 판례상 공무원 인정 16. 경행	
	부정	**의용소방대원**은 공무원의 범위에서 **제외** 16. 경행	
직무행위	의미	국가배상법 제2조가 적용되는 직무행위에 관하여 판례 및 다수설은 공권력 행사(권력작용) 외에 비권력적 공행정작용(관리작용)을 포함하는 **모든 공행정작용을 의미한다**고 본다(대판 1980.9.24. 80다1051).	
	사익보호성	직무를 집행하는 공무원에 대하여는 법령에 의하여 여러 가지의 직무상 의무가 부여되는바, 국가 등의 국가배상책임이 인정되려면 공무원에게 부과된 **이러한 직무가 전적으로 또는 부수적으로라도** 사익을 보호하는 것으로 인정되어야 **한다**.	
	입법작용 및 사법작용	① 국가배상법상 '**직무행위**'에는 **입법작용과 사법작용(재판작용)도 포함된다.** ② 대법원은 헌법재판소 재판관이 청구기간 내에 제기된 헌법소원심판청구사건에서 청구기간을 오인하여 각하결정을 한 경우, 이에 대한 불복절차 또는 시정절차가 없는 때에는 국가배상책임(위법성)을 인정할 수 있다고 판시하였다(대판 2003.7.11. 99다24218).	
직무를 집행하면서	외형설	통설과 판례는 '직무를 집행하면서'와 관련하여 외형설을 취하고 있다.	
	판례	순수한 직무집행 행위뿐만 아니라 실질적으로 직무집행 행위가 아닌 경우 또는 행위자에게 주관적인 직무집행 의사가 없더라도, **행위 자체의 외관을 객관적으로 관찰하여 직무행위로 보여질 때에는 '직무를 집행하면서'라는 요건을 충족한 것으로 본다.**	
고의 또는 과실로 인한 행위	개념	고의	고의란 일정한 위법행위의 **발생가능성을** 인식하고 그 결과를 의도하는 것을 말하며,
		과실	과실이란 통상적으로 갖추어야 할 **주의의무를** 게을리한 것을 의미한다.

	판단기준	① 고의 또는 과실에 대해서는 공무원을 선임·감독함에 있어 국가의 과실이 있는지의 여부가 아니라 '**해당 직무를 행하는 공무원**'을 기준으로 판단하되, 해당 공무원 개인의 주의의무를 기준으로 하는 것이 아니라 당해 직무를 담당하는 '**평균적 공무원의 주의의무**'를 기준으로 판단하는 것을 의미한다는 것이 통설과 판례의 입장이다. ② 가해공무원의 특정이 어려운 경우에는 반드시 가해공무원을 특정하지 않더라도 공무원의 행위로 인정되는 한 국가배상책임을 인정해야 한다는 것이 통설과 판례의 입장이다. 예 집회 중 사망한 사건에서 가해공무원인 전투경찰공무원을 특정하지 않더라도 손해배상책임을 인정한다(대판 1995.11.10, 95다238987).
	과실의 입증책임	**과실의 입증책임**은 민법상 불법행위책임과 마찬가지로 피해자인 원고(국민)에게 있다는 것이 통설과 판례의 입장이다.
법령을 위반하여	범위	성문법과 불문법을 포함하여 모든 법령뿐만 아니라 인권이나 공서양속 등도 포함하여 당해 직무행위가 객관적으로 정당성을 상실한 경우까지 포함하여 법령의 범위를 넓게 보는 **광의설이 다수설 및 판례의 입장**이다.
타인에게 손해를 입히거나	타인	① 가해자인 공무원과 그의 직무상 위법행위에 가담한 자 **이외의 모든 사람**을 가리키는 것으로서 자연인, 법인을 불문한다. ② 공무원 역시 다른 공무원의 불법행위로 인해 피해를 입은 때에는 타인에 포함될 수 있다.
	손해	① 공무원의 불법행위가 있더라도 **손해가 발생하지 않으면 국가배상책임이 인정되지 않는다.** ② '손해'는 가해행위로부터 발생한 **일체의 손해**로서 재산상의 손해 또는 생명·신체 등 비재산상 손해 그리고 정신적 손해(위자료)를 가리지 않고 **모두 포함한다.** ③ 순수한 반사적 이익의 침해인 경우에는 국가배상책임이 인정되지 않는다.
인과관계		① 공무원의 **불법행위와 손해 사이에 인과관계가 있어야 한다.** ② **판례는** 상당인과관계의 여부를 판단함에 있어서 결과발생의 개연성, 법령 등의 목적, 가해행위의 태양, 피해의 정도 등을 **종합적으로 고려하여야 한다**는 입장이다.
형사책임과 국가배상책임		① 형사책임과 국가배상책임은 각각 지도원리가 다르므로 **형사재판에서 무죄판결이 확정되더라도 국가배상책임이 인정될 수 있다.** ② 판례는 경찰관이 범인을 제압하는 과정에서 총기를 사용하여 범인을 사망에 이르게 한 경우 형사상 무죄판결이 확정되었지만, 배상책임은 인정하면서 형사상 범죄를 구성하지 아니하는 침해행위도 민사상 불법행위를 구성할 수 있다고 판시하였다(대판 2008.2.1, 2006다6713). 13·15. 경행
공무원의 피해자에 대한 책임 (선택적청구권)		판례는 **가해공무원 개인에게 고의 또는 중과실이 있는 경우**에는 국가 등이 국가배상책임을 부담하는 외에 **가해 공무원도 피해자에 대하여 그로 인한 손해배상책임을 부담**하고, **가해공무원 개인에게 경과실만이 인정되는 경우**에는 공무원 개인은 손해배상책임을 부담하지 아니한다고 보고 있다[대판 1996.2.15, 95다38677(전합)]. 13·15. 경행

공무원의 국가에 대한 구상책임	① 선택적 청구권에 관해서는 국가배상법에 아무런 규정이 없다. ② 구상권에 대해서는 국가배상법 제2조 제2항에 명문규정을 두고 있다. ② 국가의 가해공무원에 대한 구상권은 고의 또는 중과실의 경우에 한하여 행사할 수 있다고 규정하고 있다.

03 영조물의 설치·관리의 하자로 인한 배상책임 - 국가배상법 제5조(공공시설 등의 하자로 인한 책임)

1. 개념 및 규정

무과실책임	국가배상법 제5조 영조물의 설치·관리의 하자로 인한 배상책임은 공무원의 고의·과실을 요건으로 하지 않는 **무과실책임**이다. 다만, 불가항력인 경우에는 국가는 영조물로 인한 배상책임을 부담하지 아니한다.
공공의 영조물	국가배상법 제5조상의 영조물은 본래의 의미의 영조물(공적 목적을 위하여 제공된 인적·물적 종합시설)이 아니라, 공물[직접 행정목적에 제공된 물건(유체물 또는 물적 설비)]을 의미한다고 보는 것이 통설이며 판례이다(대판 1998.10.23, 98다17381).
규정	① 도로·하천, 그 밖의 공공의 영조물(營造物)의 설치나 관리에 하자(瑕疵)가 있기 때문에 타인에게 손해를 발생하게 하였을 때에는 국가나 지방자치단체는 그 손해를 배상하여야 한다. 이 경우 제2조 제1항 단서, 제3조 및 제3조의2를 준용한다. 13·14. 경행 ② 제1항을 적용할 때 손해의 원인에 대하여 책임을 질 자가 따로 있으면 국가나 지방자치단체는 그 자에게 구상할 수 있다. 13·14. 경행

2. 설치나 관리의 '하자'

설치나 관리의 하자의 개념		판례는 영조물의 설치·관리상 하자를 "영조물이 그 용도에 따라 통상 갖추어야 할 안전성을 갖추지 못한 상태에 있는 것"으로 본다. 절충설에 가깝다.
영조물의 설치·관리의 하자의 판단기준	의의	판례는 영조물의 설치·관리상 하자를 물적 하자와 이용상 하자를 구분하고, 각각 다른 판단기준을 제시하고 있다.
	판단기준	① 영조물의 **물적 하자**란 해당 영조물의 용도, 그 설치장소의 현황 및 이용상황 등 제반 사정을 종합적으로 고려하여 설치·관리자가 그 영조물의 위험성에 비례하여 **사회통념상 일반적으로 요구되는 정도의 방호조치의무를 다하지 않은 경우**를 말한다. 12. 경행 ② '**기능상 하자(이용상 하자)**'란 '영조물이 공공의 목적에 이용됨에 있어 그 이용상태 및 정도가 **일정한 한도를 초과하여 제3자에게 사회통념상 참을 수 없는 피해를 입히는 경우**'를 말하는데, 영조물의 기능상 하자의 판단에 있어 '사회통념상 참을 수 없는 피해인지의 여부'는 그 영조물의 공공성, 피해의 내용과 정도, 이를 방지하기 위하여 노력한 정도 등을 종합적으로 고려하여 판단하여야 한다(대판 2004.3.12, 2002다14242).

	③ 신호기의 설치·관리상 하자에 대해 고장이 현재의 기술수준상 부득이하다고 가정하더라도 그와 같은 사정만으로 손해발생의 예견가능성이나 회피가능성이 없어 영조물의 하자를 인정할 수 없는 경우라고 단정할 수 없다(대판 2001.7.27, 2000다56822). ④ 하천홍수위가 **100년 발생빈도**의 강우량을 기준으로 책정된 경우의 하천이 범람한 경우에는 **불가항력으로 볼 수 있다.** 하지만, 하천홍수위보다 낮은 강우량에 하천제방이 붕괴한 경우에는 하천의 설치·관리상 하자가 있는 것으로 추정된다. 12. 경행
하자의 입증책임	판례는 **하자의 입증책임을 피해자에게** 지우고 있다. 다만, 관리주체에게 손해발생의 예견가능성과 회피가능성이 없다는 것은 관리주체가 입증하여야 한다.

3. 국가배상책임의 감면사유

① 불가항력(천재지변과 같이 인간의 능력으로는 예견할 수 없거나, 예견할 수 있어도 회피할 수 없는 외부의 손해의 힘으로 손해가 발생한 경우)의 경우 국가배상책임이 면제된다.
② **예산부족**은 영조물의 안전성의 정도에 관하여 **참작사유는 될 수 있을지언정 안전성을 결정지을 절대적 요건은 되지 못한다**(대판 1967.2.21, 66다1723). 12. 경행
③ 피해자의 과실로 확대된 한도 내에서 국가 등의 책임이 부분적으로 감면된다.

4. 배상책임자

피해자에 대한 배상책임자	① 영조물의 **관리주체뿐만 아니라 비용부담주체도** 피해자에 대해 배상책임을 진다(국가배상법 제6조 제1항). 19. 경행 ② 판례도 국가배상법 제6조 제1항의 비용부담자는 '**형식상 부담자**' 또는 '**대외적 비용부담자**' 뿐만 아니라 '**실질적 비용부담자**'도 포함한다는 입장이다. 19. 경행 ③ 예를 들면, 지방자치단체장이 설치하여 관할 시·도경찰청장에게 관리권한을 위임한 교통신호기의 고장으로 인해 교통사고가 발생한 경우, 관리주체인 지방자치단체뿐만 아니라 비용부담주체인 국가도 손해배상책임을 진다. 19. 경행 🔍 **참고** '비용'이란 인건비(봉급)만이 아니라 당해 사무에 필요한 일체의 경비를 의미한다. 비용이 어떤 것이냐에 따라 대외적 비용부담자와 실질적 비용부담자가 달라질 수 있다.
종국적 배상책임자	① 원인책임자에 대한 구상권: 영조물 하자로 인한 손해의 원인에 대하여 **책임을 질 자가 따로 있을 때에는 국가 또는 지방자치단체는 그 자에 대하여 구상할 수 있다**(동법 제5조 제2항). ② 관리주체와 비용부담주체 사이의 최종적 책임의 분담: 국가배상법 제6조 제2항은 "제1항의 경우에 손해를 배상한 자는 내부관계에서 그 손해를 배상할 책임이 있는 자에게 구상할 수 있다"고 규정하고 있다.

04 국가배상법상 특례규정

이중배상금지	① 국가배상법 제2조 제1항 단서는 "군인·군무원·경찰공무원 또는 예비군대원이 **전투·훈련 등 직무 집행과 관련하여 전사·순직하거나 공상을 입은 경우**에 본인이나 그 유족이 다른 법령에 따라 재해보상금·유족연금·상이연금 등의 보상을 지급받을 수 있을 때에는 이 법 및 민법에 따른 손해배상을 청구할 수 없다."라고 군인 등에 대해 국가배상청구를 제한하는 것으로 규정하고 있다. 이를 이중배상금지 규정이라 부르기도 한다. ② 군인 등이 공상을 입은 경우에도 그 장애의 정도가 국민연금법 등의 적용대상 등급에 해당하지 않아 다른 법령에 의한 보상을 받을 수 없는 경우에는 국가배상청구가 가능하다(대판 1997.2.14. 96다28066).
양도 등 금지	생명·신체의 침해로 인한 국가배상을 받을 권리는 양도하거나 압류하지 못한다(동법 제4조).

05 손실보상 [A급]

1. 의의 및 근거

의의		**행정상 손실보상**이란 통상 적법한 공권력 행사로 국민이 직접 특별한 손해(희생)를 입은 경우에 국가나 지방자치단체 또는 공익사업의 주체가 그 손해를 보상하여 주는 것을 의미한다.
실정법상 근거	헌법적 근거	① 헌법 제23조 제3항은 "**공공필요에 의한 재산권에 대한 수용·사용·제한 및 그에 대한 보상은 법률로써 하되, 정당한 보상을 지급하여야 한다.**"고 규정하고 있다. 11. 경행 ② 판례는 위 규정에 따라 간접손실도 보상의 대상으로 인정하고 있다.
	법률상 근거	① 행정상 손실보상에 관한 일반법은 없다. ② 토지보상법 이외에 하천법, 소방기본법 등 개별법에서 **공공필요에 따른 재산권침해에 대한 보상이** 규정되고 있다. ③ **경찰작용에 대해서는** 2013년 「경찰관 직무집행법」을 개정하여 제11조의2를 신설함으로써 손실보상의 근거규정을 마련하였다(2014년 4월 6일 시행). 이 조항은 "**경찰관의 적법한 직무집행으로 인하여**" 손실을 입은 경우에 적용된다. 15. 경행

2. 행정상 손실보상의 요건과 보상

개념	행정상 손실보상이 인정되기 위하여는 **적법한 공용침해**로 손실이 발생하였고, 해당 손실이 **특별한 희생**에 해당하여야 한다.
적법한 공용침해	적법한 공용침해란 **공공필요에 따라 법률에 근거하여** 가해진 국민의 권익에 대한 침해를 말한다.

공용침해로 손실이 발생하였을 것	① 손실보상이 인정되기 위하여는 **손해가 현실적으로 발생**하였어야 한다. ② 판례는 공익사업과 손실 사이에 **상당인과관계**가 있어야 손실보상의 대상인 손실이 된다고 본다.
특별한 희생	① 공공필요를 위한 재산권의 침해가 있는 경우에 손실보상이 되기 위하여는 그 침해로 인한 손실이 '**특별한 희생(손해)**'에 해당하여야 한다. 그 손해가 '재산권에 내재하는 사회적 제약'에 불과한 경우에는 재산권자가 수인하여야 한다. ② '사회적 제약'이란 사회공동체의 이익을 위해 **당연히 감수해야 하는 희생**으로 특별한 희생에 해당하지 않는 것을 말하고, '**특별한 희생**'이란 사회적 제약의 한계를 넘는 희생을 의미한다.
정당한 보상	① 헌법은 정당한 보상을 하도록 규정하고 있는바, 이때 '정당한 보상'의 의미에 관하여는 종래 완전보상설과 상당보상설이 대립하고 있다. ② 판례는 대법원과 헌법재판소는 '**완전보상설**'을 취하고 있다.

3. 행정상 손해전보 – 국가배상 판례

판례 | 국가배상

1. 공무원이 통상적으로 근무하는 근무지로 출근하기 위하여 자기 소유의 자동차를 운행하다가 자신의 과실로 교통사고를 일으킨 경우에는 특별한 사정이 없는 한 국가배상법 제2조 제1항 소정의 공무원이 '직무를 집행함에 당하여' 타인에게 불법행위를 한 것이라고 할 수 없으므로 그 공무원이 소속된 국가나 지방공공단체가 **국가배상법상의 손해배상책임을 부담하지 않는다**(대판 1996.5.31, 94다15271). 10·13·15. 경행

2. 영업허가취소처분이 나중에 행정심판에 의하여 재량권을 일탈한 위법한 처분임이 판명되어 취소되었다고 하더라도 그 처분이 당시 시행되던 공중위생법 시행규칙에 정하여진 행정처분의 기준에 따른 것인 이상 그 영업허가취소처분을 한 행정청 공무원에게 그와 같은 **위법한 처분을 한 데 있어 어떤 직무집행상의 과실이 있다고 할 수는 없다**(대판 1994.11.8, 94다26141). 13·15. 경행

3. **경찰서 대용감방**에 배치된 경찰관 등으로서는 감방 내의 상황을 잘 살펴 수감자들 사이에서 폭력행위 등이 일어나지 않도록 예방하고 나아가 폭력행위 등이 일어난 경우에는 이를 제지하여야 할 의무가 있음에도 불구하고 이러한 **주의의무를 게을리 하였다면** 국가는 감방 내의 폭력행위로 인한 손해를 **배상할 책임이 있다**(대판 1993.9.28, 93다17546). 10. 경행

4. 미군부대 소속 선임하사관이 소속부대장의 명에 따라 **공무차 예하부대로 출장**을 감에 있어 부대에 공용차량이 없었던 까닭에 개인소유의 차량을 빌려 직접 운전하여 예하부대에 가서 공무를 보고나자 퇴근시간이 되어서 위 차량을 운전하여 집으로 운행하던 중 교통사고가 발생하였다면 위 선임하사관의 **위 차량의 운행은 실질적·객관적으로 그가 명령받은 위 출장명령을 수행하기 위한 직무와 밀접한 관련이 있는 것이라고 보아야 한다**(대판 1988.3.22, 87다카1163). 10. 경행

5. **구청 세무과 소속 공무원이 편취목적으로 입주권이 부여되지 않는 무허가건물 세입자들에 대한 시영아파트 입주권 매매행위를 한 경우** 이는 개인적으로 저지른 행위에 불과하고 당시 근무하던 세무과에서 수행하던 지방세 부과, 징수 등 본래의 직무와는 관련이 없는 행위로서 외형상으로도 직무범위 내에 속하는 행위라고 볼 수 없다(대판 1993.1.15, 92다8514). 10. 경행

6. 「국가배상법」 제2조 제1항의 '직무를 집행함에 당하여'라 함은 직접 공무원의 직무집행 행위이거나 그와 밀접한 관련이 있는 행위를 포함하고, 이를 판단함에 있어서는 행위 자체의 외관을 객관적으로 관찰하여 공무원의 직무행위로 보여질 때에는 비록 그것이 실질적으로 직무행위가 아니거나 또는 행위자로서는 주관적으로 공무집행의 의사가 없었다고 하더라도 그 행위는 공무원이 '직무를 집행함에 당하여' 한 것으로 보아야 한다(대판 2001.1.5, 98다39060). 17. 경행

7. **국회의원의 입법행위는** 그 입법 내용이 헌법의 문언에 명백히 위반됨에도 불구하고 국회가 굳이 당해 입법을 한 것과 같은 특수한 경우가 아닌 한 「국가배상법」 제2조 제1항 소정의 **위법행위에 해당한다고 볼 수 없다**(대판 2008. 5.29, 2004다33469). 17. 경행
8. 국가배상책임은 공무원의 직무집행이 법령에 위반한 것임을 요건으로 하는 것으로서, **공무원의 직무집행이 법령이 정한 요건과 절차에 따라 이루어진 것이라면** 특별한 사정이 없는 한 이는 법령에 적합한 것이고 그 과정에서 개인의 권리가 침해되는 일이 생긴다고 하여 **그 법령적합성이 곧바로 부정되는 것은 아니다**(대판 2000.11.10, 2000다26807). 17. 경행
9. 담당공무원이 보통 일반의 공무원을 표준으로 하여 볼 때 **객관적 주의의무를 결하여** 그 행정처분이 **객관적 정당성을 상실하였다고** 인정될 정도에 이른 경우에 「국가배상법」 제2조 소정의 **국가배상책임의 요건을 충족하였다고** 봄이 상당하다(대판 2003.12.11, 2001다65236). 17. 경행
10. **현역병으로 입영하여 소정의 군사교육을 마치고 경비교도로 임용된 자는,** 군인의 신분을 상실하고 군인과는 다른 경비교도로서의 신분을 취득하게 되었다고 할 것이어서 「국가배상법」 제2조 제1항 단서가 정하는 군인 등에 해당하지 아니한다(대판 1998.2.10, 97다45914). 12. 경행
11. 「국가배상법」 제3조 제5항에 생명·신체에 대한 침해로 인한 위자료의 지급을 규정하였을 뿐이고 재산권 침해에 대한 위자료의 지급에 관하여 명시한 규정을 두지 아니하였으나 같은 법조 제4항의 규정이 **재산권 침해로 인한 위자료의 지급의무를 배제하는 것이라고 볼 수는 없다**(대판 1990.12.21, 90다6033). 12. 경행
12. 공무원의 직무상 불법행위로 손해를 입은 국민이 국가 또는 지방자치단체에 대하여 그의 불법행위를 이유로 배상을 청구함은 「국가배상법」이 정한 바에 따른다 하여도 이 역시 **민사상의 손해배상책임을 특별법인 「국가배상법」이 정한데 불과하다**(대판 1981.2.10, 80누317). 12. 경행
13. 「국가배상법」상의 공무원은 최광의의 공무원으로서 **사법부의 법관이나 헌법재판소의 재판관도 공무원에 해당한다**(대판 2001.1.5, 98다39060). 12. 경행
14. 국가 또는 지방자치단체라 할지라도 공권력의 행사가 아니고 **단순한 사경제의 주체로 활동하였을 경우에는 그 손해배상책임에 「국가배상법」이 적용될 수 없고 「민법」상의 사용자책임 등이 인정되는 것이고** 국가의 철도운행사업은 국가가 공권력의 행사로서 하는 것이 아니고 사경제적 작용이라 할 것이므로, 이로 인한 사고에 공무원이 간여하였다고 하더라도 「국가배상법」을 적용할 것이 아니고 일반 「민법」의 규정에 따라야 하므로, 「국가배상법」상의 배상전치절차를 거칠 필요가 없으나, **공공의 영조물인 철도 시설물의 설치 또는 관리의 하자로 인한 불법행위를 원인으로 하여 국가에 대하여 손해배상청구를 하는 경우에는 「국가배상법」이 적용되므로 배상전치절차를 거쳐야 한다**(대판 1999.6.22, 99다7008). 13·14. 경행
15. 「자동차손해배상보장법」 제3조 소정의 '자기를 위하여 자동차를 운행하는 자'라고 함은 자동차에 대한 운행을 지배하여 그 이익을 향수하는 책임주체로서의 지위에 있는 자를 뜻하는 것인바, 공무원이 그 **직무를 집행하기 위하여** 국가 또는 지방자치단체 소유의 **공용차를 운행하는 경우,** 그 자동차에 대한 운행지배나 운행이익은 그 공무원이 소속한 국가 또는 지방자치단체에 귀속된다고 할 것이고 그 공무원 자신이 개인적으로 그 자동차에 대한 운행지배나 운행이익을 가지는 것이라고는 볼 수 없으므로, **그 공무원이 자기를 위하여 공용차를 운행하는 자로서 같은 법조 소정의 손해배상책임의 주체가 될 수는 없다**(대판 1994.12.27, 94다31860). 13·14. 경행
16. 「국가배상법」 제5조 소정의 **'공공의 영조물'**은 국가 또는 지방자치단체가 소유권, 임차권 그 밖의 권한에 기하여 관리하고 있는 경우뿐만 아니라 **사실상의 관리를 하고 있는 경우도 포함된다**(대판 1998.10.23, 98다17381). 18. 경행
17. 「국가배상법」 제2조 제1항을 적용할 때 **피해자가 손해를 입은 동시에 이익을 얻은 경우에는 손해배상액에서 그 이익에 상당하는 금액을 빼야 한다**(국가배상법 제3조의2 제1항). 18. 경행
18. 공무원의 위법행위가 **고의·중과실에 기한 경우에는 공무원 개인도 불법행위로 인한 손해배상책임을 진다**[대판 1996.2.15, 95다38677(전합)]. 18. 경행
19. 집중호우로 제방도로가 유실되면서 그 곳을 걸어가던 보행자가 강물에 휩쓸려 익사한 경우, 사고 당일의 집중호우가 50년 빈도의 **최대강우량에 해당한다는 사실만으로 불가항력을 인정하지 않는다**(대판 2000.5.26, 99다53247). 12. 경행

20. 당시 설치하고 있던 옹벽은 소외 회사가 공사를 도급받아 공사 중에 있었을 뿐만 아니라 **아직 완성도 되지 아니하여 일반 공중의 이용에 제공되지 않고 있었던 이상** 「국가배상법」 제5조 제1항 소정의 영조물에 해당한다고 할 수 없다(대판 1998.10.23, 98다17381). 11. 국회8급, 15. 경행1차

21. 통장이 전입신고서에 확인인을 찍는 행위는 공무를 위탁받아 실질적으로 공무를 수행하는 것이라고 보아야 하므로, 통장은 그 업무범위 내에서는 「국가배상법」 제2조 소정의 **공무원에 해당한다**(대판 1991.7.9, 91다5570). 11. 국회8급, 15. 경행1차

22. 상급자가 전입사병인 하급자에게 암기사항에 관하여 **교육하던 중 훈계하다가 도가 지나쳐 폭행한 경우**에 그 폭행은 「국가배상법」상의 **직무집행에 해당한다**(대판 1995.4.21, 93다14240). 11. 국회8급, 15. 경행1차

23. 「도로법」 제22조 제2항에 의하여 지방자치단체의 장인 시장(서귀포 시장)이 국도의 관리청이 되었다 하더라도 이는 시장이 국가로부터 관리업무를 위임받아 국가행정기관의 지위에서 집행하는 것이므로 **국가는 도로관리상 하자로 인한 손해배상책임을 면할 수 없다**(대판 1993.1.26, 92다2684). 11. 국회8급, 15. 경행1차

24. 「토지수용법」 제51조가 규정하고 있는 '**영업상의 손실**'이란 수용의 대상이 된 토지 · 건물 등을 이용하여 영업을 하다가 그 토지 · 건물 등이 수용됨으로 인하여 영업을 할 수 없거나 제한을 받게 됨으로 인하여 생기는 직접적인 손실, **즉 수용손실을 말하는 것일 뿐**이고 공공사업의 시행 결과 그 공공사업의 시행이 기업지 밖에 미치는 간접손실을 말하는 것은 아니므로 그 영업상의 손실에 대한 보상액을 산정함에 있어 같은 법 제57조의2에 따라 「공공용지의 취득 및 손실보상에 관한 특례법 시행규칙」 제23조의5, 제23조의6 등의 간접보상에 관한 규정들을 준용할 수 없고, 따라서 「토지수용법」 제51조에 근거하여 **간접손실에 대한 손실보상청구권이 발생한다고도 할 수 없다**(대판 1998.1.20, 95다29161). 15. 경행

25. 구 「토지수용법」 제51조가 규정하고 있는 '영업상의 손실'이란 수용의 대상이 된 토지 · 건물 등을 이용하여 영업을 하다가 그 토지 · 건물 등이 수용됨으로 인하여 영업을 할 수 없거나 제한을 받게 됨으로 인하여 생기는 직접적인 손실을 말하는 것이므로 위 규정은 **영업을 하기 위하여 투자한 비용이나 그 영업을 통하여 얻을 것으로 기대되는 이익**에 대한 손실보상의 근거규정이 될 수 없고, 그 외 구 「토지수용법」이나 구 '공공용지의 취득 및 손실보상에 관한 특례법', 그 시행령 및 시행규칙 등 관계 법령에도 영업을 하기 위하여 **투자한 비용이나 그 영업을 통하여 얻을 것으로 기대되는 이익에 대한 손실보상의 근거규정이나 그 보상의 기준과 방법 등에 관한 규정이 없으므로**, 이러한 손실은 그 보상의 대상이 된다고 할 수 없다(대판 2006.1.27, 2003두13106). 11. 경행

26. 손실보상이 인정되기 위해서는 **재산권에 대한 실질적이고 현실적인 피해가 발생해야 한다**(대판 2010.1.29, 2007두6571). 15. 경행

27. 영업손실에 관한 보상에 있어서 영업의 휴업과 폐지를 구별하는 기준은 **당해 영업을 다른 장소로 실제로 이전하였는지의 여부에 달려있는 것이 아니라, 당해 영업을 그 영업소 소재지나 인접 시 · 군 또는 구 지역 안의 다른 장소로 이전하는 것이 가능한지의 여부에 달려 있다**(대판 2002.10.8, 2002두5498). 11. 경행

제2절 행정심판

01 의의

1. 목적 및 개념

의의	행정심판이란 행정청의 위법 또는 부당한 처분이나 부작위 등으로 법률상 이익을 침해당한 자가 행정기관에 대하여 시정을 구하는 절차를 말한다. 19. 경행
목적 (제1조)	이 법은 행정심판 절차를 통하여 행정청의 위법 또는 부당한 처분이나 부작위로 침해된 국민의 권리 또는 이익을 구제하고, 아울러 행정의 적정한 운영을 꾀함을 목적으로 한다.

2. 행정심판의 대상(제3조)

개괄주의	① 행정청의 처분 또는 부작위에 대하여는 다른 법률에 특별한 규정이 있는 경우 외에는 이 법에 따라 행정심판을 청구할 수 있다. 17. 경행 ② 대통령의 처분 또는 부작위에 대하여는 다른 법률에서 행정심판을 청구할 수 있도록 정한 경우 외에는 행정심판을 청구할 수 없다. 14·17. 경행	
용어 (제2조)	처분	행정청이 행하는 구체적 사실에 관한 법집행으로서의 공권력의 행사 또는 그 거부, 그 밖에 이에 준하는 행정작용을 말한다.
	부작위	행정청이 당사자의 신청에 대하여 상당기간 내에 일정한 처분을 해야 할 법률상 의무가 있음에도 불구하고 처분을 하지 아니하는 것을 말한다.
	재결	행정심판의 청구에 대하여 제6조에 따른 행정심판위원회가 행하는 판단을 말한다.
	행정청	행정에 관한 의사를 결정하여 표시하는 국가 또는 지방자치단체의 기관, 그 밖에 법령 또는 자치법규에 따라 행정권한을 가지고 있거나 위탁을 받은 공공단체나 그 기관 또는 사인(私人)을 말한다.

3. 구별 개념

(1) 행정심판과 이의신청

구분	행정심판	이의신청
청구기관	주로 상급행정청 소속 행정심판위원회	주로 처분청
대상	원칙적으로 모든 위법·부당한 처분	개별법에 정하고 있는 처분

(2) 행정심판과 행정소송 비교

구분	행정심판(행정심판법)	행정소송(행정소송법)
성질	약식쟁송	정식쟁송
판정기관	행정심판위원회(행정부)	법원(사법부)

종류	• 취소심판 • 무효등확인심판 • 의무이행심판	• 취소소송 • 무효등확인소송 • 부작위위법확인소송 • 당사자소송 • 민중소송 • 기관소송
심리절차	• 구술심리 또는 서면심리 • 비공개원칙	• 구두변론 • 공개원칙
쟁송대상	위법(법률문제) + 부당(공익문제)	위법(법률문제)
제소기간	• 처분이 있음을 알게 된 날부터 90일 • 처분이 있었던 날부터 180일	• 처분이 있음을 안 날 또는 재결서의 정본을 송달받은 날부터 90일 • 처분등이 있은 날로부터 1년
공통점	• 국민의 권리구제수단 • 원고적격(법률상 이익이 있는 자)이 있어야 제기 가능 • 신청을 전제로 한 절차 개시 • 집행부정지원칙 적용 • 청구(소)의 변경 • 불고불리의 원칙 • (보충적) 직권심리주의 가미 • 구술심리 • 불이익변경금지의 원칙 적용 • 사정재결·사정판결의 인정 • 간접강제 가능	

02 행정심판의 당사자 등

1. 청구인

자격 및 청구인적격	① 취소심판은 처분의 취소 또는 변경을 구할 **법률상 이익이 있는 자가 청구할 수 있다**. 처분의 효과가 기간의 경과, 처분의 집행, 그 밖의 사유로 소멸된 뒤에도 그 **처분의 취소로 회복되는 법률상 이익이 있는 자**의 경우에도 또한 같다(제13조). ② 처분의 상대방이 아닌 제3자도 될 수 있으며 자연인·법인 불문한다. ③ 법인이 아닌 사단 또는 재단으로서 대표자나 관리인이 정하여져 있는 경우에는 그 사단이나 재단의 이름으로 심판청구를 할 수 있다(제14조).

선정대표자 (제15조)	① 여러 명의 청구인이 공동으로 심판청구를 할 때에는 청구인들 중에서 3명 이하의 선정대표자를 선정할 수 있다. ② 선정대표자는 다른 청구인들을 위하여 그 사건에 관한 모든 행위를 할 수 있다. 다만, 심판청구를 취하하려면 다른 청구인들의 동의를 받아야 하며, 이 경우 동의받은 사실을 서면으로 소명하여야 한다. ③ 선정대표자가 선정되면 다른 청구인들은 그 선정대표자를 통해서만 그 사건에 관한 행위를 할 수 있다.

2. 피청구인(제17조)

피청구인적격	처분을 한 행정청(처분청) 또는 부작위를 한 부작위청이 피청구인이 된다. 다만, 처분이나 부작위가 있은 후 그 권한이 다른 행정청에 승계된 경우에는 권한을 승계한 행정청을 피청구인으로 하여야 한다. 15. 경행
피청구인의 경정	① 청구인이 피청구인을 잘못 지정한 경우에는 행정심판위원회는 직권으로 또는 당사자의 신청에 의하여 결정으로써 피청구인을 경정(更正)할 수 있다. 15. 경행 ② 위원회는 피청구인을 경정하는 결정을 하면 결정서 정본을 당사자(종전의 피청구인과 새로운 피청구인을 포함한다)에게 송달하여야 한다. 15. 경행 ③ 피청구인의 변경결정이 있으면 종전의 피청구인에 대한 심판청구는 취하되고, 종전의 피청구인에 대한 행정심판이 청구된 때에 새로운 피청구인에 대한 행정심판이 청구된 것으로 본다.

3. 참가인

신청에 의한 참가 (제20조)	이해관계인은 신청에 의해 행정심판위원회의 허가를 받아 심판에 참가할 수 있다.
요구에 의한 참가 (제21조)	행정심판위원회는 필요하다고 인정하면 그 행정심판 결과에 이해관계가 있는 제3자나 행정청에 그 사건 심판에 참가할 것을 요구할 수 있다.

03 행정심판기관 및 심판절차, 효력

1. 행정심판의 종류 11. 경행

취소심판	행정청의 위법 또는 부당한 처분의 취소·변경하는 행정심판
무효등확인심판	행정청의 처분의 효력유무 또는 존재 여부를 확인하는 행정심판
의무이행심판	당사자의 신청에 대한 행정청의 위법 또는 부당한 거부처분 또는 부작위에 대하여 일정한 처분을 하도록 하는 심판

2. 행정심판위원회(제6조)

해당 행정청 소속 행정심판위원회	① 감사원, 국가정보원장, 그 밖에 대통령령으로 정하는 **대통령 소속기관의 장** ② 국회사무총장·법원행정처장·헌법재판소사무처장 및 중앙선거관리위원회사무총장 ③ 국가인권위원회, 그 밖에 지위·성격의 독립성과 특수성 등이 인정되어 대통령령으로 정하는 행정청
중앙행정심판위원회 (국민권익위원회 소속)	① 해당 행정청 소속으로 설치하는 경우 외의 **국가행정기관의 장 또는 그 소속 행정청–경찰청장, 시·도경찰청장, 경찰서장** ② 특별시장 등(광역자치단체장 등) ③ 국가·지방자치단체·공공법인 등이 공동으로 설립한 행정청
시·도지사 소속 행정심판위원회	① 시·도 소속 행정청 ② 시·도의 관할구역에 있는 시·군·자치구의 장 등 ③ 시·도의 관할구역에 있는 둘 이상의 지방자치단체·공공법인 등이 공동으로 설립한 행정청
위 행정심판위원회 외의 경우 해당 행정청의 직근 상급행정기관 소속 행정심판위원회	
특별행정심판위원회	**소청심사위원회, 조세심판원, 중앙토지수용위원회 등**
특별행정심판 등 (제4조)	① 사안(事案)의 전문성과 특수성을 살리기 위하여 특히 필요한 경우 외에는 이 법에 따른 행정심판을 갈음하는 특별한 행정불복절차("특별행정심판")나 이 법에 **따른 행정심판 절차에 대한 특례를 다른 법률로 정할 수 없다.** 17. 경행 ② 다른 법률에서 특별행정심판이나 이 법에 따른 행정심판 절차에 대한 특례를 정한 경우에도 그 법률에서 규정하지 아니한 사항에 관하여는 이 법에서 정하는 바에 따른다. ③ 관계 행정기관의 장이 특별행정심판 또는 이 법에 따른 행정심판 절차에 대한 특례를 신설하거나 변경하는 법령을 제정·개정할 때에는 미리 **중앙행정심판위원회와 협의하여야 한다.** 17. 경행

3. 행정심판위원회의 구성 및 회의(제7조)

구분	각급 행정심판위원회	중앙행정심판위원회
구성	위원장 1명을 포함하여 50명 이내의 위원으로 구성한다. 11. 경행	위원장 1명을 포함하여 70명 이내의 위원으로 구성하되, 위원 중 상임위원은 4명 이내로 한다. 11. 경행
회의	위원장과 위원장이 회의마다 지정하는 8명의 위원으로 구성한다.	위원장, 상임위원 및 위원장이 회의마다 지정하는 비상임위원을 포함하여 총 9명으로 구성한다.
의결	구성원 과반수의 출석과 출석위원 과반수의 찬성으로 의결한다.	구성원 과반수의 출석과 출석위원 과반수의 찬성으로 의결한다.
임기	• 소속 공무원인 위원: 재직하는 동안 • 위촉된 위원: 임기 2년, 2차 연임 가능	• **상임위원: 임기 3년,** 1차 연임 가능 • 비상임위원: 임기 2년, 2차 연임 가능

4. 행정심판청구

청구방식 (제23조)	서면주의: 행정심판을 청구하려는 자는 제28조에 따라 **심판청구서**를 작성하여 **피청구인이나 위원회**에 제출하여야 한다.	
심판청구기간 (제27조)	① 원칙: 행정심판은 **처분이 있음을 알게 된 날부터 90일 이내에 청구하여야 한다.** 15·16·19. 경행 ② 예외: 청구인이 **천재지변**, 전쟁, 사변(事變), 그 밖의 **불가항력**으로 인하여 제1항에서 정한 기간에 심판청구를 할 수 없었을 때에는 그 사유가 소멸한 날부터 14일 이내에 행정심판을 청구할 수 있다. 다만, 국외에서 행정심판을 청구하는 경우에는 그 기간을 30일로 한다. 15·16·19. 경행 ③ 행정심판은 **처분이 있었던 날부터 180일이 지나면 청구하지 못한다.** 다만, 정당한 사유가 있는 경우에는 그러하지 아니하다. 14·15·18·19. 경행 ④ 청구기간은 **불변기간**으로 한다. ⑤ 오고지: 행정청이 심판청구기간을 제1항에 규정된 기간보다 긴 기간으로 잘못 알린 경우 그 잘못 알린 기간에 심판청구가 있으면 그 행정심판은 규정된 기간에 청구된 것으로 본다. ⑥ 불고지: 행정청이 심판청구기간을 알리지 아니한 경우에는 당사자가 처분이 있음을 알았다고 하더라도 **처분이 있었던 날부터 180일 이내에 심판청구를 할 수 있다.** 19. 경행 ⑦ 제1항부터 제6항까지의 규정은 무효등확인심판청구와 부작위에 대한 의무이행심판청구에는 적용하지 아니한다. 19. 경행	
심판청구의 효과	집행부정지원칙 (제30조)	① 원칙: 심판청구는 처분의 효력이나 그 집행 또는 절차의 속행에 영향을 주지 아니한다. ② 예외: 위원회는 처분, 처분의 집행 또는 절차의 속행 때문에 중대한 손해가 생기는 것을 예방할 필요성이 긴급하다고 인정할 때에는 직권으로 또는 당사자의 신청에 의하여 처분의 효력, 처분의 집행 또는 절차의 속행의 전부 또는 일부의 정지를 결정할 수 있다. 다만, 처분의 효력정지는 처분의 집행 또는 절차의 속행을 정지함으로써 그 목적을 달성할 수 있을 때에는 허용되지 아니한다. ③ 집행정지는 공공복리에 중대한 영향을 미칠 우려가 있을 때에는 허용되지 아니한다.

5. 행정심판의 심리원칙과 판단시

불고불리원칙 (법 제47조)	위원회는 **심판청구의 대상이 되는 처분 또는 부작위 외의 사항에 대하여는 재결하지 못한다.**
직권심리 (법 제39조)	위원회는 필요하면 당사자가 주장하지 아니한 사실에 대하여도 심리할 수 있다.
불이익변경금지원칙 (법 제47조)	위원회는 심판청구의 대상이 되는 처분보다 청구인에게 **불리한 재결을 하지 못한다.**
처분의 위법·부당 여부의 판단 기준	원칙적으로 **처분시를 기준으로 판단하여야 한다.** 다만, 행정심판기관은 처분 당시 존재한 자료와 재결 당시까지 제출된 **모든 자료를 종합**하여 판단할 수 있다는 것이 판례의 입장이다. 12. 경행

6. 행정심판의 재결

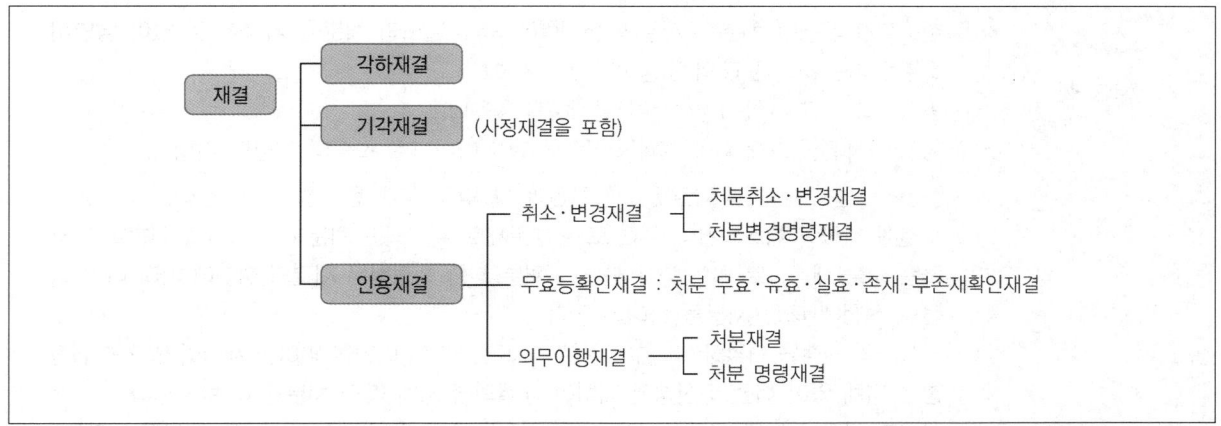

재결기간 (제45조)	① 재결은 피청구인 또는 위원회가 **심판청구서를 받은 날부터** 60일 이내에 하여야 한다. 다만, 부득이한 사정이 있는 경우에는 **위원장이 직권으로** 30일을 연장할 수 있다. 12·16. 경행 ② 위원장은 제1항 단서에 따라 **재결기간을 연장할 경우에는** 재결기간이 끝나기 7일 전까지 당사자에게 알려야 한다.
효력 발생 (제48조)	재결은 청구인에게 **재결서의 정본이** 송달되었을 때에 그 효력이 생긴다.
재결의 종류	**각하재결** : 위원회는 심판청구가 **적법하지 아니하면** 그 심판청구를 각하한다.
	기각재결 : 위원회는 심판청구가 이유가 없다고 인정하면 그 심판청구를 기각한다.
	인용재결 : 본안심리의 결과 심판청구가 이유 있다고 인정하여 청구의 취지를 받아들이는 재결이다.
	사정재결 (제44조) 11. 경행 : ① 위원회는 **심판청구가 이유가 있다고 인정하는 경우에도** 이를 인용하는 것이 공공복리에 크게 위배된다고 인정하면 **그 심판청구를 기각하는 재결을 할 수 있다.** 이 경우 위원회는 재결의 주문에서 그 처분 또는 부작위가 위법하거나 부당하다는 것을 구체적으로 밝혀야 한다. ② 위원회는 사정재결을 할 때에는 청구인에 대하여 상당한 구제방법을 취하거나 상당한 구제방법을 취할 것을 피청구인에게 명할 수 있다. ③ **사정재결은 무효등확인심판에는 적용하지 아니한다.**

불복	① **재심판청구금지**: 심판청구에 대한 재결이 있으면 그 재결 및 같은 처분 또는 부작위에 대하여 **다시 행정심판을 청구할 수 없다.** 18. 경행
	② 행정소송제기
	  ㉠ 재결에 불복하면 **행정소송을 제기할 수 있다.** 이때 **행정소송은 원처분을 대상으로 하여야 한다.** 따라서, 행정심판이 기각된 경우 그 기각재결을 행정소송의 대상으로 할 수 없다.
	  ㉡ 다만, 재결자체에 고유한 위법이 있는 때에는 재결의 취소를 구하는 행정소송을 제기할 수 있다.

7. 재결의 효력

형성력	① 취소재결의 경우 처분은 재결의 형성력에 의해 **별도의 처분을 기다릴 것 없이 당연히 소멸된다**는 것이 판례의 입장이다. 12·18. 경행 ② 명령재결의 경우에는 형성력이 발생하지 않는다. ③ 형성적 재결(취소재결)의 결과통보는 처분이 아니므로 소송의 대상도 아니다.
재결의 기속력 (제49조)	① 심판청구를 인용하는 재결은 피청구인과 그 밖의 관계 행정청을 기속한다. ② 재결에 의하여 **취소되거나 무효 또는 부존재로 확인되는 처분**이 당사자의 신청을 거부하는 것을 내용으로 하는 경우에는 그 처분을 한 **행정청은 재결의 취지에 따라 다시 이전의 신청에 대한 처분을 하여야 한다.** ③ 당사자의 신청을 거부하거나 부작위로 방치한 처분의 **이행을 명하는 재결이 있으면 행정청은 지체 없이 이전의 신청에 대하여 재결의 취지에 따라 처분을 하여야 한다.** 19. 경행 ④ 신청에 따른 처분이 절차의 위법 또는 부당을 이유로 재결로써 취소된 경우에는 제2항을 준용한다. ⑤ 법령의 규정에 따라 공고하거나 고시한 처분이 재결로써 취소되거나 변경되면 처분을 한 행정청은 지체 없이 그 처분이 취소 또는 변경되었다는 것을 공고하거나 고시하여야 한다. ⑥ 법령의 규정에 따라 처분의 상대방 외의 이해관계인에게 통지된 처분이 재결로써 취소되거나 변경되면 처분을 한 행정청은 지체 없이 그 이해관계인에게 그 처분이 취소 또는 변경되었다는 것을 알려야 한다. **핵심정리** ① 재결의 기속력은 인용재결의 경우만 인정되고, 이경우 피청구인과 관계 행정청만을 기속하는 것이다. ② 그러므로 인용재결이 아닌 **기각재결의 경우에는**, 기각재결 이후에도 처분청은 정당한 사유가 있으면 **직권으로 원처분을 취소·변경 또는 철회할 수 있다.** ③ 인용재결이 있는 경우 재결의 기속력으로 인해 처분청은 이에 불복하여 항고소송을 제기할 수 없다는 것이 판례의 입장이다. ④ 행정심판의 재결은 판결에서와 같은 기판력이 인정되는 것이 아니다. ⑤ 그러므로 인용재결이 있다 하더라도 청구인은 항고소송(재판)을 제기할 수 있다.
	반복금지의무	동일한 사정하에서 동일인에게 재결의 내용에 모순되는 동일내용의 처분을 할 수 없다.
	변경 및 처분의무	① 처분의 절차적 위법사유로 인용재결이 있었으나, **행정청이 절차적 위법사유를 시정한 후 종전과 같은 처분을 하는 것은 재결의 기속력에 반하지 않는다**(대판 1986.11.11. 85누231). ② 거부처분 취소재결(인용재결)이 행해진 경우도 재처분의무 인정되고 간접강제가 가능하다.

결과제거의무	① 취소재결(인용재결)의 기속력에는 해석상 원상회복의무가 포함된다. ② 기속력의 범위: 재결의 기속력은 재결의 주문 및 그 전제가 된 요건사실의 인정과 판단, 즉 처분의 구체적인 위법사유에 관한 판단에만 미친다. ③ 당사자의 신청을 받아들이지 않은 거부처분이 재결에서 취소된 경우에 행정청은 종전 거부처분 또는 재결 후에 발생한 **새로운 사유를 내세워 다시 거부처분을 할 수 있다**(판례). ④ 기속력 위반의 효과: 반복금지의무를 위반하여 동일한 내용의 처분을 한 경우 그 처분은 하자가 중대하고 명백하여 무효에 해당한다.

8. 시정명령 및 간접강제

시정명령 및 직접처분 (제50조)	① 위원회는 피청구인이 당사자의 신청을 거부하거나 부작위로 방치한 처분의 이행을 명하는 재결이 있음에도 불구하고 처분을 하지 아니하는 경우에는 당사자가 신청하면 기간을 정하여 서면으로 시정을 명하고 그 기간에 이행하지 아니하면 직접 처분을 할 수 있다. 다만, 그 처분의 성질이나 그 밖의 불가피한 사유로 위원회가 직접 처분을 할 수 없는 경우에는 그러하지 아니하다. 19. 경행 ② 조문상 의무이행재결의 경우에만 직접처분권이 인정된다. ③ 권력분립의 원칙과 행정소송법상 법원의 직접처분권은 인정되지 않는다. ④ 직접처분을 하기 위해서는 아무런 처분을 하지 않는 경우이어야 하므로 당해 행정청이 처분을 했다면 위원회가 직접처분을 할 수는 없다.
간접강제 (제50조의2)	① 의의: 위원회는 피청구인이 재결에도 불구하고 처분을 하지 아니하면 청구인의 신청에 의하여 결정으로 상당한 기간을 정하고 피청구인이 그 기간 내에 이행하지 아니하는 경우에는 그 지연기간에 따라 일정한 배상을 하도록 명하거나 즉시 배상할 것을 명할 수 있다. 19. 경행 ② 간접강제가 인정되는 재결 ㉠ 재결에 의하여 취소되거나 무효 또는 부존재로 확인되는 처분이 **당사자의 신청을 거부하는 것을 내용으로 하는 경우** ㉡ 당사자의 신청을 거부하거나 부작위로 방치한 처분의 **이행을 명하는 재결** ㉢ 신청에 따른 처분이 절차의 위법 또는 부당을 이유로 **재결로써 취소된 경우**

9. 조정(제43조의2)

① 위원회는 당사자의 권리 및 권한의 범위에서 당사자의 동의를 받아 심판청구의 신속하고 공정한 해결을 위하여 조정을 할 수 있다. 다만, 그 조정이 공공복리에 적합하지 아니하거나 해당 처분의 성질에 반하는 경우에는 그러하지 아니하다. 18. 경행
② 위원회는 조정을 함에 있어서 심판청구된 사건의 법적·사실적 상태와 당사자 및 이해관계자의 이익 등 모든 사정을 참작하고, 조정의 이유와 취지를 설명하여야 한다.
③ 조정은 당사자가 합의한 사항을 조정서에 기재한 후 당사자가 서명 또는 날인하고 위원회가 이를 확인함으로써 성립한다.

04 행정심판 관련 판례

> **판례 | 행정심판**
>
> 1. 행정심판법 제37조에서 정하고 있는 행정심판청구에 대한 재결이 행정청과 그 밖의 관계 행정청을 기속하는 효력은 당해 처분에 관하여 재결주문 및 그 전제가 된 요건사실의 인정과 판단에만 미치고 이와 직접 관계가 없는 다른 처분에 대하여는 미치지 아니한다(대판 1998.2.27. 96누13972). 14. 경행
> 2. 심판청구 등에 대한 결정의 한 유형으로 실무상 행해지고 있는 재조사 결정은 재결청의 결정에서 지적된 사항에 관하여 처분청의 재조사결과를 기다려 그에 따른 후속 처분의 내용을 심판청구 등에 대한 결정의 일부분으로 삼겠다는 의사가 내포된 변형결정에 해당하므로, 처분청은 재조사 결정의 취지에 따라 재조사를 한 후 그 내용을 보완하는 후속 처분만을 할 수 있다. 따라서 처분청이 재조사 결정의 주문 및 그 전제가 된 요건사실의 인정과 판단, 즉 처분의 구체적 위법사유에 관한 판단에 반하여 당초 처분을 그대로 유지하는 것은 재조사 결정의 기속력에 저촉된다(대판 2017.5.11. 2015두37549). 18. 경행
> 3. 이의신청을 제기해야 할 사람이 처분청에 표제를 '행정심판청구서'로 한 서류를 제출한 경우라 할지라도 서류의 내용에 이의신청 요건에 맞는 불복취지와 사유가 충분히 기재되어 있다면 표제에도 불구하고 이를 처분에 대한 이의신청으로 볼 수 있다(대판 2012.3.29. 2011두26886). 18. 경행
> 4. 과세처분시 납세고지서에 과세표준, 세율, 세액의 산출근거 등이 누락되어 있어 이러한 절차 내지 형식의 위법을 이유로 과세처분을 취소하는 판결이 확정된 경우에 그 확정판결의 기판력은 확정판결에 적시된 절차 내지 형식의 위법사유에 한하여 미친다고 할 것이므로 과세처분권자가 그 확정판결에 적시된 위법사유를 보완하여 행한 새로운 과세처분은 확정판결에 의하여 취소된 종전의 과세처분과는 별개의 처분으로서 확정판결의 기판력에 저촉되는 것은 아니다(대판 1986.11.11. 85누231). 17. 사복

제3절 행정소송법 [시행 2017.7.26.] A급

01 행정소송의 의의와 한계

1. 의의

개념	법원이 행하는 정식쟁송절차
기능	권리구제(당사자의 참여권 널리 인정), 행정통제
유형	우리나라의 경우 사법국가 형태(행정사건의 최종 심판권이 대법원에 있음), 행정국가요소(행정소송의 특수성 인정) 가미

2. 한계

(1) 사법의 본질에 따른 한계

의의		행정소송도 사법(司法)작용인 이상 **법률상의 쟁송**이 있는 경우에만 가능하고, 단순한 사실관계의 존부 등의 문제는 행정소송의 대상이 아니다.
구체적 권리·의무에 관한 사건 (행정소송의 대상)	법령효력 및 해석	법령의 효력 및 해석의 문제는 소송의 대상이 아니다. 단, 처분적 법규는 가능하다.
	사실행위	**권력적 사실행위는 소송의 대상이 되고, 비권력적 사실행위는 소송의 대상이 아니다.**
	객관적 소송	객관적 소송(민중소송, 기관소송 등)은 개별법상 명문규정이 있는 경우에만 가능하다.
	반사적 이익	**반사적 이익의 침해는 소송의 대상이 아니다.**
법령의 적용	통치행위	고도의 정치성을 띠는 문제는 사법심사가 제한된다. 예 판례는 대통령의 **비상계엄선포행위는 통치행위**이므로 원칙적으로 심리의 대상이 되지 아니한다고 보았다.
	재량행위	재량의 당·부당 문제는 법원의 심사대상이 아니지만, 이 경우도 곧바로 각하할 것은 아니라 재량행위도 일종의 처분이므로 재량권의 일탈·남용으로 인한 위법성은 판단할 수 있다고 본다.
	특별권력관계	처분성이 인정되면 사법심사가 가능하다.

(2) 권력분립에 따른 한계

행정소송법상 규정된 항고소송 외의 무명항고소송(**의무이행소송, 예방적 부작위소송, 작위의무확인소송**)을 인정할 것인지가 학설상 대립 중이나 **판례는 모두 부정**하고 있다. 12. 경행

02 용어 정의(제2조)

처분등	"처분등"이라 함은 행정청이 행하는 구체적 사실에 관한 법집행으로서의 공권력의 행사 또는 그 거부와 그 밖에 이에 준하는 행정작용(처분) 및 행정심판에 대한 재결을 말한다.
부작위	"부작위"라 함은 행정청이 당사자의 신청에 대하여 **상당한 기간 내에 일정한 처분을 하여야 할 법률상 의무가 있음에도 불구하고 이를 하지 아니하는 것**을 말한다.
행정청	이 법을 적용함에 있어서 행정청에는 법령에 의하여 **행정권한의 위임 또는 위탁을 받은 행정기관**, 공공단체 및 그 기관 또는 사인이 포함된다.

03 행정소송의 종류(제3조, 제4조) 16. 경행

주관소송	① 개인의 권리구제(권익보호)와 행정의 적법성 보장이라는 두 가지 목적을 추구한다. ② 개인이 소송을 제기할 소의 이익이 있으면 소송을 제기할 수 있다.		
	항고소송	개념	항고소송이란 행정청의 처분등이나 부작위에 대하여 제기하는 소송을 말한다. 17. 경행
		취소소송	행정청의 위법한 처분 등의 취소·변경을 구하는 소송
		무효등확인소송	행정청의 처분 등의 효력유무 또는 존재 여부를 확인하는 소송
		부작위위법확인소송	행정청의 부작위가 위법함을 확인하는 소송
	당사자 소송	행정청의 처분 등을 원인으로 하는 **법률관계(권리·의무관계)에 관한 소송**, 그 밖에 공법상 법률관계에 관한 소송으로서 그 법률관계의 한쪽 당사자를 피고로 하는 소송 예 지방소방공무원이 소속 지방자치단체를 상대로 초과근무수당의 지급을 구하는 소송, 광주민주화운동 관련 보상금 지급		
객관소송	① 행정작용의 적법성 보장만을 추구한다. ② 특별히 법률이 정하는 경우에 그 법률에 정한 자만이 소를 제기할 수 있다.		
	민중소송	국가 또는 공공단체의 기관이 법률에 위반되는 행위를 한 경우에 **직접 자기의 법률상 이익과 관계없이** 그 시정을 구하기 위하여 제기하는 소송 예 공직선거법상의 선거·당선소송, 국민투표법상의 국민투표에 관한 소송, 주민투표법상의 주민투표에 관한 소송, 지방자치법상 주민소송		
	기관소송	국가 또는 공공단체의 **행정기관 상호간**에 그 권한의 존부 또는 그 권한행사에 관하여 분쟁이 있을 때 이에 대하여 제기하는 소송 예 지방자치단체장이 지방의회를 상대로 소송을 제기하는 경우 등		

1. 취소소송

취소소송 중심주의	① 소송실무상 **취소소송이 행정소송의 중심적 지위를 차지**하는 것으로 운용되고 있다. ② 취소소송은 위법한 처분이나 재결을 다투어 위법한 처분이나 재결이 없었던 것과 같은 상태를 만드는 것을 주된 목적으로 한다.	
대상	① 취소소송의 대상은 '행정청의 위법(부당×)한 처분 등'이다. ② 재량행위라 할지라도 재량권의 일탈이나 남용의 경우에는 위법이므로 사법심사의 대상이 된다. ③ 행정지도는 비권력적 사실행위로서 처분성이 부정되어 소송의 대상이 아니다.	
제기기간	행정심판을 거치는 경우	① 재결서의 정본의 송달을 받은 날로부터 90일 이내 ② 재결이 있은 날로부터 1년 이내
	행정심판을 거치지 아니하는 경우	① 처분이 있음을 안 날부터 90일 이내 ② 처분이 있은 날부터 1년 이내

협의의 소익 (취소의 필요성)	법규정	취소소송은 처분등의 취소를 구할 **법률상 이익이 있는 자**가 제기할 수 있다. 처분등의 효과가 기간의 경과, 처분등의 집행 그 밖의 사유로 인하여 소멸된 뒤에도 **그 처분등의 취소로 인하여** 회복되는 법률상 이익이 있는 자의 경우에는 또한 같다.
	사례	① 사법시험 1차 시험에 불합격처분을 받은 자가 다음에 실시되는 1차 시험에 합격했다면 **불합격처분을 다툴 소의 이익이 없다**. ② 선행의 영업정지처분이 법률에 의해 후행의 가중적 제재처분의 요건이 될 때에는 **선행의 영업정지처분의 효력이 소멸되더라도 그 정지처분을 다툴 수 있다**. ③ 부령에서 정하는 가중처벌 규정은 행정규칙에 불과한 것이므로 법규성이 없다고 하면서도 이로 인한 **장래의 불이익을 이유로 소멸된 제재처분의 취소를 구할 소의 이익이 있다고 본다**(대판 2006.6.22. 2003두1684).
행정심판과의 관계	임의적 행정심판전치주의 (원칙)	행정소송은 행정심판을 거치지 않고도 제기할 수 있는 것이 원칙이다.
	필요적 행정심판전치주의 (예외)	개별 법률이 행정심판을 거치지 않으면 행정소송을 제기할 수 없다고 규정하고 있는 경우에는 행정심판을 거쳐야 한다. 예 **국가(지방)공무원법, 교육공무원법, 관세법, 국세기본법, 도로교통법** 등
처분변경으로 인한 소의 변경 (제22조)		① 법원은 행정청이 소송의 대상인 처분을 소가 제기된 후 변경한 때에는 원고의 신청에 의하여 결정으로써 청구의 취지 또는 원인의 변경을 허가할 수 있다. 18. 경행 ② 위 신청은 **처분의 변경이 있음을 안 날로부터 60일 이내**에 하여야 한다.
소송제기의 효과 (제23조)	집행부정지(원칙)	취소소송의 제기는 **처분 등의 효력이나 그 집행 또는 절차의 속행에 영향을 주지 아니한다**. 13. 경행
	집행정지(예외)	① **취소소송이 제기된 경우**에 처분등이나 그 집행 또는 절차의 속행으로 인하여 생길 **회복하기 어려운 손해를 예방**하기 위하여 **긴급한 필요**가 있다고 인정할 때에는 본안이 계속되고 있는 법원은 당사자의 신청 또는 직권에 의하여 처분등의 효력이나 그 집행 또는 절차의 속행의 전부 또는 일부의 **정지를 결정할 수 있다**. 다만, 처분의 효력정지는 처분등의 집행 또는 절차의 속행을 정지함으로써 목적을 달성할 수 있는 경우에는 허용되지 아니한다. ② **집행정지는 공공복리에 중대한 영향을 미칠 우려가 있을 때에는 허용되지 아니한다**. ③ 집행정지의 결정을 신청함에 있어서는 그 이유에 대한 소명이 있어야 한다. ④ **집행정지의 결정 또는 기각의 결정에 대하여는 즉시항고할 수 있다**. 이 경우 집행정지의 결정에 대한 즉시항고에는 결정의 집행을 정지하는 효력이 없다.

2. 무효등확인소송

의의	무효등확인소송이란 '행정청의 처분이나 재결의 효력 유무 또는 존재 여부의 확인을 구하는 소송'을 말한다.
적용규정	무효등확인소송에는 취소소송에서와 달리 행정심판전치주의, 제소기간, 사정판결, 간접강제 등의 규정이 적용되지 않는다. 다만, **집행정지는 허용된다**.
제소기간	**원칙적으로 무효등확인소송은 제소기간의 적용을 받지 않는다**. 다만, 무효사유에 해당하는 처분에 대해 취소소송을 제기하는 경우에는 제소기간 준수 등 취소소송의 제소요건을 갖추어야 한다(대판 1984.5.29, 84누175).

3. 부작위위법확인소송

의의	부작위위법확인소송이란 '행정청의 부작위가 법률상 의무가 있음에도 불구하고 이를 하지 아니하여 위법하다는 것을 확인하는 소송'을 말한다. **일종의 간접강제수단인 소송형식이다.**
제소기간	**행정심판을 거쳐 소송을 제기하는 경우에는 제소기간의 제한이 있고, 행정심판을 거치지 않고 소송을 제기하는 경우에는 제소기간의 제한이 없다**는 것이 일반적 견해이며 판례의 입장이다.

4. 당사자소송

의의	행정청의 처분등을 원인으로 하는 **법률관계(권리와 의무)에 관한 소송** 그 밖에 **공법상의 법률관계(공권과 공의무)에 관한 소송**으로서 그 법률관계의 한쪽 당사자를 피고로 하는 소송을 말한다(법 제3조 제2항). 16·17. 경행
대상	① '행정청의 처분 등을 원인으로 하는 법률관계'라 함은 행정청의 처분 등에 의하여 발생·변경·소멸된 공법상의 법률관계를 말한다. ② '그 밖의 공법상의 법률관계'라 함은 처분 등을 원인으로 하지 않는 공법이 규율하는 법률관계를 말한다.
항고소송과 구별	항고소송은 공행정주체가 우월한 지위에서 갖는 공권력의 행사·불행사와 관련된 분쟁의 해결을 위한 소송인 데 반해, 당사자소송은 **대등한 당사자 간에 다투어지는 공법상의 법률관계를 소송의 대상으로 한다**는 점에서 양자는 구별된다.
민사소송과 구별	당사자소송과 민사소송은 모두 대등한 당사자 간에 이루어진다는 점에서 유사하나, **당사자소송은 공법(公法)상의 법률관계를 대상으로 하는 반면 민사소송은 사법(私法)상의 법률관계를 대상으로 한다**는 점에서 구분된다.
당사자소송 사례	① 광주민주화운동 관련 보상금 지급을 구하는 소송 ② 지방소방공무원이 소속 지방자치단체를 상대로 초과근무수당의 지급을 구하는 소송 ③ 부가가치세 법령규정에 의해 직접 발생하는 부가가치세 환급세액 지급청구 ④ 구 「공익사업을 위한 토지 등의 취득 및 보상에 관한 법률」상의 주거이전비 보상청구소송 ⑤ 재개발조합을 상대로 조합원자격 유무에 관한 확인을 구하는 소송 ⑥ 「국토의 계획 및 이용에 관한 법률」상 사업시행자의 일시사용에 대하여 정당한 사유 없이 동의를 거부하는 경우, 토지의 일시사용에 대한 동의의 의사표시를 할 의무의 존부를 다투는 소송

5. 객관적 소송(법정주의)

민중소송	의의 (제3조)	민중소송이란 "국가 또는 공공단체의 기관이 법률에 위반되는 행위를 한 때에 직접 자기의 법률상 이익과 관계없이 그 시정을 구하기 위하여 제기하는 소송"을 말한다. 17. 경행
	성격	민중소송은 국가 또는 공공단체의 기관의 위법행위를 시정하는 것을 목적으로 하는 **공익소송**이며, 개인의 법적 이익의 구제를 목적으로 하는 소송이 아니다.
	민중소송 법정주의 (제45조)	민중소송은 **법률이 정한 경우에 법률에 정한 자에 한하여 제기**할 수 있다. 예 선거에 관한 소송, 국민투표에 관한 소송, 주민소송
기관소송	의의 (제3조)	기관소송이란 "**국가 또는 공공단체의 기관 상호간에 있어서의 권한의 존부 또는 그 행사에 관한 다툼이 있을 때에 이에 대하여 제기하는 소송**"을 말한다. 다만, 헌법재판소의 관장사항으로 되어 있는 **권한쟁의심판은 행정소송법상 기관소송에서 제외**된다. 17·19. 경행
	기관소송 법정주의 (제45조)	기관소송은 **법률이 정한 경우에 법률에 정한 자에 한하여 제기**할 수 있다. 19. 경행 예 주무부장관이나 시·도지사의 이행명령에 대한 지방자치단체의 장의 소송

04 소송요건

1. 소송의 대상

원처분주의		현행 **행정소송법은 원처분주의를 채택**하고 있다(법 제19조). 다만, **개별법률에서 예외적으로 재결주의(재처분주의)를 채택**하고 있는 경우가 있다.
처분	법규정	행정소송법상 처분이란 "**행정청이 행하는 구체적 사실에 관한 법집행으로서의 공권력의 행사 또는 그 거부와 그 밖에 이에 준하는 행정작용**"을 말한다(법 제2조 제1항 제1호).
	학설	처분의 개념과 행정행위 개념이 동일한 것으로 보는 일원설과 다르게 이해하는 이원설의 대립이 있으나, 처분 개념이 행정행위 개념보다 더 넓은 개념이라는 이원설이 다수설적 입장이다.
	판례	**처분성의 인정에 법률의 근거는 필요하지 않은 것으로 본다**(대판 2018.11.29, 2015두52395).

2. 원고적격

의의	개념	원고적격이란 구체적인 소송에서 원고로서 소송을 수행하여 본안판결을 받을 수 있는 자격을 말하는 것이다.
	규정	행정소송법 제12조 전단은 "취소소송은 처분 등의 취소를 구할 법률상의 이익이 있는 자가 제기할 수 있다."고 원고적격을 규정하고 있다.
요건		① '원고적격이 있는 자'가 되기 위하여는 ㉠ 법률상 이익이 있는 자이어야 하며, ㉡ 동시에 그 이익이 직접적·구체적으로 침해를 당하였거나 침해될 것이 우려되는(개연성이 있는) 경우이어야 한다. ② 현행 행정소송법상 '법률상 이익'의 개념과 관련하여 권리구제설, 법률상 보호되는 이익구제설(법적 이익구제설), 보호할 가치 있는 이익구제설, 적법성 보장설이 대립하고 있는데, **다수설 및 판례는 법적 이익구제설을 취하고 있다.** ③ 판례는 처분의 근거법규 및 관계법규(취지 포함)에 의해 보호되는 직접적이고 구체적인 개인적 이익(사적 이익)을 법률상 이익으로 보고 있다. ④ 예를 들면, **처분의 관계법규인 환경영향평가법의 입법취지는** 환경영향평가를 실시하여야 할 사업(환경영향평가 대상사업)이 환경을 해치지 아니하는 방법으로 시행되도록 함으로써 해당 사업과 관련된 환경공익을 보호하려는 데 그치는 것이 아니라, **인근 주민들이** 전과 비교하여 수인한도를 넘는 환경침해를 받지 아니하고 **쾌적한 환경에서 생활할 수 있는 개별적 이익(사적 이익)까지도 보호**하려는 데에 있다(대판 2006.6.30, 2005두14363).

3. 협의의 소의 이익

개념	① 협의의 소의 이익이란 소송에 의해 **분쟁을 해결할 현실적 필요성**이 있어야 소송을 제기할 수 있다는 것으로 소송 요건 중의 하나이다. 이는 **권리보호의 필요성 또는 현실적 이익(현실적 필요성)**으로도 표현된다. ② **취소소송에서는** 취소를 구할 현실적 법률상 이익을 말하고, 무효등확인소송에서는 무효를 구할 현실적 법률상 이익을 말한다. ③ 일반적으로 원고적격이 있는 자가 항고소송을 제기한 경우에는 원칙상 협의의 소의 이익(권리보호의 필요성)이 있는 것으로 본다.
인정범위	① 협의의 소의 이익에서의 '법률상 이익'은 취소소송을 통하여 구제되는 **기본적인 법률상 이익뿐만 아니라 부수적인 법률상 이익도 포함**한다고 보는 점에서 원고적격에서의 법률상 이익보다 넓은 개념이라는 것이 다수견해이다. 이때 부수적인 이익도 법률상 이익이어야 한다. 예 파면처분을 다투던 중 원고가 정년에 달한 경우에는 기본적 권리인 공무원 지위의 회복은 불가능하지만, 봉급청구 등 부수적 이익이 있으므로 파면처분을 취소할 소의 이익이 있다. ② 판례는 행정소송법 제12조 소정의 '법률상 이익'을 전문(원고적격)의 그것과 후문(협의의 소의 이익)의 그것을 구별하지 않고 모두 '해당 처분의 근거 법률에 의하여 보호되는 직접적이고 구체적인 이익'이라고 해석하고, **간접적이거나 사실적·경제적 이해관계를 가지는 데 불과한 경우**는 여기에 해당되지 아니한다고 보고 있다[대판 1995.10.17, 94누14148(전합)].

4. 피고적격이 있는 행정청을 피고로 할 것

항고소송의 피고	① 행정소송법은 항고소송의 피고를 행정주체로 하지 않고 '처분 등을 행한 행정청'으로 하고 있다. ② 피고가 되는 '**처분 등을 행한 행정청**'이란 그의 이름으로 처분을 한 행정기관을 **말한다**. 정당한 권한을 가진 행정청인지 여부는 불문한다. 정당한 처분권한이 있는지 여부는 본안의 문제이다. ③ '행정청'에는 본래의 행정청(국가 또는 지방자치단체의 행정청 및 공공단체) 이외에 법령에 따라 행정권한의 위임 또는 위탁을 받은 행정기관, 공공단체 및 그 기관 또는 사인이 포함된다(동법 제2조). 공무수탁사인이 자신의 이름으로 처분을 한 경우에 공무수탁사인이 피고가 된다. 15. 경행 ④ 재결이 항고소송의 대상이 되는 경우에는 재결을 한 행정심판기관(행정심판위원회 등)이 피고가 된다.	
당사자소송의 피고	당사자소송은 '**국가 · 공공단체 그 밖의 권리주체**'를 피고로 한다(동법 제39조). 여기에서 '그 밖의 권리주체'란 공권력을 수여받은 행정주체의 사인, 즉 공무수탁사인을 의미한다.	
개별법상 피고	헌법재판소법 (제17조)	헌법재판소장이 한 처분에 대한 행정소송의 피고는 **헌법재판소 사무처장**으로 한다. 17. 경행
	노동위원회법 (제27조)	중앙노동위원회의 처분에 대한 소송은 **중앙노동위원회 위원장**을 피고로 하여 처분의 송달을 받은 날부터 15일 이내에 제기하여야 한다. 17. 경행
	국회사무처법 (제4조)	국회의장이 한 처분에 대한 행정소송의 피고는 **사무총장**으로 한다. 17. 경행

5. 제소기간 내에 제기할 것

항고소송의 제소기간	① 행정심판을 거친 경우
	    ㉠ 행정심판을 거쳐 취소소송을 제기하는 경우에는 취소소송은 **재결의 정본을 송달받은 날부터 90일 이내에 제기하여야 한다**(동법 제20조 제1항).
	    ㉡ 여기서 '행정심판을 거쳐 취소소송을 제기하는 경우'란 행정심판을 거쳐야 하는 경우와 그 밖에 행정심판청구를 할 수 있는 경우 또는 행정청이 행정심판청구를 할 수 있다고 잘못 알린 경우에 행정심판청구를 한 경우를 말한다(동법 제20조 제1항 단서).
	    ㉢ 제20조 제1항에 따른 기간은 **불변기간**이다(동법 제20조 제3항).
	② **행정심판을 거치지 않고 직접 취소소송을 제기하는 경우**: 행정심판을 거치지 않고 직접 취소소송을 제기하는 경우 취소소송은 **처분등이 있음을 안 날부터 90일 이내에 제기하여야 하고**(동법 제20조 제1항 본문), **처분등이 있은 날부터 1년을 경과하면 이를 제기하지 못한다**. 다만, 정당한 사유가 있는 때에는 그러하지 아니하다(동법 제20조 제2항). 13. 경행
	③ **무효등확인소송의 제소기간**: 제소기간에 제한이 없다(동법 제38조 제1항).
	④ **부작위위법확인소송의 제소기간**: 판례는 **행정심판을 거치지 않은 경우에는** 부작위위법확인소송의 특성상 제소기간의 제한을 받지 않는다고 보고, **행정심판을 거친 경우에는** 재결서의 정본을 송달받은 날부터 90일 이내에 부작위위법확인의 소를 제기하여야 한다고 본다(대판 2009.7.23. 2008두10560).

당사자소송의 제소기간	당사자소송의 **제기기간에는 원칙상 제한이 없고**, 이 경우에는 공법상 권리가 시효 등에 따라 소멸되지 않는 한 당사자소송을 제기할 수 있다.

6. 행정심판전치주의가 적용되는 경우 그 요건을 충족할 것

행정심판 임의적 전치주의원칙	취소소송은 법령의 규정에 의하여 당해 처분에 대한 **행정심판을 제기할 수 있는 경우에도** 이를 거치지 아니하고 제기할 수 있다. 다만, 다른 법률에 당해 처분에 대한 **행정심판의 재결을 거치지 아니하면 취소소송을 제기할 수 없다는** 규정이 있는 때에는 그러하지 아니하다(법 제18조 제1항). 16. 경행
적용범위	① **행정심판 전치주의는 취소소송과 부작위법확인소송에서 인정되며**(동법 제18조 제1항, 제38조 제2항) **무효확인소송에는 적용되지 않는다**(동법 제38조 제1항). ② **무효선언을 구하는 취소소송에는 행정심판전치주의가 적용된다**[대판 1976.2.24, 75누128(전합); 대판 1987.6.9, 87누219].

7. 관할법원

항고소송의 관할법원	행정법원이 설치된 지역(서울지역)에서는 행정법원, 행정법원이 설치되지 않은 지역(서울 이외의 지역)에서는 해당 지방법원 본원이 제1심 관할법원이 된다.
당사자소송의 관할법원	당사자소송의 관할법원은 취소소송의 경우와 같다. 다만, 국가 또는 공공단체가 피고인 경우에는 관계행정청의 소재지를 피고의 소재지로 본다(동법 제40조). 18. 경행
행정소송의 관할의 성격: 전속관할	행정소송의 관할은 행정법원의 전속관할이므로 민사법원은 계쟁사건의 관할이 행정법원인 경우 해당 사건을 행정법원으로 이송하여야 한다. 계쟁행정사건의 관할이 행정법원이 아니라 지방법원인 경우에는 그러하지 아니하다.

05 행정소송에서의 가구제

1. 행정소송법상의 집행정지

집행부정지의 원칙	위법한 처분 등을 다투는 항고소송이 제기된 경우에도 처분 등의 집행이나 효력을 정지시키지 않고 처분 등의 후속적인 집행을 인정하는 것을 '집행부정지의 원칙'이라 한다.
예외적인 집행정지	① 판례에 따르면 **거부처분은 집행정지의 대상이 되지 못한다.** 그 이유는 신청에 대한 거부처분의 효력을 정지하더라도 거부처분이 없었던 것과 같은 상태, 즉 거부처분이 있기 전의 **신청시의 상태로 되돌아가는 데에 불과하고 행정청에게 신청에 따른 처분을 하여야 할 의무가 생기는 것이 아니므로,** 거부처분의 효력정지는 그 거부처분으로 인하여 신청인에게 생길 손해를 방지하는 데 아무런 보탬이 되지 아니하여 그 효력정지를 구할 이익이 없기 때문이다(대결 1995.6.21, 95두26). 19. 경행 ② 집행정지는 공공복리에 중대한 영향을 미칠 우려가 있을 때에는 허용되지 않는다(동법 제23조 제3항). "공공복리에 중대한 영향을 미칠 우려"란 일반적이고 추상적인 공익에 대한 **침해의 가능성이 아니라 해당 처분의 집행과 관련된 구체적이고도 개별적인 공익에 중대한 해를 입힐 개연성을 말한다**(대결 1999.12.20, 99무42).

2. 가처분 인정 여부

① 우리 행정소송법은 행정처분에 대하여는 **가처분에 관한 명문의 규정을 두고 있지 않다.**
② 항고소송에 있어서 민사집행법상의 가처분에 관한 규정을 준용할 수 있다는 견해와 이를 부정하는 견해가 대립하고 있는데, 판례는 **민사집행법상의 가처분으로써 행정청의 어떠한 행정행위의 금지를 구하는 것은 허용될 수 없다는 소극설을 취하고 있다**(대결 1992.7.6. 92마54). 19. 경행
③ 공법상 당사자소송에서 집행정지는 인정되지 않지만, 공법상 당사자소송에서는 가압류가 인정된다. 19. 경행

06 행정소송의 심리와 판결

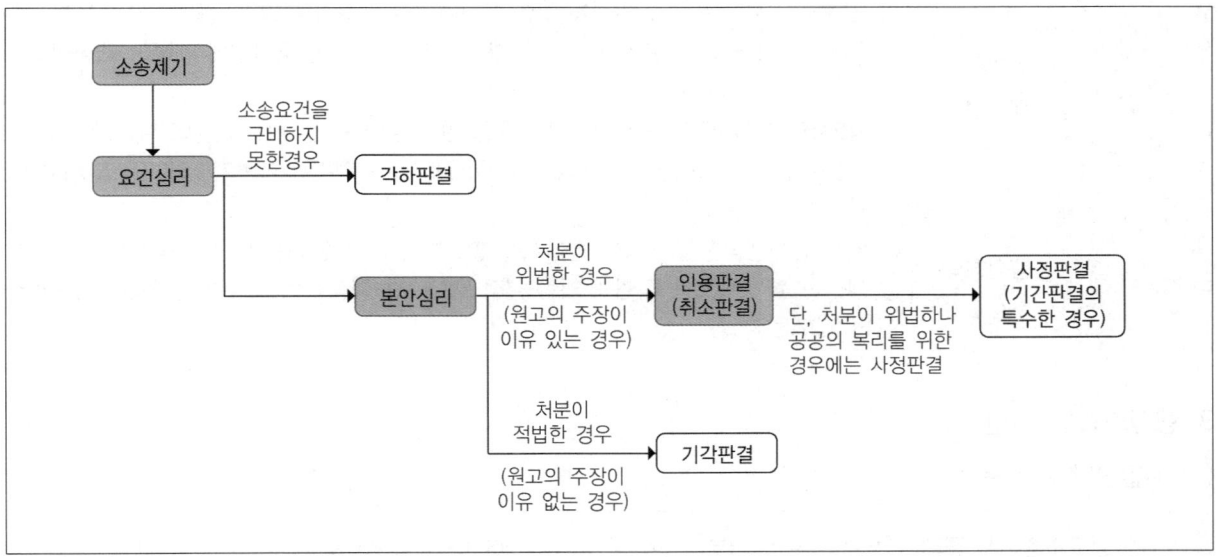

1. 심리의 원칙

민사소송법상의 심리절차의 준용		불고불리의 원칙, 공개심리주의, 쌍방심리주의, 구술심리주의, 변론주의 등이 행정소송의 심리에도 적용된다.
행정소송법상의 **특수한 소송절차**	직권심리주의	① 의의: 직권심리주의란 소송자료의 수집을 법원이 직권으로 할 수 있는 소송심리원칙을 말한다. **법원은 필요하다고 인정할 때에는 직권으로 증거조사를 할 수 있고, 당사자가 주장하지 아니한 사실에 대하여도 판단할 수 있다**(동법 제26조). 16·18. 경행 ② 당사자소송에의 준용: 취소소송의 직권심리주의는 공법상 당사자 소송에 준용된다(동법 제44조 제1항).
	행정심판 기록제출명령	행정소송법 제25조는 원고의 입증방법의 확보를 위하여 행정심판기록제출명령제도를 규정하고 있다.

2. 소송 병합과 소송참가

관련청구 소송의 병합		① 행정소송법은 취소소송에는 **사실심의 변론종결시까지** 관련청구소송을 병합하거나 피고 외의 자를 상대로 한 관련청구소송을 취소소송이 계속된 법원에 **병합하여 제기할 수 있다**(법 제10조 제2항). 이 규정은 무효등확인소송 및 당사자소송에 준용된다(동법 제38조 제1항, 제44조 제2항). ② '관련청구소송'이란 주된 취소소송 등의 대상인 처분등과 관련되는 손해배상·부당이득반환·원상회복 등 청구소송 및 취소소송을 말한다(동법 제10조 제1항).
소송참가	제3자의 소송참가	법원은 소송의 결과에 따라 권리 또는 이익의 침해를 받을 제3자가 있는 경우에는 당사자 또는 제3자의 신청 또는 직권에 따른 결정으로써 그 제3자를 소송에 참가시킬 수 있다(동법 제16조 제1항).
	제3자의 재심청구	① 처분 등을 취소하는 판결로 권리 또는 이익의 침해를 받은 제3자는 자기에게 책임 없는 사유로 소송에 참가하지 못함으로써 판결의 결과에 영향을 미칠 공격 또는 방어방법을 제출하지 못한 때에는 이를 이유로 확정된 종국판결에 대하여 재심의 청구를 할 수 있다(동법 제31조 제1항). ② 제3자의 재심청구는 확정판결이 있음을 안 날부터 **30일 이내**, 판결이 확정된 날부터 **1년 이내에 제기하여야 한다**(동조 제2항). 재심청구기간은 불변기간이다(동조 제3항). 12. 경행
	행정청의 소송참가	법원은 다른 행정청을 소송에 참가시킬 필요가 있다고 인정할 때에는 당사자 또는 해당 행정청의 신청 또는 직권에 의한 결정으로써 그 행정청을 소송에 참가시킬 수 있다(동법 제17조 제1항).

3. 행정소송의 판결

(1) 위법판단의 기준시

> ① **항고소송에서 판례는 처분의 위법 여부의 판단을** 처분시설에 따라 처분시의 사실 및 법률상태를 기준으로 하여 행하여야 한다는 견해를 취하고 있다(대판 1984.5.29, 83누692 등).
> ② **부작위위법확인소송은** 아무런 처분을 전제로 하지 않고, 인용판결의 효력(동법 제38조 제2항, 제30조 제2항)과의 관계에서 볼 때 현재의 법률관계에 있어서의 처분권 행사의 적부(適否)에 관한 것이라고 할 수 있기 때문에 **판결시설이 타당하다**는 것이 통설이며 판례의 입장이다(대판 1990.9.25, 89누4758).

(2) 취소소송 판결의 종류

각하판결		① 취소소송의 소송요건을 결여한 부적법한 소에 대하여는 본안심리를 거절하는 판결을 말한다. ② 소송요건의 충족 여부는 사실심 변론종결시를 기준으로 판단한다.
기각판결		① 본안심리의 결과 원고의 취소청구가 이유 없다고 판단되는 경우에 기각판결을 내린다. ② 계쟁처분이 위법하지 아니하고 적법하거나 단순한 부당에 그친 경우 또는 사정판결을 할 경우에도 기각판결을 내린다.
인용판결 (취소판결)	의의	취소소송에서 취소법원이 본안심리의 결과 원고의 취소청구 또는 변경청구가 이유 있다고 인정하는 경우에는 해당 처분의 전부 또는 일부를 취소하는 판결을 말한다.
	적극적 변경의 불허	판례는 취소소송에서는 **적극적 변경**(예 영업허가취소처분 → 3개월의 영업정지처분)은 **불가능**하고, 소극적 변경(일부취소)(예 3개월의 영업정지처분 → 2개월의 영업정지처분)만 가능하다고 **본다**(대판 1964.5.19. 63누177).
	일부취소의 가능성 (일부취소의 인정기준)	일부취소되는 부분이 **분리가능**하고, 당사자가 제출한 자료만으로 일부취소되는 부분을 명확히 확정할 수 있는 경우에는 일부취소가 **가능**하지만, 일부취소되는 부분이 분리가능하지 않거나 당사자가 제출한 자료만으로 **일부취소되는 부분을 명확히 확정할 수 없는 경우에는 일부취소를 할 수 없다.**
사정판결	의의	취소소송에 있어서 본안심리 결과, 원고의 청구가 이유 있다고 인정하는 경우, 즉 처분이 위법한 것으로 인정되는 경우에도 **공공복리**를 위하여 원고의 청구를 기각하는 판결을 말한다.
	사정판결의 요건	원고의 청구가 이유 있다고 인정되는 경우에도 그 처분이나 재결을 취소·변경하는 것이 현저히 공공복리에 적합하지 아니하다고 **인정하는 때에는 법원은 원고의 청구를 기각할 수 있다**(동법 제28조 제1항 전단). 17. 경행
	사정판결	사정판결을 하는 경우에 법원은 그 판결의 주문에서 **그 처분 등이 위법함을 명시하여야 한다.**
	사정조사	법원이 사정판결을 함에 있어서는 미리 **원고가 그로 인하여 입게 될 손해의 정도와 배상방법 그 밖의 사정을 조사하여야 한다.** 17. 경행
	원고의 권익구제	원고는 피고인 행정청이 속하는 국가 또는 공공단체를 상대로 손해배상, 제해시설의 설치 그 밖에 적당한 구제방법의 청구를 해당 **취소소송 등이 계속된 법원에 병합하여 제기할 수 있다**(동법 제28조 제3항).
	적용범위	행정소송법상 **사정판결은 취소소송에서만 인정되고, 무효등확인소송과 부작위위법확인소송에는 준용되고 있지 않다**(동법 제38조). 13. 경행

(3) 취소판결의 효력

① 의의

> ⊙ 확정된 취소판결의 효력에는 형성력, 기속력 및 기판력이 있다.
> ⓒ 형성력과 기속력은 인용판결에 인정되는 효력이고, 기판력은 인용판결뿐만 아니라 기각판결에도 인정되는 효력이다.

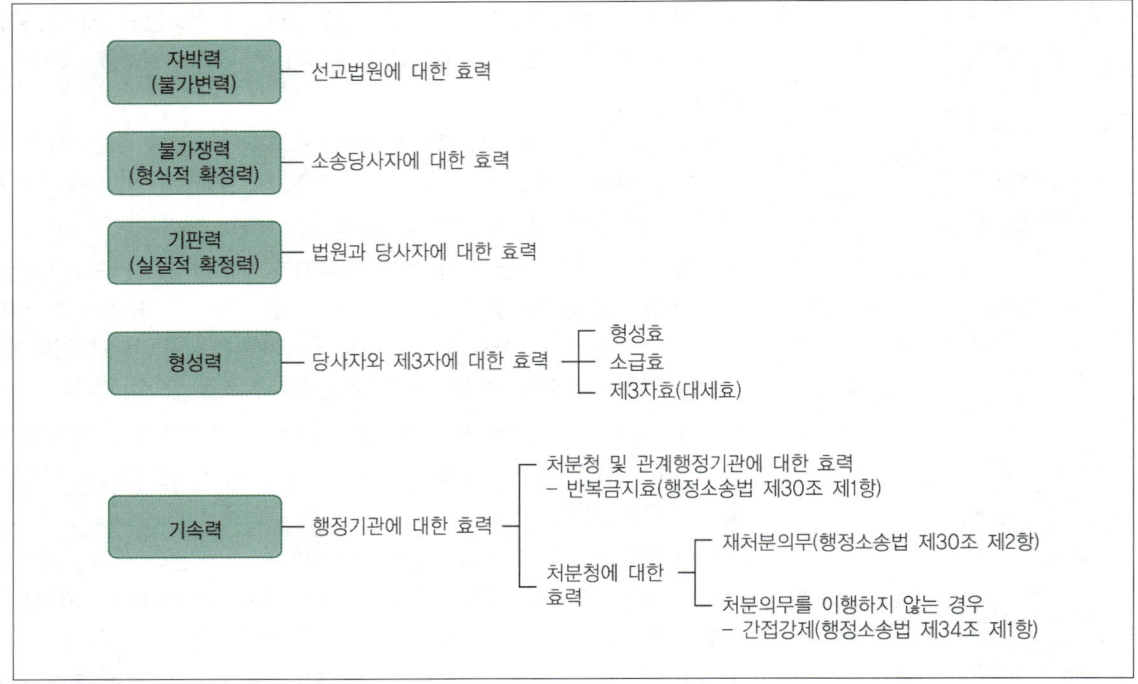

② 형성력

의의		형성력이란 계쟁처분 또는 재결의 **취소판결이 확정되면 해당 처분은 처분청의 취소를 기다릴 것 없이 당연히 효력을 상실하는 것**을 말한다. 15. 경행
형성력의 내용	형성효	계쟁처분의 **효력을 상실시키는 효력**을 말한다.
	소급효	**취소판결의 취소의 효과는 처분시로 소급**한다.
	제3자효 (대세효)	취소판결의 취소의 효력(형성효 및 소급효)은 소송에 관여하지 않은 제3자에 대하여도 미친다. 이를 취소의 대세적 효력(대세효)이라 한다. 14. 경행

③ 기속력

의의		기속력이란 행정청에 대하여 **판결의 취지에 따라** 행동하도록 소송당사자인 행정청과 그 밖의 관계행정청을 **구속하는 효력**을 말한다.
근거규정		**처분등을 취소하는 확정판결은 그 사건에 관하여** 당사자인 행정청과 그 밖의 관계행정청을 기속한다(법 제30조 제1항). 13 · 14. 경행
인정범위		⊙ 기속력은 **인용판결이 확정된 경우에 한하여** 인정되고 기각판결에는 인정되지 않는다. 따라서, **취소소송의 기각판결이 있은 후에라도 처분청은 해당 처분을 직권으로 취소할 수 있다.** ⓒ 기속력은 '판결의 취지'에 따라 행정청을 구속하는 효력인데, 판결의 취지는 처분이 위법이라는 것을 인정하는 판결의 주문과 판결이유 중에 나타난 개개의 위법사유를 포함한다 (대판 2001.3.23, 99두5238). ⓒ 처분의 위법 여부의 판단시점은 처분시이기 때문에 기속력은 처분 당시까지 존재하던 사유에 대하여만 미치고 그 이후에 생기는 사유에는 미치지 아니한다.
내용	반복금지의무	반복금지란 **동일한 사안에 대해 동일한 행정행위(처분)의 반복을 금지**하고, 판결의 취지에 반하는 행위를 금지하는 효력이다.
	원상회복의무	① 취소판결의 기속력에 **원상회복의무(위법상태제거의무)**가 포함되는지에 관하여 명문의 규정은 없지만, **판례는 이를 긍정**하고 있다. ② 행정청은 취소판결이 확정되면 **취소된 처분으로 초래된 위법상태를 제거하여 원상회복시킬 의무**를 진다. 💡 파면처분이 취소된 경우 행정청은 원고를 복직시켜야 한다.
	재처분의무	판결에 의하여 **취소되는 처분이 당사자의 신청을 거부하는 것을 내용으로 하는 경우에는** 그 처분을 행한 행정청은 판결의 취지에 따라 **다시 이전의 신청에 대한 처분을 하여야 한다**(동법 제30조 제2항). 15. 경행
기속력 위반의 효과		기속력에 **위반하여 행한 행정청의 행위는 당연무효가 된다**(대판 1990.12.11, 90누3560).

④ 기판력

의의	개념	기판력이란 일단 **재판이 확정된 때에는 소송당사자는 동일한 소송물에 대하여는 다시 소를 제기할 수 없다**는 것을 말한다. 설사 동일한 소송물에 대해 소가 제기되어도 상대방은 기판사항이라는 이유로 항변을 할 수 있으며 법원도 일사부재리의 원칙에 따라 확정판결과 내용적으로 모순되는 다른 판단을 하지 못하는 효력을 말한다.
	근거	⊙ **행정소송법상에는 기판력에 관한 명문의 규정을 두고 있지 않다.** ⓒ 행정소송법 제8조 제2항에 따라 **민사소송법상 기판력 규정이 준용**되어 인정되는 것이다.
	인정	⊙ 기판력은 **확정된 종국판결에 인정**된다. ⓒ **인용판결뿐만 아니라 기각판결, 소송판결(각하판결)에도 인정**된다. ⓒ 판례는 기속력과 기판력을 혼용해서 사용하기도 한다.

범위		
	주관적 범위	㉠ 취소소송의 기판력은 당사자 및 이와 동일시할 수 있는 자에게만 미치며 제3자에게는 미치지 않는다. ㉡ 판례는 기판력이 관계 행정청에도 미치는 것으로 보고 있다(대판 1992.12.8, 92누6891).
	객관적 범위 15. 경행	㉠ 일반적으로 기판력은 판결의 주문에 포함된 것에 한하여 인정된다(민사소송법 제216조 제1항). ㉡ 취소소송의 기판력은 인용판결의 경우에는 해당 **처분이 위법하다**는 점에 미치고, 기각판결의 경우에는 해당 **처분이 적법하다**는 점에 미친다. ㉢ 무효확인소송의 기판력은 인용판결의 경우에는 해당 **처분이 위법하다**는 점과 해당 **처분이 무효라는 점**에 대하여 미치고, 기각판결의 경우에는 해당 **처분이 무효가 아니라는 점**에 미친다. ㉣ 소송판결(각하판결)의 기판력은 그 판결에서 확정한 **소송요건의 흠결**에 관하여 미친다.
	시간적 범위	㉠ 기판력은 사실심 변론의 종결시를 기준으로 하여 발생한다. ㉡ 처분청은 해당 사건의 사실심 변론종결 이전에 주장할 수 있었던 사유를 내세워 확정판결과 저촉되는 처분을 할 수 없고 하여도 무효이다.

07 행정소송 기출판례

1. 현행 행정소송법상 행정청으로 하여금 일정한 행정처분을 하도록 명하는 이행판결을 구하는 소송이나 법원으로 하여금 행정청이 일정한 행정처분을 행한 것과 같은 효과가 있는 행정처분을 직접 행하도록 하는 **형성판결을 구하는 소송은 허용되지 아니한다**(대판 1997.9.30, 97누3200). 10. 경행
2. 국가보훈처장 등이 발행한 책자 등에서 독립운동가 등의 활동상을 잘못 기술하였다는 등의 이유로 그 사실관계의 확인을 구하거나, 국가보훈처장의 서훈추천서의 행사, 불행사가 **당연무효 또는 위법임의 확인을 구하는 청구는 항고소송의 대상이 되지 않는다**(대판 1990.11.23, 90누3553). 10. 경행
3. 조례가 집행행위의 개입 없이도 그 자체로서 직접 국민의 구체적인 권리의무나 법적 이익에 영향을 미치는 등의 법률상 효과를 발생하는 경우 그 **조례는 항고소송의 대상이 되는 행정처분에 해당한다**(대판 1996.9.20, 95누8003). 10. 경행
4. 건축건물의 준공처분을 하여서는 아니 된다는 내용의 부작위를 구하는 청구는 행정소송에서 허용되지 아니하는 것이므로 **부적법**하다(대판 1987.3.24, 86누182). 10. 경행
5. 환경영향평가 대상지역 안의 주민과 달리 환경영향평가 밖의 **주민은 입증을 하여야 원고적격이 인정된다**[대판 2006.3.16, 2006두330(전합)]. 12. 경행
6. 자연물인 도롱뇽 또는 그를 포함한 **자연 그 자체로서는 소송을 수행할 당사자능력을 인정할 수 없다**는 것이 판례의 태도이다(대결 2006.6.2, 2004마1148). 12. 경행

7. 건설교통부장관은 지방자치단체의 장이 기관위임사무인 국토이용계획 사무를 처리함에 있어 자신과 의견이 다를 경우 행정협의조정위원회에 협의·조정 신청을 하여 그 협의·조정 결정에 따라 의견 불일치를 해소할 수 있고, 법원에 의한 판결을 받지 않고서도 행정권한의 위임 및 위탁에 관한 규정이나 구「지방자치법」에서 정하고 있는 지도·감독을 통하여 직접 지방자치단체의 장의 사무처리에 대하여 시정명령을 발하고 그 사무처리를 취소 또는 정지할 수 있으며, 지방자치단체의 장에게 기간을 정하여 직무이행명령을 하고 지방자치단체의 장이 이를 이행하지 아니할 때에는 직접 필요한 조치를 할 수도 있으므로, **국가가 국토이용계획과 관련한 지방자치단체의 장의 기관위임사무의 처리에 관하여 지방자치단체의 장을 상대로 취소소송을 제기하는 것은 허용되지 않는다**(대판 2007.9.20. 2005두6935). 12. 경행

8. 환경상 이익에 대한 침해 또는 침해 우려가 있는 것으로 사실상 추정되어 원고적격이 인정되는 자는 환경상 침해를 받으리라고 예상되는 영향권 내의 주민들을 비롯하여 그 영향권 내에서 농작물을 경작하는 등 현실적으로 환경상 이익을 향유하는 자도 포함된다고 할 것이나, 단지 그 영향권 내의 건물·토지를 소유하거나 환경상 이익을 일시적으로 향유하는데 그치는 자는 포함되지 않는다고 할 것이다(대판 2009.9.24. 2009두2825). 12. 경행

9. 개발제한구역 중 일부 취락을 개발제한구역에서 해제하는 내용의 도시관리계획변경결정에 대하여, **개발제한구역 해제대상에서 누락된 토지의 소유자는 위 결정의 취소를 구할 법률상 이익이 없다**(대판 2008.7.10. 2007두10242). 15. 경행

10. 「원자력법」제12조 제2호(발전용 원자로 및 관계 시설의 위치·구조 및 설비가 대통령령이 정하는 기술수준에 적합하여 방사성물질 등에 의한 인체·물체·공공의 재해방지에 지장이 없을 것)의 취지는 원자로 등 건설사업이 방사성물질 및 그에 의하여 오염된 물질에 의한 인체·물체·공공의 재해를 발생시키지 아니하는 방법으로 시행되도록 함으로써 방사성물질 등에 의한 생명·건강상의 위해를 받지 아니할 이익을 일반적 공익으로서 보호하려는 데 그치는 것이 아니라 **방사성물질에 의하여 보다 직접적이고 중대한 피해를 입으리라고 예상되는 지역 내의 주민들의 위와 같은 이익을 직접적·구체적 이익으로서도 보호하려는 데에 있다** 할 것이므로, 위와 같은 지역 내의 주민들에게는 방사성물질 등에 의한 생명·신체의 안전침해를 이유로 **부지사전승인처분의 취소를 구할 원고적격이 있다**(대판 1998.9.4. 97누19588). 15. 경행

11. 어떠한 고시가 일반적·추상적 성격을 가질 때에는 법규명령 또는 행정규칙에 해당할 것이지만, 다른 집행행위의 매개 없이 그 자체로서 직접 국민의 구체적인 권리의무나 법률관계를 규율하는 성격을 가질 때에는 행정처분에 해당한다. 보건복지부 고시인 약제급여·비급여목록 및 급여상한금액표(보건복지부 고시 제2002-46호로 개정된 것)는 다른 집행행위의 매개 없이 그 자체로서 국민건강보험가입자, 국민건강보험공단, 요양기관 등의 법률관계를 직접 규율하는 성격을 가지므로 항고소송의 대상이 되는 행정처분에 해당한다. 보건복지부 고시인 약제급여·비급여목록 및 급여상한금액표로 인하여 자신이 제조·공급하는 약제의 상한금액이 인하됨에 따라 위와 같이 보호되는 법률상 이익이 침해당할 경우, **제약회사는 위 고시의 취소를 구할 원고적격이 있다**(대판 2006.9.22. 2005두2506). 15. 경행

12. 대학생들이 **전공이 다른 교수를 임용함으로써 학습권을 침해**당하였다는 이유를 들어 **교수임용처분의 취소를 구할 소의 이익이 없다**(대판 1993.7.27. 93누8139). 15. 경행

13. 지방의회를 대표하고 의사를 정리하며 회의장 내의 질서를 유지하고 의회의 사무를 감독하며 위원회에 출석하여 발언할 수 있는 등의 직무권한을 가지는 지방의회 의장에 대한 불신임의결은 의장으로서의 권한을 박탈하는 행정처분의 일종으로서 항고소송의 대상이 된다(대판 1994.10.11. 94두23). 18. 경행

14. 현역병입영대상자로 병역처분을 받은 자가 그 취소소송 도중에 모병에 응하여 **현역병으로 자진 입대한 경우**에는 권리보호의 필요가 없는 경우로서 **소의 이익을 인정할 수 없다**(대판 1998.9.8. 98두9165). 18. 경행

15. **소송요건의 충족 여부는 변론종결시를 기준으로** 하는 것이므로, 변론종결시까지 전치의 요건이 충족되면 하자는 치유되어 부적법 각하하여서는 아니 된다(대판 1987.4.28. 86누29). 18. 경행

16. 행정청이 공무원에 대하여 새로운 직위해제사유에 기한 직위해제처분을 한 경우 그 이전에 한 직위해제처분은 이를 **묵시적으로 철회**하였다고 봄이 **상당**하고, 그렇다면 직위해제처분무효확인 및 정직 처분취소소송 중 이미 철회되어 그 효력이 상실된 직위해제처분의 취소를 구하는 부분은 존재하지 않는 행정처분을 대상으로 한 것으로서, **그 소의 이익이 없다**(대판 1996.10.15. 95누8119). 13. 경행

17. 고등학교에서 퇴학처분을 당한 후 **고등학교졸업학력검정고시에 합격한 경우, 퇴학처분의 취소를 구할 소의 이익이 있다**(대판 1992.7.14. 91누4737). 13. 경행

18. 공익근무요원 소집해제신청을 거부한 후에 원고가 계속하여 공익근무요원으로 복무함에 따라 복무기간 만료를 이유로 소집해제처분을 한 경우, 원고가 입게 되는 권리와 이익의 침해는 소집해제처분으로 해소되었으므로 위 거부처분의 취소를 구할 소의 이익이 없다(대판 2005.5.13. 2004두4369). 13. 경행

19. 현역병입영 대상자로 병역처분을 받은 자가 그 취소소송 중 모병에 응하여 현역병으로 자진 입대한 경우, **소의 이익이 없다**(대판 1998.9.8. 98두9165). 13. 경행

20. 폐기물처리시설의 설치·운영으로 인하여 환경상 이익에 대한 침해 또는 침해우려가 있다는 것을 입증함으로써 그 처분의 무효확인을 구할 **원고적격을 인정받을 수 있다**(대판 2005.3.11. 2003두13489). 12. 경행

21. 상수원에서 급수를 받고 있는 지역주민들이 가지는 상수원의 오염을 막아 양질의 급수를 받을 이익은 직접적이고 구체적으로는 보호하고 있지 않음이 명백하여 위 지역주민들이 가지는 이익은 상수원의 확보와 수질보호라는 공공의 이익이 달성됨에 따라 **반사적으로 얻게 되는 이익에 불과**하므로 지역주민들에 불과한 원고들에게는 위 **상수원보호구역변경처분의 취소를 구할 법률상의 이익이 없다**(대판 1995.9.26. 94누14544). 12. 경행

22. 공중목욕장업 경영허가는 경찰금지의 해제로 인한 영업자유의 회복에 불과하므로, **신규 공중목욕장 허가영업으로 기존 목욕장업자의 이익이 감소되었다 하여도 이는 사실상의 반사적 이익에 불과하다**(대판 1963.8.31. 63누101). 12. 경행

23. 대학생들이 전공이 다른 교수를 임용함으로써 학습권을 침해당하였다는 이유를 들어 **교수임용처분의 취소를 구할 소의 이익이 없다**(대판 1993.7.27. 93누8139). 12. 경행

24. 어업권면허에 선행하는 우선순위결정은 행정청이 우선권자로 결정된 자의 신청이 있으면 어업권 면허처분을 하겠다는 것을 약속하는 행위로서 강학상 **확약에 불과하고 행정처분은 아니므로**, 우선순위 결정에 공정력이나 불가쟁력과 같은 **효력은 인정되지 아니한다**(대판 1995.1.20. 94누6529). 15. 경행

25. 교육부장관이 시·도교육감에 통보한 대학입시기본계획 내의 **내신성적산정지침은 항고소송의 대상이 아니다**(대판 1994.9.10. 94두33). 15. 경행

26. **문화재보호구역 내에 있는 토지소유자**는 그 보호구역의 지정해제를 요구할 수 있는 **법규상 또는 조리상의 신청권이 있다**(대판 2004.4.27. 2003두8821). 15. 경행

27. 한국마사회가 **조교사 또는 기수의 면허를 부여하거나 취소하는 것은** 일반사법상의 법률관계에서 이루어지는 단체 내부에서의 **징계 내지 제재처분에 불과하다**(대판 2008.1.31. 2005두8269). 15. 경행

28. **시험승진후보자명부에서의 삭제행위는** 결국 그 명부에 등재된 자에 대한 승진 여부를 결정하기 위한 행정청 내부의 준비과정에 불과하고, 그 자체가 어떠한 권리나 의무를 설정하거나 법률상 이익에 직접적인 변동을 초래하는 별도의 **행정처분이 된다고 할 수 없다**(대판 1997.11.14. 97누7325). 15. 경행

29. 금융기관의 임원에 대한 금융감독원장의 문책경고는 그 상대방에 대한 직업선택의 자유를 직접 제한하는 효과를 발생하게 하는 등 **상대방의 권리의무에 직접 영향을 미치는 행위로서 항고소송의 대상이 되는 행정처분에 해당한다**(대판 2005.2.17. 2003두14765). 15. 경행

30. 공정거래위원회의 '**표준약관 사용권장행위**'는 그 통지를 받은 해당 사업자 등에게 표준약관과 다른 약관을 사용할 경우 표준약관과 다르게 정한 주요내용을 고객이 알기 쉽게 표시하여야 할 의무를 부과하고, 그 불이행에 대해서는 과태료에 처하도록 되어 있으므로, 이는 사업자 등의 권리·의무에 직접 영향을 미치는 행정처분으로서 항고소송의 대상이 된다(대판 2010.10.14. 2008두23184). 14·15. 경행

31. 운전면허 행정처분처리대장상 벌점의 배점은 무효확인 또는 취소를 구하는 소송의 대상이 되는 **행정처분이라고 할 수 없다**(대판 1994.8.12. 94누2190). 14. 경행
32. 건축계획심의신청에 대한 반려처분은 항고소송의 대상이 된다 할 것이다(대판 2007.10.11. 2007두1316). 14. 경행
33. 운전면허 행정처분처리대장상 벌점의 배점은 **행정처분이라고 할 수 없다**(대판 1994.8.12. 94누2190). 11. 경행
34. 병역법상 신체등위판정은 **항고소송의 대상이 되는 행정처분이라 보기 어렵다**(대판 1993.8.27. 93누3356). 11. 경행
35. 조례가 집행행위의 개입 없이도 그 자체로서 직접 국민의 구체적인 권리의무나 법적 이익에 영향을 미치는 등의 법률상 효과를 발생하는 경우 그 조례는 항고소송의 대상이 되는 행정처분에 해당하고, 이러한 조례에 대한 무효확인소송을 제기함에 있어서 행정소송법 제38조 제1항, 제13조에 의하여 피고적격이 있는 **처분 등을 행한 행정청은**, 행정주체인 지방자치단체 또는 지방자치단체의 내부적 의결기관으로서 지방자치단체의 의사를 외부에 표시한 권한이 없는 지방의회가 아니라, 지방자치단체의 집행기관으로서 **조례로서의 효력을 발생시키는 공포권이 있는 지방자치단체의 장이다**(대판 1996.9.20. 95누8003). 11. 경행
36. 원주시를 혁신도시 **최종입지로 선정한 행위는** 항고소송의 대상이 되는 **행정처분으로 볼 수 없다**(대판 2007.11.15. 2007두10198). 11. 경행
37. 「토지구획정리사업법」 제57조, 제62조 등의 규정상 환지예정지 지정이나 환지처분은 그에 의하여 직접 토지소유자 등의 권리의무가 변동되므로 이를 항고소송의 대상이 되는 처분이라고 볼 수 있으나, 환지 계획은 위와 같은 환지예정지 지정이나 환지처분의 근거가 될 뿐 그 자체가 직접 토지소유자 등의 법률상의 지위를 변동시키거나 또는 환지예정지 지정이나 환지처분과는 다른 고유한 법률효과를 수반하는 것이 아니어서 이를 항고소송의 대상이 되는 처분에 해당한다고 할 수가 없다(대판 1999.8.20. 97누6889). 18. 경행
38. 징계혐의자에 대한 **감봉 1월의 징계처분을 견책으로 변경한 소청 결정** 중 그를 견책에 처한 조치가 재량권의 남용 또는 일탈로서 위법하다는 사유는 소청 결정 자체에 고유한 위법을 주장하는 것으로 볼 수 없어 **소청 결정의 취소사유가 될 수 없다**(대판 1993.8.24. 93누5673). 19. 채용
39. 변경처분에 의하여 유리하게 변경된 내용의 행정제재가 위법하다는 이유로 그 취소를 구하는 경우 취소소송의 대상은 변경된 내용의 당초처분이지 변경처분은 아니고, 제소기간의 준수 여부도 **변경처분이 아닌 변경된 내용의 당초처분을 기준으로 판단하여야 한다**(대판 2007.4.27. 2004두9302). 19. 채용
40. 후속처분의 내용이 종전처분의 유효를 전제로 내용 중 일부만을 추가·철회·변경하는 것이고 추가·철회·변경된 부분이 내용과 성질상 나머지 부분과 **불가분적인 것이 아닌 경우에는**(불가분적인 것인 경우×), 후속처분에도 불구하고 종전처분이 여전히 항고소송의 대상이 된다[대판 2015.11.19. 2015두295(전합)]. 19. 채용
41. 행정처분의 집행정지는 행정처분집행 부정지의 원칙에 대한 예외로서 인정되는 일시적인 응급처분이라 할 것이므로 집행정지결정을 하려면 이에 대한 본안소송이 법원에 제기되어 계속중임을 요건으로 하는 것이므로 집행정지결정을 한 후에라도 본안소송이 취하되어 소송이 계속하지 아니한 것으로 되면 집행정지결정은 당연히 그 효력이 소멸되는 것이고 별도의 취소조치를 필요로 하는 것이 아니다(대판 1975.11.11. 75누97). 18. 경행
42. 집행정지의 요건으로 규정하고 있는 '공공복리에 중대한 영향을 미칠 우려'가 없을 것이라고 할 때의 '공공복리'는 그 **처분의 집행과 관련된 구체적이고 개별적인 공익을 말한다**(대판 2004.5.17. 2004무6). 18. 경행

해커스경찰
police.Hackers.com

PART 04 경찰행정학

Chapter 01 경찰관리일반론
Chapter 02 경찰조직관리
Chapter 03 경찰인사관리
Chapter 04 경찰예산관리
Chapter 05 경찰장비관리
Chapter 06 경찰보안관리
Chapter 07 경찰홍보
Chapter 08 경찰통제

해커스경찰
김민철 경찰학 기본서

Chapter 01 / 경찰관리일반론

01 정책결정모델 :C급:

합리모델 (Rational model)	① 합리모델은 인간을 합리적 사고방식을 따르는 경제인으로 전제하면서 최적화의 기준에 따라 문제나 목표를 완전히 파악하고 대안을 포괄적으로 탐색하여 가장 합리적인 최적대안을 선택할 수 있다고 본다. 21. 지방7급 ② 합리모델은 정책결정에서 인간의 주관적이고 감정적인 요소를 배제하고 **정치적 현실의 역동성을 고려하지 않고**, 의사결정자의 완전한 경제적 합리성을 전제로 정책을 결정한다. 14. 행정사, 18. 소간, 21. 국회9급 ③ 합리모델에서는 목표나 가치가 명확하게 고정되어 있다는 가정하에 목표달성의 극대화를 위해 최선의 대안선택을 추구하는 결정모델이다. 따라서 문제상황이 명확해야 하며, 각 대안 간 우선순위가 명확해야 하고, 각 대안의 비용과 편익이 명확하여 대안을 선택할 수 있어야 한다. ④ 합리모델은 의사결정자들이 사회적으로 추구하는 가치와 그것들의 우선순위를 보여주는 일련의 목표들을 설정할 능력이 있다고 가정한다. 20. 경간 ⑤ 합리모델은 미래에 발생할 현상을 예측하고 모든 대안을 검토한 후, 가장 만족스러운 대안을 채택한다. 21. 소간 ⑥ 합리모델은 부분적 최적화가 아닌 **전체적 최적화**를 위해 체계적·포괄적 대안탐색과 분석을 실시하여 포괄적인 가치변화를 추구한다. 17. 승진 ⑦ 기존정책이나 사업의 매몰비용으로 인해 현실 적합성이 떨어지는 한계가 있다. 21. 지방7급 ⑧ 외부요인을 고려하지 못하고 **정책결정자의 의사결정만을 미시적으로 강조**하는 것은 합리모델의 한계이다. 19. 소간
만족모델 (Satisfying model) Simon & March	① 사이먼(Simon)에 따르면, 인간의 합리성은 제한적이어서 정책결정자는 **최선의 대안을 추구하기 어렵고 만족스러운 대안을 추구**하게 된다. 21. 경간 ② **만족모델**은 제한된 합리성을 중시하며 정책결정자의 주관적이고 현실적인 판단에 근거하여 합리적 결정을 내리기 위한 최선의 노력을 전제로 한다. 17. 경간, 18. 소간, 21. 국회9급 ③ 만족모델은 실제 의사결정자들이 모든 대안의 탐색이 아닌, 무작위이고 순차적으로 몇 개의 대안만을 탐색하여 만족할 만한 결과를 도출하면 의사결정을 종료한다. 주관적으로 만족할만한 대안을 선택하고 최적대안을 선택하는 것은 극히 예외적이다. 14. 국가7급, 20. 경간, 21. 소간 ④ 만족 모델(Satisfying model)은 정책결정자가 최선의 합리성을 추구하기보다는, **시간적 공간적 재정적 측면에서 여러 요인을 고려하여 만족할 만한 수준에서 결정**한다. 22. 경간

점증모델 (Incremental model) Lindblom & Wildavsky	① 점증주의적 정책결정모델은 합리주의적 정책결정모델의 현실적 한계를 비판하면서 등장한 모델으로서, 다원적 정치체제의 정책결정에 대한 설명력이 우수하다. 17. 경간 ② 점증모델은 **기존 정책을 토대로 수정 보완하여 약간 개선된 상태의 정책대안을 채택**한다. 14. 행정사, 14. 국가7급, 21. 소간 ③ 점증모델은 **당사자들간 타협에 의한 정치적 합리성을 중시하는 모델**로, 정책결정을 다양한 정치적 이해를 가진 당사자들의 **타협과 조정의 산물**이라는 현실을 반영한 것으로 설명한다. 18. 소간, 21. 국회9급 ④ 윌다프스키(Wildavsky)에 따르면, **예산 결정은 과거의 지출 수준을 토대로 점증적으로 결정될 가능성이 크다.** 21. 경간 ⑤ 점증주의적 정책결정은 **점증적인 정책대안 선택이 가능한 가분적인 정책(divisible policies)** 이다. 비가분적 정책(indivisible policies)에 대해서는 점증주의 정책결정모델을 적용하기 어렵다. 20. 경간 ⑥ 점증모델은 **정책의 목표와 수단이 뚜렷하게 구분되지 않으므로 목표와 수단 사이의 관계 분석에 한계가 있다.** 17. 승진 [정책결정의 점증모델에 대한 비판] 19. 소간 ㉠ 기존 정책이 그대로 유지되므로, 한번 잘못된 결정이 이루어지면 지속적으로 **잘못된 결정이 반복될 가능성이 높다.** ㉡ **안정된 선진국에 적합**하며, 경제·사회발전이 시급한 개도국 상황에는 부적합하다. ㉢ 점증모델은 **정치성(정치적 합리성, 정치적 실현가능성)을 고려하므로 외부요인을 고려한다.** ㉣ 정치적 반대를 고려하므로, 기존 정책·사업의 축소·종결이 곤란하여 '눈덩이 굴리기식 결정'이 이뤄지므로 **감축관리가 곤란**하다. ㉤ 새로운 환경을 반영하는 **혁신 또는 개혁적 정책결정이 어렵다.**
혼합탐사모델 (Mixed scanning model) A. W. Etzioni	① 혼합탐사모델(Mixed scanning model)은 점증모델(Incremental model)의 단점을 합리모델(Rational model)과의 통합을 통해서 보완하기 위해 주장된 것이다. 정책결정을 근본적 결정과 세부적 결정으로 나누고, 합리적 결정과 점증적 결정을 적절하게 혼합하여 의사결정을 한다. 22. 경간 ② 혼합탐사모델은 근본적 결정과 세부적 결정으로 나누어 **근본적 결정의 경우 합리모델을, 세부적 결정의 경우 점증모델의 의사결정방식을 따른다.** 18. 소간, 20. 경간 ③ 혼합탐사모델에서 **기본적 결정은 모든 대안에 대하여 개략적인 검토를 하고 세부적 결정에 대해서는 몇 가지 한정적인 대안에 대해 모든 결과를 세밀하게 분석한다.** 17. 경간 ④ 거시적이고 장기적인 안목에서 대안의 방향성을 탐색하는 한편 그 방향성 안에서 심층적이고 대안적인 변화를 시도하는 것이 바람직하다. 20. 해승 ⑤ 혼합탐사모델에서 나무보다는 숲(모든 대안)을 개괄적(한정된 결과)으로 파악하는 유형의 결정은 합리적 결정이며, 반대로 점증적 결정은 숲보다는 나무(한정된 대안)를 자세하게(모든 결과) 파악하는 결정을 말한다. 17. 승진 ⑥ 혼합탐사모델은 합리모델과 점증모델을 결합한 모델이지만 **기술적 타당성을 높이는 구체적 방법을 제시하지 못하였으며 합리모델과 점증모델의 결함을 극복해주지도 못하였다는 평가를 받는다.** 21. 국회9급

최적모델 (Optimal model) Y. Dror	① 최적모델은 정책결정과정을 체제론적 관점에서 파악하고 정책결정체제의 **산출이 투입보다 크도록** 정책성과를 최적화하기 위해 **경제적 합리성뿐만 아니라** 직관, 창의성, 판단력, 예견력, 영감, 추측, 암시 등의 **초합리적 요소까지도 고려하는** 이론모델이다. 최적화가 가능하려면 미시적으로 정책결정만 볼 것이 아니라 정책결정체제가 전체적으로 잘 설계되어야 된다는 점에서 정책결정체제를 모델 속에 포함시킨다. 18. 소간, 21. 경간 ② 최적 모델(Optimal model)은 합리모델의 비현실성과 점증모델의 보수성을 극복하기 위하여 **이상주의와 현실주의의 통합**을 시도한 것이다. 이 모델은 기존의 정책을 바탕으로 이루어지는 점증주의 성향을 비판하면서, **새로운 결정을 내릴 때마다 정책방향도 다시 검토할 것**을 주장한다. 22. 경간 ③ **비정형적인 결정의 경우** 직관의 활용, 가치판단, 창의적 사고, 브레인스토밍을 통한 **초합리적 아이디어까지 고려할 것을 주장한다.** 20. 해승 ④ 최적모델은 **기존의 계량적 분석뿐만 아니라 직관적 판단에 의한 결정도 중요하다고 본다.** 21. 소간 ⑤ 드로(Dror)가 제시한 최적모델에서 메타정책결정단계(meta-policy making stage)에 해당하는 것은 정책결정전략의 결정, 자원의 조사·처리 및 개발 등이 있다. **정책집행을 위한 동기부여는 후정책결정단계(post-policymaking)에 해당**한다. 19. 경간, 20. 경간 ⑥ 드로(Dror)는 최적모델에서 상위정책결정단계(meta-policy making, 초정책결정단계)를 가치의 처리, 현실의 처리, 문제의 처리, 자원의 조사·처리·개발, 결정시스템 설계·평가·재설계, 문제·가치·자원의 할당, 정책결정전략의 결정 등의 **7단계를 제시**하고 있다. 19. 경간
쓰레기통모델 (Garbage can model) Cohen & March & Olsen	① Cohen, March & Olsen 등의 쓰레기통모델(Garbage can model)에 따르면, 조직의 의사결정은 **고도로 불확실한 상황에서 비합리적으로 이루어진다.** ② 쓰레기통모델은 정책문제, 해결책, 선택기회, 참여자**의 네 요소가 독자적으로 흘러다니다가 어떤 계기로 교차하여** 만나게 될 때 **의사결정이 이루어진다고 보는 모델이다.** 14. 국가7급, 17·22. 경간, 21. 소간 → 서로 아무 관계없이 독자적으로 흘러 다니다가 어떤 사건(계기)이 발생하면 **우연히 하나의 쓰레기통 안으로 들어와 한곳에 모여지게 될 때** 의사결정이 이루어진다고 본다. ③ 쓰레기통모델의 의사결정 방식에는 **끼워넣기(by oversight)와 미뤄두기(by flight)가 포함된다.** 21. 국가7급 → **끼워넣기는** 다른 관련 문제가 제기되기 전에 재빨리 의사결정을 하는 **날치기 통과**를 의미하며, **미뤄두기는** 걸림돌이 되는 문제가 사라질 때까지 결정을 미루는 **진빼기 결정전략**에 해당한다. ④ 쓰레기통모델은 대형 참사를 계기로 **그동안 해결하지 못했던 정책문제에 관한 대책을 마련하게 되는 상황을 설명하는 정책결정모델이다.** 20. 승진 ⑤ 쓰레기통모델에서는 의사결정의 4가지 흐름(문제, 해결책, 의사결정기회, 참여자)이 나타나 있어도 의사결정이 되지 않고 즉, 쓰레기통모델이 상정하는 '응집력이 약한 조직과 조직화된 무정부상태'에서는 문제를 크게 부각시키는 극적인 사건 또는 정치적 사건 등 점화계기(triggering event)가 발생할 때 4가지 요소가 합쳐진다고 본다. 쓰레기통모델은 조직의 구성단위나 구성원 사이의 **응집성이 아주 약한 혼란상태(조직화된 혼란 상태)에서 이루어지는 의사결정의 특징을 강조한 모델이다.** 그러므로 쓰레기통모델은 위계적인 조직구조의 의사결정과정에 적용이 어렵다. 20. 경간, 21. 국가7급

	⑥ 쓰레기통모델은 조직화 된 무정부상태를 전제로 함으로 **불확실성과 혼란이 심한 상태로 정상적인 권위구조와 결정규칙이 작동하지 않는 상황에 주로 적용된다.** 20. 해승 ⑦ 쓰레기통모델에서 **문제성 있는 선호(problematic preferences), 불명확한 기술(unclear technology), 일시적 참여자(part-time participants)가 전제조건이다.** 21. 지방7급 [쓰레기통모델의 전제조건] 21. 국가7급 ㉠ 문제성 있는 선호: 불분명한 선호와 목표 ㉡ 불명확한 기술(인과기술): 목표와 수단간 인과관계가 명확하지 않음 ㉢ 일시적 참여자: 시간적 제한으로 부분적, 간헐적, 일시적 참여 ㉣ 조직화된 무정부상태
사이버네틱스모델 (Cybernetics model)	① 사이버네틱스모델은 설정된 목표를 달성하기 위해 정보분석과 **환류과정을 통해 자신의 행동을 스스로 조정해 나간다고 가정하는 모델**이다. 14. 국가7급, 14. 국회8급, 20. 해승, 22. 경간 ② 사이버네틱스모델은 **시간의 흐름에 따라 환류되는 정보를 분석하여 잘못한 점이 있으면 수정·보완하는 방식**이다. 21. 지방7급 ③ 사이버네틱스모델은 **결과예측 후 합리적 대안을 선택하는 '인과적 학습'이 아니라, '도구적 학습'에 의존한다.** 시행착오적인 도구적 학습을 거쳐 터득된 표준운영절차(SOP)에 따라 점진적, 자동적으로 적응해나가는 의사결정을 한다. 17. 승진 ④ 사이버네틱스(Cybernetics) 의사결정에 따르면, 의사결정은 확립된 의사결정규칙(SOP)에 의하여 이루어지므로 결국 의사결정의 질은 사전에 설정된 표준운영절차(SOP)가 얼마나 정교한지에 의해 결정된다고 할 수 있다. 21. 경간
엘리슨모델 (Allison model)	① 엘리슨모델은 쿠바 미사일 위기에 따른 미국 정부의 정책결정 과정을 설명하기 위해서 고안된 것으로, 집단적 의사결정을 유형화하여 **정부의 정책결정과정을 합리적 행위자모델, 조직과정모델, 관료정치모델을 통해 분석하였다.** 14. 국가7급, 14. 행정사, 19. 소간, 20. 해승 ② **관료정치모델은 조직 상위계층에의 적용 가능성이 높고, 조직과정모델은 조직 하위계층에의 적용 가능성이 높다.** 20. 해승 ③ 원래 국제정치적 사건과 위기적 사건에 대응하는 **정책결정을 설명하기 위한 모델로 고안되었으나, 일반정책에도 적용 가능하다.** 20. 해승 ④ 세 가지 모델은 상호 배타적인 관계이지만 실제 하나의 조직에 모두 적용될 수 있다고 본다. 20. 해승

Chapter 02 / 경찰조직관리

01 관료제 :C급:

개념	① 계층제적 구조를 가진 대규모의 관리조직을 의미한다. ② 경찰조직의 구조는 군대식 조직에 가까운 관료제 형태를 띠고 있다. ③ 자본주의적 합리성에 기초한 조직원리로서 관료제론은 막스 베버(M. Weber)에 의해 정립되었다.
특징	① **법규에 의한 지배**: 관료의 **권한**과 **직무범위**는 법규에 의해 규정 20. 승진 ② **계층제적 조직구조** 20. 승진 ③ **문서주의**: 직무의 수행은 문서(서류)에 의해서 이루어지며, 기록은 **장기간** 보존 20. 승진 ④ **비개인성**: 관료는 개인적 감정에 의하지 않고 **법규에 따라 임무를 수행** 20. 승진 ⑤ **전문가(관료)에 의한 직무수행**: 모든 직무는 **전문지식과 기술을 지닌 관료가 담당** ⑥ **관료의 전임화**: 관료는 직무수행의 대가로 급료와 **직업적 보상**을 받음 ⑦ **고용관계의 자유계약성**: 구성원의 신분은 **계급에 의한 관계가 아니라 자유계약관계**

역기능	할거주의의 경향	소속기관이나 부서에만 관심과 충성, 다른 부서와 조정·협조 곤란
	변화에 대한 저항과 보수주의	신분유지를 위해 **보수주의적 폐단**이 생기고, 신기술·신지식 도입이 어려움
	동조과잉과 목표·수단의 전환 (목적전치주의)	법규의 엄격한 적용과 준수가 강요되기 때문에 관료는 목표를 달성하기 위한 수단인 **규칙·절차에 지나치게 영합하고 동조하는 경향**, 결국 목표가 소홀히 되고 수단이 중시되는 **목표·수단의 전환현상**이 발생
	무사안일주의와 상급자의 권위에의 의존	관료들이 상급자의 **권위**에 의존하며 **책임**을 **회피**하는 현상이 발생
	인격적 관계의 상실	지나친 **공과 사의 구별**로 인해 냉담과 무관심·불안의식으로 나타나는 현상
	번문욕례(red-tape)· 형식주의	문서주의와 규칙 중시는 행정의 내용보다는 겉치레를 중시하는 **형식주의**를 초래
	전문가적 무능	전문가는 타 분야에 대한 **이해 부족**, 조정의 곤란 및 파벌의식 초래
	권력구조의 이원화	권력이 **이원화됨**에 따라 조직구성원들의 **불만 증대**
	권위주의적 행태 조장	권한과 능력의 괴리, 모호해지는 업적평가기준, 공식적 규범의 압박감 등으로 조직구성원들이 **권위주의적인 행태**를 가지게 됨
	무능력자의 승진 (피터의 원리)	내부인력에 오랫동안 의존하게 되면 조직구성원들은 자신의 '**무능력의 한계까지 승진**'함으로써 결국 조직체는 무능한 사람들로 구성

02 경찰조직의 편성원리

계층제 원리, **통솔범위** 원리, **분업화(전문화)** 원리, **명령통일** 원리, 조정·통합 원리

1. 계층제의 원리 12. 채용, 15·17·19. 승진, 18. 경간

개념	구성원의 **임무를 책임과 난이도**에 따라 상하로 나누어 배치하고, 상위로 갈수록 권한과 책임이 무거운 임무를 수행하도록 편성하는 것을 말한다. 12·18. 채용, 19. 승진, 19. 법학, 20. 경감
장점	① **공식적 의사전달 경로(상의하달 명령의 통로)**: 명령과 지시를 거의 여과 없이 수행하도록 하는데 적합, 권한의 위임이나 의사소통의 통로 ② **지휘·감독을 통한 조직의 질서와 통일성 유지**: 지휘계통을 확립하고 대규모 경찰조직의 업무수행에 질서와 통일성을 확보하고 안정성·일체감 확보 ③ **신중한 업무처리**: 권한과 책임을 계층에 따라 배분하여 의사결정의 검토가 이루어져 신중한 업무처리가 가능 20. 승진 ④ **조직 내의 분쟁·갈등의 해결 및 조정과 내부통제의 확보수단** ⑤ **책임의 명확화와 책임소재의 규명** ⑥ **승진을 통한 사기의 앙양**
단점	① **의사전달의 지연**: 의사소통의 단계가 늘어나 업무의 흐름이 차단되거나 처리시간이 지연 ② **업무처리과정의 지연**: 업무처리과정의 지연은 관리비용의 증가와 계층 간의 갈등을 야기 ③ **조직의 경직**: 유동성·융통성 있는 인간관계 저해, 환경변화에 대한 신축성 저하, 새로운 지식·기술의 신속한 도입 곤란 19. 채용, 19·21. 법학 ④ **비인간성**: 구성원의 인격상실 등 비민주적 관리, 참여의 제한, 상하 간 권력불균형으로 인한 근무의욕·사기저하 ⑤ **조직간 갈등 초래**: 수직적·종적 서열주의를 중시하여 조직간 수평적 협력·조정 곤란과 할거주의 초래 ⑥ **의존성**: 지배와 통제의 비합리적 수단화(능률향상의 수단), 최고책임자에의 의존성으로 인해 창의성 있는 업무수행 곤란 ⑦ 계층제의 원리의 무리한 **적용**은 행정능률과 **종적조정을 저해**한다. 20. 채용

2. 통솔범위의 원리 10·11·14·17·19. 승진, 12·18. 경간, 12·18. 채용

| 개념 | ① **한 사람의 상관이 직접 통솔할 수 있는 부하의 합리적인 수** 21. 법학
② 통솔범위는 계층의 수, 업무의 단순성, 시간적·공간적 요인, 부하의 능력, 감독자의 리더십 등에 따라 달라지게 되는데 이러한 통솔범위를 재검토함으로써 직급조정과 인력재배치 작업으로 연결되기 때문에 최근 부각되는 구조조정의 **문제와 관련성이 깊다.** 18. 경간, 19. 승진
③ 통솔범위는 조직의 역사, 교통통신의 발달, 관리자의 리더십, 부하의 능력과 정비례 관계이다. 21. 법학
④ 대부분의 조직은 상관보다는 부하가 많기 때문에 조직표는 사다리 모양보다는 피라미드 모양으로 나타난다. |

	결정요인	통솔범위의 확대요인	통솔범위의 축소요인
통솔 범위의 결정요인	시간적 요인 13. 경특, 18. 채용	기존조직(역사가 오래된 조직) 21. 법학	신설조직 19. 채용
	공간적 요인 13. 경특	지리적으로 집중된 조직, 감독관이 부하와 **동일 장소에 존재** ➡ 청사의 규모(건물의 크기)와 통솔범위는 직접적인 관련이 없다.	지리적으로 분산된 조직, 감독관이 부하와 분산(분리)된 장소에 존재하는 경우 19. 채용
	조직의 크기 12. 채용, 13. 경특, 19. 승진	조직의 규모가 작을수록 통솔범위 확대	조직의 규모가 클수록 통솔범위 감소
	계층의 수	계층의 수가 적을수록 통솔범위 확대	계층의 수가 많을수록 통솔범위 감소
	직무의 성질 13. 경특, 18·19. 채용	단순하고 반복적, 동질적, 정형적인 직무	복잡하고 전문적, 이질적, 비정형적인 직무
	인적 요인 21. 법학	① 감독자나 피감독자가 **유능할 경우** ② 감독자가 부하로부터 받는 **신임도가 높은 경우** ③ 부하의 사기가 높은 경우 ④ 막료(참모)조직의 발달	① 감독자나 피감독자가 무능할 경우 ② 감독자가 부하로부터 받는 신임도가 낮은 경우 ③ 부하의 사기가 낮은 경우 ④ 막료(참모)조직의 미발달
	기술적 요인	교통·정보통신기술 발달 21. 법학	교통·정보통신기술의 미발달
	작업 조건	위기상황일 경우	정상적인 상황일 경우

3. 분업화·전문화의 원리 12·19. 채용, 14. 승진, 18. 경간

개념	① 조직의 종류와 성질, 그리고 업무의 전문화의 정도에 따라 **기관별·개인별**로 업무를 분담시키는 원리를 말한다. 19. 채용 ② 전문화와 분업화의 정도가 높아질수록 조정과 통합의 필요성이 높아지므로 양자는 **정비례 관계**이다. 21. 법학
기능	다수가 일을 함에 있어서 각자의 임무를 나누어서 분명하게 부과하고 협력을 하도록 하는 것은 인간 능력의 한계를 극복하고 업무를 효율적으로 수행하기 위한 것 12. 채용
장단점	전문화라는 장점이 있지만 전체적인 통찰력을 약화시키는 단점이 있다. 18. 경간
유형	수평적 분업	기능적 분업, 업무성질과 종류의 동질성을 기준 – 경과와 특기제도
	수직적 분업	조직계층에 따라 종적 조직편성 – 계급제도

4. 명령통일의 원리 09 · 15. 채용, 14 · 17 · 19. 승진, 18. 경간

개념	조직구성원 누구나 **한 사람의 상관에게 보고**하며, **한 사람의 상관으로부터 명령을 받아야** 한다는 원리 20. 경간
기능	① **업무의 효율성 확보**: 둘 이상의 사람으로부터 지시나 명령을 받는 경우 모순된 지시 등으로 업무수행의 혼선과 비능률성이 발생할 수 있는데, 명령통일의 원리는 이를 막아주는 기능을 한다. 12. 채용, 18. 경간 ② **책임한계의 명확화**: 판단이나 행동상의 잘못에 대한 책임을 명백히 함으로써 부하에 대한 통제를 가능케 한다.
한계	① **업무의 공백과 혼란 초래 가능성**: 명령통일의 원리를 너무 철저하게 지킨다면 관리자가 사고나 다른 이유로 인해 지휘의 공백이 생기면 적정한 지시를 할 수 없어, 그 관리자의 공백으로 인해 모든 업무가 마비될 수 있다. 12. 채용, 18. 경간, 20. 승진 ② **보완제도 필요**: 관리자의 사고나 기타 관리자가 적정한 지휘통솔을 할 수 없는 때에는 관리기능을 대행하는 체제를 갖출 필요가 있다. 20. 승진 　㉠ **대행체제 구축**: 대리 또는 대행자를 미리 지정해두고 관리자의 유고시에는 정해진 순서에 따라 유고관리자의 임무를 대행토록 한다. 　㉡ **권한의 대리나 위임제도**로 보완할 수 있다. 10 · 12 · 18. 승진, 18. 채용

5. 조정과 통합의 원리 - 조직의 제1원리이며 가장 최종적 원리(J. Mooney)

09 · 12 · 14 · 17 · 19. 승진, 18. 경간, 19. 채용

개념	구성원이나 단위기관의 활동을 **전체적인 관점**에서 통일하여 조직의 목표달성도를 높이기 위해 조직체 각 부분간 협동이 **통일적**으로 이루어지도록 **집단적 노력**을 질서정연하게 배열 · 결합하는 과정 19. 채용
저해요인	① 계층의 증대와 기능의 다원화 ② 행정의 전문화 · 기술화 ③ 할거주의
조정과 통합의 방법	① 갈등의 원인을 진단하고 문제를 해결하는 방법 　㉠ **갈등의 원인이 세분화된 업무처리에 있는 경우**: 업무처리과정을 통합한다든지 연결하는 장치나 대화채널을 확보하여 전문화보다 **조정에 더** 힘쓴다. 　㉡ **부서간의 갈등이 일어나고 있는 경우**: 더 높은 상위목표를 서로 이해하고 양보하도록 한다. 　㉢ **한정된 인력이나 예산을 가지고 갈등이 생기는 경우**: 가능하면 예산과 인력을 확보하고 관리자가 업무추진의 우선순위를 정해준다. ② **단기적 해결방안**: 대화를 통해 갈등을 완화시키거나, 양자간의 타협을 도출하거나, 관리자가 갈등을 초래할 수 있는 결정을 보류 또는 회피하는 방식을 사용 11. 승진, 17. 경간, 19. 법학 ③ **장기적 대응방안**: 장기적으로 조직의 구조, 보상체계, 인사 등의 제도개선과 조직원 행태 개선 18. 채용

Chapter 03 / 경찰인사관리

01 인사관리

1. 인사행정의 2대 원칙 [C급]

구분	엽관주의	실적주의
개념	공직임용에 있어서 **충성심, 당파성, 학연, 혈연, 지연, 정치적 영향력** 등에 기준을 두는 인사제도 11. 승진	개인의 **능력·자격·성적**을 기준으로 공직임용과 승진을 시키는 인사제도
발달과정	① **미국의 제7대 대통령에 당선된 잭슨(1829)**에 의해 선거전에서 승리한 정당이 관직을 차지하는 엽관주의가 도입 ② 미국의 **자유민주정치발전 과정**에서 도입	① **19세기 말 미국의 제20대 대통령 가필드(1881)**가 엽관주의 추종자에 의해 암살당하면서 엽관주의가 쇠퇴하고 **실적주의 도입**의 배경이 됨 ➡ 1883년 팬들턴 법 제정 ② **엽관주의의 폐해(공직의 매관매직, 공직부패)**를 극복하기 위해 실적주의 도입 11. 승진
특징	① 민주국가의 선거에서 승리한 정당이 정당 활동에 대한 공헌도와 **충성심**의 정도에 따라 공직에 임명하는 제도 ② **행정을 단순하게 여기고 누구나 수행할 수 있는 것으로 보아 행정의 전문성을 간과**	① 공직은 모든 국민에게 개방되며 어떠한 차별도 받지 않음(기회균등) ② 공개경쟁채용시험에 의한 직무수행능력, **자격 및 성적**을 기준으로 채용 11. 승진
장점	① 정당의 대중화와 정당정치의 발달에 공헌 ② **관료의 특권화나 관료의 침체를 방지** ③ **민주통제 강화, 책임행정의 구현** ④ **국민의 여론에 대한 대응성 강화** ⑤ 정치적 변혁이나 중요한 정책변동에 대응하는 데 유리	① 인사행정의 **객관성·공정성**과 행정의 **전문성·능률성 향상** ② **공직임용의 기회균등**으로 사회적 평등 실현 ③ 공무원의 **정치적 중립**을 보장하여 행정의 공정성 확보 ④ **신분보장**을 통한 행정의 안정성·계속성 확보와 직업공무원제 확립에 기여하고 공무원의 사기앙양 ⑤ **과학적·합리적 인사관리**

단점	① 행정의 계속성, 안정성 저해 ② 인사행정의 정실화에 따른 행정능률의 저하 ③ 불필요한 관직의 증설로 예산장비와 국민의 부담 가중 우려 ④ 부적격자의 임명에 따른 부패·낭비의 조장과 행정질서의 문란초래 ⑤ **신분보장 미흡으로 인한 공무원의 사기저하**	① 인사행정의 형식화(경직성·비융통성)와 소극성 ② 대응성과 책임성의 저해: 관료특권화, 민주통제의 곤란, 정당정치의 저해 ③ 집권성: 인사권을 중앙인사기관에 지나치게 집중 ④ 비인간화: 인간적 요인의 과소평가
우리나라	실적주의를 원칙으로 엽관주의를 가미하여 운용하고 있음 11. 승진	

2. 직업공무원제도 :B급: 20년1차

의의	① 경찰이라는 직업에 종사하는 것이 경찰공무원들의 전 생애에 걸쳐 보람되고 매력있는 직업으로 여겨질 수 있도록 조직하고 운영하는 제도 ② 실적주의는 직업공무원제로 발전되어 가는 기반이 되지만, 실적주의 자체가 바로 직업공무원제도를 의미하는 것은 아님 20. 채용	
확립 요건	① 승진제도의 활성화 ② 보수와 연금의 적정화 ③ 훈련을 통한 장기적인 능력발전 ④ 폐쇄형에 의한 신분보장의 철저 ⑤ 공직에 대한 높은 사회적 평가 ⑥ 젊은 인재의 채용을 위한 연령·학력의 제한 20. 채용 ⑦ 장기적이고 일관성이 있는 인력수급계획 수립	
평가	장점	① **행정의 안정성, 계속성, 독립성, 중립성 확보** 20. 채용 ② 정치적 중립성 확보가 용이 ③ 신분보장으로 공무원의 사기앙양 ④ 젊고 유능한 인재 확보
	단점	① 연령제한으로 기회균등을 저해 ② 폐쇄적 임용으로 관료주의화 및 특권집단화 ③ **행정통제 및 행정책임 확보가 어려움** 20. 채용 ④ 현상유지적·보수적 경향으로 변화에 대한 저항 발생

3. 공직의 분류 [A급] 10·16·17·19. 채용, 10·12·19. 승진, 14. 경간, 18. 지능

구분	계급제 19. 법학	직위분류제
개념	직위에 보임하고 있는 **공무원 개인의 자격 및 신분**에 기준을 두고 계급으로 구분하여 수직적으로 분류하는 제도	직무의 특성에 중점을 두고 각 직위에 내포되어 있는 직무의 종류와 책임·난이도를 기준으로 하여 수직·수평적으로 분류하는 제도
분류기준	**사람중심의 분류** 10·17. 채용, 18. 법학, 19. 승진	**직무중심의 분류** 19. 채용
채택국가	① 직무가 단순한 농업사회에서 발달 ② 군주국가적 전통과 **관료제** 전통이 강한 **영국, 독일, 프랑스, 한국, 중국, 일본** 등 10. 채용	① 직무가 다양하게 분화된 산업사회에서 발달 ② **1909년 미국 시카고시에서 처음 실시** 13. 경간, 10·16·17. 채용, 18. 법학 ③ 관료제의 전통이 별로 없는 미국과 그 영향을 받은 캐나다, 필리핀 등
임용방식	**폐쇄형**(조직 내에서 해결) 19. 승진	**개방형**(외부 영입 가능) 19. 승진
신분보장	**강함** ➡ 폐쇄형 운영에 따른 폭넓은 순환보직을 통해 신분보장 17. 채용	**약함** ➡ 직무가 없어지면 직위자체가 폐지되어 신분보장이 안됨
장점	① **전직·전보가 용이**하고 승진의 폭이 넓으므로 **인사관리의 탄력성이 확대** ② 공무원이 조직전체에 대한 폭넓은 시각과 이해력을 갖게 되어 **일반 행정가의 양성에 유리**하고 기관 간의 **횡적(= 수평적) 협조가 용이**하다. 16·19. 채용, 19. 법학, 19. 승진 ③ 충원방식이 폐쇄형으로 운영되므로, 공무원의 **신분보장과 직업공무원제의 확립이 용이** 19. 법학 ④ 분류구조와 보수체계가 단순하고 융통성이 있으므로 **인력활용**(인사배치, 인사이동)**의 신축성·융통성이 높음** 19. 채용, 19. 승진	① **동일직무에 대한 동일보수의 원칙**에 입각하여 보수체계(결정)의 합리적인 기준을 제시함 16. 채용, 19. 승진 ② 시험·채용·전직의 합리적 기준을 제공하여 인사행정의 합리화에 기여 10·17. 채용, 18. 법학 ③ 전직이 제한되고 동일한 직무를 장기간 담당하게 되어 **전문 행정가 양성에 유리** 19. 채용 ④ 횡적으로 직책의 한계와 종적으로의 지휘·감독관계가 분명하여 **권한과 책임의 한계를 명확히 함** 10·17. 채용, 18. 법학, 19. 승진 ⑤ 행정에 대한 민주적 통제를 용이하게 하여 **행정의 민주화에 기여**
단점	① 동일계급에 동일보수를 통한 생활급으로 인해 직무급 체계 확립 곤란, 보수체계의 비합리성 ② 전문행정가 양성 곤란 ③ 관료의 특권계급화·특권집단화와 공직의 경직화 ④ 계급의 수가 적고, 계급 간의 차별이 심함	① 유능한 일반 행정가의 확보 곤란 ② **인사배치의 비융통성, 비신축성** 19. 채용, 19. 승진 ③ **신분보장의 미흡** ④ **전문화에 따른 수평적 횡적 협조와 조정의 곤란** ⑤ 동태적 환경에의 적응 곤란
양자의 관계	직위분류제와 계급제는 서로 양립될 수 없는 상호 배타적인 관계가 아니라 상호 결점을 치유할 수 있는 상호 보완적인 관계	
우리나라	**계급제를 기반으로 하고 직위분류제적 요소를 가미한 혼합형태** 10·16·17·19. 채용, 18. 법학	

02 사기관리

1. 동기부여이론 – 내용이론과 과정이론 :C급:

내용이론	① 사람을 움직이고 일하게 하는 구체적인 실체가 **인간의 마음 속에 있다는** 이론이다. ② 사람이 동기부여되는 과정에서 인간의 욕구가 **무엇인가**를 초점으로 본다. ③ **매슬로우(Maslow)의 욕구단계이론, 맥클리랜드(D. McClelland)의 성취동기이론, 맥그리거(McGregor)의 X이론·Y이론, 아지리스(C. Argyris)의 성숙·미성숙이론, 허즈버그의 동기위생이론(욕구충족이원론)** 등이 있다.
과정이론	① 인간의 욕구가 곧바로 인간행동을 유발하는 것이 아니라, **자신의 행동이 가져오는 결과를 고려하여 행동한다는** 이론이다. ② 대표적인 이론으로 **포터와 롤러(Porter & Lawler)의 동기부여이론**을 들 수 있다. ③ **포터와 롤러는** 사람은 과거에 습득한 경험이나 미래에 대한 기대감에서 동기가 부여된다고 하고, 이는 생산성에 영향을 미치는 요인으로 조직구성원의 사기나 만족보다는 오히려 **노력이 중요하다**고 한다. ④ **포터와 롤러의 동기부여이론**에 의하면, 개인은 자기가 당연히 받아야 한다고 믿는 보상의 수준에 합치되는 보상을 받을 때에는 만족감 혹은 기대감을 충족할 수 있지만 그렇지 못한 경우는 부정적 반응을 갖게 될 것이다. 즉, 보상의 **공평성**에 대한 **지각이 동기부여의 결정적 변인**이라는 것이다. ⑤ **포터와 롤러(Porter & Lawler)의 업적만족모델, 브룸(Vroom)의 기대이론, 아담스(Adams)의 공정성이론** 등이 있다.

2. 동기부여 내용이론

(1) 매슬로우(Maslow)의 5단계 욕구이론 :B급: 10·11·13. 승진, 15·17. 채용

욕구의 개념	인간의 마음속에서 사람을 활성화시키고 행동하게 하는 요인
성격	인간욕구 5단계 이론은 사람을 움직이고 일하게 하는 구체적인 실체가 인간의 마음속에 있다는 이론
전제	① 인간욕구 5단계 이론은 **생리적 욕구 → 안전의 욕구 → 사회적 욕구(소속 및 애정의 욕구) → 존경의 욕구 → 자아실현의 욕구** 등 5단계의 계층을 이루는 욕구를 전제로 하며, 이들은 우선순위의 계층을 이루고 있다. ② 인간의 욕구는 순차적·상향적으로 나타나고 어느 한 단계의 욕구가 충족되어야 비로소 다음 단계의 욕구로 진행된다는 만족·진행접근법을 전제한다.
발달과정 및 특징	① 어떤 욕구가 충족되고 나면 그 욕구의 강도는 약해지고 일단 충족된 욕구는 동기유발요인으로서의 의미를 상실한다. ② 이때의 욕구충족은 완전한 충족이 아니라 **어느 정도의 만족을 의미한다**. ③ 상위욕구로 올라갈수록 조직은 개인을 통제·관리하기가 어려워지고 조직과 개인의 갈등의 소지가 커진다. ④ 두 개의 낮은 욕구(생리적 욕구, 안전의 욕구)는 사람에게 가장 필요한 것이다. ⑤ **정상적인 사람의 궁극적인 목표는 자아실현의 욕구**이다.

⑥ 매슬로우의 욕구 5가지 중 조직목표와 가장 조화하기 어려운 개인의 욕구는 자아실현의 욕구이다.

5단계 욕구 12·19. 승진, 15·17. 채용	구분	내용	충족요건
	자아실현의 욕구	장래의 자기발전·자기완성의 욕구 및 성취감 충족	• 공정하고 합리적인 승진 • 공무원단체 활용
	존경의 욕구	타인의 인정·존중·신망을 받으려는 욕구	• 참여확대, 권한의 위임 20. 채용 • 제안제도, 포상제도
	사회적 욕구 (애정의 욕구)	동료·상사·조직전체에 대한 친근감, 귀속감을 충족	• 인간관계의 개선 • 고충처리 상담
	안전의 욕구	공무원의 현재 및 장래의 신분이나 생활에 대한 불안을 해소	• 신분보장 • 연금제도
	생리적 욕구	의·식·주 및 건강 등에 관한 욕구	• 적정보수제도 • 휴양제도

(2) 앨더퍼(C. Alderfer)의 ERG이론

의의	매슬로우의 욕구단계이론을 발전시켜 그 단계를 3단계로 줄여서 제시한 이론으로, 욕구 간에 순서가 있는 것이 아니라 개개인마다 욕구의 상대적 크기가 서로 다를 수 있으며, 개인의 성격과 문화에 따라 달라질 수 있다고 주장한다.
내용	① 존재욕구(Existence), 관계욕구(Relatedness), 성장욕구(Growth)의 **3단계로 구분** ② 욕구충족행동은 '만족 ➡ 진행'과 '좌절 ➡ 퇴행'으로 나타난다. ③ 고차원 욕구에 대한 결핍과 좌절로 인해 저차원 욕구의 중요성이 커진다. ④ 인간행위에 한 가지 이상의 욕구가 동시에 작용할 수 있다고 가정하였다.

(3) 맥클랜드(D. C. McClelland)의 성취동기이론 C급

의의		맥클랜드(D. C. McClelland)는 Maslow와 다르게 **욕구의 서열은 인간마다 다르다**고 보았다. 권력욕구, 성취욕구 중 **성취욕구가 높은 사람이 가장 강한 수준의 동기를 갖고 직무를 수행**한다고 본다.
욕구	권력욕구	다른 사람들에게 통제력과 영향력을 행사하려는 욕구
	친교욕구	다른 사람이 자신을 한 인간으로 받아들여 주기를 원하는 것과 다른 사람과 활발히 소통하고자 하는 욕구
	성취욕구	도전적인 목표를 설정하면 이를 달성하려는 욕구

(4) 맥그리거(McGregor)의 X이론 · Y이론 [B급] 20. 채용

X이론	① 인간은 근본적으로 게으르고, 부정직하며, 책임감이 없고, 변화를 싫어하며, 이기적이고 조직의 목적에 관심이 없다. ② 의욕을 강화시키기 위해 경영자는 **금전적 보상과 포상제도**를 유인으로 사용하고 엄격한 감독, 상세한 명령으로 통제를 강화해야 한다. 20. 채용
Y이론	① 인간은 **부지런하고, 노동을 통해 자기의 능력을 발휘**하고 자아를 실현하고자 하며, **스스로를 통제할 수 있는 능력**이 있으며, **조직목적에 적극적으로 참여**한다. ② 상급자의 일방적 지시와 명령을 줄이고 의사결정 과정에서 **일선경찰관들의 참여**를 확대시키며, 경영자는 **자율적이고 창의적으로 일할 수 있는 여건**을 제공해야 한다. 20. 채용

(5) 허즈버그(F. Herzberg)의 동기 · 위생이론 [C급] 20. 채용

의의	인간에게는 전혀 이질적인 두 가지 욕구, 즉 **동기요인(만족요인)과 위생요인(불만족요인)**이 동시에 존재한다.
동기요인 (만족요인)	① 동기요인이란 직무내용과 관련된 주로 **근로자의 내재적 욕구**를 충족시키는 요인을 말한다. 20. 채용 ② 사람들로 하여금 더 나은 만족과 성과를 거둘 수 있도록 동기부여하는데 효과적이기 때문에, 동기요인을 **만족요인**이라고도 한다. 예 주어진 일에 대한 성취, 주변의 인정, 본인과 잘 맞는 업무내용, 증가된 책임, 승진가능성, 개인적 성장과 발전 가능성 등
위생요인 (불만요인)	① 위생요인이란 **주로 환경과 관련**되거나 **직무상황과 관련된 욕구**를 충족시키는 요인을 말한다. ② 위생요인은 **직무 불만족을 미리 예방할 수 있는 환경적 조건**이란 뜻에서, **불만족요인**이라고도 한다. 예 조직의 엄격한 정책(방침), 경직된 감독행위, 긴장을 주는 상사 · 동료 · 후배와의 대인관계, 열악한 근무환경, 낮은 급여, 낮은 신분 등

(6) 아지리스(Chris Argyris)의 성숙 · 미성숙이론 [C급]

의의	• **인간의 퍼스널리티(personality)**는 한 번 형성되면 쉽게 변하지 않으나 환경과의 적응 등을 통해 발전해 나간다. • 기본적으로 **인간의 퍼스널리티가 미성숙한 상태에서 성숙한 상태로 진화해 나간다**는 가정하에 조직이 개인의 이러한 변화과정을 인식하고 이에 맞는 경영환경을 제시해 주어야만 개인과 조직간의 갈등이 줄어들 것이라고 주장한다.
미성숙 ➡ 성숙	① 수동상태 ➡ 능동적이고 적극적으로 ② 의존상태 ➡ 독립상태로 ③ 단순한 행동양식 ➡ 다양하고 복잡한 행동양식으로 ④ 피상적인 관심 ➡ 깊고 강한 관심으로 ⑤ 단기적인 전망 ➡ 장기적이고 거시적인 전망으로 ⑥ 복종상태 ➡ 평등 또는 우월한 상태로 ⑦ 자기인식의 결핍상태 ➡ 자기인식과 자아통제상태로

동기부여	일에 대한 성장이나 성숙의 기회가 목표달성에 강력한 동기부여가 되며, 잠재능력을 더욱 잘 발휘하게 된다. 따라서, 구성원들을 성숙된 인간으로 보아 개인의 책임의 폭을 확대시키는 것이 조직과 구성원 모두에게 유익하다.

3. 동기부여 과정이론

(1) 브룸(Vroom)의 기대이론 B급

개념	① 자기 자신이 가장 중요하고 가치 있는 결과를 가져오리라고 믿는 것을 선택한다고 가정하는 이론 ② 개인의 동기는 그 자신의 **노력**이 어떤 **성과**를 가져오리라는 **기대**와, 그러한 성과가 **보상**을 가져다주리라는 **수단성**에 대한 기대감의 **복합적 함수**에 의해 결정된다.
3가지 변수	① 결과물을 가져올 수 있다는 자신감 또는 **기대감**(Expectation) ② 1차적 결과가 2차적 결과로서 보상을 초래할 가능성 또는 **수단성**(Instrumentality) ③ 행위의 결과로 얻게 되는 보상에 대한 가치의 **유의성**(Valence)

(2) 아담스(Adams)의 공정성이론 B급

의의	노력과 직무만족은 **업무상황에서 지각된 공정성**에 의해서 결정된다고 보는 동기부여이론이다.
내용	① 개인은 자신의 노력과 그 결과로 얻어지는 보상과의 관계를 다른 사람과 비교하여 **자신이 느끼는 공정성에 따라 행동동기가 영향을 받는다.** ② 즉, 공정성 이론은 개인의 행동에 있어서 동기를 자극하는 욕구나 유인 등의 중요한 요인들이 단순히 절대적인 가치에 의하여 그 강도가 작용하는 것이 아니라 산출과 투입의 상대적 비율, 그리고 다른 사람과의 상대적인 관계에서 동기요인들이 작용한다는 것을 강조하고 있다.

(3) 포터 & 롤러(Porter & Lawler)의 업적만족이론 B급

의의	브룸의 기대이론을 수정, 보완, 확장한 이론으로 아담스의 공정성이론도 차용하고 있다.
내용	① 사람은 **과거에 습득한 경험**이나 미래에 대한 기대감에서 **동기**가 부여된다. ② 자기가 당연히 받아야 한다고 믿는 보상의 수준에 합치되는 보상을 받을 때에는 만족감 혹은 기대감을 충족할 수 있지만, 그렇지 못한 경우에는 부정적인 반응을 갖게 된다. 즉, **보상의 공평성에 대한 지각이 동기부여의 결정적 변인**이라고 본다. ③ 경찰은 보상에 있어서 내재적 보상(성취감, 보람 등 심리적 보상)보다는 **특진(승진), 휴가, 표창 등 외재적 보상**에 의존하는 비중이 크다.

4. 인간관이론 - Edgar Schein의 4대 인간관이론 [C급]

의의	조직 내에서의 개인(부하)의 성격과 조직관리자의 리더십(가치관)에 따라 생산성이 달라진다는 내용의 동기부여이론
합리적·경제적 인간관	① 인간이 경제적 이득을 계산하여 행동한다고 봄으로써 관리자는 사기나 리더십보다는 수당과 보수 같은 경제적 유인을 인간통제의 수단으로 활용할 수 있다고 본다. ② 성악설적 인간관, X이론(미성숙, 저차원)
사회적 인간관	① 직업은 업무나 경제적인 보상보다는 **직장 내·외의 인간관계가 동기유발에 중요하다**고 봄으로써, 관리자는 직원의 인간관계욕구의 충족을 위해 노력해야 한다. ② 성선설적 인간관, Y이론 초기
자아실현적 인간관	① 직원은 자아실현욕구를 가지고 있고 **스스로 자기통제를 해나간다**고 봄으로써, 관리자는 통제자가 아니라 **직원이 보람을 느낄 수 있도록** 촉매자로 행동하는 것이 생산성을 높여준다. ② Maslow의 자아실현인, Y이론 후기
복잡인간관	현대사회에 가장 적합한 이론으로 **인간은 다양한 특성을 가지고 있어** 관리자는 직원의 다양한 능력과 욕구를 감지하여 그 특성을 이용한 관리를 해야 한다.

Chapter 04 / 경찰예산관리

01 예산의 구분

1. 일반회계와 특별회계 B급

일반회계	① 국가활동에 관한 세입·세출을 포괄적으로 편성한 예산이다. ② 치안·사법·국토방위 등 국가의 안녕과 질서를 유지하기 위한 기본적인 기능은 물론 사회개발과 경제개발사업은 대부분 일반회계를 통하여 이루어지고 있다. ③ **경찰예산의 대부분이 일반회계에 해당한다.** 12. 채용 ④ 조세수입 등을 주요 세입으로 하여 국가의 일반적인 세출에 충당하기 위하여 설치한다.
특별회계	① **특별회계는 원칙적으로 이를 설치한 소관부서가 관리하며, 국회나 기획재정부의 직접적인 통제를 받지 않는다.** 12. 채용 ② **특별회계의 적용이 점차 늘어나고 있는 추세이다.** ③ **경찰이 운영하는 특별회계: 경찰병원(책임운영기관)의 세입·세출** ④ 설치요건 ㉠ 국가에서 특정한 사업을 운영하고자 할 때 ㉡ 특정한 자금을 보유하여 운용하고자 할 때 ㉢ 특정한 세입으로 특정한 세출에 충당함으로써 일반회계와 구분하여 회계처리할 필요가 있을 때

2. 예산의 성립과정을 중심으로 한 분류 (C급)

본예산	회계연도 개시 30일 전까지 **본회의 의결**을 거쳐 **최초로 확정된 예산**		
수정예산	정부가 예산안을 편성, **국회에 제출한 이후** 성립·확정하기 전에 국제정세나 국내외 사회·경제적 여건의 변동으로 예산안의 일부 내용을 변경하여 국회에 다시 제출하는 예산을 말한다. 19. 승진		
추가경정예산	① 예산이 **국회를 통과하여 성립한 후**에 생긴 사유로 인하여 이미 성립된 예산에 변경을 가할 필요가 있을 때, 정부가 편성하여 국회에 제출하는 예산 11·19. 승진, 18. 지능, 19. 채용 ② 수정예산은 예산안이 국회통과 전에 수정하는 예산이라는 점에서 국회통과 후에 발생하는 사유로 예산을 수정하는 추가경정예산과 구별된다.		
준예산	개념	새로운 회계연도 개시 전까지 예산의 불성립시에 당해 연도 예산이 국회에서 의결될 때까지 전년도 예산에 준해서 지출하는 예산제도로 예산 확정 전에는 경찰공무원의 보수와 경찰관서의 유지·운영 등 기본경비에는 **사용할 수 있다.** 12. 채용, 14·19. 승진, 18. 법학	
	기능	예산집행의 신축성을 부여하고 예산 불성립으로 인한 행정의 중단을 방지	
	지출용도	① 헌법이나 법률에 의해 설치된 기관 또는 시설의 **유지·운영비** ② 공무원의 보수와 사무처리에 관한 **기본경비** ③ 이미 예산으로 승인된 **사업의 계속비** 등 10. 채용 ▶ 신규사업비는 준예산 지출용도에 포함(×)	

02 예산의 과정 - 국가재정법 [시행 2024.12.31.] 20. 채용

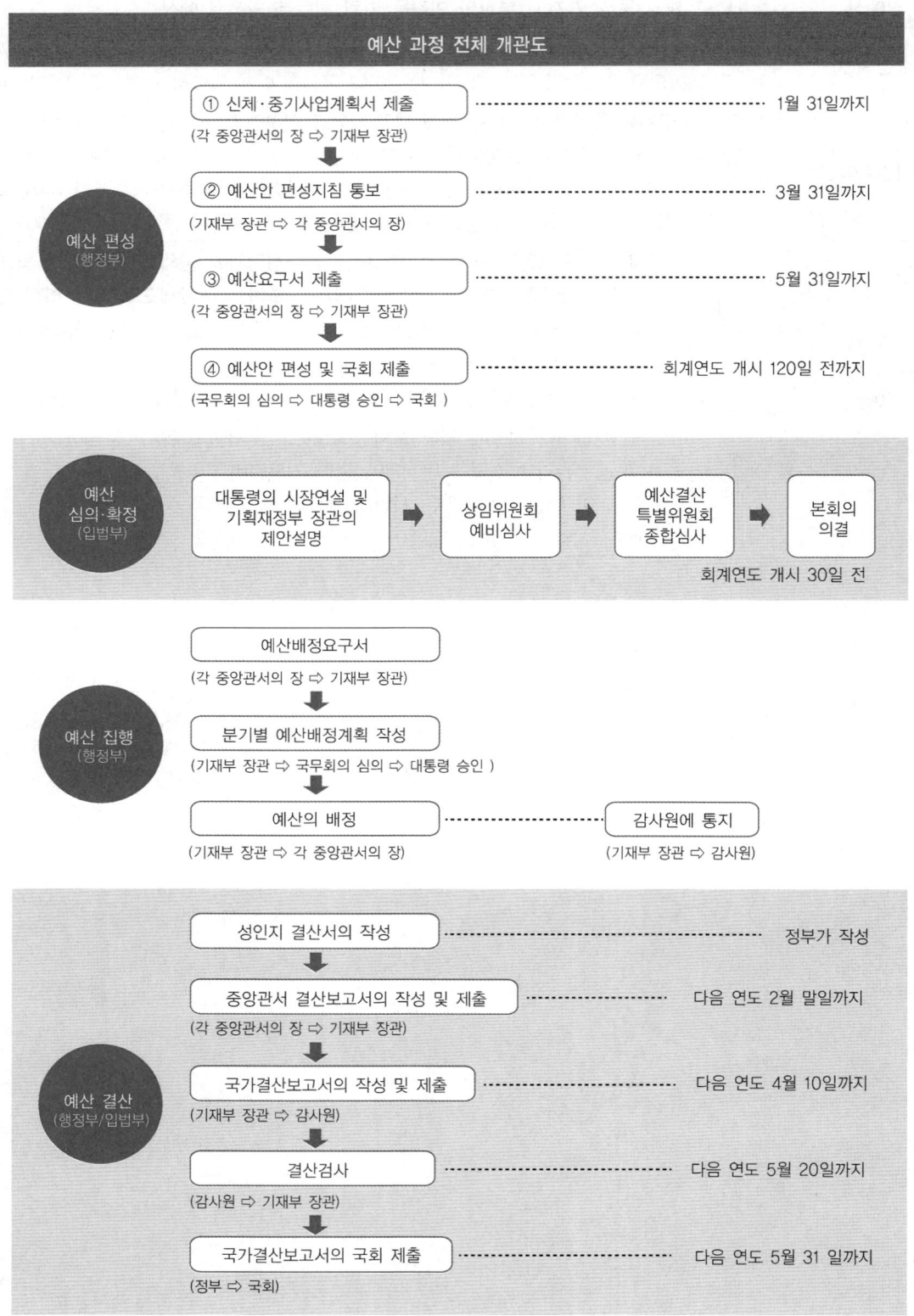

1. 예산안의 편성 [B급] 11. 경간, 12·15·18·20. 채용, 13. 승진

중기사업계획서의 제출 (제28조)	각 중앙관서의 장(경찰청장)은 매년 1월 31일까지 당해 회계연도부터 5회계연도 이상의 기간 동안 신규사업 및 기획재정부장관이 정하는 주요 계속사업에 대한 중기사업계획서를 기획재정부장관에게 제출하여야 한다. 12·18·20. 채용, 17·20. 승진
예산안편성지침 통보 (제29조 제1항)	기획재정부장관은 국무회의 심의를 거쳐 대통령의 승인을 얻은 다음 연도의 예산안편성지침을 매년 3월 31일까지 중앙관서의 장(경찰청장)에게 통보하여야 한다. 12·18·20. 채용, 17·20. 승진
예산요구서의 제출 (제31조 제1항)	각 중앙관서의 장(경찰청장)은 예산안편성지침에 따라 그 소관에 속하는 다음 연도의 예산요구서(세입세출예산, 계속비, 명시이월비 및 국고채무부담행위 요구서)를 작성하여 매년 5월 31일까지 기획재정부장관에게 제출하여야 한다. 12·18·20. 채용, 17·20. 승진
예산안의 편성 및 국회제출 (제32조, 제33조)	① 기획재정부장관은 예산요구서에 따라 예산안을 편성하여 국무회의 심의를 거친 후 대통령의 승인을 얻어야 한다(제32조). ② 정부는 대통령의 승인을 얻은 예산안을 회계연도 개시 120일 전까지 국회에 제출하여야 한다(제33조). 12·18·19·20. 채용, 17·20. 승진, 21. 간부
본회의 의결	① 국회에 제출된 정부예산안은 회계연도 개시 30일 전까지 국회 본회의 심의·의결을 거침으로써 확정된다. ② 예산안이 국회에 제출되면 예산안 심의를 위한 국회가 개회되고 예산안 종합심사를 위하여 예산결산특별위원회가 활동을 한다. ③ 의결과정: 대통령의 시정연설 ➡ 기획재정부장관의 제안설명 ➡ 상임위원회의 예비심사 ➡ 예산결산특별위원회의 종합심사 ➡ 본회의 의결 ④ 예산결산특별위원회의 종합심사 과정: 종합정책 질의 ➡ 부처별 심의 ➡ 계수조정소위원회의 계수조정 ➡ 예결위 전체회의에서 소위원회의 조정안 승인 ⑤ 예결위 종합심사가 끝나면 예산안은 본회의 의결을 거쳐 확정된다.

2. 예산의 집행 [B급]

개념		① 국회에서 확정된 예산에 따라 재원을 조달하고 경비를 지출하는 재정활동 ② 예산집행은 예산의 배정 ➡ 재배정 ➡ 지출원인행위 ➡ 지출행위 순으로 진행된다.
배정	개념	기획재정부장관이 각 중앙관서의 장에게 일정기간 동안 집행할 수 있는 금액과 책임소재를 명확히 하는 절차
	배정절차	① 각 중앙관서의 장(경찰청장)은 예산이 확정된 후 사업운영계획 및 이에 따른 세입세출예산·계속비와 국고채무부담행위를 포함한 예산배정요구서를 기획재정부장관에게 제출하여야 한다. 15. 채용 ② 기획재정부장관은 예산배정요구서에 따라 분기별 예산배정계획을 작성하여 국무회의 심의를 거친 후 대통령의 승인을 얻어야 한다. ③ 기획재정부장관은 경찰청장에게 예산을 배정한 때에는 감사원에 통지하여야 한다. 15. 채용 ④ 기획재정부장관은 필요한 때에는 대통령령이 정하는 바에 따라 회계연도 개시 전에 예산을 배정할 수 있다(긴급배정).

		⑤ 기획재정부장관은 예산집행의 효율성을 높이기 위하여 매년 예산집행에 관한 지침을 작성하여 **경찰청장에게 통보하여야 한다.** 15. 채용 ⑥ **경찰청장은** 세출예산이 정한 **목적 외에 경비를 사용할 수 없다.** 15. 채용
	배정권자	예산의 배정은 기획재정부장관이 행한다.
	효력	**예산의 집행은 예산의 배정으로 시작**
지출	구성	① **지출원인행위(재무관)**: 재무관이 세출예산·계속비·국고채무부담행위 및 기금운용계획에 따라 지출의 원인이 되는 계약 등을 행하는 것 ② **지출행위(지출관)**: 계약체결을 한 후 자금배정을 받은 범위 내에서 국고를 지출하는 행위
	지출의 범위	① 지출원인행위(대부분 계약형태)는 **배정된 예산의 범위 내에서만 가능** ② 국회를 통과하여 예산이 확정되었더라도 해당 예산이 배정되지 않은 상태에서는 지출원인행위를 할 수 없다. 19. 승진
	지출의 원칙	① 계좌이체에 의한 지급 ② 당해 회계연도 개시 후에 지출 ③ 당해 연도의 예산에서 지출 ④ 확정채무가 존재하고 그 이행기가 도래한 때 지출
예산 집행의 신축성 유지방안	예산의 이용	예산집행상의 필요에 의하여 미리 **국회의 승인과 기획재정부장관의 승인을 얻어 입법과목**(장, 관, 항)간에 예산액을 상호 이용하는 것 10. 채용
	예산의 전용	예산의 **행정과목**(세항, 목)간의 경비를 **기획재정부장관의 승인을 얻어** 상호 이용하는 것
	예산의 이체	정부조직 등에 관한 **법령의 제정, 개정 또는 폐지**로 인하여 중앙관서의 직무와 권한에 변동이 있는 때에 예산의 목적은 변경함이 없이 예산집행에 관한 책임소관을 변동시키는 것
	이월 명시이월	세출예산 중 연도 내에 그 지출을 하지 못할 것이 **예측될 때에 미리 국회의 승인을 얻어서 다음 연도에 사용**할 수 있게 하는 것
	이월 사고이월	연도 내에 지출원인행위를 하였으나 **불가피한 사유로 인하여** 연도 내에 지출하지 못한 경비와 지출원인행위를 하지 않은 부대경비를 다음 연도에 이월하여 사용할 수 있는 제도

3. 지출의 특례 - 관서운영경비(국고금 관리법 [시행 2020.6.9.]) C급

개념	관서운영경비라 함은 관서를 운영하는 데 드는 경비로서 그 성질상 지출의 원칙적 절차규정에 따라 지출할 경우 업무수행에 지장을 가져올 우려가 있는 경비에 대하여, 사무비를 출납공무원(또는 관서의 장)으로 하여금 지출관으로부터 교부받아 지급하게 함으로써 그 책임과 계산하에 사용하게 하는 경비를 말한다.
근거	「국고금 관리법」
지급관서	경찰청·시·도경찰청·경찰서·지구대·파출소 등 **각급 경찰관서**

사용범위	① 운영비(복리후생비·학교운영비·일반용역비 및 관리용역비는 제외한다)·**특수활동비**·**안보비** 및 **업무추진비** 중 기획재정부령으로 정하는 금액(건당 500만원) 이하의 경비 ➜ 특수활동비 중 수사활동에 소요되는 경비는 건당 한도액의 적용을 받지 않는다. ② 외국에 있는 채권자가 외국에서 지급받으려는 경우에 지급하는 경비(재외공관 및 외국에 설치된 국가기관에 지급하는 경비를 포함한다) ③ 여비 ④ 그 밖에 제28조부터 제30조까지에서 규정한 절차에 따라 지출할 경우 업무수행에 지장을 가져올 우려가 있는 경비로서 기획재정부령이 정하는 경비
관리	관서운영경비출납공무원은 관서운영경비를 **금융회사등에 예치하여 관리**하여야 한다. 19. 승진
지급	① 관서운영경비는 **관서운영경비출납공무원이 아니면 지급할 수 없다.** ② 관서운영경비출납공무원은 지출관으로부터 교부받은 예산과목별 사용한도액의 범위 안에서 지급원인행위를 할 수 있다. ③ 중앙관서의 장 또는 그 위임을 받은 공무원은 관서운영경비의 경우에만 회계연도가 시작되기 전에 필요한 자금을 관서운영경비출납공무원으로 하여금 지출관으로부터 교부받아 지급하게 할 수 있다.
지급방법	관서운영경비출납공무원이 관서운영경비를 지급하고자 하는 때에는 **정부구매카드**를 사용하여야 한다. 다만, 경비의 성질상 정부구매카드를 사용할 수 없는 경우에는 계좌이체나 현금지급 등의 방법으로 지급할 수 있다.
서류의 보존	증빙서류, 현금출납부 등은 회계연도 종료 후 5년간 **보존**

4. 예산의 결산 B급 20. 채용

결산의 원칙	정부는 결산이 「국가회계법」에 따라 재정에 관한 유용하고 적정한 정보를 제공할 수 있도록 객관적인 자료와 증거에 따라 공정하게 이루어지게 하여야 한다.
성인지 결산서의 작성	① **정부는 여성과 남성이 동등하게 예산의 수혜를 받고 예산이 성차별을 개선하는 방향으로 집행되었는지를 평가하는 보고서(성인지 결산서)를 작성하여야 한다.** ② 성인지 결산서에는 집행실적, 성평등 효과분석 및 평가 등을 포함하여야 한다.
중앙관서결산보고서의 작성 및 제출	각 중앙관서의 장은 「국가회계법」에서 정하는 바에 따라 회계연도마다 작성한 결산보고서(중앙관서결산보고서)를 다음 연도 2월 말일까지 **기획재정부장관에게 제출**하여야 한다.
국가결산보고서의 작성 및 제출	기획재정부장관은 「국가회계법」에서 정하는 바에 따라 회계연도마다 작성하여 **대통령의 승인을 받은 국가결산보고서를 다음 연도 4월 10일까지 감사원에 제출**하여야 한다.
결산검사	감사원은 제출된 국가결산보고서를 검사하고 그 보고서를 다음 연도 5월 20일까지 **기획재정부장관에게 송부**하여야 한다.
국가결산보고서의 국회제출	정부는 감사원의 검사를 거친 국가결산보고서를 다음 연도 5월 31일까지 **국회에 제출**하여야 한다.

03 예산제도의 종류 B급

1. 품목별 예산제도(통제중심) 10. 채용, 10·11·13·18. 승진, 12·13. 경간

개념	지출의 대상, 성질을 기준으로 지출품목마다 그 비용이 얼마인가에 따라 예산을 배정하는 제도 08. 채용, 12. 승진
특징 08. 채용, 17. 경간, 19. 승진	① 지출의 대상, 성질을 기준으로 하여 세출예산의 금액 분류 18. 법학 ② 통제지향적 예산제도 17. 경간 ③ 예산담당 공무원들에게 필요한 핵심적 기술은 회계기술 17. 경간 ④ 우리나라 경찰의 예산제도(세계적으로 가장 많이 활용되는 예산제도)
장점 17. 경간	① 회계책임을 명확히 하고 경비사용의 적정화에 유리 10·19. 채용 ② 인사행정의 정원과 보수에 관한 유용한 정보·자료를 제공 ③ 지출의 합법성에 치중하는 회계검사 용이 ④ 행정의 재량범위 축소: 세부적 지출대상별로 예산지출액을 결정해주므로 재정적 한계를 지키기 쉽고, 집행부의 재량을 축소하여 남용이나 부패방지
단점 17. 경간	① 예산의 신축성을 저해: 지출대상을 중점으로 행정활동의 재량성을 제한 ② 계획과 예산의 불일치: 재정통제에 역점을 둔 전년도 답습방식의 1년주의 현실지향적 예산이므로 장기적 계획과의 연계가 곤란 19. 승진 ③ 지출목적이 불분명하여 기능의 중복을 피하기 곤란하고 계획과 지출이 불일치 08. 채용, 19. 승진 ④ 의사결정을 위한 충분한 자료제시 부족: 품목별 비용을 따지는 미시적 관리에 치중하여 정부 전체 활동의 통합조정에 필요한 수단을 제공하지 못한다. 08. 채용 ⑤ 자원배분의 비효율성: 전년도 예산을 기준으로 하므로 대안을 체계적으로 분석하지 않아 자원배분이 비효율적이다.

2. 성과주의 예산제도(관리중심) 10·12. 승진, 12·13. 경간, 18. 지능

개념	정부의 기능·활동 및 사업에 따라 예산을 편성·관리하는 제도
특징	① 사업계획을 세부사업으로 분류하고 각 세부사업을 '단위원가 × 업무량 = 예산액'으로 표시하여 편성 12. 승진, 15. 지능, 17. 경간 ② 정부가 구입하는 물품보다 정부가 수행하는 업무에 중점을 두는 관리지향적 예산제도 15. 지능, 19. 승진
장점	① 국민이 경찰(정부) 활동을 이해하기 용이하고 경찰 홍보에 기여함 17. 경간 ② 예산편성시 자원배분합리화 ③ 행정부의 재량이 확대되어 예산집행의 신축성이 제고됨 ④ 업무의 계량화가 쉬운 작은 규모의 조직에 적용 용이 ⑤ 해당부서 업무능률을 측정하여 다음연도 예산에 반영

단점	① **업무측정단위 선정곤란**: 정부사업은 수량적으로 표시 곤란, 최종산물의 측정단위 선정 곤란 ② **단위원가 계산의 곤란성**: 단위원가를 합리적으로 계산하려면, 고도의 전문적 회계지식과 기술이 필요 ③ 공무원의 봉급 등 인건비와 같은 **경직성경비에 적용하기 곤란** 10. 승진, 13. 경간, 19. 승진 ④ 입법부의 행정부에 대한 재정통제 곤란 ⑤ **회계책임의 불분명** 및 철저한 공금관리 곤란

3. 계획예산제도(PPBS) 18. 지능

개념	장기적인 기획과 단기적인 예산편성을 구체적인 실시기획을 통하여 유기적으로 연결시켜 예산배분에 관한 의사결정을 합리적으로 일관성 있게 집행하려는 제도 12. 승진, 18. 법학
장점	① 대안의 체계적·과학적 분석을 통한 자원배분의 합리성 제고, 절약과 능률의 실현 가능 ② 조직의 통합적 운영: 대안의 분석·검토를 통하여 의견교환이 활발해지고, 문제점이 이해됨으로써 조직의 통합적 운영 가능 ③ 의사결정상의 과학적 객관성 확보(체제분석)
단점	① 중앙집권화(하향적·일방적 의사결정) ② 관료조직의 반발 ③ 계량화와 환산작업의 곤란 ④ 간접비 및 공통비의 배분 곤란

4. 영기준예산(ZBB) 10·12. 승진, 12. 채용

개념	조직체의 모든 사업·활동에 대하여 **영기준을 적용**해서 각각의 효율성, 효과성 및 중요성 등을 체계적으로 분석하고 사업의 존속·축소·확대 여부를 원점에서 새로 분석·검토하여 매년 사업의 우선순위별로 **실행예산을 결정하는 제도** 12. 승진
특징	① 예산편성시 전년도 예산을 기준으로 점증적으로 예산액을 책정하는 폐단을 시정하려는 목적에서 유래 12. 채용, 15. 지능, 19. 승진 ② **작은 정부시대에 각광받고 있는 예산제도**
장점	① 삭감에 대한 과학적 근거를 마련하여 자원배분을 합리화하고, 예산의 팽창을 억제 ② 효율적인 관리수단 제공 ③ 재정운영의 탄력성 확보(재정경직화의 타파) ④ 상향적·민주적 의사결정, 관리자의 참여확대
단점	① 시간·노력의 과중, 고도의 전문성 요구 ② **신규사업 제안 곤란, 장기적인 목표가 경시되는 경향**(일몰법으로 보완 필요) ③ 관료들(예산담당관)의 자기방어와 기득권자의 저항으로 인해 사업축소 및 폐지가 곤란 ④ 분석 및 우선순위의 결정 곤란

> **＋PLUS 파킨슨의 법칙**
> 공무원의 수는 해야 할 업무의 경중이나 그 유무에 관계없이 **일정 비율로 증가한다**는 법칙을 의미한다.

5. 일몰법(Sunset Law)

개념	① 특정 행정기관이나 사업이 **일정기간이** 지나면 **의무적·자동적으로 폐지되게 하는 법률**로서 **한시법**이라고도 하며 **입법부**에서 제정한다. 10. 채용, 15. 지능, 18. 법학, 19. 승진 ② 영기준예산과 함께 **감축지향적**인 예산제도로서 중요한 의미를 가진다.

6. 자본예산

개념	**투자효과가 장기적으로 나타나는** 투자의 총괄적인 계획과 평가의 과정을 말하는 것으로 자본예산에는 **토지, 건물** 또는 **생산시설에 대한 투자**가 포함된다.
특징	정부예산을 경상지출과 자본지출로 구분하고 경상지출(공무원 봉급)은 경상수입(세금)으로 충당하여 균형을 이루도록 하지만, **자본지출**(고속도로 건설)은 **적자재정**(지출이 많은 재정상태)과 **공채발행**을 통해 그 수입으로 충당케 함으로써 **불균형예산**을 편성하게 된다.

Chapter 05 경찰장비관리

01 경찰장비 - 경찰장비관리규칙(경찰청훈령) [시행 2024.12.31.]

1. 무기·탄약의 회수 및 보관(경찰장비관리규칙 제120조, 제120조의2, 제120조의3) [A급]

14 · 15 · 18. 승진, 17. 채용, 18. 경간

즉시 회수해야 하는 경우	경찰기관의 장은 무기를 휴대한 자 중에서 다음 각 호에 해당하는 자가 발생한 때에는 **즉시 대여한 무기·탄약을 회수해야 한다**. 다만, 대상자가 이의신청을 하거나 소속 부서장이 무기 소지 적격 여부에 대해 심의를 요청하는 경우에는 무기 소지 적격 심의위원회의 심의를 거쳐 대여한 무기·탄약의 회수 여부를 결정한다. 1. 직무상의 비위 등으로 인하여 **중징계 의결 요구된 자** 2. **사의를 표명한 자**
회수할 수 있는 경우	경찰기관의 장은 무기를 휴대한 자 중에서 다음 각 호에 해당하는 자가 있을 때에는 **심의위원회의 심의를 거쳐** 대여한 무기·탄약을 **회수할 수 있다**. 다만, 심의위원회를 개최할 **시간적 여유가 없거나** 사고 방지 등을 위해 **신속한 회수가 필요**하다고 인정되는 경우에는 대여한 무기·탄약을 즉시 회수할 수 있으며, 회수한 날부터 **7일 이내**에 심의위원회를 개최하여 회수의 타당성을 심의하고 **계속 회수 여부를 결정**한다. 1. 직무상의 비위 등으로 인하여 **감찰조사의 대상**이 되거나 **경징계의결** 요구 또는 경징계 처분 중인 자 2. **형사사건**의 수사 대상이 된 자 3. 경찰공무원 직무적성검사 결과 **고위험군에 해당**되는 자 4. **정신건강상 문제가 우려**되어 치료가 필요한 자 5. **정서적 불안 상태**로 인하여 무기 소지가 적합하지 않은 자로서 **소속 부서장의 요청**이 있는 자 6. 그 밖에 **경찰기관의 장**이 무기 소지 적격 여부에 대해 **심의를 요청**하는 자
무기고에 보관하도록 해야 하는 경우	경찰기관의 장은 무기를 휴대한 자 중에서 다음 각 호에 해당하는 경우에는 대여한 무기·탄약을 무기고에 **보관하도록 해야** 한다. 1. **술자리** 또는 **연회장소**에 **출입**할 경우 2. **상사의 사무실**을 **출입**할 경우 3. 기타 정황을 판단하여 필요하다고 인정되는 경우

	설치	각급 경찰기관의 장 소속하에 심의위원회를 둔다.
무기 소지 적격 심의위원회 (제120조의2, 제120조의3)	구성	위원장 1명을 포함하여 총 5명 이상 7명 이내의 위원으로 구성하되 민간위원 1명 이상이 위원으로 참여하여야 한다.
	위원장	위원장은 심의 대상자 소속 경찰기관의 장이 지명한다.
	위원	① 내부위원은 심의 대상자 당해 경찰기관에 소속된 자 중에서 지명 ② 민간위원은 정신건강 분야에 관한 전문성을 갖춘 사람으로서 심의 대상자 소속 경찰기관의 장이 위촉하는 사람
	의결	① 회의는 재적위원 과반수의 출석으로 개의하며, 출석위원 과반수의 찬성으로 의결한다. ② 심의위원회 회의는 비공개로 한다.

2. 무기 및 탄약관리 [B급]

정의 (제112조)	무기	인명 또는 신체에 위해를 가할 수 있도록 제작된 **권총·소총·도검** 등을 말한다.
	집중무기고	경찰인력 및 경찰기관별 무기책정기준에 따라 배정된 **개인화기와 공용화기**를 **집중보관·관리**하기 위하여 **각** 경찰기관에 설치된 시설을 말한다.
	탄약고	**경찰**탄약을 집중 보관하기 위하여 타용도의 사무실, **무기고** 등과 **분리** 설치된 보관시설을 말한다.
	간이무기고	경찰기관의 각 기능별 운용부서에서 효율적 사용을 위하여 **집중무기고로부터 무기·탄약의 일부를 대여 받아 별도로** 보관·관리하는 시설을 말한다.
무기고 및 탄약고 설치 (제115조 제2항 ~ 제7항)		② 무기고와 탄약고는 견고하게 만들고 환기·방습장치와 방화시설 및 총가시설 등이 완비되어야 한다. ③ 탄약고는 무기고와 분리되어야 하며 가능한 본 청사와 격리된 독립 건물로 하여야 한다. ④ 무기고와 탄약고의 환기통 등에는 손이 들어가지 않도록 쇠창살 시설을 하고, 출입문은 2중으로 하여 각 1개소 이상씩 자물쇠를 설치하여야 한다. ⑤ 무기·탄약고 비상벨은 상황실과 숙직실 등 초동조치 가능장소와 연결하고, 외곽에는 철조망장치와 조명등 및 순찰함을 설치하여야 한다. ⑥ 간이무기고는 근무자가 24시간 상주하는 지구대, 파출소, 상황실 및 112타격대("**지구대 및 상황실 등**") 등 경찰기관의 장이 필요하다고 인정하는 상당한 이유가 있는 장소에 설치할 수 있다. ⑦ 탄약고 내에는 전기시설을 하여서는 아니 되며, 조명은 건전지 등으로 하고 방화시설을 완비하여야 한다. 단, 방폭설비를 갖춘 경우 전기시설을 설치할 수 있다.

무기·탄약고 열쇠의 보관 (제117조)	① 무기고와 탄약고의 열쇠는 관리 **책임자가** 보관한다. ② **집중무기·탄약고와 간이무기고는** 다음 각 호의 **관리자가 보관** 관리한다. 다만, 휴가, 비번 등으로 관리책임자 공백시는 별도 관리책임자를 지정하여야 한다. 1. 집중무기·탄약고의 경우 　가. **일과시간의 경우** 무기 관리부서의 장(정보화장비과장, 운영지원과장, 총무과장, 경찰서 경무과장 등) 　나. **일과시간 후 또는 토요일·공휴일의 경우** 당직 업무(청사방호) 책임자(상황관리관 등 당직근무자) 2. 간이무기고의 경우 　가. **상황실 간이무기고는** 112종합상황실(팀)장 　나. **지구대 등 간이무기고는** 지역경찰관리자 　다. **그 밖의 간이무기고는** 일과시간의 경우 설치부서 책임자, 일과시간 후 또는 토요일·공휴일의 경우 당직 업무(청사방호) 책임자
무기·탄약 등의 대여 (제118조)	① 경찰기관의 장은 공무집행을 위해 필요할 때에는 관리하고 있는 **무기·탄약을 대여할 수** 있다. ② 무기·탄약을 대여하고자 할 때에는 무기·탄약 대여신청서에 따라 경찰관서장의 사전허가를 받은 후 **감독자의 입회하에** 대여하고 무기탄약출납부, 무기탄약 출·입고서에 이를 기재하여야 한다. ③ 상황실 등의 간이무기고에 대여 또는 배정받은 **무기탄약을 입출고할 때에는** 휴대 사용자의 대여 신청에 따라 **소속부서** 책임자의 허가를 받아 무기탄약 출·입고부에 기록한 후 **관리책임자 입회하에 입출고하여야 한다.** ④ 지구대 등의 간이무기고의 경우는 **소속 경찰관에 한하여 무기를 지급**하되 감독자 입회(감독자가 없을 경우 반드시 타 선임 경찰관 입회)하에 무기탄약 입출고부에 **기재한 뒤 입출고하여야 한다.** 다만, 긴급상황 발생시 경찰서장의 사전허가를 받은 경우의 대여는 예외로 한다. ⑤ **무기탄약을 대여받은 자는** 그 무기를 휴대하고 근무하는 경우를 제외하고는 무기고에 보관하여야 하며, 근무 종료시에는 감독자 입회아래 무기탄약 입출고부에 기재한 뒤 **즉시 입고하여야 한다.**

3. 권총사용시 안전수칙(제123조 제1항 제1호) [B급]

① 총구는 공중 또는 지면(안전지역)을 향한다. 15. 승진, 17. 채용
② 실탄 장전시 반드시 안전장치(방아쇠울에 설치 사용)를 장착한다. 15. 승진
③ 1탄은 공포탄, 2탄 이하는 실탄을 장전한다. 다만, 대간첩작전, 살인 강도 등 중요범인이나 무기·흉기 등을 사용하는 범인의 체포 및 위해의 방호를 위하여 불가피한 경우에 1탄부터 실탄을 장전할 수 있다. 15. 승진, 17. 채용
④ 조준시는 대퇴부 이하를 향한다. 15. 승진

4. 전자충격기(제79조)

① 전자충격기는 물품관리관의 책임 하에 **집중관리함을 원칙**으로 하나, 운용부서에 대여하여 그 부서장의 책임하에 관리·운용하게 할 수 있다. 17. 채용, 18. 경간
② 경찰관이 직무수행을 위하여 **전자충격기**를 사용할 경우에는 다음 각 호의 안전수칙을 준수하여야 한다.

  1. 사용 전 배터리 충전 여부를 확인한다.
  2. **전극침**이 발사되는 전자충격기의 경우 **안면**을 향해 발사해서는 아니 된다.
  3. **14세 미만의 자** 또는 **임산부**에 대하여 사용하여서는 아니 된다.

5. 차량관리 [B급]

차량의 구분 (제88조)	① 차량의 차종은 승용·승합·화물·특수용으로 구분하고, 차형은 차종별로 대형·중형·소형·경형·다목적형으로 구분한다. 17. 채용, 18. 경간 ② 차량은 용도별로 **전용·지휘용·업무용·순찰용·특수용** 차량으로 구분한다(수사용 ×). 12·18. 승진, 18. 경간
차량소요계획의 제출 (제90조 제1항)	부속기관 및 시·도경찰청의 장은 다음 연도에 소속기관의 **차량정수를 증감**시킬 필요가 있을 때에는 **매년 3월말까지** 다음 연도 차량정수 소요계획을 경찰청장에게 제출하여야 한다. 12·17. 승진, 18. 경간
차량의 교체 (제93조 제1항)	부속기관 및 시·도경찰청은 소속기관 차량 중 다음 연도 **교체대상 차량을 매년 11월 말까지** 경찰청장에게 보고하여야 한다. 11·17. 채용, 18. 경간, 18. 승진
교체대상차량의 불용처리 (제94조 제1항)	**차량교체를 위한 불용 대상차량**은 부속기관 및 시·도경찰청에 배정되는 수량의 범위 내에서 내용연수 경과 여부 등 **차량사용기간을 최우선적으로 고려하여 선정**한다. 11·12·18. 승진, 17. 채용, 18. 경간
차량의 집중관리 (제95조 제1항)	각 경찰기관의 업무용차량은 운전요원의 부족 등 불가피한 사유가 없는 한 **집중관리를 원칙**으로 한다. 다만, 지휘용 차량은 업무의 특성을 고려하여 지정 활용할 수 있다. 17. 채용, 18. 경간

차량의 관리 (제96조)	① 차량열쇠는 다음 각 호의 관리자가 지정된 열쇠함에 집중보관 및 관리하고, **예비열쇠의 확보 등을 위한 무단 복제와 운전원의 임의 소지 및 보관을 금한다.** 다만, 휴가, 비번 등으로 관리책임자 공백시는 별도 관리책임자를 지정하여야 한다. 11·12. 승진 　　1. 일과시간의 경우 차량 관리부서의 장(정보화장비과장, 운영지원과장, 총무과장, 경찰서 경무과장 등) 　　2. 일과시간 후 또는 토요일·공휴일의 경우 당직 업무(청사방호) 책임자(상황관리관 등 당직근무자, 지구대·파출소는 지역경찰관리자) ② 차량은 **지정된 운전자 이외의 사람이 무단으로 운행하여서는 아니 되며**, 운전자는 교통법규를 준수하여 사고를 방지하여야 한다.
차량의 관리책임 (제98조 제3항)	차량운행시 책임자는 **1차 운전자, 2차 선임탑승자(사용자), 3차 경찰기관의 장**으로 한다. 11. 승진
운전원 교육 및 출동태세 확립 (제102조 제2항)	전·의경 **신임운전요원**은 **4주 이상** 운전교육을 실시한 후에 운행하도록 하여야 한다. 17. 채용, 18. 경간

02 물품관리 - 물품관리법 [시행 2020.6.9.] C급

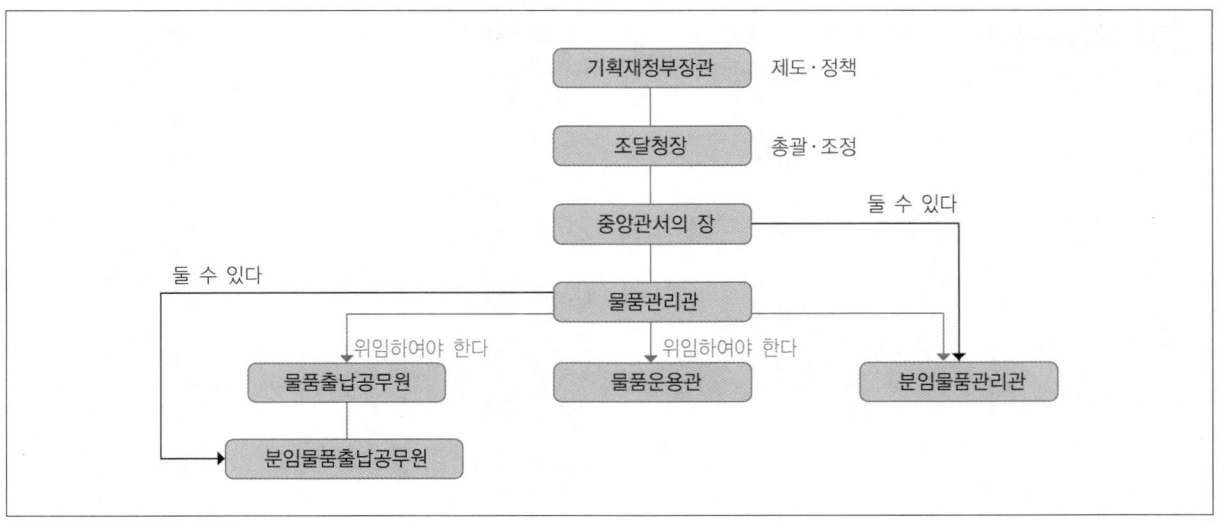

Chapter 05 경찰장비관리 **329**

기획재정부장관	물품관리의 제도와 정책에 관한 사항을 관장한다. 17. 승진, 18. 채용
조달청장 (제7조 제2항)	각 중앙관서의 장이 수행하는 물품관리에 관한 업무를 **총괄·조정**한다. 13·17. 승진
물품관리관 (제9조)	① **각 중앙관서의 장**은 대통령령으로 정하는 바에 따라 그 소관 물품관리에 관한 사무를 소속 공무원에게 위임할 수 있고, 필요하면 다른 중앙관서의 소속 공무원에게 **위임할 수 있다**. ② 각 중앙관서의 장으로부터 물품관리에 관한 사무를 위임받은 공무원을 물품관리관이라 한다. 13·17. 승진
물품출납공무원 (제10조)	① **물품관리관**은 대통령령으로 정하는 바에 따라 그가 소속된 관서의 공무원에게 그 관리하는 물품의 출납과 보관에 관한 사무(출납명령에 관한 사무는 제외한다)를 위임하여야 한다. 13. 승진 ② **물품의 출납과 보관**에 관한 사무를 위임받은 공무원을 **물품출납공무원**이라 한다.
물품운용관 (제11조)	① **물품관리관**은 대통령령으로 정하는 바에 따라 그가 소속된 관서의 공무원에게 국가의 사무 또는 사업의 목적과 용도에 따라서 물품을 사용하게 하거나 사용 중인 물품의 관리에 관한 사무를 위임하여야 한다. 13·17. 승진, 18. 채용 ② **물품의 사용**에 관한 사무를 위임받은 공무원을 **물품운용관**이라 한다.
분임물품관리관 (제12조 제1항)	각 중앙관서의 장은 물품관리관의 사무의 일부를 분장하는 공무원을 대통령령으로 정하는 바에 따라 둘 수 있다.
분임물품출납공무원 (제12조 제1항)	물품관리관은 물품출납공무원의 사무의 일부를 분장하는 공무원을 대통령령으로 정하는 바에 따라 둘 수 있다.

Chapter 06 경찰보안관리

01 경찰보안관리 B급

1. 보안업무의 원칙 20. 승진

알 사람만 알아야 하는 원칙	① 보안에 있어서 가장 기본적이고 중요한 원칙으로 **한정의 원칙** 또는 **필요성의 원칙**이라고도 한다. ② 보안의 대상이 되는 사실을 전파할 때 전파가 꼭 필요한가 또는 피전파자가 반드시 전달받아야 하며 필요한 것인가를 검토하여야 한다. 14. 경특
부분화의 원칙	한번에 다량의 비밀이나 정보가 유출되지 않도록 하는 원칙 14. 경특
보안과 업무효율의 원칙	보안과 업무효율은 반비례 관계에 있으므로 양자의 적절한 조화를 유지하는 방법을 강구해야 한다. 14. 경특

2. 비밀취급 – 보안업무규정(대통령령) [시행 2021.1.1.] 12·15. 채용, 12·14·19. 경간, 17·19. 승진

용어 정의 (제2조)	① "**비밀**"이란 「국가정보원법」 제4조 제1항 제2호에 따른 국가 기밀(이하 "국가 기밀"이라 한다)로서 이 영에 따라 비밀로 분류된 것을 말한다. 12·15. 채용 ② "**각급기관**"이란 「대한민국헌법」, 「정부조직법」 또는 그 밖의 법령에 따라 설치된 **국가기관(군기관 및 교육기관을 포함한다)**과 **지방자치단체** 및 「공공기록물 관리에 관한 법률 시행령」 제3조에 따른 **공공기관**을 말한다. ③ "**중앙행정기관등**"이란 「정부조직법」 제2조 제2항에 따른 **부·처·청(이에 준하는 위원회를 포함한다)**과 대통령 소속·보좌·경호기관, 국무총리 보좌기관 및 고위공직자범죄수사처를 말한다. ④ "**암호자재**"란 비밀의 보호 및 정보통신 보안을 위하여 암호기술이 적용된 장치나 수단으로서 Ⅰ급, Ⅱ급 및 Ⅲ급비밀 소통용 암호자재로 구분되는 **장치나 수단**을 말한다.
보안책임 (제3조)	다음 각 호의 어느 하나에 해당하는 사항을 관리하는 **사람 및 관계 기관**(각급 기관과 제33조 제3항에 따른 관리기관을 말한다. 이하 같다)**의 장**은 해당 관리 대상에 대하여 보안책임을 진다. 1. **국가 기밀에 속하는 문서·자재·시설·지역** 2. **국가안전보장에 한정된 국가 기밀을 취급하는 인원**
보안심사위원회 (제3조의3)	① **중앙행정기관등**에 비밀의 공개 등 해당 기관의 **보안 업무 수행에 관한 중요 사항을 심의**하기 위하여 **보안심사위원회**를 둔다. ② 보안심사위원회의 구성·운영 등에 필요한 세부사항은 **국가정보원장**이 정한다.

비밀의 구분 (제4조) 12. 경간, 12·15. 채용, 16·19. 승진	비밀은 그 **중요성과 가치**의 정도에 따라 구분한다. 12. 경간	
	Ⅰ급비밀	누설될 경우 대한민국과 **외교관계가 단절**되고 **전쟁을 일으키며**, 국가의 방위계획·정보활동 및 국가방위에 반드시 필요한 과학과 기술의 개발을 위태롭게 하는 등의 우려가 있는 비밀 12·15. 채용, 19. 실무
	Ⅱ급비밀	누설될 경우 국가안전보장에 막**대한 지장**을 끼칠 우려가 있는 비밀 16. 승진
	Ⅲ급비밀	누설될 경우 국가안전보장에 해를 끼칠 우려가 있는 비밀 12·15. 채용
	대외비: 보안업무규정(대통령령) 제4조에 따른 비밀 외에 「공공기관의 정보공개에 관한 법률」 제9조 제1항 제3호부터 제8호까지의 비공개 대상 정보 중 직무 수행상 특별히 보호가 필요한 사항은 이를 "대외비"로 한다. 12. 경간	
비밀의 보호와 관리 원칙 (제5조)	**각급기관의 장**은 비밀의 작성·분류·취급·유통 및 이관 등의 모든 과정에서 비밀이 누설되거나 유출되지 아니하도록 **보안대책을 수립하여 시행하여야 한다**. 이 경우 비밀의 제목 등 해당 비밀의 내용을 유추할 수 있는 정보가 포함된 자료는 공개하지 않는다.	

3. 비밀·암호자재 제작·공급 및 반납(보안업무규정)

암호자재 제작·공급 및 반납 (제7조)	① **국가정보원장**은 암호자재를 제작하여 필요한 기관에 공급한다. 다만, 국가정보원장이 필요하다고 인정하는 암호자재의 경우 그 암호자재를 사용하는 기관은 국가정보원장이 인가하는 암호체계의 범위에서 암호자재를 제작할 수 있다. ② 암호자재를 사용하는 기관의 장은 사용기간이 끝난 암호자재를 **지체 없이** 그 제작기관의 장에게 반납하여야 한다.
비밀·암호자재의 취급(제8조)	비밀은 해당 등급의 비밀취급 인가를 받은 사람만 취급할 수 있으며, 암호자재는 해당 등급의 비밀 소통용 암호자재취급 인가를 받은 사람만 취급할 수 있다.

4. 비밀·암호자재 취급의 인가 및 인가해제(보안업무규정) 10. 승진

비밀·암호자재 취급 인가권자 (제9조) 12. 경간, 21. 법학	① **Ⅰ급비밀 취급 인가권자와 Ⅰ급 및 Ⅱ급비밀 소통용 암호자재 취급 인가권자** 21. 법학 대통령, 국무총리, 감사원장, 국가인권위원회 위원장, 고위공직자범죄수사처장, 각 부·처의 장, 국무조정실장, 방송통신위원회 위원장, 공정거래위원회 위원장, 금융위원회 위원장, 국민권익위원회 위원장, 개인정보 보호위원회 위원장 및 원자력안전위원회 위원장, 대통령비서실장, 국가안보실장, 대통령경호처장, 국가정보원장, 검찰총장, 합동참모의장, 각군 참모총장, 지상작전사령관 및 육군제2작전사령관, 국방부장관이 지정하는 각군 부대장 ② **Ⅱ급 및 Ⅲ급비밀 취급 인가권자와 Ⅲ급비밀 소통용 암호자재 취급 인가권자** 21. 법학 Ⅰ급비밀 취급 인가권자, **중앙행정기관등인 청의 장(경찰청장)**, 지방자치단체의 장, 특별시·광역시·도 및 특별자치시·특별자치도의 교육감 및 앞의 사람이 지정한 기관의 장

비밀·암호자재 취급의 인가 및 인가해제 (제10조)	① 비밀취급 인가권자는 비밀을 취급하거나 비밀에 접근할 사람에게 해당 등급의 비밀취급을 인가하고, 필요한 경우에는 인가 등급을 변경한다.
	② 비밀취급 인가는 인가 대상자의 직책에 따라 **필요한 최소한의 인원으로 제한**하여야 한다.
	③ 비밀취급 인가를 받은 사람이 다음 각 호의 어느 하나에 해당하는 경우에는 그 **인가를 해제해야** 한다.
	  1. 고의 또는 중대한 과실로 보안사고를 저질렀거나 이 영을 위반하여 보안업무에 지장을 주는 경우
	  2. 비밀취급이 불필요하게 되었을 경우
	④ 암호자재취급 인가권자는 **비밀취급 인가를 받은 사람 중에서 암호자재취급이 필요한 사람**에게 해당 등급의 비밀 소통용 암호자재취급을 인가하고, 필요한 경우에는 인가 등급을 변경한다. 이 경우 **암호자재취급 인가 등급은 비밀취급 인가 등급보다 높을 수 없다.**
	⑤ 암호자재취급 인가를 받은 사람이 다음 각 호의 어느 하나에 해당하는 경우에는 그 **인가를 해제해야** 한다.
	  1. 비밀취급 인가가 해제되었을 경우
	  2. 암호자재와 관련하여 보안사고를 저질렀거나 이 영을 위반하여 보안 업무에 지장을 주는 경우
	  3. 암호자재의 취급이 불필요하게 되었을 경우
	⑥ 비밀취급 및 암호자재취급의 인가와 인가 등급의 변경 및 인가 해제는 **문서로 하여야** 하며, 직원의 **인사기록사항에 그 사실을 포함**하여야 한다.

5. 비밀의 분류(보안업무규정) 10·12·15·18·19. 승진, 12·16. 채용, 14·19. 경간

비밀의 분류 (제11조)		① 비밀취급 인가를 받은 사람은 **인가받은 비밀 및 그 이하 등급 비밀의 분류권**을 가진다. ② 같은 등급 이상의 비밀취급 인가를 받은 사람 중 직속 상급직위에 있는 사람은 그 하급직위에 있는 사람이 분류한 비밀등급을 조정할 수 있다. ③ 비밀을 **생산**하거나 **관리**하는 사람은 비밀의 작성을 완료하거나 비밀을 접수하는 **즉시** 그 비밀을 분류하거나 재분류할 책임이 있다.
분류원칙 (제12조) 12. 승진	과도 또는 과소 분류금지의 원칙	비밀은 **적절히 보호할 수 있는 최저등급으로 분류**하되, 과도하거나 과소하게 분류해서는 아니 된다. 16. 승진
	독립분류의 원칙	비밀은 그 자체의 내용과 가치의 정도에 따라 **분류하여야 하며, 다른 비밀과 관련하여 분류해서는 아니 된다.** 12·16. 승진
	외국비밀존중의 원칙	외국 정부나 국제기구로부터 접수한 비밀은 그 생산기관이 필요로 하는 정도로 보호할 수 있도록 **분류**하여야 한다. 19. 실무
분류지침 (제13조)		각급기관의 장은 비밀 분류를 통일성 있고 적절하게 하기 위하여 **세부 분류지침을 작성하여 시행하여야** 한다. 이 경우 세부 분류지침은 **공개하지 않는다.**

비밀관리기록부 (제22조) 18. 채용, 20. 경간	① 각급기관의 장은 비밀의 작성ㆍ분류ㆍ접수ㆍ발송 및 취급 등에 필요한 모든 관리사항을 기록하기 위하여 비밀관리기록부를 작성하여 갖추어 두어야 한다. 다만, Ⅰ급비밀관리기록부는 따로 작성하여 갖추어 두어야 하며, 암호자재는 암호자재 관리기록부로 관리한다. ② 비밀관리기록부와 암호자재 관리기록부에는 모든 비밀과 암호자재에 대한 보안책임 및 보안관리 사항이 정확히 기록ㆍ보존되어야 한다.

6. 비밀의 복제ㆍ복사와 열람, 공개, 반출(보안업무규정) 18. 채용, 19. 승진

비밀의
복제ㆍ복사 제한
(제23조)
	① 비밀의 일부 또는 전부나 암호자재에 대해서는 모사ㆍ타자ㆍ인쇄ㆍ조각ㆍ녹음ㆍ촬영ㆍ인화ㆍ확대 등 그 원형을 재현하는 행위를 할 수 없다. 다만, 다음 각 호의 구분에 따른 비밀의 경우에는 그러하지 아니하다. 18. 채용, 19. 승진
	  1. Ⅰ급비밀: 그 생산자의 허가를 받은 경우
	  2. Ⅱ급비밀 및 Ⅲ급비밀: 그 생산자가 특정한 제한을 하지 아니한 것으로서 해당 등급의 비밀취급 인가를 받은 사람이 **공용으로 사용하는 경우**
	  3. 전자적 방법으로 관리되는 비밀: 해당 비밀을 보관하기 위한 용도인 경우
	② 각급기관의 장은 보안 업무의 효율적 수행을 위하여 필요하다고 인정되는 경우에는 해당 비밀의 보존기간 내에서 **제1항 단서에 따라 그 사본을 제작하여 보관할 수 있다.** 18. 채용
	③ 비밀의 사본을 보관할 때에는 그 예고문이나 비밀등급을 변경해서는 아니 된다. 다만,「공공기록물 관리에 관한 법률 시행령」제68조 제6항에 따라 비밀을 재분류하는 경우에는 그러하지 아니하다.
	④ 비밀을 복제하거나 복사한 경우에는 그 원본과 동일한 비밀등급과 예고문을 기재하고, 사본 번호를 매겨야 한다.
	⑤ 예고문에 **재분류 구분이 "파기"로** 되어 있을 때에는 파기 시기를 원본의 보호기간보다 앞당길 수 있다.

비밀의 열람 (제24조)	① 비밀은 해당 등급의 비밀취급 인가를 받은 사람 중 그 비밀과 업무상 직접 관계가 있는 사람만 열람할 수 있다. 19. 승진 ② 비밀취급 인가를 받지 아니한 사람에게 비밀을 열람하거나 취급하게 할 때에는 국가정보원장이 정하는 바에 따라 소속 기관의 장(비밀이 군사와 관련된 사항인 경우에는 국방부장관)이 미리 열람자의 인적사항과 열람하려는 비밀의 내용 등을 확인하고 열람 시 비밀 보호에 필요한 자체 보안대책을 마련하는 등의 보안조치를 하여야 한다. 다만, Ⅰ급비밀의 보안조치에 관하여는 국가정보원장과 미리 협의하여야 한다. 18. 채용

비밀의 공개
(제25조)
	① 중앙행정기관등의 장은 다음 각 호의 어느 하나에 해당하는 사유가 있을 때에는 그가 생산한 비밀을 보안심사위원회의 심의를 거쳐 공개할 수 있다. 다만, Ⅰ급비밀의 공개에 관하여는 국가정보원장과 미리 협의해야 한다.
	  1. 국가안전보장을 위하여 국민에게 긴급히 알려야 할 필요가 있다고 판단될 때
	  2. 공개함으로써 국가안전보장 또는 국가이익에 현저한 도움이 된다고 판단될 때
	② 공무원 또는 공무원이었던 사람은 법률에서 정하는 경우를 제외하고는 소속 기관의 장이나 소속되었던 기관의 장의 승인 없이 비밀을 공개해서는 아니 된다. 19. 승진

비밀의 반출 (제27조)	비밀은 보관하고 있는 시설 밖으로 반출해서는 아니 된다. 다만, 공무상 반출이 필요할 때에는 소속 기관의 장의 **승인**을 받아야 한다. 19. 승진
비밀 소유 현황 통보(제31조)	① 각급기관의 장은 연 2회 비밀 소유 현황을 조사하여 **국가정보원장에게 통보**하여야 한다. ② 조사 및 통보된 비밀 소유 현황은 **공개하지 않는다**.

7. 비밀의 보관 및 보안 – 보안업무규정 시행규칙(대통령훈령) [시행 2022.11.28.] 17·20. 경간

보관기준 (제33조)	① 비밀은 일반문서나 암호자재와 **혼합하여 보관하여서는 아니 된다.** ② **Ⅰ급비밀은 반드시 금고에 보관**하여야 하며, 다른 비밀과 혼합하여 보관하여서는 아니 된다. 17. 경간, 20. 승진, 21. 법학 ③ **Ⅱ급비밀 및 Ⅲ급비밀은 금고 또는 이중 철제캐비닛** 등 잠금장치가 있는 안전한 용기에 보관하여야 하며, 보관책임자가 Ⅱ급비밀 취급 인가를 받은 때에는 Ⅱ급비밀과 Ⅲ급비밀을 **같은 용기에 혼합하여 보관할 수 있다.** 18. 경간 ④ 보관용기에 넣을 수 없는 비밀은 **제한구역 또는 통제구역에 보관**하는 등 그 내용이 노출되지 아니하도록 특별한 보호대책을 마련하여야 한다. 18. 경간, 19. 승진
보관용기 (제34조)	① 비밀의 **보관용기 외부에는** 비밀의 보관을 알리거나 나타내는 **어떠한 표시도 해서는 아니 된다.** 12·20. 승진, 17. 경간, 21. 법학 ② 보관용기의 잠금장치의 종류 및 사용방법은 보관책임자 외의 사람이 알지 못하도록 특별한 통제를 하여야 하며, 다른 사람이 알았을 때에는 즉시 이를 **변경**하여야 한다.
관리번호 (제40조)	① 모든 비밀에는 생산 및 접수되는 순서에 따라 관리번호를 부여하여야 한다. ② 각급기관에서 생산하는 비밀의 관리번호는 **최종 결재권자가 결재**하여 그 내용이 확정된 후에 부여한다.

8. 특별인가 – 보안업무규정 시행 세부규칙(경찰청훈령 제15조) [시행 2022.2.25.]

① 모든 경찰공무원(전투경찰순경을 포함한다)은 임용과 동시 **Ⅲ급 비밀취급권**을 가진다.
② 경찰공무원 중 다음 각 호의 부서에 근무하는 자(전투경찰순경을 포함한다)는 그 **보직발령과 동시에 Ⅱ급 비밀취급권**을 인가받은 것으로 한다.

> 1. 경비, 경호, 작전, 항공, 정보통신 담당부서(기동대, 전경대의 경우는 행정부서에 한한다)
> 2. 정보, 보안, 외사부서
> 3. 감찰, 감사 담당부서
> 4. 치안상황실, 발간실, 문서수발실
> 5. 경찰청 각 과의 서무담당자 및 비밀을 관리하는 보안업무 담당자
> 6. 부속기관, 시·도경찰청, 경찰서 각 과의 서무담당자 및 비밀을 관리하는 보안업무 담당자

③ 비밀의 취급인가를 받은 자에 대하여는 **별도로 비밀취급인가증을 발급하지 않는다.** 다만, 업무상 필요한 경우에는 발급할 수 있다.
④ 각 경찰기관의 장은 위의 부서에 근무하는 경찰공무원 중 **신원특이자**에 대하여는 위원회 또는 자체 심의기구에서 Ⅱ급 비밀취급의 인가여부를 심의하고, 비밀취급이 불가능하다고 의결된 자에 대하여는 즉시 인사조치한다.

9. 시설보안(보안업무규정)

국가보안시설 및 국가보호장비 지정 (제32조)	① 국가정보원장은 파괴 또는 기능이 침해되거나 비밀이 누설될 경우 전략적·군사적으로 막대한 손해가 발생하거나 국가안전보장에 연쇄적 혼란을 일으킬 우려가 있는 시설 및 항공기·선박 등 중요 장비를 각각 **국가보안시설 및 국가보호장비로 지정할 수 있다.** ② **국가정보원장은** 관계 중앙행정기관등 및 지방자치단체의 장과 협의하여 국가보안시설 및 국가보호장비를 지정하는 데 필요한 **기준(지정기준)을 마련해야 한다.** ③ 전력시설 및 항공기 등 국가정보원장이 정하는 국가안전보장에 중요한 시설 또는 장비의 보안관리상태를 **감독하는 기관의 장은** 해당 시설 또는 장비가 **지정기준에 부합한다고 판단할 경우** 국가정보원장에게 해당 시설 또는 장비를 국가보안시설 또는 국가보호장비로 **지정해줄 것을 요청해야 한다.** ④ 국가정보원장은 지정 요청을 받은 경우 지정기준에 부합하는지를 심사하여 해당 시설 또는 장비의 국가보안시설 또는 국가보호장비 지정 여부를 결정하고, 그 결과를 요청 기관의 장에게 통보해야 한다. ⑤ 국가정보원장은 지정된 국가보안시설 또는 국가보호장비의 보안관리상태를 감독하는 기관(감독기관)의 장과 협의하여 지정기준을 수정·보완할 수 있다.
보호지역 (제34조)	① 각급기관의 장과 관리기관 등의 장은 국가안전보장에 관련되는 인원·문서·자재·시설의 보호를 위하여 필요한 장소에 일정한 범위의 **보호지역을 설정할 수 있다.** 21. 법학 ② 보호지역은 그 중요도에 따라 **제한지역, 제한구역 및 통제구역**으로 나눈다. ③ 보호지역에 접근하거나 출입하려는 사람은 각급기관의 장 또는 관리기관 등의 장의 승인을 받아야 한다. ④ 보호지역을 관리하는 사람은 승인을 받지 않은 사람의 보호지역 접근이나 출입을 제한하거나 금지할 수 있다.

10. 보호지역의 구분 - 보안업무규정 시행규칙 제54조, 보안업무규정 시행 세부규칙 제60조

20. 승진, 21. 채용, 21. 법학

제한지역	비밀 또는 국·공유재산의 보호를 위하여 울타리 또는 방호·경비인력에 의하여 **승인을 받지 않은 사람의 접근이나 출입에 대한 감시가 필요한 지역** 21. 법학	
제한구역 20. 승진, 21. 채용	비인가자가 비밀, 주요시설 및 Ⅲ급 비밀 소통용 암호자재에 **접근하는 것을 방지하기 위하여 안내를 받아 출입하여야 하는 구역** 20. 승진, 21. 법학	① 전자교환기(통합장비)실 ② 정보통신실(정보통신관제센터) ③ 발간실 ④ 송신 및 중계소, 정보통신관제센터 ⑤ 경찰청 및 시·도경찰청 항공대 ⑥ 작전·경호·정보·안보업무 담당부서 전역 ⑦ 과학수사센터
통제구역	보안상 매우 중요한 구역으로서 비인가자의 출입이 금지되는 구역 20. 승진	① 암호취급소 ② 정보보안기록실 ③ 무기창·무기고 및 탄약고 ④ 종합상황실·치안상황실

⑤ 암호장비관리실
⑥ 정보상황실
⑦ 비밀발간실
⑧ 종합조회처리실

11. 비밀의 대출 및 열람 - 보안업무규정 시행규칙 제45조

① 비밀보관책임자는 보관비밀을 대출하는 때에는 별지 제15호 서식의 **비밀대출부**에 관련 사항을 기록·유지한다. 20. 경간
② 개별 비밀에 대한 열람자 범위를 파악하기 위하여 각각의 비밀문서 끝 부분에 별지 제16호 서식의 비밀열람기록전을 첨부한다. 이 경우 문서 형태 외의 비밀에 대한 열람기록은 따로 비밀열람기록전(철)을 비치하고 기록·유지한다.
③ 제2항에 따른 **비밀열람기록전**은 그 비밀의 생산기관이 첨부하며, 비밀을 **파기하는 때에는 비밀에서 분리하여 따로 철하여 보관**하여야 한다. 17·20. 경간

> 비밀열람기록전은 비밀과 함께 철하여 보관·활용하고, 비밀의 보호기간이 만료되면 **비밀에서 분리한 후 각각 편철하여 5년간 보관해야 한다**(보안업무규정 시행규칙 제70조 제1항). 17·20. 경간

④ 비밀열람자는 비밀을 열람하기에 앞서 비밀열람기록전에 정해진 사항을 기재하고 서명 또는 날인한 후 비밀을 열람하여야 한다.
⑤ 비밀의 발간업무에 종사하는 사람은 작업일지에 작업에 관한 사항을 기록·보관해야 한다. 이 경우 작업일지는 비밀열람기록전을 갈음하는 것으로 본다.

12. 비밀취급 인가의 제한·특례 - 보안업무규정 시행규칙

비밀취급 인가의 제한 (제12조)	① 비밀취급 인가권자는 임무 및 직책상 해당 등급의 비밀을 항상 취급하는 사람에 한정하여 비밀취급을 인가하여야 한다. ② 비밀취급 인가권자는 소속 직원의 인사기록 카드에 기록된 비밀취급의 인가 및 인가해제 사유와 임용 시의 신원조사회보서에 따라 **새로 신원조사를 하지 아니하고 비밀취급을 인가할 수 있다. 다만, Ⅰ급비밀 취급을 인가할 때에는 새로 신원조사를 하여야 한다.** 18. 경간 ③ 신원조사 결과 국가안전보장에 유해한 정보가 있음이 확인된 사람은 비밀취급 인가를 받을 수 없다. ④ 비밀취급 인가가 해제된 사람은 비밀을 취급하는 직책으로부터 해임되어야 한다.
비밀취급 인가의 특례 (제13조)	① 비밀취급 인가권자는 업무상 조정·감독을 받는 기업체나 단체에 소속된 사람에 대하여 소관 비밀을 계속적으로 취급하게 하여야 할 필요가 있을 때에는 **미리 국가정보원장과의 협의를 거쳐 해당 하는 사람에게 Ⅱ급 이하의 비밀취급을 인가할 수 있다.** 18. 경간 ② 비밀취급 인가권자는 제1항에 따라 비밀취급을 인가하는 경우 그 비밀을 최대한 보호할 수 있는 보안대책을 마련하여야 한다. ③ 제1항에 따라 비밀취급 인가를 받은 사람은 영 및 이 훈령이 정하는 바에 따라 비밀을 취급해야 한다.

13. 비밀 및 암호자재 관련 자료의 보관 - 보안업무규정 시행규칙 제70조

① 다음 각 호의 자료는 비밀과 함께 철하여 보관·활용하고, 비밀의 보호기간이 만료되면 비밀에서 분리한 후 각각 편철하여 5년간 보관해야 한다.

> 1. 비밀접수증 20. 경간
> 2. 비밀열람기록전
> 3. 배부처

② 다음 각 호의 자료는 새로운 관리부철로 옮겨서 관리할 경우 기존 관리부철을 5년간 보관해야 한다.

> 1. 비밀관리기록부 20. 경간
> 2. 비밀 접수 및 발송대장
> 3. 비밀대출부
> 4. 암호자재 관리기록부

③ 서약서는 서약서를 작성한 비밀취급인가자의 인사기록카드와 함께 철하여 인가 해제 시까지 보관하되, 인사기록카드와 함께 철할 수 없는 경우에는 별도로 편철하여 보관해야 한다.
④ **암호자재 증명서**는 해당 암호자재를 반납하거나 파기한 후 **5년간 보관해야 한다.**
⑤ **암호자재 점검기록부**는 최근 **5년간**의 점검기록을 보관해야 한다.
⑥ 제1항부터 제5항까지의 규정에 따른 보관기간이 지나면 해당 자료는 「공공기록물 관리에 관한 법률」에 따른 기록물관리기관으로 이관해야 한다.

Chapter 07 / 경찰홍보

01 경찰홍보의 유형 C급

협의의 홍보	**Public Relations(PR: 공공관계)** 22. 경간 ① 유인물, 팸플릿 등 각종 매체를 통하여 개인이나 단체의 **긍정적인 점을 일방적으로 알리는 활동**이다. ② 대국민 신뢰회복과 경찰목적 달성에 유리한 환경을 조성할 수 있다.
언론관계	**Police-Press Relations(PPR: 경찰과 언론관계)** 22. 경간 ① 신문·잡지·TV나 라디오 등 각종 **보도기능에 대응하는 활동**이다. 19. 승진 ② 사건사고에 대한 **기자들의 질의에 답하는** 대응적이고 소극적인 홍보활동이다. 19. 승진
지역공동체 관계	**Police-Community Relations(PCR: 경찰과 지역사회관계)** 22. 경간 ① **미국에서 발달한 개념**으로 지역사회 내의 각종 기관 단체 및 **주민들과 유기적인 연락과 협조체계**를 구축·유지하여 지역사회 각계각층의 요구에 부응하는 경찰활동이다. ② 경찰활동의 긍정적인 측면을 지역사회에 널리 알리는 종합적인 **지역사회 홍보체계**를 의미한다. ③ PCR의 수단으로서 **가장 효과적인 것은 지역경찰관의 활동**이다. ④ 지역사회 내의 **각종 기관 및 주민들과 유기적인 연락 및 협조체계를 구축**하여 지역사회 각계각층의 문제·요구·책임을 발견하고 지역사회의 문제해결과 **적극적인 지역사회 프로그램**을 위해 경찰과 지역사회가 공동으로 노력하는 활동이다. 22. 경간
대중매체 관계	**Police-Media Relations(PMR: 경찰과 대중매체관계)** 22. 경간 ① 각종 **대중매체 제작자와 긴밀한 협조관계**를 구축·유지하여 대중매체의 필요를 충족시켜 주면서 경찰의 긍정적인 측면을 널리 알리는 **적극적인 활동**이다. ② 대중매체관계 분야에서 경찰관보다는 전직 언론인·문화산업종사자 등 **전문가를 채용하여 활용**하고 있다. ③ 경찰과 대중매체와의 관계 13. 경간, 15. 지능, 18. 승진

로버트 마크 (R. Mark)	경찰과 대중매체의 관계를 단란하고 행복하지는 않더라도 오래 지속되는 결혼생활에 비유하였다.
크랜돈 (G. Crandon)	경찰과 대중매체는 서로를 필요로 하기 때문에 둘 사이에는 **공생관계가 발달**한다고 주장
에릭슨 (R. Ericson)	경찰과 대중매체는 서로 얽혀서(연합하여) 범죄와 정의, 사회질서의 현실을 해석하고 규정짓는 사회기구의 역할을 수행한다고 주장

기업 이미지식 경찰홍보	① 주민을 **소비자로 보는 관점**에서 발달한 개념이다. 19. 승진 ② 조직 이미지를 고양하여 높아진 주민지지도를 바탕으로 예산을 획득하고 형사사법 환경하의 협력확보 등의 목적을 달성하는 종합적이고 계획적인 홍보활동이다(포돌이·포순이 등). 15. 경간, 19. 승진

02 언론중재 및 피해구제 등에 관한 법률(약칭: 언론중재법) [시행 2023.8.8.] A급

1. 언론피해 구제절차

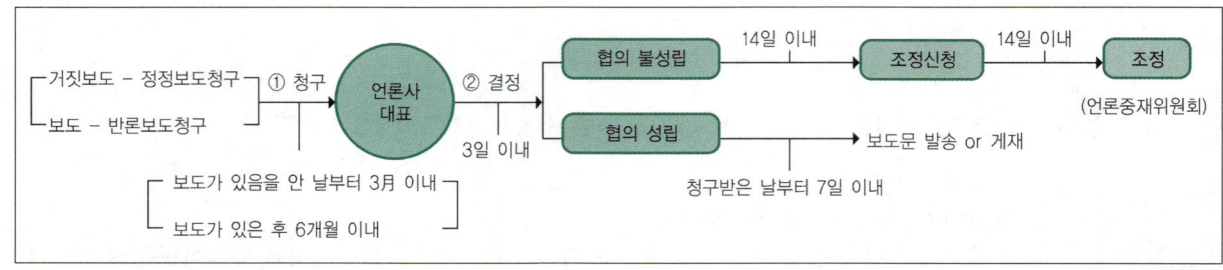

2. 언론사등에 대한 정정보도 청구 등

의의	정정보도청구권	언론보도내용의 전부 또는 일부가 **진실하지 아니함으로** 인하여 피해를 입은 자가 그 보도내용에 관한 정정보도를 언론사에 청구할 수 있는 권리
	반론보도청구권	언론보도의 **진실 여부와 관계없이** 그로 인하여 피해를 입은 자는 그 보도내용에 관한 반론보도를 언론사에 청구할 수 있는 권리
정정보도 청구의 요건 (제14조)		① 청구기간: 당해 언론보도가 있음을 안 날부터 3개월 이내에 또는 언론보도가 있은 후 6개월 이내 해당 언론사에 청구 14·15. 승진, 17. 경간, 19·21. 채용, 20. 승진, 21. 경간 ② 정정보도의 청구에는 **언론사의 고의·과실이나 위법성을 요하지 아니한다.** 21. 경간
사실적 주장의 판단과 증명책임 [대판 2011.9.2, 2009다52649(전합)] 21. 경간		① 사실적 주장이란 의견표명에 대치되는 개념으로서 사실적 주장과 의견표명이 혼재할 경우 양자를 구별할 때에는 해당 언론보도의 객관적인 내용과 아울러 해당 언론보도가 게재한 문맥의 보다 넓은 의미나 배경이 되는 사회적 흐름 및 시청자에게 주는 **전체적인 인상도** 함께 고려하여야 한다. 21. 경간 ② 복잡한 사실관계를 알기 쉽게 단순하게 만드는 과정에서 일부 특정한 사실관계를 압축, 강조하거나 대중의 흥미를 끌기 위해 실제 사실관계에 장식을 가하는 과정에서 **다소의 수사적 과장이 있더라도 전체적인 맥락에서 보아 보도내용의 중요 부분이 진실에 합치한다면** 그 보도의 진실성은 인정된다. 21. 경간 ③ 정정보도를 청구하기 위하여는 **피해자가** 사실적 주장에 관한 언론보도가 진실하지 아니하다는 점을 적극적으로 **증명할 것**이 필요하고, 그 언론보도가 사실이라는 증명이 없다는 것만으로는 정정보도를 청구할 수는 없다고 할 것이다.
정정보도 청구권의 행사 (제15조)		① 정정보도 청구는 언론사 등의 대표자에게 서면으로 하여야 하며, 청구서에는 피해자의 성명·주소·전화번호 등의 연락처를 기재하고 정정의 대상인 언론보도 등의 내용 및 정정을 구하는 이유와 청구하는 정정보도문을 명시하여야 한다. ② 정정보도 청구를 받은 언론사 등의 대표자는 3일 이내에 그 수용 여부에 대한 통지를 청구인에게 발송하여야 한다. 10·15·17·20. 승진, 17·20. 경간, 19. 채용 ③ 언론사 등이 정정보도 청구를 수용하는 때에는 지체 없이 피해자 또는 그 대리인과 정정보도의 내용·크기 등에 관하여 협의한 후 그 청구를 받은 날부터 7일 이내에 정정보도문을 방송 또는 게재하여야 한다. 17. 경간

	④ 정정보도청구권 거부사유 17. 승진, 20. 경간 ㉠ 피해자가 정정보도청구권을 행사할 정당한 이익이 없는 때 ㉡ 청구된 정정보도의 내용이 명백히 사실에 반하는 때 ㉢ 청구된 정정보도의 내용이 명백히 위법한 내용인 때 ㉣ 상업적인 광고만을 목적으로 하는 때 ㉤ 청구된 정정보도의 내용이 국가·지방자치단체 또는 공공단체의 공개회의와 법원의 공개재판절차의 사실보도에 관한 것인 때
반론보도청구권 (제16조)	① 사실적 주장에 관한 언론보도등으로 인하여 피해를 입은 자는 그 보도 내용에 관한 반론보도를 언론사등에 청구할 수 있다. ② 제1항의 청구에는 언론사등의 고의·과실이나 위법성을 필요로 하지 아니하며, 보도 내용의 **진실 여부와 상관없이** 그 청구를 할 수 있다. 21. 채용 ③ 반론보도 청구에 관하여는 따로 규정된 것을 제외하고는 정정보도 청구에 관한 이 법의 규정을 준용한다.
추후보도청구권 (제17조 제1항)	언론등에 의하여 범죄혐의가 있거나 형사상의 조치를 받았다고 보도 또는 공표된 자는 그에 대한 형사절차가 **무죄판결 또는 이와 동등한 형태로 종결**되었을 때에는 그 **사실을 안 날부터 3개월 이내**에 언론사등에 이 사실에 관한 추후보도의 게재를 청구할 수 있다.

3. 조정 및 중재

조정신청 (제18조)	정정보도청구등과 손해배상의 조정신청은 **서면 또는 구술**이나 그 밖에 대통령령으로 정하는 바에 따라 **전자문서 등**으로 하여야 하며, 피해자가 먼저 언론사등에 정정보도청구등을 한 경우에는 **피해자와 언론사등 사이에 협의가 불성립된 날부터 14일 이내**에 하여야 한다.
조정 (제19조)	① 조정은 관할 중재부에서 한다. 관할구역을 같이 하는 중재부가 여럿일 경우에는 중재위원회 위원장이 중재부를 지정한다. ② 조정은 신청 접수일부터 14일 이내에 하여야 하며, 중재부의 장은 조정신청을 접수하였을 때에는 지체 없이 조정기일을 정하여 당사자에게 출석을 요구하여야 한다. ③ 제2항의 출석요구를 받은 신청인이 **2회**에 걸쳐 출석하지 아니한 경우에는 조정신청을 취하한 것으로 보며, 피신청 언론사등이 **2회**에 걸쳐 출석하지 아니한 경우에는 조정신청 취지에 따라 정정보도등을 이행하기로 합의한 것으로 본다. ④ 조정기일에 중재위원은 조정 대상인 분쟁에 관한 사실관계와 법률관계를 당사자들에게 설명·조언하거나 절충안을 제시하는 등 **합의를 권유할 수 있다**. ⑤ 조정은 **비공개를 원칙**으로 하되, 참고인의 진술청취가 필요한 경우 등 필요하다고 인정되는 경우에는 중재위원회규칙으로 정하는 바에 따라 참석이나 방청을 허가할 수 있다.
직권조정결정 (제22조)	① 당사자 사이에 합의가 이루어지지 아니한 경우 또는 신청인의 주장이 이유 있다고 판단되는 경우 중재부는 당사자들의 이익이나 그 밖의 모든 사정을 고려하여 신청취지에 반하지 아니하는 한도에서 직권조정결정을 할 수 있다. 이 경우 그 결정은 조정신청 **접수일부터 21일 이내**에 하여야 한다. ② 직권조정결정에 불복하는 자는 **결정 정본을 송달받은 날부터 7일 이내**에 불복 사유를 명시하여 서면으로 중재부에 이의신청을 할 수 있다. 이 경우 **그 결정은 효력을 상실한다**.

조정에 의한 합의 등의 효력(제23조)	조정 결과 당사자간에 합의가 성립한 경우, 합의가 이루어진 것으로 보는 경우, 직권조정결정에 대하여 이의신청이 없는 경우에는 **재판상 화해와 같은 효력**이 있다.
중재 (제24조)	당사자 쌍방은 정정보도청구 등 또는 손해배상의 분쟁에 관하여 중재부의 종국적 결정에 따르기로 합의하고 중재를 신청할 수 있다.
중재결정의 효력 (제25조)	**중재결정은 확정판결과 동일한 효력**이 있다. 21. 채용

4. 언론중재위원회(언론중재법 제7조) 12·19·20. 경간, 15·18. 승진, 16·18·19. 채용

의의	언론보도 등으로 인한 분쟁의 조정·중재 및 침해사항을 심의하기 위하여 언론중재위원회를 둔다. 15. 승진, 19. 경간, 19·21. 채용, 20. 승진
구성	중재위원회는 **40명 이상 90명 이내**의 중재위원으로 구성하며, 중재위원은 다음 각 호의 사람 중에서 **문화체육관광부장관**이 위촉한다. 이 경우 1.부터 3.까지의 위원은 각각 중재위원 정수의 5분의 1 이상이 되어야 한다. 16·18. 채용, 18. 승진, 19. 경간 1. 법관의 자격이 있는 사람 중에서 법원행정처장이 추천한 사람 2. 변호사의 자격이 있는 사람 중에서 대한변호사협회의 장이 추천한 사람 3. 언론사의 취재·보도 업무에 10년 이상 종사한 사람 4. 그 밖에 언론에 관하여 학식과 경험이 풍부한 사람
위원장 및 부위원장	① 위원장 1명과 2명 이내의 부위원장 및 2명 이내의 감사를 두며, 각각 중재위원 중에서 **호선(互選)**한다. 16·18. 채용, 18. 승진, 19. 경간 ② 위원장·부위원장·감사 및 중재위원의 임기는 각각 3년으로 하며, 한 차례만 연임할 수 있다. 16·18. 채용, 19. 경간 ③ 위원장은 중재위원회를 대표하고 중재위원회의 업무를 총괄한다. ④ 부위원장은 위원장을 보좌하며, 위원장이 부득이한 사유로 직무를 수행할 수 없을 때에는 중재위원회규칙으로 정하는 바에 따라 그 직무를 대행한다.
회의	**재적위원 과반수의 출석과 출석위원 과반수의 찬성**으로 의결한다. 12. 경간, 15·18. 승진, 16. 채용

Chapter 08 / 경찰통제

01 경찰통제의 개념 [A급]

의의	경찰은 기본적 임무를 수행하기 위하여 국민의 자유와 권리를 제한할 수 있으므로, **국민의 기본적 인권과 충돌할 가능성이 높다.** 따라서 경찰통제란 경찰조직이나 개별 경찰공무원이 경찰목표를 달성하기 위한 의무와 책임의 준수 정도를 평가하고, 이를 위반하는 행위를 적발하여 시정조치 또는 법적 제재를 가함으로써 **경찰활동의 합목적성과 합법성을 확보하기 위한 내·외부의 통제활동**을 의미한다.
경찰책임과 경찰통제와의 관계	① **경찰책임**이란 경찰조직에서 경찰공무원이 맡은 역할 또는 직무를 수행하는 데 있어서 일정한 행위규범에 따라 행동해야 할 의무이고, 그 의무를 전제로 한 행위에 대하여 평가를 받아야 한다는 것을 의미한다. ② 경찰이 자신의 행동과 성과에 대해 **책임져야 한다는 것은 민주 사회의 기본 원칙**이다. ③ 일반적으로 **경찰통제는 경찰책임을 확보하기 위한 수단**으로 여겨진다.

02 경찰통제의 필요성과 기본요소 [B급]

구분	경찰통제의 필요성	경찰통제의 기본요소
내용	• 경찰의 **민주적** 운영 • 경찰의 **정치적 중립** 확보 • 경찰활동의 **법치주의** • 국민의 **인권보호** • 경찰조직의 **부패방지**	• **권한**의 **분산** • 정보의 **공개** ➡ 행정통제의 근본 • 국민의 **참여** • **책임**의 추궁 • **피드백(환류)**을 통한 발전

(출처: 임창호, 정세종, 라광현 3인 공저, 「최신경찰학」 제4판, p.310~311)

03 공공기관의 정보공개에 관한 법률 [시행 2023.11.17.] A급 09·19. 승진, 13·15. 채용

1. 공공기관의 정보공개 절차

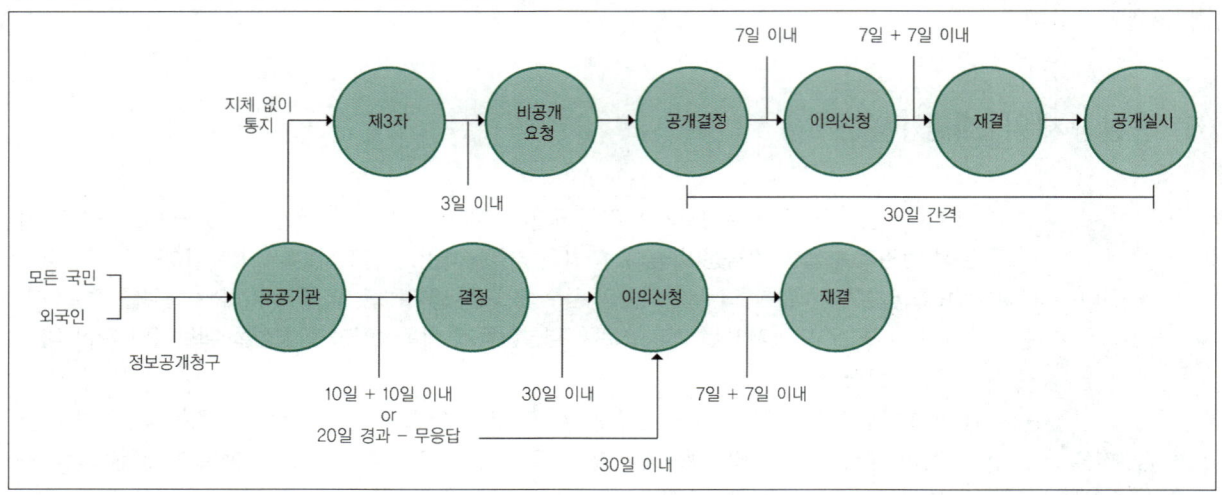

2. 총칙

용어 정의
(제2조)
	① "**정보**"란 공공기관이 직무상 작성 또는 취득하여 관리하고 있는 문서(전자문서를 포함한다) 및 전자매체를 비롯한 모든 형태의 매체 등에 기록된 사항을 말한다.
	② "**공개**"란 공공기관이 이 법에 따라 정보를 열람하게 하거나 그 사본·복제물을 제공하는 것 또는 정보통신망을 통하여 정보를 제공하는 것 등을 말한다.
	③ "**공공기관**"이란 다음의 기관을 말한다.
	   ㉠ 국가기관
	   ㉡ 지방자치단체
	   ㉢ 「공공기관의 운영에 관한 법률」 제2조에 따른 공공기관
	   ㉣ 「지방공기업법」에 따른 지방공사 및 지방공단
	   ㉤ 그 밖에 대통령령으로 정하는 기관

정보공개의 원칙 (제3조)	공공기관이 보유·관리하는 정보는 국민의 알권리 보장 등을 위하여 이 법에서 정하는 바에 따라 **적극적으로** 공개하여야 한다. 15·17. 채용, 17·18. 지능, 19. 승진, 19. 경간
적용범위 (제4조)	① 정보의 공개에 관하여는 다른 법률에 특별한 규정이 있는 경우를 제외하고는 이 법에서 정하는 바에 따른다. ② **지방자치단체**는 그 소관 사무에 관하여 법령의 범위에서 **정보공개에 관한 조례**를 정할 수 있다. ③ 국가안전보장에 관련되는 정보 및 보안 업무를 관장하는 기관에서 **국가안전보장과 관련된 정보의 분석을 목적으로 수집하거나 작성한 정보에 대해서는 이 법을 적용하지 아니한다.**

3. 정보공개 청구권자와 공공기관의 의무

정보공개 청구권자 (제5조)	① 모든 국민은 정보의 공개를 청구할 권리를 가진다. 13·15. 채용 ② 외국인도 대통령령이 정하는 바에 의하여 정보공개청구가 가능하다. 10·13·15. 채용, 13·14·18. 승진, 18. 지능
공공기관의 의무 (제6조)	① 공공기관은 정보의 공개를 청구하는 국민의 권리가 존중될 수 있도록 이 법을 운영하고 소관 관계 법령을 정비하며, **정보를 투명하고 적극적으로 공개하는 조직문화 형성에 노력하여야 한다.** ② 공공기관은 정보의 적절한 보존 및 신속한 검색과 국민에게 유용한 정보의 분석 및 공개 등이 이루어지도록 정보관리체계를 정비하고, 정보공개 업무를 주관하는 부서 및 담당하는 인력을 적정하게 두어야 하며, **정보통신망을 활용한 정보공개시스템 등을 구축하도록 노력하여야 한다.** ③ 행정안전부장관은 공공기관의 정보공개에 관한 업무를 종합적·체계적·효율적으로 지원하기 위하여 통합정보공개시스템을 **구축·운영하여야 한다.** ④ 공공기관(국회·법원·헌법재판소·중앙선거관리위원회는 제외한다)이 제2항에 따른 **정보공개시스템을 구축하지 아니한 경우에는** 제3항에 따라 **행정안전부장관이 구축·운영하는 통합정보공개시스템을 통하여** 정보공개 청구 등을 처리하여야 한다. ⑤ 공공기관은 소속 공무원 또는 임직원 전체를 대상으로 국회규칙·대법원규칙·헌법재판소규칙·중앙선거관리위원회규칙 및 대통령령으로 정하는 바에 따라 이 법 및 **정보공개 제도 운영에 관한 교육을 실시하여야 한다.**
정보의 사전적 공개 등 (제7조)	① 공공기관은 다음 각 호의 어느 하나에 해당하는 정보에 대해서는 공개의 구체적 범위, 주기, 시기 및 방법 등을 미리 정하여 **정보통신망 등을 통하여 알리고, 이에 따라 정기적으로 공개하여야 한다.** 다만, 제9조 제1항 각 호의 어느 하나에 해당하는 정보(비공개대상정보)에 대해서는 그러하지 아니하다. 1. 국민생활에 매우 큰 영향을 미치는 정책에 관한 정보 2. 국가의 시책으로 시행하는 공사(工事) 등 대규모 예산이 투입되는 사업에 관한 정보 3. 예산집행의 내용과 사업평가 결과 등 행정감시를 위하여 필요한 정보 4. 그 밖에 공공기관의 장이 정하는 정보 ② 공공기관은 제1항에 규정된 사항 외에도 국민이 알아야 할 필요가 있는 정보를 국민에게 공개하도록 적극적으로 노력하여야 한다.
정보목록의 작성·비치 등 (제8조)	① 공공기관은 그 기관이 보유·관리하는 정보에 대하여 국민이 쉽게 알 수 있도록 정보목록을 작성하여 갖추어 두고, 그 목록을 정보통신망을 활용한 정보공개시스템 등을 통하여 공개하여야 한다. 다만, 정보목록 중 제9조 제1항에 따라 공개하지 아니할 수 있는 정보가 포함되어 있는 경우에는 해당 부분을 갖추어 두지 아니하거나 공개하지 아니할 수 있다. ② 공공기관은 정보의 공개에 관한 사무를 신속하고 원활하게 수행하기 위하여 정보공개 장소를 확보하고 공개에 필요한 시설을 갖추어야 한다.
공개대상 정보의 원문공개 (제8조의2)	공공기관 중 중앙행정기관 및 대통령령으로 정하는 기관은 **전자적 형태로 보유·관리하는 정보 중 공개대상으로 분류된 정보를** 국민의 정보공개 청구가 없더라도 **정보통신망을 활용한 정보공개시스템 등을 통하여 공개하여야 한다.**

4. 정보공개의 절차

비공개 대상정보 (제9조)	① 공공기관이 보유·관리하는 정보는 공개대상이 된다. 다만, **제9조 제1항 각 호의 사유에 해당하는 정보(비공개대상정보)는 공개하지 아니할 수 있다.** ② 공공기관은 비공개대상에 해당하는 정보가 기간의 경과 등으로 인하여 **비공개의 필요성이 없어진 경우에는 그 정보를 공개대상으로 하여야 한다.** ③ 공공기관은 비공개대상에 해당하는 정보에서 해당 공공기관의 업무 성격을 고려하여 **비공개 세부 기준을 수립하고 이를 정보통신망을 활용한 정보공개시스템 등을 통하여 공개하여야 한다.** ④ **공공기관(국회·법원·헌법재판소 및 중앙선거관리위원회는 제외한다)**은 ③에 따라 수립된 비공개 세부 기준이 비공개 요건에 부합하는지 **3년마다 점검**하고 필요한 경우 비공개 세부 기준을 개선하여 그 점검 및 개선 **결과를 행정안전부장관에게 제출하여야 한다.**

정보공개의
청구방법
(제10조)
	① 정보의 공개를 청구하는 자는 해당 정보를 보유하거나 관리하고 있는 공공기관에 다음 각 호의 사항을 적은 정보공개 청구서를 제출하거나 말로써 정보의 공개를 청구할 수 있다.
	20. 승진
	
	   1. 청구인의 성명·생년월일·주소 및 연락처(전화번호·전자우편주소 등을 말한다. 이하 이 조에서 같다). 다만, 청구인이 법인 또는 단체인 경우에는 그 명칭, 대표자의 성명, 사업자 등록번호 또는 이에 준하는 번호, 주된 사무소의 소재지 및 연락처를 말한다.
	   2. 청구인의 주민등록번호(본인임을 확인하고 공개 여부를 결정할 필요가 있는 정보를 청구하는 경우로 한정한다)
	   3. 공개를 청구하는 정보의 내용 및 **공개방법**
	
	② 제1항에 따라 청구인이 말로써 정보의 공개를 청구할 때에는 담당 공무원 또는 담당 임직원(이하 "**담당공무원등**"이라 한다)의 앞에서 **진술하여야 하고,** 담당공무원등은 정보공개 청구조서를 작성하여 이에 청구인과 함께 기명날인하거나 **서명하여야 한다.**

정보공개
여부의
결정
(11조)
	① 공공기관은 정보공개의 청구를 받으면 그 청구를 받은 날부터 10일 **이내에 공개 여부를 결정하여야 한다.** 10·12·13·15·17. 채용, 11·17. 경간, 14·18·20. 승진
	② 공공기관은 부득이한 사유로 10일 이내에 공개 여부를 결정할 수 없을 때에는 그 **기간이 끝나는 날의 다음 날부터 기산하여 10일의 범위에서 공개 여부 결정기간을 연장할 수 있다.** 이 경우 공공기관은 연장된 사실과 연장사유를 청구인에게 지체 없이 **문서로 통지**하여야 한다. 10·12·13·17. 채용
	③ 공공기관은 공개청구된 공개 대상 정보의 전부 또는 일부가 **제3자와 관련이 있다고 인정할 때에는 그 사실을 제3자에게 지체 없이 통지하여야 하며, 필요한 경우에는 그의 의견을 들을 수 있다.** 12. 채용, 17·19. 경간, 19. 승진
	④ 공공기관은 다른 공공기관이 보유·관리하는 정보의 공개 청구를 받았을 때에는 지체 없이 이를 소관 기관으로 이송하여야 하며, 이송한 후에는 지체 없이 소관 기관 및 이송 사유 등을 분명히 밝혀 청구인에게 **문서로 통지**하여야 한다.
	⑤ 공공기관은 정보공개 청구가 다음 각 호의 어느 하나에 해당하는 경우로서 「**민원 처리에 관한 법률」에 따른 민원으로 처리할 수 있는 경우에는 민원으로 처리할 수 있다.**
	
	   1. 공개 청구된 정보가 **공공기관이 보유·관리하지 아니하는 정보인 경우**
	   2. 공개 **청구의 내용이 진정·질의 등으로 이 법에 따른 정보공개 청구로 보기 어려운 경우**

반복 청구 등의 처리
(제11조의2)
	① 공공기관은 제11조에도 불구하고 제10조 제1항 및 제2항에 따른 정보공개 청구가 다음 각 호의 어느 하나에 해당하는 경우에는 정보공개 청구 대상 정보의 성격, 종전 청구와의 내용적 유사성·관련성, 종전 청구와 동일한 답변을 할 수밖에 없는 사정 등을 종합적으로 고려하여 해당 청구를 종결 처리할 수 있다. 이 경우 종결 처리 사실을 청구인에게 알려야 한다.
	  1. 정보공개를 청구하여 정보공개 여부에 대한 결정의 통지를 받은 자가 정당한 사유 없이 해당 정보의 공개를 다시 청구하는 경우
	  2. 정보공개 청구가 제11조 제5항에 따라 민원으로 처리되었으나 다시 같은 청구를 하는 경우
	② 공공기관은 제11조에도 불구하고 제10조 제1항 및 제2항에 따른 정보공개 청구가 다음 각 호의 어느 하나에 해당하는 경우에는 다음 각 호의 구분에 따라 안내하고, 해당 청구를 종결 처리할 수 있다.
	  1. 제7조 제1항에 따른 정보 등 공개를 목적으로 작성되어 이미 정보통신망 등을 통하여 공개된 정보를 청구하는 경우: 해당 정보의 소재(所在)를 안내
	  2. 다른 법령이나 사회통념상 청구인의 여건 등에 비추어 수령할 수 없는 방법으로 정보공개 청구를 하는 경우: 수령이 가능한 방법으로 청구하도록 안내

정보공개 여부 결정의 통지 (제13조)	① 공공기관은 제11조에 따라 정보의 공개를 결정한 경우에는 공개의 일시 및 장소 등을 분명히 밝혀 청구인에게 통지하여야 한다. ② 공공기관은 청구인이 사본 또는 복제물의 교부를 원하는 경우에는 이를 교부하여야 한다. ③ 공공기관은 공개 대상 정보의 양이 너무 많아 정상적인 업무수행에 현저한 지장을 초래할 우려가 있는 경우에는 해당 정보를 일정 기간별로 나누어 제공하거나 사본·복제물의 교부 또는 열람과 병행하여 제공할 수 있다. ④ 공공기관은 제1항에 따라 정보를 공개하는 경우에 그 정보의 원본이 더럽혀지거나 파손될 우려가 있거나 그 밖에 상당한 이유가 있다고 인정할 때에는 그 정보의 사본·복제물을 공개할 수 있다. ⑤ 공공기관은 제11조에 따라 정보의 비공개 결정을 한 경우에는 그 사실을 청구인에게 지체 없이 문서로 통지하여야 한다. 이 경우 제9조 제1항 각 호 중 어느 규정에 해당하는 비공개 대상 정보인지를 포함한 비공개 이유와 불복의 방법 및 절차를 구체적으로 밝혀야 한다.
부분공개 (제14조)	공개청구한 정보가 비공개대상에 해당하는 부분과 공개 가능한 부분이 혼합되어 있는 경우로서 공개청구의 취지에 어긋나지 아니하는 범위에서 두 부분을 분리할 수 있는 경우에는 비공개대상에 해당하는 부분을 제외하고 공개하여야 한다.
정보의 전자적 공개 (제15조)	① 공공기관은 전자적 형태로 보유·관리하는 정보에 대하여 청구인이 전자적 형태로 공개하여 줄 것을 요청하는 경우에는 그 정보의 성질상 현저히 곤란한 경우를 제외하고는 청구인의 요청에 따라야 한다. ② 공공기관은 전자적 형태로 보유·관리하지 아니하는 정보에 대하여 청구인이 전자적 형태로 공개하여 줄 것을 요청한 경우에는 정상적인 업무수행에 현저한 지장을 초래하거나 그 정보의 성질이 훼손될 우려가 없으면 그 정보를 전자적 형태로 변환하여 공개할 수 있다.

즉시 처리가 가능한 정보의 공개 (제16조)	다음 각 호의 어느 하나에 해당하는 정보로서 즉시 또는 말로 처리가 가능한 정보에 대해서는 제11조에 따른 절차를 거치지 아니하고 공개하여야 한다. 1. 법령 등에 따라 공개를 목적으로 작성된 정보 2. 일반국민에게 알리기 위하여 작성된 각종 홍보자료 3. 공개하기로 결정된 정보로서 공개에 오랜 시간이 걸리지 아니하는 정보 4. 그 밖에 공공기관의 장이 정하는 정보
비용부담 (제17조)	① 정보의 공개 및 우송 등에 소요되는 비용은 **실비의 범위 안에서 청구인의 부담**으로 한다. 13. 채용, 20. 승진 ② 공개를 청구하는 정보의 사용목적이 **공공복리의 유지·증진을 위하여 필요**하다고 인정되는 경우에는 **비용을 감면**할 수 있다.

5. 불복 구제 절차

이의신청 (제18조)	① 청구인이 정보공개와 관련한 공공기관의 비공개결정 또는 부분공개결정에 대하여 불복이 있거나 정보공개 청구 후 20일이 경과하도록 정보공개 결정이 없는 때에는 공공기관으로부터 **정보공개 여부의 결정 통지를 받은 날 또는 정보공개 청구 후 20일이 경과한 날부터 30일 이내**에 해당 공공기관에 문서로 이의신청을 할 수 있다. 10·15·18. 채용, 11·17·19. 경간, 18. 지능, 18·19. 승진, 19. 법학
	② 국가기관 등은 이의신청이 있는 경우에는 심의회를 개최하여야 한다. 다만, **다음 각 호의 어느 하나에 해당하는 경우에는 심의회를 개최하지 아니할 수 있으며 개최하지 아니하는 사유를 청구인에게 문서로 통지**하여야 한다.
	  1. 심의회의 심의를 **이미 거친 사항**
	  2. **단순·반복적인 청구**
	  3. 법령에 따라 **비밀로 규정된 정보**에 대한 청구
	③ 공공기관은 **이의신청을 받은 날부터 7일 이내**에 그 이의신청에 대하여 결정하고 그 결과를 청구인에게 지체 없이 문서로 통지하여야 한다. 다만, 부득이한 사유로 정하여진 기간 이내에 결정할 수 없을 때에는 그 기간이 끝나는 날의 다음 날부터 기산하여 **7일의 범위에서 연장**할 수 있으며, 연장 사유를 청구인에게 통지하여야 한다. 12·16·17·18. 채용, 17·19. 경간, 18·19. 승진, 19. 법학
	④ 공공기관은 이의신청을 **각하(却下) 또는 기각(棄却)**하는 결정을 한 경우에는 청구인에게 행정심판 또는 행정소송을 제기할 수 있다는 사실을 이의신청 결과 통지와 함께 알려야 한다. 19. 법학
	⑤ 청구인은 **이의신청 절차를 거치지 아니하고 행정심판을 청구할 수 있다**. 12. 채용, 20. 승진

행정심판 (제19조)	① 청구인이 정보공개와 관련한 공공기관의 결정에 대하여 불복이 있거나 **정보공개 청구 후 20일이 경과하도록 정보공개 결정이 없는 때에는 「행정심판법」에서 정하는 바에 따라 행정심판을 청구**할 수 있다. 이 경우 국가기관 및 지방자치단체 외의 공공기관의 결정에 대한 감독행정기관은 관계 중앙행정기관의 장 또는 지방자치단체의 장으로 한다. 16·17. 채용 ② 청구인은 **이의신청 절차를 거치지 아니하고 행정심판을 청구**할 수 있다. 10·12·16. 채용, 11. 경간

행정소송 (제20조)	① 청구인이 정보공개와 관련한 공공기관의 결정에 대하여 불복이 있거나 정보공개 청구 후 20일이 경과하도록 **정보공개 결정이 없는 때**에는 「행정소송법」에서 정하는 바에 따라 행정소송을 제기할 수 있다. 16. 채용 ② 재판장은 필요하다고 인정하면 **당사자를 참여시키지 아니하고** 제출된 공개 청구 정보를 비공개로 열람·심사할 수 있다.
제3자의 비공개요청 (제21조)	① 공개청구된 사실을 통지받은 제3자는 그 통지를 받은 날부터 **3일 이내**에 해당 공공기관에 대하여 자신과 관련된 정보를 공개하지 아니할 것을 요청할 수 있다. 10. 채용, 17·19. 경간 ② 비공개 요청에도 불구하고 공공기관이 공개 결정을 할 때에는 공개 결정 이유와 공개 실시일을 분명히 밝혀 지체 없이 문서로 통지하여야 하며, 제3자는 해당 공공기관에 문서로 이의신청을 하거나 행정심판 또는 행정소송을 제기할 수 있다. 이 경우 **이의신청은 통지를 받은 날부터 7일 이내**에 하여야 한다. ③ 공공기관은 제3자가 비공개 요청한 정보의 공개 결정일과 공개 실시일 사이에 최소한 **30일의 간격**을 두어야 한다.

6. 정보공개위원회 등

설치 (제22조)	정보공개에 관한 **정책 수립 및 제도 개선**에 관한 사항, 정보공개에 관한 **기준 수립**에 관한 사항 등을 심의·조정하기 위하여 행정안전부장관 소속으로 **정보공개위원회**를 둔다.
구성 (제23조)	① 위원회는 성별을 고려하여 **위원장과 부위원장 각 1명을 포함한 11명의 위원**으로 구성한다. ② 위원회 **위원은 위원장을 포함한 7명은 공무원이 아닌 사람**으로 **위촉하여야 한다**. ③ **위원장·부위원장 및 위원**(중앙행정기관의 차관급 공무원이나 고위공무원단에 속하는 일반직공무원 위원은 제외한다)의 **임기는 2년**으로 하며, **연임할 수 있다**. ⑤ 위원장·부위원장 및 위원 중 **공무원이 아닌 사람**은 「형법」이나 그 밖의 법률에 따른 **벌칙을 적용할 때에는 공무원으로 본다**. ⑥ 위원회의 구성과 의결 절차 등 위원회 운영에 필요한 사항은 **대통령령**으로 정한다.
제도 총괄 (제24조)	① 행정안전부장관은 이 법에 따른 정보공개제도의 정책 수립 및 제도 개선 사항 등에 관한 **기획·총괄 업무를 관장**한다. ② 행정안전부장관은 위원회가 정보공개제도의 효율적 운영을 위하여 필요하다고 요청하면 **공공기관**(국회·법원·헌법재판소 및 중앙선거관리위원회는 제외한다)의 정보공개제도 운영실태를 평가할 수 있다. ④ 행정안전부장관은 정보공개에 관하여 필요할 경우에 **공공기관**(국회·법원·헌법재판소 및 중앙선거관리위원회는 제외한다)의 장에게 정보공개 처리 실태의 개선을 권고할 수 있다.

7. 정보공개심의회

설치	국가기관등은 정보공개 여부 등을 심의하기 위하여 **정보공개심의회**를 설치·운영한다.
구성	**위원장 1명을 포함하여 5명 이상 7명 이하의 위원**으로 구성한다.
위원	① 위원의 **임기는 2년**으로 하며, **한 차례만 연임할 수 있다**. ② 위원은 소속 공무원, 임직원 또는 외부 전문가로 지명하거나 위촉하되, 그 중 **3분의 2는 해당 국가기관등의 업무 또는 정보공개의 업무에 관한 지식을 가진 외부 전문가로 위촉하여야 한다**.
위원장	위원장은 위원 중에서 **국가기관등의 장이 지명하거나 위촉**한다.

04 개인정보보호법 [시행 2025.3.13.]

1. 용어의 정의 및 내용 [A급]

정의	개인정보	살아 있는 개인에 관한 정보로서 다음에 해당하는 정보 가. 성명, 주민등록번호 및 영상 등을 통하여 개인을 알아볼 수 있는 정보 나. 해당 정보만으로는 특정 개인을 알아볼 수 없더라도 **다른 정보와 쉽게 결합하여 알아볼 수 있는 정보** 다. 가목 또는 나목을 가명처리함으로써 원래의 상태로 복원하기 위한 **추가 정보의 사용·결합 없이는 특정 개인을 알아볼 수 없는 정보**("가명정보")
	가명처리	개인정보의 일부를 삭제하거나 일부 또는 전부를 대체하는 등의 방법으로 **추가 정보가 없이는 특정 개인을 알아볼 수 없도록 처리**하는 것을 말한다.
	정보주체	처리되는 정보에 의하여 알아볼 수 있는 사람으로서 그 정보의 주체가 되는 사람을 말한다.
	개인정보 처리자	**업무를 목적으로 개인정보파일을 운용**하기 위하여 스스로 또는 다른 사람을 통하여 **개인정보를 처리**하는 공공기관, 법인, 단체 및 개인 등을 말한다.
	고정형 영상정보 처리기기	일정한 공간에 설치되어 **지속적 또는 주기적**으로 사람 또는 사물의 영상 등을 촬영하거나 이를 유·무선망을 통하여 전송하는 장치로서 대통령령으로 정하는 장치를 말한다.
	이동형 영상정보 처리기기	사람이 **신체에 착용** 또는 휴대하거나 **이동 가능한 물체에 부착** 또는 거치하여 사람 또는 사물의 영상 등을 촬영하거나 이를 유·무선망을 통하여 전송하는 장치로서 대통령령으로 정하는 장치를 말한다.
개인정보 보호 원칙 (제3조)	① 개인정보처리자는 개인정보의 처리 목적을 명확하게 하여야 하고 **그 목적에 필요한 범위에서 최소한의 개인정보만을 적법**하고 정당하게 수집하여야 한다. ② 개인정보처리자는 개인정보의 처리 목적에 필요한 범위에서 적합하게 개인정보를 처리하여야 하며, 그 목적 외의 용도로 활용하여서는 아니 된다. ③ 개인정보처리자는 개인정보의 처리 목적에 필요한 범위에서 개인정보의 **정확성, 완전성 및 최신성이 보장**되도록 하여야 한다. ④ 개인정보처리자는 개인정보의 처리 방법 및 종류 등에 따라 **정보주체의 권리가 침해받을 가능성과 그 위험 정도를 고려**하여 개인정보를 안전하게 관리하여야 한다. ⑤ 개인정보처리자는 개인정보 처리방침 등 **개인정보의 처리에 관한 사항을 공개**하여야 하며, 열람청구권 등 **정보주체의 권리를 보장**하여야 한다. ⑥ 개인정보처리자는 **정보주체의 사생활 침해를 최소화**하는 방법으로 개인정보를 처리하여야 한다. ⑦ 개인정보처리자는 개인정보를 익명 또는 가명으로 처리하여도 개인정보 수집목적을 달성할 수 있는 경우 **익명처리가 가능한 경우에는 익명에 의하여, 익명처리로 목적을 달성할 수 없는 경우에는 가명에 의하여 처리**될 수 있도록 하여야 한다.	

개인정보의 수집 · 이용 (제15조)	① **개인정보처리자는** 다음 각 호의 어느 하나에 해당하는 경우에는 **개인정보를 수집할 수 있**으며 그 수집 목적의 범위에서 이용할 수 있다. 　1. 정보주체의 동의를 받은 경우 　2. **법률에 특별한 규정**이 있거나 **법령상 의무를 준수하기 위하여 불가피한 경우** 　3. 공공기관이 법령 등에서 정하는 소관 업무의 수행을 위하여 불가피한 경우 　4. 정보주체와 체결한 계약을 이행하거나 계약을 체결하는 과정에서 정보주체의 요청에 따른 조치를 이행하기 위하여 필요한 경우 　5. **명백히** 정보주체 또는 제3자의 급박한 생명, 신체, 재산의 이익을 위하여 필요하다고 인정되는 경우 　6. 개인정보처리자의 정당한 이익을 달성하기 위하여 필요한 경우로서 **명백하게** 정보주체의 권리보다 우선하는 경우. 이 경우 개인정보처리자의 정당한 이익과 상당한 관련이 있고 합리적인 범위를 초과하지 아니하는 경우에 한한다. 　7. 공중위생 등 공공의 안전과 안녕을 위하여 **긴급히 필요한 경우**
고정형 영상정보 처리기기의 설치 · 운영 제한 (제25조)	① **누구든지** 다음 각 호의 경우를 제외하고는 공개된 장소에 **고정형 영상정보처리기기를 설치 · 운영하여서는 아니 된다.** 　1. 법령에서 구체적으로 허용하고 있는 경우 　2. 범죄의 예방 및 수사를 위하여 필요한 경우 　3. 시설의 안전 및 관리, 화재 예방을 위하여 정당한 권한을 가진 자가 설치 · 운영하는 경우 　4. 교통단속을 위하여 정당한 권한을 가진 자가 설치 · 운영하는 경우 　5. 교통정보의 수집 · 분석 및 제공을 위하여 정당한 권한을 가진 자가 설치 · 운영하는 경우 　6. 촬영된 영상정보를 저장하지 아니하는 경우로서 대통령령으로 정하는 경우 ② 누구든지 불특정 다수가 이용하는 목욕실, 화장실, 발한실, 탈의실 등 **개인의 사생활을 현저히 침해할 우려가 있는** 장소의 내부를 볼 수 있도록 **고정형 영상정보처리기기를 설치 · 운영하여서는 아니 된다.** 다만, 교도소, 정신보건 시설 등 법령에 근거하여 사람을 구금하거나 보호하는 시설로서 대통령령으로 정하는 시설에 대하여는 그러하지 아니하다. ③ 제1항 각 호에 따라 고정형 영상정보처리기기를 설치 · 운영하려는 공공기관의 장과 제2항 단서에 따라 고정형 영상정보처리기기를 **설치 · 운영하려는 자는** 공청회 · 설명회의 개최 등 대통령령으로 정하는 절차를 거쳐 **관계 전문가 및 이해관계인의** 의견을 수렴하여야 한다. ④ 고정형 영상정보처리기기를 설치 · 운영하는 자는 정보주체가 쉽게 인식할 수 있도록 설치 목적 및 장소, 촬영 범위 및 시간 등이 포함된 **안내판을 설치하는 등 필요한 조치를 하여야 한다.** 다만, 군사시설, 국가중요시설, 그 밖에 대통령령으로 정하는 시설의 경우에는 그러하지 아니하다. ⑤ 고정형영상정보처리기기운영자는 고정형 영상정보처리기기의 설치 목적과 다른 목적으로 고정형 영상정보처리기기를 임의로 조작하거나 다른 곳을 비춰서는 아니 되며, **녹음기능은 사용할 수 없다.**

이동형 영상정보 처리기기의 운영 제한 (제25조의2)	② 누구든지 불특정 다수가 이용하는 목욕실, 화장실, 발한실, 탈의실 등 **개인의 사생활을 현저히 침해할 우려가 있는 장소의 내부를 볼 수 있는 곳**에서 이동형 영상정보처리기기로 사람 또는 그 사람과 관련된 사물의 **영상을 촬영하여서는 아니 된다**. 다만, **인명의 구조·구급** 등을 위하여 필요한 경우로서 대통령령으로 정하는 경우에는 그러하지 아니하다. ③ 이동형 영상정보처리기기로 사람 또는 그 사람과 관련된 사물의 **영상을 촬영하는 경우**에는 **불빛, 소리, 안내판** 등 대통령령으로 정하는 바에 따라 촬영 사실을 표시하고 알려야 한다.
가명정보의 처리 (제28조의2)	① 개인정보처리자는 통계작성, 과학적 연구, 공익적 기록보존 등을 위하여 **정보주체의 동의 없이 가명정보를 처리할 수 있다**. ② 개인정보처리자는 **가명정보를 제3자에게 제공하는 경우**에는 **특정 개인을 알아보기 위하여 사용될 수 있는 정보를 포함해서는 아니 된다**.
손해배상책임 (제39조)	① 정보주체는 개인정보처리자가 이 법을 위반한 행위로 손해를 입으면 개인정보처리자에게 손해배상을 청구할 수 있다. 이 경우 그 개인정보처리자는 고의 또는 과실이 없음을 입증하지 아니하면 책임을 면할 수 없다. ③ 개인정보처리자의 고의 또는 중대한 과실로 인하여 개인정보가 분실·도난·유출·위조·변조 또는 훼손된 경우로서 정보주체에게 손해가 발생한 때에는 **법원**은 그 손해액의 **5배를 넘지 아니하는 범위**에서 손해배상액을 정할 수 있다. 다만, 개인정보처리자가 고의 또는 중대한 과실이 없음을 증명한 경우에는 그러하지 아니하다.

2. 개인정보 보호위원회(제7조) C급

설치	개인정보 보호에 관한 사무를 독립적으로 수행하기 위하여 **국무총리 소속**으로 개인정보 보호위원회를 둔다.
구성	**상임위원 2명**(위원장 1명, 부위원장 1명)을 **포함한 9명**의 위원으로 구성한다.
임명	위원장과 부위원장은 정무직 공무원으로 임명한다.
임기	위원의 임기는 3년으로 하되, 한 차례만 연임할 수 있다.
회의	회의는 위원장이 필요하다고 인정하거나 재적위원 4분의 1 이상의 요구가 있는 경우에 위원장이 소집한다.
의결	회의는 **재적위원 과반수의 출석**으로 개의하고, **출석위원 과반수의 찬성**으로 의결한다.

05 경찰통제 A급

1. 민주적 통제와 사법적 통제

민주적 통제(영미법계에서 발달) 20. 채용	사법적 통제(대륙법계에서 발달)
① 국가경찰위원회제도 20. 승진 ② 자치경찰제도 ③ 국민감사청구제도 20. 채용	① 국가배상제도 20. 채용 ② 행정소송제도(열기주의 ➡ 개괄주의로 전환)

2. 사전통제와 사후통제(경찰권 발동 시점을 기준으로 한 구별)

10·11·12·19·20. 채용, 12·13·14·15·20. 경간, 21. 법학

사전통제	사후통제
① 행정절차법상의 입법예고제, 행정예고제, 청문절차·이유부기 20. 승진 ② 국회의 입법권, 예산심의권 20. 채용 ③ 정보공개청구권	① 사법심사(행정소송), 국가배상청구소송 ② 국회의 국정감사·조사권, 예산결산권, 경찰청장 탄핵소추권 20. 채용 ③ 징계책임, 행정심판, 감독권, 감사권

3. 내부적 통제와 외부적 통제(경찰청을 기준으로 한 구별) 18. 경특, 11·17. 경간, 19. 채용

내부통제 11·12·19. 채용, 14·20. 경간	외부통제 10·11·12·19. 채용, 15·20. 경간
① 감사관제도(경찰청 감사관, 시·도경찰청 청문감사담당관, 경찰서 청문감사관) 20. 승진 ② 훈령권, 직무명령권 20. 채용 ③ 이의신청에 대한 재결권	① 입법통제(국회): 예산권, 국정감사·조사권, 입법권 12. 채용 ② 사법통제(법원): 행정소송, **국가배상소송**, 위헌·위법명령·규칙심사권 등 21. 법학 ③ 행정통제(행정부에 의한 통제): 행정심판 20. 채용 　㉠ 대통령에 의한 통제 21. 법학 　㉡ 감사원에 의한 통제 　㉢ 행정안전부장관에 의한 통제 　㉣ **소청심사위원회**(인사혁신처 소속)에 의한 통제 　㉤ **수사에 관한 검사의 지휘통제** 　㉥ **국가경찰위원회**(행정안전부 소속)에 의한 통제 20. 승진 　㉦ **중앙행정심판위원회**(국민권익위원회 소속) 　㉧ 시민고충처리위원회에 의한 통제 　㉨ **국민권익위원회**에 의한 통제 　㉩ 국가정보원의 정보업무조정 　㉪ **국가인권위원회**에 의한 통제(독립기관이므로 '광의의 행정부'에 의한 통제임) ④ 민중통제: 국민여론, 이익집단, 언론기관(제4의 정부), 정당, NGO 등을 통한 직·간접 통제

✐ 국가경찰위원회제도는 경찰의 주요정책 등에 관하여 심의·의결하는 권한을 가지고 있으므로 민주적 통제에 해당하고, 행정안전부 소속으로 외부적 통제에도 해당한다. 20. 승진

06 부패방지 및 국민권익위원회의 설치와 운영에 관한 법률 [시행 2025.1.21.] C급

구분	내용
국민권익위원회의 설치 (제11조)	고충민원의 처리와 이에 관련된 불합리한 행정제도를 개선하고, 부패의 발생을 예방하며 부패행위를 효율적으로 규제하도록 하기 위하여 국무총리 소속으로 국민권익위원회(이하 "위원회"라 한다)를 둔다.
위원회의 구성 (제13조)	위원회는 위원장 1명을 포함한 15명의 위원(부위원장 3명과 상임위원 3명을 포함한다)으로 구성한다.
부패행위의 신고 (제55조)	**누구든지** 부패행위를 알게 된 때에는 이를 위원회에 **신고할 수 있다.**
공직자의 부패행위 신고의무 (제56조)	**공직자는** 그 직무를 행함에 있어 다른 공직자가 부패행위를 한 사실을 알게 되었거나 부패행위를 강요 또는 제의받은 경우에는 지체 없이 이를 수사기관·감사원 또는 위원회에 **신고하여야 한다.**
신고자의 성실의무 (제57조)	부패행위 신고를 한 자가 신고의 내용이 허위라는 사실을 알았거나 알 수 있었음에도 불구하고 신고한 경우에는 이 법의 보호를 받지 못한다. 20. 경간
신고의 방법 (제58조)	신고를 하려는 자는 **본인의 인적사항과 신고취지 및 이유를 기재한 기명의 문서로써** 하여야 하며, 신고대상과 부패행위의 증거 등을 함께 제시하여야 한다. 20. 경간
신고의 처리 (제59조)	① 위원회는 접수된 신고사항에 대하여 **감사·수사 또는 조사가 필요한 경우** 이를 감사원, 수사기관 또는 해당 공공기관의 감독기관(감독기관이 없는 경우에는 해당 공공기관을 말한다)에 **이첩하여야 한다.** ② 위원회는 신고자를 상대로 제1항에 따라 사실관계를 확인하였음에도 불구하고 제3항에 따른 이첩 여부를 결정할 수 없는 경우에는 그 결정에 필요한 범위에서 피신고자의 의사에 반하지 아니하는 때에 한정하여 피신고자에게 의견 또는 자료 제출 기회를 부여할 수 있다. ③ 위원회에 신고가 접수된 당해 부패행위의 혐의대상자가 **경무관급 이상의 경찰공무원**에 해당하는 고위공직자로서 부패혐의 내용이 형사처벌을 위한 수사 및 공소제기의 필요성이 있는 경우에는 **위원회의 명의로 검찰, 수사처, 경찰 등 관할 수사기관에 고발을 하여야 한다.** 20. 경간 ④ 위원회는 접수된 신고사항을 그 접수일부터 **60일 이내에 처리하여야 한다.** 이 경우 신고자의 인적사항, 신고의 경위 및 취지 등 신고내용의 특정에 필요한 사항에 보완 등이 필요하다고 인정되는 경우에는 그 기간을 **30일 이내에서 연장할 수 있다.** 20. 경간
조사결과의 처리 (제60조)	① 조사기관은 신고를 **이첩받은 날부터 60일 이내에 감사·수사 또는 조사를 종결하여야** 한다. 다만, 정당한 사유가 있는 경우에는 그 기간을 연장할 수 있으며, 위원회에 그 연장사유 및 연장기간을 통보하여야 한다. 20. 경간 ② 신고를 이첩받은 조사기관은 감사·수사 또는 조사결과를 감사·수사 또는 조사 **종료 후 10일 이내에 위원회에 통보하여야 한다.** 이 경우 위원회는 통보를 받은 즉시 신고자에게 감사·수사 또는 조사결과의 요지를 통지하여야 한다.

감사청구권 (제72조)	18세 이상의 국민은 공공기관의 사무처리가 법령위반 또는 부패행위로 인하여 공익을 현저히 해하는 경우 **대통령령으로 정하는 일정한 수(300인) 이상의 국민의 연서**로 감사원에 **감사를 청구할 수 있다.** 20. 승진 다만, 국회·법원·헌법재판소·선거관리위원회 또는 감사원의 사무에 대하여는 국회의장·대법원장·헌법재판소장·중앙선거관리위원회 위원장 또는 감사원장에게 감사를 청구하여야 한다.

07 경찰감찰

1. 경찰 감찰 규칙(경찰청훈령) [시행 2022.10.7.] A급 13·17. 채용, 14·18. 승진

(1) 총칙

목적(제1조)	이 규칙은 경찰청 및 그 소속기관에 소속하는 경찰공무원, 별정·일반직 공무원(**무기계약 및 기간제 근로자를 포함한다**), 의무경찰 등의 공직기강 확립과 경찰 행정의 적정성 **확보**를 위한 감찰에 필요한 사항을 규정함을 목적으로 한다.
정의(제2조)	이 규칙에서 사용하는 용어의 정의는 다음과 같다. 1. "**의무위반행위**"란 소속공무원이 「국가공무원법」 등 관련 법령 또는 직무상 명령 등에 따른 각종 의무를 위반한 행위를 말한다. 2. "**감찰**"이란 복무기강 확립과 경찰행정의 적정성을 **확보**하기 위해 경찰기관 또는 소속 공무원의 제반업무와 활동 등을 조사·점검·확인하고 그 결과를 처리하는 감찰관의 직무활동을 말한다. 3. "**감찰관**"이란 감찰을 담당하는 경찰공무원을 말한다.

(2) 감찰관

감찰관의 행동준칙 (제4조)	감찰관이 감찰활동을 할 때에는 다음 각 호의 준칙에 따라 행동하여야 한다. 1. 감찰관은 적법절차를 준수하고 감찰대상자 소속 기관장이나 관계인의 의견을 충분히 수렴한다. 2. 감찰관은 감찰활동을 함에 있어서 소속공무원의 인권을 존중하며, 친절하고 겸손한 자세로 직무를 수행한다. 3. 감찰관은 감찰활동 전 과정에 있어 소속공무원의 사생활의 비밀과 자유를 부당하게 침해하지 않는다. 4. 감찰관은 직무와 무관한 사상·신념, 정치적 성향 등 불필요한 정보를 수집하지 않는다. 5. 감찰관은 의무위반행위의 유형과 경중에 따른 적정한 방법으로 감찰활동을 수행한다. 6. 감찰관은 객관적인 증거와 조사로 사실관계를 명확히 하고, 공정하게 직무를 수행한다. 7. 감찰관은 직무상 알게 된 사항에 대하여 비밀을 엄수한다. 8. 감찰관은 선행·수범 직원을 발견하는데 적극 노력한다.

감찰관의 결격사유 (제5조)	다음 각 호의 어느 하나에 해당하는 사람은 감찰관이 될 수 없다. 1. 직무와 관련한 **금품 및 향응 수수, 공금횡령·유용,** 「성폭력범죄의 처벌 등에 관한 특례법」에 따른 **성폭력범죄로 징계처분을 받은 사람** 17. 승진 2. 제1호 이외의 사유로 **징계처분을 받아 말소기간이 경과하지 아니한 사람** 3. 질병 등으로 감찰관으로서의 업무수행이 어려운 사람 4. 기타 감찰관으로서 적합하지 아니하다고 판단되는 사람
감찰관 선발 (제6조)	① 경찰기관의 장은 감찰관 보직공모에 응모한 지원자 및 3인 이상의 동료로부터 추천받은 자를 대상으로 **적격심사를 거쳐 감찰관을 선발**한다. ② 감찰관 선발을 위한 **적격심사에 관한 세부사항은 경찰청장**이 **별도로 정한다.**
감찰관의 신분보장 (제7조)	① 경찰기관의 장은 감찰관이 제5조에 따른 결격사유에 해당되는 것으로 밝혀졌을 경우와 다음 각 호의 어느 하나에 해당하는 경우를 제외하고는 2년 이내에 본인의 의사에 반하여 전보하여서는 아니 된다. 다만, 승진 등 인사관리상 필요한 경우에는 그러하지 아니하다. 　1. 징계사유가 있는 경우 　2. 형사사건에 계류된 경우 　3. 질병 등으로 감찰업무를 수행할 수 없거나 직무수행 능력이 현저히 부족하다고 판단되는 경우 　4. 고압·권위적인 감찰활동을 반복하여 물의를 야기한 경우 ② 경찰기관의 장은 1년 이상 성실히 근무한 감찰관에 대해서는 희망부서를 고려하여 전보한다. 16. 채용, 19. 경간
감찰관 적격심사 (제8조)	경찰기관의 장은 소속 감찰관에 대하여 감찰관 보직 후 2년마다 적격심사를 실시하여 인사에 반영하여야 한다.
제척 (제9조)	감찰관은 다음 경우에 당해 감찰직무(감찰조사 및 감찰업무에 대한 **지휘를 포함한다**)에서 제척된다. 　1. 감찰관 **본인이** 의무위반행위로 인해 **감찰대상이** 된 때 　2. 감찰관 **본인이** 의무위반행위로 인해 피해를 받은 자인 때 　3. 감찰관 **본인이** 의무위반행위로 인해 **조사대상자나 피해자의 친족이거나 친족관계가** 있었던 **자인** 때 　4. 감찰관 **본인이** 조사대상자나 피해자의 **법정대리인이나 후견감독인인** 때
기피 (제10조)	① 조사대상자, 피해자는 다음 경우에 별지 제1호 서식의 감찰관 기피 신청서를 작성하여 그 감찰관이 소속된 경찰기관의 **감찰업무 담당 부서장**에게 해당 감찰관의 기피를 신청할 수 있다. 　1. 감찰관이 **제9조 각 호의 사유에 해당되는 때** 　2. 감찰관이 이 규칙을 위반하거나 불공정한 조사를 할 염려가 있다고 볼만한 **객관적·구체적 사정이 있는 때**

	② 제1항에 따른 감찰관 기피 신청을 접수받은 감찰부서장은 기피 신청이 이유 있다고 인정하는 때에는 담당 감찰관을 재지정하여야 하며, 기피 신청이 이유 있다고 인정하지 않는 때에는 제37조에 따른 감찰처분심의회의 심의를 거쳐 기피 신청 수용 여부를 결정하여야 한다. ③ 제2항의 경우 감찰부서장은 기피 신청자에게 결과를 통보하여야 한다.
회피 (제11조)	① 감찰관은 **제9조의 사유에 해당하면 스스로 감찰직무를 회피하여야 하며**, 제9조 이외의 사유로 감찰직무를 수행함에 있어 공정성을 잃을 염려가 있다고 인정하는 경우 회피할 수 있다. ② 회피하려는 감찰관은 소속 경찰기관의 감찰부서장에게 별지 제2호 서식을 작성하여 제출하여야 한다. ③ 제1항에 따른 감찰관 회피 신청을 접수받은 감찰부서장은 회피 신청이 이유 있다고 인정하는 때에는 담당 감찰관을 재지정하여야 하며, 회피 신청이 이유 있다고 인정하지 않는 때에는 제37조에 따른 감찰처분심의회의 심의를 거쳐 회피 신청 수용 여부를 결정하여야 한다.

(3) 감찰활동

감찰활동의 관할 (제12조)	감찰관은 소속 경찰기관의 관할구역 안에서 활동하여야 한다. 다만, 상급 경찰기관의 장의 지시가 있는 경우에는 관할구역 밖에서도 활동할 수 있다. 11·17. 승진, 13·17. 채용, 16. 경간
특별감찰 (제13조)	경찰기관의 장은 의무위반행위가 자주 발생하거나 그 발생 가능성이 높다고 인정되는 시기, 업무분야 및 경찰관서 등에 대하여는 일정기간 동안 전반적인 조직관리 및 업무추진 실태 등을 집중 점검할 수 있다. 11. 승진, 13. 채용, 22. 경간
교류감찰 (제14조)	경찰기관의 장은 상급 경찰기관의 장의 지시에 따라 소속 감찰관으로 하여금 일정기간 동안 **다른 경찰 기관 소속 직원의 복무실태, 업무추진 실태 등을 점검하게 할 수 있다.** 13·16. 채용, 14·18·19. 승진, 22. 경간
감찰활동의 착수 (제15조)	① 감찰관은 소속 공무원의 의무위반행위에 관한 **단서(현장인지, 진정·탄원 등을 포함한다)를 수집·접수한 경우** 소속 경찰기관의 감찰부서장에게 보고하여야 한다. 22. 경간 ② 감찰부서장은 보고를 받은 경우 감찰 대상으로서의 적정성을 검토한 후 감찰활동 착수 여부를 결정하여야 한다.
감찰계획의 수립 (제16조)	① 감찰관은 감찰활동에 착수할 때에는 감찰기간과 대상, 중점감찰사항 등을 포함한 **감찰계획을 소속 경찰기관의 감찰부서장에게 보고하여 승인을 받아야 한다.** 22. 경간 ② 감찰관은 **사전에 계획하고 보고한 범위에 한하여 감찰활동을 수행하여야 한다.** ③ **감찰기간은 6개월의 범위 내에서 감찰부서장이 정한다.** ④ 감찰관은 계속 감찰활동이 필요한 경우 그 사유를 소명하여 소속 경찰기관의 감찰부서장의 승인을 받아 6개월의 범위 내에서 감찰기간을 연장할 수 있다.

자료 제출 요구 등(제17조)	① 감찰관은 직무상 다음 각 호의 요구를 할 수 있다. 다만, 제2호 및 제3호의 경우에는 필요 최소한의 범위 내에서 요구하여야 한다. 22. 경간 1. 조사를 위한 출석 2. 질문에 대한 답변 및 진술서 제출 3. 증거품 등 자료 제출 4. 현지조사의 협조 ② 소속 공무원은 감찰관으로부터 제1항에 따른 요구를 받은 때에는 **정당한 사유가 없는** 한 그 요구에 응하여야 한다. ③ 감찰관은 직무수행 중 알게 된 정보나 제출 받은 자료를 **감찰 목적 외의 용도로 이용할 수 없다.**
감찰관 증명서 등 제시(제18조)	감찰관은 제17조에 따른 요구를 할 경우 소속 경찰기관의 장이 발행한 별지 제3호 서식의 **감찰관 증명서 또는 경찰공무원증을 제시하여 신분을 밝히고 감찰활동의 목적을 설명**하여야 한다.
감찰활동 결과의 보고 및 처리 (제19조)	① 감찰관은 감찰활동 결과 소속 공무원의 의무위반행위, 불합리한 제도·관행, 선행·수범 직원 등을 발견한 경우 이를 소속 경찰기관의 장에게 보고하여야 한다. ② 경찰기관의 장은 제1항의 결과에 대하여 문책 요구, 시정·개선, 포상 등 필요한 조치를 하여야 한다.

(4) 감찰정보의 수집 및 처리

감찰정보의 수집 (제20조)	감찰관은 감찰업무와 관련된 다음 각 호의 어느 하나에 해당하는 **감찰정보를 매월 1건 이상 수집·제출하여야 하며,** 감찰관이 아닌 소속 공무원도 감찰정보를 수집한 경우에는 이를 감찰부서에 제출할 수 있다. 1. **비위정보:** 소속 공무원의 비위와 관련한 정보 2. **제도개선자료:** 불합리한 제도·시책, 관행 등의 개선에 관한 자료 3. **기타자료:** 관리자의 조직관리·운영 실태, 주요 치안시책 등에 대한 현장여론, 비위우려자의 복무실태 등 인사·조직 운영에 참고가 될 만한 자료
감찰정보의 처리 (제21조)	제20조에 따른 감찰정보를 접수한 **감찰부서장**은 다음 각 호의 기준에 따라 **감찰정보를 구분한다.** 1. **즉시조사대상:** 신속한 진상확인 및 조사·처리가 필요한 사항 2. **감찰대상:** 사실관계 확인 또는 감찰활동 착수 등 감찰활동이 필요한 사항 3. **이첩대상:** 해당 경찰기관에서 직접 처리하는 것보다 다른 경찰기관이나 부서 등에서 처리·활용하는 것이 효과적이라고 판단되는 사항 4. **참고대상:** 감찰업무에 도움이 될 것으로 판단되는 사항 5. **폐기대상:** 익명 제보 등 출처가 불분명한 정보 또는 이미 제출된 정보와 동일한 정보 등 그 내용상 감찰대상으로서의 가치가 없거나 감찰업무 활용도가 매우 낮을 것으로 예상되는 정보

감찰정보심의회
(제22조)
	① 감찰부서장은 다음 각 호의 사항을 결정하기 위하여 **감찰정보심의회를** 설치 · 운영할 수 있다.
	   1. 제21조에 따른 감찰정보의 구분
	   2. 제15조에 따른 감찰활동 착수와 관련된 사항
	② 감찰정보심의회는 위원장을 포함한 3명 이상 5명 이하의 위원으로 구성하며, 위원장은 감찰부서장이 되고 위원은 감찰부서장이 소속 공무원 중에서 지명한다.

평가 및 포상 (제23조)	① **감찰정보 실적은 개인별 평가를 원칙으로** 하며, 정보 수집 · 처리 구분에 따라 점수를 부여하여 평가한다. ② 개인별 감찰정보 실적은 **분기별로 종합 평가하고, 평가실적이 우수한 직원에 대하여는 포상** 등을 할 수 있다.
감찰정보시스템 (제24조)	경찰청 감찰담당관은 감찰정보의 수집 · 처리, 감찰결과 등의 효율적 관리를 위하여 감찰정보시스템을 **구축 · 운영할 수 있다.**

(5) 감찰조사 및 처리

출석요구 (제25조)	① 감찰관은 감찰조사를 위해서 조사대상자의 출석을 요구할 때에는 **조사기일 3일 전까지** 별지 제5호 서식의 출석요구서 또는 구두로 **조사일시, 의무위반행위사실 요지 등을 통지하여야 한다.** 다만, 사안이 급박한 경우 또는 조사대상자의 요청이 있는 경우에는 **즉시 조사에 착수할 수 있다.** ② 제1항의 경우 조사일시 등을 정할 때에는 조사대상자의 의사를 존중하여야 한다. ③ 감찰관은 의무위반행위와 관련된 내용을 조사할 때에는 사전에 준비를 철저히 하여 잦은 출석으로 인한 피해를 주지 않도록 하여야 한다. ④ 감찰관은 조사대상자의 방어권 보장을 위하여 필요한 경우 조사대상자의 동의를 받아 조사대상자의 소속 부서장에게 제1항에 따른 출석요구 사실을 통지할 수 있다.
변호인의 선임 (제26조)	① 조사대상자는 변호사를 변호인으로 선임할 수 있다. 다만, 감찰부서장의 승인을 받은 경우에는 변호사가 아닌 사람을 특별변호인으로 선임할 수 있다. ② 제1항에 따라 조사대상자의 변호인으로 선임된 사람은 그 위임장을 미리 감찰관에게 제출하여야 한다.
조사대상자의 진술거부권 (제27조)	① 조사대상자는 진술하지 아니하거나 개개의 질문에 대하여 진술을 거부할 수 있다. ② 감찰관은 조사대상자에게 제1항과 같이 진술을 거부할 수 있음을 사전에 고지하여야 한다.

조사 참여
(제28조)
	① 감찰관은 조사대상자가 다음 각 호의 사항을 신청할 경우 이에 해당하는 사람을 참여하게 하거나 동석하도록 하여야 한다.
	  1. 다음 각 목의 사람의 참여
	    가. 다른 감찰관
	    나. 변호인

	2. 다음 각 목의 사람의 동석 　가. **조사대상자의 동료공무원** 　나. **조사대상자의 직계친족, 배우자, 가족** 등 조사대상자의 심리적 안정과 원활한 의사소통에 도움을 줄 수 있는 자 ② 감찰관은 다음 각 호의 사유가 발생한 경우에는 참여자의 참여를 제한하거나 동석자의 퇴거를 요구할 수 있다. 　1. 참여자 또는 동석자가 조사 과정에 부당하게 개입하거나 조사를 제지·중단시키는 경우 　2. 참여자 또는 동석자가 조사대상자에게 특정한 답변을 유도하거나 진술 번복을 유도하는 경우 　3. 그 밖의 참여자 또는 동석자의 언동 등으로 조사에 지장을 초래하는 경우 ③ 감찰관은 참여자의 참여를 제한하거나 동석자를 퇴거하게 한 경우 그 사유를 조사대상자에게 설명하고 그 구체적 정황을 청문보고서 등 조사서류에 기재하여 기록에 편철하여야 한다.
감찰조사 전 고지 (제29조)	① **감찰관은 감찰조사를** 실시하기 전에 **조사대상자에게 의무위반행위 사실의 요지를** 알려야 한다. ② 제1항의 경우 감찰관은 조사대상자에게 제28조 제1항 각 호의 사항을 신청할 수 있다는 사실을 고지하여야 한다.
영상녹화 (제30조)	① **감찰관은** 조사대상자가 **영상녹화를** 요청하는 경우에는 그 조사과정을 영상녹화하여야 한다. ② 영상녹화의 범위 및 영상녹화사실의 고지, 영상녹화물의 관리와 관련된 사항은 「범죄수사규칙」의 영상녹화 관련 규정을 준용한다.
조사시 유의사항 (제31조)	① 감찰관은 조사시 엄정하고 공정하게 진실 발견에 노력하여야 한다. ② 감찰관은 조사시 조사대상자의 이익이 되는 주장 및 제출자료 등에 대해서도 사실관계를 명확히 하여 조사내용에 반영하여야 한다. ③ 감찰관은 조사시 조사대상자의 연령, 성별 등을 고려하여 언행에 유의하여야 한다. ④ 감찰관은 감찰에 필요한 정보 등을 제공한 자 또는 피해자에 대해서는 가명조서를 작성하는 등의 방법으로 비밀을 유지하고 그 신원을 보호하여야 한다. ⑤ **감찰부서장은** 성폭력·성희롱 피해 여성에 대하여는 피해자의 의사에 반하지 않는 한 여성 경찰공무원이 조사하도록 하여야 하고, 조사 과정에서 피해자의 인격이나 명예가 손상되거나 사적인 비밀이 침해되지 않도록 하여야 한다. ⑥ 감찰관은 피해자를 조사할 경우 피해자의 심리상태를 확인하여야 하고, 필요 시 소속 경찰기관의 감찰부서장에게 보고하여 피해자 심리 전문요원의 조치를 받을 수 있도록 하여야 한다.

심야조사의 금지 (제32조) _{13. 채용}	① 감찰관은 **심야**(자정부터 오전 6시까지를 말한다)**에 조사를 하여서는 아니 된다.** ② 제1항에도 불구하고 감찰관은 조사대상자 또는 그 변호인의 별지 제6호 서식에 의한 **심야조사** 요청이 있는 **경우에는** 예외적으로 심야조사를 할 수 있다. 이 경우 심야조사의 사유를 조서에 명확히 기재하여야 한다.
휴식시간 부여 (제33조)	① 감찰관은 조사에 장시간이 소요되는 경우 특별한 사정이 없는 한 조사 도중에 최소한 2시간마다 10분 이상의 휴식시간을 부여하여 **조사대상자가 피로를 회복할 수 있도록 노력하여야 한다.** ② 감찰관은 조사대상자가 조사 도중에 휴식시간을 요청하는 때에는 조사에 소요된 시간, 조사대상자의 건강상태 등을 고려하여 적정하다고 판단될 경우 휴식시간을 부여하여야 한다. ③ 감찰관은 조사 중인 조사대상자의 건강상태에 이상 징후가 발견되면 의사의 진료를 받게 하거나 휴식을 취하게 하는 등 필요한 조치를 취하여야 한다.
감찰조사 후 처리 (제34조)	① 감찰관은 **감찰조사를 종료한 때에는** 소속 경찰기관의 장에게 별지 제7호 서식의 진술조서, 증빙자료 등과 함께 감찰조사 결과를 **보고하여야 한다.** ② 제1항의 경우 감찰관은 조사대상자에게 **감찰조사 결과 요지를** 서면 또는 전화, 문자메시지(SMS) 전송 등의 방법으로 **통지하여야 한다.** ③ **감찰관은 조사한 의무위반행위사건이 소속 경찰기관의 징계관할이 아닌 때에는 관할 경찰기관으로 이송하여야 한다.** ④ 의무위반행위사건을 이송 받은 경찰기관의 감찰부서장은 필요시 해당 사건에 대하여 추가 조사 등을 실시할 수 있다.
민원사건의 처리 (제35조)	① 감찰관은 소속공무원의 의무위반사실에 대한 민원을 접수한 경우 접수일로부터 2개월 내에 신속 히 처리하여야 한다. 다만, 부득이한 사유로 민원을 기한 내에 처리할 수 없을 때에는 소속 경찰기관의 감찰부서장에게 보고하여 그 처리 기간을 연장할 수 있다. _{12·14·18. 승진, 16·19. 경간, 16. 채용} ② 민원사건을 배당받은 감찰관은 민원인, 피민원인 등 관련자에 대한 감찰조사 등을 거쳐 사실관계를 명확히 하여야 한다. ③ 감찰관은 불친절 또는 경미한 복무규율위반에 관한 민원사건에 대해서는 민원인에게 정식 조사절차 또는 조정절차를 선택할 수 있음을 고지하고, 민원인이 조정절차를 선택한 때에는 해당 소속공무원의 사과, 해명 등의 조정절차를 진행하여야 한다. 다만, 조정이 이루어지지 아니한 때에는 지체 없이 조사절차를 진행하여야 한다. ④ 감찰관은 민원사건을 접수한 경우 접수 후 매 1개월이 경과한 때와 감찰조사를 종결하였을 때에 민원인 또는 피해자에게 사건처리 진행상황을 통지하여야 한다. 다만, 진행상황에 대한 통지가 감찰조사에 지장을 주거나 피해자 또는 사건관계인의 명예와 권리를 부당히 침해할 우려가 있는 때에는 통지하지 않을 수 있다. ⑤ 제4항에 따른 **통지는** 문서로 **하여야 한다.** 다만, 신속을 요하거나 민원인이 요청하는 경우에는 구술 또는 전화로 통지할 수 있다.

기관통보사건의 처리 (제36조)	① 감찰관은 다른 경찰기관 또는 검찰, 감사원 등 다른 행정기관으로부터 통보받은 소속 공무원의 의무위반행위에 대해서는 통보받은 날로부터 1개월 이내에 신속히 처리하여야 한다. 13. 채용, 14·17. 승진, 16. 경간 ② 감찰관은 검찰·경찰, 그 밖의 수사기관으로부터 수사개시 통보를 받은 경우에는 징계의결요구권자의 결재를 받아 해당 기관으로부터 수사결과의 통보를 받을 때까지 감찰조사, 징계의결요구 등의 절차를 진행하지 아니할 수 있다. 11·12·19. 승진, 17. 채용, 19. 경간

감찰처분심의회
(제37조)
	① 감찰부서장은 다음 각 호의 사항을 심의하기 위하여 감찰처분심의회를 설치·운영할 수 있다.
	  1. 감찰결과 처리 및 양정과 관련한 사항
	  2. 감찰결과에 대한 이의신청 처리와 관련한 사항
	  3. 감찰결과의 공개와 관련한 사항
	  4. 감찰관 기피 신청과 관련한 사항
	② 처분심의회는 위원장을 포함한 **3명 이상 7명 이하**의 위원으로 구성하며, **위원장은 감찰부서장**이 되고 위원은 감찰부서장이 소속 공무원 중에서 지명하거나 학식과 경험을 고루 갖춘 해당 분야의 외부전문가 중에서 위촉할 수 있다.

감찰결과에 대한 이의신청 (제38조)	① 감찰조사결과 통지를 받은 조사대상자는 그 통지를 받은 날부터 10일 이내에 감찰을 주관한 경찰기관의 장에게 이의신청을 할 수 있다. 다만, 감찰결과 징계요구된 사건에 대해서는 징계위원회에서의 의견진술 등의 절차로 이의신청을 갈음할 수 있다. ② 제1항의 이의신청을 접수한 경찰기관의 장은 처분심의회의 심의를 거쳐 이의 신청이 이유 없다고 인정될 때에는 이를 기각하고 이유 있다고 인정될 때에는 그 감찰조사결과를 취소하거나 변경하여야 한다.

감찰결과의 공개
(제39조)
	① 감찰결과는 원칙적으로 공개하지 아니한다. 다만, 유사한 비위의 재발을 방지하기 위하여 다음 각 호의 경우에는 감찰결과 요지를 공개할 수 있다.
	  1. **중대한 비위행위**(금품·향응수수, 공금횡령·유용, 정보유출, 독직폭행, 음주운전 등)
	  2. **언론 등 사회적 관심이 집중**되어 사생활 보호의 이익보다 국민의 알권리 충족 등 공공의 이익이 현저하게 크다고 판단되는 사안
	② 감찰결과의 공개 여부는 경찰기관의 장이 처분심의회의 의견을 들어 최종 결정한다.
	③ 경찰기관의 장은 감찰결과를 공개할 경우 사건관계인의 사생활과 명예가 보호될 수 있도록 다음 각 호의 사항이 공개되지 않도록 보호조치를 하여야 한다.
	  1. 성명, 소속 등 사건관계인의 개인정보
	  2. 비위혐의와 직접 관련이 없는 개인의 신상 및 사생활에 관한 내용
	  3. 사건관계인의 징계경력 또는 감찰조사경력 자료
	  4. 감찰사건 기록의 원본 또는 사본

(6) 징계 등 조치

감찰관에 대한 징계 등 (제40조)	① 경찰기관의 장은 감찰관이 이 규칙에 위배하여 직무를 태만히 하거나 권한을 남용한 경우 및 직무상 취득한 비밀을 누설한 경우에는 해당 사건의 담당 감찰관 교체, 징계요구 등의 조치를 한다. ② 감찰관의 의무위반행위에 대해서는 「경찰공무원 징계령 세부시행규칙」의 징계양정에 정한 기준보다 **가중**하여 **징계조치**한다. 18. 승진
감찰활동 방해에 대한 징계 등 (제41조)	경찰기관의 장은 조사대상자가 정당한 이유 없이 출석 거부, 현지조사 불응, 협박 등의 방법으로 감찰조사를 방해하는 경우에는 징계요구 등의 조치를 할 수 있다.

2. 경찰청 감사 규칙(경찰청훈령) [시행 2024.5.1.] C급 18. 채용, 19. 승진

목적 (제1조)	이 규칙은 「공공감사에 관한 법률」에 따라 경찰청장이 실시하는 자체감사(이하 "감사"라 한다)의 기준과 시행방법에 관하여 필요한 사항을 규정함을 목적으로 한다.
적용범위 (제2조)	감사에 관하여는 다른 법령에 규정된 것을 제외하고는 이 규칙에 정하는 바에 따르고, 이 규칙에서 정한 것 이외에는 「중앙행정기관 및 지방자치단체 자체감사기준」을 따른다.
감사대상기관 (제3조)	① 경찰청장의 감사 대상기관은 다음 각 호와 같다. 　1. 「경찰청과 그 소속기관 직제」에 따른 경찰청 및 그 소속기관 　2. 「공공기관 운영에 관한 법률」에 따라 경찰청 소관으로 지정·고시된 공공기관 　3. 법령에 의하여 경찰청장이 기관 임원의 임명·승인, 정관의 승인, 감독 등을 하는 법인 또는 단체 　4. 「행정안전부 및 그 소속청 비영리법인의 설립 및 감독에 관한 규칙」에 따라 경찰청장이 주무관청이 되는 비영리법인 　5. 제1호부터 제4호까지의 감사 대상기관으로부터 보조금 등 예산지원을 받는 법인 또는 단체 ② **감사**는 감사대상기관의 바로 위 **감독관청**이 실시하는 것을 원칙으로 하되, **필요한 경우**에는 경찰청에서 **직접 실시**할 수 있다.
감사의 종류와 주기 (제4조)	① 감사의 종류는 **종합감사, 특정감사, 재무감사, 성과감사, 복무감사, 일상감사**로 구분한다. ② **종합감사**의 주기는 **1년에서 3년까지** 하되 치안수요 등을 고려하여 조정 실시한다. 다만, 직전 또는 당해 연도에 감사원 등 다른 감사기관이 감사를 실시한(실시 예정인 경우를 포함한다) 감사대상기관에 대해서는 감사의 **일부 또는 전부를 실시하지** 아니할 수 있다. ③ **일상감사**의 대상·기준 및 절차 등에 관한 세부사항은 **경찰청장**이 따로 정한다.
감사계획의 수립 (제5조)	① 경찰청 감사관(이하 "감사관"이라 한다)은 감사계획 수립에 필요한 경우 **시·도자치경찰위원회** 및 **시·도경찰청장**과 감사일정을 협의하여야 한다. ② 감사관은 매년 **2월말까지 연간 감사계획**을 수립하여 감사대상기관에 통보한다.
감사단의 편성 (제6조)	① 감사관은 감사목적을 달성하고 감사성과를 확보할 수 있도록 감사담당자의 전문지식 및 실무경험 등을 고려하여 감사단을 편성할 수 있고 개인별 감사사무분장을 정하여야 한다. ② 감사관은 제1항에 따라 감사단을 편성하고자 할 때에는 감사담당자 중에서 감사단장을 지정하여 감사단을 지휘·감독하도록 하여야 한다.

	③ **감사관**은 전문지식 또는 실무경험이 필요하다고 인정되는 업무에 대한 감사를 할 경우에는 **업무담당자나 외부전문가를 감사에 참여시킬 수 있다.**
감사담당자등의 제외 등 (제7조)	① 감사담당자등(감사관 및 감사담당자를 말한다)은 다음 각 호의 어느 하나에 해당하여 감사수행의 독립성을 유지하기 어렵다고 판단될 때에는 **감사관은 경찰청장에게, 감사담당자는 감사관에게** 지체 없이 **보고하여야 한다.** 1. 본인 또는 본인의 친족(「민법」제777조에 따른 친족을 말한다. 이하 같다)이 감사대상이 되는 기관·부서·업무와 관련이 있는 사람과 **개인적인 연고나 이해관계** 등이 있어 공정한 감사수행에 영향을 미칠 우려가 있는 경우 2. 본인 또는 본인의 친족이 감사대상이 되는 기관·부서·업무와 관련된 주요 의사결정과정에 **직·간접적으로 관여한 경우** 3. 그 밖에 공정한 감사수행이 어려운 특별한 사정이 있는 경우 ② **경찰청장 또는 감사관**은 제1항에 따른 보고를 받거나 감사담당자등이 제1항 각 호의 어느 하나에 해당한다고 인정하는 경우에는 해당 감사담당자등을 감사에서 제외하는 등 **적정한 조치를 하여야 한다.**
감사담당자의 우대(제8조)	**경찰청장**은 관계 법령에서 정하는 범위 내에서 감사담당자에 대하여 **근무성적평정, 전보·수당** 등의 우대방안을 적극 추진하도록 노력하여야 한다.
감사의 절차 (제9조)	감사는 다음 각 호의 순서로 진행함을 원칙으로 하되 감사관 또는 감사단장이 감사의 종류 및 현지실정에 따라 조정할 수 있다. 1. **감사개요 통보**: 감사관 또는 감사단장은 감사대상기관의 장에게 감사계획의 개요를 통보한다. 2. **감사의 실시**: 감사담당자는 개인별 감사사무분장에 따라 감사를 실시한다. 3. **감사의 종결**: 감사관 또는 감사단장은 감사기간 내에 감사를 종결하여야 한다. 다만, 감사목적의 달성을 위하여 필요한 경우 감사기간을 연장할 수 있다. 4. **감사결과의 설명**: 감사관 또는 감사단장은 감사의 목적을 달성하기 위하여 필요한 경우 감사대상기관 또는 부서를 대상으로 주요 감사결과를 설명하고 이에 대한 의견을 들을 수 있다.
감사결과의 처리기준 등 (제10조)	감사관은 감사결과를 다음 각 호의 기준에 따라 처리하여야 한다. 1. **징계 또는 문책 요구**: 국가공무원법과 그 밖의 법령에 규정된 **징계 또는 문책 사유**에 해당하거나 정당한 사유 없이 자체감사를 거부하거나 자료의 제출을 게을리한 경우 2. **시정 요구**: 감사결과 위법 또는 부당하다고 인정되는 사실이 있어 추징·회수·환급·추급 또는 **원상복구** 등이 필요하다고 인정되는 경우 19. 승진 3. **경고·주의 요구**: 감사결과 위법 또는 부당하다고 인정되는 사실이 있으나 **그 정도가 징계 또는 문책사유에 이르지 아니할 정도로 경미하거나,** 감사대상기관 또는 부서에 대한 제재가 필요한 경우 19. 승진 4. **개선 요구**: 감사결과 법령상·제도상 또는 행정상 모순이 있거나 그 밖에 **개선할 사항**이 있다고 인정되는 경우 5. **권고**: 감사결과 문제점이 인정되는 사실이 있어 **그 대안을 제시하고** 감사대상기관의 장 등으로 하여금 개선방안을 마련하도록 할 필요가 있는 경우 19. 승진 6. **통보**: 감사결과 비위 사실이나 위법 또는 부당하다고 인정되는 사실이 있으나 제1호부터 제5호까지의 요구를 하기에 부적합하여 감사대상기관 또는 부서에서 **자율적으로 처리할 필요가** 있다고 인정되는 경우 7. **변상명령**: 「회계관계직원 등의 책임에 관한 법률」이 정하는 바에 따라 **변상책임이 있는 경우**

	8. **고발**: 감사결과 **범죄 혐의**가 있다고 인정되는 경우 9. **현지조치**: 감사결과 **경미한** 지적사항으로서 현지에서 **즉시** 시정·개선조치가 필요한 경우

감사처분심의회
(제11조)
	① **감사관**은 다음 각 호에 관한 사항을 객관적이고 공정하게 처리하기 위하여 **감사처분심의회**를 설치·운영할 수 있다.
	
	  1. 제10조에 따른 감사결과 처리에 관련한 사항
	  2. 「공공감사에 관한 법률」 제25조 및 동 법 시행령 제15조에 따른 재심의사건의 심리와 처리에 관련한 사항
	  3. 감사결과 공개에 관련한 사항
	
	② **감사처분심의회**는 위원장을 포함한 3명 이상 7명 이하의 **위원으로 구성**하며, 위원장은 감사관이 되고 위원은 감사관이 경찰청 감사관실 소속 공무원 중에서 **지명하거나** 학식과 경험을 고루 갖춘 해당분야의 **외부전문가** 중에서 위촉할 수 있다.

감사결과의 보고
(제12조)
	감사관은 감사가 종료된 후 다음 각 호의 사항을 포함한 **감사결과보고서**를 작성하여 **경찰청장에게 보고하여야** 한다.
	
	  1. 감사목적 및 범위, 감사기간 등 감사실시개요
	  2. 제10조의 처리기준에 따른 감사결과 처분요구 및 조치사항
	  3. 감사결과에 대한 감사대상기관 또는 부서의 변명 또는 반론
	  4. 그 밖에 보고할 필요가 인정되는 사항

감사결과의 통보 및 처리 (제13조)	① **경찰청장**은 제12조에 따라 보고받은 감사결과를 **감사대상기관의 장에게 통보하여야** 한다. ② 감사결과를 통보받은 **감사대상기관의 장**은 정당한 사유가 없으면 감사결과의 조치사항을 이행하고 30일 이내에 그 이행결과를 경찰청장에게 통보하여야 한다.

감사의뢰의 처리
(제14조)
	① **경찰청장**은 시·도자치경찰위원회로부터 「국가경찰과 자치경찰의 조직 및 운영에 관한 법률」 제24조 제1항 제7호에 따라 다음 각 호의 어느 하나에 해당하는 경우에 대해 **감사의뢰**를 받은 경우, 특별한 사정이 없는 한 감사를 **실시한다**.
	
	  1. 다수의 시·도에 걸쳐 동일한 기준으로 감사가 필요한 경우
	  2. 국가경찰사무와 자치경찰사무의 구분이 모호하여 자치경찰사무만을 감사하기가 어려운 경우
	
	② 경찰청장은 제1항에 따라 감사의뢰를 받은 경우 그에 따른 **조치결과를 시·도자치경찰위원회에 통보하여야** 한다.

시·도경찰청장의
감사
(제15조)
	① **시·도경찰청장**은 제5조 제2항에 준하여 **연간 감사계획**을 수립하여 감사관에게 통보하여야 한다.
	② **시·도경찰청장**은 제1항에 따른 **연간 감사계획에 포함되지 않은** 감사를 실시하고자 할 때에는 감사계획을 수립하여 **감사실시 예정일 전 15일까지 감사관에게 통보하여야** 한다.
	③ 시·도경찰청장은 부득이한 사정으로 인하여 예정된 감사를 실시하기 **어려운 때**에는 다음 각 호의 기준에 따라 변경된 감사계획을 감사관에게 통보하여야 한다.
	
	  1. 제1항에 따른 감사를 실시하기 어려운 때에는 **감사실시** 예정일 전 15일까지
	  2. 제2항의 규정에 따른 감사를 실시하기 어려운 때에는 **감사실시** 예정일 전 7일까지

	④ 감사관은 제1항 내지 제3항에 따라 통보받은 감사계획을 수정할 필요가 있다고 판단되는 경우에는 일정 등을 조정하여 시·도경찰청장에게 통보한다. ⑤ **시·도경찰청장**이 제1항 또는 제2항에 따른 **감사를 실시한 때**에는 감사종료 후 30일 이내에 다음 각 호의 사항을 기재한 **감사결과보고서를 경찰청장에게 제출하여야 한다.** 1. 중요감사내용 및 조치사항 2. 개선·건의사항 3. 그 밖에 특별히 기재할 사항
상호협조 (제16조)	① **경찰청장은** 중복감사를 방지하고 국가경찰사무와 자치경찰사무의 감사가 유기적으로 연계되고 균형이 이루어지도록 **시·도자치경찰위원회와** 상호 **협조하여야 한다.** ② **경찰청장은** 감사대상기관의 수감부담을 줄이고 감사업무의 효율화를 위해 **시·도경찰청 또는 시·도자치경찰위원회와 같은 기간 동안 함께 감사를 실시할 수 있다.**

police.Hackers.com

해커스경찰
police.Hackers.com

해커스경찰
김민철 경찰학 기본서

PART 05 분야별 경찰활동

Chapter 01 생활안전경찰
Chapter 02 수사경찰
Chapter 03 경비경찰
Chapter 04 교통경찰
Chapter 05 정보경찰
Chapter 06 안보경찰
Chapter 07 외사경찰

Chapter 01 / 생활안전경찰

01 지역경찰의 조직 및 운영에 관한 규칙(경찰청예규) [시행 2022.5.31.] A급

1. 지역경찰관서 A급

정의 (제2조)	1. "**지역경찰관서**"란 「국가경찰과 자치경찰의 조직 및 운영에 관한 법률」 제30조 제3항 및 「경찰청과 그 소속기관 직제」 제43조에 규정된 **지구대 및 파출소**를 말한다. 17. 경간 2. "지역경찰"이란 지역경찰관서 소속 경찰공무원을 말한다. 3. "지역경찰업무 담당부서"란 지역경찰관서 및 지역경찰과 관련된 사무를 처리하는 경찰청, 시·도경찰청, 경찰서 소속의 모든 부서를 말한다.
설치 및 폐지 (제4조)	**시·도경찰청장**은 인구, 면적, 행정구역, 교통·지리적 여건, 각종 사건사고 발생 등을 고려하여 경찰서의 관할구역을 나누어 **지역경찰관서(지구대 또는 파출소)를 설치**한다. 11·18. 승진, 14. 채용, 17·20. 경간
지역경찰관서장 (제5조)	지역경찰관서의 사무를 통할하고 소속 지역경찰을 지휘·감독하기 위해 **지역경찰관서에 지구대장 및 파출소장**(이하 "지역경찰관서장"이라 한다)을 둔다.
하부조직 (제6조)	① 지역경찰관서에는 **관리팀**과 상시·교대근무로 운영하는 **복수의 순찰팀**을 둔다. ② **순찰팀의 수**는 지역 치안수요 및 인력여건 등을 고려하여 **시·도경찰청장**이 결정한다. 14·18. 채용, 17·20. 경간 ③ 관리팀 및 순찰팀의 **인원**은 지역 치안수요 및 인력여건 등을 고려하여 **경찰서장**이 결정한다. 14·18. 채용, 17. 경간
관리팀 (제7조)	문서의 접수 및 처리, 시설 및 장비의 관리, 예산의 집행 등 지역경찰관서의 **행정업무**를 담당한다.
순찰팀 (제8조)	**범죄예방 순찰**, 각종 사건사고에 대한 **초동조치** 등 **현장 치안활동**을 담당하며, 팀장은 경감 또는 경위로 보한다.
지휘 및 감독 (제9조)	경찰서장	지역경찰관서의 운영에 관하여 총괄 지휘·감독
	경찰서 각 과장 등 부서장	각 부서의 소관업무와 관련된 지역경찰의 업무에 관하여 경찰서장을 보좌
	지역경찰관서장	지역경찰관서의 시설·장비·예산 및 소속 지역경찰의 근무에 관한 제반사항을 지휘·감독
	순찰팀장	근무시간 중 소속 지역경찰을 지휘·감독

2. 치안센터 C급

설치 및 폐지 (제10조)	시·도경찰청장은 지역치안을 효율적으로 수행하기 위하여 지역경찰관서장 소속하에 **치안센터**를 설치할 수 있다.
소속 및 관할 (제11조)	① 치안센터는 **지역경찰관서장의 소속** 하에 두며, 치안센터의 인원, 장비, 예산 등은 **지역경찰관서에서 통합 관리**한다. ② 치안센터의 관할구역은 소속 지역경찰관서 관할구역의 일부로 한다. ③ 치안센터 관할구역의 **크기**는 설치목적, 배치 인원 및 장비, 교통·지리적 요건 등을 고려하여 **경찰서장이 정한다.**

✓ SUMMARY | 지역경찰관서장과 순찰팀장의 직무 비교 A급

지역경찰관서장의 직무	순찰팀장의 직무
① 관내 치안상황의 분석 및 대책 수립 ② 지역경찰관서의 시설·예산·장비의 관리 ③ 소속 지역경찰의 근무와 관련된 제반사항에 대한 지휘 및 감독 ④ 경찰 중요 시책의 홍보 및 협력치안 활동 17. 채용, 19. 승진, 17·20. 경간	① 근무교대시 주요 취급사항 및 장비 등의 **인수인계 확인** ② 관리팀원 및 순찰팀원에 대한 **일일근무 지정 및 지휘·감독** 18. 채용 ③ **관내 중요 사건 발생시 현장 지휘** 17·20. 경간 ④ 지역경찰관서장 부재시 업무 대행

3. 근무형태 및 시간(제21조) C급

① 지역경찰관서장은 일근근무를 원칙으로 한다. 다만, 경찰서장은 필요하다고 인정되는 경우에는 지역경찰관서장의 근무시간을 조정하거나, 시간외·휴일 근무 등을 명할 수 있다.
② **관리팀은 일근근무를 원칙으로 한다.** 14. 채용 다만, 지역경찰관서장은 필요하다고 인정되는 경우에는 근무시간을 조정하거나, 시간외·휴일 근무 등을 명할 수 있다.
③ **순찰팀장 및 순찰팀원은 상시·교대근무를 원칙으로 하며,** 14. 채용 근무교대 시간 및 휴게시간, 휴무횟수 등 구체적인 사항은 「국가공무원 복무규정」 및 「경찰기관 상시근무 공무원의 근무시간 등에 관한 규칙」이 규정한 범위 안에서 시·도경찰청장이 정한다.
④ 치안센터 전담근무자의 근무형태 및 근무시간은 치안센터의 종류 및 운영시간 등을 고려하여 제1항부터 제3항까지의 규정을 준용하여 경찰서장이 정한다.

4. 지역경찰의 근무 종류와 업무 [A급]

근무의 종류 (제22조)	지역경찰의 근무는 **행정근무, 상황근무, 순찰근무, 경계근무, 대기근무, 기타근무**로 구분한다. 14·18. 채용
행정근무 (제23조) 11·15. 승진, 18·20. 경간	① **문서의 접수 및 처리** 16·17. 승진 ② **시설·장비의 관리 및 예산의 집행** 16·17. 승진 ③ 각종 현황, 통계, 자료, 부책관리 ④ 기타 행정업무 및 지역경찰관서장이 지시한 업무 16·17. 승진
상황근무 (제24조) 11·12·19. 승진, 14. 채용, 18·19. 경간	① **시설 및 장비의 작동 여부 확인** ② **방문민원 및 각종 신고사건의 접수 및 처리** 19. 승진 ③ **요보호자 또는 피의자에 대한 보호·감시** ④ **중요 사건·사고 발생시 보고 및 전파** ⑤ 기타 필요한 문서의 작성

순찰근무
(제25조)
15·18·19. 승진,
19. 경간
	① 순찰근무는 그 수단에 따라 **112순찰, 방범오토바이순찰, 자전거순찰 및 도보순찰** 등으로 구분한다.
	② 112순찰근무 및 야간순찰근무는 반드시 **2인 이상 합동으로 지정**하여야 한다. 11. 승진
	③ 순찰근무를 지정받은 지역경찰은 지정된 근무구역에서 다음 업무를 수행한다.
	   ㉠ 주민여론 및 범죄첩보 수집 14. 채용
	   ㉡ **각종 사건사고 발생시 초동조치 및 보고, 전파**
	   ㉢ 범죄예방 및 위험발생방지활동
	   ㉣ 범법자의 단속 및 검거
	   ㉤ 경찰방문 및 방범진단 19. 승진
	   ㉥ 통행인 및 차량에 대한 검문검색 등

경계근무
(제26조)
	① 경계근무는 반드시 **2인 이상 합동으로 지정**하여야 한다. 11·12. 승진, 14. 채용
	② 경계근무를 지정받은 지역경찰은 지정된 장소에서 다음 업무를 수행한다.
	   ㉠ **범법자 등을 단속·검거하기 위한 통행인 및 차량, 선박** 등에 대한 검문검색 및 후속조치
	   ㉡ **비상 및 작전사태 등 발생시 차량, 선박 등의 통행통제** 14. 채용, 19. 경간, 20. 승진

대기근무 (제27조)	① 대기근무의 장소는 **지역경찰관서 및 치안센터 내**로 한다. 단, 식사시간을 대기근무로 지정한 경우에는 식사장소를 대기근무장소로 지정할 수 있다. ② 대기근무를 지정받은 지역경찰은 지정된 장소에서 휴식을 취하되, **무전기를 청취하며 10분 이내 출동이 가능한 상태를 유지**하여야 한다.
기타근무 (제28조) 12. 승진	치안상황에 효과적으로 대응하기 위하여 지역경찰 관리자가 지정하는 근무로써 제23조부터 제27조까지 규정한 근무(행정근무, 상황근무, 순찰근무, 경계근무, 대기근무)에 해당하지 않는 **형태의 근무**를 말한다.

5. 정원관리 및 교육 [C급]

정원관리 (제37조)	① 경찰서장은 지역경찰관서의 관할면적, 치안수요 등을 고려하여 **지역경찰관서에 적정한 인원을 배치**하여야 한다. ② 경찰서장은 **지역경찰의 정원을 다른 부서에 우선하여 충원**하여야 한다. ③ 시·도경찰청장은 소속 지방경찰청의 지역경찰 정원 충원현황을 **연 2회 이상 점검**하고 현원이 정원에 미달할 경우, 지역경찰 정원충원 대책을 수립, 시행하여야 한다.
교육 (제39조)	① 시·도경찰청장 및 경찰서장은 지역경찰의 올바른 직무수행 및 자질 향상을 위해 필요한 **교육을 실시**하여야 한다. ② 교육시간, 방법, 내용 등 지역경찰 교육과 관련된 세부적인 기준은 **경찰청장**이 따로 정한다.

02 경찰청과 그 소속기관 직제(대통령령) [시행 2025.5.20.]

하부조직 (제4조)	① 경찰청에 **미래치안정책국·범죄예방대응국·생활안전교통국·경비국·치안정보국** 및 **국가수사본부**를 둔다. ② 경찰청장 밑에 대변인 및 감사관 각 1명을 두고, **경찰청 차장 밑에 기획조정관·경무인사기획관 및 국제협력관 각 1명**을 둔다.
국제협력관(제9조)	**외국**경찰기관과의 **교류·협력, 국제형사경찰기구**에 관련되는 업무
미래치안정책국 (제10조의2)	1. 중장기 **미래치안전략**의 수립·종합 및 조정 2. 치안분야 **과학기술 연구개발**의 총괄·조정
범죄예방대응국 (제10조의3)	3. **경비업**에 관한 연구·지도 4. **풍속 및 성매매**(아동·청소년 대상 성매매는 제외한다) 사범에 대한 지도·단속 5. **총포·도검·화약류** 등의 지도·단속 7. 각종 **안전사고의 예방**에 관한 사항 11. 112신고제도의 기획·운영 및 112치안종합상황실의 운영 총괄
생활안전교통국 (제11조)	1. **자치경찰제도** 관련 기획 및 조정 6. **소년 대상 범죄**의 예방에 관한 업무 9. **실종아동등 찾기**를 위한 신고체계 운영 10. **여성 대상 범죄**와 관련된 주요 정책의 총괄 수립·조정 14. 경찰 수사 과정에서의 **범죄피해자 보호** 및 지원에 관한 업무
경비국 (제13조)	3. **청원경찰의 운영** 및 지도 4. **민방위업무의 협조**에 관한 사항 7. **예비군의 무기 및 탄약 관리의 지도** 8. 대테러 예방 및 진압대책의 수립·지도
치안정보국 (제14조)	1. 공공안녕에 대한 위험의 예방과 대응을 위한 **정보업무** 기획·지도 및 조정 4. 집회·시위 등 공공갈등과 다중운집에 따른 질서 및 안전 유지에 관한 **정보활동** 6. **신원조사 및 사실확인**에 관한 정보활동 7. 외사정보의 수집·분석 및 관리 등 **외사정보활동**

국가수사본부 (제16조)	수사국	1. **부패**범죄, 공공범죄, **경제**범죄 및 **금융**범죄에 관한 수사 지휘·감독 6. **사이버**범죄 정보의 수집·분석
	형사국	1. **강력**범죄, **폭력**범죄 및 **교통사고**·**교통**범죄에 관한 수사 지휘·감독 2. **마약류** 범죄 및 조직범죄에 관한 수사 지휘·감독 3. **성폭력**범죄, **아동**·**청소년 대상 성매매**, **가정폭력**, **아동학대**, **학교폭력** 및 **실종사건**에 관한 수사 지휘·감독 및 **아동**·**청소년 대상 성매매** 단속 4. **외국인** 관련 **범죄 수사**에 관한 기획, 정책, 수사지침 수립·연구·분석 및 수사기법 개발
	안보수사국	2. 보안관찰 및 경호안전대책 업무에 관한 사항 3. **북한이탈주민** 신변보호 4. 국가안보와 **국익**에 반하는 **범죄**에 대한 수사의 지휘·감독

⊕ PLUS [비교법령] 경찰기관 상시근무 공무원의 근무시간 등에 관한 규칙(경찰청훈령) [시행 2007.7.1.]

목적 (제1조)	이 규칙은 「국가공무원복무규정」 제12조의 규정에 의하여 경찰청과 그 소속기관(이하 "경찰기관"이라 한다)에서 **상시근무**를 하는 공무원의 근무시간, 근무조건 등 근무기준을 정함을 목적으로 한다.
정의 (제2조)	이 규칙에서 사용하는 용어는 다음과 같다. 1. "**상시근무**"라 함은 일상적으로 **24시간** 계속하여 대응·처리해야 하는 업무를 수행하거나 긴급하고 중대한 치안상황에 대비하기 위하여 야간, 토요일 및 공휴일에 관계없이 상시적으로 업무를 수행하는 근무형태를 말한다. 22. 경간 2. "**교대근무**"라 함은 근무조를 나누어 일정한 계획에 의한 **반복주기**에 따라 교대로 업무를 수행하는 근무형태를 말한다. 3. "**휴무**"라 함은 근무일에 해당함에도 불구하고 누적된 피로 회복 등 건강유지를 위하여 일정시간 동안 **근무에서 벗어나 자유롭게 쉬는 것**을 말한다. 4. "**비번**"이라 함은 교대근무자가 일정한 계획에 따라 **다음 근무시작 전까지 자유롭게 쉬는 것**을 말한다. 22. 경간 5. "**휴게시간**"이라 함은 근무도중 자유롭게 쉬는 시간을 말하며 식사시간을 포함한다. 22. 경간 6. "**대기**"라 함은 신고사건 출동 등 치안상황에 대응하기 위하여 **일정시간 지정된 장소에서 근무태세를 갖추고 있는 형태**의 근무를 말한다. 22. 경간
근무시간 (제3조)	① 경찰기관에서 상시근무를 하는 공무원의 근무시간은 **휴게시간을 제외하고 주 40시간**을 원칙으로 한다. ② 근무시간의 전부 또는 일부를 경찰관서의 외부에서 근무함으로써 근무시간을 산정하기 어려운 때에는 근무명령에 의하여 지정된 근무시간동안 근무한 것으로 본다.
휴게시간 (제4조)	① 각급 경찰기관의 장은 **근무시간이 8시간인 경우에는 1시간 이상의 휴게시간**을 근무시간 도중에 주어야 한다. 이 경우 1시간 이상을 일괄하여 주거나 30분씩 나누어 줄 수 있다. ② 각급 경찰기관의 장은 지정된 휴게시간이라 할지라도 업무수행상 부득이 하다고 인정할 때에는 제1항의 규정에 의한 휴게시간을 주지 아니하거나 감축하거나 또는 대기근무를 대체하여 지정할 수 있다.
시간외근무 및 보상 (제5조)	① 각급 경찰기관의 장은 공무를 수행하기 위해 상당하고 충분한 이유가 있는 경우에 한하여 제3조의 규정에 의한 **근무시간 외의 시간에 근무**(이하 "**시간외근무**"라 한다)할 것을 명할 수 있다. ② 각급 경찰기관의 장은 제1항의 규정에 의하여 **시간외근무**를 명한 때에는 예산의 범위 내에서 그에 상응한 **수당을 지급하여야** 한다.

	③ 각급 경찰기관의 장은 제2항의 규정에 의한 **수당을 지급하지 못한 때에는 시간외근무 시간을 누산하여 그만큼의 휴무를 부여하여야 한다.** 이 경우 정상적인 기관운영을 위하여 휴무 실시시기를 적절히 조정할 수 있다. ④ 제3항의 규정에 의한 휴무를 부여하기 위해 시간외근무 시간을 누산할 때는 근무시간별로 지급할 초과근무수당에 상응한 시간만큼 가산하여야 한다.
운영세칙 (제6조)	각급 경찰기관의 장은 상시근무를 하는 공무원의 범위, 상시근무 방법 등 이 규칙 운영에 필요한 세부사항을 따로 정하여 시행할 수 있다.

03 풍속사범의 단속

1. 풍속영업의 규제에 관한 법률 [시행 2021.1.1.] B급 11·17. 경간, 15. 승진

풍속영업자 및 종사자	① **풍속영업자**: 풍속영업을 영위하는 자를 말하며, 허가 또는 인가를 받지 아니하거나, 등록 또는 신고를 하지 아니하고 풍속영업을 영위하는 자를 **포함**하는 사실적 개념이다. ② **풍속영업소의 종사자**: 명칭여하를 불문하고 영업자를 대리하거나 영업자의 지시를 받아 상시 또는 일시 영업행위를 하는 대리인·사용인 기타의 종업원(**무도학원업의 경우 강사·강사보조원 포함**)을 의미한다.
풍속영업의 범위 (제2조)	① 「게임산업진흥에 관한 법률」 제2조 제6호에 따른 **게임제공업** 및 같은 법 제2조 제8호에 따른 **복합유통게임제공업** ② 「영화 및 비디오물의 진흥에 관한 법률」 제2조 제16호 가목에 따른 **비디오물감상실업** ③ 「음악산업진흥에 관한 법률」 제2조 제13호에 따른 **노래연습장업** ④ 「공중위생관리법」 제2조 제1항 제2호부터 제4호까지의 규정에 따른 **숙박업**(민박은 제외), **목욕장업**, 이용업(미용업은 제외) 중 대통령령으로 정하는 것 ⑤ 「식품위생법」 제36조 제1항 제3호에 따른 식품접객업 중 대통령령으로 정하는 것 - **단란주점영업**(유흥종사자×, 술 판매 가능), **유흥주점영업**(유흥종사자○, 술 판매 가능) ⑥ 「체육시설의 설치·이용에 관한 법률」 제10조 제1항 제2호에 따른 **무도학원업 및 무도장업** ⑦ 그 밖에 선량한 풍속을 해치거나 청소년의 건전한 성장을 저해할 우려가 있는 영업으로 대통령령으로 정하는 것

준수사항
(제3조)
	풍속영업자 및 풍속영업소에서 다음 각 호의 행위를 하여서는 **아니 된다.**
	
	1. 「성매매알선 등 행위의 처벌에 관한 법률」 제2조 제1항 제2호에 따른 **성매매알선등행위**
	2. 음란행위를 하게 하거나 이를 알선 또는 제공하는 행위
	3. **음란한 문서·도화·영화·음반·비디오물, 그 밖의 음란한 물건**에 대한 다음 각 목의 행위
	    가. 반포(頒布)·판매·대여하거나 이를 하게 하는 행위
	    나. 관람·열람하게 하는 행위
	    다. 반포·판매·대여·관람·열람의 목적으로 진열하거나 보관하는 행위
	4. 도박이나 그 밖의 **사행행위**를 하게 하는 행위

풍속영업의 통보 (제4조)	풍속영업의 허가관청은 풍속영업소의 소재지를 관할하는 경찰서장에게 일정한 사항(풍속영업자의 성명 및 주소, 풍속영업소의 명칭 및 주소, 풍속영업의 종류)을 알려야 한다.

위반사항의 통보 (제6조)	① **경찰서장은** 풍속영업자나 종사자가 준수사항을 위반하면 그 사실을 **허가관청에 알리고** 과세에 필요한 자료를 국세청장에게 통보하여야 한다. ② **통보를 받은 허가관청은** 그 내용에 따라 허가취소·영업정지·시설개수 명령 등 **필요한 행정처분을 한 후** 그 결과를 경찰서장에게 알려야 한다.
출입 (제9조)	경찰서장은 특별히 필요한 경우 경찰공무원에게 풍속영업소에 출입하여 풍속영업자와 대통령령으로 정하는 종사자가 제3조의 준수사항을 지키고 있는지를 검사하게 할 수 있다. ➡ **거부한 경우 처벌규정이 없다.**
관련판례	① 풍속영업자가 지켜야 할 준수사항은 **실제로 하고 있는 영업형태에 따라 정하여진다.** 따라서 **유흥주점영업허가를 받았다고 하더라도, 실제로는 노래연습장 영업을 하고 있다면 유흥주점영업에 따른 영업자 준수사항을 지켜야 할 의무가 없다**(대판 1997.9.30, 97도1873). 12. 채용, 20. 경간 ② 나이트클럽 무용수인 피고인이 무대에서 공연하면서 **겉옷을 모두 벗고 성행위와 유사한 동작을 연출하거나 속옷에 부착되어 있던 모조 성기를 수차례 노출한** 경우「풍속영업의 규제에 관한 법률」상 **음란행위에 해당**한다(대판 2011.9.8, 2010도10171). ③ 숙박업소에서 **위성방송수신기를 이용**하여 수신한 외국의 음란한 위성방송프로그램을 투숙객들로 하여금 시청하게 한 행위는「풍속영업의 규제에 관한 법률」상 '음란한 물건'을 관람하게 하는 행위에 **해당**한다(대판 2010.7.15, 2009도4545). 12. 채용, 20. 경간 ④ 모텔에 동영상 파일 재생장치인 **디빅 플레이어(DivX Player)를 설치**하고 투숙객에게 그 비밀번호를 가르쳐 주어 저장된 음란 동영상을 관람하게 한 경우, 이는「풍속영업의 규제에 관한 법률」이 금지하고 있는 음란한 비디오물을 풍속영업소에서 관람하게 한 행위에 **해당**한다(대판 2008.8.21, 2008도3975). 20. 경간 ⑤ 유흥주점 여종업원들이 웃옷을 벗고 **브래지어만 착용하거나 치마를 허벅지가 다 드러나도록 걷어 올리고 가슴이 보일 정도로 어깨끈을 밑으로 내린 채 손님을 접대한 사안**에서, 위 종업원들의 행위와 노출 정도가 형사법상 규제의 대상으로 삼을 만큼 사회적으로 유해한 영향을 끼칠 위험성이 있다고 평가할 수 있을 정도로 노골적인 방법에 의하여 성적 부위를 노출하거나 성적 행위를 표현한 것이라고 단정하기에 부족하다는 이유로「풍속영업의 규제에 관한 법률」상 **'음란행위'에 해당한다고 보기 어렵다**(대판 2009.2.26, 2006도3119). 12. 채용 ⑥ 풍속영업자가 자신이 운영하는 여관에서 친구들과 일시 오락 정도에 불과한 도박을 한 경우, 형법상 도박죄는 성립하지 아니하고「풍속영업의 규제에 관한 법률」 위반죄의 구성요건에는 해당하나 사회상규에 위배되지 않는 행위로서 위법성이 조각된다(대판 2004.4.9, 2003도6351). 12. 채용

2. 식품위생법 [시행 2025.4.1.] 및 식품위생법 시행령 [시행 2025.1.3.]

식품접객업 (시행령 제21조)	휴게음식점 영업	주로 다류(茶類), 아이스크림류 등을 조리·판매하거나 패스트푸드점, 분식점 형태의 영업 등 음식류를 조리·판매하는 영업으로서 **음주행위가 허용되지 아니하는 영업**. 다만, 편의점, 슈퍼마켓, 휴게소, 그 밖에 음식류를 판매하는 장소(만화가게 및 인터넷컴퓨터게임시설제공업을 하는 영업소 등 음식류를 부수적으로 판매하는 장소를 포함한다)에서 컵라면, 일회용 다류 또는 그 밖의 음식류에 물을 부어 주는 경우는 제외한다.
	일반음식점 영업	음식류를 조리·판매하는 영업으로서 식사와 함께 **부수적으로 음주행위**가 허용되는 영업
	단란주점 영업	주로 주류를 조리·판매하는 영업으로서 **손님이 노래를 부르는 행위**가 허용되는 영업
	유흥주점 영업	주로 주류를 조리·판매하는 영업으로서 **유흥종사자**를 두거나 유흥시설을 설치할 수 있고 손님이 **노래를 부르거나 춤을 추는 행위**가 허용되는 영업
	위탁급식 영업	집단급식소를 설치·운영하는 자와의 계약에 따라 그 집단급식소에서 음식류를 조리하여 제공하는 영업
	제과점영업	주로 빵, 떡, 과자 등을 제조·판매하는 영업으로서 음주행위가 허용되지 아니하는 영업
식품접객영업자의 준수사항 (법 제44조)	식품접객영업자는 「청소년 보호법」 제2조에 따른 청소년에게 다음 각 호의 어느 하나에 해당하는 행위를 하여서는 아니 된다. 1. 청소년을 유흥접객원으로 고용하여 유흥행위를 하게 하는 행위 2. 「청소년 보호법」 청소년출입·고용 금지업소에 청소년을 출입시키거나 고용하는 행위 3. 「청소년 보호법」 청소년고용금지업소에 청소년을 고용하는 행위 4. 청소년에게 주류(酒類)를 제공하는 행위	
관련판례	① 유흥주점영업허가를 받았다고 하더라도 **실제로는 노래연습장 영업**을 하고 있다면 **유흥주점영업에 따른 영업자 준수사항**을 지켜야 할 의무가 있다고 할 수 **없다**(대판 1997.9.30, 97도1873). 12. 채용, 20. 경간 ② '음식류의 조리·판매보다는 **주로 주류의 조리·판매를 목적으로 하는 소주방·호프·카페 등의 영업형태로 운영**되는 영업'은 구 식품위생법상 식품접객업의 종류 중에서는 **일반음식점영업** 허가를 받은 영업자가 적법하게 할 수 있는 행위의 범주에 속한다고 보는 것이 타당하다. 그러므로 **일반음식점 영업자**가 위와 같은 형태로 영업하였다고 하여 이를 '**주류만을 판매하는 행위**'를 하여서는 아니 된다고 규정한 일반음식점 영업자의 **준수사항을 위반한 것이라고 보는 것**은 죄형법정주의의 정신과 위 법령 규정의 체계에 **어긋나는 것**이다(대판 2012.6.28, 2011도15097). ③ 음식을 나르기 위하여 고용된 종업원이 **손님의 거듭되는 요구에 못이겨** 할 수 없이 손님과 합석하여 술을 마시게 된 경우 그 종업원은 유흥접객원에 포함되지 아니한다(대판 2009.5.28, 2008도10118). ④ 바텐더가 일하면서 **일시적으로** 손님들이 권하는 술을 받아 마셨더라도 식품위생법상의 유흥접객원으로 볼 수 없다(대판 2009.3.12, 2008도9647).	

⑤ 단란주점영업을 "주로 주류를 조리·판매하는 영업으로서 손님이 노래를 부르는 행위가 허용되는 영업"으로 규정하고 있으므로, 주로 주류를 조리·판매하는 영업이라고 하더라도 **손님으로 하여금 노래를 부르게 하는 것이 가능하지 않은 형태의 영업은 위 시행령 소정의 단란주점영업에 해당한다고 볼 수 없다**(대판 2008.9.11, 2008도2160). 20. 경간

⑥ '유흥종사자를 둔다'고 함은 부녀자에게 시간제로 보수를 지급하고 손님과 함께 술을 마시거나 노래 또는 춤으로 손님의 유흥을 돋우게 하는 경우도 포함되고, 한편 특정다방에 대기하는 이른바 '티켓걸'이 노래연습장에 티켓영업을 나가 시간당 정해진 보수를 받고 그 손님과 함께 춤을 추고 노래를 불러 유흥을 돋우게 한 경우, **손님이 직접 전화로 '티켓걸'을 부르고 그 티켓비를 손님이 직접 지급하였더라도 업소주인이 이러한 사정을 알고서 이를 용인**하였다면 위 법령의 입법 취지에 비추어 '유흥종사자를 둔' 경우에 해당한다(대판 2006.2.24, 2005도9114).

04 112신고의 운영 및 처리에 관한 법률

1. 112신고의 운영 및 처리에 관한 법률 [시행 2024.7.3.] A급

국민의 권리와 의무 (제4조)	① **누구든지** 범죄나 각종 사건·사고 등 위급한 상황이 발생하였거나 발생할 것이 예상되는 경우 112신고를 이용하여 **국가로부터 신속한 대응을 요청할 권리**를 가진다. ② **누구든지** 범죄나 각종 사건·사고 등 위급한 상황에 대응하기 위한 **목적 외의 다른 목적**으로 112신고를 하거나 이를 거짓으로 꾸며 112신고를 하여서는 아니 된다. ➜ **500만원 이하**의 **과태료**를 부과한다.
112치안 종합상황실 설치·운영 (제6조 제1항)	① **경찰청장, 시·도경찰청장 및 경찰서장**("경찰청장등")은 112신고의 신속한 접수·처리와 이를 위한 112신고 정보의 분석·판단·전파와 공유·이관, 상황관리, 현장 지휘·조정·통제 및 공동대응 등의 업무를 수행하기 위하여 **112치안종합상황실**을 설치·운영하여야 한다. **관련법령** 동법 시행령 제2조(112치안종합상황실의 설치·운영) ① 112치안종합상황실은 **경찰청, 시·도경찰청 및 경찰서**에 설치한다. ② 112치안종합상황실은 **24시간** 운영체제를 유지해야 한다. ③ 경찰청장등은 112치안종합상황실 근무요원을 관할구역의 지리 숙지 여부, 의사소통능력 및 상황대처능력 등을 고려하여 선발·배치해야 한다.
112신고 접수 (제7조)	① **경찰청장등**은 112신고를 받으면 「국가경찰과 자치경찰의 조직 및 운영에 관한 법률」 제4조제1항에 따른 **경찰사무의 구분이나 현장 출동이 필요한 지역의 관할에 관계없이** 해당 112신고를 신속하게 **접수하여 처리하여야** 한다. ② 누구든지 정당한 사유 없이 위계·위력·폭행 또는 협박 등으로 제1항에 따른 112신고 접수·처리 업무를 방해하여서는 아니 된다.

112신고 조치 (제8조)	① **경찰청장등**은 제7조 제1항에 따라 112신고가 접수된 때에는 **경찰관을 현장에 신속하게 출동**시켜 위험 발생의 방지, 범죄의 예방·진압, 구호대상자의 구조 등 **필요한 조치를 하게 하여야 한다.** ② 현장에서 필요한 조치를 한 경찰관은 해당 112신고와 관련하여 범죄의 혐의가 있다고 인정할 만한 상당한 이유가 있어 **계속 수사할 필요가 있는 경우 지체 없이** 해당 수사기관에 인계하여야 한다. ③ **경찰관**은 현장에서 필요한 조치를 할 때 사람의 생명·신체 또는 재산에 대한 급박한 위해가 발생할 우려가 있는 경우에는 그 위해를 방지하거나 피해자를 구조하기 위하여 부득이하다고 인정하면 합리적으로 판단하여 필요한 한도에서 다른 사람의 토지·건물 또는 그 밖의 물건을 **일시사용, 사용의 제한 또는 처분**을 하거나 다른 사람의 토지·건물·배 또는 차에 **출입할 수 있다.** ➔ **300만원 이하의 과태료**를 부과한다. **관련법령** 동법 시행령 제3조(112신고의 접수 등) 제4항 ④ 법 제8조 제1항부터 제3항까지의 규정에 따라 필요한 **조치를 한 경찰관**은 **112치안종합상황실**에 **조치 내용을 보고해야 한다.** ④ **경찰청장등**은 112신고를 처리하는 과정에서 재난·재해, 범죄 또는 그 밖의 위급한 상황이 발생하여 사람의 생명·신체를 위험하게 할 것으로 인정할 때에는 **일정한 구역을 정하여** 그 구역에 있는 사람에게 **그 구역 밖으로 피난할 것을 명할 수 있다.** ➔ **100만원 이하의 과태료**를 부과한다.
공동대응·협력 (제9조 제1항)	① **경찰청장등**은 112신고 처리에 있어 **다른 기관과의 공동대응 또는 협력**이 필요한 경우에는 관계 기관에 이를 요청할 수 있다. 이 경우 요청을 받은 기관의 장은 특별한 사유가 없으면 이에 **따라야 한다.**

112신고자 보호
(제10조)
	① 국가는 112신고를 처리할 때 112신고를 한 사람이 범죄(이미 행하여졌거나 진행 중인 범죄와 눈앞에서 행하여지려고 하고 있다고 인정되는 범죄를 **포함**한다.) 피해자, 범죄를 목격한 사람, 그 밖에 각종 사건·사고 등 위급한 상황에서 구조를 요청한 사람에 해당하는 경우 그 신고자를 보호하여야 한다.
	② **경찰청장등**은 다음에 해당하는 경우를 제외하고 112신고에 사용된 전화번호, 112신고자의 이름·주소·성별·나이·음성과 그 밖에 112신고자를 특정하거나 유추하는 데 사용될 수 있는 일체의 정보("112신고자 정보")를 수집·이용 또는 제공하여서는 아니 된다.
	
	  1. 112신고의 처리를 위하여 112신고자 정보를 활용하는 경우
	  2. 112신고자가 동의하는 경우
	  3. 이 법 또는 다른 법률에 **특별한 규정**이 있는 경우
	
	③ 누구든지 112신고자 정보를 112신고 접수·처리 **이외의 목적에 이용**하여서는 아니 된다.
	➔ **5년 이하의 징역** 또는 **5천만원 이하의 벌금**에 처한다.

촬영 · 관리 (제11조 제1항)	① **경찰청장등**은 112신고를 처리할 때 112치안종합상황실에서 **출동 현장의 상황** 등을 실시간으로 확인하고 지휘하기 위한 목적으로 순찰차 등에 영상촬영장치를 설치하여 **출동 현장을 촬영**할 수 있다. **관련법령** 동법 시행령 제5조(출동 현장의 촬영 · 관리) ① 경찰청장 등은 법 제11조 제1항에 따라 **경찰차량 또는 무인비행장치**에 영상촬영장치를 설치하거나 **경찰관이 영상촬영장치를 착용 또는 휴대**하도록 하여 **출동 현장을 촬영**할 수 있다. ② 제1항에 따라 출동 현장을 촬영할 때에는 불빛, 소리, 안내판, 안내서면, 안내방송 또는 그 밖에 이에 준하는 수단이나 방법으로 **출동 현장에 있는 사람이 촬영 사실을 쉽게 알 수 있도록 표시**하고 알려야 한다. ③ 경찰청장 등은 제2항에 따른 방법으로 **촬영 사실을 표시하거나 알리기 어려운 경우**에는 **개인정보 보호위원회가 구축하는 인터넷 사이트에 촬영 사실을 미리 공지**하는 방법으로 알릴 수 있다. ④ 제1항에 따라 수집된 영상정보의 보관기간은 **촬영일부터 30일**로 한다. 다만, 범죄 수사를 위해 영상정보의 보관이 필요한 경우 등 **경찰청장 등이 필요하다고 인정하는 경우**에는 **30일의 범위에서 보관기간을 연장**할 수 있다. ⑤ 경찰청장은 제1항에 따라 수집된 영상정보를 보호하고 관리하기 위해 영상정보관리체계를 구축 · 운영해야 한다. ⑥ 제1항부터 제5항까지에서 규정한 사항 외에 제1항에 따라 수집된 영상정보의 보호 · 관리에 필요한 사항은 경찰청장이 정한다.
기록 · 보존 (제12조 제1항)	① **경찰청장등**은 112신고의 접수 · 처리 상황을 제13조에 따른 112시스템에 입력 · 녹음 · 녹화 등의 방법으로 기록하고 보존하여야 한다.
112시스템 (제13조 제1항)	① 경찰청장은 112신고의 접수 · 처리, 112신고 정보의 공유 · 이관 및 공동대응 등에 필요한 **정보시스템("112시스템")을 구축 · 운영하여야 한다.**
112신고자 포상 (제16조 제1항)	① **경찰청장등**은 112신고를 통하여 범죄를 예방하고 다른 사람의 생명 · 신체 및 재산을 보호하는 데 기여한 공이 큰 112신고자에 대하여 포상을 하거나 예산의 범위에서 **포상금을 지급**할 수 있다.

2. 112치안종합상황실 운영 및 신고처리 규칙(경찰청예규) [시행 2024.7.24.]

정의 (제2조)	112신고의 처리	112신고 대응을 위하여 이루어지는 접수, 지령, 현장출동, 현장조치, 종결 등 **일련의 처리과정**		
	112치안 종합상황실	112신고의 처리와 대응 등을 위해 **경찰청, 시 · 도경찰청** 및 **경찰서**에 설치 · 운영하는 부서		
	112치안 종합상황실장	112치안종합상황실의 **운영 · 관리를 책임**지고 **근무자를 지휘 · 감독**하는 사람(경찰기관의 장이 지정한 경우 "상황관리관"을 "112치안종합상황실장"으로 본다)을 말한다.		
		기관별 상황관리관	경찰청	치안상황관리관
			시 · 도경찰청	112치안종합상황실장
			경찰서	범죄예방대응과장

	상황팀장	경찰청, 시·도경찰청 및 경찰서 112치안종합상황실장의 지휘를 받아 112신고의 처리 및 상황관리 등의 임무를 수행하는 사람
	출동경찰관	112치안종합상황실의 지령을 받아 현장에 출동하여 112신고를 조치하는 경찰관
	112시스템	112신고의 접수, 지령, 전파 및 순찰차 배치에 활용하는 전산 시스템
	지령	유선·무선망 또는 전산망을 통해 112신고사항을 전파하여 조치토록 하는 것

근무방법 (제5조)	① 112근무요원은 4개조로 나누어 교대 근무를 실시하는 것을 원칙으로 한다. 다만, 인력 상황에 따라 3개조로 할 수 있다. ② 경찰청장등은 근무수행에 지장이 없는 범위 내에서 112근무요원에 대한 휴게를 지정해야 한다. ③ 경찰청장등은 인력운영, 긴급사건에 대한 즉응태세 유지 등을 위해 필요시 112근무요원에게 휴게시간을 감축하거나 대기근무를 지정할 수 있다. ④ 대기근무로 지정된 112근무요원은 지정된 장소에서 유선·무선 등 연락체계를 갖추고 즉응태세를 유지해야 한다. ⑤ 112근무요원은 근무복을 착용하는 것을 원칙으로 한다. 다만, 상황에 따라 경찰청장등의 지시로 다른 복장을 착용할 수 있다.
신고 접수 (제6조)	① 112신고는 현장출동이 필요한 지역의 관할과 관계없이 신고를 받은 경찰관서에서 신속하게 접수한다. ② 경찰관서 방문 등 112신고 외의 방법으로 범죄나 각종 사건·사고 등 위급한 상황이 발생하였거나 발생할 것이 예상된다는 신고를 접수한 경찰관은 소속 경찰관서의 112시스템에 신고내용을 입력해야 한다. ③ 경찰청장등은 112신고자에게 처리결과 통보를 할 경우 서면(전자문서를 포함한다), 전화, 문자메시지 등의 방법으로 할 수 있다.

112신고 대응체계 (제7조)	① **경찰청장**은 112신고 내용의 긴급성과 출동 필요성 등을 고려하여 112신고 대응 코드(code)를 다음과 같이 **분류**한다.	
	코드 0 신고	코드 1 신고 중 이동성 범죄, 강력범죄 현행범인 등 신고 대응을 위해 실시간 전파가 필요한 경우
	코드 1 신고	생명·신체에 대한 위험 발생이 임박하거나 진행 중 또는 그 직후인 경우 및 현행범인인 경우
	코드 2 신고	생명·신체에 대한 잠재적 위험이 있는 경우 및 범죄예방 등을 위해 필요한 경우
	코드 3 신고	즉각적인 현장조치는 불필요하나 수사, 전문상담 등이 필요한 경우
	코드 4 신고	긴급성이 없는 민원·상담 신고
	② 112근무요원은 112시스템에 신고내용을 입력할 경우 112신고 내용의 긴급성과 출동 필요성 등을 고려하여 112신고 대응 코드를 부여한다. ③ 112근무요원은 112신고가 완전하게 수신되지 않는 경우와 같이 정확한 신고내용을 파악하기 힘든 경우라도 신속한 처리를 위해 우선 임의의 112신고 대응 코드를 부여할 수 있다. ④ 112근무요원 및 출동 경찰관은 112신고 대응 코드를 변경할 만한 사실을 추가로 확인한 경우 이미 분류된 112신고 대응 코드를 다른 112신고 대응 코드로 변경할 수 있다.	

지령 (제8조)	① 법 제7조 제1항에 따라 112신고를 접수한 112근무요원은 접수한 신고의 내용이 **코드 0 신고**부터 **코드 3 신고**의 유형에 해당하는 경우에는 출동 경찰관에게 출동할 장소, 신고내용, 신고유형 등을 고지하고 신고의 **현장출동, 조치, 종결**하도록 **지령**해야 한다. ② 112근무요원은 접수한 신고의 내용이 **코드 4 신고**의 유형에 해당하는 경우에는 **출동 경찰관에게 지령하지 않고 자체 종결**하거나, 담당 부서 또는 112신고 **관계 기관**에 신고내용을 **통보**하여 **처리**하도록 **조치**해야 한다.
현장출동 (제13조)	① 지령을 받은 출동 경찰관은 아래 기준에 따라 현장에 출동해야 한다. | 코드 0 신고 및 코드 1 신고 | 코드 2 신고, 코드 3 신고 및 다른 업무의 처리에 우선하여 출동 | |---|---| | 코드 2 신고 | 코드 0 신고, 코드 1 신고 및 다른 중요한 업무의 처리에 지장을 초래하지 않는 범위 내에서 출동 | | 코드 3 신고 | 당일 근무시간 내에 출동 | ② 출동 경찰관은 소관 **업무나 관할 등을 이유로 출동을 거부하거나 지연 출동해서는 안 된다**.
현장보고 (제14조)	① 출동 경찰관은 112치안종합상황실에 다음의 보고를 해야 한다. | 최초보고 | 출동 경찰관은 112신고 현장에 도착한 즉시 도착 사실과 함께 **현장 상황**을 **간략히 보고** | |---|---| | 수시보고 | 현장 상황에 **변화가 발생**하거나 **지원이 필요한 경우** 수시로 보고 | | 종결보고 | 현장 **초동조치가 종결**된 경우 확인된 사건의 진상, 사건의 처리내용 및 결과 등을 **상세히 보고** | ② 현장 상황이 급박하여 신속한 현장 조치가 필요한 경우 **우선 조치 후 보고**할 수 있다.
112신고 종결 (제16조)	112근무요원은 다음 각 호의 경우 112신고처리를 **종결**할 수 있다. 1. **사건이 해결**된 경우 2. 신고자가 **신고를 취소**한 경우. 다만, 신고자와 취소자가 동일인인지 여부 및 취소의 사유 등을 파악하여 신고취소의 **진의 여부를 확인**해야 **한다**. 3. **허위·오인**으로 인한 신고인 경우 또는 신고내용이 경찰 소관이 아님이 확인된 경우 4. 현장에 출동하였으나 사건 내용을 확인할 수 없으며, 사건이 실제 발생하였다는 사실도 확인되지 않는 경우 5. 주무부서의 계속적 조치가 필요한 경우 및 추가적 수사의 필요 등으로 **사건 해결에 장시간이 소요**되어 해당 부서로 인계하여 처리하는 것이 효과적인 경우 6. 그 밖에 112치안종합상황실장(상황팀장)이 초동조치가 종결된 것으로 판단하는 경우
통계분석활용 (제19조 제1항)	① 경찰청장등은 112신고 **통계 현황을 정기적으로 분석**하고 이를 범죄예방대책 수립 등 **치안활동에 반영**해야 한다.
자료보존기간 (제20조)	| 112신고 접수 및 처리와 관련된 112시스템 **입력자료**(코드0, 1, 2) | **3년**(2년 연장가능) | |---|---| | **단순 민원·상담** 등 경찰청장이 정하는 **경미한** 내용(코드3, 4) | **1년**(1년 연장가능) | | 112신고 접수 및 처리와 관련된 **녹음·녹화자료** | **3개월**(3개월 연장가능) |
전문성 확보 (제25조)	① 112근무요원의 **근무기간은 2년 이상**으로 한다. ② **경찰청장**은 112근무요원의 전문성 제고를 위해 **112근무요원 전문인증제**를 운영할 수 있다.

05 경범죄 처벌법 [시행 2017.10.24.]과 통고처분(범칙금)

성격	① 경범죄의 행위유형과 이에 대한 처벌을 규정하고 있으므로 **형사실체법**에 해당한다. 다만, **통고처분**(행정처분)과 같은 절차법적 내용도 일부 규정하고 있다. ② **광의의 형법, 형법의 보충법**이며 일반법
범칙자 (제6조)	범칙자라 함은 범칙행위(제3조 제1항 각 호부터 제2항 각 호까지)를 한 사람으로서 다음에 해당하지 아니한 사람을 말한다. 1. 범칙행위를 상습적으로 행하는 사람 2. 구류처분함이 상당하다고 인정되는 사람 3. 피해자가 있는 행위를 한 사람 4. 18세 미만인 사람
통고처분 (제7조)	경찰서장, 해양경찰서장, 제주특별자치도지사 또는 철도특별사법경찰대장은 범칙자로 인정되는 사람에 대하여 그 이유를 명백히 나타낸 서면으로 범칙금을 부과하고 이를 납부할 것을 통고할 수 있다. 다만, 다음의 사람에게는 통고하지 아니하고 지체 없이 즉결심판을 청구하여야 한다. 1. 통고처분서 받기를 거부한 사람 2. 주거 또는 신원이 확실하지 아니한 사람 3. 그 밖에 통고처분을 하기가 매우 어려운 사람

경범죄 종류 (제3조)

① **10만원 이하**의 벌금, 구류 또는 과료의 형(제3조 제1항) – 아래 ②와 ③ 외의 모든 범칙행위
② **20만원 이하**의 벌금, 구류 또는 과료의 형(제3조 제2항)

업무방해	못된 장난 등으로 다른 사람, 단체 또는 공무수행 중인 자의 업무를 방해한 사람
거짓 광고	여러 사람에게 물품을 팔거나 나누어 주거나 일을 해주면서 다른 사람을 속이거나 잘못 알게 할 만한 사실을 들어 광고한 사람
암표매매	흥행장, 경기장, 역, 나루터, 정류장, 그 밖에 정하여진 요금을 받고 입장시키거나 승차 또는 승선시키는 곳에서 웃돈을 받고 입장권·승차권 또는 승선권을 다른 사람에게 되판 사람
출판물의 부당게재	올바르지 아니한 이익을 얻을 목적으로 다른 사람 또는 단체의 사업이나 사사로운 일에 관하여 신문, 잡지, 그 밖의 출판물에 어떤 사항을 싣거나 싣지 아니할 것을 약속하고 돈이나 물건을 받은 사람

③ **60만원 이하**의 벌금, 구류 또는 과료의 형(제3조 제3항)

관공서에서의 주취소란	술에 취한 채로 관공서에서 몹시 거친 말과 행동으로 주정하거나 시끄럽게 한 사람
거짓신고	있지 아니한 범죄나 재해 사실을 공무원에게 거짓으로 신고한 사람

통고처분과 현행범체포

10만원 이하 경범죄	• 통고처분(범칙금부과) 가능 • 주거가 불분명한 경우에만 현행범인 체포 가능
20만원 이하 경범죄	
60만원 이하 경범죄	• 범칙행위가 아니므로 통고처분(범칙금부과) 불가능 • 주거 불분명에 상관없이 현행범인 체포 가능

특징		① 사람을 벌함에 있어서는 그 사정과 형편을 헤아려서 그 형을 **면제**하거나 또는 **구류와 과료**를 함께 과할 수 있다(제5조). ② 본죄를 범하도록 **시키거나 도와준 사람**은 죄를 범한 사람에 준하여 벌한다(제4조). ③ **미수범 처벌 규정 없다.**
범칙금납부 (제8조)	1차 납부기간	통고처분서를 받은 사람은 그 **통고처분서를 받은 날로부터 10일** 이내에 경찰청장, 해양경찰청장 또는 철도특별사법경찰대장이 지정한 은행, 그 지점이나 대리점, 우체국 또는 제주특별자치도지사가 지정하는 금융기관이나 그 지점에 범칙금을 **납부하여야 한다**. 다만, **천재지변이나 그 밖의 부득이한 사유**로 말미암아 그 기간 내에 범칙금을 납부할 수 없을 때에는 그 **부득이한 사유가 없어지게 된 날부터 5일** 이내에 납부하여야 한다.
	2차 납부기간	1차 납부기간에 범칙금을 납부하지 아니한 사람은 납부기간의 **마지막 날의 다음 날부터 20일** 이내에 통고받은 범칙금에 그 **금액의 100분의 20**을 더한 금액을 납부하여야 한다.
불이행자 처리 (제9조)		① **경찰서장**, 해양경찰서장 및 제주특별자치도지사는 **통고처분서 받기를 거부한 사람**, 주거 또는 신원이 확실하지 아니한 사람, 그 밖에 통고처분을 하기가 매우 어려운 사람, 납부기간에 범칙금을 납부하지 아니한 사람에 대하여는 **지체 없이 즉결심판을 청구하여야 한다**. 다만, 즉결심판이 청구되기 전까지 통고받은 범칙금에 그 금액의 100분의 50을 더한 금액을 납부한 사람에 대하여는 그러하지 아니하다. ② 즉결심판이 청구된 피고인이 통고받은 범칙금에 그 금액의 100분의 50을 더한 금액을 납부하고 그 증명서류를 즉결심판 **선고 전까지** 제출하였을 때에는 **경찰서장**, 해양경찰서장 및 제주특별자치도지사는 그 피고인에 대한 즉결심판 **청구를 취소하여야 한다**. ③ 범칙금을 납부한 사람은 그 범칙행위에 대하여 **다시 처벌받지 아니한다**.

> **판례 | 경범죄 처벌법 관련** A급

정당한 이유 없이 다른 사람의 뒤를 따르는 등의 행위가 위 조항의 처벌대상이 되려면 단순히 뒤를 따르는 등의 행위를 하였다는 것만으로는 부족하고 그러한 행위로 인하여 상대방이 불안감이나 귀찮고 불쾌한 감정을 느끼거나 객관적으로 보아 그러한 감정을 느끼게 할 정도의 것이어야 한다. 그러므로 **버스정류장 등지에서 소매치기할 생각으로 은밀히 성명불상자들의 뒤를 따라다닌 경우**, 「경범죄 처벌법」상 **불안감 조성에 해당하지 않는다**(대판 1999.8.24, 99도2034).

06 유실물법 [시행 2014.1.7.] B급

1. 절차 개관

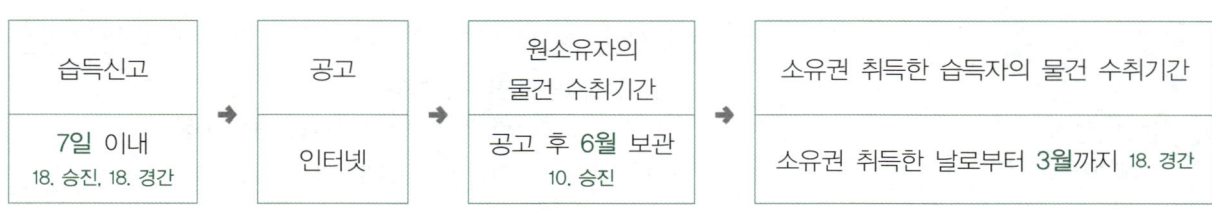

2. 주요내용

유실물이란	점유자의 의사에 의하지 않거나 타인에게 절취된 것이 아니면서 **우연히 그 지배에서 벗어난 동산**을 말하며, 점유자의 의사에 의하여 버린 물건이나 도품은 유실물에 해당하지 않는다. 18. 경간
습득물의 조치 (제1조)	타인이 유실한 물건을 습득한 자는 이를 신속하게 **유실자 또는 소유자**, 그 밖에 물건회복의 청구권을 가진 자에게 반환하거나 **경찰서(지구대ㆍ파출소 등 포함)에 제출하여야 한다.** 18. 경간
보관방법 (제2조)	경찰서장 또는 자치경찰단을 설치한 제주특별자치도지사는 **보관한 물건이 멸실되거나 훼손될 우려가 있을 때** 또는 **보관에 과다한 비용이나 불편이 수반될 때에는** 대통령령으로 정하는 방법으로 이를 매각할 수 있다. 18. 승진
보상금 (제4조)	물건을 반환받는 자는 **물건가액의 100분의 5 이상 100분의 20 이하**의 범위에서 보상금을 습득자에게 지급하여야 한다. 다만, **국가ㆍ지방자치단체**와 그 밖에 **대통령령으로 정하는 공공기관**은 보상금을 청구할 수 없다. 15. 승진, 16. 경간 ➡ **물건을 반환한 후 1개월이 지나면 보상금을 청구할 수 없다.** 11. 승진, 15. 채용
습득자의 권리 포기 (제7조)	**습득자**는 미리 신고하여 습득물에 관한 **모든 권리를 포기하고 의무를 지지 아니할 수 있다.** 15ㆍ18. 승진
습득자의 권리 상실 (제9조)	**습득물이나 그 밖에 이 법의 규정을 준용하는 물건을 횡령함으로써 처벌을 받은 자 및 습득일부터 7일 이내에 유실자 또는 소유자에게 반환하지 않거나 경찰관서에 제출하지 아니한 자는** 비용과 보상금을 받을 권리 및 습득물의 소유권을 취득할 **권리를 상실한다.** 18. 경간, 18. 승진
선박, 차량, 건축물 등에서의 습득 (제10조)	① 관리자가 있는 선박, 차량, 건축물, 그 밖에 일반인의 통행을 금지한 구내에서 타인의 물건을 습득한 자는 그 물건을 관리자에게 인계하여야 한다. ② 제1항의 경우에는 선박, 차량, 건축물 등의 점유자를 습득자로 한다. 자기가 관리하는 장소에서 타인의 물건을 습득한 경우에도 또한 같다. ③ 보상금은 제2항의 **점유자와 실제로 물건을 습득한 자가 반씩 나누어야 한다.**
장물의 습득 (제11조)	① 범죄자가 놓고 간 것으로 인정되는 물건을 습득한 자는 신속히 그 물건을 **경찰서에 제출하여야 한다.** 18. 경간 ② 제1항의 물건에 관하여는 법률에서 정하는 바에 따라 몰수할 것을 제외하고는 이 법 및 「민법」 제253조를 준용한다. 다만, **공소권이 소멸되는 날부터 6개월간 환부받는 자가 없을 때에만 습득자가 그 소유권을 취득한다.** 16. 경간
준유실물 (제12조)	**착오로 점유한 물건, 타인이 놓고 간 물건**이나 **일실한 가축**에 관하여는 이 법 및 「민법」 제253조를 준용한다. 다만, **착오로 점유한 물건에 대하여는 제3조의 비용과 제4조의 보상금을 청구할 수 없다.** 18. 승진
수취하지 아니한 물건의 소유권 상실 (제14조)	이 법 및 「민법」 제253조, 제254조에 따라 물건의 소유권을 취득한 자가 **그 취득한 날부터 3개월 이내에** 물건을 경찰서 또는 자치경찰단으로부터 **받아가지 아니할 때에는 그 소유권을 상실한다.** 18. 경간 민법 제253조【유실물의 소유권취득】유실물은 법률에 정한 바에 의하여 공고한 후 **6개월 내에 그 소유자가 권리를 주장하지 아니하면 습득자가 그 소유권을 취득한다.** 16. 경간

07 총포·도검·화약류 등의 안전관리에 관한 법률 [시행 2021.1.1.]

1. 총포 등의 의의

총포 14. 경간, 18. 채용	권총, 소총, 기관총, 포, 엽총, 금속성 탄알이나 가스 등을 쏠 수 있는 장약총포, 공기총(가스를 이용하는 것을 포함한다) 및 총포신·기관부 등 그 부품으로서 대통령령으로 정하는 것을 말한다.
도검 14. 경간	칼날의 길이가 15센티미터 이상인 칼·검·창·치도·비수 등으로서 성질상 흉기로 쓰이는 것과 칼날의 길이가 15센티미터 미만이라 할지라도 흉기로 사용될 위험성이 뚜렷한 것 중에서 대통령령으로 정하는 것을 말한다.
화약류 14. 경간	화약, 폭약 및 화공품을 말한다.
분사기 13. 승진	① 사람의 활동을 일시적으로 곤란하게 하는 최루 또는 질식 등을 유발하는 작용제를 분사할 수 있는 기기로서 대통령령으로 정하는 것을 말한다. ② 종류: 총포형 분사기, 막대형 분사기, 만년필형 분사기, 기타 휴대형 분사기(살균·살충용 및 산업용 분사기는 제외한다)
전자충격기 14. 경간	① 사람의 활동을 일시적으로 곤란하게 하거나 인명에 위해를 주는 전류를 방류할 수 있는 기기로서 대통령령으로 정하는 것을 말한다. ② 종류: 총포형 전자충격기, 막대형 전자충격기, 기타 휴대형 전자충격기
석궁 13. 승진	① 활과 총의 원리를 이용하여 화살 등의 물체를 발사하여 인명에 위해를 줄 수 있는 것으로서 대통령령으로 정하는 것을 말한다. ② 종류: 일반형 석궁, 도르래형 석궁(지렛대의 원리를 이용한 것을 말한다), 권총형 석궁

2. 총포·도검·화약류 등의 허가권자

구분		내용
제조업 수·출입	경찰청장(제조소마다)	총(권총·소총·기관총), 포, 화약류
	시·도경찰청장(제조소마다)	기타 총, 화공품, 도검·분사기·전자충격기·석궁 등
판매업	시·도경찰청장(판매소마다)	총포·도검·화약류·분사기·전자충격기·석궁
소지	시·도경찰청장	총(권총·소총·기관총·어획총·사격총), 포
	경찰서장	기타 총포(공기총, 도살총, 산업용총), 화약류, 도검·분사기·전자충격기·석궁 등
화약류	화약류 사용(발파)·양수	관할 경찰서장(화약류 운반 - 경찰서장에게 신고)
	저장소설치허가	시·도경찰청장: 1급·2급·도화선·수중·실탄·꽃불류·장난감용 꽃불류 저장소 10. 승진
		경찰서장: 3급·간이저장소 10. 승진
사격장	설치허가	① 사격장 설치허가권자: 원칙적으로 시·도경찰청장 ② 석궁사격장과 공기총사격장의 설치권자: 경찰서장

제조업자 결격사유 (제5조)	① 금고 이상의 형을 선고받고 그 집행이 끝나거나 집행을 받지 아니하기로 확정된 후 3년이 지나지 아니한 자 18. 채용 ② 금고 이상의 형의 집행유예를 선고받고 그 유예기간이 끝난 날부터 1년이 지나지 아니한 자 ③ 심신상실자, 마약·대마·향정신성의약품 또는 알코올 중독자, 그 밖에 이에 준하는 정신장애인 ④ 20세 미만인 자 ⑤ 피성년후견인 및 피한정후견인 ⑥ 파산선고를 받고 복권되지 아니한 자 ⑦ 허가가 취소된 후 3년이 지나지 아니한 자 ⑧ 임원 중에 위의 어느 하나에 해당하는 자가 있는 법인 또는 단체

소지자의
결격사유
(제13조)
	① 20세 미만인 자. 다만, 대한체육회장이나 특별시·광역시·특별자치시·도 또는 특별자치도의 체육회장이 추천한 선수 또는 후보자가 사격경기용 총을 소지하려는 경우는 제외한다. 17. 승진
	② 심신상실자, 마약·대마·향정신성의약품 또는 알코올 중독자, 정신질환자 또는 뇌전증 환자로서 대통령령으로 정하는 사람
	③ 금고 이상의 실형을 선고받고 그 집행이 끝나거나(집행이 끝난 것으로 보는 경우를 포함한다) 면제된 날부터 5년이 지나지 아니한 자 17. 승진
	④ 이 법을 위반하여 벌금형을 선고받고 5년이 지나지 아니한 자 17. 승진
	⑤ 「특정강력범죄의 처벌에 관한 특례법」 제2조 제1항 각 호(살인, 존속살해, 위계등에 의한 촉탁살인)의 어느 하나에 해당하는 특정강력범죄를 범하여 벌금형의 선고 또는 징역 이상의 형의 집행유예를 선고받고 그 유예기간이 끝난 날부터 5년이 지나지 아니한 자
	⑥ 이 법을 위반하여 금고 이상의 형의 집행유예를 선고받고 그 유예기간이 끝난 날부터 3년이 지나지 아니한 자 17. 승진
	⑦ 다음 각 목의 어느 하나에 해당하는 죄를 범하여 벌금형을 선고받고 5년이 지나지 아니하거나 금고 이상의 형의 집행유예를 선고받고 그 유예기간이 끝난 날부터 5년이 지나지 아니한 사람
	
	  가. 「형법」상 범죄단체 등의 조직
	  나. 「형법」상 상해, 존속상해, 폭행, 존속폭행, 특수폭행
	  다. 「아동·청소년의 성보호에 관한 법률」상 강간·강제추행, 장애인에 대한 간음
	
	⑧ 「도로교통법」 제148조의2의 죄(이하 "음주운전 등"이라 한다)로 벌금 이상의 형을 선고받은 날부터 5년 이내에 다시 음주운전 등으로 벌금 이상의 형을 선고받고 그 집행이 종료(집행이 종료된 것으로 보는 경우를 포함한다)되거나 집행이 면제된 날부터 5년이 지나지 아니한 사람
	⑨ 제조업자 등에 대한 행정처분 또는 총포 등의 소지허가를 받은 자 등에 대한 행정처분에 따라 허가가 취소된 후 1년이 지나지 아니한 자

3. 총포 등 관련 내용 [C급]

연령	총포 등의 취급금지	18세 미만인 자
	총포 등의 소지금지	20세 미만인 자
허가기간	총포의 소지허가를 받은 자는 허가를 받은 날부터 3년마다 갱신하여야 한다.	
총포의 보관 (제14조의2)	① 총포의 소지허가를 받은 자는 총포와 그 실탄 또는 공포탄을 허가관청이 지정하는 곳에 보관하여야 한다. ② 총포의 소지허가를 받은 자는 총포를 허가받은 용도에 사용하기 위한 경우 또는 정당한 사유가 있는 경우 허가관청에 보관해제를 신청하여야 한다. 이 경우 **총포의 보관해제 기간 동안 총포 또는 총포소지자의 위치정보를 확인할 수 있도록 위치정보수집 동의서를 함께 제출하여야** 한다. ③ 허가관청은 보관해제 신청이 적합하지 않거나 위치정보수집에 동의하지 않은 경우와 그 밖에 공공의 안전유지를 위하여 필요하다고 인정될 경우 총포의 보관을 해제하지 않을 수 있다. ④ 보관대상이 되는 총포와 그 실탄 또는 공포탄, 보관 기간 및 장소, 보관 및 보관해제의 절차, 위치정보수집 등에 관하여 필요한 사항은 **대통령령**으로 정한다.	
발견·습득의 신고 (제23조)	누구든지 유실(遺失)·매몰(埋沒) 또는 정당하게 관리되고 있지 아니하는 총포·도검·화약류·분사기·전자충격기·석궁이라고 인정되는 물건을 **발견하거나 습득하였을 때에는 24시간 이내에 가까운 경찰관서에 신고하여야** 하며, 경찰공무원(의무경찰을 포함한다)의 지시 없이 이를 만지거나 옮기거나 두들기거나 해체하여서는 아니 된다. 18. 채용	

08 청소년 보호법 [시행 2025.4.22.]

1. 주요내용 [B급]

정의 (제2조)	청소년	19세 미만인 사람(19세가 되는 해의 1월 1일을 맞이한 사람은 **제외**) 15. 승진, 18. 지능
	청소년 유해업소	① 청소년의 출입과 고용이 청소년에게 유해한 것으로 인정되는 청소년 출입·고용금지업소와 청소년의 출입은 가능하나 고용은 유해한 것으로 인정되는 청소년고용금지업소를 말한다. 19. 채용 ② 그 업소가 영업을 할 때 다른 법령에 따라 요구되는 허가·인가·등록·신고 등의 여부와 관계없이 실제로 이루어지고 있는 영업행위를 **기준**으로 한다. 19. 채용, 20. 경간
청소년 고용 금지 및 출입 제한 등 (제29조)	① **청소년유해업소의 업주는 청소년을 고용하여서는 아니 된다.** 청소년유해업소의 업주가 종업원을 고용하려면 미리 나이를 확인하여야 한다. ② 청소년 출입·고용금지업소의 업주와 종사자는 출입자의 **나이를 확인**하여 청소년이 그 업소에 출입하지 못하게 하여야 한다.	

	③ 숙박업을 운영하는 업주는 종사자를 배치하거나 **대통령령**으로 정하는 설비 등을 갖추어 출입자의 나이를 확인하고 청소년을 남녀 혼숙하게 하는 등 풍기를 문란하게 하는 영업행위를 하거나 이를 목적으로 장소를 제공하는 행위의 우려가 있는 경우에는 청소년의 출입을 제한하여야 한다. ④ 청소년유해업소의 업주와 종사자는 나이 확인을 위하여 필요한 경우 주민등록증(모바일 주민등록증을 포함한다)이나 그밖에 나이를 확인할 수 있는 증표의 제시를 요구할 수 있으며, 증표 제시를 요구받고도 **정당한 사유 없이 증표를 제시하지 아니하는 사람에게는 그 업소의 출입을 제한할 수 있다.** 19. 승진 ⑤ 위 ②의 규정에도 불구하고 청소년이 친권자등을 동반할 때에는 **대통령령**으로 정하는 바에 따라 출입하게 할 수 있다. 다만, 「식품위생법」에 따른 식품접객업 중 **대통령령**으로 정하는 업소의 경우에는 출입할 수 없다. ⑥ 청소년유해업소의 업주와 종사자는 그 업소에 **대통령령**으로 정하는 바에 따라 **청소년의 출입과 고용을 제한하는 내용을 표시하여야 한다.** 19. 승진
청소년유해행위의 금지 (제30조)	① 영리를 목적으로 청소년으로 하여금 신체적인 접촉 또는 은밀한 부분의 노출 등 **성적 접대 행위**를 하게 하거나 이러한 행위를 알선·매개하는 행위 14. 경간 ✎ **출제지문**: '홀딱쇼' 등 은밀한 부분을 노출시키고 접대하는 행위, 안마시술소의 퇴폐적인 안마, 증기탕의 목욕접대 등도 성적 접대행위에 포함된다. 11. 승진 ② 영리를 목적으로 청소년으로 하여금 손님과 함께 술을 마시거나 노래 또는 춤 등으로 손님의 유흥을 돋우는 **접객행위**를 하게 하거나 이러한 행위를 알선·매개하는 행위 11. 채용, 11. 승진, 19. 경간 ③ 영리나 흥행을 목적으로 청소년에게 **음란한 행위를 하게 하는 행위** 19. 경간 ④ 영리나 흥행을 목적으로 청소년의 장애나 기형 등의 모습을 일반인들에게 **관람시키는 행위** ⑤ 청소년에게 구걸을 시키거나 청소년을 이용하여 **구걸하는 행위** 19. 경간 ⑥ 청소년을 **학대하는 행위** ⑦ 영리를 목적으로 청소년으로 하여금 거리에서 **손님을 유인하는 행위**를 하게 하는 행위 14·19. 경간 ⑧ 청소년을 남녀 혼숙하게 하는 등 **풍기를 문란하게 하는 영업행위**를 하거나 이를 목적으로 장소를 제공하는 행위 19. 경간 ⑨ 주로 차 종류를 조리·판매하는 업소에서 청소년으로 하여금 **영업장을 벗어나 차 종류를 배달하는 행위**를 하게 하거나 이를 조장하거나 묵인하는 행위 19. 경간
청소년 통행금지·제한구역의 지정 (제31조) 19. 승진	① **특별자치시장·특별자치도지사·시장·군수·구청장**(이하 "시장·군수·구청장"이라 한다)은 청소년 보호를 위하여 필요하다고 인정할 경우 청소년의 정신적·신체적 건강을 해칠 우려가 있는 구역을 **청소년 통행금지구역 또는 청소년 통행제한구역으로 지정하여야 한다.** ② **시장·군수·구청장**은 청소년 범죄 또는 탈선의 예방 등 특별한 이유가 있으면 대통령령으로 정하는 바에 따라 시간을 정하여 지정된 구역에 청소년이 **통행하는 것을 금지하거나 제한할 수 있다.** ③ 청소년 통행금지구역 또는 통행제한구역의 구체적인 지정기준과 선도 및 단속 방법 등은 **조례**로 정하여야 한다. 이 경우 관할 경찰관서 및 학교 등 해당 지역의 관계 기관과 지역주민의 의견을 반영하여야 한다.

② 시장·군수·구청장은 청소년 범죄 또는 탈선의 예방 등 특별한 이유가 있으면 대통령령으로 정하는 바에 따라 시간을 정하여 지정된 구역에 청소년이 **통행하는 것을 금지하거나 제한할 수 있다.**
③ 청소년 통행금지구역 또는 통행제한구역의 구체적인 지정기준과 선도 및 단속 방법 등은 **조례로** 정하여야 한다. 이 경우 관할 경찰관서 및 학교 등 해당 지역의 관계 기관과 지역주민의 의견을 반영하여야 한다.
④ **시장·군수·구청장 및 관할 경찰서장은** 청소년이 청소년 통행금지구역 또는 통행제한구역을 통행하려고 할 때에는 **통행을 막을 수 있으며,** 통행하고 있는 청소년은 해당 **구역 밖으로 나가게 할 수 있다.**

관련판례

① **실제의 나이를 기준으로 한다**(대구지법 2009.9.11. 2009노1765). 11·12. 승진
② 청소년이 이른바 '**티켓걸**'로서 노래연습장 또는 유흥주점에서 손님들의 흥을 돋우어 주고 **시간당 보수를 받은** 사안에서 업소주인이 청소년을 **시간제 접대부로 고용한 것으로 보고 업소주인을 청소년 보호법 위반죄로 처벌함은 정당하다**(대판 2005.7.29. 2005도3801). 11·12. 승진, 20. 경간
③ 식품위생법상의 일반음식점 영업허가를 받은 업소라고 하더라도 실제로는 음식류의 조리·판매보다는 주로 주류를 조리·판매하는 영업행위가 이루어지고 있는 경우에는 청소년 보호법상의 청소년고용금지업소에 해당하며, 나아가 일반음식점의 실제의 영업형태 중에서는 주간에는 주로 음식류를 조리·판매하고 야간에는 주로 주류를 조리·판매하는 형태도 있을 수 있는데, 이러한 경우 음식류의 조리·판매보다는 주로 주류를 조리·판매하는 **야간의 영업형태에 있어서의 그 업소는 위 청소년 보호법의 입법취지에 비추어 볼 때 청소년보호법상의 청소년 고용금지업소에 해당한다**(대판 2004.2.12. 2003도6282). 12. 채용, 20. 경간
④ 청소년 보호법의 입법취지와 목적 및 규정내용 등에 비추어 볼 때, 18세 미만의 청소년에게 술을 판매함에 있어서 비록 그의 **민법상 법정대리인의 동의를 받았다고 하더라도 그러한 사정만으로 위 행위가 정당화될 수는 없다**(대판 1999.7.13. 99도2151). 11·12. 승진, 20. 경간
⑤ 청소년출입금지업소의 업주 및 종사자에게는 청소년의 보호를 위하여 청소년을 당해 업소에 출입시켜서는 아니 될 매우 엄중한 책임이 부여되어 있다 할 것이므로 청소년출입금지업소의 업주 및 종사자는 객관적으로 보아 출입자를 청소년으로 의심하기 어려운 사정이 없는 한 청소년일 개연성이 있는 연령대의 출입자에 대하여 주민등록증이나 이에 유사한 정도로 연령에 관한 공적 증명력이 있는 증거에 의하여 대상자의 연령을 확인하여야 한다. 업주 및 종사자가 이러한 **연령확인의무에 위배하여 연령확인을 위한 아무런 조치를 취하지 아니함으로써 청소년이 당해 업소에 출입한 것이라면, 특별한 사정이 없는 한 업주 및 종사자에게 최소한 위 법률조항 위반으로 인한 청소년 보호법 위반죄의 미필적 고의는 인정된다고 할 것이다**(대판 2007.11.16. 2007도7770).
⑥ 성년들이 술을 마시는데 나중에 청소년이 합석했다면, 음식점 운영자 입장에서 **청소년이 합석할 것을 예견할 수 없는 상황이라 할 수 있고, 그 경우에 합석한 청소년이 남은 술을 일부 마셨더라도 청소년에게 술을 판매한 행위로 볼 수 없다**(대판 2009.4.9. 2008도11282).
⑦ 유흥주점 운영자가 업소에 들어온 미성년자의 신분을 의심하여 **주문받은 술을 들고 룸에 들어가 신분증의 제시를 요구하고 밖으로 데리고 나온 사안**에서, 미성년자가 실제 주류를 마시거나 마실 수 있는 상태에 이르지 않았으므로 술값의 선불지급 여부 등과 무관하게 주류판매에 관한 「**청소년 보호법」 위반죄가 성립하지 않는다**(대판 2008.7.24. 2008도3211). 12. 채용

2. 청소년유해업소 출입과 고용금지(청소년 보호법 제2조) [A급] 09·18·19. 채용, 15. 경간, 14·19·17. 승진

청소년 출입·고용금지업소(출입×, 고용×)	청소년고용금지업소(출입○, 고용×)
① 「게임산업진흥에 관한 법률」에 따른 **일반게임제공업** 및 **복합유통게임제공업** 중 대통령령으로 정하는 것	① 「게임산업진흥에 관한 법률」에 따른 **청소년게임제공업** 및 **인터넷컴퓨터게임시설제공업**
② 「사행행위 등 규제 및 처벌 특례법」에 따른 **사행행위영업**	② 「공중위생관리법」에 따른 숙박업, 목욕장업, 이용업 중 대통령령으로 정하는 것
③ 「식품위생법」에 따른 식품접객업 중 대통령령으로 정하는 것(유흥주점, 단란주점)	③ 「식품위생법」에 따른 식품접객업 중 대통령령으로 정하는 것(티켓다방, 소주방, 호프, 카페 등)
④ 「영화 및 비디오물의 진흥에 관한 법률」 제2조 제16호에 따른 **비디오물감상실업·제한관람가비디오물소극장업 및 복합영상물제공업**	④ 「영화 및 비디오물의 진흥에 관한 법률」에 따른 **비디오물소극장업**
⑤ 「음악산업진흥에 관한 법률」에 따른 **노래연습장업** 중 대통령령으로 정하는 것	⑤ 「화학물질관리법」에 따른 **유해화학물질 영업**. 다만, 유해화학물질 사용과 직접 관련이 없는 영업으로서 대통령령으로 정하는 영업은 제외한다.
⑥ 「체육시설의 설치·이용에 관한 법률」에 따른 **무도학원업 및 무도장업**	⑥ 회비 등을 받거나 유료로 만화를 빌려 주는 **만화대여업**
⑦ 전화방, 화상대화방	
⑧ 성적 서비스 제공하는 영업	
⑨ 성기구판매업소	
⑩ 「한국마사회법」에 따른 장외발매소	
⑪ 「경륜·경정법」에 따른 장외매장	

✓ SUMMARY | 청소년보호위원회(청소년 보호법) [C급]

설치	여성가족부장관 소속하에 청소년보호위원회를 둔다.
구성	청소년보호위원회는 위원장 1명을 포함한 11명 이내의 위원으로 구성
운영	재적위원 과반수의 출석으로 개의하고, 출석위원 과반수의 찬성으로 의결
위원의 임기	2년으로 하되, 연임할 수 있다.

09 아동·청소년대상 성범죄의 처벌과 절차에 관한 특례

정의 (제2조)	아동·청소년	19세 미만의 사람
	아동·청소년의 성을 사는 행위	아동·청소년, 아동·청소년의 성을 사는 행위를 **알선한 자** 또는 아동·청소년을 **실질적으로 보호·감독하는 자** 등에게 금품이나 그 밖의 재산상 이익, 직무·편의제공 등 **대가를 제공하거나 약속**하고 다음에 해당하는 **행위**를 아동·청소년을 대상으로 **하거나** 아동·청소년으로 하여금 하게 하는 것 가. 성교 행위 나. 구강·항문 등 신체의 일부나 도구를 이용한 유사 성교 행위 다. 신체의 전부 또는 일부를 접촉·노출하는 행위로서 일반인의 성적 수치심이나 혐오감을 일으키는 행위 라. 자위 행위
강간·강제추행 (제7조 제1항)	① 폭행 또는 협박으로 아동·청소년을 **강간**한 사람은 무기 **또는** 5년 이상의 **징역** ➡ 미수범 처벌한다.	
아동·청소년성착취물 제작·배포 (제11조)	① 아동·청소년성착취물을 제작·수입·수출한 자는 무기 **또는** 5년 이상의 **징역** ➡ 미수범 처벌한다. ② 영리를 목적으로 아동·청소년성착취물을 판매·대여·배포·제공·소지·운반·광고·소개·전시·상영한 자는 5년 이상의 징역 ➡ 미수범 처벌규정 없다.	
아동·청소년 성착취물 이용한 협박·강요 (제11조의2)	① 아동·청소년성착취물을 이용하여 그 아동·청소년을 협박한 자는 3년 이상의 유기징역 ② 협박으로 그 아동·청소년의 **권리행사를** 방해하거나 의무 없는 일을 하게 한 자는 5년 이상의 유기징역 ➡ 제1항과 제2항의 미수범은 처벌한다. ③ 상습적으로 위의 죄를 범한 자는 그 죄에 대하여 정하는 형의 **2분의 1까지 가중**한다.	
아동·청소년 매매행위(제12조)	① 아동·청소년의 성을 사는 행위 또는 아동·청소년성착취물을 제작하는 행위의 대상이 될 것을 알면서 아동·청소년을 매매 또는 국외에 이송하거나 국외에 거주하는 아동·청소년을 국내에 이송한 자는 무기 또는 5년 이상의 징역 ➡ 미수범 처벌한다.	
아동·청소년의 성을 사는 행위(제13조 제3항)	③ 16세 미만의 아동·청소년 및 장애 아동·청소년을 대상으로 아동·청소년의 성을 사는 행위 또는 유인하거나 권유한 자는 그 죄에 정한 형의 2분의 1까지 가중처벌한다.	
알선영업행위(제15조)	아동·청소년의 성을 사는 행위의 **장소를 제공**하는 행위를 **업으로 하는 자**는 7년 이상의 유기징역에 처한다. ➡ 미수범 처벌규정 없다.	
피해자등에 합의 강요행위(제16조)	폭행이나 협박으로 아동·청소년대상 성범죄의 **피해자 또는 보호자**를 상대로 합의를 강요한 자는 7년 이하의 징역 ➡ 미수범 처벌규정 없다.	
신고의무자 성범죄 가중처벌(제18조)	신고의무가 있는 기관·시설 또는 단체의 장과 그 종사자가 자기의 보호·감독 또는 진료를 받는 아동·청소년을 대상으로 **성범죄를** 범한 경우에는 그 죄에 정한 형의 2분의 1까지 가중처벌한다.	
형법상 감경규정 특례 (제19조)	음주 또는 약물로 인한 **심신장애** 상태에서 아동·청소년 대상 **성폭력범죄**를 범한 때에는 「형법」상 심신장애인 감경 및 청각 및 언어 장애인 감경규정을 적용하지 아니할 수 있다.	

공소시효 특례 (제20조)	① 아동·청소년대상 성범죄의 **공소시효**는 해당 성범죄로 피해를 당한 아동·청소년이 성년에 달한 날부터 **진행**한다. ② **디엔에이(DNA)증거** 등 그 죄를 증명할 수 있는 **과학적인 증거**가 있는 때에는 공소시효가 10년 연장된다. ③ **13세 미만**의 사람 및 **신체적인 또는 정신적인** 장애가 있는 사람에 대하여 **성범죄(강간, 간음, 강제추행)**를 범한 경우에는 공소시효를 적용하지 아니한다. ④ 형법상 강간 등 **살인의 죄**, 아동·청소년에 대해 성범죄를 저지른 사람이 다른 사람을 **살해**한 때, 아동·청소년성착취물을 **제작·수입·수출**한자, 성폭력 범죄를 저지르고 다른 사람을 살해한 경우에는 공소시효를 적용하지 아니한다.
형벌과 수강명령 병과 (제21조)	① 법원은 아동·청소년대상 **성범죄를 범한 소년(19세 미만)**에 대하여 **형의 선고를 유예**하는 경우에는 반드시 보호관찰을 명하여야 한다. ② 법원은 아동·청소년대상 **성범죄를 범한 자**에 대하여 **유죄판결을 선고**하거나 **약식명령을 고지**하는 경우에는 **500시간**의 범위에서 재범예방에 필요한 수강명령 또는 **성폭력 치료프로그램**의 이수명령을 병과하여야 한다.
재범 여부 조사 (제21조의2)	① 법무부장관은 **수강명령 또는 이수명령을 선고받아 그 집행을 마친 사람**에 대하여 그 효과를 평가하기 위하여 아동·청소년대상 성범죄 재범여부를 조사할 수 있다. ② 법무부장관은 재범여부 조사를 위하여 수강명령 또는 이수명령의 **집행을 마친 때부터 5년** 동안 관계 기관의 장에게 그 사람에 관한 **범죄경력자료 및 수사경력자료**를 요청할 수 있다.
친권상실청구 (제23조 제1항)	① 아동·청소년대상 성범죄 사건을 수사하는 검사는 그 사건의 **가해자가 피해아동·청소년의 친권자나 후견인인 경우**에 법원에 친권상실선고 또는 후견인 변경 결정을 청구하여야 한다.
수사 및 재판 절차에서 배려 (제25조 제2항)	② 수사기관과 법원은 아동·청소년대상 성범죄의 피해자를 조사하거나 심리·재판할 때 피해자가 편안한 상태에서 진술할 수 있는 환경을 조성하여야 하며, **조사 및 심리·재판 횟수는 필요한 범위에서 최소한**으로 하여야 한다.

영상물 촬영·보존
(제26조)
	① 검사 또는 사법경찰관은 피해아동·청소년의 진술 내용과 조사 과정을 영상녹화장치로 녹화(녹음이 포함된 것을 말하며, 이하 "영상녹화"라 한다)하고, 그 **영상녹화물을 보존**하여야 한다.
	② 검사 또는 사법경찰관은 **피해아동·청소년을 조사하기 전**에 다음 각 호의 사실을 피해자의 나이, 인지적 발달 단계, 심리 상태, 장애 정도 등을 고려한 적절한 방식으로 피해자에게 **설명하여야** 한다.
	   1. 조사 과정이 **영상녹화된다는** 사실
	   2. 영상녹화된 영상녹화물이 **증거로 사용될 수 있다는** 사실
	③ 제1항에도 불구하고 피해아동·청소년 또는 그 법정대리인(법정대리인이 가해자이거나 가해자의 배우자인 경우는 제외한다)이 이를 원하지 아니하는 의사를 표시하는 경우에는 영상녹화를 하여서는 아니 된다.
	④ 검사 또는 사법경찰관은 제1항에 따른 영상녹화를 마쳤을 때에는 지체 없이 피해자 또는 변호사 **앞에서 봉인**하고 피해자로 하여금 기명날인 또는 서명하게 하여야 한다.
	⑤ 검사 또는 사법경찰관은 제1항에 따른 영상녹화 과정의 진행 경과를 조서(별도의 서면을 포함한다)에 기록한 후 수사기록에 편철하여야 한다.

	⑥ 제5항에 따라 영상녹화 과정의 진행 경과를 기록할 때에는 다음 각 호의 사항을 구체적으로 적어야 한다.
	
	   1. 피해자가 영상녹화 장소에 **도착한 시각**
	   2. 영상녹화를 시작하고 **마친 시각**
	   3. 그 밖에 영상녹화 과정의 진행경과를 확인하기 위하여 필요한 사항
	
	⑦ 검사 또는 사법경찰관은 피해아동·청소년 또는 그 법정대리인이 **신청하는 경우**에는 영상녹화 과정에서 작성한 **조서의 사본** 또는 영상녹화물에 녹음된 내용을 옮겨 적은 **녹취서의 사본**을 신청인에게 **발급**하거나 영상녹화물을 재생하여 **시청하게 하여야 한다.**
	⑧ 누구든지 제1항에 따라 영상녹화한 영상녹화물을 수사 및 재판의 용도 외에 다른 목적으로 사용하여서는 아니 된다.

영상녹화물의
증거능력 특례
(제26조의2)
	① 제26조 제1항에 따라 피해아동·청소년의 진술이 영상녹화된 영상녹화물은 같은 조 제4항부터 제6항까지에서 정한 절차와 방식에 따라 영상녹화된 것으로서 **다음 각 호의 어느 하나의 경우에 증거로 할 수 있다.**
	
	   1. 증거보전기일, 공판준비기일 또는 공판기일에 그 내용에 대하여 피의자, 피고인 또는 변호인이 **피해자를 신문**할 수 있었던 경우. 다만, 증거보전기일에서의 신문의 경우 법원이 피의자나 피고인의 **방어권**이 보장된 상태에서 피해자에 대한 반대신문이 충분히 이루어졌다고 인정하는 경우로 한정한다.
	   2. **피해아동·청소년이** 다음 각 목의 어느 하나에 해당하는 사유로 공판준비기일 또는 공판기일에 **출석하여 진술할 수 없는 경우.** 다만, 영상녹화된 진술 및 영상녹화가 특별히 **신빙(信憑)할 수 있는 상태**에서 이루어졌음이 증명된 경우로 한정한다.
	
	      가. 사망
	      나. 외국 거주
	      다. 신체적, 정신적 질병·장애
	      라. 소재불명
	      마. 그 밖에 이에 준하는 경우
	
	② 법원은 제1항 제2호에 따라 증거능력이 있는 **영상녹화물을 유죄의 증거로 할지를 결정할 때에는** 피고인과의 관계, 범행의 내용, 피해자의 나이, 심신의 상태, 피해자가 증언으로 인하여 겪을 수 있는 심리적 외상, 영상녹화물에 수록된 피해아동·청소년의 진술 내용 및 진술 태도 등을 **고려하여야 한다.** 이 경우 법원은 전문심리위원 또는 「성폭력범죄의 처벌 등에 관한 특례법」 제33조에 따른 **전문가의 의견을 들어야 한다.**

신뢰관계에 있는 사람의 동석 (제28조)	① 법원은 피해아동·청소년을 증인으로 신문하는 경우에 검사, 피해자 또는 법정대리인이 신청하는 경우에는 재판에 지장을 줄 우려가 있는 등 부득이한 경우가 아니면 피해자와 **신뢰관계에 있는 사람을 동석하게 하여야 한다.** ② 제1항은 수사기관이 제1항의 피해자를 조사하는 경우에 관하여 준용한다. ③ 제1항 및 제2항의 경우 법원과 수사기관은 피해자와 신뢰관계에 있는 사람이 피해자에게 불리하거나 피해자가 원하지 아니하는 경우에는 동석하게 하여서는 아니 된다.

10 아동·청소년대상 디지털 성범죄의 수사 특례

신분비공개수사	① 사법경찰관리는 다음에 해당하는 범죄("**디지털 성범죄**")에 대하여 신분을 비공개하고 범죄현장(정보통신망을 포함) 또는 범인으로 추정되는 자들에게 **접근**하여 범죄행위의 **증거 및 자료** 등을 수집("**신분비공개수사**")할 수 있다(제25조의2 제1항). 1. 제11조(아동·청소년성착취물의 제작·배포 등) 및 제15조의2(아동·청소년에 대한 성착취 목적 대화 등)의 죄 2. 아동·청소년에 대한 「성폭력범죄의 처벌 등에 관한 특례법」 제14조(카메라 등을 이용한 촬영) 제2항 및 제3항의 죄 🔍 **참고** 신분 비공개는 경찰관임을 밝히지 않거나 부인(경찰관 외의 신분을 고지하는 방식을 포함한다)하는 방법으로 한다(시행령 제5조의3). ② 사법경찰관리가 신분비공개수사를 진행하고자 할 때에는 사전에 **상급 경찰관서 수사부서의 장의 승인**을 받아야 한다. 이 경우 그 **수사기간은 3개월을 초과할 수 없다**(제25조의3 제1항). ③ 국가수사본부장은 **신분비공개수사가 종료된 즉시** 대통령령으로 정하는 바에 따라 국가경찰위원회에 **수사 관련 자료를 보고하여야 한다**(제25조의7 제1항). ④ 국가수사본부장은 대통령령으로 정하는 바에 따라 국회 소관 상임위원회에 **신분비공개수사 관련 자료를 반기별로 보고하여야 한다**(제25조의7 제2항).
신분위장수사	① **사법경찰관리는** 디지털 성범죄를 계획 또는 실행하고 있거나 실행하였다고 의심할 만한 충분한 이유가 있고, 다른 방법으로는 그 범죄의 **실행을 저지**하거나 범인의 **체포** 또는 증거의 수집이 어려운 경우에 **한정**하여 수사 목적을 달성하기 위하여 부득이한 때에는 다음의 행위("**신분위장수사**")를 할 수 있다(제25조의2 제2항). 1. 신분을 위장하기 위한 문서, 도화 및 전자기록 등의 작성, 변경 또는 행사 2. 위장 신분을 사용한 **계약·거래** 3. **아동·청소년성착취물** 또는 「성폭력범죄의 처벌 등에 관한 특례법」 제14조 제2항의 **촬영물** 또는 **복제물**(복제물의 복제물을 포함한다)의 **소지, 판매** 또는 **광고** … ③ 사법경찰관리는 신분위장수사를 하려는 경우에는 **검사에게** 신분위장수사에 대한 **허가를 신청**하고, 검사는 법원에 그 허가를 청구한다(제25조의3 제3항). … ⑦ 신분위장수사의 기간은 3개월을 초과할 수 없으며, 그 수사기간 중 수사의 **목적이 달성**되었을 경우에는 **즉시 종료**하여야 한다(제25조의3 제7항). ⑧ **신분위장수사기간을 연장**할 필요가 있는 경우에는 사법경찰관리는 소명자료를 첨부하여 3개월의 범위에서 수사기간의 연장을 검사에게 신청하고, 검사는 법원에 그 연장을 청구한다. 이 경우 **신분위장수사의 총 기간은 1년을 초과할 수 없다**(제25조의3 제8항).

긴급 신분비공개수사 (제25조의4)	① 사법경찰관리는 디지털 성범죄에 대하여 절차를 거칠 수 없는 **긴급**을 요하는 때에는 상급 경찰관서 수사부서의 장의 **승인 없이** 신분비공개수사를 할 수 있다. ② 사법경찰관리는 긴급 신분비공개수사 개시 후 지체 없이 상급 경찰관서 수사부서의 장에게 보고하여야 하고, 사법경찰관리는 **48시간 이내**에 상급 경찰관서 수사부서의 장의 승인을 받지 못한 때에는 즉시 신분비공개수사를 **중지하여야** 한다. [시행 2025.4.17.]
긴급 신분위장수사 (제25조의5)	① 사법경찰관리는 요건을 구비하고, 절차를 거칠 수 없는 **긴급**을 요하는 때에는 법원의 허가 없이 신분위장수사를 할 수 있다. ② 사법경찰관리는 긴급 신분위장수사 개시 후 지체 없이 검사에게 허가를 신청하여야 하고, 사법경찰관리는 **48시간 이내**에 법원의 허가를 받지 못한 때에는 즉시 신분위장수사를 중지하여야 한다.
면책 (제25조의9)	① 사법경찰관리가 신분비공개수사 또는 신분위장수사 중 부득이한 사유로 **위법행위**를 한 경우 그 행위에 **고의나 중대한 과실이 없는 경우**에는 벌하지 아니한다. ② 위법행위가 **징계 사유**에 해당하더라도 그 행위에 **고의나 중대한 과실이 없는 경우**에는 징계 요구 또는 문책 요구 등 책임을 묻지 아니한다. ③ 신분비공개수사 또는 신분위장수사 행위로 **타인에게 손해가 발생한 경우**라도 사법경찰관리는 그 행위에 **고의나 중대한 과실이 없는 경우**에는 그 손해에 대한 책임을 지지 아니한다.

➕ PLUS 아동·청소년대상 성범죄의 미수범 처벌규정 [B급]

미수범
처벌 ○
	① 폭행 또는 협박으로 아동·청소년을 강간하거나 유사성행위를 한 사람
	② 아동·청소년에 대한 **강제추행, 준강간, 준강제추행**
	③ 위계 또는 위력으로써 아동·청소년을 간음하거나 아동·청소년을 추행한 자
	④ 아동·청소년성착취물을 제작·수입·수출하는 행위
	⑤ 아동·청소년 매매행위
	⑥ 아동·청소년에 대한 **강요행위**(아래 4가지)
	  1. 폭행이나 협박으로 아동·청소년으로 하여금 아동·청소년의 **성을 사는 행위의 상대방**이 되게 한 자
	  2. 선불금, 그 밖의 채무를 이용하는 등의 방법으로 아동·청소년을 곤경에 빠뜨리거나 위계 또는 위력으로 아동·청소년으로 하여금 아동·청소년의 **성을 사는 행위의 상대방**이 되게 한 자
	  3. 업무·고용이나 그 밖의 관계로 자신의 보호 또는 감독을 받는 것을 이용하여 아동·청소년으로 하여금 아동·청소년의 **성을 사는 행위의 상대방**이 되게 한 자
	  4. 영업으로 아동·청소년을 아동·청소년의 **성을 사는 행위의 상대방**이 되도록 유인·권유한 자

미수범 처벌 ×	① 아동·청소년의 성을 사는 행위 ② 아동·청소년의 성을 사는 행위의 상대방이 되도록 유인·권유한 자 ③ 아동·청소년의 성을 사는 행위의 **장소를 제공**하는 행위를 업으로 하는 자 ④ 아동·청소년의 성을 사는 행위를 알선하거나 정보통신망에서 알선정보를 제공하는 행위를 업으로 하는 자 ⑤ 영업으로 아동·청소년의 **성을 사는 행위**를 하도록 유인·권유 또는 강요한 자 ⑥ 영업으로 **아동·청소년의 성을 사는 행위의 장소를 제공·알선하는 업소**에 아동·청소년을 고용하도록 한 자 ⑦ 아동·청소년 성착취물을 판매·대여·배포·제공·소지·운반·전시·상영하는 행위 ⑧ 장애인인 아동·청소년에 대한 간음 등 ⑨ 13세 이상 16세 미만 아동·청소년에 대한 간음 등 ⑩ 아동·청소년에 대한 **성착취 목적 대화** 등 ⑪ 폭행이나 협박으로 아동·청소년대상 성범죄의 **피해자 또는 보호자**를 상대로 합의를 강요

> **판례 | 아동·청소년의 성보호 관련** [A급]
>
> 1. 아동·청소년이 이미 성매매 의사를 가지고 있었던 경우에도 그러한 아동·청소년에게 금품이나 그 밖의 재산상 이익, 직무·편의제공 등 대가를 제공하거나 약속하는 등의 방법으로 성을 팔도록 권유하는 행위는 이 법에서 말하는 '성을 팔도록 권유하는 행위'에 포함된다(대판 2011.11.10, 2011도3934).
> 2. 아동·청소년의 성을 사는 행위를 알선하는 행위를 업으로 하여 청소년성보호법 제15조 제1항 제2호의 위반죄(알선영업행위등죄)가 성립하기 위해서는 알선행위를 업으로 하는 사람이 아동·청소년을 알선의 대상으로 삼아 그 성을 사는 행위를 알선한다는 것을 인식하여야 하지만, 이에 더하여 알선행위로 아동·청소년의 성을 사는 행위를 한 사람이 행위의 상대방이 아동·청소년임을 인식하여야 한다고 볼 수는 없다(대판 2016.2.18, 2015도15664).
> 3. 제작한 영상물이 객관적으로 아동·청소년이 등장하여 성적행위를 하는 내용을 표현한 영상물에 해당하는 한 대상이 된 아동·청소년의 동의하에 촬영된 것이라거나 사적인 소지·보관을 1차적 목적으로 제작한 것이라고 하여 이 법에서 말하는 '아동·청소년성착취물'에 해당하지 아니한다거나 이를 '제작'한 것이 아니라고 할 수 없다(대판 2015.3.20, 2014도17346).
> 4. 성을 사는 행위를 알선하는 행위를 업으로 하는 자가 성매매알선을 위한 종업원을 고용하면서 고용대상자가 아동이나 청소년에 해당하는지 연령확인의무의 이행을 다하지 아니한 채 아동·청소년을 고용하였다면, 특별한 사정이 없는 한 적어도 아동·청소년의 성을 사는 행위의 알선에 관한 미필적 고의는 인정된다(대판 2014.7.10, 2014도5173).

11 실종아동등의 보호 및 지원에 관한 법률 [시행 2025.1.1.] [A급]

1. 주요내용

정의 (제2조)	아동등 17. 승진	① 실종 당시(신고 당시×) 18세 미만인 아동 11·12·16. 채용, 14. 승진 ② 「장애인복지법」 제2조의 장애인 중 지적장애인, 자폐성장애인 또는 정신장애인 ③ 「치매관리법」 제2조 제2호의 치매환자
	실종아동등	약취·유인 또는 유기되거나 사고를 당하거나 가출하거나 길을 잃는 등의 사유로 인하여 보호자로부터 이탈된 아동등 11·16. 채용, 17·18. 승진
	보호자	친권자, 후견인이나 그 밖에 다른 법률에 따라 아동등을 보호하거나 부양할 의무가 있는 사람을 말한다. 다만, 제4호의 보호시설의 장 또는 종사자는 제외 19. 승진
	보호시설	「사회복지사업법」 제2조 제4호에 따른 사회복지시설 및 인가·신고 등이 없이 아동등을 보호하는 시설로서 사회복지시설에 준하는 시설 11·12·16. 채용, 17. 경간, 17·18. 승진
	유전자검사	개인 식별을 목적으로 혈액·머리카락·침 등의 검사대상물로부터 유전자를 분석하는 행위
	유전정보	유전자검사의 결과로 얻어진 정보
	신상정보	이름·나이·사진 등 특정인임을 식별하기 위한 정보

신고의무 (제6조) 17·18. 경간, 19. 승진	다음의 어느 하나에 해당하는 사람은 그 직무를 수행하면서 실종아동등임을 알게 되었을 때에는 **경찰청장이 구축하여 운영하는 신고체계**로 **지체 없이 신고하여야 한다**(신고의무 불이행자: 200만원 이하의 과태료). ① **보호시설의 장 또는 그 종사자** ② 「아동복지법」 제13조에 따른 **아동복지전담공무원** ③ 「청소년보호법」 제35조에 따른 **청소년 보호·재활센터의 장 또는 그 종사자** ④ 「사회복지사업법」 제14조에 따른 **사회복지전담공무원** ⑤ 「의료법」 제3조의 규정에 따른 **의료기관의 장 또는 의료인** ⑥ 업무·고용 등의 관계로 **사실상 아동등을 보호·감독하는 자**	
미신고 보호행위 금지 (제7조)	의무부과	누구든지 정당한 사유 없이 실종아동등을 경찰관서의 장에게 **신고하지 아니하고 보호할 수 없다.** 11. 채용
	처벌 (제17조)	미신고 보호행위 금지규정을 위반하여 정당한 사유 없이 실종아동등을 보호한 자는 **5년 이하의 징역 또는 5천만원 이하의 벌금** 11. 채용
실종아동등의 조기발견을 위한 사전신고증 발급 (제7조의2)	① **경찰청장**은 실종아동등의 조속한 발견과 복귀를 위하여 아동등의 **보호자가 신청하는 경우** 아동등의 지문 및 얼굴 등에 관한 정보(이하 "지문등정보"라 한다)를 제8조의2에 따른 정보시스템에 등록하고 아동등의 보호자에게 **사전신고증을 발급할 수 있다.** ② **경찰청장**은 제1항에 따라 지문등정보를 등록한 후 해당 신청서(서면으로 신청한 경우로 한정한다)는 **지체 없이 파기하여야 한다.** ③ **경찰청장**은 제1항에 따라 등록된 지문등정보를 데이터베이스로 **구축·운영할 수 있다.**	
수색 또는 수사의 실시 (제9조)	① 경찰관서의 장은 실종아동등의 발생 신고를 접수하면 **지체 없이 수색 또는 수사의 실시 여부를 결정**하여야 한다. 11·15·19. 승진, 17. 경간 ② 경찰관서의 장은 실종아동등(**범죄로 인한 경우를 제외한다**)의 조속한 발견을 위하여 필요한 때에는 **위치정보사업자에게** 실종아동등의 **개인위치정보등의 제공을 요청할 수 있다.** 15·19. 승진, 17·19. 경간 ③ 위 ②의 요청을 받은 위치정보사업자는 그 실종아동등의 **동의 없이 개인위치정보등을 수집할 수 있으며,** 실종아동등의 동의가 없음을 이유로 경찰관서의 장의 요청을 거부하여서는 아니 된다. 15. 승진 ④ 경찰관서와 경찰관서에 종사하거나 종사하였던 자는 실종아동등을 찾기 위한 목적으로 제공받은 **개인위치정보등을 실종아동등을 찾기 위한 목적 외의 용도로 이용하여서는 아니 된다.** 15. 승진	
공개 수색 및 수사 체계 구축·운영 (제9조의2)	① **경찰청장**은 실종아동등의 조속한 발견과 복귀를 위하여 실종아동등의 **공개 수색·수사 체계를 구축·운영할 수 있다.** ② **경찰청장**은 공개 수색·수사를 위하여 필요하면 **실종아동등의 보호자의 동의를 받아** 다음 각 호의 조치를 요청할 수 있다. 이 경우 경찰청장은 실종아동등의 발견 및 복귀를 위하여 필요한 최소한의 정보를 제공하여야 한다. 1. 「전기통신사업법」상 전기통신사업자 중 대통령령으로 정하는 주요 전기통신사업자에 대한 필요한 정보의 문자나 음성 등 송신 2. 「정보통신망 이용촉진 및 정보보호 등에 관한 법률」상 정보통신서비스 제공자 중 대통령령으로 정하는 주요 정보통신서비스 제공자에 대한 필요한 정보의 인터넷 홈페이지 등 게시 3. 「방송법」상 방송사업자에 대한 필요한 정보의 방송	

출입 및 조사 (제10조)	① **경찰청장**이나 **지방자치단체의 장**은 실종아동등의 발견을 위하여 필요하면 관계인에 대하여 필요한 보고 또는 자료제출을 명하거나 소속 공무원으로 하여금 관계 장소에 출입하여 관계인이나 아동등에 대하여 필요한 **조사 또는 질문을 하게 할 수 있다**. ② 경찰청장이나 지방자치단체의 장은 출입·조사를 실시할 때 정당한 이유가 있는 경우 소속 공무원으로 하여금 **실종아동등의 가족 등을 동반하게 할 수 있다**.
신상정보의 목적 외 이용금지 (제15조)	누구든지 정당한 사유 없이 실종아동등의 신상정보를 실종아동등을 찾기 위한 목적 외의 용도로 이용할 수 없다.

2. 실종아동등 조기발견 지침 등(실종아동등의 보호 및 지원에 관한 법률 제9조의4)

① 보건복지부장관은 불특정 다수인이 이용하는 시설에서 실종아동등을 빨리 발견하기 위하여 다음 각 호의 사항을 포함한 실종아동등 발생예방 및 조기발견을 위한 지침(이하 "**실종아동등 조기발견 지침**"이라 한다)을 마련하여 고시하여야 한다.

  1. 보호자의 신고에 관한 사항
  2. 실종아동등 발생 상황 전파와 경보발령 절차
  3. 출입구 감시 및 수색 절차
  4. 실종아동등 미발견시 경찰 신고 절차
  5. 경찰 도착 후 경보발령 해제에 관한 사항
  6. 그 밖에 실종아동등 발생예방과 찾기에 관한 사항

② 다음 각 호의 어느 하나에 해당하는 시설·장소 중 대통령령으로 정하는 규모의 시설·장소의 소유자·점유자 또는 관리자(이하 이 조에서 "**관리주체**"라 한다)는 실종아동등이 신고되는 경우 실종아동등 조기발견 지침에 따라 즉시 경보발령, 수색, 출입구 감시 등의 **조치를 하여야 한다**.

  1. 「유통산업발전법」에 따른 대규모점포
  2. 「관광진흥법」에 따른 유원시설
  3. 「도시철도법」에 따른 도시철도의 역사(출입통로·대합실·승강장 및 환승통로와 이에 딸린 시설을 포함한다)
  4. 「여객자동차 운수사업법」에 따른 여객자동차터미널
  5. 「항공법」에 따른 공항시설 중 여객터미널
  6. 「항만법」에 따른 항만시설 중 여객이용시설
  7. 「철도산업발전기본법」에 따른 철도시설 중 역시설(물류시설은 제외한다)
  8. 「체육시설의 설치·이용에 관한 법률」에 따른 전문체육시설
  9. 「공연법」에 따른 공연이 행하여지는 공연장 등 시설 또는 장소
  10. 「박물관 및 미술관 진흥법」에 따른 박물관 및 미술관
  11. 지방자치단체가 문화체육관광 진흥 목적으로 주최하는 지역축제가 행하여지는 장소
  12. 그 밖에 대통령령으로 정하는 시설·장소

③ 관리주체는 제2항에 따른 시설·장소의 종사자에게 실종아동등 조기발견 지침에 관한 교육·훈련을 연 1회 실시하고, 그 결과를 관할 경찰관서의 장에게 보고하여야 한다.

④ 관할 경찰관서의 장은 실종아동등 조기발견 지침이 준수되도록 제2항에 따른 조치와 제3항에 따른 교육·훈련의 실시에 관한 사항을 지도·감독하여야 한다.

12 실종아동등 및 가출인 업무처리 규칙 [시행 2024.9.27.] A급

1. 정의

아동등	「실종아동등의 보호 및 지원에 관한 법률」 제2조 제1호에 따른 **실종 당시 18세 미만 아동**, **지적·자폐성·정신장애인**, **치매환자** 12. 경간
실종아동등	법 제2조 제2호에 따른 사유로 인하여 보호자로부터 이탈된 아동등
찾는실종아동등	실종아동등 중 **보호자가 찾고 있는 아동등**
보호실종아동등	실종아동등 중 **보호자가 확인되지 않아 경찰관이 보호하고 있는 아동등** 16·17·18. 채용, 18. 경간
장기실종아동등	보호자로부터 **신고를 접수한 지 48시간이 경과한 후에도 발견되지 않은 찾는 실종아동등**을 말한다. 10·12·17·18. 채용, 10·14·18. 승진, 12. 경간
가출인	신고 당시 보호자로부터 이탈된 **18세 이상의 사람**을 말한다. 12·16·17·18. 채용, 14. 승진
발생지	① 실종아동등 및 가출인이 실종·가출 전 **최종적으로 목격되었거나 목격되었을 것으로 추정**하여 **신고자 등이 진술한 장소** 16·17·18. 채용 ② 신고자 등이 최종 목격 장소를 **진술하지 못하거나**, 목격되었을 것으로 **추정되는 장소가 대중교통시설** 등일 경우 또는 실종·가출 발생 후 **1개월이** 경과한 때에는 실종아동등 및 가출인의 **실종 전 최종 주거지** 12·16·17·18. 채용
발견지	실종아동등 또는 가출인을 **발견하여 보호 중인 장소**를 말하며, 발견한 장소와 보호 중인 장소가 **서로 다른 경우에는 보호 중인 장소**를 말한다. 12·17·18. 채용, 14·17·18. 승진, 19. 경간
국가경찰 수사 범죄	「자치경찰사무와 시·도자치경찰위원회의 조직 및 운영 등에 관한 규정」 제3조 제1호부터 제5호까지 또는 제6호 나목의 범죄가 아닌 범죄를 말한다. 19. 승진
실종·유괴경보 문자메시지	실종·유괴경보가 발령된 경우 공개정보를 시민들에게 널리 알리기 위하여 휴대폰에 전달하는 문자메시지를 말한다.

2. 정보시스템 입력대상

운영	① **경찰청 생활안전국장**은 정보시스템으로 **실종아동등 프로파일링시스템** 및 **실종아동찾기센터 홈페이지(인터넷 안전드림)**를 운영한다. 19. 승진 ② **실종아동등 프로파일링시스템**은 경찰관서 내에서만 사용할 수 있도록 제한하고, **인터넷 안전드림은 누구든 사용할 수 있도록 공개**하는 등 **분리하여 운영**한다. 다만, 자료의 전송 등을 위해 필요한 경우 상호 연계할 수 있다.	
입력대상자 14. 승진, 19. 경간	실종아동등 프로파일링시스템	① 실종아동등 ② 가출인 ③ 보호시설 무연고자(보호시설 입소자 중 보호자가 확인되지 않은 사람) 12. 경간 ④ **실종아동등 프로파일링시스템에 등록된 자료의 보존기간**은 다음 각 호와 같다. 다만, 대상자가 사망하거나 보호자가 삭제를 요구한 경우는 **즉시 삭제**하여야 한다. 19. 승진, 19. 경간

		㉠ 발견된 18세 미만 아동 및 가출인: 수배 해제 후로부터 5년간 보관 ㉡ 발견된 지적·자폐성·정신장애인 등 및 치매환자: 수배 해제 후로부터 10년간 보관 ㉢ 미발견자: 소재 발견시까지 보관 ㉣ 보호시설 무연고자: 본인 요청시 즉시 삭제
	인터넷 안전드림 (홈페이지)	① 실종아동등 ② 보호시설 무연고자(보호시설 입소자 중 보호자가 확인되지 않은 사람) → ①, ②의 경우 경찰관서의 장은 **본인 또는 보호자의 동의가 있는 경우에 공개 가능** 12. 경간, 15. 승진
입력대상 제외 가능자 14. 승진, 19. 경간	경찰관서의 장은 실종아동등 또는 가출인에 대한 신고를 접수한 후 신고대상자가 다음 각 호의 어느 하나에 해당하는 경우에는 신고 내용을 **실종아동등 프로파일링시스템에 입력하지 않을 수 있다.** 1. **채무관계 해결**, 형사사건 당사자 소재확인 등 실종아동등 및 가출인 발견 외 다른 목적으로 신고된 사람 2. 수사기관으로부터 **지명수배** 또는 **지명통보된 사람** 3. **허위로** 신고된 사람 4. **보호자가 가출시 동행한 아동등** 5. 그 밖에 신고내용을 종합하였을 때 명백히 제1항에 따른 입력 대상이 아니라고 판단되는 사람	

3. 실종아동등 신고시 조치

신고접수	실종아동등 신고는 관할에 관계 없이 실종아동찾기센터, 각 시·도경찰청 및 경찰서에서 전화, 서면, 구술 등의 방법으로 **접수하며,** 신고를 접수한 경찰관은 범죄와의 관련 여부 등을 확인해야 한다. 14·15. 승진, 15. 경간
조치	① 경찰관서의 장은 찾는실종아동등에 대한 **신고를 접수한 때에는** 정보시스템의 자료를 조회하는 등의 방법으로 **실종아동등을 찾기 위한 조치를 취하고,** 실종아동등을 발견한 경우에는 즉시 보호자에게 인계하는 등 필요한 조치를 하여야 한다. 15. 경간 ② 경찰관서의 장은 보호실종아동등에 대한 신고를 접수한 때에는 절차에 따라 보호자를 찾기 위한 조치를 취하고, 보호자가 확인된 경우에는 즉시 보호자에게 인계하는 등 필요한 조치를 하여야 한다. ③ 경찰관서의 장은 위 ②에 따른 조치에도 불구하고 **보호자를 발견하지 못한 경우에는 관할 지방자치단체의 장에게 보호실종아동등을 인계한다.** 15. 경간 ④ 경찰관서의 장은 정보시스템 검색, 다른 자료와의 대조, 주변인물과의 연락 등 실종아동등의 조속한 발견을 위하여 지속적인 추적을 하여야 한다. ⑤ 경찰관서의 장은 실종아동등에 대하여 현장 탐문 및 수색 후 그 결과를 즉시 보호자에게 통보하여야 한다. 이후에는 **실종아동등 프로파일링시스템에 등록한 날로부터 1개월까지는** 15일에 1회, **1개월이 경과한 후부터는 분기별 1회** 보호자에게 추적 진행사항을 통보한다. 12. 채용, 12·15. 경간 ⑥ 경찰관서의 장은 찾는 실종아동등을 발견하거나, 보호실종아동등의 보호자를 발견한 경우에는 실종아동등 프로파일링시스템에서 등록 해제하고, 해당 **실종아동등에 대한 발견 관서와 관할 관서가 다른 경우에는 발견과 관련된 사실을 관할 경찰관서의 장에게 지체 없이 알려야 한다.**

현장탐문·수색		찾는실종아동등 및 가출인 발생신고를 접수 또는 이첩받은 발생지 관할 경찰서장은 즉시 현장출동 경찰관을 지정하여 탐문·수색하도록 하여야 한다. 다만, 경찰관서장이 판단하여 수색의 실익이 없거나 현저히 곤란한 경우에는 탐문·수색을 생략하거나 중단할 수 있다.

4. 가출인 신고시 조치

신고접수	① 가출인 신고는 **관할에 관계없이 접수**하여야 하며, 신고를 접수한 경찰관은 범죄와 관련 여부를 확인하여야 한다. ② 경찰서장은 가출인에 대한 신고를 접수한 때에는 정보시스템의 자료 조회, 신고자의 진술을 청취하는 방법 등으로 가출인을 발견하기 위한 조치를 하여야 하며, 가출인을 발견하지 못한 경우에는 즉시 실종아동등 프로파일링시스템에 가출인에 대한 사항을 입력한다. ③ 경찰서장은 접수한 가출인 신고가 다른 관할인 경우 위 ②의 조치 후 **지체 없이 가출인의 발생지를 관할하는 경찰서장에게 이첩**하여야 한다.
조치	① 가출인 사건을 관할하는 **경찰서장**은 정보시스템 자료의 조회, 다른 자료와의 대조, 주변인물과의 연락 등 가출인을 발견하기 위해 지속적으로 추적하고, 실종아동등 프로파일링시스템에 **등록한 날로부터 반기별 1회 보호자에게 귀가 여부를 확인한다.** ② 경찰서장은 가출인을 발견한 때에는 등록을 해제하고, **해당 가출인을 발견한 경찰서와 관할하는 경찰서가 다른 경우에는 발견 사실을 관할 경찰서장에게 지체 없이 알려야 한다.** 12. 채용 ③ 경찰서장은 가출인을 발견한 경우에는 가출신고가 되어 있음을 고지하고, 보호자에게 통보한다. 다만, 가출인이 거부하는 때에는 보호자에게 가출인의 소재(所在)를 알 수 있는 사항을 통보하여서는 아니 된다.

13 경비업법 [시행 2025.1.31.] A급 11·12·15·16·17. 채용, 13·14·17·18·19. 승진, 14·18·20·17. 경간

종류	시설경비업무	경비를 필요로 하는 시설 및 장소(경비대상시설)에서의 도난·화재 그 밖의 혼잡 등으로 인한 위험발생을 방지하는 업무
	호송경비업무	**운반 중에 있는** 현금·유가증권·귀금속·상품 그 밖의 물건에 대하여 도난·화재 등 위험발생을 방지하는 업무
	신변보호업무	사람의 생명이나 신체에 대한 위해발생을 방지하고 그 **신변을 보호**하는 업무
	기계경비업무	경비대상시설에 설치한 **기기에 의하여** 감지·송신된 정보를 그 **경비대상 시설 외의** 장소에 설치한 관제시설의 기기로 수신하여 도난·화재 등 위험발생을 방지하는 업무
	특수경비업무	공항(항공기 포함) 등 대통령령이 정하는 **국가중요시설**의 경비 및 도난·화재 그 밖의 위험발생을 방지하는 업무 12. 채용, 19. 승진
	혼잡·교통유도경비	도로에 접속한 공사현장 및 사람과 차량의 통행에 위험이 있는 장소 또는 **도로를 점유하는** 행사장 등에서 교통사고나 그 밖의 혼잡 등으로 인한 위험발생을 방지하는 업무

집단민원현장 (제2조)	① 노동관계 당사자가 **노동쟁의** 조정신청을 한 사업장 또는 쟁의행위가 발생한 사업장 ② 「도시 및 주거환경정비법」에 따른 **정비사업**과 관련하여 이해대립이 있어 다툼이 있는 장소 ③ **특정 시설물의 설치**와 관련하여 민원이 있는 장소 ④ **주주총회**와 관련하여 이해대립이 있어 다툼이 있는 장소 ⑤ 건물·토지 등 부동산 및 동산에 대한 **소유권·운영권·관리권·점유권** 등 법적 권리에 대한 이해대립이 있어 다툼이 있는 장소 ⑥ 100명 이상의 **사람이 모이는** 국제·문화·예술·체육 행사장 ⑦ 「행정대집행법」에 따라 **대집행**을 하는 장소 《주의》 '집시법'에 따른 집회 또는 시위가 금지되는 장소는 '경비업법'상 집단민원현장이 아니다.
경비업 허가 (제4조)	① **경비업은 법인이 아니면 영위할 수 없다**(제3조). ② 경비업을 영위하고자 하는 법인은 도급받아 행하고자 하는 경비업무를 특정하여 그 법인의 주사무소의 소재지를 관할하는 시·도경찰청장의 **허가를 받아야 한다**. 도급받아 행하고자 하는 경비업무를 변경하는 경우에도 또한 같다. ③ 일반경비업은 1억원 이상, 특수경비업은 3억원 이상의 **자본금**을 보유하여야 한다. ④ 시설경비업무는 경비원 10명 이상 및 **경비지도사 1명 이상**의 인력을 갖추어야 한다. ⑤ **경비업 허가의 유효기간은 허가받은 날부터 5년으로 한다**(제6조).
신고 사항 (제4조)	경비업의 허가를 받은 법인은 다음의 경우에는 **시·도경찰청장에게 신고**하여야 한다. 1. 영업을 **폐업**하거나 **휴업**한 때 2. 법인의 **명칭**이나 대표자·임원을 **변경**한 때 3. 법인의 **주사무소**나 출장소를 **신설·이전** 또는 **폐지**한 때 4. **기계경비업무**의 수행을 위한 **관제시설**을 신설·이전 또는 **폐지**한 때 5. **특수경비업무**를 개시하거나 **종료**한 때 6. 그 밖에 대통령령이 정하는 중요사항을 변경한 때
경비업자 의무 (제7조)	① 경비업자는 경비대상시설의 소유자 또는 관리자("시설주")의 **관리권의 범위 안에서 경비업무를 수행하여야** 하며, 다른 사람의 자유와 권리를 침해하거나 그의 정당한 활동에 간섭하여서는 아니 된다. ② 경비업자는 경비업무를 성실하게 수행하여야 하고, 도급을 의뢰받은 경비업무가 위법 또는 부당한 것일 때에는 이를 거부하여야 한다. ⑤ 경비업자는 허가받은 경비업무외의 업무에 경비원을 종사하게 하여서는 아니된다. 다만, 경비업무의 목적 달성을 침해하지 아니하는 범위에서 대통령령으로 정하는 업무에 대하여는 경비원을 종사하게 할 수 있다. **판례 Ⅰ** 위 ⑤항에서 '시설경비업무'에 관한 부분은 2024.12.31.까지 개정 시한으로 헌법불합치 결정을 받았다. 비경비업무의 수행이 경비업무의 전념성을 직접적으로 해하지 아니하는 경우가 있음에도 불구하고, 심판대상조항은 경비업무의 전념성이 훼손되는 정도를 고려하지 아니한 채 경비업자가 경비원으로 하여금 비경비업무에 종사하도록 하는 것을 일률적·전면적으로 금지하고, 경비업자가 허가받은 시설경비업무 외의 업무에 경비원을 종사하게 한 때에는 필요적으로 경비업의 허가를 취소하도록 규정하고 있는 점 등에서 **시설경비업**을 수행하는 경비업자의 직업의 자유를 침해하였다(헌재 2023.3.23. 2020헌가19).

	⑥ 경비업자는 **집단민원현장**에 경비원을 배치하는 때에는 경비지도사를 선임하고 그 장소에 배치하여 행정안전부령으로 정하는 바에 따라 **경비원을 지도·감독하게 하여야 한다.**
경비업무 도급인의 의무 (제7조의2)	① 누구든지 허가를 받지 아니한 자에게 경비업무를 도급하여서는 아니 된다. ② 누구든지 **집단민원현장**에 경비인력을 20명 이상 배치하려고 할 때에는 그 경비인력을 직접 고용하여서는 아니 되고, **경비업자에게 경비업무를 도급하여야 한다.** 다만, 시설주 등이 **집단민원현장 발생 3개월 전까지 직접 고용**하여 경비업무를 수행하는 피고용인의 경우에는 그러하지 아니하다.
경비지도사 및 일반경비원 결격사유 (제10조)	① **18세 미만인 사람** 또는 **피성년후견인** ② 금고 이상의 실형의 선고를 받고 그 집행이 종료(집행이 종료된 것으로 보는 경우를 포함한다)되거나 집행이 면제된 날부터 5년이 지나지 아니한 자 ③ 금고 이상의 형의 집행유예선고를 받고 그 유예기간 중에 있는 자
특수경비원 결격사유 (제10조)	① **18세 미만**이거나 **60세 이상인 사람** 또는 **피성년후견인** ② **심신상실자, 알코올 중독자** 등 대통령령으로 정하는 **정신적 제약**이 있는 자 ③ 일반경비원 결격사유에 해당하는 자 ④ 금고 이상의 형의 선고유예를 받고 그 유예기간 중에 있는 자 ⑤ 행정안전부령으로 정하는 **신체조건에 미달되는 자**
경비원의 복장 (제16조)	① 경비업자는 경찰공무원 또는 군인의 제복과 색상 및 디자인 등이 명확히 구별되는 소속 경비원의 복장을 정하고 이를 확인할 수 있는 사진을 첨부하여 **주된 사무소를 관할**하는 **시·도경찰청장에게 행정안전부령으로 정하는 바에 따라 신고하여야 한다.** ⑤ 그 밖에 경비원의 복장 등에 필요한 사항은 **행정안전부령으로 정한다.**
경비원의 장비 (제16조의2)	① 경비원이 휴대할 수 있는 장비의 종류는 경적·단봉·분사기 등 행정안전부령으로 정하되, 근무 중에만 이를 휴대할 수 있다. ④ 경비원은 경비업무를 위하여 필요하다고 인정되는 상당한 이유가 있을 때에는 **필요한 최소한도에서 장비를 사용할 수 있다.** ⑤ 그 밖에 경비원의 장비 등에 관하여 필요한 사항은 행정안전부령으로 정한다.

Chapter 02 / 수사경찰

01 지문 [C급]

현장지문	현재지문	정상지문	① 이화학적인 가공을 하지 않고서도 **육안으로 식별**되는 지문을 말한다. ② 손 끝에 혈액·잉크·먼지 등 이물질이 손가락 끝에 묻어서 인상된 지문으로, 착색된 부분이 융선인 것이 보통이며 무인했을 때의 지문과 동일하다. 20. 경특
		역지문	① 다량의 유동성 물질이 묻은 손가락이 강한 압력으로 물체에 밀착되거나, 먼지 쌓인 물체, 연한 점토, 마르지 않은 도장면에 인상된 지문을 가리킨다. 14. 경간 ② 선의 고랑과 이랑이 **반대로 현출**되어, 융선 사이의 고랑부분이 착색되고 융선부분은 착색되지 않은 지문이 생성된다.
	잠재지문		① 인상된 그대로의 상태로는 **육안으로 식별되지 않고** 이화학적 가공을 해야 **비로소 가시상태로 되는** 지문을 말한다. 14. 경간 ② 범죄 현장지문의 대부분은 잠재지문으로 볼 수 있다.
준현장지문			범죄현장은 아니더라도 범죄현장과 관련이 있는 범인의 침입경로, 도주경로 및 예비장소 등에서 발견된 지문 또는 전당포, 금은방 등에 비치된 거래대장에 압날된 지문 등 피의자 발견을 위하여 **범죄현장 이외의 장소에서 채취한** 지문을 말한다. 14. 경간, 20. 경특
관계자지문			현장지문 또는 준현장지문 중에서 **범인 이외의 자**(피해자, 현장출입자 등)**가 남긴 것으로 추정**되는 지문을 말한다. 14. 경간, 20. 경특
유류지문			① 현장지문 또는 준현장지문 중에서 **관계자지문을 제외한 지문**을 말한다. ② **범인의 지문일 가능성이 많으며**, 증거가치가 높다. ③ 범죄현장에서 채취한 유류지문은 범죄수사에 있어 '증거의 왕'으로 취급된다.

02 유치 및 호송 - 피의자 유치 및 호송 규칙(경찰청훈령) [시행 2023.10.4.]

피의자의 유치 등 (제7조)	① 피의자를 유치장에 입감시키거나 출감시킬 때에는 유치인보호 주무자가 발부하는 별지 제2호 서식의 피의자 입감·출감 지휘서에 의하여야 하며 동시에 3명 이상의 **피의자를 입감시킬 때**에는 경위 이상 **경찰관이 입회하여 순차적으로 입감시켜야** 한다.	
신체 등 검사 (제8조)	② **신체, 의류, 휴대품('신체 등')의 검사는 동성의 유치인보호관이 실시**하여야 한다. 다만, 여성유치인보호관이 없을 경우에는 미리 지정하여 신체 등의 검사방법을 교양 받은 여성경찰관으로 하여금 대신하게 할 수 있다.	
	외표검사	**죄질이 경미**하고 동작과 언행에 특이사항이 없으며 위험물 등을 은닉하고 있지 않다고 판단되는 유치인에 대하여는 신체 등의 **외부를 눈으로 확인**하고 **손으로 가볍게 두드려 만져** 검사한다.
	간이검사	일반적으로 유치인에 대하여는 **탈의막 안에서 속옷은 벗지 않고 신체검사의를 착용**(유치인의 의사에 따른다)하도록 한 상태에서 **위험물 등의 은닉여부를 검사**한다.
	정밀검사	**살인, 강도, 절도, 강간, 방화, 마약류, 조직폭력 등 죄질이 중하거나** 근무자 및 다른 유치인에 대한 위해 또는 자해할 우려가 있다고 판단되는 유치인에 대하여는 탈의막 안에서 속옷을 벗고 신체검사의로 갈아입도록 한 후 정밀하게 **위험물 등의 은닉여부를 검사**하여야 한다.
호송의 종류 (제46조)	이감호송	피호송자의 수용장소를 다른 곳으로 **이동**하거나 특정관서에 **인계**하기 위한 호송을 말한다.
	왕복호송	피호송자를 특정장소에 호송하여 필요한 용무를 마치고 **다시** 발송관서 또는 호송관서로 **호송**하는 것을 말한다.
	집단호송	**한번에 다수의 피호송자를 호송**하는 것을 말한다.
	비상호송	전시, 사변 또는 이에 준하는 **국가비상 사태나 천재, 지변**에 있어서 피호송자를 다른 곳에 수용하기 위한 호송을 말한다.
피호송자의 신체검사 (제49조)	① 호송관은 반드시 호송주무관의 지휘에 따라 포박하기 전에 **피호송자에 대하여 안전호송에 필요한 신체검색을 실시**하여야 한다. ② **여자인 피호송자의 신체검색은 여자경찰관이 행하거나 성년의 여자를 참여**시켜야 한다.	
수갑 사용 (제50조)	④ 호송관은 수갑 또는 수갑·포승을 사용하는 **피호송자가 2인 이상일 때**에는 호송수단에 따라 2인 내지 5인을 1조로 하여 **상호 연결시켜 포승으로 포박**한다.	
영치금품의 처리 (제53조)	① 금전, 유가증권은 호송관서에서 **인수관서에 직접 송부**한다. 다만 소액의 금전, 유가증권 또는 **당일로 호송을 마칠 수 있을 때에는 호송관에게 탁송**할 수 있다. ③ 물품은 호송관에게 탁송한다. 다만, 위험한 물품 또는 호송관이 휴대하기에 부적당한 발송관서에서 **인수관서에 직접 송부**할 수 있다.	
호송시간 (제54조)	호송은 일출전 **또는 일몰후에 할 수 없다**. 다만, 기차, 선박 및 차량을 이용하는 때 또는 특별한 사유가 있는 때에는 그러하지 아니한다.	
사고시 조치 (제65조)	피호송자가 도망하였을 때 도주한 자에 관한 **호송관계서류 및 금품은 호송관서에 보관**하여야 한다.	

03 성매매알선 등 행위의 처벌에 관한 법률 [시행 2024.1.1.]

정의 (제2조)	① "성매매"란 불특정인을 상대로 금품이나 그 밖의 재산상의 이익을 수수(收受)하거나 수수하기로 약속하고 다음 각 목의 어느 하나에 해당하는 행위를 하거나 그 상대방이 되는 것을 말한다. 15·21. 채용 　가. **성교행위** 　나. 구강, 항문 등 신체의 일부 또는 도구를 이용한 **유사 성교행위** ② "성매매알선 등 행위"란 다음 각 목의 어느 하나에 해당하는 행위를 하는 것을 말한다. 15·18. 승진, 15·21. 채용 　가. 성매매를 **알선, 권유, 유인 또는 강요**하는 행위 　나. 성매매의 **장소를 제공**하는 행위 　다. 성매매에 제공되는 사실을 알면서 **자금, 토지 또는 건물을 제공**하는 행위 ③ "성매매피해자"란 다음 각 목의 어느 하나에 해당하는 사람을 말한다. 　가. 위계, 위력, 그 밖에 이에 준하는 방법으로 **성매매를 강요당한 사람** 08. 경간, 21. 채용 　나. 업무관계, 고용관계, 그 밖의 관계로 인하여 보호 또는 감독하는 사람에 의하여 「마약류 관리에 관한 법률」 제2조에 따른 마약·항정신성의약품 또는 대마(이하 "마약등"이라 한다)에 **중독되어 성매매를 한 사람** 　다. **청소년**, 사물을 변별하거나 의사를 결정할 능력이 없거나 미약한 사람 또는 대통령령으로 정하는 **중대한 장애가 있는 사람**으로서 성매매를 하도록 알선·유인된 사람 　라. 성매매 목적의 **인신매매를 당한 사람**
금지행위 (제4조)	① 성매매 ② 성매매알선 등 행위 ③ 성매매 목적의 인신매매 ④ 성을 파는 행위를 하게 할 목적으로 다른 사람을 고용·모집하거나 성매매가 행하여진다는 사실을 알고 직업을 소개·알선하는 행위 ⑤ ①, ② 및 ④의 행위 및 그 행위가 행하여지는 **업소에 대한 광고행위**
성매매피해에 대한 처벌특례와 보호 (제6조)	① 성매매피해자의 성매매는 처벌하지 아니한다. 08. 경간, 09·15·21. 채용, 21. 법학 ② **검사 또는 사법경찰관**은 수사과정에서 피의자 또는 참고인이 **성매매피해자**에 해당한다고 볼 만한 상당한 이유가 있을 때에는 **지체 없이 법정대리인, 친족 또는 변호인에게 통지**하고, 신변보호, 수사의 비공개, 친족 또는 지원시설·성매매피해상담소에의 인계 등 그 보호에 필요한 조치를 하여야 한다. 다만, 피의자 또는 참고인의 사생활 보호 등 부득이한 사유가 있는 경우에는 통지하지 아니할 수 있다. 08. 경간, 21. 채용
신뢰관계에 있는 사람의 동석 (제8조)	① 법원은 신고자등을 증인으로 신문할 때에는 직권으로 또는 본인·법정대리인이나 검사의 신청에 의하여 신뢰관계에 있는 사람을 동석하게 할 수 있다. 21. 법학 ② **수사기관**은 신고자등을 조사할 때에는 **직권**으로 또는 본인·법정대리인의 **신청**에 의하여 **신뢰관계에 있는 사람을 동석**하게 할 수 있다. ③ 법원 또는 수사기관은 **청소년, 사물을 변별하거나 의사를 결정할 능력이 없거나 미약한 사람** 또는 대통령령으로 정하는 **중대한 장애가 있는 사람**에 대하여 제1항 및 제2항에 따른 신청을 받은 경우에는 재판이나 수사에 지장을 줄 우려가 있는 등 **특별한 사유가 없으면 신뢰관계에 있는 사람을 동석하게 하여야 한다.** 08. 경간

심리의 비공개 (제9조)	법원은 신고자등의 사생활이나 신변을 보호하기 위하여 필요하면 결정으로 심리를 **공개하지 아니할 수 있다.** 21. 법학
불법원인으로 인한 채권무효 (제10조)	성매매알선 등 행위를 한 사람 등이 그 행위와 관련하여 성을 파는 행위를 하였거나 할 사람에게 가지는 채권은 **그 계약의 형식이나 명목에 관계없이 무효**로 한다. 그 채권을 양도하거나 그 채무를 인수한 경우에도 또한 같다.
보호처분의 결정 등 (제14조)	① 판사는 심리 결과 보호처분이 필요하다고 인정할 때에는 결정으로 다음 각 호의 어느 하나에 해당하는 처분을 할 수 있다. 21. 법학 　1. 성매매가 이루어질 우려가 있다고 인정되는 장소나 지역에의 출입금지 　2. 「보호관찰 등에 관한 법률」에 따른 보호관찰 　3. 「보호관찰 등에 관한 법률」에 따른 사회봉사·수강명령 　4. 「성매매방지 및 피해자보호 등에 관한 법률」 제10조에 따른 성매매피해상담소에의 상담위탁 　5. 「성폭력방지 및 피해자보호 등에 관한 법률」 제27조 제1항에 따른 전담의료기관에의 치료위탁 ➡ 보호처분 기간: 제1호·제2호·제4호는 6개월을, 3호는 100시간을 각각 초과할 수 없다 (제15조). 21. 법학 ② 제1항 각 호의 처분은 병과(併科)할 수 있다. ③ 법원은 보호처분의 결정을 한 경우에는 지체 없이 검사, 보호처분을 받은 사람, 보호관찰관 또는 보호처분을 위탁받아 행하는 지원시설·성매매피해상담소 또는 의료기관(이하 "수탁기관"이라 한다)의 장에게 통지하여야 한다. 다만, 국가가 운영하지 아니하는 수탁기관에 보호처분을 위탁할 때에는 그 기관의 장으로부터 수탁에 대한 동의를 받아야 한다.
형의 감면 (제26조)	이 법에 규정된 죄를 범한 사람이 **수사기관에 신고**하거나 **자수한 경우**에는 **형을 감경하거나 면제할 수 있다.**

04 성폭력범죄의 처벌 등에 관한 특례법 [시행 2024.10.16.] A급

1. 성폭력범죄의 절차상 특례와 배려 A급

형벌과 수강명령 병과 (제16조)	① 법원이 **성폭력범죄를 범한 사람에 대하여 형의 선고를 유예**하는 경우에는 1년 동안 보호관찰을 받을 것을 명할 수 있다. 다만, 성폭력범죄를 범한 「소년법」 제2조에 따른 **소년에 대하여 형의 선고를 유예**하는 경우에는 반드시 **보호관찰을 명하여야** 한다. ② 법원이 **성폭력범죄를 범한 사람에 대하여 유죄판결(선고유예는 제외한다)을 선고하거나 약식명령을 고지**하는 경우에는 500시간의 범위에서 재범예방에 필요한 **수강명령** 또는 성폭력 치료프로그램의 **이수명령**을 병과하여야 한다.
고소제한의 예외 (제18조)	성폭력범죄에 대하여는 자기 또는 배우자의 직계존속을 고소할 수 있다.
감경규정 특례 (제20조)	**음주** 또는 **약물**로 인한 **심신장애** 상태에서 **성폭력범죄**(음행매개, 음화반포등, 음화제조등 및 공연음란의 죄는 제외한다)를 범한 때에는 「형법」상 **심신장애인 감경, 청각 및 언어 장애인 감경규정**을 적용하지 아니할 수 있다.

공소시효 특례 (제21조)	① **미성년자**에 대한 **성폭력범죄의 공소시효**는 성폭력범죄로 피해를 당한 미성년자가 **성년에 달한 날부터 진행한다.** ② 제2조 제3호 및 제4호의 죄(강간, 강제추행, 강간등 살인·치사, 미성년자에 대한 간음, 추행 등)와 제3조부터 제9조까지의 죄(특수강간 등)는 **디엔에이(DNA)증거** 등 그 죄를 증명할 수 있는 **과학적인 증거가 있는 때에는** 공소시효가 10년 **연장된다.** ③ **13세 미만**의 사람 및 신체적인 또는 정신적인 장애가 있는 사람에 대하여 성폭력범죄를 범한 경우에는 공소시효를 적용하지 아니한다. ④ **강간등 살인·치사 및 강간등 살인죄는 공소시효를 적용하지 아니한다.**
피해자 전담조사제 (제26조)	② **경찰청장은** 각 경찰서장으로 하여금 성폭력범죄 전담 사법경찰관을 **지정하도록** 하여 특별한 사정이 없으면 이들로 하여금 **피해자를 조사하게 하여야 한다.** ④ 성폭력범죄를 전담하여 조사하는 검사 및 사법경찰관은 19세 미만 피해자 등을 **조사할 때**에는 피해자의 나이, 인지적 발달 단계, 심리 상태, 장애 정도 등을 **종합적으로 고려하여야 한다.**
변호사 선임 특례 (제27조)	① 성폭력범죄의 피해자 및 그 법정대리인("피해자 등")은 형사절차상 입을 수 있는 피해를 방어하고 법률적 조력을 보장하기 위하여 변호사를 선임할 수 있다. ② **변호사는** 검사 또는 사법경찰관의 피해자 등에 대한 조사에 참여하여 의견을 진술할 수 있다. 다만, **조사 도중에는 검사 또는 사법경찰관의 승인을 받아 의견을 진술할 수 있다.** ⑥ 검사는 피해자에게 변호사가 없는 경우 국선변호사를 선정하여 형사절차에서 피해자의 권익을 보호할 수 있다. 다만, 19세 미만 피해자 등에게 변호사가 없는 경우에는 **국선변호사를 선정하여야 한다.**
수사 및 재판 절차 배려 (제29조)	② 수사기관과 법원은 **성폭력범죄의 피해자를 조사하거나 심리·재판할 때** 피해자가 편안한 상태에서 진술할 수 있는 환경을 조성하여야 하며, 조사 및 심리·재판 횟수는 **필요한 범위에서 최소한으로 하여야 한다.** ③ 수사기관과 법원은 조사 및 심리·재판 과정에서 19세 미만 피해자 등의 **최상의 이익**을 고려하여 19세 미만 피해자 등의 진술을 듣는 절차가 타당한 이유 없이 지연**되거나 피의자 또는 피고인과 접촉하거나 마주치지 아니하도록 노력하여야 한다.**

2. 영상녹화 및 보존 [A급]

19세 미만 피해자 등 진술내용 영상녹화·보존 (제30조)	① 검사 또는 사법경찰관은 19세 미만 피해자 등의 진술 내용과 조사 과정을 **영상녹화장치로 녹화**(녹음이 포함된 것을 말하며, 이하 "영상녹화"라 한다)하고, 그 영상녹화물을 보존하여야 한다. ② 검사 또는 사법경찰관은 **19세 미만 피해자 등을 조사하기 전에** 조사 과정이 **영상녹화된다는 사실과** 영상녹화된 영상녹화물이 **증거로 사용될 수 있다는 사실을** 피해자의 나이, 인지적 발달 단계, 심리 상태, 장애 정도 등을 고려한 적절한 방식으로 피해자에게 설명하여야 한다. ③ 제1항에도 불구하고 **19세 미만 피해자 등 또는 그 법정대리인**(법정대리인이 가해자이거나 가해자의 배우자인 경우는 **제외한다**)이 이를 원하지 아니하는 의사를 표시하는 경우**에는 영상녹화를 하여서는** 아니 된다. ④ 검사 또는 사법경찰관은 **영상녹화를 마쳤을 때에는** 지체 없이 **피해자 또는 변호사** 앞에서 봉인하고 피해자로 **하여금 기명날인 또는 서명하게 하여야 한다.**

영상녹화물의 증거능력 특례 (제30조의2)	① 19세 미만 피해자 등의 진술이 영상녹화된 영상녹화물은 정해진 절차와 방식에 따라 영상녹화된 것으로서 다음의 경우에 증거로 할 수 있다. 　1. 증거보전기일, 공판준비기일 또는 공판기일에 그 내용에 대하여 피의자, 피고인 또는 변호인이 피해자를 신문할 수 있었던 경우. 다만, 증거보전기일에서의 신문의 경우 법원이 피의자나 피고인의 방어권이 보장된 상태에서 피해자에 대한 반대신문이 충분히 이루어졌다고 인정하는 경우로 한정한다. 　2. 19세 미만 피해자 등이 사망, 외국 거주, 신체적·정신적 질병·장애, 소재불명, 그 밖에 이에 준하는 사유로 공판준비기일 또는 공판기일에 출석하여 진술할 수 없는 경우. 다만, 영상녹화된 진술 및 영상녹화가 특별히 신빙할 수 있는 상태에서 이루어졌음이 증명된 경우로 한정한다.
전문가 의견조회 (제33조)	① 법원과 수사기관은 정신건강의학과의사, 심리학자, 사회복지학자, 그 밖의 관련 전문가로부터 행위자 또는 피해자의 정신·심리 상태에 대한 진단 소견 및 피해자의 진술 내용에 관한 의견을 조회할 수 있다. ④ 피해자가 13세 미만이거나 신체적인 또는 정신적인 장애로 사물을 변별하거나 의사를 결정할 능력이 미약한 경우에는 관련 전문가에게 피해자의 정신·심리 상태에 대한 진단 소견 및 진술 내용에 관한 의견을 조회하여야 한다.
신뢰관계인 동석 (제34조)	① 법원과 수사기관은 19세 미만 피해자 등을 증인으로 신문 또는 조사하는 경우에 검사, 피해자 또는 그 법정대리인이 신청할 때에는 재판에 지장을 줄 우려가 있는 등 부득이한 경우가 아니면 피해자와 신뢰관계에 있는 사람을 동석하게 하여야 한다. ③ 법원과 수사기관은 피해자와 신뢰관계에 있는 사람이 피해자에게 불리하거나 피해자가 원하지 아니하는 경우에는 동석하게 하여서는 아니 된다.
진술조력인 수사과정 참여 (제36조)	① 검사 또는 사법경찰관은 성폭력범죄의 피해자가 19세 미만 피해자 등인 경우 형사사법절차에서의 조력과 원활한 조사를 위하여 직권이나 피해자, 그 법정대리인 또는 변호사의 신청에 따라 진술조력인으로 하여금 조사과정에 참여하여 의사소통을 중개하거나 보조하게 할 수 있다. 다만, 피해자 또는 그 법정대리인이 이를 원하지 아니하는 의사를 표시한 경우에는 그러하지 아니하다.
증거보전 특례 (제41조)	① 피해자나 그 법정대리인 또는 사법경찰관은 피해자가 공판기일에 출석하여 증언하는 것에 현저히 곤란한 사정이 있을 때에는 그 사유를 소명하여 제30조에 따라 영상녹화된 영상녹화물 또는 그 밖의 다른 증거에 대하여 해당 성폭력범죄를 수사하는 검사에게 「형사소송법」 제184조(증거보전의 청구와 그 절차)제1항에 따른 증거보전의 청구를 할 것을 요청할 수 있다. 이 경우 피해자가 19세 미만 피해자 등인 경우에는 공판기일에 출석하여 증언하는 것에 현저히 곤란한 사정이 있는 것으로 본다.

3. 신상정보 등록

신상정보 등록대상자 (제42조)	① 등록대상 성범죄로 유죄판결이나 약식명령이 확정된 자 또는 공개명령이 확정된 자는 신상정보 등록대상자가 된다. 다만, 다음의 범죄로 벌금형을 선고받은 자는 제외한다.

	성폭력범죄의 처벌에 관한 특례법	• 제12조(성적 목적을 위한 다중이용장소 침입행위) • 제13조(통신매체를 이용한 음란행위)
	아동·청소년의 성보호에 관한 법률	• 제11조 제3항(아동·청소년성착취물을 배포·제공하거나 이를 목적으로 광고·소개하거나 공연히 전시 또는 상영) • 제11조 제5항(아동·청소년성착취물을 구입하거나 아동·청소년성착취물임을 알면서 이를 소지·시청)

신상정보 제출 의무 (제43조)	① 등록대상자는 판결이 확정된 날부터 30일 이내에 기본신상정보를 자신의 주소지를 관할하는 경찰관서의 장에게 제출하여야 한다. ③ 등록대상자는 제출한 기본신상정보가 변경된 경우에는 그 사유와 변경내용을 변경사유가 발생한 날부터 20일 이내에 자신의 주소지를 관할하는 경찰관서의 장에게 제출하여야 한다.
출입국 시 신고의무 (제43조의2)	① 등록대상자가 6개월 이상 국외에 체류하기 위하여 출국하는 경우에는 미리 관할경찰관서의 장에게 체류국가 및 체류기간 등을 신고하여야 한다. ② 신고한 등록대상자가 입국하였을 때에는 특별한 사정이 없으면 14일 이내에 관할경찰관서의 장에게 입국 사실을 신고하여야 한다. 신고를 하지 아니하고 출국하여 6개월 이상 국외에 체류한 등록대상자가 입국하였을 때에도 또한 같다.
신상정보 등록 (제44조)	법무부장관은 송달받은 정보와 등록대상 성범죄 경력정보, 성범죄 전과사실(죄명, 횟수), 전자장치 부착 여부를 등록하여야 한다.
등록면제 (제45조의2)	① 신상정보 등록의 원인이 된 성범죄로 형의 선고를 유예받은 사람이 선고유예를 받은 날부터 2년이 경과하여 「형법」 제60조에 따라 면소된 것으로 간주되면 신상정보 등록을 면제한다.
등록정보공개 (제47조)	② 등록정보의 공개는 여성가족부장관이 집행한다. ③ 법무부장관은 등록정보의 공개에 필요한 정보를 여성가족부장관에게 송부하여야 한다.
비밀준수 (제48조)	등록대상자의 신상정보의 등록·보존 및 관리 업무에 종사하거나 종사하였던 자는 직무상 알게 된 등록정보를 누설하여서는 아니 된다.

05 특정중대범죄 피의자 등 신상정보 공개에 관한 법률 [시행 2024.1.25.] A급

다른 법률과의 관계(제3조)	수사 및 재판 단계에서 **신상정보의 공개**에 대하여는 다른 법률의 규정에도 불구하고 **이 법을 우선 적용**한다.

피의자의 신상정보 공개 (제4조)	① 검사와 사법경찰관은 **다음의 요건을 모두 갖춘 특정중대범죄사건의 피의자의 얼굴, 성명 및 나이**("**신상정보**")를 공개할 수 있다. 다만, 피의자가 미성년자인 **경우에는 공개하지 아니**한다.
	
	  1. 범행수단이 **잔인하고 중대한 피해**가 발생하였을 것(제2조제3호부터 제6호까지의 죄에 한정한다)
	  2. 피의자가 그 죄를 범하였다고 믿을 만한 **충분한 증거**가 있을 것
	  3. 국민의 알권리 보장, 피의자의 재범 방지 및 범죄예방 등 오로지 공공의 이익을 위하여 필요할 것
	
	② 검사와 사법경찰관은 신상정보 **공개를 결정할 때**에는 범죄의 중대성, 범행 후 정황, 피해자 보호 필요성, **피해자**(피해자가 사망한 경우 피해자의 **유족을 포함**한다)의 **의사** 등을 종합적으로 고려하여야 한다.
	④ 공개하는 **피의자의 얼굴**은 특별한 사정이 없으면 **공개 결정일** 전후 30일 이내**의 모습으로** 한다. 이 경우 검사와 사법경찰관은 다른 법령에 따라 적법하게 수집·보관하고 있는 사진, 영상물 등이 있는 때에는 이를 활용하여 공개할 수 있다.
	⑤ 검사와 사법경찰관은 피의자의 얼굴을 공개하기 위하여 **필요한 경우** 피의자를 식별할 수 있도록 피의자의 얼굴을 **촬영할 수 있다**. 이 경우 피의자는 이에 따라야 한다.
	⑥ 검사와 사법경찰관은 피의자의 신상정보 **공개를 결정하기 전**에 **피의자에게 의견**을 진술할 기회를 주어야 한다. 다만, 신상정보공개심의위원회에서 **피의자의 의견을 청취한 경우**에는 이를 생략할 수 있다.
	⑦ 검사와 사법경찰관은 피의자에게 신상정보 **공개를 통지한 날부터** 5일 이상의 유예기간을 두고 신상정보를 공개하여야 한다. 다만, 피의자가 신상정보 공개 결정에 대하여 **서면으로 이의 없음을 표시한 때**에는 유예기간을 두지 아니할 수 있다.
	⑧ 검사와 사법경찰관은 **정보통신망을 이용**하여 그 신상정보를 30일간 공개한다.

신상정보공개 심의위원회 (제8조)	① **검찰총장 및 경찰청장**은 신상정보 공개 여부에 관한 사항을 심의하기 위하여 **신상정보공개심의위원회**를 둘 수 있다. ② 신상정보공개심의위원회는 **위원장을 포함하여** 10인 이내의 **위원**으로 구성한다. ③ 신상정보공개심의위원회는 신상정보 **공개 여부에 관한 사항을 심의할 때** 피의자에게 **의견을 진술할 기회를** 주어야 한다. ④ 신상정보공개심의위원회 **위원 또는 위원이었던** 사람은 심의 과정에서 알게 된 **비밀**을 외부에 공개하거나 누설하여서는 아니 된다. → 비밀을 외부에 공개하거나 누설한 사람은 **1년 이하의 징역**이나 금고 또는 **1천만원 이하의 벌금**에 처한다(제9조).

06 가정폭력범죄의 처벌 등에 관한 특례법 [시행 2025.4.29.] [A급]

09 · 10 · 11 · 13 · 14 · 15 · 17. 채용, 09 · 10 · 11 · 13 · 14 · 15 · 18 · 19. 승진, 12 · 13 · 14 · 15 · 19 · 20. 경간

• 가정폭력범죄의 처리절차 개관

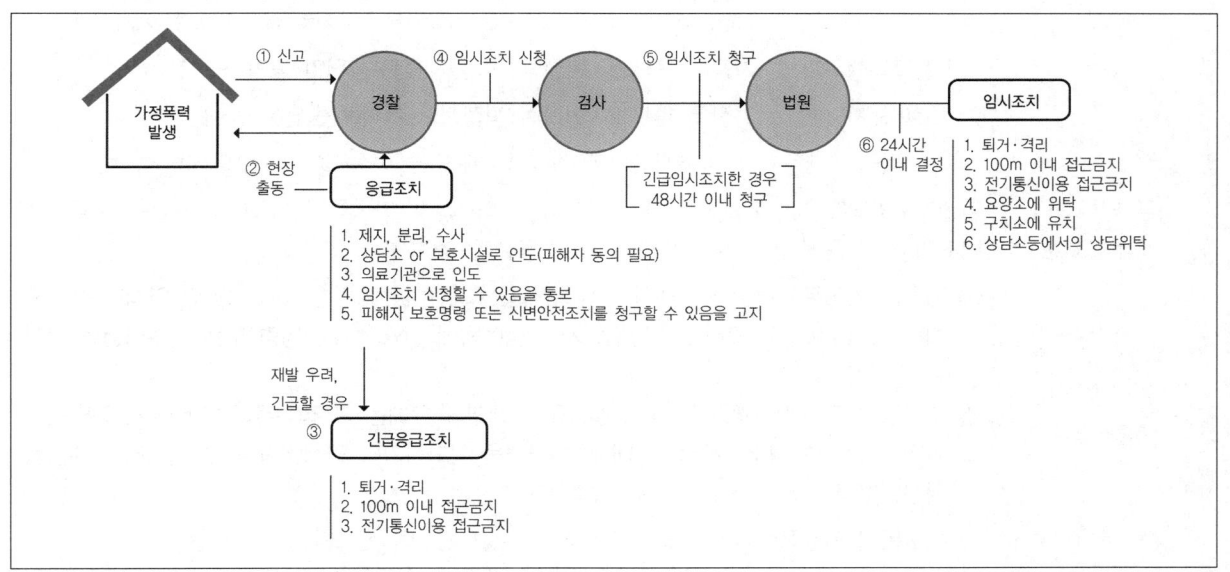

1. 가정폭력범죄의 처리절차

정의 (제2조) 15. 채용, 15 · 18. 승진, 15 · 17 · 20. 경간	가정폭력	가정구성원 사이의 **신체적, 정신적** 또는 **재산상** 피해를 수반하는 행위 13. 경간, 13 · 18. 승진, 14 · 17. 채용
	가정구성원 12 · 14. 경간, 13 · 14 · 18 · 19. 승진, 14. 채용	① 배우자(사실상 혼인관계에 있는 자를 포함) 또는 배우자였던 사람 ② 자기 또는 배우자와 직계존비속관계(사실상의 양친자관계를 포함)에 있거나 **있었던 사람** 19. 승진 ③ 계부모와 자녀의 관계 또는 적모와 서자의 관계에 있거나 **있었던 사람** ④ **동거하는 친족** 15. 채용
	가정폭력범죄에 포함되는 경우 12 · 14 · 15 · 17 · 19. 경간, 13 · 14 · 15 · 18 · 19. 승진, 14 · 15 · 16. 채용	① (존속, 중, 특수)**상해**, (존속, 특수)**폭행** 등 ② (존속, 영아)**유기**, 학대, 존속학대, **아동혹사** ③ (존속, 중, 특수)**체포**, 감금 ④ (존속, 특수)**협박** ⑤ 강간, 유사강간, 준강간, 강제추행, 준강제추행, 강간등 상해 · 치상, 강간등 살인 · 치사, 미성년자에 대한 간음, 추행 ⑥ 명예훼손, 사자의 명예훼손, 출판물 등에 의한 명예훼손, 모욕 ⑦ **주거침입**, 퇴거불응, 특수주거침입, 주거 · 신체 수색 ⑧ 강요, 공갈, 특수공갈 ⑨ 재물손괴, 특수손괴 ⑩ 「성폭력범죄의 처벌 등에 관한 특례법」상 카메라 등을 이용한 촬영

		⑪ 「정보통신망 이용촉진 및 정보보호 등에 관한 법률」상 **공포심·불안감 유발** 《주의》 가정폭력범죄의 유형에 해당하지 않는 범죄 살인·강도·절도 / 사기·횡령·배임 / 약취·유인 / 인질강요 / 업무방해 / 공무집행방해 / 중손괴 / 상해치사·폭행치사상·유기치사상·체포감금치사상
	가정폭력행위자	가정폭력범죄를 범한 사람 및 **가정구성원인 공범** 19. 승진
	피해자	가정폭력범죄로 인하여 **직접적으로** 피해를 입은 사람
	아동	「아동복지법」 제3조 제1호에 따른 아동(18세 미만인 사람)
다른 법률과의 관계(제3조)		가정폭력범죄에 대하여는 이 법을 우선 적용한다. 다만, 아동학대범죄에 대하여는 「아동학대범죄의 처벌 등에 관한 특례법」을 우선 적용한다. 21. 채용
형별과 수강 명령 등의 병과 (제3조의2)		① **법원은** 가정폭력행위자에 대하여 **유죄판결(선고유예는 제외)**을 선고하거나 **약식명령**을 고지하는 경우에는 200시간의 범위에서 재범예방에 필요한 **수강명령 또는 이수명령을 병과**할 수 있다. ④ **수강명령 또는 이수명령**은 형의 집행을 유예할 경우에는 그 **집행유예기간 내에**, 징역형의 실형을 선고할 경우에는 **형기 내에**, 벌금형을 선고하거나 약식명령을 고지할 경우에는 **형 확정일부터 6개월 이내**에 각각 **집행**한다. 21. 채용

신고의무 (제4조)		① **누구든지** 가정폭력범죄를 알게 된 때에는 수사기관에 **신고할 수 있다.**
		② 다음 각 호의 어느 하나에 해당하는 사람이 **직무를 수행하면서** 가정폭력범죄를 알게 된 경우에는 정당한 사유가 없으면 즉시 수사기관에 **신고하여야 한다.** 19. 경간
		  1. 아동의 교육과 보호를 담당하는 기관의 종사자와 그 기관장
		  2. 아동, 60세 이상의 노인, 그 밖에 정상적인 판단 능력이 결여된 사람의 치료 등을 담당하는 의료인 및 의료기관의 장
		  3. 「노인복지법」에 따른 노인복지시설, 「아동복지법」에 따른 아동복지시설, 「장애인복지법」에 따른 장애인복지시설의 종사자와 그 기관장
		  4. 「다문화가족지원법」에 따른 다문화가족지원센터의 전문인력과 그 장
		  5. 「결혼중개업의 관리에 관한 법률」에 따른 국제결혼중개업자와 그 종사자
		  6. 「소방기본법」에 따른 구조대·구급대의 대원
		  7. 「사회복지사업법」에 따른 사회복지 전담공무원
		  8. 「건강가정기본법」에 따른 건강가정지원센터의 종사자와 그 센터의 장
		③ 「아동복지법」에 따른 아동상담소, 「가정폭력방지 및 피해자보호 등에 관한 법률」에 따른 가정폭력 관련 상담소 및 보호시설, 「성폭력범죄의 피해자보호 등에 관한 법률」에 따른 성폭력피해상담소 및 보호시설(이하 "**상담소등**"이라 한다)에 근무하는 상담원과 그 기관장은 피해자 또는 피해자의 법정대리인 등과의 상담을 통하여 가정폭력범죄를 알게 된 경우에는 가정폭력피해자의 명시적인 반대의견이 없으면 즉시 신고하여야 한다.
		➡ 신고의무 불이행시 **300만원 이하 과태료부과**

	고소권자(원칙)	피해자 또는 그 법정대리인
고소의 특례 (제6조) 13·14·18. 승진, 13·14·19. 경간	특례	① 피해자의 법정대리인이 가정폭력행위자인 경우 또는 가정폭력행위자와 공동으로 가정폭력범죄를 범한 경우에는 피해자의 친족이 고소할 수 있다. ② 피해자 또는 법정대리인은 가정폭력행위자가 자기 또는 배우자의 직계존속인 경우에도 고소할 수 있다. ③ 피해자에게 고소할 법정대리인이나 친족이 없는 경우에 이해관계인의 신청이 있으면 검사는 10일 이내에 고소할 수 있는 사람을 지정하여야 한다. 17. 승진, 19. 법학
응급조치 (제5조) 12·13·15. 채용, 14·15·18·19. 승진	성질	진행 중인 가정폭력범죄에 대하여 신고를 받은 사법경찰관리는 즉시 현장에 나가서 응급조치를 하여야 한다.
	내용	① 폭력행위의 제지, 가정폭력행위자·피해자의 분리 ② 「형사소송법」 제212조에 따른 현행범인의 체포 등 범죄수사 ③ 피해자를 가정폭력 관련 상담소 또는 보호시설로 인도(피해자가 동의한 경우만 해당한다) ④ 긴급치료가 필요한 피해자를 의료기관으로 인도 ⑤ 폭력행위 재발시 임시조치를 신청할 수 있음을 통보 ⑥ 제55조의2에 따른 피해자보호명령 또는 신변안전조치를 청구할 수 있음을 고지
사법경찰관의 사건 송치 (제7조)		사법경찰관은 가정폭력범죄를 신속히 수사하여 사건을 검사에게 송치하여야 한다. 이 경우 사법경찰관은 해당 사건을 가정보호사건으로 처리하는 것이 적절한지에 관한 의견을 제시할 수 있다. 19. 법학
임시조치	신청 및 청구 (제8조)	① 검사는 가정폭력범죄가 재발될 우려가 있다고 인정하는 경우에는 직권으로 또는 사법경찰관의 신청에 의하여 법원에 퇴거 등 격리, 100미터 이내의 접근금지, 전기통신을 이용한 접근금지의 임시조치를 청구할 수 있다. ② 검사는 가정폭력행위자가 ①의 청구에 의하여 결정된 임시조치를 위반하여 가정폭력범죄가 재발될 우려가 있다고 인정하는 경우에는 직권으로 또는 사법경찰관의 신청에 의하여 법원에 유치장 또는 구치소에의 유치의 임시조치를 청구할 수 있다. ③ 피해자 또는 그 법정대리인은 검사 또는 사법경찰관에게 임시조치의 청구 또는 그 신청을 요청하거나 이에 관하여 의견을 진술할 수 있다. 19. 법학 ④ 위 요청을 받은 사법경찰관은 임시조치를 신청하지 아니하는 경우에는 검사에게 그 사유를 보고하여야 한다.
	내용 12·13·15·16. 채용	① 피해자 또는 가정구성원의 주거 또는 점유하는 방실로부터의 퇴거 등 격리 ② 피해자 또는 가정구성원이나 그 주거·직장 등에서 100미터 이내의 접근금지

	③ 피해자 또는 가정구성원에 대한 전기통신을 이용한 접근금지
	④ 의료기관 기타 요양소에의 위탁
	⑤ 국가경찰관서의 유치장 또는 구치소에의 유치 19. 법학
	⑥ 상담소 등에의 상담위탁
	  → **격리 및 접근금지 기간: 2개월, 2회 연장 가능**
	  → **요양소에 위탁, 유치장 또는 구치소 유치, 상담위탁 기간: 1개월, 1회 연장 가능**
	⑦ 판사는 동행영장에 의하여 동행한 가정폭력행위자 또는 검사의 이송 지휘에 따라 인도된 가정폭력행위자에 대하여는 **가정폭력행위자가 법원에 인치된 때부터 24시간 이내에 임시조치 여부를 결정하여야 한다.**

긴급임시조치 (제8조의2) 14. 채용, 14. 경간, 15 · 18 · 19. 승진, 19. 법학	① **사법경찰관은 응급조치에도 불구하고 가정폭력범죄가 재발될 우려가 있고, 긴급을 요하여 법원의 임시조치 결정을 받을 수 없을 때에는 직권 또는 피해자나 그 법정대리인의 신청에 의하여 임시조치 중 제1호부터 제3호까지의 어느 하나에 해당하는 조치를 할 수 있다.** 21. 채용 ② 사법경찰관은 긴급임시조치를 한 경우에는 즉시 **긴급임시조치결정서를** 작성하여야 한다. ③ 긴급임시조치결정서에는 **범죄사실의 요지, 긴급임시조치가 필요한 사유** 등을 기재하여야 한다.
긴급임시조치와 임시조치의 청구 (제8조의3) 19. 승진	① **사법경찰관이 긴급임시조치를 한 때에는 지체 없이 검사에게 임시조치를 신청하고, 신청받은 검사는 법원에 임시조치를 청구하여야 한다.** 19. 승진 ② 이 경우 임시조치의 청구는 긴급임시조치를 한 때부터 48시간 이내에 청구하여야 하며, **긴급임시조치결정서를 첨부하여야 한다.** 16. 채용, 19. 승진 ③ 검사가 임시조치를 청구하지 아니하거나 법원이 임시조치의 결정을 하지 아니한 때에는 즉시 긴급임시조치를 취소하여야 한다.

2. 가정폭력범죄의 피해자 보호

피해자보호명령 등
(제55조의2)
	① 판사는 피해자의 보호를 위하여 필요하다고 인정하는 때에는 피해자, 그 법정대리인 또는 **검사의 청구에** 따라 결정으로 가정폭력행위자에게 다음 각 호의 어느 하나에 해당하는 **피해자보호명령을 할 수 있다.**
	  1. 피해자 또는 가정구성원의 주거 또는 점유하는 방실로부터의 **퇴거 등 격리**
	  2. **피해자 또는 가정구성원이나** 그 주거·직장 등에서 **100미터 이내의 접근금지**
	  3. 피해자 또는 가정구성원에 대한 「전기통신사업법」 제2조 제1호의 **전기통신을 이용한 접근금지**
	  4. 친권자인 가정폭력행위자의 피해자에 대한 **친권행사의 제한**
	  5. 가정폭력행위자의 피해자에 대한 **면접교섭권행사의 제한**
	② 제1항 각 호의 피해자보호명령은 이를 병과할 수 있다.
	③ 피해자, 그 법정대리인 또는 **검사는** 제1항에 따른 피해자보호명령의 취소 또는 그 종류의 변경을 신청할 수 있다.

구분	내용
피해자보호명령의 기간 (제55조의3)	① **피해자보호명령의 기간은 1년을 초과할 수 없다.** 다만, 피해자의 보호를 위하여 그 기간의 연장이 필요하다고 인정하는 경우에는 직권이나 피해자, 그 법정대리인 또는 **검사의 청구**에 따른 결정으로 2개월 **단위로 연장할 수 있다.** ② 피해자보호명령의 기간을 연장하거나 그 종류를 변경하는 경우 **종전의 처분기간을 합산하여** 3년을 **초과할 수 없다.**
항고와 재항고 (제55조의8)	① 피해자보호명령(제55조의3에 따른 연장의 결정을 포함한다) 및 그 취소 또는 종류의 변경, 제55조의4에 따른 임시보호명령 및 그 취소 또는 종류의 변경에 있어서 **그 결정에 영향을 미칠 법령위반이 있거나 중대한 사실오인이 있는 때 또는 그 결정이 현저히 부당한 때에는** 검사, 피해자, 가정폭력행위자, 법정대리인 또는 보조인은 가정법원본원합의부에 **항고할 수 있다.** 다만, 가정법원이 설치되지 아니한 지역에서는 지방법원본원합의부에 하여야 한다. ② 판사가 피해자보호명령을 기각한 경우 피해자, 그 법정대리인 또는 검사는 항고할 수 있다. 이 경우 항고법원에 관하여는 제1항을 준용한다.
보호처분 등의 불이행죄 (제63조)	① 다음 각 호의 어느 하나에 해당하는 가정폭력행위자는 2년 이하의 징역 또는 2천만원 이하의 벌금 또는 구류(拘留)에 처한다. 　1. 제40조 제1항 제1호부터 제3호까지의 어느 하나에 해당하는 보호처분이 확정된 후에 이를 이행하지 아니한 가정폭력행위자 　2. 제55조의2에 따른 피해자보호명령 또는 제55조의4에 따른 임시보호명령을 받고 이를 이행하지 아니한 가정폭력행위자 ② 정당한 사유 없이 제29조 제1항 제1호부터 제3호까지의 어느 하나에 해당하는 임시조치를 이행하지 아니한 가정폭력행위자는 1년 이하의 **징역** 또는 1천만원 이하의 벌금 또는 구류에 처한다. ③ 상습적으로 제1항 및 제2항의 죄를 범한 가정폭력행위자는 3년 이하의 징역이나 3천만원 이하의 벌금에 처한다. ④ 제3조의2 제1항에 따라 이수명령을 부과받은 사람이 보호관찰소의 장 또는 교정시설의 장의 **이수명령 이행에 관한 지시에 불응하여** 「보호관찰 등에 관한 법률」 또는 「형의 집행 및 수용자의 처우에 관한 법률」에 따른 **경고를 받은 후 재차 정당한 사유 없이 이수명령 이행에 관한 지시에 불응한 경우** 다음 각 호에 따른다. 　1. 벌금형과 병과된 경우에는 500만원 이하의 벌금에 처한다. 　2. 징역형의 실형과 병과된 경우에는 1년 이하의 징역 또는 1천만원 이하의 벌금에 처한다.

07 아동학대범죄의 처벌 등에 관한 특례법 [시행 2025.6.21.] A급

• 아동학대범죄의 처리절차 개관

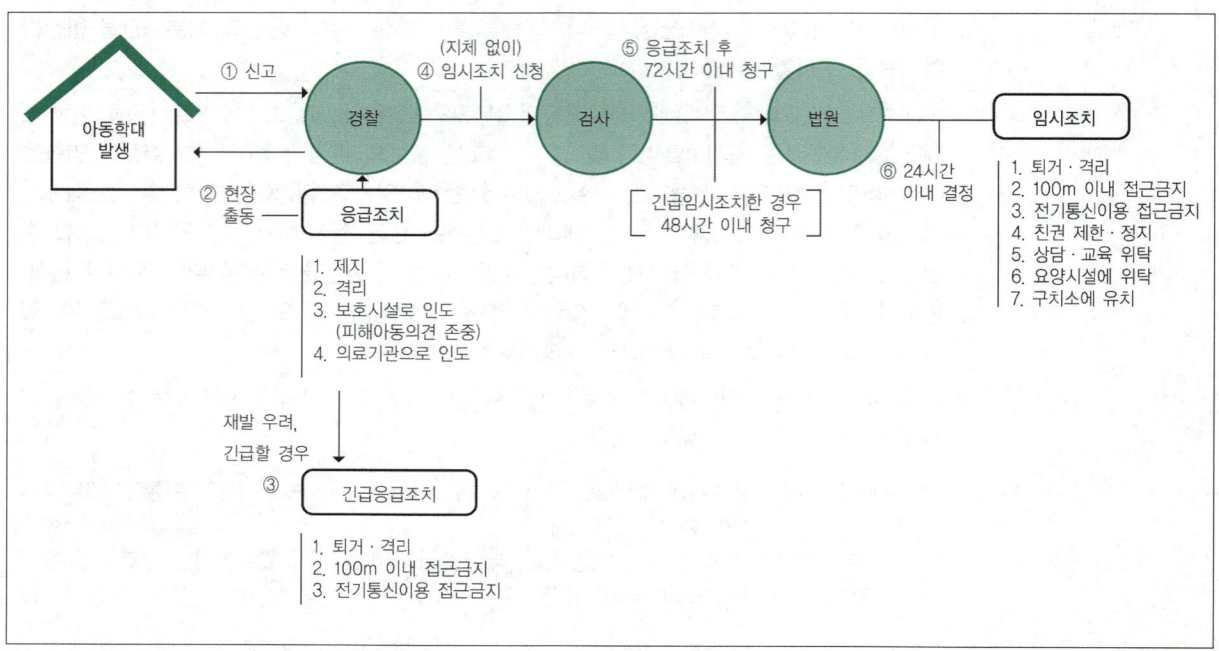

1. 아동학대범죄의 처리절차

용어 정의	보호자	친권자, 후견인, 아동을 보호·양육·교육하거나 그러한 의무가 있는 자 또는 업무·고용 등의 관계로 **사실상 아동을 보호·감독하는 자**를 말한다.
	아동학대	보호자를 포함한 성인이 아동의 건강 또는 복지를 해치거나 정상적 발달을 저해할 수 있는 신체적·정신적·성적 폭력이나 가혹행위를 하는 것과 아동의 보호자가 아동을 유기하거나 방임하는 것을 말한다.
	아동학대행위자	**아동학대범죄를 범한 사람 및 그 공범**을 말한다.
	피해아동	아동학대범죄로 인하여 **직접적**으로 **피해를 입은 아동**을 말한다.
다른 법률과의 관계(제3조)		아동학대범죄에 대하여는 이 법을 우선 적용한다. 다만, 「성폭력범죄의 처벌 등에 관한 특례법」, 「아동·청소년의 성보호에 관한 법률」에서 가중처벌되는 경우에는 그 법에서 정한 바에 따른다. 20. 승진
아동복지시설 종사자 가중처벌 (제7조)		**아동학대 신고의무자가 보호하는 아동에 대하여 아동학대범죄를 범한 때**에는 그 죄에 정한 형의 2분의 1까지 가중한다. 21. 채용
형벌과 수강명령 병과(제8조)		① **법원은 아동학대행위자에 대하여 유죄판결(선고유예는 제외한다)을 선고하거나 약식명령을 고지하면서 200시간의 범위에서 재범예방에 필요한 수강명령 또는 아동학대 치료프로그램의 이수명령을 병과할 수 있다.**

친권상실청구 (제9조)	① 아동학대행위자가 제4조 제3항, 제5조 또는 제6조의 범죄를 저지른 때에는 검사는 그 사건의 아동학대행위자가 피해아동의 친권자나 후견인인 경우에 법원에 「민법」 제924조의 친권상실의 선고 또는 같은 법 제940조의 후견인의 변경 심판을 청구하여야 한다. 다만, 친권상실의 선고 또는 후견인의 변경 심판을 하여서는 아니 될 특별한 사정이 있는 경우에는 그러하지 아니하다. ② 검사가 제1항에 따른 청구를 하지 아니한 때에는 특별시장·광역시장·특별자치시장·도지사·특별자치도지사(이하 "**시·도지사**"라 한다) 또는 **시장·군수·구청장은 검사에게 제1항의 청구를 하도록 요청할 수 있다**. 이 경우 청구를 요청받은 검사는 요청받은 날부터 30일 내에 그 처리 결과를 시·도지사 또는 시장·군수·구청장에게 통보하여야 한다. ③ 제2항 후단에 따라 처리 결과를 통보받은 **시·도지사 또는** 시장·군수·구청장은 그 처리 결과에 대하여 이의가 있을 경우 통보받은 날부터 30일 내에 **직접 법원에 제1항의 청구를 할 수 있다.**
아동학대범죄 신고의무와 절차 (제10조)	① 누구든지 아동학대범죄를 알게 된 경우나 그 의심이 있는 경우에는 **시·도, 시·군·구** 또는 수사기관에 신고할 수 있다. ② 다음 각 호의 어느 하나에 해당하는 사람이 직무를 수행하면서 아동학대범죄를 알게 된 경우나 그 의심이 있는 경우에는 **시·도, 시·군·구** 또는 수사기관에 즉시 신고하여야 한다. 20. 승진 ★ 피해아동등이 보호자의 학대를 당연하게 받아들이고 이를 학대로 인식하지 못하는 미인지성(은폐성×) 때문에 「아동학대범죄의 처벌 등에 관한 특례법」은 아동학대 신고의무자를 광범위하게 규정하고 있다. 18. 승진, 19. 경간 1. 「아동복지법」 제10조의2에 따른 아동권리보장원(이하 "아동권리보장원"이라 한다) 및 가정위탁지원센터의 장과 그 종사자 2. 아동복지시설의 장과 그 종사자(아동보호전문기관의 장과 그 종사자는 제외한다) 3. 「아동복지법」 제13조에 따른 아동복지전담공무원 4. 「가정폭력방지 및 피해자보호 등에 관한 법률」 제5조에 따른 가정폭력 관련 상담소 및 같은 법 제7조의2에 따른 가정폭력피해자 보호시설의 장과 그 종사자 5. 「건강가정기본법」 제35조에 따른 건강가정지원센터의 장과 그 종사자 6. 「다문화가족지원법」 제12조에 따른 다문화가족지원센터의 장과 그 종사자 7. 「사회보장급여의 이용·제공 및 수급권자 발굴에 관한 법률」 제43조에 따른 사회복지전담공무원 및 「사회복지사업법」 제34조에 따른 사회복지시설의 장과 그 종사자 8. 「성매매방지 및 피해자보호 등에 관한 법률」 제9조에 따른 지원시설 및 같은 법 제17조에 따른 성매매피해상담소의 장과 그 종사자 9. 「성폭력방지 및 피해자보호 등에 관한 법률」 제10조에 따른 성폭력피해상담소, 같은 법 제12조에 따른 성폭력피해자보호시설의 장과 그 종사자 및 같은 법 제18조에 따른 성폭력피해자통합지원센터의 장과 그 종사자 10. 「119구조·구급에 관한 법률」 제2조 제4호에 따른 119구급대의 대원 11. 「응급의료에 관한 법률」 제2조 제7호에 따른 응급의료기관등에 종사하는 응급구조사 12. 「영유아보육법」 제7조에 따른 육아종합지원센터의 장과 그 종사자 및 제10조에 따른 어린이집의 원장 등 보육교직원 13. 「유아교육법」 제2조 제2호에 따른 유치원의 장과 그 종사자 14. 아동보호전문기관의 장과 그 종사자 15. 「의료법」 제3조 제1항에 따른 의료기관의 장과 그 의료기관에 종사하는 의료인 및 의료기사

	16. 「장애인복지법」 제58조에 따른 장애인복지시설의 장과 그 종사자로서 시설에서 장애아동에 대한 상담·치료·훈련 또는 요양 업무를 수행하는 사람 17. 「정신건강증진 및 정신질환자 복지서비스 지원에 관한 법률」 제3조 제3호에 따른 정신건강복지센터, 같은 조 제5호에 따른 정신의료기관, 같은 조 제6호에 따른 정신요양시설 및 같은 조 제7호에 따른 정신재활시설의 장과 그 종사자 18. 「청소년기본법」 제3조 제6호에 따른 청소년시설 및 같은 조 제8호에 따른 청소년단체의 장과 그 종사자 19. 「청소년 보호법」 제35조에 따른 청소년 보호·재활센터의 장과 그 종사자 20. 「초·중등교육법」 제2조에 따른 학교의 장과 그 종사자 21. 「한부모가족지원법」 제19조에 따른 한부모가족복지시설의 장과 그 종사자 22. 「학원의 설립·운영 및 과외교습에 관한 법률」 제6조에 따른 학원의 운영자·강사·직원 및 같은 법 제14조에 따른 교습소의 교습자·직원 23. 「아이돌봄 지원법」 제2조 제4호에 따른 아이돌봄사 24. 「아동복지법」 제37조에 따른 취약계층 아동에 대한 통합서비스지원 수행인력 25. 「입양특례법」 제20조에 따른 입양기관의 장과 그 종사자 26. 「영유아보육법」 제8조에 따른 한국보육진흥원의 장과 그 종사자로서 같은 법 제30조에 따른 어린이집 평가 업무를 수행하는 사람 27. 「대안교육기관에 관한 법률」 제2조 제2호에 따른 대안교육기관과 「초·중등교육법 시행령」 제54조에 따라 학교의 장으로부터 학업에 어려움을 겪는 학생들에 대한 교육을 위탁받은 교육기관 등의 장과 그 종사자 ③ 누구든지 제1항 및 제2항에 따른 신고인의 인적 사항 또는 신고인임을 미루어 알 수 있는 사실을 다른 사람에게 알려주거나 공개 또는 보도하여서는 아니 된다. ④ 제2항에 따른 신고가 있는 경우 시·도, 시·군·구 또는 수사기관은 정당한 사유가 없으면 즉시 조사 또는 수사에 착수하여야 한다.
현장출동 (제11조)	① 아동학대범죄 신고를 접수한 **사법경찰관리**나 「아동복지법」 제22조 제4항에 따른 **아동학대전담공무원은 지체 없이 아동학대범죄의 현장에 출동하여야 한다.** 이 경우 수사기관의 장이나 시·도지사 또는 시장·군수·구청장은 서로 동행하여 줄 것을 요청할 수 있으며, 그 요청을 받은 수사기관의 장이나 시·도지사 또는 시장·군수·구청장은 정당한 사유가 없으면 사법경찰관리나 아동학대전담공무원이 아동학대범죄 현장에 동행하도록 조치하여야 한다. ② 아동학대범죄 신고를 접수한 사법경찰관리나 아동학대전담공무원은 아동학대범죄가 행하여지고 있는 것으로 신고된 **현장 또는 피해아동을 보호하기 위하여 필요한 장소에 출입**하여 아동 또는 아동학대행위자 등 관계인에 대하여 **조사를 하거나 질문을 할 수 있다.** 다만, 아동학대전담공무원은 다음 각 호를 위한 범위에서만 아동학대행위자 등 관계인에 대하여 조사 또는 질문을 할 수 있다. 1. 피해아동의 보호 2. 「아동복지법」 제22조의4의 사례관리계획에 따른 사례관리 ③ 시·도지사 또는 시장·군수·구청장은 제1항에 따른 현장출동시 아동보호 및 사례관리를 위하여 필요한 경우 아동보호전문기관의 장에게 아동보호전문기관의 직원이 동행할 것을 요청할 수 있다. 이 경우 아동보호전문기관의 직원은 피해아동의 보호 및 사례관리를 위한 범위에서 아동학대전담공무원의 조사에 참여할 수 있다.

④ 제2항 및 제3항에 따라 출입이나 조사를 하는 사법경찰관리, 아동학대전담공무원 또는 아동보호전문기관의 직원은 그 권한을 표시하는 증표를 지니고 이를 관계인에게 내보여야 한다.

⑤ 제2항에 따라 조사 또는 질문을 하는 사법경찰관리 또는 아동학대전담공무원은 **피해아동, 아동학대범죄신고자등, 목격자 등이 자유롭게 진술할 수 있도록 아동학대행위자로부터 분리된 곳에서 조사**하는 등 필요한 조치를 하여야 한다.

⑥ 누구든지 제1항부터 제3항까지의 규정에 따라 현장에 출동한 사법경찰관리, 아동학대전담공무원 또는 아동보호전문기관의 직원이 제2항 및 제3항에 따른 업무를 수행할 때에 폭행·협박이나 현장조사를 거부하는 등 그 업무 수행을 방해하는 행위를 하여서는 아니 된다.

⑦ 제1항에 따른 현장출동이 동행하여 이루어지지 아니한 경우 수사기관의 장이나 시·도지사 또는 시장·군수·구청장은 현장출동에 따른 조사 등의 결과를 **서로에게 통지**하여야 한다.

피해아동 등에 대한 응급조치 (제12조)

① 제11조 제1항에 따라 현장에 출동하거나 아동학대범죄 현장을 발견한 경우 또는 **학대현장 이외의 장소**에서 학대피해가 확인되고 재학대의 위험이 급박·현저한 경우, 사법경찰관리 또는 아동학대전담공무원은 **피해아동, 피해아동의 형제자매인 아동 및 피해아동과 동거하는 아동**("피해아동등")의 보호를 위하여 즉시 다음 각 호의 조치("응급조치")를 하여야 한다. 15. 채용, 20. 승진 이 경우 제3호 또는 제5호의 조치를 하는 때에는 피해아동등의 이익을 최우선으로 고려하여야 하며, 피해아동등을 보호하여야 할 필요가 있는 등 특별한 사정이 있는 경우를 제외하고는 **피해아동등의 의사를 존중하여야 한다.** 20. 승진, 21. 채용

> 1. 아동학대범죄 행위의 **제지**
> 2. 아동학대행위자를 피해아동등으로부터 **격리**
> 3. 피해아동등을 아동학대 관련 **보호시설로 인도** 19. 승진
> 4. 긴급치료가 필요한 피해아동을 **의료기관으로 인도**
> 5. 피해아동등을 연고자 등에게 인도

② 사법경찰관리나 아동학대전담공무원은 제1항 제3호부터 제5호까지에 따라 피해아동등을 분리·인도하여 보호하는 경우 지체 없이 피해아동등을 인도받은 보호시설·의료시설의 소재지 또는 연고자 등의 주거지를 관할하는 **시·도지사 또는 시장·군수·구청장에게 그 사실을 통보하여야 한다.** 15. 채용

③ 제1항 제2호부터 제5호까지의 규정에 따른 응급조치는 **72시간을 넘을 수 없다. 다만, 본문의 기간에 공휴일이나 토요일이 포함되는 경우로서 피해아동등의 보호를 위하여 필요하다고 인정되는 경우에는 48시간의 범위에서 그 기간을 연장할 수 있다.** 15·21. 채용, 18·19·20. 승진, 19. 경간

④ 제3항에도 불구하고 검사가 제15조 제2항에 따라 **임시조치를 법원에 청구한 경우에는 법원의 임시조치 결정시까지 응급조치 기간이 연장된다.** 19. 승진

⑤ 사법경찰관리 또는 아동학대전담공무원이 제1항에 따라 응급조치를 한 경우에는 즉시 응급조치결과보고서를 작성하여야 한다. 이 경우 **사법경찰관리가 응급조치를 한 경우에는 관할 경찰관서의 장이 시·도지사 또는 시장·군수·구청장에게,** 아동학대전담공무원이 응급조치를 한 경우에는 소속 시·도지사 또는 시장·군수·구청장이 관할 경찰관서의 장에게 작성된 응급조치결과보고서를 지체 없이 송부하여야 한다. 15. 채용

⑥ 제5항에 따른 응급조치결과보고서에는 피해사실의 요지, 응급조치가 필요한 사유, 응급조치의 내용 등을 기재하여야 한다.

	⑦ 누구든지 아동학대전담공무원이나 사법경찰관리가 제1항에 따른 업무를 수행할 때에 폭행·협박이나 응급조치를 저지하는 등 그 업무 수행을 방해하는 행위를 하여서는 아니 된다. 　　**처벌강화** 업무를 수행 중인 사법경찰관리, 아동학대전담공무원이나 아동보호전문기관의 직원에 대하여 폭행 또는 협박하거나 위계 또는 위력으로써 그 업무수행을 방해한 사람은 5년 이하의 징역 또는 5천만원 이하의 벌금에 처한다. ⑧ 사법경찰관리는 제1항 제1호 또는 제2호의 조치를 위하여 다른 사람의 토지·건물·배 또는 차에 출입할 수 있다.
긴급임시조치 (제13조)	① 사법경찰관은 응급조치에도 불구하고 아동학대범죄가 재발될 우려가 있고, 긴급을 요하여 법원의 임시조치 결정을 받을 수 없을 때에는 직권이나 피해아동등, 그 법정대리인(아동학대행위자를 제외한다), 변호사, 시·도지사, 시장·군수·구청장 또는 아동보호전문기관의 장의 신청에 따라 임시조치 제1항 제1호부터 제3호까지의 어느 하나에 해당하는 조치를 할 수 있다. 18·19·20. 승진, 19. 경간 ② 사법경찰관은 긴급임시조치를 한 경우에는 즉시 긴급임시조치결정서를 작성하여야 하고, 그 내용을 시·도지사 또는 시장·군수·구청장에게 지체 없이 통지하여야 한다. ③ 긴급임시조치결정서에는 범죄사실의 요지, 긴급임시조치가 필요한 사유, 긴급임시조치의 내용 등을 기재하여야 한다.
임시조치의 청구 (제14조)	① 검사는 아동학대범죄가 재발될 우려가 있다고 인정하는 경우에는 직권으로 또는 사법경찰관이나 보호관찰관의 신청에 따라 법원에 임시조치를 청구할 수 있다. 19·20. 승진 ② 피해아동등, 그 법정대리인, 변호사, 시·도지사, 시장·군수·구청장 또는 아동보호전문기관의 장은 검사 또는 사법경찰관에게 제1항에 따른 임시조치의 청구 또는 그 신청을 요청하거나 이에 관하여 의견을 진술할 수 있다. ③ 위의 요청을 받은 사법경찰관은 임시조치를 신청하지 아니하는 경우에는 검사 및 임시조치를 요청한 자에게 그 사유를 통지하여야 한다.
응급조치· 긴급임시조치 후 임시조치의 청구 (제15조)	① 사법경찰관이 응급조치 또는 긴급임시조치를 하였거나 시·도지사 또는 시장·군수·구청장으로부터 응급조치가 행하여졌다는 통지를 받은 때에는 지체 없이 검사에게 임시조치의 청구를 신청하여야 한다. ② 사법경찰관의 신청을 받은 검사는 임시조치를 청구하는 때에는 응급조치가 있었던 때부터 72시간(응급조치 기간이 연장된 경우에는 그 기간을 말한다) 이내에, 긴급임시조치가 있었던 때부터 48시간 이내에 하여야 한다. 이 경우 응급조치결과보고서 및 긴급임시조치결정서를 첨부하여야 한다. ③ 사법경찰관은 검사가 임시조치를 청구하지 아니하거나 법원이 임시조치의 결정을 하지 아니한 때에는 즉시 그 긴급임시조치를 취소하여야 한다.
임시조치 (제19조)	① 판사는 아동학대범죄의 원활한 조사·심리 또는 피해아동등의 보호를 위하여 필요하다고 인정하는 경우에는 결정으로 아동학대행위자에게 다음 각 호의 어느 하나에 해당하는 조치("**임시조치**")를 할 수 있다. 18·19. 승진, 19. 경간, 21. 채용 　1. 피해아동등 또는 가정구성원(「가정폭력범죄의 처벌 등에 관한 특례법」 제2조 제2호에 따른 가정구성원을 말한다. 이하 같다)의 주거로부터 **퇴거 등 격리** 　2. 피해아동등 또는 가정구성원의 주거, 학교 또는 보호시설 등에서 **100미터 이내의 접근금지** 19. 승진

	3. 피해아동등 또는 가정구성원에 대한 「전기통신기본법」 제2조 제1호의 **전기통신을 이용한 접근 금지** 21. 채용 4. 친권 또는 후견인 **권한 행사의 제한 또는 정지** 19. 승진, 21. 채용 5. 아동보호전문기관 등에의 **상담 및 교육 위탁** 19. 승진, 21. 채용 6. 의료기관이나 그 밖의 **요양시설에의 위탁** 21. 채용 7. 경찰관서의 **유치장 또는 구치소에의 유치** 21. 채용 ② 제1항 각 호의 처분은 **병과할 수 있다.** ③ **판사는** 피해아동등에 대하여 제12조 제1항 제2호부터 제5호까지의 규정에 따른 응급조치가 행하여진 경우에는 **임시조치가 청구된 때로부터 24시간 이내에 임시조치 여부를 결정하여야 한다.** ④ 제1항 각 호의 규정에 따른 **임시조치기간은 2개월을 초과할 수 없다.** 다만, 피해아동등의 보호를 위하여 그 기간을 연장할 필요가 있다고 인정하는 경우에는 결정으로 **제1항 제1호부터 제3호까지의 규정에 따른 임시조치는 두 차례만,** 같은 항 **제4호부터 제7호까지의 규정에 따른 임시조치는 한 차례만** 각 기간의 범위에서 **연장할 수 있다.** ⑤ 제1항 제6호에 따라 위탁을 하는 경우에는 의료기관 등의 장에게 아동학대행위자를 보호하는 데에 필요한 사항을 부과할 수 있다. ⑥ 제1항 제6호에 따라 민간이 운영하는 의료기관 등에 아동학대행위자를 위탁하려는 경우에는 제5항에 따라 부과할 사항을 그 의료기관 등의 장에게 미리 고지하고 동의를 받아야 한다. ⑦ 법원은 제1항에 따른 임시조치를 결정한 경우에는 검사, 피해아동등, 그 법정대리인, 변호사, 시·도지사 또는 시장·군수·구청장 및 피해아동등을 보호하고 있는 기관의 장에게 통지하여야 한다. ⑧ 제1항 제5호에 따른 상담 및 교육을 행한 아동보호전문기관의 장 등은 그 결과보고서를 판사와 검사에게 제출하여야 한다. ⑨ 제1항 각 호의 위탁 대상이 되는 상담소, 의료기관, 요양시설 등의 기준과 위탁의 절차 및 제7항에 따른 통지의 절차 등 그 밖에 필요한 사항은 대법원규칙으로 정한다.
사법경찰관의 사건송치 (제24조)	사법경찰관은 아동학대범죄를 신속히 수사하여 사건을 검사에게 송치하여야 한다. 이 경우 사법경찰관은 해당 사건을 아동보호사건으로 처리하는 것이 적절한지에 관한 의견을 제시할 수 있다.

2. 아동학대범죄의 피해아동보호

증인에 대한 신변안전조치 (제17조의2)	① 검사는 아동학대범죄사건의 증인이 피고인 또는 그 밖의 사람으로부터 생명·신체에 해를 입거나 입을 염려가 있다고 인정될 때에는 관할 **경찰서장에게 증인의 신변안전을 위하여 필요한 조치를 할 것을 요청하여야 한다.** ② 증인은 검사에게 제1항의 조치를 하도록 청구할 수 있다. ③ 재판장은 검사에게 제1항의 조치를 하도록 요청할 수 있다. ④ 제1항의 요청을 받은 관할 경찰서장은 즉시 증인의 신변안전을 위하여 필요한 조치를 하고 그 사실을 검사에게 통보하여야 한다.

가정법원의 피해아동에 대한 보호명령 (제47조)	① 판사는 직권 또는 피해아동, 그 법정대리인, 검사, 변호사, 시·도지사 또는 시장·군수·구청장의 청구에 따라 결정으로 피해아동의 보호를 위하여 다음 각 호의 **피해아동보호명령**을 할 수 있다. 1. 아동학대행위자를 피해아동의 주거지 또는 점유하는 방실(房室)로부터의 **퇴거 등 격리** 2. 아동학대행위자가 피해아동 또는 가정구성원에게 **접근하는 행위의 제한** 3. 아동학대행위자가 피해아동 또는 가정구성원에게 「전기통신기본법」 제2조 제1호의 **전기통신을 이용하여 접근하는 행위의 제한** 4. 피해아동을 아동복지시설 또는 장애인복지시설로의 **보호위탁** 5. 피해아동을 의료기관으로의 **치료위탁** 5의2. 피해아동을 아동보호전문기관, 상담소 등으로의 **상담·치료위탁** 6. 피해아동을 연고자 등에게 **가정위탁** 7. 친권자인 아동학대행위자의 피해아동에 대한 **친권 행사의 제한 또는 정지** 8. 후견인인 아동학대행위자의 피해아동에 대한 **후견인 권한의 제한 또는 정지** 9. 친권자 또는 후견인의 **의사표시를 갈음하는 결정** ② 아동보호전문기관의 장은 시·도지사 또는 시장·군수·구청장에게 제1항에 따른 피해아동보호명령의 청구를 요청할 수 있다. 이 경우 시·도지사 또는 시장·군수·구청장은 요청을 신속히 처리해야 하며, 요청받은 날부터 **15일 이내**에 그 처리 결과를 아동보호전문기관의 장에게 통보하여야 한다. ③ 제1항 각 호의 처분은 **병과할 수 있다.** ④ 판사가 제1항 각 호의 피해아동보호명령을 하는 경우 피해아동, 그 법정대리인, 변호사, 시·도지사 또는 시장·군수·구청장 및 아동보호전문기관의 장은 관할 법원에 대하여 필요한 의견을 진술할 수 있다. ⑤ 판사가 제1항 제7호 및 제8호의 피해아동보호명령을 하는 경우 피해아동보호명령의 기간 동안 임시로 후견인의 임무를 수행할 자의 선임 등에 대하여는 제23조를 준용한다. ⑥ 제1항 제4호·제5호·제5호의2·제6호의 규정에 따른 위탁 대상이 되는 아동복지시설, 의료기관, 아동보호전문기관·상담소 등, 연고자 등의 기준과 위탁의 절차 및 집행 등에 필요한 사항은 대법원규칙으로 정한다. ⑦ 판사는 제1항 제5호의2에 따른 피해아동보호명령을 하는 경우 필요하다고 인정하는 때에는 피해아동의 보호자를 그 과정에 참여시킬 수 있다.
피해아동 보호명령의 집행 및 취소와 변경 (제50조)	① 관할 법원의 판사는 제47조 제1항 제1호부터 제5호까지, 제5호의2 및 제6호의 규정에 따른 피해아동보호명령을 하는 경우, 가정보호사건조사관, 법원공무원, 사법경찰관리 또는 구치소 소속 교정직공무원으로 하여금 이를 집행하게 하거나, 시·도지사 또는 시장·군수·구청장에게 그 집행을 위임할 수 있다. ② 판사는 제1항에 따른 집행담당자에게 피해아동보호명령의 집행상황보고서 또는 의견서를 요구할 수 있고, 그 집행에 필요한 지시를 할 수 있으며, 필요한 경우 가정보호사건조사관으로 하여금 피해아동보호명령의 집행과 관련한 사항에 대하여 조사하도록 할 수 있다. ③ 피해아동, 그 법정대리인, 검사, 변호사, 시·도지사 또는 시장·군수·구청장은 제47조 제1항에 따른 보호명령의 취소 또는 그 종류의 변경을 신청할 수 있으며, 아동보호전문기관의 장은 시·도지사 또는 시장·군수·구청장에게 보호명령의 취소 또는 그 종류의 변경 신청을 요청할 수 있다.

	④ 판사는 상당한 이유가 있다고 인정하는 때에는 직권 또는 제3항의 신청에 따라 결정으로 해당 피해아동보호명령을 취소하거나 그 종류를 변경할 수 있다. ⑤ 법원은 제51조 제1항에 따른 **피해아동보호명령의 기간이 종료된 경우** 검사, 시·도지사 또는 시장·군수·구청장에게 그 사실을 통지하여야 한다.
피해아동 보호명령의 기간 (제51조)	① **피해아동보호명령의 기간은 1년을 초과할 수 없다.** 다만, 관할 법원의 판사는 피해아동의 보호를 위하여 그 기간의 연장이 필요하다고 인정하는 경우 직권 또는 피해아동, 그 법정대리인, 검사, 변호사, 시·도지사 또는 시장·군수·구청장의 청구에 따른 결정으로 6개월 단위로 그 기간을 연장할 수 있다. ② 보호관찰소의 장 및 아동보호전문기관의 장은 시·도지사 또는 시장·군수·구청장에게 제1항 단서에 따른 피해아동보호명령의 연장 청구를 요청할 수 있으며, 시·도지사 또는 시장·군수·구청장은 요청받은 날부터 15일 이내에 그 처리 결과를 요청자에게 통보하여야 한다. ③ 제1항에 따라 **연장된 기간은 피해아동이 성년에 도달하는 때를 초과할 수 없다.**
아동학대전담 공무원 등에 대한 교육 (제55조)	법무부장관 등 관계 행정기관의 장은 아동학대전담공무원, 사법경찰관리 및 아동보호전문기관의 종사자에게 아동학대사건의 조사와 사례관리에 필요한 전문지식, 이 법에서 정한 절차, 관련 법제도, 국제인권조약에 명시된 아동의 인권 및 피해아동 보호를 위한 조사방법 등에 관하여 **교육을 실시하여야 한다.**
과태료 (제63조)	① 다음 각 호의 어느 하나에 해당하는 사람에게는 1천만원 이하의 과태료를 부과한다. 　1. 정당한 사유 없이 판사의 아동보호사건의 조사·심리를 위한 **소환에 따르지 아니한 사람** 　2. 정당한 사유 없이 제10조 제2항에 따른 **신고를 하지 아니한 사람** 　3. 정당한 사유 없이 제11조 제6항을 위반하여 사법경찰관리, 아동학대전담공무원 또는 아동보호전문기관의 직원이 수행하는 **현장조사를 거부한 사람** 　3의2. 정당한 사유 없이 제11조의2 제1항 후단을 위반하여 아동학대전담공무원의 출석·진술 및 자료제출 요구에 따르지 아니하거나 거짓으로 진술 또는 자료를 제출한 사람 　4. 정당한 사유 없이 제13조 제1항에 따른 **긴급임시조치를 이행하지 아니한 사람** 　5. 정당한 사유 없이 제36조 제1항 제4호부터 제8호까지의 **보호처분이 확정된 후 이를 이행하지 아니하거나 집행에 따르지 아니한 사람** 　6. 정당한 사유 없이 제39조에 따른 **보고서 또는 의견서 제출 요구에 따르지 아니한 사람** ② 제1항에 따른 과태료는 대통령령으로 정하는 바에 따라 관계 행정기관의 장이 부과·징수한다.

08 스토킹범죄의 처벌 등에 관한 법률 [시행 2024.1.12.] A급

정의 (제2조)	스토킹행위	상대방의 의사에 반하여 정당한 이유 없이 **상대방 또는 그의 동거인, 가족**에 대하여 다음의 행위를 하여 상대방에게 **불안감 또는 공포심을 일으키는 것**을 말한다. 가. **상대방 또는 그의 동거인, 가족**("상대방등")에게 **접근**하거나 **따라다니거나 진로를 막아서는 행위** 나. 상대방등의 **주거, 직장, 학교,** 그 밖에 **일상적으로 생활하는 장소**("주거등") 또는 그 부근에서 **기다리거나 지켜보는 행위**

		다. 상대방등에게 우편, 전화, 팩스 또는 정보통신망을 이용하여 물건이나 글·말·부호·음향·그림·영상·화상("물건등")을 도달하게 하거나 정보통신망을 이용하는 프로그램 또는 전화의 기능에 의하여 글·말·부호·음향·그림·영상·화상이 상대방등에게 나타나게 하는 행위 라. 상대방등에게 직접 또는 제3자를 통하여 물건등을 도달하게 하거나 주거등 또는 그 부근에 물건등을 두는 행위 마. 상대방등의 주거등 또는 그 부근에 놓여져 있는 물건등을 훼손하는 행위 바. 상대방등의 개인정보, 개인위치정보 및 이를 편집·합성 또는 가공한 정보(**해당 정보주체를 식별할 수 있는 경우로 한정**한다)를 정보통신망을 이용하여 제3자에게 제공하거나 배포 또는 게시하는 행위 사. 정보통신망을 통하여 상대방등의 이름, 명칭, 사진, 영상 또는 신분에 관한 정보를 이용하여 **자신이 상대방등인 것처럼 가장하는 행위**
	스토킹범죄	지속적 또는 반복적으로 스토킹행위를 하는 것을 말한다.
	피해자	스토킹범죄로 직접적인 피해를 입은 사람을 말한다.
	피해자등	피해자 및 스토킹행위의 상대방을 말한다.
응급조치 (제3조)	**사법경찰관리**는 진행 중인 스토킹행위에 대하여 **신고를 받은 경우 즉시 현장에 나가** 다음의 조치를 하여야 한다. 1. 스토킹행위의 제지, 향후 스토킹행위의 중단 통보 및 스토킹행위를 지속적 또는 반복적으로 할 경우 **처벌 서면경고** 2. 스토킹행위자와 피해자등의 **분리 및 범죄수사** 3. 피해자등에 대한 **긴급응급조치 및 잠정조치 요청의 절차 등** 안내 4. 스토킹 피해 관련 **상담소 또는** 보호시설로의 피해자등 **인도(피해자등이 동의한 경우만 해당**한다)	
긴급응급조치 (제4조)	① **사법경찰관**은 스토킹행위 신고와 관련하여 스토킹행위가 **지속적 또는 반복적으로** 행하여질 우려가 있고 스토킹범죄의 **예방을 위하여 긴급을 요하는 경우** 스토킹행위자에게 **직권**으로 또는 스토킹행위의 상대방이나 그 법정대리인 또는 스토킹행위를 신고한 사람의 요청에 의하여 스토킹행위의 상대방이나 그 주거등으로부터 100미터 이내의 접근 금지, 스토킹행위의 상대방등에 대한 전기통신을 이용한 접근 금지 **조치를 할 수 있다.** → 긴급응급조치를 이행하지 아니한 사람은 1년 이하의 **징역** 또는 1천만원 이하의 **벌금**에 처한다. ② **사법경찰관**은 긴급응급조치를 하였을 때에는 **즉시** 스토킹행위의 요지, 긴급응급조치가 필요한 사유, 긴급응급조치의 내용 등이 포함된 **긴급응급조치결정서를 작성**하여야 한다.	
긴급응급조치 승인 신청 (제5조)	① **사법경찰관**은 긴급응급조치를 하였을 때에는 지체 없이 검사에게 해당 긴급응급조치에 대한 사후승인을 지방법원 판사에게 청구하여 줄 것을 신청**하여야 한다.** ② 신청을 받은 검사는 **긴급응급조치가 있었던 때부터 48시간 이내에 지방법원** 판사에게 해당 긴급응급조치에 대한 **사후승인을** 청구한다. 이 경우 긴급응급조치결정서를 첨부하여야 한다. ③ **지방법원 판사**는 스토킹행위가 지속적 또는 반복적으로 행하여지는 것을 예방하기 위하여 필요하다고 인정하는 경우에는 청구된 **긴급응급조치를 승인할 수 있다.**	

	④ 사법경찰관은 **검사가** 긴급응급조치에 대한 **사후승인을 청구하지 아니하거나** 지방법원 판사가 청구에 대하여 **사후승인을 하지 아니한 때**에는 즉시 그 긴급응급조치를 **취소하여야 한다**. ⑤ 긴급응급조치기간은 **1개월**을 초과할 수 없다.		
긴급응급조치통지 (제6조)	사법경찰관은 **긴급응급조치를 하는 경우**에는 스토킹행위의 **상대방등**이나 그 **법정대리인**에게 통지하여야 한다.		
잠정조치청구 (제8조)	검사는 스토킹범죄가 재발될 우려가 있다고 인정하면 **직권** 또는 **사법경찰관의 신청**에 따라 법원에 잠정조치를 청구할 수 있다.		
잠정조치 (제9조)	① **법원**은 필요하다고 인정하는 경우 **결정으로** 스토킹행위자에게 잠정조치를 할 수 있다.		
	1. 피해자에 대한 스토킹범죄 중단에 관한 서면 경고		
	2. 피해자나 그의 동거인, 가족이나 그 주거등으로부터 100미터 이내의 접근 금지 3. 피해자 또는 그의 동거인, 가족에 대한 전기통신을 이용한 접근 금지 3의2. 위치추적 전자장치의 부착	3개월 (2회 연장)	
	4. 국가경찰관서의 유치장 또는 구치소에의 유치	1개월 (연장 불가)	
	② 제1항 각 호의 **잠정조치는 병과할 수 있다**.		
전담조사제 (제17조)	① **검찰총장**은 각 지방검찰청 검사장에게 스토킹범죄 전담 검사를 지정하도록 하여 특별한 사정이 없으면 스토킹범죄 전담 검사가 피해자를 조사하게 하여야 한다. ② **경찰관서의 장**(국가수사본부장, 시·도경찰청장 및 경찰서장을 의미한다)은 스토킹범죄 전담 사법경찰관을 **지정**하여 특별한 사정이 없으면 스토킹범죄 전담 사법경찰관이 피해자를 조사하게 하여야 한다.		
스토킹범죄 (제18조)	① 스토킹범죄를 저지른 사람은 **3년 이하의 징역** 또는 **3천만원 이하의 벌금**에 처한다. ② **흉기** 또는 그 밖의 **위험한 물건**을 **휴대**하거나 **이용**하여 스토킹범죄를 저지른 사람은 **5년 이하의 징역** 또는 **5천만원 이하의 벌금**에 처한다.		
형벌과 수강명령 병과 (제19조)	법원은 스토킹범죄를 저지른 사람에 대하여 **유죄판결**(선고유예는 제외한다)을 선고하거나 **약식명령**을 고지하는 경우에는 200시간의 범위에서 다음 구분에 따라 재범 예방에 필요한 **수강명령** 또는 **이수명령**을 병과할 수 있다.		
	1. 수강명령: 형의 집행을 유예할 경우에 그 집행유예기간 내에서 병과 2. 이수명령: 벌금형 또는 징역형의 실형을 선고하거나 약식명령을 고지할 경우에 병과		
벌칙 (제20조)	① 전자장치의 효용을 해치는 행위를 한 사람은 **3년 이하의 징역** 또는 **3천만원 이하의 벌금**에 처한다. ② 100미터 이내의 접근 금지 또는 전기통신을 이용한 접근 금지의 **잠정조치**를 이행하지 아니한 사람은 **2년 이하의 징역** 또는 **2천만원 이하의 벌금**에 처한다.		

09 마약류 수사(마약류 관리에 관한 법률) [시행 2025.2.7.]

1. 마약류

마약	천연마약	양귀비, 생아편, 코카 잎(엽), 몰핀, **코데인**, **테바인**, **코카인**, 크랙, 아세토르핀 등 12. 경간, 19. 채용
	합성마약	메사돈계, 아미노부텐계, 모리피난계, 벤조모르판계, 페치딘계, 프로폭시펜, 아세틸메사돌 등
	반합성마약	① 천연마약을 합성하여 제제화된 것으로 진통, 진해제로 사용되는 의료용 마약물질 ② 히드로모르폰, 하이드로폰, 히드로모르피놀, 옥시코돈, 헤로인 등 20. 승진
		헤로인: ① 진통제 약품으로 독일의 바이엘사에 의하여 개발된 것으로 헤로인은 **모르핀을 원료로 초산으로 화학합성하여 아세틸화한 것**이다. ② 헤로인은 모르핀보다 의존성이 훨씬 강하며 독성은 모르핀보다 10배 이상 강하고 금단증상도 매우 강한 마약이다. ③ 스피드볼은 강력한 흥분효과를 내기 위해 헤로인에 코카인을 혼합하여 정제한 것이다. ④ 통상 순백색, 우유색, 암갈색을 띠는데, 순백색이 가장 순도가 높고 효과도 뛰어나며 물에 쉽게 용해되어 고가로 거래된다.
	한외마약	① 마약성분을 갖고 있으나 다른 약물이나 물질과 혼합되어 마약으로 다시 제조하거나 제제할 수 없고, 그것에 의하여 **신체적 또는 정신적 의존성을 일으키지 아니하는 것**으로서 **총리령**으로 정하는 것을 말한다. 19. 채용, 20. 승진 ② 의약품(감기약 등)의 원료로 사용하는 **합법의약품**이다. ③ 코데날, 코데잘, 코데솔, 유코테, 세코날 등(처벌되지 않음) 12. 경간, 19. 채용
향정신성 의약품	각성제	① 중추신경계의 활동을 강화시켜 마음을 편안하게 하고 집중력과 기억력을 높여주며 피로감을 감소시켜 주거나 정신을 맑게 해준다. ② **메스암페타민(히로뽕·필로폰)**, 암페타민류, 펜플루라민, 암페라몬, 메틸페니데이트, 덱세드린(덱스트로암페타민), 엑스터시(메틸렌다이옥시메스암페타민) ③ 마약류에 속하지 않는 각성제: 카페인, 니코틴 등
	환각제	① 감각이 왜곡되어 환상을 보거나 극도의 행복감이나 불행의 교차함을 느끼거나 망상·불안 등을 유발시킨다. ② 플래시백 현상이 나타나기도 한다. ③ **L.S.D**, **메스카린**, 페이요트, 사일로사이빈 등
	억제제	① 인체의 중추신경계 특정부위를 억제하여 진통효과를 나타내게 하거나 수면을 유도하는 신경안정제이다. ② 바르비탈염제류제, 벤조다이아핀제제 등 ③ 마약류에 속하지 않는 억제제: 알코올 등
대마		대마초(마리화나), 대마수지(해쉬쉬), 대마수지기름(해쉬쉬 미네랄오일) 21. 법학

💡 "마약류"란 마약·향정신성의약품 및 대마를 말한다.

2. 주요 향정신성의약품 C급 09 · 10 · 11 · 13 · 14. 승진, 10 · 11 · 19. 채용, 12 · 14 · 18. 경간

엑스터시 (MDMA) 18. 승진, 18. 경간	① 1914년 독일에서 식욕감퇴제로 개발, 1980년대 마약으로 둔갑 09. 경감, 10 · 18. 승진, 21. 법학 ② 기분이 좋아지는 약, 포옹마약(Hug Drug), 클럽마약, 도리도리 등으로 지칭 18. 승진 ③ 복용자는 테크노, 라이브, 파티장 등에서 막대사탕을 물고 있거나 물을 자주 마시는 등의 행위를 함 18. 승진 ④ 복용하면 신체접촉 욕구가 강하게 발생
GHB (물뽕) 19 · 20. 채용	① **무색, 무취,** 짠맛이 나는 액체 20. 승진 ② 근육강화 호르몬 분비 효과가 있음. 소다수 등 음료에 타서 복용 ③ 미국, 캐나다, 유럽 등지에서 성범죄에 악용되어 "**데이트 강간약물**"로도 불림 ④ 사용 15분 후에 효과가 나타나며, 3시간 동안 지속 12. 경간
덱스트로메트로판 (일명 러미라) 12 · 14 · 18. 경간, 13 · 18. 승진, 20. 채용	① **진해거담제로서 의사의 처방전이 있으면 약국에서 구입 가능** 18. 승진 ② 강한 중추신경 억제성 진해작용이 있으나, 의존성과 독성은 없어 **코데인 대용으로 널리 시판** ③ 도취감 혹은 환각작용을 맛보기 위해 사용량의 수십 배에 해당하는 20~100정을 남용 ④ 청소년들 사이에서 소주에 타서 마시고 일명 정글쥬스라 불림 09. 경감, 10. 승진, 12. 경간
카리소프로돌 (일명 S정) 11 · 12 · 18. 경간, 14 · 18. 승진, 20. 채용	① 중추신경계에 작용하여 골격근 이완의 효과가 있는 **근골격계 질환 치료제** 12. 승진 ② 과다복용시 치명적인 인사불성, 혼수쇼크, 호흡저하, 사망에까지 이르게 됨 12. 승진 ③ 금단증상으로 **온몸이 뻣뻣해지고 뒤틀리며, 혀 꼬부라진 소리** 등을 하게 됨 12. 승진
L.S.D 13 · 14. 승진, 12 · 14 · 18. 경간, 19. 채용	① 1938년 스위스(아버트호프만)에서 개발 ② 곡물의 곰팡이 · 보리 맥각에서 추출하여 이를 분리 · 가공 · 합성한 것으로 무색, 무취, 무미함 09. 경감, 10. 승진, 21. 법학 ③ 극소량으로 효과가 강력하게 나타나기 때문에 미량을 유당 · 각설탕 · 과자 · 빵 등에 첨가시켜 먹거나 우편 · 종이 등의 표면에 묻혔다가 뜯어서 입에 넣는 방법으로 복용 09. 경감, 10. 승진 ④ 동공확대, 심박동 및 혈압상승 수전증, 오한 등의 현상이 나타남 12. 경간 ⑤ **환각제 중 가장 강력한 효과를 나타내며, 통상 분말로 제조되나 캡슐 · 정제 · 액체 형태로 사용됨** 09. 경감, 10. 승진, 21. 법학 ⑥ **내성이나 심리적 의존현상은 있지만 금단현상은 일으키지 않는다고 알려져 있으며, 일부 남용자들은 실제로 사용하지 않았는데도 환각현상을 경험하는 "플래시 백" 현상**을 일으키기도 함 12. 경간
메스암페타민	① 1919년 일본에서 개발 – **히로뽕 · 필로폰(philopon)** ② **강한 각성작용으로 의식이 뚜렷해지고 잠이 오지 않으며 피로감이 없어짐** ③ 식욕억제제, 환시 · 환청, 단기기억 상실, 편집증세, 과민반응, 피해망상증 ④ 중국 – 일본 – 한국의 3국을 연결하는 **메스암페타민(= 필로폰)** 밀거래 유통체계를 "백색의 삼각지대"라고 함 12. 경간
야바 12 · 14 · 18. 경간, 13 · 18. 승진	① 태국 등 동남아시아 지역에서 주로 생산되어 **유흥종사자, 육체노동자 · 운전기사** 등을 중심으로 급속히 확산됨 12. 경간 ② 여러 가지 색으로 제조가 가능하여 의약품으로 위장하기 쉬움 ③ 카페인 · 에페드린 · 밀가루 등에 **필로폰을 혼합**: 순도 20~30%가 낮음 21. 법학

메스카린 18. 승진, 18. 경간, 20. 채용	미국 텍사스나 멕시코 북부지역에 자생하는 **선인장인 페이요트에서 추출**하여 합성한 향정신성의약품 12. 경간, 21. 법학
프로포폴	① 흔히 **수면마취제**라고 불리는 **정맥마취제**로서 수면내시경 등에 사용됨 21. 법학 ② 2011년에 '마약류 관리에 관한 법률'에 따라 마약류 **향정신성의약품**으로 지정됨 ③ 일시적 무호흡, 저혈압 등을 유발할 가능성이 있음
펜터민 (Phentermine)	① 비만환자에게 **체중감량**의 보조요법으로 단기간 사용하는 **식욕억제제**로써 비만 환자의 치료에 사용된다. ② **불면증**을 유발할 수 있으므로 늦은 밤 복용은 피해야 한다. ③ **의존성이나 내성**을 유발할 수 있어 **향정신성의약품**으로 지정되어 있다.

Chapter 03 / 경비경찰

01 경비경찰의 대상 :C급:

대상	종류	내용
개인적·단체적 불법행위	치안경비	공안을 해하는 다중범죄(조직된 군중) 등 집단적인 범죄사태가 발생하거나 발생할 우려가 있는 경우에 대비하여 적절한 조치로 사태를 예방·경계·진압하기 위한 활동
	특수경비 (대테러)	총포·도검·폭발물 등에 의한 인질난동·살상 등 사회이목을 집중시키는 중요사건을 예방·경계·진압하는 경비활동
	경호경비	정부요인을 암살하려는 행위를 미연에 방지하고 피경호자의 신변을 보호하는 경비활동
	중요시설경비	국가적으로 중대한 영향을 미치는 국가산업시설, 국가행정시설을 적의 공격으로부터 방호하기 위한 경비활동
자연적·인위적 재난	재난경비	천재지변·화재 등의 자연적·인위적 돌발사태로 인하여 인명 또는 재산상 피해가 야기될 경우 이를 예방·진압하는 경비활동
	행사안전경비 (혼잡경비)	공연, 기념행사, 경기대회, 제례의식 등 각종 행사를 위해 모인 미조직된 군중에 의하여 발생하는 자연적·인위적인 혼란상태를 예방·경계·진압하는 경비활동 14. 채용

> **판례 | 경비경찰활동 관련판례 – 국가배상 관련**
>
> **인정**
> 1. 합리적이고 상당하다고 인정되는 정도를 넘어서 지나치게 과도한 방법으로 시위진압을 하여 시위참가자로 하여금 사망에 이르게 한 경우 ➡ 경찰이 시위대를 몰기 위해 과도한 시위진압 과정에 최루탄을 던져 이를 피하기 위하여 비좁은 골목으로 군중이 한꺼번에 몰려 압사한 경우(대판 1995.11.10, 95다23897)
> 2. 무장공비와 격투 중에 있는 청년의 가족의 요청을 받고도 경찰관이 출동하지 않아 결과적으로 그 청년이 공비에게 사살된 경우(대판 1971.4.6, 71다124)
> 3. 상설검문서 근무 경찰관이 통행금지 또는 비상경계령이 내려 있지 않은데도 검문소운영요강을 지키지 아니하고 도로상에 방치해 둔 바리케이드에 오토바이 운행자가 충돌하여 사망한 경우(부산지법 1992.8.25, 91가합31268)
> 4. 전경들이 서총련의 불법시위 해산과정에서, 단순히 전경들의 도서관 진입에 항의한 학생 등 시위와 무관한 자들을 강제로 연행한 경우(서울지법 1996.8.22, 95가합43551)

부정	1. 경찰관들의 시위진압에 대항하여 **시위자들이 던진 화염병에 의하여 발생한 화재로 인하여 손해를 입은 주민이 국가를 상대로 국가배상을 청구한 경우**(대판 1997.7.25, 94다2480) 2. 전경들이 대학도서관에 진입하게 된 것이 불법시위 참가자들의 일부가 도서관으로 도주함에 따라 이를 추적·체포하기 위한 것이었다면, 이는 현행범을 체포하는 데 필요한 행위로서 형사소송법 제216조 제1항 제1호에 의하여 영장 없이 행할 수 있는 경우에 해당하여 적법한 행위라 할 것이고, 대학도서관이라고 하여 같은 조항의 적용이 없다고 할 수는 없다는 이유로, **전경들의 도서관 진입으로 인한 정신적 충격과 학습권 침해를 이유로 한 위자료지급청구를 부인한 사례**(서울지법 1996.8.22, 95가합43551) 3. 피체포자가 집회·시위현장에서 체포를 피해 도주하거나 외모로 보아 집회참가의 흔적이 확연하여 집회 참가자로 의심할 만한 객관적·합리적인 사정이 인정되는 때에는 **결과적으로 현행범 또는 준현행범의 요건을 갖춘 것으로 오인하여 체포하였다 하더라도 이에 과실이 있다고 할 수는 없다**(서울지법 1996.8.22, 95가합43551).

02 경비경찰의 개념 및 성격 C급

경비 경찰의 개념		① 공공의 안녕이나 질서에 위험 또는 경찰위반의 상태가 발생하거나 발생할 우려가 있을 때 이를 예방·진압하는 경찰활동 ② 위험 또는 경찰위반의 상태: 사람에 의한 경우(진압경비·대간첩작전경비·혼잡경비 등)는 물론 풍수해 등 동물이나 자연력에 의한 것(재해경비)도 포함된다.
경비 경찰의 특징	복합기능적 활동	① 경비경찰은 범죄의 **예방과 경계·진압**이라는 복합기능적 활동을 수행한다. 12. 채용, 16. 경간 ② 사후진압보다는 예방적 활동의 중요성이 강조된다. 일단 무너진 질서를 회복하는 데는 많은 비용과 어려움이 따르므로 사태의 발생을 미연에 방지하기 위한 예방적 활동에 비중을 둘 필요가 있다.
	현상유지적 활동	① 경비활동은 기본적으로 **현재의 질서상태를 보존**하는 것(= 질서유지)에 가치를 둔다. ② **현상유지의 의미**: 정태적·소극적인 질서유지가 아니라 새로운 변화와 발전을 보장하기 위한 동태적·적극적인 의미의 유지작용이어야 한다. 11. 승진, 12. 채용, 16. 경간
	즉응적 활동	① 경비사태는 항상 긴급을 요하고, 국가적으로나 사회적으로 중대한 영향을 주므로 신속처리가 요망된다. 즉, 다중범죄·테러·경호상의 위해나 경찰작전상황 등이 발생했을 시는 기한을 정하여 진압할 수는 없으며, 즉응적 조기제압이 요구된다. 16. 경간 ② 경비경찰의 활동은 **특정한 기한없이 그러한 사태가 종료될 때 동시에 해당업무도 종료**되는 특징이 있다.
	조직적인 부대활동	① 경비경찰은 개인 단위로 활동하기보다는 보통 부대 단위로 경비사태에 조직적이고 집단적이며 물리적인 힘으로 대처하는 활동이다. 12. 채용 ② 경비경찰은 경비사태에 효과적으로 대비하기 위한 체계적인 부대편성, 훈련과 관리 및 운영이 중요시된다.

하향적 명령에 의한 활동	① 경비경찰의 활동은 조직적인 부대활동이며, 하향적인 명령에 의하여 움직이는 활동이다. 16. 경간 ② 경비경찰의 명령에 의한 활동으로 부대원의 재량은 상대적으로 적고 수명사항에 대한 **책임은 지휘관이 지는 경우가 많은 것**이 특징이다. 12. 채용
사회전반적 안녕목적의 활동	① 경비경찰의 활동으로 인한 결과는 국가 사회전반에 직접적으로 큰 영향을 줄 수 있다. 12. 승진 ② 경비경찰은 직접적으로 공공의 안녕과 질서를 파괴하는 범죄를 대상으로 한다.

03 경비경찰활동의 조리상 한계 [C급]

경찰비례의 원칙	공공의 안녕·질서에 대한 경미한 장애를 제거하기 위하여 중대한 개인의 권리를 제한하는 것은 허용되지 않는다는 것을 말한다. **경찰권 발동의 정도는 최소한의 정도에 그쳐야 한다.** 15. 경간
보충성의 원칙	경비경찰의 법집행은 공공의 안녕과 질서의 유지를 목적으로 하는 공권력에 의한 활동이므로, 사회의 **다른 일반적인 방법으로 통제 불가능시에 최후의 수단으로서 개입**하여야 한다. 그 수단의 선택에 있어서도 국민에게 **가장 적은 침해**를 수반하는 수단을 선택해야 한다.
적시성의 원칙	경비경찰권은 경비상황의 발생에 따른 개입의 조건을 고려하여 **가장 적합한 시기에 발동**되어야 한다는 원칙이다.
경찰책임의 원칙	경찰권은 원칙적으로 경찰위반(위험)의 상태, 즉 사회공공의 안녕·질서에 대한 위험에 대해 **직접적으로 책임을 질 지위에 있는 자**(경찰책임자)에게만 발동될 수 있다. 15. 경간
치안협력의 원칙	경찰의 업무수행과정에서 국민의 협력을 구해야 하고 **국민이 스스로 협조해 줄 때 효과적인 업무수행**이 가능하다. 15. 경간
경찰소극목적의 원칙	경찰행정의 목적은 공공의 안녕과 질서의 유지에 있는 것이므로 법령에 특별한 규정이 없는 한, 경비경찰권은 **소극적인 사회질서유지를 위해서만 발동**하는 데 그친다. 15. 경간

04 경비경찰의 조직운영의 원리 [C급] 09·11. 채용, 13. 경간, 13·19. 승진

부대단위 활동의 원칙	의의	경비경찰은 업무의 성격상 개인적 활동이 아닌 부대 단위로 운영되어야 한다는 원리
	특징	① 부대에는 그 부대를 지휘하는 **지휘관과 지휘를 받는 직원 및 대원이 반드시 있어야 한다.** ② 부대에는 하급 부대원들을 관리하기 위한 지휘권과 장비가 편성되며 임무수행을 위한 **보급지원체제**를 갖추고 있어야 한다. ③ 부대의 관리와 임무의 수행을 위한 **최종결정은 지휘관만이 할 수 있고**, 하명에 의하여서만 임무가 이루어진다.
지휘관 단일의 원칙	의의	**지휘관이 한 명으로 통일된 지휘를 하여야 한다는 원리(명령통일의 원리)**
	필요성	경비경찰업무가 예측불가능하고 긴급성과 신속성을 요한다는 점

	내용	① 위원회나 또는 집단지휘체제를 구성해서는 효율적인 업무수행이 어렵다는 것을 의미한다. ② 의사결정은 다수에 의하여 신중히 검토된 후에 가장 효과적·합리적으로 결정하되 그 집행에 있어서는 한 사람의 지휘관에 의하여 움직여야 한다는 것을 의미한다(**집행의 단일성**). ↔ 의사결정과정 단일의 원칙(×) ③ 지휘관 단일성의 의미: 하나의 기관에 하나의 지휘관이란 의미와 하급조직원은 하나의 상급조직에 대해서만 책임을 진다는 의미를 합한 개념 13. 승진
체계 통일성의 원칙	의의	조직의 정점으로부터 말단에 이르는 계선을 통하여 **상하 계급 간에 일정한 관계**가 형성되어 책임과 임무의 분담이 명확히 이루어지고 **명령과 복종의 체계가 통일**되어야 한다는 원칙 09. 채용
	내용	① **임무를 중복으로 부여하는 것은 체계통일성의 원칙에 반한다.** 13. 경간 ② 경찰조직 간에 체계가 확립되어야만 각 부대 간 효율적인 협조와 타기관도 상호응원이 가능하게 된다.
치안 협력성의 원칙	의의	경비경찰이 업무수행과정에서 **국민의 협력**을 구해야 하고 국민이 스스로 협조를 해줄 때 효과적인 업무수행이 가능하다는 점에서 **경찰과 국민이 결합해야 한다는** 원칙 13. 경간
	유의점	국민과의 협력은 필요적이나, 협력체계를 조성하는 것은 **임의적**이어야 한다.

05 경비경찰의 수단 [A급] 10·11. 채용, 10·11·19. 승진, 14. 경간

경고	① 개념: 경비부대를 전면에 배치 또는 진출시켜 위력을 과시하거나 경고하여 범죄실행의 의사를 포기하도록 하는 **간접적 실력행사** ② 근거: 경찰관 직무집행법 제5조(위험발생의 방지)·제6조(범죄의 예방과 제지) ③ 법적 성질: 경비사태를 예방·경계하기 위하여 발하는 **임의처분** ④ 한계: 경고가 임의처분이라도 경찰권의 행사는 필요성과 상당성을 조건으로 **필요최소한도**에 그쳐야 한다는 **경찰비례의 원칙**이 적용된다.
제지	① 개념: 경비사태를 예방·진압하기 위하여 가하는 **직접적 실력행사** 　예 강제해산, 세력분산, 배제, 통제파괴, 주동자 및 주모자의 격리 등 ② 법적 성질: 대인적 즉시강제에 해당하는 **강제처분** 　↔ 행정상 강제집행은 의무의 불이행을 전제로 한다는 점에서 제지와 구별된다. ③ 근거: 경찰관 직무집행법 제6조(범죄의 예방과 제지) ④ 한계: **반드시 법률에 근거를 두어야 하고 경찰비례의 원칙**이 지켜져야 한다. ⑤ 판례: 구 집회 및 시위에 관한 법률(2007. 5.11. 법률 제8424호로 개정되기 전의 것)에 의하여 금지되어 그 주최 또는 참가행위가 형사처벌의 대상이 되는 위법한 집회·시위가 장차 특정지역에서 개최될 것이 예상된다고 하더라도, 이와 **시간적·장소적으로 근접하지 않은 다른 지역**(집회시위 예정시간으로부터 약 5시간 30분 전에 그 예정장소로부터 약 150km 떨어진 곳)에서 그 집회·시위에 참가하기 위하여 출발 또는 이동하는 행위를 함부로 제지하는 것은 경찰관 직무집행법 제6조 제1항의 행정상 즉시강제인 경찰관의 제지의 범위를 명백히 넘어 허용될 수 없다. 따라서 이러한 제지행위는 공무집행방해죄의 보호대상이 되는 공무원의 적법한 직무집행이 아니다.
체포	상대방의 신체를 구속하는 강제처분이며 **직접적 실력행사**로서 **형사소송법**에 근거한다.

06 경비경찰의 수단의 원칙 [A급] 09·11. 채용, 10·13·14·18. 승진, 15. 경간

균형의 원칙	경비사태의 상황과 대상에 따라 주력부대와 예비부대를 **유효적절**하게 활용하여 한정된 경력을 가지고 최대의 성과를 올릴 수 있도록 경력운용을 균형있게 하여야 한다는 원칙 09. 경간, 18·19. 승진
위치의 원칙	실력행사를 할 경우에는 **상대하는 군중보다 유리한 지점과 위치를 선점**하여야 한다는 원칙 18. 승진
적시의 원칙 (시점의 원칙)	상대방의 기세와 힘을 미처 살아나지 못할 때나 힘이 빠져서 **저항력이 가장 허약한 시점**을 포착하여 시기를 놓치지 않고 적절한 실력행사를 하여야 한다는 원칙 18. 승진
안전의 원칙	경비사태 발생시 경비병력이나 군중들을 **사고없이 안전하게 진압**해야 한다는 원칙 18. 승진

07 행사안전경비(혼잡경비) [A급]

1. 행사장 혼잡경비상 군중정리의 원칙 10·11·18·19. 승진, 11·15. 채용, 14. 경간

밀도의 희박화	① 제한된 면적의 특정한 지역에 사람이 많이 모이면 상호간에 충돌현상이 나타나고 혼잡을 야기하게 되므로, 가급적 많은 사람이 모이는 것을 회피하고 안내방송을 통해서 자기의 현재위치에 대한 지식을 얻게 하여 정신적으로 안정을 갖게 해야 한다. ② 대규모 군중이 모이는 장소는 사전에 블록화해야 한다.
이동의 일정화	군중은 현재의 자기 위치와 갈 곳을 모르면 불안감과 초조감을 갖게 되므로, 군중들을 **일정한 방향과 속도로 이동**을 시켜줌으로써 주위의 상황을 파악할 수 있는 여건을 조성함으로써 심리적 안정감을 갖도록 해야 한다.
경쟁적 활동의 지양 (경쟁적 사태의 해소)	질서를 지키면 손해를 볼 수 있다는 분위기를 느끼게 되면 남보다 먼저 가려고 하는 심리상태로 인하여 혼란상태가 발생하게 되므로, 질서 있게 행동하면 모든 일이 잘 될 수 있다는 것을 납득시켜야 한다.
지시의 철저	사태가 혼잡할 경우 계속적이고도 자세한 **안내방송**을 함으로써 혼잡상태와 사고를 미연에 방지할 수 있도록 해야 한다.

2. 행사안전경비 관련조문

경비가 필요한 시설 등에 대한 경비의 요청 (경비업법 시행령 제30조)	① 시·도경찰청장 또는 경찰서장은 행사장, 그 밖에 많은 사람이 모이는 시설 또는 장소(이하 "행사장등"이라 한다)에서 혼잡 등으로 인한 위험의 발생을 방지하기 위하여 경비가 필요하다고 인정하는 경우에는 **행사의 주최자나 시설 또는 장소의 관리자에게 행사장등에 경비원을 배치**하도록 요청할 수 있다. ② 시·도경찰청장 또는 경찰서장은 제1항에 따른 요청을 할 때 행사의 주최자나 시설 또는 장소의 관리자에게 행사장등에 경비원을 배치할 수 없다고 판단되는 경우에는 행사 개최일 또는 많은 사람이 모이는 날 **1일 전**까지 그 사실을 통지해 줄 것을 함께 요청할 수 있다.

재해예방조치 (공연법 제11조)	① **공연장운영자**는 화재나 그 밖의 재해를 예방하기 위하여 그 공연장 종업원의 임무 · 배치 등 **재해대처계획을 수립하여 매년 관할 특별자치시장 · 특별자치도지사 · 시장 · 군수 · 구청장에게 신고하여야 한다. 이 경우 특별자치시장 · 특별자치도지사 · 시장 · 군수 · 구청장은** 신고받은 재해대처계획을 관할 소방서장과 관할 경찰서장에게 통보하여야 한다. 18. 경간, 17 · 18 · 19. 승진 ② 관할 특별자치시장 · 특별자치도지사 · 시장 · 군수 · 구청장은 제1항 전단에 따라 신고를 받은 재해대처계획을 검토하여 적합하다고 인정하는 경우에는 신고를 수리하여야 한다. 이 경우 신고된 재해대처계획의 내용이 미흡하다고 인정할 때에는 **보완을 요구할 수 있다.** ③ 제2항 후단에 따라 재해대처계획의 보완을 요구받은 공연장운영자는 정당한 사유가 없으면 그 요구에 따라 보완하여 관할 특별자치시장 · 특별자치도지사 · 시장 · 군수 · 구청장에게 다시 신고하여야 한다. ④ 공연장 외의 장소에서 대통령령으로 정하는 규모의 관람자가 있을 것으로 예상되는 공연을 하려는 자의 재해예방조치에 관하여는 제1항을 준용한다. ⑤ 제1항 및 제4항에 따른 재해대처계획에는 제11조의2부터 제11조의5까지에 해당하는 안전관리비, 안전관리조직, 안전교육 및 피난안내에 관한 사항이 포함되어야 한다.
과태료 (공연법 제43조)	다음 각 호의 어느 하나에 해당하는 자에게는 2천만원 이하의 과태료를 부과한다. 1. 제11조 제1항 전단, 같은 조 제3항 또는 제4항을 위반하여 **재해대처계획을 수립, 신고 또는 보완하지 아니한 자** 17 · 18. 승진
재해대처계획의 신고 등 (공연법 시행령 제9조)	① 법 제11조 제1항에 따른 재해대처계획에는 다음 각 호의 사항이 모두 포함되어야 한다. 1. 공연장 시설 등을 관리하는 자의 임무 및 관리 조직에 관한 사항 2. **비상시에 하여야 할 조치 및 연락처**에 관한 사항 17 · 18. 승진 3. 화재예방 및 인명피해 방지조치에 관한 사항 4. 법 제11조의2부터 제11조의4까지의 규정에 해당하는 안전관리비, 안전관리조직 및 안전교육에 관한 사항 ② 법 제9조 제1항에 따른 **공연장운영자**는 법 제11조 제1항에 따라 다음 연도의 **재해대처계획을 수립하여 매년 12월 31일까지 관할 특별자치시장 · 특별자치도지사 · 시장 · 군수 · 구청장에게 신고하여야 하며**, 신고한 재해대처계획을 변경하려는 경우에는 그 계획을 적용하기 전에 변경신고를 하여야 한다. 다만, 공연장운영자가 법 제9조 제1항에 따라 공연장을 등록하는 경우에는 공연장 등록 신청과 함께 해당 연도의 재해대처계획을 신고하여야 한다. ③ 공연장 외의 시설이나 장소에서 1천명 이상의 관람이 예상되는 공연을 하려는 자는 법 제11조 제3항에 따라 해당 시설이나 장소 운영자와 공동으로 **공연 개시 14일 전까지** 제1항 각 호의 사항과 안전관리인력의 확보 · 배치계획 및 공연계획서가 포함된 **재해대처계획을 관할 특별자치시장 · 특별자치도지사 · 시장 · 군수 또는 구청장에게 신고하여야 하며**, 신고한 사항을 변경하려는 경우에는 해당 공연 **7일 전까지 변경신고를 하여야 한다.** 17 · 18 · 19. 승진

3. 적정한 부대의 편성과 배치

① 경력은 군중 입장 전에 사전에 배치하며, 현지상황에 적합한 경비부대를 편성·배치하고 각 단위부대간의 임무와 상호 연락 및 지휘본부, 예비대의 위치결정과 협동지원요령을 **명시하여야** 한다. 18. 승진
② **경찰CP(지휘본부)**는 행사장 전체를 **조망·관리할 수 있는 장소**에 설치·운용한다.
③ 주력부대와 예비대를 적절하게 활용하여 적정한 경력을 배치하여 **경력의 낭비를 최소화**해야 한다.
④ 관중석에 배치되는 예비대는 통로 주변에 배치하여 긴급투입이 가능하도록 해야 한다. 18. 승진
⑤ 경력은 단계별로 탄력적으로 운영한다. 18. 승진
⑥ 예비대의 운용 여부 판단은 경찰자체판단하에 실시할 사항이며, 주최측과 협조하여 실시할 사항은 행사진행 과정 파악, 경비원 활용 권고, 자율적 질서유지 등이 있다. 18. 승진

08 선거경비 ⦗C급⦘

1. 의의

의의	선거경비는 혼잡경비·특수경비·경호경비·다중경비 등 **종합적인 경비활동**이 요구되는 경비활동이다. 12. 채용, 12. 경간
경비대책 21. 채용	① 선거기간 개시일부터 선거 전일까지: 경계강화 근무기간 ② 선거일부터 개표종료시까지: 갑호비상 근무기간
선거기간 18·20. 승진	① 선거별 선거기간 　1. **대통령선거: 23일** 　2. **국회의원선거와 지방자치단체의 의회의원 및 장의 선거: 14일** ② "선거기간"이란 다음 각 호의 기간을 말한다. 　1. 대통령선거: 후보자등록마감일의 다음 날부터 선거일까지 　2. 국회의원선거와 지방자치단체의 의회의원 및 장의 선거: 후보자등록마감일 후 6일 후부터 선거일까지
선거일 20. 승진	① 대통령 선거는 그 임기만료일 전 70일 이후 첫 번째 수요일 ② 국회의원선거는 그 임기만료일 전 50일 이후 첫 번째 수요일 ③ 지방의회의원 및 지방자치단체의 장의 선거는 그 임기만료일 전 30일 이후 첫 번째 수요일
선거운동	선거기간 개시일부터 선거일 전일까지

2. 후보자 신변보호

대통령 후보자	① 대통령선거후보자는 을호 경호대상, 대통령으로 당선이 확정된 자는 갑호 경호의 대상 20. 경간, 12·21. 채용 ② 후보자의 요청에 따라 **전담 신변 경호대를 편성·운영**하여 **24시간 경호** 임무 수행 ③ 신변경호를 원하지 않는 후보자는 **시·도경찰청**에서 경호경험 있는 자로 선발된 직원을 대기시켜 **관내 유세기간 중 근접배치** 20. 경간, 21. 채용 ④ 대통령선거후보자의 신변보호는 **후보자등록 시부터 당선확정 시까지** 실시
자치단체장 및 국회의원 후보자	각 선거구를 관할하는 **경찰서**에서는 후보자가 원할 경우 전담 경호요원을 배치

3. 개표소 경비(3선 경비 실시) 12. 승진

제1선 (개표소 내부)	① 개표 당일 내부 질서유지는 **선거관리위원장의 책임**하에 질서를 유지한다. 12. 채용, 18. 승진 ② 선거관리위원회 위원장이나 위원은 개표소의 질서가 심히 문란하여 공정한 개표가 진행될 수 없다고 인정하는 때에는 개표소의 질서유지를 위하여 **정복을 한 경찰공무원 또는 경찰관서장에게 원조를 요구**할 수 있다. 원조요구를 받은 경찰공무원 또는 경찰관서장은 즉시 이에 따라야 한다. 12. 채용, 15. 승진 ③ ②의 요구에 의하여 개표소 안에 들어간 **경찰공무원 또는 경찰관서장은 선거관리위원회 위원장의 지시**를 받아야 하며, 질서가 회복되거나 위원장의 요구가 있는 때에는 즉시 개표소에서 **퇴거하여야** 한다. 12. 채용, 18. 승진 ④ ②의 경우를 제외하고는 누구든지 개표소 안에서 무기나 흉기 또는 폭발물을 지닐 수 없다. 18. 승진, 21. 채용
제2선 (울타리 내곽)	① 개표소 출입구에서 **선거관리위원회 직원과 경찰이 합동으로 출입자를 통제**한다. 20. 승진, 20. 경간, 21. 채용 ② **2선 출입문은 되도록 정문만 사용**하고 기타 출입문은 시정한다. 18·20. 승진, 20. 경간
제3선 (울타리 외곽)	경찰이 검문조·순찰조를 운용하여 위해 기도자 접근을 차단한다. 15. 승진

09 다중범죄진압경비(치안경비)

1. 다중범죄의 특성 C급 13·19. 승진, 14. 채용

확신적 행동성	다중범죄의 참여자는 **자신의 주장 등이 옳다는 확신**을 가지고 사회정의를 위하여 투쟁한다는 생각으로 투신이나 분신자살을 하는 등 과감하고 전투적인 행동을 하는 경우가 많다.
조직적 연계성	다중범죄는 **특정한 조직에 기반을 두고 뚜렷한 목적의식**을 가지고 감행되는 경우가 대부분이므로 소속단체의 설치 목적이나 활동방침을 분명하게 파악하는 것이 사태의 진상파악에 도움이 될 수도 있다.
부화뇌동적 파급성	다중범죄의 발생은 **군중심리로 인하여 발생되는 경우**가 많으므로 일단 발생되면 부화뇌동으로 인하여 **갑자기 확대**될 수도 있다.

| 비이성적 단순성 | 시위군중은 이성적인 판단능력을 상실함으로써 과격·단순·편협하여 타협이나 설득이 어려운 경우가 많다. |

2. 다중범죄의 정책적 치료법 A급 08·09·14·15·16·18. 채용, 12·13·18. 승진

선수승화법	불만집단에 대한 정보활동을 강화하여 사전에 불만 및 분쟁요인을 찾아내어 해소시켜주는 방법 19. 승진
전이법	집단이나 국민들의 관심을 집중시킬 수 있는 경이적인 사건을 폭로하거나 규모가 큰 행사를 개최함으로써 원래의 이슈가 상대적으로 약화되도록 하는 방법
경쟁행위법	불만집단과 반대되는 대중의견을 크게 부각시켜 불만집단이 위압되어 자동해산 및 분산되도록 하는 방법 14. 승진
지연정화법	불만집단의 고조된 주장을 시간을 끌어 이성적으로 사고할 기회를 부여하고 정서적으로 감정을 둔화시켜서 흥분을 가라앉게 하는 방법

3. 다중범죄 진압의 기본원칙(물리적 해결방법) C급 08·11·14. 채용, 17. 경간, 18. 지능

봉쇄·방어	군중들이 중요시설이나 기관 등 보호대상물의 점거를 기도할 경우, 사전에 진압부대가 점령하거나 바리케이드 등으로 봉쇄하여 방어조치를 취하는 방법
차단·배제	① 군중이 목적지에 집결하기 전에 중간에서 차단하여 집합을 못하게 하는 방법 18. 지능 ② 중요 목지점에 경력을 배치하고 검문검색을 실시하여 불법시위 가담자를 사전 색출·검거하거나 귀가 조치하여 시위군중의 집합을 사전에 차단하는 것
세력분산	일단 시위대가 집합을 형성한 이후에 진압부대가 대형으로 공격하거나 가스탄을 사용하여 시위집단의 지휘 통제력을 차단시키며 수 개의 소집단으로 분할시켜 시위의사를 약화시킴으로써 그 세력을 분산시키는 방법 19. 승진
주동자 격리	다중범죄는 특정한 지도자나 주동자의 선동에 의하여 이루어지므로 그 주모자를 사전에 검거하거나 군중과 격리시킴으로써 군중의 집단적 결속력을 약화시켜 계속된 행동을 못하게 진압하는 방법

4. 진압의 3대 원칙 B급 08·12·14. 채용, 13·15. 승진, 17. 경간, 18. 법학

신속한 해산	시위군중은 군중심리의 영향으로 격화·확대되기 쉽고 파급성이 강하므로 초기단계에서 신속·철저히 이를 해산시켜야 한다.
재집결 방지	시위군중은 일단 해산 후 다시 집결하기 쉬우므로 재집결할 만한 곳에 경력을 배치하고 순찰과 검문검색을 강화하여 재집결을 방지하여야 한다.
주모자 체포	시위군중은 주모자를 잃으면 무기력해져 쉽게 해산되는 것이 보통이므로 그들 가운데서 주동적으로 행동하는 자부터 체포하여 분리시켜 주모자를 색출한다.

10 재난경비

1. 주요내용 – 재난 및 안전관리기본법 [A급]

정의 (제3조)	재난	국민의 생명·신체·재산과 국가에 피해를 주거나 줄 수 있는 것으로서 '자연재난'과 '사회재난'으로 구분한다.
	재난관리	재난의 **예방·대비·대응 및 복구**를 위하여 하는 모든 활동을 말한다.
	안전관리	재난이나 그 밖의 **각종 사고**로부터 사람의 생명·신체 및 재산의 **안전을 확보하기 위하여** 하는 모든 활동을 말한다.
	긴급구조기관	**소방청·소방본부 및 소방서**를 말한다. 다만, 해양에서 발생한 재난의 경우에는 해양경찰청·지방해양경찰청 및 해양경찰서를 말한다.
	긴급구조 지원기관	긴급구조에 필요한 인력·시설 및 장비, 운영체계 등 긴급구조능력을 보유한 기관이나 단체로서 **대통령령으로 정하는 기관(경찰청 포함)**과 단체를 말한다.
재난업무총괄 (제6조)		행정안전부장관은 국가 및 지방자치단체가 행하는 재난 및 안전관리 **업무를 총괄·조정**한다.
중앙재난안전 대책본부 (제14조)		① 대통령령으로 정하는 대규모 재난의 대응·복구에 관한 사항을 총괄·조정하고 필요한 조치를 하기 위하여 행정안전부에 **중앙재난안전대책본부를 둔다.** ② **중앙대책본부의 본부장**은 행정안전부장관이 되며, 중앙대책본부장은 중앙대책본부의 업무를 총괄하고 필요하다고 인정하면 중앙재난안전대책본부회의를 소집할 수 있다. 다만, **해외재난의 경우에는 외교부장관**이, 방사능재난의 경우에는 **중앙방사능방재대책본부의 장**이 각각 중앙대책본부장의 권한을 행사한다. ③ ②에도 불구하고 재난의 효과적인 수습을 위하여 **국무총리**가 범정부적 차원의 통합 대응이 필요하다고 인정하는 경우에는 국무총리가 중앙대책본부장의 권한을 행사할 수 있다.
재난사태 선포 (제36조)		① 행정안전부장관은 **대통령령으로 정하는 재난이 발생**하거나 발생할 우려가 있는 경우 사람의 생명·신체 및 재산에 미치는 중대한 영향이나 피해를 줄이기 위하여 긴급한 조치가 필요하다고 인정하면 **중앙위원회의 심의를 거쳐** 재난사태를 선포할 수 있다. 다만, 행정안전부장관은 재난상황이 긴급하여 중앙위원회의 심의를 거칠 **시간적 여유가 없다고** 인정하는 경우에는 **중앙위원회의 심의를 거치지 아니하고 재난사태를 선포할 수 있다.**
위기경보 발령 (제38조)		① **재난관리주관기관의 장**은 대통령령으로 정하는 재난에 대한 징후를 식별하거나 재난발생이 예상되는 경우에는 그 위험 수준, 발생 가능성 등을 판단하여 그에 부합되는 조치를 할 수 있도록 **위기경보를 발령할 수 있다.** ② 위기경보는 재난 피해의 전개 속도, 확대 가능성 등 재난상황의 심각성을 종합적으로 고려하여 관심·주의·경계·심각으로 구분할 수 있다. ③ 재난관리주관기관의 장은 심각 경보를 발령 또는 해제할 경우에는 행정안전부장관과 사전에 **협의하여야** 한다. 다만, 긴급한 경우에 재난관리주관기관의 장은 우선 조치한 후 지체없이 행정안전부장관과 협의하여야 한다.

대피명령 (제40조)	① 시장·군수·구청장과 지역통제단장은 재난이 발생하거나 발생할 우려가 있는 경우에 사람의 생명 또는 신체나 재산에 대한 위해를 방지하기 위하여 필요하면 해당 지역 주민이나 그 지역 안에 있는 사람에게 **대피하도록 명하거나** 선박·자동차 등을 그 소유자·관리자 또는 점유자에게 대피시킬 것을 명할 수 있다. 이 경우 **미리 대피장소를 지정할 수 있다.** ② 제1항에 따른 대피명령을 받은 경우에는 **즉시 명령에 따라야 한다.**
강제대피조치 (제42조 제2항·제3항)	② **시장·군수·구청장 및 지역통제단장은** 주민 등을 강제로 대피 또는 퇴거시키기 위하여 필요하다고 인정하면 관할 경찰관서의 장에게 필요한 인력 및 장비의 지원을 요청할 수 있다. ③ **요청을 받은 경찰관서의 장은** 특별한 사유가 없는 한 **이에 응하여야 한다.**
특별재난지역 선포 (제60조)	① **중앙대책본부장은 대통령령으로 정하는 규모의 재난이 발생**하여 국가의 안녕 및 사회질서의 유지에 중대한 영향을 미치거나 **피해를 효과적으로 수습**하기 위하여 특별한 조치가 필요하다고 인정하거나 지역대책본부장의 요청이 타당하다고 인정하는 경우에는 중앙위원회의 심의를 거쳐 해당 지역을 **특별재난지역으로 선포**할 것을 대통령에게 건의할 수 있다. ③ 특별재난지역의 선포를 **건의 받은 대통령은** 해당 지역을 특별재난지역**으로 선포할 수 있다.**

2. 재난관리체계(예방 → 대비 → 대응 → 복구)

재난의 예방	① 국가기반시설 지정·관리, 특정관리대상 지역 지정·관리 ② **정부합동** 안전점검, **재난관리체계** 평가, **재난관리실태** 공시
재난의 대비	① 각 기능별 **재난대응 활동계획의 작성·활용**, 위기관리 매뉴얼 작성·**운용** ② **재난안전통신망의 구축**·운영, **재난대비훈련 기본계획 수립**
재난의 대응	① **재난사태 선포, 위기경보발령** ② **응급조치, 긴급구조, 동원명령, 대피명령, 위험구역 설정, 통행제한**
재난의 복구	① **재난피해 신고·조사** ② **특별재난지역 선포·지원, 손실보상**

11 경찰 비상업무 규칙(경찰청훈령) [시행 2024.7.24.]

정의 (제2조)	지휘선상 위치 근무	비상연락체계를 유지하며 **유사시 1시간 이내에 현장지휘 및 현장근무가 가능한 장소에 위치**하는 것
	정위치 근무	감독순시·현장근무 및 사무실 대기 등 관할구역 내**에 위치**하는 것
	정착 근무	사무실 또는 상황과 관련된 현장**에 위치**하는 것
	필수요원	모든 경찰관등 중 **경찰기관의 장이 지정한 사람**으로 비상소집 시 1시간 이내에 응소해야 할 사람
	일반요원	**필수요원을 제외한** 경찰관등으로 비상소집 시 2시간 이내에 응소해야 할 사람
	가용경력	**총원에서 휴가·출장·교육·파견 등을** 제외하고 실제 동원될 수 있는 모든 인원

근무방침 (제3조)	① 비상근무는 비상상황 하에서 업무 수행의 효율화를 도모하기 위해서 발령한다. ② 비상근무 대상은 경비·작전·재난·안보·수사·교통 업무와 관련한 비상상황에 국한한다. 다만, 두 종류 이상의 비상상황이 동시에 발생한 경우에는 긴급성 또는 중요도가 상대적으로 더 큰 비상상황의 비상근무로 통합하여 실시한다. ③ 적용지역은 전국 또는 일정지역(시·도경찰청 또는 경찰서 관할)으로 구분한다. 다만, 2개 이상의 지역에 관련되는 상황은 바로 위의 상급 기관에서 주관하여 실시한다.	
비상근무 (제4조 제1항)	의의	비상근무는 비상상황의 유형에 따라 다음과 같이 구분한다.
	구분	1. 경비 소관: 경비, 작전, 재난비상 2. 안보 소관: 안보비상 3. 수사 소관: 수사비상 4. 교통 소관: 교통비상
비상등급 (제4조 제2항)	의의	부서별 상황의 긴급성 및 중요도에 따라 비상등급을 다음과 같이 구분하여 실시한다.
	구분	1. 갑호 비상 2. 을호 비상 3. 병호 비상 4. 경계 강화 5. 작전준비태세(작전비상시 적용)
발령권자 (제5조 제1항)	전국 또는 2개 이상 시·도경찰청 관할지역	경찰청장
	시·도경찰청 또는 2개 이상 경찰서 관할지역	시·도경찰청장
	단일 경찰서 관할지역	경찰서장
발령 (제5조 제2항, 제3항, 제5항, 제6항)	② 비상근무의 발령권자는 비상상황이 발생하여 비상근무를 실시하고자 할 경우에는 비상근무의 목적, 지역, 기간 및 동원대상(해당 부서, 지휘관 및 참모의 범위 등을 포함한다) 등을 특정하여 비상근무발령서에 의하여 비상근무를 발령한다. ③ 비상근무의 발령권자는 비상구분, 실시목적, 기간 및 범위, 경력 및 장비동원사항 등을 바로 위의 상급 기관의 장에게 보고하여 사전에 승인을 받아야 한다. 다만, 긴급을 요하는 경우에는 비상근무를 발령하고, 사후에 승인을 받을 수 있다. ⑤ 제3항에도 불구하고 '경계강화, 작전준비태세'를 발령한 경우에는 승인을 요하지 아니한다. ⑥ 비상근무를 발령할 경우에는 정황의 특수성을 고려하여 비상근무의 목적이 원활히 달성될 수 있도록 적정한 인원, 계급, 부서를 동원하여 불필요한 동원이 없도록 해야 한다.	
해제 (제6조 제1항)	① 비상근무의 발령권자는 비상상황이 종료되는 즉시 비상근무를 해제하고, 비상근무 해제 시 발령권자는 6시간 이내에 해제일시, 사유 및 비상근무결과 등을 바로 위의 상급 기관의 장에게 보고한다.	
근무요령 (제7조)	갑호 비상	① 연가를 중지하고 가용경력 100%까지 동원할 수 있다. ② 지휘관과 참모는 정착 근무를 원칙으로 한다.
	을호 비상	① 연가를 중지하고 가용경력 50%까지 동원할 수 있다. ② 지휘관과 참모는 정위치 근무를 원칙으로 한다.

	병호 비상	① **부득이한 경우를 제외하고는 연가를** 억제하고 가용경력 30%까지 동원할 수 있다. ② 지휘관과 참모는 정위치 근무 **또는** 지휘선상 위치 근무를 원칙으로 한다.
	경계 강화	① **별도의 경력동원 없이** 특정분야의 근무를 강화한다. ② 경찰관등은 **비상연락체계를 유지**하고 상황발생 시 즉각 출동이 가능하도록 출동대기태세를 유지한다. ③ 지휘관과 참모는 지휘선상 위치 근무를 원칙으로 한다.
	작전준비태세 (작전비상시 적용)	① **별도의 경력동원 없이** 경찰관서 지휘관 및 참모의 **비상연락망을 구축**하고 신속한 응소체제를 유지한다. ② 경찰관등은 상황발생 시 즉각 출동이 가능하도록 출동태세 점검을 실시한다. ③ 유관기관과의 긴밀한 연락체계를 유지하고, 필요시 작전상황반을 유지한다.

✎ **출제지문**: 상황발생 시 상황보고 · 통보 및 하달은 1순위로 직접 행동을 취할 기관 및 부대, 2순위로 협조 및 지원을 요하는 기관 및 부대, 3순위로 지휘계통에 보고, 4순위로 기타 필요한 기관 및 부대순이다. 즉, **신속한** 상황대처가 우선이고 보고는 그 다음이다.

12 통합방위법 [시행 2024.1.16.]

1. 주요내용 [B급]

정의 (제2조)	통합방위	적의 침투 · 도발이나 그 위협에 대응하기 위하여 각종 국가방위요소를 통합하고 지휘체계를 일원화하여 국가를 방위하는 것을 말한다.
	통합방위사태	적의 침투 · 도발이나 그 위협에 대응하여 선포하는 단계별 사태를 말한다.
	통합방위 작전	통합방위사태가 선포된 지역에서 **통합방위본부장, 지역군사령관, 함대사령관** 또는 시 · 도경찰청장("작전지휘관")이 국가방위요소를 통합하여 지휘 · 통제하는 방위작전을 말한다.
통합방위 협의회	중앙협의회 (제4조)	① 국무총리 소속으로 **중앙** 통합방위협의회를 둔다. ② 중앙협의회의 **의장**은 국무총리가 되고, 위원은 각부 장관 등이 된다.
	지역협의회 (제5조)	① **시 · 도지사 소속으로 시 · 도 협의회를 두고, 그 의장은 시 · 도지사가 된다.** ② 시장 · 군수 · 구청장(자치구의 구청장) 소속으로 시 · 군 · 구 통합방위협의회를 두고, 그 의장은 시장 · 군수 · 구청장이 된다.
통합방위본부 (제8조)		① **합동참모본부**에 통합방위본부를 둔다. ② 통합방위본부에는 본부장과 부본부장 1명씩을 두되, **통합방위본부장은 합동참모의장**이 되고 **부본부장**은 합동참모본부에서 군사작전에 대한 기획 등 **작전 업무**를 총괄하는 **참모부서의 장**이 된다.

통합방위작전 (제15조)	시·도경찰청장, 지역군사령관 또는 함대사령관은 통합방위사태가 선포된 때에는 즉시 다음의 구분에 따라 **통합방위작전을** 신속하게 수행하여야 한다. 다만, 을종사태가 선포된 경우에는 지역군사령관이 통합방위작전을 수행하고, 갑종사태가 선포된 경우에는 통합방위본부장 또는 지역군사령관이 통합방위작전을 수행한다. 1. **경찰관할지역**: 시·도경찰청장 2. 특정경비지역 및 **군관할지역**: 지역군사령관 3. 특정경비해역 및 일반경비해역: **함대사령관** 4. 비행금지공역 및 일반공역: 공군작전사령관
통제구역 (제16조)	시·도지사 또는 시장·군수·구청장은 다음에 해당하면 대통령령으로 정하는 바에 따라 인명·신체에 대한 위해를 방지하기 위하여 필요한 **통제구역을 설정**하고, 통합방위작전 또는 경계태세 발령에 따른 군·경 합동작전에 관련되지 아니한 사람에 대하여는 출입을 금지·제한하거나 그 통제구역으로부터 퇴거할 것을 명할 수 있다. 1. **통합방위사태가 선포**된 경우 2. 적의 침투·도발 징후가 확실하여 **경계태세 1급이 발령**된 경우 → 출입 금지·제한 또는 퇴거명령을 위반한 사람은 1년 이하의 **징역** 또는 1천만원 이하의 **벌금**
대피명령 (제17조)	시·도지사 또는 시장·군수·구청장은 **통합방위사태가 선포된 때에는** 인명·신체에 대한 위해를 방지하기 위하여 **즉시** 작전지역에 있는 주민이나 체류 중인 사람에게 **대피할 것을** 명할 수 있다. → 대피명령을 위반한 사람은 300만원 이하의 **벌금**
검문소 운용 (제18조)	시·도경찰청장, **지방해양경찰청장**, 지역군사령관 및 함대사령관은 관할구역 중에서 **적의 침투가 예상되는 곳** 등에 검문소를 설치·운용할 수 있다.

2. 통합방위사태의 종류와 선포

(1) 통합방위사태의 종류(제2조) B급

갑종사태	일정한 조직체계를 갖춘 적의 대규모 **병력 침투** 또는 대량살상무기 **공격** 등의 도발로 발생한 비상사태로서 **통합방위본부장** 또는 **지역군사령관의 지휘·통제** 하에 통합방위작전을 수행하여야 할 사태
을종사태	일부 또는 여러 지역에서 적이 침투·도발하여 단기간 내에 **치안이 회복되기 어려워 지역군사령관의 지휘·통제** 하에 통합방위작전을 수행하여야 할 사태
병종사태	적의 침투·도발 위협이 예상되거나 소규모의 적이 **침투**하였을 때에 시·도경찰청장, **지역군사령관 또는 함대사령관의 지휘·통제** 하에 통합방위작전을 수행하여 단기간 내에 **치안이 회복될 수 있는 사태**

(2) 통합방위사태의 선포(제12조) B급

사유	선포 건의권자	선포권자
• 갑종사태 발생 • 둘 이상의 시·도에 걸쳐 을종사태 발생	국방부장관 (즉시 국무총리 거쳐 대통령에게 **선포를 건의하여야 한다**)	대통령 ➡ 중앙협의회와 국무회의의 심의를 거쳐 선포할 수 있다.
둘 이상의 시·도에 걸쳐 병종사태 발생	행정안전부장관 또는 국방부장관 (즉시 국무총리 거쳐 대통령에게 **선포를 건의하여야 한다**)	
을종사태 또는 병종사태 발생	시·도경찰청장 지역군사령관 함대사령관	시·도지사 ➡ 시·도 협의회의 심의를 거쳐 선포할 수 있다. ➡ 시·도지사는 을종사태 또는 병종사태를 선포한 때에는 지체 없이 행정안전부장관 및 국방부장관과 국무총리를 거쳐 대통령에게 그 사실을 보고하여야 한다.

3. 국가중요시설 지정 및 방호계획 B급

개념 (제2조 제13호)	국가중요시설이란 공공기관, 공항·항만, 주요 산업시설 등 적에 의하여 점령 또는 파괴되거나 기능이 마비될 경우 국가안보와 국민생활에 심각한 영향을 주게 되는 시설을 말한다.
지정권자	국가중요시설은 국방부장관이 **관계 행정기관의 장 및 국가정보원장과 협의**하여 지정한다.
방호 및 지원계획 (제21조)	① 국가중요시설의 관리자(소유자를 포함한다)는 경비·보안 및 방호책임을 지며, 통합방위사태에 대비하여 자체방호계획을 수립하여야 한다. 이 경우 국가중요시설의 관리자는 자체방호계획을 수립하기 위하여 필요하면 **시·도경찰청장 또는 지역군사령관**에게 협조를 요청할 수 있다. ② 시·도경찰청장 **또는 지역군사령관**은 통합방위사태에 대비하여 국가중요시설에 대한 **방호지원계획**을 수립·시행하여야 한다. ③ 국가중요시설의 평시 **경비·보안활동**에 대한 지도·감독은 관계 행정기관의 장과 국가정보원장이 수행한다. ④ 국가중요시설의 자체방호, 방호지원계획, 그 밖에 필요한 사항은 **대통령령**으로 정한다.

4. 국가중요시설경비 [A급]

개념	국가중요시설이란 공공기관, 공항·항만, 주요 산업시설 등 적에 의하여 점령 또는 파괴되거나 기능이 마비될 경우 국가안보와 국민생활에 심각한 영향을 주게 되는 시설을 말한다.
지정권자	국방부장관이 관계행정기관의 장 및 국가정보원장과 협의하여 지정한다. 13·14·19. 승진, 14·16. 채용, 22. 경간
방호 및 지원계획 (제21조)	① 국가중요시설의 관리자(소유자를 포함한다)는 경비·보안 및 방호책임을 지며, 통합방위사태에 대비하여 자체방호계획을 수립하여야 한다. 이 경우 국가중요시설의 관리자는 자체방호계획을 수립하기 위하여 필요하면 시·도경찰청장 또는 지역군사령관에게 협조를 요청할 수 있다. 16. 채용, 18. 승진, 22. 경간 ② 시·도경찰청장 또는 지역군사령관은 통합방위사태에 대비하여 국가중요시설에 대한 방호지원계획을 수립·시행하여야 한다. 13·18·19. 승진, 16. 채용, 22. 경간 ③ 국가중요시설의 평시 경비·보안활동에 대한 지도·감독은 관계 행정기관의 장과 국가정보원장이 수행한다. 10·19. 승진, 16. 채용, 22. 경간 ④ 국가중요시설의 자체방호, 방호지원계획, 그 밖에 필요한 사항은 대통령령으로 정한다. 17·18. 승진

5. 국가중요시설의 분류 - 국가안전에 미치는 중요도에 따라 [B급] 09. 전의경, 09. 채용, 10·13·18. 승진

구분	내용	예
가급	적에 의하여 점령 또는 파괴되거나 기능마비시 **광범위한 지역**의 통합방위작전 수행이 요구되고 국민생활에 **결정적인 영향**을 미칠 수 있는 시설	청와대, 국회의사당, 대법원, 정부중앙청사, 국방부, 국가정보원 청사, 한국은행본점 등
나급	적에 의하여 점령 또는 파괴되거나 기능마비시 **일부지역**의 통합방위작전 수행이 요구되고 국민생활에 중대한 **영향**을 미칠 수 있는 시설	중앙행정기관 각 부·처 및 이에 준하는 기관, **경찰청**, 대검찰청, 기상청 청사, 한국산업은행 본점, 한국수출입은행 본점
다급	적에 의하여 파괴되거나 기능마비시 **제한된 지역**에서 단기간 통합방위작전 수행이 요구되고 국민생활에 상당한 **영향**을 미칠 수 있는 시설	중앙행정기관의 청사(조달청, 통계청, 산림청 등), 국가정보원 지부, 한국은행 각 지역본부, 다수의 정부기관이 입주한 남북출입관리시설, 기타 중요 국·공립기관

6. 중요시설방호 대책 – 3지대 방호지대 구축 :C급: 20. 승진

제1지대 (경계지대)	개념	시설 울타리 전방 취약지점에서 시설에 접근하기 전에 저지할 수 있는 예상 접근로상의 "목"지점 및 감제고지 등을 장악하는 선으로 소총 유효사거리 개념인 **외곽 경비지대를 연결하는 선**을 의미한다.
	대책	경력배치 및 장애물을 설치하여 방호를 실시하며, 이 지대에서 매복을 실시하는 것이 효과적이다.
제2지대 (주방어지대)	개념	**시설 울타리를 연결하는 선**으로 시설내부 및 핵심시설에 적의 침투를 방지하여 결정적으로 중요시설을 방호하는 선을 의미한다.
	대책	방호시설물을 집중적으로 설치하고 **고정초소근무 및 순찰근무**로서 출입자를 통제하고 무단침입자를 감시한다.
제3지대 (핵심방어지대)	개념	시설의 가동기능에 결정적인 영향을 미치는 지역에 대한 **최후 방호선**을 의미한다.
	대책	**주요핵심부는 지하화되거나 위장이 되어 구별할 수 없도록** 조치가 이루어져야 하며, 항상 경비원의 감시하에 통제가 되도록 하고 **방호벽·방탄망·적외선·CCTV** 등 방호시설물을 최우선 설치하여야 하며 유사시는 결정적인 보호가 될 수 있도록 경비인력을 증가 배치하여야 한다.

13 대테러 경비

1. 국민보호와 공공안전을 위한 테러방지법(약칭: 테러방지법) [시행 2024.2.9.] :A급:

정의 (제2조)	테러	① 국가·지방자치단체 또는 외국 정부(외국 지방자치단체와 조약 또는 그 밖의 국제적인 협약에 따라 설립된 국제기구를 **포함한다**)의 권한행사를 방해하거나 의무 없는 일을 하게 할 목적 또는 공중을 협박할 목적으로 하는 행위를 말한다. ② 테러는 게릴라전과 비교할 때 비교적 소규모로 나타난다. 14. 경특
	테러단체	**국제연합(UN)이 지정**한 테러단체를 말한다. 17. 채용, 18. 승진, 18·20. 경간
	테러위험인물	**테러단체의 조직원**이거나 테러단체 선전, 테러자금 모금·기부, 그 밖에 테러 예비·음모·선전·선동을 하였거나 하였다고 **의심할 상당한 이유가 있는 사람**을 말한다. 17. 채용
	외국인테러 전투원	① 테러를 실행·계획·준비하거나 테러에 참가할 목적으로 국적국이 아닌 **국가의 테러단체에 가입하거나 가입하기 위하여 이동 또는 이동을 시도하는 내국인·외국인**을 말한다. 19. 승진 ② 관계기관의 장은 법무부장관에게 일시출국금지(90일)를 요청할 수 있다.
국가테러대책위원회 (제5조)		① 대테러활동에 관한 정책의 중요사항을 심의·의결하기 위하여 **국가테러대책위원회**를 둔다. ② 국가테러대책위원회는 국무총리 및 관계기관의 장 중 대통령령으로 정하는 사람으로 구성하고 **위원장은 국무총리**로 한다. 17. 채용, 19. 승진
대테러 인권보호관 (제7조)		관계기관의 대테러활동으로 인한 국민의 기본권 침해 방지를 위하여 대책위원회 소속으로 대테러 **인권보호관 1명**을 둔다.

테러위험인물에 대한 정보 수집 등 (제9조)	① **국가정보원장**은 테러위험인물에 대하여 출입국·금융거래 및 통신이용 등 관련 정보를 수집할 수 있다. 17. 채용 ② **국가정보원장**은 제1항에 따른 정보 수집 및 분석의 결과 테러에 이용되었거나 이용될 가능성이 있는 금융거래에 대하여 지급정지 등의 조치를 취하도록 금융위원회 위원장에게 요청할 수 있다. ③ **국가정보원장**은 테러위험인물에 대한 개인정보(「개인정보 보호법」상 민감정보를 포함한다)와 위치정보를 개인정보처리자와 개인위치정보사업자 및 사물위치정보사업자에게 요구할 수 있다. ④ **국가정보원장**은 대테러활동에 필요한 정보나 자료를 수집하기 위하여 대테러조사 및 테러위험인물에 대한 추적을 할 수 있다. 이 경우 **사전** 또는 **사후**에 대책위원회 위원장에게 보고하여야 한다. 18. 경간
외국인테러전투원에 대한 규제 (제13조)	① 관계기관의 장은 외국인테러전투원으로 출국하려 한다고 의심할 만한 상당한 이유가 있는 내국인·외국인에 대하여 **일시 출국금지**를 법무부장관에게 요청할 수 있다. 18·19. 승진 ② 일시 **출국금지 기간**은 90일로 한다. 다만, 출국금지를 계속할 필요가 있다고 판단할 상당한 이유가 있는 경우에 관계기관의 장은 그 사유를 명시하여 연장을 요청할 수 있다. 18. 승진

테러단체 구성죄 등 (제17조)	① 테러단체를 **구성**하거나 구성원으로 **가입**한 사람은 다음 각 호의 구분에 따라 처벌한다.
	   1. 수괴(首魁)는 사형·무기 또는 10년 이상의 징역
	   2. 테러를 기획 또는 지휘하는 등 중요한 역할을 맡은 사람은 무기 또는 7년 이상의 징역
	   3. **타국의 외국인테러전투원으로 가입한 사람은 5년 이상의 징역** 18. 경간
	   4. 그 밖의 사람은 3년 이상의 징역
	② 테러자금임을 알면서도 자금을 조달·알선·보관하거나 그 취득 및 발생원인에 관한 사실을 가장하는 등 테러단체를 **지원**한 사람은 10년 이하의 징역 또는 1억원 이하의 벌금에 처한다.
	③ 테러단체 가입을 지원하거나 타인에게 가입을 권유 또는 선동한 사람은 5년 이하의 징역에 처한다.
	④ 제1항 및 제2항의 **미수범은 처벌한다.** 20. 승진
	⑤ 제1항 및 제2항에서 정한 죄를 저지를 목적으로 **예비** 또는 **음모**한 사람은 3년 이하의 징역에 처한다. 20. 승진

세계주의(제19조)	테러단체 구성죄 등은 대한민국 영역 밖에서 저지른 외국인에게도 국내법을 적용한다. 18. 경간

2. 테러취약시설 안전활동에 관한 규칙(경찰청훈령) [시행 2022.2.25.] C급

정의 (제2조)	이 규칙에서 사용하는 용어의 뜻은 다음 각 호와 같다.
	1. "**테러취약시설**"이란 테러 예방 및 대응을 위해 경찰이 관리하는 다음 각 목의 시설·건축물 등 중 **경찰청장이 지정**하는 것을 말한다.
	   가. 국가중요시설
	   나. 다중이용건축물등
	   다. 공관지역
	   라. 미군 관련 시설
	   마. 그 밖에 특별한 관리가 필요하다고 제14조의 테러취약시설 심의위원회(이하 '심의위원회'라고 한다)에서 결정한 시설

	2. "**국가중요시설**"이란 「통합방위법」 제21조 제4항에 따라 **국방부장관이 지정**한 시설을 말한다. 3. "**다중이용건축물등**"이란 「재난 및 안전관리 기본법 시행령」 제43조의8 제1호 · 제2호에 따른 건축물 또는 시설로서 **관계기관의 장이** 소관업무와 관련하여 **대테러센터장과 협의**하여 **지정**한 것을 말한다.
지정등 권한자 (제5조)	테러취약시설의 지정등은 **경찰청장**이 행한다.
다중이용건축물등의 분류 (제9조)	다중이용건축물등은 **기능 · 역할의 중요성과 가치**의 정도에 따라 "A"등급, "B"등급, "C"등급으로 구분하며, 그 기준은 다음 각 호와 같다. 17. 승진, 18 · 20. 경간 1. A급: 테러에 의하여 파괴되거나 기능 마비 시 **광범위한 지역**의 대테러진압작전이 요구되고, 국민생활에 **결정적인 영향**을 미칠 수 있는 건축물 또는 시설 2. B급: 테러에 의하여 파괴되거나 기능 마비 시 **일부 지역**의 대테러진압작전이 요구되고, 국민생활에 **중대한 영향**을 미칠 수 있는 건축물 또는 시설 3. C급: 테러에 의하여 파괴되거나 기능 마비 시 **제한된 지역**에서 **단기간** 대테러진압작전이 요구되고, 국민생활에 **상당한 영향**을 미칠 수 있는 건축물 또는 시설
테러취약시설 심의위원회 (제14조)	심의위원회는 위기관리센터에 비상설로 두며, 위원장은 경찰청 경비국장으로 한다.
국가중요시설 지도 · 점검 (제21조)	① **경찰서장**은 관할 내에 있는 **국가중요시설** 전체에 대하여 **연 1회 이상 지도 · 점검**을 실시하여야 한다. ② **시 · 도경찰청장**은 관할 내 **국가중요시설** 중 **선별**하여 **연 1회 이상 지도 · 점검**을 실시한다. ③ 경찰청장은 경찰관서장이 국가중요시설에 대해 적절한 지도 · 점검을 실시하는지 감독하고, 선별적으로 지도 · 점검을 실시한다.
다중이용건축물등 지도 · 점검 (제22조)	① **경찰서장**은 관할 내에 있는 **다중이용건축물등** 전체에 대해 해당 시설 관리자의 동의를 받아 다음 각 호와 같이 지도 · 점검을 실시하여야 한다. 17. 승진, 18 · 20. 경간 1. A급: **분기 1회 이상** 2. B급, C급: **반기 1회 이상** ② **시 · 도경찰청장**은 관할 내 **다중이용건축물등** 중 **선별**하여 **반기 1회 이상 지도 · 점검**을 실시한다. ③ 경찰청장은 경찰관서장이 다중이용건축물등에 대해 적절한 지도 · 점검을 실시하는지 감독하고, 해당 시설 관리자의 동의를 받아 선별적으로 지도 · 점검을 실시한다.
대테러 훈련 방법 (제27조)	① **경찰서장**은 관할 **테러취약시설** 중 선정하여 **분기 1회 이상 대테러 훈련**(FTX)을 실시해야 한다. 이 경우 **연 1회 이상**은 관계기관 **합동**으로 실시한다. ② **시 · 도경찰청장**은 **반기 1회 이상 권역별로 대테러 훈련**을 실시하여야 한다.

3. 테러 관련 용어 :C급:

리마증후군	① 1995년 12월 17일 페루 수도인 리마 소재 일본대사관에 '투팍아마르'소속의 게릴라가 난입하여 대사관 직원 등을 126일 동안 인질로 잡은 사건에서 유래되었다. ② 시간경과에 따라 인질범이 인질에게 일체감을 느끼게 되고 인질의 입장을 이해하여 호의를 베푸는 등 인질범이 인질에게 동화되는 현상을 말한다. 18. 승진 ③ 인질범이 인질들의 문화를 학습하거나 정신적으로 동화되어 결과적으로 공격적인 태도가 완화되는 현상을 말한다.
스톡홀름증후군 17. 경간, 18. 승진	① '오귀인 효과'라고 하며 인질이 인질범에 동화되는 현상을 말한다. 12. 승진 ② 스웨덴 수도인 스톡홀름에서 은행강도사건 발생시 인질로 잡혀 있던 여인이 인질범과 사랑에 빠져 인질범과 함께 경찰에 대응하여 싸운 사건에서 유래되었다. ③ 인질이 인질범에게 동화되는 현상으로 이는 시간이 경과할수록 인질이 인질범을 이해하는 일종의 감정이입이 이루어져 상호간에 친근감을 갖게 되는 현상을 말한다. ④ 주로 독재자들이 통치기법으로 이용하기도 한다.

> **⊕ PLUS 각국의 대테러 부대** 12. 채용, 14. 특공, 20. 경간
> ① 한국의 대테러 부대인 KNP868은 86아시안게임과 88올림픽을 대비하여 대테러 예방 및 대응을 위해 1983년 창설된 경찰 특수부대로 당시 서울경찰청 직할부대이다.
> ② 영국의 SAS, 미국의 SWAT, 독일의 GSG-9, 프랑스의 GIGN 등이 있다.
> ③ 영국의 대테러부대 SAS는 1941년 롬멜의 아프리카 전차군단을 격퇴할 목적으로 창설되었다.
> ④ 독일의 대테러부대 GSG-9은 1972년 뮌헨올림픽에서의 검은9월단에 의한 이스라엘 선수 테러사건 발생 후 창설되었다.

14 청원경찰 :A급:

1. 청원경찰의 직무, 배치, 임용 및 징계 :A급:

청원경찰의 직무 (제3조)	청원경찰은 청원경찰의 배치 결정을 받은 자("청원주")와 배치된 기관·시설 또는 사업장 등의 구역을 관할하는 경찰서장의 감독을 받아 그 경비구역만의 경비를 목적으로 필요한 범위에서 「경찰관 직무집행법」에 따라 경찰관의 직무를 수행한다. ① 청원경찰이 직무를 수행할 때에는 경비 목적을 위하여 필요한 최소한의 범위에서 하여야 한다. ② 청원경찰은 「경찰관 직무집행법」에 따른 직무 외의 수사활동 등 사법경찰관리의 직무를 수행해서는 아니 된다(시행규칙 제21조 제2항).
청원경찰의 배치 (제4조)	① 청원경찰을 배치받으려는 자는 대통령령으로 정하는 바에 따라 관할 시·도경찰청장에게 청원경찰 배치를 신청하여야 한다. ② 시·도경찰청장은 청원경찰 배치 신청을 받으면 지체 없이 그 배치 여부를 결정하여 신청인에게 알려야 한다. ① 청원주는 청원경찰을 신규로 배치하거나 이동배치하였을 때에는 배치지(이동배치의 경우에는 종전의 배치지)를 관할하는 경찰서장에게 그 사실을 통보하여야 한다(시행령 제6조제1항).

	② 제1항의 통보를 받은 경찰서장은 이동배치지가 다른 관할구역에 속할 때에는 전입지를 관할하는 경찰서장에게 이동배치한 사실을 통보하여야 한다(시행령 제6조 제2항). ③ 시·도경찰청장은 청원경찰 배치가 필요하다고 인정하는 기관의 장 또는 시설·사업장의 경영자에게 청원경찰을 배치할 것을 요청할 수 있다.
청원경찰의 임용 (제5조)	① 청원경찰은 **청원주가 임용**하되, 임용을 할 때에는 **미리 시·도경찰청장의 승인을 받아야** 한다. → 임용자격: **18세 이상**인 사람, 행정안전부령으로 정하는 신체조건에 해당하는 사람(시행령 제3조) ② 「국가공무원법」상 **공무원 결격사유**에 해당하는 사람은 청원경찰로 **임용될 수 없다**. ③ 청원경찰의 임용자격·임용방법·교육 및 보수에 관하여는 **대통령령으로 정한다**. ④ 청원경찰의 복무에 관하여는 「국가공무원법」 제57조(복종의무), 제58조 제1항(직장이탈금지), 제60조(비밀엄수의무) 및 「경찰공무원법」 제24조(거짓보고등의 금지)를 준용한다.
청원경찰의 징계 (제5조의2)	① 청원주는 청원경찰이 직무상의 **의무를 위반**하거나 **직무를 태만**히 하거나 **품위를 손상**하는 행위를 한 때에는 **대통령령으로 정하는 징계절차를 거쳐 징계처분을 하여야 한다**. 관할 경찰서장은 청원경찰이 징계사유에 해당한다고 인정되면 **청원주에게** 해당 청원경찰에 대하여 **징계처분을 하도록 요청할 수 있다**(시행령 제8조제1항). ② 청원경찰에 대한 징계의 종류는 **파면, 해임, 정직, 감봉 및 견책**으로 구분한다. 《주의》 청원경찰에 대한 징계에는 '강등'이 없다.

2. 청원경찰의 제복착용·무기휴대 및 감독 [A급]

제복착용과 무기휴대 (제8조)	① 청원경찰은 근무 중 제복을 착용하여야 한다. 청원경찰이 그 배치지의 특수성 등으로 특수복장을 착용할 필요가 있을 때에는 **청원주는 시·도경찰청장의 승인을 받아 특수복장을 착용하게 할 수 있다**(시행령 제14조 제3항). ② 시·도경찰청장은 청원경찰이 직무를 수행하기 위하여 필요하다고 인정하면 **청원주의 신청을 받아 관할 경찰서장으로 하여금 청원경찰에게 무기를 대여하여 지니게 할 수 있다**. ① **청원주가** 청원경찰이 휴대할 무기를 대여받으려는 경우에는 관할 경찰서장을 거쳐 **시·도경찰청장에게 무기대여를 신청**하여야 한다(시행령 제16조 제1항). ② 신청을 받은 시·도경찰청장이 무기를 대여하여 휴대하게 하려는 경우에는 청원주로부터 **국가에 기부채납된 무기에 한하여** 관할 경찰서장으로 하여금 **무기를 대여하여 휴대**하게 할 수 있다(시행령 제16조 제2항). ▶ 청원주는 「총포·도검·화약류 등의 안전관리에 관한 법률」에 따른 분사기의 소지허가를 받아 청원경찰로 하여금 그 분사기를 휴대하여 직무를 수행하게 할 수 있다(시행령 제15조).

감독 (제9조의3)	① **청원주**는 항상 소속 청원경찰의 근무 상황을 **감독**하고, 근무 수행에 필요한 **교육**을 하여야 한다. ② 시·도경찰청장은 청원경찰의 효율적인 운영을 위하여 청원주를 지도하며 **감독상 필요한 명령**을 할 수 있다. 관할 경찰서장은 매달 1회 **이상 청원경찰을 배치한 경비구역**에 대하여 복무규율과 근무상황, 무기의 관리 및 취급 사항을 **감독하여야 한다**(시행령 제17조).
직권남용 금지 (제10조)	① 청원경찰이 직무를 수행할 때 **직권을 남용**하여 국민에게 해를 끼친 경우에는 6개월 **이하의 징역이나 금고**에 처한다. ② 청원경찰 업무에 종사하는 사람은 「형법」이나 그 밖의 법령에 따른 **벌칙을 적용할 때에는 공무원으로 본다**.
배상책임 (제10조의2)	청원경찰(국가기관이나 지방자치단체에 근무하는 청원경찰은 제외한다)의 직무상 불법행위에 대한 배상책임에 관하여는 「민법」의 규정을 따른다. **판례** ❘ 국가나 지방자치단체에 근무하는 청원경찰의 직무상 불법행위에 대하여는 민법이 아닌 **국가배상법이 적용**되는 특징이 있으며, 그 외 임용자격, 직무, 복무의무 내용 등을 종합하여 볼 때, 그 근무관계를 **사법상 고용계약관계로 보기 어렵다**(부산고법 2011.11.2, 2011누1870).
면직 (제10조의4)	① 청원경찰은 형의 선고, 징계처분 또는 신체상·정신상의 이상으로 직무를 감당하지 못할 때를 제외하고는 그 의사에 반하여 면직되지 아니한다. ② 청원주가 청원경찰을 면직시켰을 때에는 그 사실을 **관할 경찰서장을 거쳐 시·도경찰청장에게 보고하여야 한다**.
배치의 폐지 (제10조의5)	① **청원주**는 청원경찰이 배치된 시설이 폐쇄되거나 축소되어 청원경찰의 배치를 폐지하거나 배치인원을 감축할 필요가 있다고 인정하면 청원경찰의 **배치를 폐지하거나 배치인원을 감축할 수 있다**. 다만, 청원주는 **다음 경우**에는 청원경찰의 배치를 폐지하거나 배치인원을 감축할 수 없다. 1. 청원경찰을 대체할 목적으로 「경비업법」에 따른 특수경비원을 배치하는 경우 2. 청원경찰이 배치된 기관·시설 또는 사업장 등이 배치인원의 변동사유 없이 다른 곳으로 이전하는 경우 ② 제1항에 따라 **청원주가 청원경찰을 폐지하거나 감축하였을 때에는 청원경찰 배치 결정을 한 경찰관서의 장에게 알려야 하며**, 그 사업장이 시·도경찰청장이 청원경찰의 **배치를 요청한 사업장일 때에는 그 폐지 또는 감축 사유를 구체적으로 밝혀야 한다**.

15 경호경비

1. 개념 [C급]

경호는 **경비와 호위를 종합**한 개념 21. 경간		
경비	생명 또는 신체를 보호하기 위하여 **특정한 지역**을 경계·순찰·방비하는 행위 15. 경간	
호위	신체에 대한 직접적인 위해를 근접에서 방지 또는 제거하는 행위 15. 경간	

> **⊕ PLUS** 3중 경호원리
> ① 경호실은 1선 VIP 승하차지점 및 행사장 내부를 담당한다.
> ② 경찰은 2선 경비구역, 3선 경계구역의 경비를 담당한다.
> ③ 연도경호는 물적 위해요소가 방대하여 엄격하고 통제된 3중 경호원리를 적용하기 어렵다. 15. 경간

2. 경호의 대상 및 책임(대통령 등의 경호에 관한 법률) [C급]

구분	등급	경호대상	경호책임
국내요인 12. 채용, 12. 승진, 12. 경간	甲호	① 대통령과 그 가족 ② **대통령 당선인과 그 가족** ③ 대통령권한대행자와 그 배우자 ④ 본인의 의사에 반하지 아니하는 경우에 한하여 **퇴임 후 10년 이내의 전직대통령과 그의 배우자**	경호처
	乙호	**대통령선거후보자**, 국회의장, 대법원장, 헌법재판소장, 국무총리, 퇴임 후 10년이 경과한 전직대통령	경찰
	丙호	甲·乙호 외에 **경찰청장**이 필요하다고 인정한 인사	경찰
국외요인	국빈 A, B, C등급	대통령, 국왕, 행정수반 등	경호처
	외빈 A, B등급	왕족, 국제기구대표, 기타 장관급 이상 외빈	경찰

3. 경호의 4대 원칙 B급 11·12. 채용, 19. 승진

자기희생의 원칙	경호원은 자신을 희생해서라도 피경호자의 신변 안전이 보호·유지되어야 한다는 법칙 19. 승진
자기담당구역 책임의 원칙	① 경호원은 각자 자기담당구역 내에서 일어나는 어떠한 사태에 대하여도 다른 사람이 아닌 자신만이 책임을 지고 해결해야 한다는 것 19. 승진, 21. 경간 ② 자기담당구역이 아닌 타 지역 상황은 결코 책임을 질 수도 없고 비록 인근지역에 **특별한 상황이 발생되었다고 해서 자기책임구역을 이탈해서는 안 된다**는 원칙
하나의 통제된 지점을 통한 접근의 원칙	① 피경호자와 접근할 수 있는 통로는 경호상 **통제된 유일한 통로만이 필요**하고, 하나의 통제된 출입문이나 통로를 통한 접근도 반드시 경호원에 의하여 확인된 후 허가절차를 밟아 이루어져야 한다는 원칙 09·10·19. 승진 ② 여러 개의 통로와 출입문은 오히려 적에게 접근할 수 있는 기회를 부여해 주어 취약성을 증가시켜 주는 결과가 된다는 점에 착안된 원칙

목표물 보존의 원칙 (= 보안의 원칙)	① 의의: 암살기도자나 위해를 가할 가능성이 있는 자들로부터 **피경호자를 격리시켜야 한다**는 원칙 09·10·19. 승진
	② 고려사항
	   ㉠ 행차코스, 행사할 예정인 장소 등은 원칙적으로 **비공개**되어야 한다. 17. 승진
	   ㉡ **동일한 장소에 수차 행차하였던 곳은 가급적 변경**하여야 한다.
	   ㉢ **대중에게 노출된 도보행차는 가급적 제한**되어야 한다.

4. 직접경호지역 - 경호활동지역 B급 12·15. 경간, 17. 채용, 19. 승진

제1선 (안전구역: 내부) 절대안전 확보구역	① 피경호자가 위치하는 내부로서 옥내일 경우에는 건물 자체를 말하며, 옥외일 경우에는 본부석을 의미한다. ② 요인의 승·하차장, 동선 등의 취약개소로 피경호자에게 직접적으로 위해를 가할 수 있는 거리 내의 지역을 말한다. ③ 경호에 대한 주관 및 책임은 경호처에서 지고, 경찰은 경호처 요청시 경력 및 장비를 지원한다. ④ 출입자 통제관리, MD 설치·운용, 비표확인 및 출입자 감시 20. 법학, 21. 경간
제2선 (경비구역: 내곽) 주경비지역	① 제1선을 제외한 행사장 중심으로 소총유효사거리 내외의 취약개소를 말한다. ② 경호책임은 경찰이 담당하고, 군부대 내일 경우에는 군이 책임을 진다. ③ 바리케이트 등 장애물 설치, 돌발사태 대비 예비대 운영 및 구급차·소방차 대기한다.
제3선 (경계구역: 외곽) 조기경보지역	① 행사장 중심으로 적의 접근을 조기에 경보하고 차단하기 위하여 설정된 선을 말한다. ② 주변 동향파악과 **직시고층건물 및 감제고지에 대한 안전확보**, 피경호자에 대한 위해요소 제거하는 등 우발사태에 대한 대비책을 강구하고 통상 경찰이 책임을 진다. ③ **감시조 운영, 도보 등 원거리 기동순찰조 운영, 원거리 불심자 검문차단**한다. 12. 경간

Chapter 04 / 교통경찰

01 「도로교통법」상 용어정리 [시행 2025.3.20.] A급

도로 12. 경간, 15. 채용, 15·18. 승진	① 도로법에 의한 도로 ② 유료도로법에 의한 유료도로 ③ 농어촌도로 정비법에 따른 농어촌도로 ④ 그 밖에 **현실적으로 불특정 다수**의 사람 또는 차마가 **통행**할 수 있도록 **공개된 장소**로서 안전하고 원활한 교통을 확보할 필요가 있는 장소
자동차전용도로 11. 경간, 14·15. 채용	**자동차만** 다닐 수 있도록 설치된 도로를 말한다.
고속도로 11. 경간, 15. 채용	**자동차**의 고속 운행에만 사용하기 위하여 지정된 도로를 말한다.
긴급자동차	긴급자동차란 소방차, 구급차, 혈액 공급차량과 그 밖에 대통령령이 정하는 자동차로서 그 본래의 긴급한 용도로 사용되고 있는 자동차를 말한다. 19. 승진
어린이통학버스	**어린이**(13세 미만인 사람을 말한다 14·18. 승진)를 교육 대상으로 하는 시설에서 어린이의 통학 등에 이용되는 자동차와 「여객자동차 운수사업법」 제4조 제3항에 따른 여객자동차운송사업의 한정면허를 받아 어린이를 여객대상으로 하여 운행되는 운송사업용 자동차를 말한다.
차도 11. 경간	**연석선**(차도와 보도를 구분하는 돌 등으로 이어진 선을 말한다), 안전표지 또는 그와 비슷한 인공구조물을 이용하여 경계를 표시하여 모든 차가 통행할 수 있도록 설치된 도로의 부분을 말한다.
중앙선 12. 경간	차마의 통행 방향을 명확하게 구분하기 위하여 도로에 **황색 실선이나 황색 점선** 등의 안전표지로 표시한 선 또는 **중앙분리대나 울타리** 등으로 설치한 시설물을 말한다. 다만, 제14조 제1항 후단에 따라 **가변차로가 설치된 경우**에는 신호기가 지시하는 **진행방향의 가장 왼쪽의 황색 점선**을 말한다.
차로 11. 경간	차마가 한 줄로 도로의 정하여진 부분을 통행하도록 **차선**으로 **구분한 차도의 부분을** 말한다.
차선 11. 경간, 14. 채용	**차로와 차로를 구분**하기 위하여 그 경계지점을 안전표지로 표시한 선을 말한다.
자전거도로	안전표지, 위험방지용 울타리나 그와 비슷한 인공구조물로 경계를 표시하여 자전거 및 개인형 이동장치가 통행할 수 있도록 설치된 「자전거 이용 활성화에 관한 법률」 제3조 각 호의 도로를 말한다.
자전거횡단도 17. 채용	자전거 및 개인형 이동장치가 일반도로를 횡단할 수 있도록 안전표지로 표시한 도로의 부분을 말한다.
보도 18. 승진	**연석선**, 안전표지나 그와 비슷한 인공구조물 경계를 표시하여 **보행자**(유모차, 보행보조용 의자차, 노약자용 보행기 등 행정안전부령으로 정하는 기구·장치를 이용하여 통행하는 사람을 포함한다)가 통행할 수 있도록 한 도로의 부분을 말한다.

길가장자리구역 11. 경간, 15·17. 채용, 18. 승진	보도와 차도가 구분되지 아니한 도로에서 보행자의 안전을 확보하기 위하여 안전표지 등으로 경계를 표시한 도로의 가장자리 부분을 말한다.
안전지대 15. 채용	도로를 횡단하는 보행자나 통행하는 차마의 안전을 위하여 안전표지나 이와 비슷한 인공구조물로 표시한 도로의 부분을 말한다.
보행자전용도로 13. 채용, 19. 승진	보행자만 다닐 수 있도록 안전표지나 그와 비슷한 인공구조물로 표시한 도로를 말한다.
횡단보도	보행자가 도로를 횡단할 수 있도록 안전표지로 표시한 도로의 부분을 말한다.
교차로 13·17. 채용	'십'자로, 'T'자로나 그 밖에 둘 이상의 도로(보도와 차도가 구분되어 있는 도로에서는 차도를 말한다)가 교차하는 부분을 말한다.
신호기 13. 채용	도로교통에서 문자·기호 또는 등화를 사용하여 진행·정지·방향전환·주의 등의 신호를 표시하기 위하여 사람이나 전기의 힘으로 조작하는 장치를 말한다.
안전표지 17. 채용	교통안전에 필요한 주의·규제·지시 등을 표시하는 표지판이나 도로의 바닥에 표시하는 기호·문자 또는 선 등을 말한다.
주차 13. 채용	운전자가 승객을 기다리거나 화물을 싣거나 차가 고장 나거나 그 밖의 사유로 차를 계속 정지상태에 두는 것 또는 운전자가 차에서 떠나서 즉시 그 차를 운전할 수 없는 상태에 두는 것을 말한다.
정차 12. 경간, 14. 채용, 17·18. 승진	운전자가 5분을 초과하지 아니하고 차를 정지시키는 것으로서 주차 외의 정지상태를 말한다.
운전 09. 채용	① 도로에서 차마 또는 노면전차를 그 본래의 사용방법에 따라 사용하는 것(조종 또는 자율주행시스템을 사용하는 것을 포함한다)을 말한다. 다만, 음주운전, 약물운전, 구호조치불이행(도주), 음주측정거부에 대해서는 도로 아닌 곳에서도 해당한다. ② 운전의 착수시기 ➜ 시동을 걸고 기어를 넣었을 때(판례) ③ 도로교통법상의 운전은 고의의 운전행위만을 의미한다.
초보운전자 11. 승진, 12. 경간	① 처음 운전면허를 받은 날(처음 운전면허를 받은 날부터 2년이 지나기 전에 운전면허 취소처분을 받은 경우에는 그 후 다시 운전면허를 받은 날을 말한다)부터 2년이 지나지 아니한 사람을 말한다. ② 이 경우 원동기장치자전거면허만을 받은 사람이 원동기장치자전거면허 외에 운전면허를 받은 경우에는 처음 운전면허를 받은 것으로 본다.
모범운전자	무사고운전자 또는 유공운전자의 표시장을 받거나 2년 이상 사업용 자동차 운전에 종사하면서 교통사고를 일으킨 전력이 없는 사람으로서 경찰청장이 정하는 바에 따라 선발되어 교통안전 봉사활동에 종사하는 사람을 말한다.
서행	운전자가 차 또는 노면전차를 즉시 정지시킬 수 있는 정도의 느린 속도로 진행하는 것을 말한다.
앞지르기	차의 운전자가 앞서가는 다른 차의 옆을 지나서 그 차의 앞으로 나가는 것을 말한다.
일시정지	차 또는 노면전차의 운전자가 그 차 또는 노면전차의 바퀴를 일시적으로 완전히 정지시키는 것을 말한다.
유아 12. 경간	6세 미만
어린이 12. 경간	13세 미만
노인 12. 경간	65세 이상

02 차마 [A급] 12. 경간

차	자동차 09. 승진, 12. 경간, 21. 채용	① 승용자동차(10인 이하) ② 승합자동차(11인 이상) ③ 화물자동차 ④ 특수자동차 ⑤ **이륜자동차**(원동기장치자전거 제외, 125시시 초과) ⑥ 자동차에 포함되는 건설기계 12. 경간 → 자동차 운전면허로 도로에서 운전 가능한 건설기계를 말한다. **도로보수트럭, 덤프트럭, 아스팔트콘크리트재생기, 아스팔트살포기, 노상안정기, 콘크리트펌프, 콘크리트믹서트럭, 콘크리트믹서트레일러, 천공기**(트럭적재식), 도로를 운행하는 3톤 미만의 **지게차, 트럭지게차**
	건설기계	① 굴삭기, 불도저 등 ② 굴삭기나 콘크리트살포기 등과 같은 자동차에 포함되지 않는 건설기계의 경우에는 「건설기계관리법」상의 건설기계조종사 면허가 있어야 도로에서 운전이 가능하다.
	원동기장치자전거 10 · 11. 승진	「자동차관리법」에 따른 이륜자동차 가운데 **배기량** 125시시 이하(전기를 동력으로 하는 경우에는 최고정격출력 11킬로와트 이하)의 **이륜자동차**와 그 밖에 배기량 125시시 이하의 원동기를 단 차(전기자전거는 제외)
	자전거	자전거 및 전기자전거
		① 사람 또는 가축의 힘이나 그 밖의 동력으로 도로에서 운전되는 것 → 경운기, 우마차, 손수레, 트랙터 등 ② 철길이나 가설된 선(궤도)을 이용하여 운전되는 것, **유모차**와 행정안전부령으로 정하는 **보행 보조용 의자차**는 차에서 제외한다.
우마		교통이나 운수에 사용되는 가축

- **'자동차등'**이란 **자동차와 원동기장치자전거**를 총칭하는 말이다. 12. 경간
- **'차마'**란 차와 우마(교통이나 운수에 사용되는 가축)를 의미한다.
- 자동차(이륜자동차는 제외한다)의 운전자는 자동차를 운전할 때에는 좌석안전띠를 매어야 하며, 모든 좌석의 **동승자에게도 좌석안전띠**(영유아인 경우에는 유아보호용 장구를 장착한 후의 **좌석안전띠를 말한다**)를 매도록 하여야 한다. 다만, 질병 등으로 인하여 좌석안전띠를 매는 것이 곤란하거나 행정안전부령으로 정하는 사유가 있는 경우에는 그러하지 아니하다.
- **'노면전차'**란 「도시철도법」 제2조 제2호에 따른 노면전차로서 도로에서 궤도를 이용하여 운행되는 차를 말한다.
- **'노면전차 전용로'**란 도로에서 궤도를 설치하고, 안전표지 또는 인공구조물로 경계를 표시하여 설치한 「도시철도법」 제18조의2 제1항 각 호에 따른 도로 또는 차로를 말한다.

⊕ PLUS 판례상 도로 여부 [C급]

도로에 해당하는 경우	도로에 해당하지 않는 경우
① 춘천시청 내 광장주차장 ② 울산 현대조선소 구내 ③ '산림법'상의 임도 ④ '광산보안법'상의 광산도로 ⑤ '사도법'상의 사도(私道) ⑥ 휴게소 ⑦ 부두의 경우 도로의 연장으로 인정 ⑧ 준공검사를 앞두고 일반인에게 이용이 허용된 도로 ⑨ 별도의 주차관리인이 없고 외부차량 통행제한이 없는 누구나 출입이 허용되는 아파트단지 내의 도로 19. 승진	① 대형건물 부설 주차장, 주점 고객전용 주차장, 나이트클럽 주차장 ② 노상주차장(주차장법이 우선 적용됨) ③ 경찰서 주차장 ④ 소년원 경내 ⑤ 고속버스터미널 내 ⑥ 역 구내, 대학교 구내, 교정 ⑦ 자동차 간이정비소 마당 ⑧ 여관 앞 공터 ⑨ 경비원이 차단기 등으로 일반인의 출입을 통제하는 아파트단지 내의 도로

- 도로에 해당하면 무면허, 속도위반, 휴대전화사용 등에 대하여 단속이 가능하지만, 도로에 해당하지 않는 경우에는 단속할 수 없다.
- 도로 여부 불문하고 음주운전, 과로·질병·약물운전, 교통사고 발생 후 구호조치불이행 도주, 음주측정거부는 단속할 수 있다. 19. 채용, 20. 경간

03 보행자 [C급]

보행자의 개념	① 도로 위를 걷는 사람을 의미하며, 유모차나 보행보조자용 의자차도 보행자에 포함한다. ② 손수레나 원동기장치자전거, 자전거는 이를 끌고 가는 자는 보행자에 포함되지만, 이를 타고 도로를 횡단하는 자는 보행자에 포함되지 않는다.
보행자 아닌 사람	① 손수레, 원동기장치자전거, 자전거를 타고 횡단하는 자 ② 횡단보도에 누워 있거나 엎드려 있는 자 ③ 횡단보도 내에서 교통정리를 하고 있는 중인 자 ④ 횡단보도 내에서 택시를 잡는 중인 자 ⑤ 횡단보도 내에서 적재물 하역작업을 하는 중인 자 ⑥ 보도에 서 있다가 횡단보도 내로 넘어진 자
보행자의 보호 (제27조)	① 모든 차 또는 노면전차의 운전자는 보행자(제13조의2 제6항에 따라 자전거등에서 내려서 자전거등을 끌거나 들고 통행하는 자전거등의 운전자를 포함한다)가 횡단보도를 통행하고 있거나 **통행하려고 하는 때에는** 보행자의 횡단을 방해하거나 위험을 주지 아니하도록 그 횡단보도 앞(정지선이 설치되어 있는 곳에서는 그 정지선을 말한다)에서 **일시정지하여야 한다**. ② 모든 차 또는 노면전차의 운전자는 교통정리를 하고 있는 교차로에서 좌회전이나 우회전을 하려는 경우에는 신호기 또는 경찰공무원등의 신호나 지시에 따라 도로를 횡단하는 보행자의 통행을 방해하여서는 아니 된다. ③ 모든 차의 운전자는 교통정리를 하고 있지 아니하는 교차로 또는 그 부근의 도로를 횡단하는 보행자의 통행을 방해하여서는 아니 된다. ④ 모든 차의 운전자는 도로에 설치된 안전지대에 보행자가 있는 경우와 차로가 설치되지 아니한 좁은 도로에서 보행자의 옆을 지나는 경우에는 안전한 거리를 두고 서행하여야 한다.

⑤ 모든 차 또는 노면전차의 운전자는 보행자가 제10조 제3항에 따라 횡단보도가 설치되어 있지 아니한 도로를 횡단하고 있을 때에는 안전거리를 두고 일시정지하여 보행자가 안전하게 횡단할 수 있도록 하여야 한다.
⑥ 모든 차의 운전자는 다음 각 호의 어느 하나에 해당하는 곳에서 보행자의 옆을 지나는 경우에는 안전한 거리를 두고 서행하여야 하며, 보행자의 통행에 방해가 될 때에는 서행하거나 일시정지하여 보행자가 안전하게 통행할 수 있도록 하여야 한다.

> 1. 보도와 차도가 구분되지 아니한 도로 중 중앙선이 없는 도로
> 2. 보행자우선도로
> 3. 도로 외의 곳

⑦ 모든 차 또는 노면전차의 운전자는 제12조 제1항에 따른 **어린이 보호구역 내에 설치된 횡단보도 중 신호기가 설치되지 아니한 횡단보도 앞**(정지선이 설치된 경우에는 그 정지선을 말한다)에서는 보행자의 횡단 여부와 관계없이 일시정지하여야 한다.

⊕ PLUS 주행차량과 보행자와의 안전거리 [C급] 09. 경간

안전거리	① 개념: 안전거리란 정지거리보다 약간 긴 정도의 거리 09. 경간 ② 안전거리 확보의무: 주행 중인 모든 차량은 앞차가 급정거하는 경우에 앞차와의 추돌을 피할 수 있을 정도의 안전한 차간거리를 유지해야 한다. 09. 경간	
정지거리	개념	공주거리 + 제동거리 09. 경간, 15. 승진
	공주거리	① 운전자가 위험을 느끼고 브레이크를 밟았을 때 **자동차가 제동되기까지의 사이에 주행하는 거리** 09. 경간, 15. 승진 ② 공주거리가 길어지는 원인: 주취운전, 졸음운전, 과로상태시의 운전 등
	제동거리 (활주거리)	① 자동차가 실제로 **제동되기 시작하여 정지하기까지의 거리** ② 제동거리가 길어지는 원인: 노면이 미끄러운 때, 타이어의 공기압이 지나치게 높은 때, 타이어의 마모 및 무거운 짐을 실었을 때 등

04 횡단보도 - 횡단보도의 설치기준 [C급]

① 횡단보도는 누구나 식별이 용이하게 안전표지에 의해 명확히 표시되어야 한다. 횡단보도는 보도와 차도가 구분된 도로에 있어서는 차도 부분에만 설치한다.
② 횡단보도에는 **횡단보도표시**와 **횡단보도표지판**을 설치한다.
③ 횡단보도를 설치하고자 하는 장소에 횡단보행자용 신호기가 설치되어 있는 경우에는 횡단보도표시만 설치한다.
④ 횡단보도를 설치하고자 하는 **도로의 표면이 포장이 되지 아니하여** 횡단보도표시를 할 수 없는 때에는 횡단보도표지판을 설치한다. 이 경우 그 횡단보도표지판에 횡단보도의 **너비를 표시하는 보조표지를 설치하여야 한다.**
⑤ 횡단보도는 육교·지하도 및 다른 횡단보도로부터 200m 이내에는 설치하여서는 아니 된다. 다만, **어린이보호구역으로 지정된 구간인 경우** 또는 보행자의 안전이나 통행을 위하여 특히 필요하다고 인정되는 경우에는 거리제한을 받지 아니하고 설치할 수 있다.

05 안전표지 [B급] 09 · 14 · 20. 채용, 10 · 19. 경간, 14 · 17 · 19. 승진

보조표지	**주의표지 · 규제표지 또는 지시표지의 주 기능**을 보충하여 도로사용자에게 알리는 표지 예 어린이보호구역표지, 견인지역표지
노면표지	도로교통의 안전을 위하여 각종 주의 · 규제 · 지시 등의 내용을 노면에 기호 · 문자 또는 선으로 도로사용자에게 알리는 표지 예 주 · 정차금지표지(황색)
주의표지	도로상태가 위험하거나 도로 또는 그 부근에 위험물이 있는 경우에 필요한 안전조치를 할 수 있도록 이를 도로사용자에게 알리는 표지 예 터널표지, 야생동물보호표지, 자전거표지, 도로공사 중 표지
규제표지	도로교통의 안전을 위하여 각종 제한 · 금지 등의 규제를 하는 경우에 이를 도로사용자에게 알리는 표지 19. 승진 예 서행표지, (차간)안전거리확보표지, 양보표지, 정지표지, 보행자 횡단금지표지, 정차 · 주차금지 표지, 차 높이 제한표지
지시표지	도로의 통행방법 · 통행구분 등 도로교통의 안전을 위하여 필요한 지시를 하는 경우에 도로사용자가 이에 따르도록 알리는 표지 예 자동차전용도로표지, 자전거전용도로표지, 일방통행표지

06 앞지르기 [B급]

방법	① 앞차의 좌측통행: 모든 차의 운전자는 **다른 차를 앞지르고자 하는 때에는 앞차의 좌측으로 통행하여야 한다.** ② 안전주의의무: 앞지르고자 하는 모든 차의 운전자는 반대방향의 교통과 앞차 앞쪽의 교통에도 주의를 충분히 기울여야 하며, 앞차의 속도 · 진로와 그 밖의 도로상황에 따라 방향지시기 · 등화 또는 경음기를 사용하는 등 안전한 속도와 방법으로 앞지르기를 하여야 한다.
방해금지	모든 차의 운전자는 정당한 방법으로 앞지르기를 하려는 차가 앞지르기를 하는 때에는 속도를 높여 경쟁하거나 앞지르기를 하는 차의 앞을 가로막는 등의 방법으로 앞지르기를 방해하여서는 아니 된다.
금지시기	① 앞차의 좌측에 다른 차가 앞차와 나란히 가고 있는 경우 ② 앞차가 다른 차를 앞지르고 있거나 앞지르고자 하는 경우 ③ 모든 차의 운전자는 이 법이나 이 법에 의한 명령 또는 경찰공무원의 지시를 따르거나 위험을 방지하기 위하여 정지 또는 서행하고 있는 때
금지장소	① **터널 안** 또는 **다리 위** ② **교차로** ③ 비탈길의 **고갯마루** 부근(오르막×) 또는 가파른 비탈길의 **내리막** ④ 도로의 **구부러진 곳** ⑤ 시 · 도경찰청장이 도로에서의 위험을 방지하고 교통의 안전과 원활한 소통을 확보하기 위하여 필요하다고 인정하는 곳으로서 안전표지에 의하여 지정한 곳

07 서행 또는 일시정지 [B급]

구분	서행 17. 경특	일시정지
의의	운전자가 차를 **즉시 정지**시킬 수 있는 **정도**의 느린 속도로 진행하는 것	차의 운전자가 그 차의 **바퀴**를 일시적으로 완전히 정지시키는 것
장소	① **교통정리를 하고 있지 아니하는 교차로** ② 도로가 **구부러진 부근** ③ **비탈길의 고갯마루 부근(오르막×)** ④ 가파른 **비탈길의 내리막** ⑤ 시·도경찰청장이 도로에서의 위험을 방지하고 교통의 안전과 원활한 소통을 확보하기 위하여 필요하다고 인정하여 안전표지로 지정한 곳	① **교통정리를 하고 있지 아니하고 좌우를 확인할 수 없거나 교통이 빈번한 교차로** ② 보행자가 횡단보도를 통행하고 있는 때 ③ 보도의 횡단(길가의 건물이나 주차장 등에서 도로에 들어가고자 하는 때) ④ 철길건널목의 통과 ⑤ 적색등화 점멸시 ⑥ 보행자가 횡단보도가 설치되어 있지 아니한 도로를 횡단하고 있는 때 ⑦ 교차로 또는 그 부근에서 긴급자동차가 접근한 때 ⑧ 시·도경찰청장이 도로에서의 위험을 방지하고 교통의 안전과 원활한 소통을 확보하기 위하여 필요하다고 인정하여 안전표지로 지정한 곳

08 정차 및 주차 [A급] 10·18. 승진

정차 및 주차 금지		주차금지장소	
교차로, 횡단보도, 건널목, 보도, 시장 등이 지정한 어린이 보호구역		터널 안, 다리 위	
5미터 이내	• 교차로 가장자리 • **도로 모퉁이** • 소방시설	5미터 이내	• **도로공사 양쪽 가장자리**로부터 • **다중이용업소 건축물**로부터
10미터 이내	• **안전지대 사방**으로부터 • **버스정류지**로부터 • **건널목 가장자리**로부터 • **횡단보도**로부터		

09 긴급자동차 :B급:

도로교통법(제2조)	소방차, 구급차, 혈액공급차량, 그 밖에 대통령령으로 정하는 자동차
도로교통법 시행령 (대통령령)에 의한 긴급자동차 (시행령 제2조)	① 경찰용 자동차 중 **범죄수사 · 교통단속** 그 밖에 긴급한 **경찰업무수행**에 사용되는 자동차 ② **국군 및 주한 국제연합군용** 자동차 중 **군내부의 질서유지**나 부대의 질서 있는 **이동**을 유도하는 데 사용되는 자동차 ③ 수사기관의 자동차 중 **범죄수사**를 위하여 사용되는 자동차 ④ **교도기관**의 자동차 중 **도주자의 체포** 또는 피수용자 · 피관찰자의 **호송 · 경비**를 위하여 사용되는 자동차 ⑤ 국내외 요인에 대한 **경호업무수행**에 공무로서 사용되는 자동차
사용하는 사람의 신청에 의해 시 · 도경찰청장이 지정하는 긴급자동차 (시행령 제2조)	① 전기사업, 가스사업, 그 밖의 공익사업기관에서 위험방지를 위한 응급작업에 사용되는 자동차 ② 민방위업무를 수행하는 기관에서 긴급예방 또는 복구를 위한 출동에 사용되는 자동차 ③ 도로관리를 위하여 사용되는 자동차 중 도로상의 위험을 방지하기 위한 응급작업에 사용되거나 운행이 제한되는 자동차를 단속하기 위하여 사용되는 자동차 ④ 전신 · 전화의 수리공사 등 응급작업에 사용되는 자동차 ⑤ 긴급한 우편물의 운송에 사용되는 자동차 ⑥ 전파감시업무에 사용되는 자동차
긴급자동차로 보는 자동차(준긴급자동차) (시행령 제2조)	① 경찰용 긴급자동차에 의하여 유도되고 있는 자동차 ② 국군 및 주한국제연합군용의 긴급자동차에 의하여 유도되고 있는 국군 및 주한국제연합군의 자동차 ③ 생명이 위급한 환자나 부상자 또는 수혈을 위한 **혈액**을 운송 중인 자동차
긴급자동차 특례 (제30조)	소방차, 구급차, 혈액공급차량와 대통령령으로 정하는 경찰용 자동차에 대해서는 아래의 규정 모두 적용하지 아니한다(= 특례가 인정된다 = 안 지켜도 된다). 그 외 다른 긴급자동차에 대해서는 1호~3호만 적용하지 아니하고(= 특례가 인정된다 = 안 지켜도 된다), 4호~12호는 적용한다(= 특례가 인정 안 된다 = 규정을 지켜야 한다). 1. 속도 제한 2. **앞지르기의 금지** 3. **끼어들기의 금지** 4. 신호위반 5. 보도침범 6. 중앙선 침범 7. 횡단 등의 금지 8. 안전거리 확보 등 9. 앞지르기 방법 등 10. 정차 및 주차의 금지 11. 주차금지 12. 고장 등의 조치
사고시 형의 감면 (제158조의2)	긴급자동차[제2조 제22호 가목부터 다목(**소방차, 구급차, 혈액공급차량**)까지의 자동차와 **대통령령으로 정하는 경찰용 자동차만 해당한다**]의 운전자가 그 차를 본래의 긴급한 용도로 운행하는 중에 교통사고를 일으킨 경우에는 그 긴급활동의 시급성과 불가피성 등 정상을 참작하여 제151조, 「교통사고처리 특례법」 제3조 제1항 또는 「특정범죄 가중처벌 등에 관한 법률」 제5조의13(어린이보호구역에서 어린이 치사상 가중처벌)에 따른 형을 감경하거나 면제할 수 있다.

긴급자동차의 우선 통행 (제29조)	① 긴급자동차는 긴급하고 부득이한 경우에는 **도로의 중앙**이나 좌측 **부분을 통행**할 수 있다. ④ **교차로나 그 부근**에서 긴급자동차가 접근하는 경우에는 차마와 노면전차의 운전자는 교차로를 피하여 일시정지하여야 한다. ⑤ 모든 차와 노면전차의 운전자는 **교차로 외의 곳**에서 긴급자동차가 접근한 경우에는 긴급자동차가 우선통행할 수 있도록 **진로를 양보하여야** 한다.

10 자전거등 [B급]

1. 통행방법 및 준수사항 [A급]

개인형 이동장치	① "개인형 이동장치"란 원동기장치자전거 중 시속 25킬로미터 이상으로 운행할 경우 전동기가 작동하지 아니하고 차체 중량이 30킬로그램 미만인 것으로서 행정안전부령으로 정하는 것을 말한다. ② **원동기장치자전거면허** 이상의 운전면허가 있어야 개인형 이동장치 운전이 가능하다. ③ 개인형 이동장치의 운전자는 행정안전부령으로 정하는 **승차정원(1명)을 초과**하여 동승자를 태우고 개인형 이동장치를 운전하여서는 아니 된다. ④ 어린이의 **보호자**는 도로에서 **어린이가 개인형 이동장치를 운전**하게 하여서는 아니 된다.
통행방법	① 자전거등의 운전자는 자전거도로가 따로 있는 곳에서는 그 자전거도로를 통행하여야 하며, 자전거도로가 설치되지 아니한 곳에서는 도로의 우측 가장자리에 붙어서 통행하여야 한다. ② 자전거등의 운전자가 횡단보도를 이용하여 도로를 횡단하고자 하는 때에는 자전거등에서 내려서 **자전거등을 끌거나 들고 보행**하여야 한다. ③ 자전거등운전자는 **길가장자리구역**(안전표지로 자전거의 통행을 금지한 구간을 제외)을 통행할 수 있다. 이 경우 자전거등운전자는 보행자의 통행에 방해가 되는 때에는 **서행하거나 일시정지하여야** 한다. ④ 자전거등의 운전자는 안전표지로 통행이 허용된 경우를 제외하고는 **2대 이상이 나란히 차도를 통행**하여서는 아니 된다. ⑤ 자전거등의 앞지르기 ㉠ 자전거등의 운전자는 서행하거나 정지한 다른 차를 앞지르고자 하는 때에는 **앞차의 우측으로 통행**할 수 있다. ㉡ 이 경우 자전거등의 운전자는 정지한 차에서 승차 또는 하차하는 사람의 안전에 유의하여 서행하거나 필요한 경우 일시정지하여야 한다.
준수사항	① 자전거등의 운전자는 자전거도로 및 「도로법」에 따른 도로를 운전할 때에는 행정안전부령으로 정하는 **인명보호 장구를 착용**하여야 하며, 동승자에게도 이를 착용하도록 하여야 한다. ② 자전거등의 운전자는 **밤에 도로를 통행**하는 때에는 전조등과 미등을 켜거나 야광띠 등 발광장치를 착용하여야 한다. ③ 누구든지 술에 취한 상태에서 자전거등을 운전하여서는 아니 된다. 술에 취한 상태에서 자전거등을 운전하거나 술에 취한 상태에 있다고 인정할 만한 상당한 이유가 있는 사람으로서 경찰공무원의 측정에 응하지 아니한 사람은 20만원 이하의 벌금이나 구류 또는 과료에 처한다.

2. 자전거등 벌칙(도로교통법 제156조, 시행령 [별표 8]) A급

처벌	내용	
20만원 이하 벌금·구류·과료	• 무면허(개인형이동장치만 적용) • 약물, 질병, 과로 • 승차정원 초과	• 음주운전(측정거부 포함) • 발광장치 미착용 • 인명보호 장구 미착용
20만원 이하 과태료	• 동승자에게 인명보호 장구를 착용하도록 하지 아니한 운전자 • 도로에서 어린이가 개인형이동장치를 운전하게 한 보호자	
범칙금(통고처분)	개인형이동장치	음주운전: 10만원, 측정불응: 13만원
	자전거	음주운전: 3만원, 측정불응: 10만원

11 개인형 이동장치 B급

주요내용	① "개인형 이동장치"란 원동기장치자전거 중 시속 25킬로미터 이상으로 운행할 경우 전동기가 작동하지 아니하고 차체 중량이 30킬로그램 미만인 것으로서 행정안전부령으로 정하는 것을 말한다. "행정안전부령으로 정하는 것"이란 **전동킥보드, 전동이륜평행차, 전동기의 동력만으로 움직일 수 있는 자전거**로서 「전기용품 및 생활용품 안전관리법」 제15조 제1항에 따라 안전확인의 신고가 된 것을 말한다(도로교통법 시행규칙 제2조의3). ② 개인형 이동장치의 범위에는 「자전거 이용 활성화에 관한 법률」상 전기자전거는 포함되지 않으나, 행정안전부령에 적합한 **페달이 없는 스로틀방식의 전기자전거는 개인형 이동장치에 해당**한다. ③ 「도로교통법」상 "자전거등"에 포함된다. ④ 개인형 이동장치는 자전거도로가 따로 있는 곳에서는 그 **자전거도로로 통행**하여야 한다. ⑤ 원동기장치자전거면허 이상의 운전면허가 있어야 개인형 이동장치 운전이 가능하다. ⑥ 개인형 이동장치의 운전자는 행정안전부령으로 정하는 **승차정원(1명)을 초과**하여 동승자를 태우고 개인형 이동장치를 운전하여서는 아니 된다. ⑦ 개인형 이동장치 운전자는 자전거도로 및 「도로법」에 따른 도로를 운전할 때에는 행정안전부령으로 정하는 **인명보호 장구를 착용**하여야 하며, 동승자에게도 이를 **착용하도록 하여야** 한다. ⑧ 개인형 이동장치 운전자는 밤에 도로를 통행하는 때에는 전조등과 미등을 켜거나 야광띠 등 **발광장치를 착용**하여야 한다. ⑨ 개인형 이동장치 운전자는 **약물의 영향과 그 밖의 사유**로 정상적으로 운전하지 못할 우려가 있는 상태에서 운전하여서는 아니 된다. ⑩ 어린이의 **보호자**는 도로에서 어린이가 개인형 이동장치를 운전하게 하여서는 아니 된다. 21. 채용

처벌	20만원 이하의 벌금·구류·과료	① 무면허 ② 약물, 그 밖의 사유(질병, 과로) ③ 발광장치 미착용 ④ 승차정원 초과 ⑤ 인명보호 장구를 착용하지 아니한 운전자 ⑥ 음주운전(측정거부 포함)	
	20만원 이하의 과태료	① 동승자에게 인명보호 장구를 착용하도록 하지 아니한 운전자 ② 어린이가 운전하게 한 어린이의 보호자	
	범칙금 (통고처분)	개인형 이동장치	음주운전: 10만원, 음주운전 측정불응: 13만원
		자전거	음주운전: 3만원, 음주운전 측정불응: 10만원

12 어린이(노인 및 장애인)보호구역의 지정 및 관리에 관한 규칙 B급

1. 어린이보호구역의 지정 및 관리 10. 승진

구분		내용
지정권자		시장등
법적 근거		① 도로교통법(제12조, 제12조의2) ② 어린이, 노인 및 장애인 보호구역의 지정 및 관리에 관한 규칙(행정안전부령)
지정지역	어린이	① 「유아교육법」 제2조 제2호에 따른 유치원 ② 「초·중등교육법」 제38조 및 제55조에 따른 초등학교 및 특수학교 ③ 「영유아보육법」 제10조에 따른 어린이집 가운데 행정안전부령으로 정하는 어린이집 ④ 「학원의 설립·운영 및 과외교습에 관한 법률」 제2조에 따른 학원 가운데 행정안전부령으로 정하는 학원 ⑤ 「초·중등교육법」 제60조의2 또는 제60조의3에 따른 외국인학교 또는 대안학교, 「제주특별자치도 설치 및 국제자유도시 조성을 위한 특별법」 제223조에 따른 국제학교 및 「경제자유구역 및 제주국제자유도시의 외국교육기관 설립·운영에 관한 특별법」 제2조 제2호에 따른 외국교육기관 중 유치원·초등학교 교과과정이 있는 학교 ⑥ 그 밖의 어린이가 자주 왕래하는 곳으로서 조례로 정하는 시설 또는 장소
	노인	① 「노인복지법」 제31조에 따른 노인복지시설 ② 「자연공원법」 제2조 제1호에 따른 자연공원 ③ 「도시공원 및 녹지 등에 관한 법률」 제2조 제3호에 따른 도시공원 ④ 「체육시설의 설치·이용에 관한 법률」 제6조에 따른 생활체육시설 ⑤ 그 밖에 노인이 자주 왕래하는 곳으로서 조례로 정하는 시설
	장애인	「장애인복지법」 제58조에 따른 장애인복지시설

설치구역		시장등은 조사 결과 보호구역으로 지정·관리할 **필요가 인정되는 경우**에는 관할 **시·도경찰청장** 또는 **경찰서장과 협의**하여 해당 보호구역 지정대상시설의 주(主) 출입문을 중심으로 **반경 300미터** 이내의 도로 중 일정구간을 보호구역으로 지정한다. 다만, 시장 등은 해당 지역의 교통여건 및 효과성 등을 면밀히 검토하여 **필요한 경우** 보호구역 지정대상시설의 주 출입문을 중심으로 **반경 500미터** 이내의 도로에 대해서도 보호구역으로 지정할 수 있다.
지정절차		시설장(학교장) 건의 ➡ **시장등이 지정**
조치내용		① **시·도경찰청장**이나 **경찰서장**은 보호구역에서 구간별·시간대별로 다음의 조치를 할 수 있다. 17. 승진 　　1. 차마의 **통행**을 **금지**하거나 **제한**하는 것 　　2. 차마의 **주차**나 **정차**를 **금지**하는 것 　　3. 운행속도를 시속 30km/h **이내**로 제한하는 것 　　4. **이면도로**를 **일방통행로**로 **지정·운영**하는 것 ② 시·도경찰청장이나 경찰서장이 위에 따른 조치를 하려는 경우에는 그 뜻을 표시하는 안전표지를 설치하여야 한다. ③ **노상주차장 설치 금지**: 시장등은 보호구역으로 지정된 시설의 주 출입문과 직접 연결되어 있는 도로에는 노상주차장을 **설치해서는 아니 된다**. 다만, 이미 노상주차장이 설치되어 있는 경우에는 특별한 사유가 없으면 이를 **폐지**하거나 어린이·노인 또는 장애인의 통행 및 안전에 지장이 없는 곳으로 **이전하여야 한다**.
가중제재	의의	어린이보호구역 내에서의 주요 법규위반에 대해서는 **가중제재**한다.
	적용시간	오전 8시~오후 8시 12. 채용
	적용대상 12. 채용	① 신호·지시 위반 ② 속도위반 ③ 보행자보호의무 위반 ④ 주·정차 위반 ⑤ 통행금지·제한 위반
	내용	① 범칙금·과태료의 가중적용 ② 아래의 경우는 운전면허 **벌점의 2배 가중적용** 　　1. **신호·지시 위반** 　　2. **속도위반** 　　3. **보행자보호의무 위반**

2. 어린이보호구역 내 주요 법규위반 벌칙 강화 – 운전면허 벌점 2배 가중처벌 12. 채용

위반행위		일반도로	보호구역 내
신호 · 지시 위반		15점	30점
속도위반	100km/h 초과	100점	200점
	80km/h 초과~100km/h 이하	80점	160점
	60km/h 초과~80km/h 이하	60점	120점
	40km/h 초과~60km/h 이하	30점	60점
	20km/h 초과~40km/h 이하	15점	30점
	20km/h 이하	없음	15점
보행자보호의무 불이행	횡단보도	10점	20점
	일반도로		

13 어린이통학버스의 특별보호 B급 12. 경간, 18 · 19. 승진

일시정지 및 앞지르기금지 (제51조)	① 어린이통학버스가 도로에 정차하여 어린이나 영유아가 타고 내리는 중임을 표시하는 점멸등 등의 장치를 작동 중일 때에는 어린이통학버스가 정차한 차로와 그 차로의 바로 옆 차로로 통행하는 차의 운전자는 어린이통학버스에 이르기 전에 **일시정지**하여 안전을 확인한 후 서행하여야 한다. 14 · 18. 승진, 21. 채용 ② 중앙선이 설치되지 아니한 도로와 편도 1차로인 도로에서는 반대방향에서 진행하는 차의 운전자도 어린이통학버스에 이르기 전에 **일시정지**하여 안전을 확인한 후 서행하여야 한다. 14 · 18. 승진 ③ **모든 차**의 운전자는 어린이나 영유아를 태우고 있다는 표시를 한 상태로 도로를 통행하는 **어린이통학버스를 앞지르지 못한다.** 13. 채용, 18. 승진
어린이통학버스의 신고 (제52조)	① 어린이통학버스(「여객자동차 운수사업법」 제4조 제3항에 따른 한정면허를 받아 어린이를 여객대상으로 하여 운행되는 운송사업용 자동차는 제외한다)를 운영하려는 자는 행정안전부령으로 정하는 바에 따라 **미리 관할 경찰서장**에게 신고하고 신고증명서를 **발급받아야 한다.** 13. 채용 ② 어린이통학버스를 운영하는 자는 어린이통학버스 안에 발급받은 신고증명서를 항상 갖추어 두어야 한다. ③ 어린이통학버스로 사용할 수 있는 자동차는 행정안전부령으로 정하는 자동차로 한정한다. 이 경우 그 자동차는 도색 · 표지, 보험가입, 소유 관계 등 대통령령으로 정하는 요건을 갖추어야 한다. ④ 누구든지 신고를 하지 아니하거나 「여객자동차 운수사업법」 제4조 제3항에 따라 어린이를 여객대상으로 하는 한정면허를 받지 아니하고 어린이통학버스와 비슷한 도색 및 표지를 하거나 이러한 도색 및 표지를 한 자동차를 운전하여서는 아니 된다.

어린이통학버스 운전자 및 운영자 등의 의무 (제53조)	① 어린이통학버스를 운전하는 사람은 어린이나 영유아가 타고 내리는 경우에만 점멸등 등의 장치를 작동하여야 하며, 어린이나 영유아를 태우고 운행 중인 경우에만 제51조 제3항(앞지르기 금지)에 따른 표시를 하여야 한다. ② 어린이통학버스를 운전하는 사람은 어린이나 영유아가 어린이통학버스를 탈 때에는 승차한 모든 어린이나 영유아가 **좌석안전띠**(어린이나 영유아의 신체구조에 따라 적합하게 조절될 수 있는 안전띠를 말한다)를 **매도록** 한 후에 출발하여야 하며, 내릴 때에는 보도나 길가장자리 구역 등 자동차로부터 **안전한 장소에 도착한 것을 확인**한 후에 출발하여야 한다. 13. 채용 ③ 어린이통학버스를 운영하는 자는 어린이통학버스에 어린이나 영유아를 태울 때에는 성년인 사람 중 어린이통학버스를 운영하는 자가 지명한 **보호자를 함께 태우고 운행하여야 하며**, 동승한 보호자는 어린이나 영유아가 승차 또는 하차하는 때에는 자동차에서 내려서 어린이나 영유아가 안전하게 승하차하는 것을 확인하고 운행 중에는 어린이나 영유아가 좌석에 앉아 좌석안전띠를 매고 있도록 하는 등 어린이 보호에 필요한 조치를 하여야 한다. ④ **어린이통학버스를 운전하는 사람은** 어린이통학버스 **운행을 마친 후** 어린이나 영유아가 **모두 하차하였는지를 확인하여야 한다.** ⑤ 어린이통학버스를 운전하는 사람이 어린이나 영유아의 **하차 여부를 확인할 때에는** 행정안전부령으로 정하는 어린이나 영유아의 **하차를 확인할 수 있는 장치**("어린이 하차확인장치")를 작동하여야 한다. 위반시 **20만원 이하의 벌금이나 구류 또는 과료**에 처한다. ⑥ 어린이통학버스를 운영하는 자는 보호자를 함께 태우고 운행하는 경우에는 행정안전부령으로 정하는 보호자 동승을 표시하는 표지("보호자 동승표지")를 부착할 수 있으며, 누구든지 보호자를 함께 태우지 아니하고 운행하는 경우에는 보호자 동승표지를 부착하여서는 아니 된다. ⑦ **어린이통학버스를 운영하는 자는** 좌석안전띠 착용 및 보호자 동승 확인 기록("안전운행기록")을 작성·보관하고 **매 분기** 어린이통학버스를 운영하는 시설을 감독하는 **주무기관의 장에게** 안전운행기록을 제출하여야 한다.

어린이통학버스 운영자
등에 대한 안전교육
(제53조의3)
	① 어린이통학버스를 **운영하는 사람**과 운전하는 사람 및 **보호자는** 어린이통학버스의 안전운행 등에 관한 교육(이하 "**어린이통학버스 안전교육**"이라 한다)을 **받아야 한다.** 13. 채용
	② 어린이통학버스 안전교육은 다음 각 호의 구분에 따라 실시한다.
	  1. **신규 안전교육**: 어린이통학버스를 운영하려는 사람과 운전하려는 사람 및 동승하려는 보호자를 대상으로 그 운영, 운전 또는 동승을 하기 전에 실시하는 교육
	  2. **정기 안전교육**: 어린이통학버스를 계속하여 운영하는 사람과 운전하는 사람 및 동승한 보호자를 대상으로 **2년마다** 정기적으로 실시하는 교육
	③ 어린이통학버스를 운영하는 사람은 어린이통학버스 안전교육을 받지 아니한 사람에게 어린이통학버스를 운전하게 하여서는 아니 된다.

어린이통학버스의 위반 정보 등 제공 (제53조의4)	① 경찰서장은 어린이통학버스를 운영하는 사람이나 운전하는 사람이 제53조 또는 제53조의5를 위반하거나 제53조 또는 제53조의5를 위반하여 어린이를 사상하는 사고를 유발한 때에는 어린이 교육시설을 **감독하는 주무기관의 장**에게 그 정보를 제공하여야 한다. ② 경찰서장 및 어린이 교육시설을 감독하는 주무기관의 장은 제1항에 따른 정보를 해당 기관에서 운영하는 **홈페이지**에 각각 게재하여야 한다.
보호자가 동승하지 아니한 어린이통학버스 운전자의 의무 (제53조의5)	어린이의 승차 또는 하차를 도와주는 보호자를 태우지 아니한 **어린이통학버스를 운전하는 사람**은 어린이가 승차 또는 하차하는 때에 자동차에서 **내려서** 어린이나 영유아가 안전하게 승하차하는 것을 확인하여야 한다.

14 음주운전 처벌 기준(도로교통법 제148조의2) :A급: 13·18. 경간, 14·18. 승진, 15·17·19. 채용

1. 음주운전 처벌 기준강화

혈중알코올농도		형벌	행정처분
1회 위반	0.03% 이상 0.08% 미만	1년 이하의 징역, 500만원 이하의 벌금	면허정지
	0.08% 이상 0.2% 미만	1년 이상 2년 이하의 징역, 500만원 이상 1천만원 이하의 벌금	면허취소
	0.2% 이상	2년 이상 5년 이하의 징역, 1천만원 이상 2천만원 이하의 벌금	
	음주측정 불응	1년 이상 5년 이하의 징역, 500만원 이상 2천만원 이하의 벌금	
10년 내 2회 이상 위반	0.03% 이상 0.2% 미만	1년 이상 5년 이하의 징역, 500만원 이상 2천만원 이하의 벌금	
	0.2% 이상	2년 이상 6년 이하의 징역, 1천만원 이상 3천만원 이하의 벌금	
	음주측정 불응	1년 이상 6년 이하의 징역, 500만원 이상 3천만원 이하의 벌금	

2. '술에 취한 상태'의 기준: 혈중알코올농도 0.03% 이상('만취'는 0.08% 이상) 14. 승진
3. 음주측정용 불대는 **1회 1개 사용**을 원칙으로 한다. 20. 경간
4. **약물**로 인하여 정상적으로 운전하지 못할 우려가 있는 상태에서 자동차등 또는 노면전차를 운전한 사람은 3년 이하의 징역이나 1천만원 이하의 벌금에 처한다(도로교통법 제148조의2 제4항). 18. 경간

> 약물운전죄는 이른바 위태범으로서 약물 등의 영향으로 인하여 '정상적으로 운전하지 못할 우려가 있는 상태'에서 운전을 하면 바로 성립하고, 현실적으로 '정상적으로 운전하지 못할 상태'에 이르러야만 하는 것은 아니다.
> 12. 채용, 12·19. 승진

5. 윤창호법과 민식이법 비교

> [윤창호법]
> 「특정범죄 가중처벌 등에 관한 법률」상 위험운전 치사상죄(제5조의11): 음주 또는 약물운전으로 치사상 가중처벌
> ① 상해: 1년 이상 15년 이하의 징역 또는 1천만원 이상 3천만원 이하의 벌금
> ② 사망: 무기 또는 3년 이상의 징역
>
> [민식이법]
> 「특정범죄 가중처벌 등에 관한 법률」상 어린이보호구역에서 어린이 치사상 가중처벌(제5조의13)
> ① 어린이를 상해: 1년 이상 15년 이하 징역 또는 500만원 이상 3천만원 이하 벌금
> ② 어린이를 사망: 무기 또는 3년 이상 징역

6. 음주운전으로 운전면허 취소처분 또는 정지처분을 받은 경우 감경사유 18. 채용, 20. 승진

> 운전이 가족의 생계를 유지할 중요한 수단이 되거나, 모범운전자로서 처분당시 **3년 이상** 교통봉사활동에 종사하고 있거나, 교통사고를 일으키고 도주한 운전자를 검거하여 경찰서장 이상의 표창을 받은 사람으로서 다음의 어느 하나에 해당되는 경우가 없어야 한다.
> ① 혈중알코올농도가 0.1%를 초과하여 운전한 경우
> ② **음주운전 중 인적피해** 교통사고를 일으킨 경우 20. 경간
> ③ 경찰관의 음주측정요구에 불응하거나 도주한 때 또는 단속경찰관을 폭행한 경우
> ④ 과거 **5년 이내**에 3회 이상의 인적피해 **교통사고**의 전력이 있는 경우
> ⑤ 과거 **5년 이내**에 **음주운전**의 전력이 있는 경우

7. 음주운전 단속대상은 '**자동차등**'(자동차 + 원동기장치자전거)으로 정하고 있다. 그러므로 **경운기, 우마차, 트랙터** 등은 음주운전의 단속대상이 아니다. 20. 경간 다만, 자전거등에 대해서는 음주처벌규정이 있다.

8. 음주측정 요령(교통단속처리지침 제30조)

> ① 단속경찰관은 자동차등의 운전자가 음주감지기에 의하여 음주한 것으로 감지되는 등 주취운전이 의심스러울 때에는 음주측정기기 또는 채혈에 의한 방법을 이용하여 주취 여부를 측정한다.
> ② 단속경찰관이 제1항에 따라 주취운전 의심자를 호흡측정하는 때에는 피측정자의 입안의 잔류 알코올을 헹궈낼 수 있도록 **음용수 200ml**를 제공한다.
> ③ 음주측정 1회당 1개의 음주측정용 **불대**(Mouth Piece)를 사용한다. 20. 승진, 20. 경간
> ④ 음주측정은 단속 현장에서 즉시 측정하는 것을 원칙으로 하며 측정기가 없는 경우에는 인근에 있는 측정기를 가져오도록 하여 측정한다. 다만, 부득이한 사유로 현장에서 측정할 수 없는 경우에는 112 상황실에 이동사실 및 그 사유를 보고하고 경찰서·지역경찰관서 등으로 이동하여 측정할 수 있다.
> ⑤ 음주측정을 할 때에는 측정자 외에 1명 이상의 경찰관이 측정현장에 참여하여야 하며 측정 후 사용대장에 측정자 및 참여경찰관의 이름을 기록한다.

9. 음주운전과 죄수

상상적 경합	무면허운전 + 음주운전
실체적 경합	• 음주운전 + 음주측정거부 • 음주운전(도로교통법) + 위험운전치사상(특가법)
비교판례	① 음주 상태로 **동일한 차량을 일정기간 계속하여 운전하다가** 1회 음주측정을 받았다면 이러한 음주운전행위는 동일 죄명에 해당하는 연속된 행위로서 단일하고 계속된 범의 하에 일정기간 계속하여 행하고 그 피해법익도 동일한 경우이므로 **포괄일죄에 해당한다**(대판 2007.7.26, 2007도4404). ② **무면허 운전은 운전한 날마다** 무면허운전으로 인한 도로교통법 위반의 **1죄가 성립**한다고 보아야 할 것이고, 비록 계속적으로 무면허운전을 할 의사를 가지고 여러 날에 걸쳐 무면허운전행위를 반복하였다 하더라도 이를 **포괄하여 일죄로 볼 수는 없다**(대판 2002.7.23, 2001도6281).

15 약물운전(도로교통법 제148조의2 제4항)

처벌	약물로 인하여 **정상적으로 운전하지 못할 우려가 있는 상태에서** 자동차등 또는 노면전차를 운전한 사람은 **3년 이하의 징역이나 1천만원 이하의 벌금**에 처한다.
판례	약물운전죄는 이른바 위태범으로서 약물 등의 영향으로 인하여 '정상적으로 운전하지 못할 우려가 있는 상태'에서 운전을 하면 바로 성립하고, 현실적으로 '정상적으로 운전하지 못할 상태'에 이르러야만 하는 것은 아니다(대판 2010.12.23, 2010도11272).

16 음주운전으로 운전면허 취소처분 또는 정지처분을 받은 경우 감경사유
(도로교통법 시행규칙 [별표 28])

운전이 가족의 **생계를 유지할 중요한 수단**이 되거나, 모범운전자로서 처분당시 **3년 이상** 교통봉사활동에 종사하고 있거나, 교통사고를 일으키고 도주한 운전자를 검거하여 **경찰서장 이상의 표창**을 받은 사람으로서 다음의 어느 하나에 해당되는 경우가 **없어야** 한다.

① 혈중알코올농도가 **0.1퍼센트를 초과**하여 운전한 경우
② **음주운전 중 인적피해 교통사고**를 일으킨 경우
③ 경찰관의 음주측정요구에 불응하거나 도주한 때 또는 단속경찰관을 폭행한 경우
④ 과거 **5년 이내에 3회 이상의 인적피해 교통사고**의 전력이 있는 경우
⑤ 과거 **5년 이내에 음주운전의 전력**이 있는 경우

17 음주측정 요령(교통단속처리지침 제30조) B급

① 단속경찰관은 '자동차등'의 운전자가 음주감지기에 의하여 음주한 것으로 감지되는 등 주취운전이 의심스러울 때에는 **음주측정기기** 또는 **채혈**에 의한 방법을 이용하여 주취여부를 측정한다.
- ▶ 음주운전 단속대상은 '**자동차등**'(자동차 + 원동기장치자전거)으로 정하고 있다. 그러므로 경운기, 우마차, 트랙터 등은 음주운전의 단속대상이 아니다. 다만, '자전거등'에 대해서는 음주처벌규정이 있다.

② 단속경찰관이 제1항에 따라 주취운전 의심자를 호흡측정하는 때에는 피측정자의 입안의 **잔류 알코올**을 헹궈낼 수 있도록 음용수 200mL를 제공한다.

③ 음주측정 1회당 1개의 음주측정용 **불대**를 사용한다.

18 음주운전 방지장치 부착 조건부 운전면허 B급

조건부 운전면허 (제80조의2)	① 음주운전 또는 측정거부 규정을 **위반**(자동차등 또는 노면전차를 운전한 경우로 한정한다. 다만, 개인형 이동장치를 운전한 경우는 제외한다)한 날부터 5년 이내에 다시 같은 규정을 위반하여 운전면허 취소처분을 받은 사람이 자동차등을 운전하려는 경우에는 **시·도경찰청장**으로부터 음주운전 방지장치 부착 조건부 운전면허를 받아야 한다. ② 음주운전 방지장치는 조건부 운전면허 발급 대상에게 적용되는 **운전면허 결격기간과 같은 기간** 동안 **부착**하며, 운전면허 결격기간이 종료된 다음 날부터 **부착기간**을 산정한다.
조건부 운전자등의 준수사항 (제50조의3)	① 음주운전 방지장치 부착 조건부 운전면허를 받은 사람이 자동차등을 운전하려는 경우 음주운전 방지장치를 설치하고, **시·도경찰청장에게 등록**하여야 한다. ③ 음주운전 방지장치 부착 조건부 운전면허를 받은 사람은 음주운전 방지장치가 **설치되지 아니하거나 설치기준에 적합하지 아니한 음주운전 방지장치가 설치된 자동차등**을 운전하여서는 아니 된다. ④ 누구든지 다음에 해당하는 경우를 제외하고는 자동차등에 설치된 음주운전 방지장치를 **해체거나 조작** 또는 그 밖의 방법으로 **효용을 해치는 행위**를 하여서는 아니 된다. 　1. 음주운전 방지장치의 **점검** 또는 **정비**를 위한 경우 　2. **폐차**하는 경우 　3. **교육·연구**의 목적으로 사용하는 등 대통령령으로 정하는 사유에 해당하는 경우 　4. 음주운전 방지장치의 **부착 기간이 경과한 경우** ⑤ 누구든지 음주운전 방지장치 부착 조건부 운전면허를 받은 사람을 대신하여 음주운전 방지장치가 설치된 자동차등을 운전할 수 있도록 해당 장치에 **호흡을 불어넣거나 다른 부정한 방법**으로 음주운전 방지장치가 설치된 자동차등에 **시동을 거는 행위**를 하여서는 아니 된다. ⑥ 음주운전 방지장치의 설치 사항을 시·도경찰청장에게 등록한 자는 **연 2회 이상** 음주운전 방지장치 부착 자동차등의 **운행기록**을 시·도경찰청장에게 제출하여야 하며, 음주운전 방지장치의 정상 작동 여부 등을 점검하는 **검사**를 받아야 한다.

19 보복운전, 난폭운전, 초과속운전 C급

1. 보복운전에 대한 처벌

운전면허를 받은 사람이 자동차등을 이용하여 「형법」 제258조의2(특수상해)·제261조(특수폭행)·제284조(특수협박) 또는 제369조(특수손괴)를 위반하는 행위를 한 경우 운전면허를 취소하거나 1년 이내의 범위에서 운전면허의 효력을 정지시킬 수 있다.

2. 난폭운전에 대한 처벌(도로교통법 제46조의3)

자동차등(개인형 이동장치는 제외)의 운전자는 아래에 해당하는 **둘 이상의 행위를 연달아** 하거나, 하나의 행위를 **지속 또는 반복**하여 다른 사람에게 위협 또는 위해를 가하거나 교통상의 위험을 발생하게 한 경우에는 운전면허를 취소하거나 1년 이내의 범위에서 운전면허의 효력을 정지시킬 수 있으며 1년 이하의 징역이나 500만원 이하의 벌금에 처한다.
① 신호 또는 지시 위반
② 중앙선 침범
③ 속도의 위반
④ 횡단·유턴·후진 금지 위반
⑤ 안전거리 미확보, **진로변경** 금지 위반, **급제동** 금지 위반
⑥ 앞지르기 방법 또는 앞지르기의 방해금지 위반
⑦ 정당한 사유 없는 **소음 발생**
⑧ 고속도로에서의 앞지르기 방법 위반
⑨ 고속도로등에서의 횡단·유턴·후진 금지 위반

3. 초과속운전에 대한 처벌 강화

① 제한된 최고속도보다 시속 100킬로미터를 초과한 속도로 3회 이상 자동차등을 운전한 경우 운전면허를 취소하거나 1년 이내의 범위에서 운전면허의 효력을 정지시킬 수 있고, 1년 이하의 징역이나 500만원 이하의 벌금에 처한다(도로교통법 제93조 제1항 제5호의3 및 제151조의2 제2호 신설).
② 제한된 최고속도보다 시속 100킬로미터를 초과한 속도로 자동차등을 운전한 사람은 **100만원 이하의 벌금 또는 구류**에 처한다(도로교통법 제153조 제2항 제2호 신설).
③ 제한된 최고속도보다 시속 80킬로미터를 초과한 속도로 자동차등을 운전한 사람은 **30만원 이하의 벌금이나 구류**에 처한다(도로교통법 제154조 제9호 신설).

20 운전면허의 구분(운전할 수 있는 차의 종류) A급

09·11·14·16·17·19·21. 채용, 10·11·18. 승진, 12. 경간

제1종	대형면허	① 승용자동차·승합자동차·화물자동차 ② 특수자동차(구난차 등 제외) ③ 원동기장치자전거 ④ 건설기계 10종 　㉠ 도로보수트럭, 덤프트럭 　㉡ 아스팔트살포기, 아스팔트콘크리트재생기, 노상안정기 　㉢ 콘크리트펌프, 콘크리트믹서트럭, 콘크리트믹서트레일러 　㉣ 천공기(트럭적재식) 　㉤ 3톤 미만의 지게차, 트럭지게차		19세 이상 + 1년 이상 운전경력 (이륜자동차 제외)
	특수면허 17. 채용	대형견인차면허	① 견인형 특수자동차 ② 제2종 보통면허로 운전할 수 있는 차량	
		소형견인차면허	① 총중량 3.5톤 이하의 견인형 특수자동차 ② 제2종 보통면허로 운전할 수 있는 차량	
		구난차면허	① 구난형 특수자동차 ② 제2종 보통면허로 운전할 수 있는 차량	
	보통면허 11·16·17·18. 채용, 18·20. 승진	① 승용자동차 ② 승차정원 15인 이하의 **승합자동차** ③ 적재중량 12톤 미만의 **화물자동차** ④ 총중량 10톤 미만의 **특수자동차**(구난차 등 제외) ⑤ 건설기계(도로를 운행하는 3톤 미만의 지게차에 한한다) ⑥ 원동기장치자전거		18세 이상
	소형면허	① 3륜 화물자동차 ② 3륜 승용자동차 ③ 원동기장치자전거		
제2종	보통면허 18·21. 채용, 14·18·20. 승진	① 승용자동차(승차정원 10인 이하의 **승합자동차**를 포함) ② 적재중량 4톤 이하의 **화물자동차** ③ 총중량 3.5톤 이하의 특수자동차(구난차 등 제외) ④ 원동기장치자전거		
	소형면허	① 이륜자동차(측차부를 포함) - 배기량 125시시 초과인 이륜자동차 ② 원동기장치자전거		
	원동기장치 자전거면허	① 배기량 125시시 이하의 이륜자동차 ② 배기량 125시시 이하의 원동기를 단 차		16세 이상
연습 면허	제1종 보통 18. 채용	① **승용자동차** ② 승차정원 15인 이하의 **승합자동차** ③ 적재중량 12톤 미만의 **화물자동차**		18세 이상
	제2종 보통	① **승용자동차**(승차정원 10인 이하의 **승합자동차**를 포함) ② 적재중량 4톤 이하의 **화물자동차**		

21 자동차를 개조한 경우 운전면허 적용기준

형식변경	① 차종변경 ② 승차정원 또는 적재중량 증가 예 승합자동차를 개조하여 특수자동차로 변경하는 경우 또는 승차인원 15인승 승합차(1종 보통면허)를 20인승(1종 대형면허)으로 개조한 경우 ➡ 변경 후를 기준으로 제1종 대형면허 적용	변경 후 기준
	차종변경 없이 승차정원 또는 적재중량 감소 예 승차인원 45인승 버스(1종 대형면허)를 12인승(1종 보통면허)으로 개조하는 경우 ➡ 변경 전을 기준으로 제1종 대형면허 적용	변경 전 기준
구조 또는 장치 변경	변경승인 전 기준	

22 운전면허증 갱신 및 적성검사

운전면허증 갱신기간	운전면허시험에 합격한 날부터 기산하여 10년(운전면허시험 합격일에 65세 이상 75세 미만인 사람은 5년, 75세 이상인 사람은 3년, 한쪽 눈만 보지 못하는 사람으로서 제1종 운전면허 중 보통면허를 취득한 사람은 3년)이 되는 날이 속하는 해의 1월 1일부터 12월 31일까지
적성검사기간	① 제1종 운전면허를 받은 사람은 운전면허증 갱신기간에 정기적성검사를 받아야 한다. ② 제2종 운전면허를 받은 사람 중 운전면허증 갱신기간에 70세 이상인 사람은 운전면허증 갱신기간에 정기적성검사를 받아야 한다.

> ⊕ **PLUS** 고령자 교통안전교육
>
> **도로교통법 제73조** ⑤ 75세 이상인 **사람**으로서 운전면허를 받으려는 사람은 시험에 응시하기 전에, 운전면허증 갱신일에 75세 이상인 사람은 운전면허증 갱신기간 이내에 각각 다음 각 호의 사항에 관한 **교통안전교육을 받아야 한다.** 21. 경간
>
> 1. 노화와 안전운전에 관한 사항
> 2. 약물과 운전에 관한 사항
> 3. 기억력과 판단능력 등 인지능력별 대처에 관한 사항
> 4. 교통관련 법령 이해에 관한 사항

23 운전면허의 결격사유 :A급: 11·12·17. 채용, 19·21. 경간

① 18세 미만(원동기장치자전거의 경우에는 16세 미만)인 사람 17. 채용, 19·21. 경간
② 교통상의 위험과 장해를 일으킬 수 있는 정신질환자 또는 간질환자(癎疾患者)로서 대통령령으로 정하는 사람 17. 채용
③ 듣지 못하는 사람(제1종 운전면허 중 대형면허·특수면허만 해당한다), 앞을 보지 못하는 사람(한쪽 눈만 보지 못하는 사람의 경우에는 제1종 운전면허 중 대형면허·특수면허만 해당한다)이나 그 밖에 대통령령으로 정하는 신체장애인 17. 채용, 19. 경간
④ 양쪽 팔의 팔꿈치관절 이상을 잃은 사람이나 양쪽 팔을 전혀 쓸 수 없는 사람. 다만, 본인의 신체장애 정도에 적합하게 제작된 자동차를 이용하여 정상적인 운전을 할 수 있는 경우에는 그러하지 아니하다.
⑤ 교통상의 위험과 장해를 일으킬 수 있는 마약·대마·향정신성의약품 또는 알코올 중독자로서 대통령령으로 정하는 사람 19. 경간
⑥ **제1종 대형면허 또는 제1종 특수면허를 받으려는 경우로서 19세 미만이거나 자동차(이륜자동차는 제외한다)의 운전경험이** 1년 미만인 사람 17. 채용, 19. 경간

24 연습운전면허 :B급: 09·10·11·12·17. 채용, 11. 승진

종류	① 연습운전면허는 제1종 보통연습운전면허와 제2종 보통연습운전면허 2종류가 있다. ② 연습운전면허시험에 응시하고자 하는 사람은 제1종 보통연습면허 및 제2종 보통연습면허를 동시에 신청할 수 없다.
유효기간 18. 지능, 17. 채용	① 원칙: 연습운전면허는 **그 면허를 받은 날부터** 1년 21. 경간 ② 예외: 연습운전면허를 받은 날부터 1년 이전이라도 연습운전면허를 받은 사람이 제1종 보통면허 또는 제2종 보통면허를 받은 경우 연습운전면허는 그 효력을 상실한다.
준수사항	① 운전면허(연습하고자 하는 자동차를 운전할 수 있는 운전면허)를 받은 날부터 **2년이 경과된 사람**(소지하고 있는 운전면허의 효력이 정지지간 중인 사람은 제외됨)과 함께 승차하여 그 사람의 지도를 받아야 한다. 19. 경간 ② 「여객자동차 운수사업법」 또는 「화물자동차 운수사업법」에 따른 사업용 자동차를 운전하는 등 **주행연습 외의 목적으로 운전하여서는 안 된다.** ③ 주행연습 중이라는 사실을 다른 차의 운전자가 알 수 있도록 **연습 중인 자동차에 주행연습표지를 붙여야 한다.** 18. 지능, 19. 경간
행정처분 18. 지능, 19. 승진	① 연습운전면허에 대해서는 법규위반이 있더라도 **벌점을 부여하지 않는다.** ② 법규위반이 있더라도 연습운전면허에 대한 취소처분은 일반운전면허 취소 기준과 다른 별도의 기준이 마련되어 면허취소가 이루어진다.

취소처분 17. 채용, 19. 경간	취소사유	① 취소권자: 시·도경찰청장 ② 취소사유: 연습운전면허를 교부받은 사람이 운전 중 고의 또는 과실로 교통사고를 일으키거나 도로교통법이나 도로교통법에 의한 명령 또는 처분을 위반한 때(= 교통사고 + 법령위반)에는 **연습면허를 취소**하여야 한다.
	취소하지 않는 경우	① 운전면허시험장의 도로주행시험을 담당하는 경찰관, 자동차운전학원의 강사, 전문학원의 강사 또는 기능검정원의 **지시에 따라 운전**하던 중 교통사고를 일으킨 경우 ② **도로가 아닌 곳**에서 교통사고를 일으킨 경우 ③ 교통사고를 일으켰으나 **물적 피해만 발생**한 경우

25 국제운전면허 B급 09. 채용, 10·12·19. 승진, 18. 경간

개념		국제운전면허제도란 「도로교통에 관한 협약」(1949년 제네바, 1968년 비엔나에서 체결됨)에 가입하고 있는 국가간에는 상대국의 행정관청에서 발급한 면허증만으로 운전할 수 있게 하는 제도를 말한다.
효력범위		「도로교통에 관한 협약」에 의거 가입국 간에만 통용된다. 18. 경간
유효기간	외국발급	국내에 입국한 날부터 1년 18·20. 경간, 19·20. 승진
	국내발급	발급받은 날부터 1년(국내면허를 전제로 발급)
운전범위	원칙	운전할 수 있는 자동차의 종류는 그 국제운전면허증에 기재된 것에 한한다.
	제한	① 국제운전면허를 외국에서 발급받은 사람은 여객자동차 운수사업법 또는 화물자동차 운수사업법에 의한 **사업용 자동차를 운전할 수 없다. 다만, 대여사업용 자동차(렌터카)를 임차하여 운전하는 것은 허용된다.** 18. 경간, 19. 승진 ② 운전면허 결격사유에 해당하는 사람으로서 운전면허 재발급 제한기간이 지나지 아니한 사람은 국제운전면허증으로 자동차 등을 운전하여서는 안 된다.
행정처분		① 국제운전면허에 대해서는 취소, 정지 등의 행정처분은 할 수 없다. ② 일정한 경우 운전을 금지할 수 있을 뿐이다. ③ 국제운전면허증 소지자도 소재가 분명한 경우 통고처분 가능하다.
운전금지	금지사유	국제운전면허증 또는 상호인정국제면허증을 가지고 국내에서 자동차등을 운전하는 사람이 다음에 해당하는 경우에는 그 사람의 주소지를 관할하는 시·도경찰청장은 국제운전면허증 또는 상호인정국제면허증에 의한 자동차등의 운전을 금지할 수 있다. ① 적성검사를 받지 아니하였거나 적성검사에 불합격된 경우 ② 운전 중 고의 또는 과실로 교통사고를 일으킨 경우 ③ 대한민국 국적을 가진 사람이 운전면허가 취소되거나 효력이 정지된 후 운전면허 재발급 제한기간이 지나지 아니한 경우 ④ 자동차등의 운전에 관하여 도로교통법이나 도로교통법에 따른 명령 또는 처분을 위반한 경우
	금지기간	1년의 범위 이내에서 **운전을 금지**할 수 있다.

우리나라에서 국제운전면허증의 발급(교부) 13 · 18. 경간	발급권자	시 · 도경찰청장 ➡ 실제로 국제운전면허증의 신청, 접수 및 교부권 등은 도로교통 공단에게 위탁된다.
	국내운전면허와의 관계	① 우리나라에서는 국내운전면허를 받은 사람에 한하여 발부한다. ② 국내운전면허의 효력이 없어지거나 취소된 때에는 국제운전면허증의 효력도 없어진다. ③ 국내운전면허의 효력이 정지된 때에는 그 정지기간 중 국제운전면허증 효력도 정지된다. 18. 경간

26 운전면허 발급제한기간(도로교통법 제82조 제2항) A급

09 · 10 · 13 · 18. 승진, 09 · 12 · 13 · 14 · 19. 채용, 13 · 14 · 17 · 20. 경간, 15. 지능

즉시	적성검사를 받지 아니하거나 적성검사에 불합격하여 면허가 취소된 경우 - 제한기간 없음
6월	1년의 운전면허발급제한기간에 해당하는 사유로 면허가 취소된 자가 원동기장치자전거 면허를 취득하고자 하는 경우(단, 공동위험행위로 면허 취소된 자는 제외)
1년	① 누적벌점초과에 의한 취소 - 1년간(121점), 2년(201점), 3년간(271점) 이상 ② 공동위험행위로 운전면허가 취소된 경우 원동기장치자전거면허 취득 결격기간 ③ 무면허운전(정지기간 중 운전, 발급제한 기간 중 국제운전면허증으로 운전한 경우 포함) - **위반한 날** 또는 취소된 날부터 ④ 거짓이나 부정한 수단으로 운전면허를 받은 경우 ⑤ 운전면허를 받은 사람이 자동차 등을 이용하여 범죄행위를 한 때 🔍 **참고** 자동차 이용범죄의 유형: 국가보안법 위반, 살인 · 사체유기 · 방화, 강도 · 강간 · 강제추행, 약취 · 유인 · 감금, **상습절도**(절취한 물건을 운반한 경우에 한한다), **교통방해**(단체에 소속되거나 다수인에 포함되어 교통을 방해한 경우에 한한다) ▶ 그 밖에 2~5년의 제한사유 **이외의 사유**로 면허가 취소된 경우
2년	① 음주운전 또는 음주측정거부를 2회 이상 위반(무면허운전을 함께 위반한 경우도 포함) - 취소된 날부터 ② 무면허운전(면허정지기간 중 운전 포함) 또는 운전면허 발급제한기간 중에 국제운전면허증으로 자동차 등을 3회 이상 위반 - **위반한 날** 또는 취소된 날부터 ③ 운전면허를 받을 **자격이 없는 사람**이 운전면허를 받았을 경우 ④ 2회 이상의 공동위험행위로 운전면허가 취소된 경우 ⑤ 다른 사람의 자동차 등을 훔치거나 **빼앗은 자** ⑥ 다른 사람이 **부정하게** 운전면허를 받도록 하기 위하여 운전면허시험에 **대신 응시한 경우** ⑦ 음주운전을 하다가 교통사고를 일으킨 경우 🔍 **참고** 운전면허시험에서 부정행위를 한 사람에 대하여는 해당 시험을 무효로 처리하고 무효로 처리된 사람은 그 처분이 있는 날부터 2년간 해당 시험에 응시하지 못한다(제84조의2).

3년	① (면허유무 관계없이) **음주운전**(측정거부 포함)을 하다가 **2회 이상** 교통사고를 야기한 자 – 취소된 날부터 ② 자동차등을 이용하여 범죄행위를 하거나 다른 사람의 자동차등을 훔치거나 빼앗은 사람이 **무면허**로 운전한 경우 – **위반한 날** 또는 취소된 날부터
4년	**5년**의 제한사유(무면허 · 음주 · 과로등 · 공동위험행위) 이외의 사유로 교통사고를 야기한 후에 **도주**한 경우
5년	① **무면허**운전, **음주**운전, **과로 · 질병 · 약물**운전, **공동위험행위** 중에 사람을 사상한 후 구호조치 및 신고 없이 **도주**한 경우 – 위반한 날 또는 취소된 날부터 ② 음주운전을 하다가 사람을 **사망**에 이르게 한 경우

① 면허가 취소되어 **벌금 미만**의 형이 확정되거나 **선고유예**의 판결이 확정된 경우 또는 **기소유예**나 「**소년법**」에 따른 **보호처분**의 결정이 있는 경우에는 면허발급제한기간 내라도 운전면허를 받을 수 있다.
② '**처분벌점**'이란 구체적인 법규위반 · 사고야기에 대하여 앞으로 **정지처분기준**을 적용하는데 **필요한 점수**를 말한다.
③ '**누산점수**'라 함은, 위반 · 사고시의 **벌점**을 누적하여 합산한 점수에서 **상계치**(무위반 · 무사고 기간 경과 시에 부여되는 점수 등)를 **뺀 점수**를 말한다.

27 임시운전증명서 B급 10 · 12. 승진

교부사유	시 · 도경찰청장은 다음 사람이 임시운전증명서 발급을 신청하면 임시운전증명서를 발급할 수 있다. ① 운전면허증을 받은 사람이 면허증 분실 등에 따른 재발급 신청을 한 경우(도로교통공단에게 위탁) ② 정기적성검사 또는 운전면허증 갱신 발급의 신청을 하거나 수시 적성검사를 신청한 경우(도로교통공단에게 위탁, 이 경우 소지하고 있는 운전면허증에 일정한 사항을 기재하여 교부함으로써 임시운전증명서의 교부에 갈음할 수 있다) ③ 운전면허의 **취소** 또는 **정지처분** 대상자가 운전면허증을 제출한 경우(경찰서장에게 위임)
효력	임시운전증명서는 그 유효기간 중 운전면허증과 같은 효력이 있다.
유효기간 10 · 12 · 20. 승진	① 원칙적으로 임시운전증명서의 유효기간은 **20일** 이내로 한다. ② 단, 운전면허의 **취소** 또는 **정지처분대상자**의 경우에는 **40일** 이내로 할 수 있다. ③ 경찰서장이 필요하다고 인정하는 때에는 그 유효기간을 **1회**에 한하여 **20일**의 범위 안에서 연장할 수 있다. ④ 임시운전증명서의 최대유효기간은 **40일** 또는 **60일**이다.

> **➕ PLUS** 운전면허증의 반납(도로교통법 제95조)

① 운전면허증을 받은 사람이 다음 각 호의 어느 하나에 해당하면 그 사유가 발생한 날부터 7일 이내(제4호 및 제5호의 경우 새로운 운전면허증을 받기 위하여 운전면허증을 제출한 때)에 주소지를 관할하는 시·도경찰청장에게 운전면허증을 반납(모바일운전면허증의 경우 전자적 반납을 포함한다)하여야 한다. 20. 승진

> 1. 운전면허 취소처분을 받은 경우
> 2. 운전면허효력 정지처분을 받은 경우
> 3. 운전면허증을 잃어버리고 다시 발급받은 후 그 잃어버린 운전면허증을 찾은 경우
> 4. 연습운전면허증을 받은 사람이 제1종 보통면허증 또는 제2종 보통면허증을 받은 경우
> 5. 운전면허증 갱신을 받은 경우

② 경찰공무원은 제1항을 위반하여 운전면허증을 반납하지 아니한 사람이 소지한 **운전면허증을 직접 회수**할 수 있다.
③ 시·도경찰청장이 제1항 제2호에 따라 운전면허증을 반납받거나 제2항에 따라 제1항 제2호에 해당하는 사람으로부터 운전면허증을 회수하였을 때에는 이를 보관하였다가 정지기간이 끝난 즉시 돌려주어야 한다.

28 사고결과에 따른 벌점기준(인적피해 교통사고 야기시) B급 12. 경간, 18. 승진

구분	벌점	내용
사망 1명마다	90	사고발생시부터 **72시간** 이내에 사망한 때
중상 1명마다	15	**3주 이상**의 치료를 요하는 의사의 진단이 있는 사고
경상 1명마다	5	**5일 이상 3주 미만**의 치료를 요하는 의사의 진단이 있는 사고
부상 1명마다	2	**5일 미만**의 치료를 요하는 의사의 진단이 있는 사고

29 도로교통법상 통고처분 A급 10. 채용, 11. 경간, 12. 승진

> 1. **개념**
>   통고처분이란 도로교통법상 **20만원 이하**의 벌금이나 구류·과료의 형에 해당하는 행위에 대하여 행정청이 정식재판에 갈음하여 일정한 벌금이나 구류·과료에 상당하는 금액(범칙금)의 납부를 명하는 준사법적 **행정처분**을 말한다.
> 2. **범칙자**
>   **범칙행위**(20만원 이하의 벌금이나 구류 또는 과료에 해당하는 행위)를 행한 사람으로서 **다음에 해당하지 아니한 사람**을 말한다. 10. 채용
>   ① 범칙행위 당시 운전면허증 등 또는 이를 갈음하는 **증명서를 제시하지 못하거나** 경찰공무원의 운전자 신원 및 운전면허 확인을 위한 질문에 **응하지 아니한 운전자**
>   ② 범칙행위로 **교통사고를 일으킨 사람**
> 3. 다음에 해당하는 사람은 범칙자에는 해당되지만, 통고처분하지 않고 **지체 없이 즉결심판**을 청구하여야 한다. 10. 채용
>   ① **성명이나 주소가 확실하지 아니한 사람**
>   ② **달아날 우려가 있는 사람**

③ 범칙금 납부통고서를 **받기를 거부한 사람**
④ 범칙금을 기간 내에 **납부하지 아니한 사람**

4. 범칙금의 납부

① 범칙금 납부통고서를 받은 사람은 10일 이내에 경찰청장이 지정하는 국고은행, 지점, 대리점, 우체국 또는 제주특별자치도지사가 지정하는 금융회사 등이나 그 지점에 범칙금을 내야 한다. 다만, 천재지변이나 그 밖의 부득이한 사유로 말미암아 그 기간에 범칙금을 낼 수 없는 경우에는 **부득이한 사유가 없어지게 된 날부터 5일 이내**에 내야 한다. 18. 채용, 18. 지능

② 납부기간에 범칙금을 내지 아니한 사람은 납부기간이 끝나는 날의 **다음 날부터 20일** 이내에 통고받은 범칙금에 100분의 20을 더한 금액을 내야 한다.

③ 위 납부기간에 범칙금을 납부하지 아니한 사람에 대해서는 지체 없이 즉결심판을 청구하여야 한다. 다만, 즉결심판이 청구되기 전까지 통고받은 범칙금액에 100분의 50을 더한 금액을 납부한 사람에 대해서는 그러하지 아니하다.

④ 즉결심판이 청구된 피고인이 즉결심판의 **선고 전**까지 통고받은 범칙금액에 100분의 50을 더한 금액을 내고 납부를 증명하는 서류를 제출하면 경찰서장 또는 제주특별자치도지사는 피고인에 대한 **즉결심판 청구를 취소하여야 한다**. 18. 채용

⑤ 범칙금을 낸 사람은 범칙행위에 대하여 다시 벌 받지 아니한다. 18. 지능

⊕ PLUS 교통사고시 노면에 나타나는 현상 `C급` 15·18·19. 승진, 16·18. 경간

스키드 마크 (Skid Mark)	① 자동차가 급제동하면서 바퀴가 구르지 않고 미끄러질 때 나타나며 좌·우측 타이어의 흔적이 대체로 동등하게 나타나는 것이 특징이다. ② 스킵 스키드 마크(Skip Skid Mark): 스키드 마크가 진했다 엷어지는 현상을 말한다. 14. 승진, 16. 경간 ③ 갭 스키드 마크(Gap Skid Mark): 브레이크가 중간에 풀렸다가 다시 제동될 때 한 세트의 스키드 마크에서 중간부분(통상 3m 내외)이 끊어지는 현상을 말한다. 14. 승진, 16. 경간
가속 스카프 (Acceleration Scuff)	**정지된 차량에서 급격한 속도증가로 바퀴가 제자리에서 회전할 때** 주로 나타나며 오직 구동바퀴에서만 발생하는 것이 특징이다. 15. 승진
요마크 (Yaw Mark)	**급핸들 조향**으로 바퀴는 회전을 계속하면서 차축과 평행하게 옆으로 미끄러진 타이어 흔적을 말하며 주로 빗살무늬 흔적의 형태를 보인다. 15·18·19. 승진, 18. 경간
칩(Chip)	마치 **호미로 노면을 판 것 같이** 짧고 깊게 패인 가우지 마크로서 차량 간의 최대 접속 시 만들어진다. 15. 승진
찹(Chap)	마치 **도끼로 노면을 깎아 낸 것 같이** 넓고 얕은 가우지 마크로서 프레임이나 타이어림에 의해서 만들어진다. 14. 승진, 16. 경간
노면에 긁힌 흔적 (Scratch)	큰 압력없이 미끄러진 금속물체에 의해 단단한 포장노면에 가볍게 불규칙적으로 좁게 나타나는 **긁힌 자국**이다. 14. 승진, 16. 경간
임프린트 (Imprint)	눈, 모래, 자갈, 진흙 및 잔디와 같이 느슨한 노면 위를 타이어가 미끄러짐 없이 굴러가면서 **노면상에 타이어의 접지면의 무늬모양을 그대로 새겨 놓은 흔적** 17. 승진
그루브 (Groove)	길고 좁은 홈자국으로 직선일 수도 있고 곡선일 수도 있는 '노면에 파인 자국(Gouge Mark)'으로서 이것은 구동샤프트(Drive Shaft)나 다른 부품의 돌출한 너트나 못 등이 노면 위에 끌릴 때 생기는데, 최대 접촉지점을 벗어난 곳까지도 계속된다. 이것의 밑바닥을 조사해 보면 그것을 만들어 낸 것이 차량의 어느 부분인지를 알 수 있다. 19. 승진

⊕ PLUS 고속도로 버스전용차로 [C급]

13인승 이상	실제 승차인원에 관계없이 고속도로 버스전용차로 운행 가능
9인승 이상~12인승 이하	6인 이상이 실제 승차해야 고속도로 버스전용차로 운행 가능
8인승 이하	고속도로 버스전용차로 운행 불가

⊕ PLUS 고속도로등에서 고장자동차의 표지 설치 [C급]

원칙	① 자동차의 운전자는 고장이나 그 밖의 사유로 고속도로 또는 자동차전용도로(이하 "고속도로등"이라 한다)에서 자동차를 운행할 수 없게 되었을 때에는 **고장자동차의 표지를 설치**하여야 한다. ② 자동차의 운전자는 표지를 설치하는 경우 그 자동차의 후방에서 접근하는 자동차의 운전자가 확인할 수 있는 위치에 설치하여야 한다.
야간	사방 500미터 지점에서 식별할 수 있는 적색의 섬광신호·전기제등 또는 불꽃신호를 추가로 설치하여야 한다.

30 교통사고처벌 시 적용법 [B급]

구분	사고	음주, 도주, 약물
인피사고	교통사고처리 특례법	특정범죄 가중처벌 등에 관한 법률
물피사고	도로교통법	

31 교통사고처리 특례법상 교통사고 처리형태 [B급] 11·12. 승진

무조건 형사입건(공소권 있음)	합의 또는 보험에 가입되었을 경우(공소권 없음) → go home
① 사망사고 ② 도주, 미신고 ③ 중상해 ④ 음주측정거부 ⑤ 특례법 제3조 제2항 단서 12개항 (어린이 신승주과 보횡중 철길 앞 화물과 함께 사라졌다)	① 인피사고(합의×, 보험×): 형사입건 ② 물피사고(합의×, 보험×): 피해액이 20만원 이상이면 형사입건, 20만원 미만이면 즉심으로 처리

32 교통사고처리 특례법 제3조 제2항의 단서(처벌의 특례 12개항) :A급:

14·15·18·19. 승진, 15·18. 채용, 20. 경간

① 어린이 보호구역에서의 안전의무위반
② 신호 및 안전표지가 표시하는 지시위반
③ 승객의 추락방지의무 위반
④ 음주운전 및 약물운전
⑤ 과속(제한속도 20km/h 초과)
⑥ 보도침범 및 보도횡단방법 위반
⑦ 횡단보도 보행자보호의무 위반
⑧ 중앙선침범 및 고속도로 등에서의 횡단·유턴·후진한 경우
⑨ 철길건널목 통과방법 위반
⑩ 앞지르기 방법·금지시기·금지장소 또는 끼어들기 금지를 위반하거나 고속도로에서의 앞지르기 방법을 위반하여 운전한 경우
⑪ 자동차의 화물이 떨어지지 아니하도록 필요한 조치를 하지 아니하고 운전한 경우
⑫ 무면허운전

:두문자: 어린이 신승주과 보횡중 철길 앞 화물과 함께 사라졌다.

33 교통사고 판례 1 :A급: 11·14. 승진, 21. 경간

1. 교통사고를 일으킨 운전자에게 **신고의무**를 부담시키고 있는 도로교통법은 피해자의 구호 및 교통질서의 회복을 위한 조치가 필요한 범위 내에서 **교통사고의 객관적 내용만을 신고하도록 한 것으로 해석**하고, 형사책임과 관련되는 사항에는 적용되지 아니하는 것으로 해석하는 한 **헌법에 위반되지 아니한다**(헌재결 1990.8.27, 89헌가118).
2. 교통사고 발생시의 **구호조치의무 및 신고의무**는 그 사고발생에 있어서 고의·과실 혹은 유책·위법의 유무에 관계없이 부과된 의무라고 해석함이 상당할 것이므로, 당해 사고에 있어 귀책사유가 없는 경우에도 위 의무가 없다 할 수 없고, 또 위 의무는 신고의무에만 한정되는 것이 아니므로 **타인에게 신고를 부탁하고 현장을 이탈하였다고 하여 위 의무를 다한 것이라고 말할 수는 없다**(대판 2002.5.24, 2000도1731). 15. 채용
3. 농로에서 중앙분리대가 설치된 왕복 4차로의 도로로 진입하던 차량의 운전자가 속도를 줄이거나 일시정지하여 진행 차량의 유무를 확인하지 않은 채 그대로 진입하다가 도로를 진행하던 차량을 들이받아 파손한 사안에서, 비록 사고로 인한 피해차량의 물적 피해가 경미하고, 파편이 도로상에 비산되지도 않았다고 하더라도, 차량에서 내리지 않은 채 미안하다는 손짓만 하고 도로를 역주행하여 피해차량의 진행방향과 반대편으로 도주한 것은 교통사고 발생시의 필요한 조치를 다하였다고 볼 수 없다(대판 2009.5.14, 2009도787).
4. 교통사고 피해자가 2주간의 치료를 요하는 경추부 염좌 등의 경미한 상해를 입었다는 사정만으로 사고 당시 피해자를 구호할 필요가 없었다고 단정하기는 곤란하다고 보아, 「특정범죄 가중처벌 등에 관한 법률」 제5조의3 '치상 후 도주죄'의 성립을 인정하였다(대판 2008.7.10, 2008도1339).

5. 교통사고야기자가 피해자를 병원에 후송하기는 하였으나 **조사경찰관에게 사고사실을 부인하고 자신을 목격자라고 하면서 참고인 조사를 받고 귀가한 경우**, 「특정범죄 가중처벌 등에 관한 법률」 제5조의3 제1항 소정의 **도주에 해당한다**(대판 2003.3.25, 2002도5748).
6. 교통사고로 의식을 잃은 채 병원에 호송된 운전자에 대해 영장 없이 채혈을 하였으나 **사후 영장을 발부받지 아니 한 경우 적법절차에 의해 수집한 증거가 아니므로 유죄의 증거로 사용할 수 없다.**
7. **교차로 직전의 횡단보도에 따로 차량 보조등이 설치되어 있지 아니한 경우**, 교차로 차량 신호등이 적색이고 횡단보도 보행등이 녹색인 상태에서 횡단보도를 지나 우회전하다가 사람을 다치게 하였다면 「교통사고처리 특례법」상 특례조항인 **신호위반에 해당한다**. 15. 채용
8. **횡단보행자용 신호기**의 신호가 보행자 통행신호인 녹색으로 되었을 때 차량운전자가 그 신호를 따라 횡단보도 위를 보행하는 자를 충격하였을 경우에는 「교통사고처리 특례법」상 **신호위반의 책임을 물을 수 없다**(단, **차량의 운행용 신호기는 고려하지 않음**).
9. 교차로에 **교통섬**이 설치되고 그 오른쪽으로 직진 차로에서 분리된 우회전 차로가 설치된 경우, 우회전 차로가 아닌 직진 차로를 따라 우회전하는 행위는 **교차로 통행방법을 위반**한 것이다. 15. 채용, 20. 경간
10. **화물차를 주차한 상태에서 적재된 상자 일부가 떨어지면서 지나가던 피해자에게 상해를 입힌 경우 교통사고로 볼 수 없다**. 15. 채용, 15·19. 승진
11. 무면허운전으로 인한 도로교통법 위반죄에 있어서는 어느 날에 운전을 시작하여 다음날까지 동일한 기회에 일련의 과정에서 계속 운전을 한 경우 등 특별한 경우를 제외하고는 사회통념상 운전한 날을 기준으로 운전한 날마다 1개의 운전행위가 있다고 보는 것이 상당하므로 **운전한 날마다 무면허운전으로 인한 도로교통법 위반의 1죄가 성립한다고 보아야 할 것이고, 비록 계속적으로 무면허운전을 할 의사를 가지고 여러 날에 걸쳐 무면허운전행위를 반복하였다 하더라도 이를 포괄하여 일죄로 볼 수는 없다**(대판 2002.7.23, 2001도6281). 15. 채용
12. 신호위반으로 교통사고를 야기한 자가 **이미 신호위반의 범칙금을 납부하였다면**, 「교통사고처리 특례법」상 신호위반으로 인한 **업무상과실치상죄의 죄책을 묻는 것은 이중처벌에 해당하지 아니한다**(대판 2007.4.12, 2006도4322).
13. 일반도로 주행 중 반대 방향 차선에서 주행 중인 차량이 중앙선을 침범할 것까지 미리 예견할 의무는 없으므로 부득이한 사정으로 중앙선을 침범하여 교통사고를 야기한다고 하여도 중앙선 침범에 해당하지 아니한다.
14. 횡단보도 내에서 **택시를 잡기 위하여 앉아 있는 사람을 충격한 운전자의 경우에는 보행자 보호의무 불이행의 책임을 물을 수 없다**. 11·12. 승진
15. 내리막길에 주차되어 있는 자동차의 **핸드 브레이크를 풀어 타력주행을 하는 행위는 운전에 해당되지 않는다**.
16. 야간에 무등화인 자전거를 타고 차도를 무단횡단하는 경우까지를 예상하여 감속하고 반대차로상의 동태까지 살피면서 **서행운행할 주의의무는 없다**.
17. 차에 열쇠를 끼워놓은 채 11세 남짓한 어린이를 조수석에 남겨놓고 차에서 내려온 동안 어린이가 시동을 걸어 차량이 진행하여 사고가 발생한 경우 운전자로서는 **열쇠를 빼는 등 사고 예방조치를 취할 주의의무가 있다**.
18. 교차로 진입 직전에 백색실선이 설치되어 있으면, 교차로에서의 진로변경을 금지하는 내용의 안전표지가 개별적으로 설치되어 있지 않다면 자동차 운전자가 교차로에서 진로변경을 시도하다가 교통사고를 야기하였다고 하더라도 이를 특례법상 '**통행금지를 내용으로 하는 안전표지가 표시하는 지시를 위반하여 운전한 경우**'에 **해당한다고 할 수 없다**(대판 2015.11.12, 2015도3107). 21. 경간
19. 중앙선이 설치된 도로의 어느 구역에서 **좌회전이나 유턴이 허용되어 중앙선이 백색 점선으로 표시되어 있는 경우**, 그 지점에서 안전표지에 따라 좌회전이나 유턴을 하기 위하여 중앙선을 넘어 운행하다가 반대편 차로를 운행하는 차량과 충돌하는 교통사고를 내었더라도 이를 특례법에서 규정한 **중앙선 침범 사고라고 할 것은 아니다**(대판 2017.1.25, 2016도18941). 21. 경간

20. 연습운전면허를 받은 사람은 운전을 함에 있어 '주행연습 외의 목적으로 운전하여서는 아니 된다'는 사항을 준수해야 하며 이에 위반하여 운전한 경우 준수사항을 지키지 않은 것에 대하여 연습운전면허의 취소 등 제재를 가할 수 있음은 별론으로 하고 그 운전을 특례법에서 규정한 **무면허운전이라고 보아 처벌할 수는 없다**(대판 2015.6.24, 2013도15031). 21. 경간

21. 화물차 적재함에서 작업하던 피해자가 차에서 내린 것을 확인하지 않은 채 출발함으로써 피해자가 추락하여 상해를 입게 된 경우, 특례법 소정의 '**승객의 추락방지 의무**'를 **위반하여 운전한 경우에 해당하지 않는다**(대판 2000.2.22, 99도3716). 21. 경간

22. 택시 운전자인 甲이 교차로에서 **적색등화에 우회전하다가** 신호에 따라 진행하던 乙의 승용차를 충격하여 乙에게 상해를 입혔다면 「교통사고처리 특례법」 제3조 제2항 단서 제1호에서 정한 '**신호위반**'으로 **인한 사고에 해당하지 아니한다**. 다만, 신호에 따라 진행하는 다른 차마의 신뢰 및 안전을 보호하기 위하여 다른 차마의 교통을 잘 살펴 방해하지 아니하여야 할 안전운전의무를 부과한 것이라고 볼 수 있다(대판 2011.7.28, 2011도3970). 즉, **해당사고는 '안전운전의무위반**'으로 인한 사고로 볼 수 있다. 18·20. 승진

34 교통관련 판례 2 - 음주, 도주 관련 [A급] 11. 경간, 11·12·13·19. 승진, 12·13. 채용

1. 술 취한 상태의 판단
   ① 피고인에게 가장 유리한 감소치를 적용하여 **위드마크 공식에 따라 계산한 혈중알코올농도**가 도로교통법상 **처벌기준인 0.03%를 넘는 0.031%**이었으나, 사건발생시간을 특정하는 과정에서 발생하는 오차가능성 등의 여러 사정을 고려할 때 피고인의 **운전 당시 혈중알코올농도가 처벌기준치를 초과하였으리라고 단정할 수는 없다고** 한 사례(대판 2005.7.28, 2005도3904) 18. 채용, 22. 경간
   ② 호흡측정기에 의한 음주측정을 요구하기 전에 사용되는 **음주감지기 시험에서 음주반응이 나왔다고 할지라도** 현재 사용되는 음주감지기가 혈중알코올농도 0.02%인 상태에서부터 반응하게 되어 있는 점을 감안하면 **그것만으로 바로 운전자가 혈중알코올농도 0.03% 이상의 술에 취한 상태에 있다고 인정할 만한 상당한 이유가 있다고 볼 수는 없고**, 거기에다가 운전자의 외관·태도·운전행태 등의 객관적 사정을 종합하여 술에 취한 상태에 있다고 인정할 만한 상당한 이유가 있는지 여부를 판단하여야 한다(대판 2003.1.24, 2002도6632). 12. 채용, 12·19. 승진
   ③ 물로 입 안을 헹굴 기회를 달라는 피고인의 요구를 무시한 채 호흡측정기로 측정한 혈중알코올농도 수치가 0.03%로 나타난 사안에서, 피고인이 당시 **혈중알코올농도 0.03% 이상의 술에 취한 상태에서 운전하였다고 단정할 수 없다**(대판 2006.11.23, 2005도7034). 12. 채용, 12. 승진, 22. 경간
   ④ 음주운전 시점과 혈중알코올농도의 측정 시점 사이에 시간 간격이 있고 그때가 혈중알코올농도의 상승기로 보이는 경우라 하더라도, 그러한 사정만으로 무조건 실제 운전 시점의 혈중알코올농도가 처벌기준치를 초과한다는 점에 대한 **증명이 불가능하다고 볼 수는 없다**.
   ⑤ 음주운전 전력이 1회(벌금형) 있는 운전자가 한 달 내 2회에 걸친 음주운전으로 적발되어 두 사건이 동시에 기소된 사안에서, 「도로교통법」 제148조의2 제1항(벌칙)에 규정된 '음주운전 금지 규정을 2회 이상 위반한 사람'이란 음주운전으로 2회 이상 형의 선고를 받거나 문언 그대로 2회 이상 음주운전 금지규정을 위반하여 **음주운전을 하였던 '사실'이 인정되는 사람으로 해석해야 하고**, 그에 대한 형의 선고나 **유죄의 확정판결 등이 있어야만 하는 것은 아니다**(대판 2018.11.15, 2018도11378). 20. 채용

⑥ 경찰관이 음주운전 단속 시 운전자의 요구에 따라 **곧바로** 채혈을 실시하지 않은 채 호흡측정기에 의한 음주측정을 하고 1시간 12분이 경과한 후에야 채혈을 하였다는 사정만으로는 위 행위가 법령에 위배된다거나 객관적 정당성을 상실하여 운전자가 음주운전 단속과정에서 받을 수 있는 권익이 **현저하게 침해되었다고 단정하기 어렵다**(대판 2008.4.24, 2006다32132). 16. 채용, 22. 경간

2. 음주측정 불응

① 특별한 이유 없이 호흡측정기에 의한 측정에 불응하는 운전자에게 경찰공무원이 **혈액채취에 의한 측정방법이 있음을 고지하고 그 선택 여부를 물어야 할 의무가 있다고는 할 수 없다**(대판 2002.10.25, 2002도4220). 12·13·15. 채용

② 도로교통법 제41조 제2항·제3항의 해석상, 운전자의 **신체 이상 등의 사유**로 호흡측정기에 의한 측정이 불가능 내지 심히 곤란하거나 운전자가 처음부터 호흡측정기에 의한 측정의 방법을 불신하면서 혈액채취에 의한 측정을 요구하는 경우 등에는 호흡측정기에 의한 측정의 절차를 생략하고 바로 혈액채취에 의한 측정으로 나아가야 할 것이고, 이와 같은 경우라면 호흡측정기에 의한 측정에 불응한 행위를 **음주측정불응으로 볼 수 없다**(대판 2002.10.25, 2002도4220). 21. 경간

③ 피고인의 음주와 음주운전을 목격한 **참고인이 있는 상황**에서 경찰관이 음주 및 음주운전 종료로부터 약 5시간 후 집에서 자고 있는 피고인을 연행하여 음주측정을 요구한 데에 대하여 피고인이 불응한 경우, 도로교통법상의 **음주측정불응죄가 성립한다**고 본 사례(대판 2001.8.24, 2000도6026) 16. 채용, 19. 승진, 20. 경간

④ 운전자가 음주측정을 요구하는 경찰공무원의 1차 측정에만 불응하였을 뿐 곧이어 이어진 2차 측정에는 응한 경우와 같이 측정거부가 **일시적인 것에 불과한 경우**라면 음주측정불응죄가 성립한다고 볼 수 없다.

⑤ 경찰공무원이 술에 취한 상태에 있다고 인정할 만한 상당한 이유가 있는 운전자에게 음주 여부를 확인하기 위하여 음주측정기에 의한 측정의 사전 단계로 음주감지기에 의한 시험을 요구하는 경우, 그 시험 결과에 따라 음주측정기에 의한 측정이 예정되어 있고 운전자가 그러한 사정을 인식하였음에도 음주감지기에 의한 시험에 명시적으로 불응함으로써 음주측정을 거부하겠다는 의사를 표명하였다면, **음주감지기에 의한 시험을 거부한 행위도 음주측정기에 의한 측정에 응할 의사가 없음을 객관적으로 명백하게 나타낸 것으로 볼 수 있다. 즉, 음주운전측정 거부에 해당한다**(대판 2018.12.13, 2017도12949). 21. 경간

⑥ 경찰공무원의 측정은 **호흡조사에 의한 측정만을 의미하는 것으로서 혈액채취에 의한 측정을 포함하는 것으로 볼 수 없음은 법문상 명백하다. 따라서, 신체 이상 등의 사유로 인하여 호흡조사에 의한 측정에 응할 수 없는 운전자가 혈액채취에 의한 측정을 거부하거나 이를 불가능하게 하였다고 하더라도 이를 들어 음주측정에 불응한 것으로 볼 수는 없다**(대판 2010.7.15, 2010도2935). 21. 경간

⑦ 오토바이를 운전하여 자신의 집에 도착한 상태에서 단속경찰관으로부터 주취운전에 관한 증거 수집을 위한 음주측정을 위하여 인근 파출소까지 동행하여 줄 것을 요구받고 이를 명백하게 거절하였음에도 **위법하게 체포·감금된 상태에서 이 사건 음주측정요구를 받게 되었으므로**, 그와 같은 음주측정요구에 응하지 않았다고 하여 피고인을 음주측정거부에 관한 도로교통법 위반죄로 처벌할 수 없다(대판 2006.11.9, 2004도8404). 21. 경간

⑧ 경찰공무원은 교통의 안전과 위험방지를 위하여 필요하다고 인정하거나 운전자가 술에 취한 상태에서 자동차 등을 운전하였다고 인정할 만한 상당한 이유가 있고 운전자의 음주운전 여부를 확인하기 위하여 필요한 경우에는 사후의 음주측정에 의하여 음주운전 여부를 확인할 수 없음이 명백하지 않는 한 운전자에 대하여 **음주측정을 요구할 수 있고, 운전자가 이에 불응한 경우에는 음주측정불응죄가 성립한다**. 이와 같은 법리는 운전자가 **경찰관 직무집행법 제4조에 따라 보호조치 된 사람**이라고 하여 달리 볼 것이 아니므로, 경찰공무원이 **보호조치 된 운전자에 대하여 음주측정을 요구하였다는 이유만으로 음주측정 요구가 당연히 위법하다거나 보호조치가 당연히 종료된 것으로 볼 수는 없다**(대판 2012.2.9, 2011도4328). 20. 법학, 22. 경간

⑨ 호흡측정기에 의한 음주측정치와 혈액검사에 의한 음주측정치가 **불일치할 경우 혈액검사에 의한 음주측정치가 우선한다**(대판 2004.2.13, 2003도6905). 20. 승진

3. 운전의 판단
   ① 도로교통법 제2조 제19호는 '운전'이라 함은 도로에서 차를 그 본래의 사용방법에 따라 사용하는 것을 말한다고 규정하고 있는바, 여기에서 말하는 운전의 개념은 그 규정의 내용에 비추어 목적적 요소를 포함하는 것이므로 고의의 운전행위만을 의미하고 자동차 안에 있는 사람의 의지나 관여 없이 자동차가 움직인 경우에는 운전에 해당하지 않는다(대판 2004.4.23. 2004도1109). 12. 승진, 12·15·16. 채용
   ② 어떤 사람이 자동차를 움직이게 할 의도 없이 다른 목적을 위하여 자동차의 원동기(모터)의 시동을 걸었는데, 실수로 기어 등 자동차의 발진에 필요한 장치를 건드려 원동기의 추진력에 의하여 자동차가 움직이거나 또는 불안전한 주차상태나 도로여건 등으로 인하여 자동차가 움직이게 된 경우는 자동차의 운전에 해당하지 아니한다(대판 2004.4.23. 2004도1109). 15. 채용

4. 음주운전으로 인한 연속된 사고
   음주운전으로 인한 도로교통법 위반죄의 보호법익과 처벌방법을 고려할 때, 혈중알코올농도 0.03% 이상의 음주상태로 동일한 차량을 일정기간 계속하여 운전하다가 1회 음주측정을 받았다면 이러한 음주운전행위는 동일 죄명에 해당하는 **연속된 행위로서 단일하고 계속된 범의 하에 일정기간 계속하여 행하고 그 피해법익도 동일한 경우이므로 포괄일죄에 해당한다.** 본 사안은 음주상태로 자동차를 운전하다가 제1차 사고를 내고 그대로 진행하여 제2차 사고를 낸 후 음주측정을 받아 도로교통법 위반(음주운전)죄로 약식명령을 받아 확정되었는데, 그 후 제1차 사고 당시의 음주운전으로 기소된 사안에서 위 공소사실이 약식명령이 확정된 도로교통법 위반(음주운전)죄와 포괄일죄 관계에 있다고 보았다(대판 2007.7.26. 2007도4404).

5. 특정범죄 가중처벌 등에 관한 법률상 '위험운전치사상죄' 도로교통법상 '음주운전죄' - 실체적 경합 18·20. 승진
   음주로 인한 **특정범죄 가중처벌 등에 관한 법률 위반(위험운전치사상)죄와 도로교통법 위반(음주운전)죄**는 입법 취지와 보호법익 및 적용영역을 달리하는 별개의 범죄이므로, 양 죄가 모두 성립하는 경우 두 죄는 **실체적 경합관계에 있다**(대판 2008.11.13. 2008도7143).

6. 무면허와 음주운전 - 상상적 경합 19. 채용, 19. 법학
   1개의 행위란 법적 평가를 떠나 사회관념상 행위가 사물자연의 상태로서 1개로 평가되는 것을 말하는 바, 무면허인데다가 술이 취한 상태에서 오토바이를 운전하였다는 것은 위의 관점에서 분명히 1개의 운전행위라 할 것이므로 **무면허 운전행위와 주취 운전행위는 상상적 경합관계에 있다**(대판 1987.2.24. 86도2731).

7. 미성년자인 피의자 혈액채취시 본인 동의
   음주운전과 관련한 도로교통법 위반죄 범죄수사를 위하여 **미성년자인 피의자의 혈액채취가 필요한 경우에도** 피의자에게 의사능력이 있다면 **피의자 본인만이 혈액채취에 관한 유효한 동의를 할 수 있고, 피의자에게 의사능력이 없는 경우에도 명문의 규정이 없는 이상 법정대리인이 피의자를 대리하여 동의할 수는 없다**(대판 2014.11.13. 2013도1228). 18·20. 채용

8. 동승자가 교통사고 후 운전자와 공모하여 도주행위에 단순하게 가담하였다는 이유만으로는 특정범죄 가중처벌 등에 관한 법률 위반(도주차량)죄의 공동정범으로 처벌할 수 없다. 19. 법학

9. 앞지르기가 금지된 비탈길의 고갯마루 부근에서 앞차가 진로를 양보하였더라도 앞지르기는 할 수 없다. 19. 법학

10. 국가배상책임 인정 판례
    주취운전자에 대한 경찰관의 권한 행사가 법률상 경찰관의 재량에 맡겨져 있다고 하더라도, 그러한 권한을 행사하지 아니한 것이 구체적인 상황하에서 현저하게 합리성을 잃는 경우에는 경찰관의 직무상 의무를 위배한 것으로서 위법하다. 음주운전으로 적발된 주취운전자가 도로 밖으로 차량을 이동하겠다며 **단속경찰관으로부터 보관 중이던 차량열쇠를 반환받아 몰래 차량을 운전하여 가던 중 사고를 일으켰다면, 주의의무를 게을리 한 경찰관의 직무상 의무위반에 의한 국가배상 책임이 인정된다**(대판 1998.5.8. 97다54482). 20. 채용

35 교통사고 판례 3 - 신뢰원칙 관련 [A급] 12. 채용, 12. 승진

고속도로	① [신뢰원칙 **긍정**] 일반적으로 고속도로를 운전하는 자동차운전자에게 도로상에 장애물이 나타날 것을 예견하여 제한속도 이하로 **감속 서행할 주의의무가 없다**(대판 1981.12.8, 81도1808). 15. 채용 ② [신뢰원칙 **부정**] 고속도로를 횡단하려는 **피해자를 그 차의 제동거리 밖에서 발견하였다면** 피해자가 반대 차선의 교행차량 때문에 도로를 완전히 횡단하지 못하고 그 진행차선 쪽에서 멈추거나 다시 되돌아 나가는 경우를 **예견해야 하는 것이다**(대판 1981.3.24, 80도3305). 15. 경간
자동차전용도로	① [신뢰원칙 **긍정**] 자동차전용도로를 운행하는 자동차의 운전자로서는 특별한 사정이 없는 한 무단횡단하는 보행자가 나타날 경우를 **미리 예상하여 감속서행할 주의의무는 없다**(대판 1989.2.28, 88도1689). ② [신뢰원칙 **부정**] 제한시속 70킬로미터의 사고지점을 80킬로미터의 과속으로 차량을 운전하다가 50미터 전방 우측도로변에 앉아 있는 **피해자를 발견하였다면** 비록 그 지점이 사람의 횡단보행을 금지한 자동차 전용도로였다 하더라도 감속 서행하는 등 피해자가 도로에 들어올 경우에 대비하는 조치를 취할 **업무상의 주의의무가 있다**(대판 1986.10.14, 86도1676).
교차로	① 교차로를 거의 통과할 무렵 **직진신호가 주의신호로 바뀐 경우** 자동차운전자로서는 계속 진행하여 신속히 교차로를 빠져나가면 되는 것이고 반대편에서 좌회전을 하기 위해 대기하던 차량이 주의신호임에도 미리 좌회전해 올지 모른다는 것을 예상하고 이에 대한 대비조치를 강구하면서까지 운전할 **업무상 주의의무는 없다**(대판 1986.8.19, 86도589). ② 운전자가 교차로를 사고 없이 통과할 수 있는 상황에서 그렇게 인식하고 교차로에 일단 **먼저 진입하였다면 특별한 사정이 없는 한 그에게 과실이 있다고 할 수 없고**, 교차로에 먼저 진입한 운전자로서는 이와 교차하는 좁은 도로를 통행하는 피해자가 교통법규에 따라 적절한 행동을 취하리라고 신뢰하고 운전한다고 할 것이므로 특별한 사정이 없는 한 **피해자가 자신의 진행속도보다 빠른 속도로 무모하게 교차로에 진입하여 자신이 운전하는 차량과 충격지 모른다는 것까지 예상하고 대비하여 운전하여야 할 주의의무는 없다고 할 것이다**(대판 1992.8.18, 92도934). 11. 채용
반대차선	반대차선을 운행하는 차가 중앙선을 넘어 오리라고 예상할 만한 사정이 없는 경우에 있어서 중앙선표시가 있는 왕복 4차선 도로에서 차를 운행하는 운전자에게 반대차선을 운행하는 차가 **중앙선을 넘어 동인의 차 진행차선 전방으로 갑자기 진입해 들어올 것까지를 예견하여 감속하는 등 미리 충돌을 방지할 태세를 갖추어 차를 운전하여야 할 업무상 주의의무가 있다고는 할 수 없다**(대판 1987.6.9, 87도995). 12. 채용, 15. 경간
육교 밑	사고일시가 한 가을의 심야이고 그 장소가 도로교통이 빈번한 대도시 육교 밑의 편도 4차선의 넓은 가운데 2차선 지점인 경우라면 이러한 교통상황 아래에서의 자동차 운전자는 무단횡단 자가 없을 것으로 믿고 운전해가면 되는 것이고 도로교통법규에 위반하여 그 자동차의 앞을 횡단하려고 하는 사람이 있을 것까지 예상하여 그 안전까지를 확인해가면서 운전하여야 할 의무는 없다(대판 1988.10.11, 88도1320). 19. 승진

횡단보도	① [신뢰원칙 긍정] 직진 및 좌회전신호에 의하여 좌회전하는 2대의 차량 뒤를 따라 직진하는 차량의 운전사로서는 횡단보도의 신호가 적색인 상태에서 반대차선상에 정지하여 있는 차량의 뒤로 보행자가 횡단보도를 건너오지 않을 것이라고 신뢰하는 것이 당연하고 그렇지 아니할 사태까지 예상하여 그에 대한 주의의무를 다하여야 한다고는 할 수 없으며, 또 운전사가 무면허인 상태에서 제한속도를 초과하여 진행한 잘못이 있다 하더라도 그러한 잘못이 사고의 원인이 되었다고는 볼 수 없다(대판 1987.9.8, 87도1332). 15·20. 경간 ② 보행신호등의 녹색등화의 점멸신호 전에 횡단을 시작하였는지 여부를 가리지 아니하고 보행신호등의 **녹색등화가** 점멸하고 있는 동안에 **횡단보도를 통행하는 모든 보행자**는 도로교통법 제27조 제1항에서 정한 횡단보도에서의 보행자보호의무의 대상이 된다(대판 2009.5.14, 2007도9598). 18. 승진 ③ 피해자가 보행신호등의 녹색등화가 점멸되고 있는 상태에서 횡단보도를 횡단하기 시작하여 횡단을 완료하기 전에 보행신호등이 적색등화로 변경된 후 **차량신호등의 녹색등화에 따라서 직진하던 피고인 운전차량에 충격된 경우에**, 피해자는 신호기가 설치된 횡단보도에서 녹색등화의 점멸신호에 위반하여 횡단보도를 통행하고 있었던 것이어서 **횡단보도를 통행 중인 보행자라고 보기는 어렵다고 할 것이므로**, 피고인에게 운전자로서 사고발생방지에 관한 업무상 주의의무위반의 과실이 있음은 **별론으로 하고** 「도로교통법」상 보행자보호의무를 위반한 잘못이 있다고는 할 수 없다(대판 2001.10.9, 2001도2939). 19. 법학 ④ 피고인이 자동차를 운전하다 **횡단보도를 걷던 보행자 갑을 들이받아 그 충격으로 횡단보도 밖에서 갑과 동행하던 피해자 을(제3자)이 밀려 넘어져 상해의 결과가 발생했다면**, 교통사고 처리 특례법 제3조 제2항 단서 제6호에서 정한 횡단보도에서의 보행자 보호의무 위반에 해당한다(대판 2011.4.28, 2009도12671).
앞지르기	① 내리막길이고 우측으로 비스듬히 구부러진 도로상에서 피해자의 오토바이가 도로 2차선상을 진행하는 피고인의 운전트럭과 그 우측인도 사이로 무리하게 빠져 나가려고 선행하여 가던 피고인의 운전트럭을 바짝 붙어 따라가다가 위 트럭과 충돌하여 사고가 난 경우, 피고인으로서는 후방주시까지 하여 뒤에서 오는 피해자의 오토바이를 발견하고 충돌을 방지할 조치를 취하여야 한다든가 나아가 선행차량이 일시 정차하거나 **속도를 낮추어 앞지르려는 오토바이를 선행하도록 하여 줄 업무상 주의의무가 있다고 할 수 없다**(대판 1986.1.21, 85도1959). ② 피고인이 좌회전 금지구역에서 좌회전한 것은 잘못이나 이러한 경우에도 피고인으로서는 50여 미터 후방에서 따라오던 후행차량이 중앙선을 넘어 피고인 운전차량의 좌측으로 돌진하는 등 **극히 비정상적인 방법으로 진행할 것까지를 예상하여 사고발생 방지조치를 취하여야 할 업무상 주의의무가 있다고 할 수는 없다**(대판 1996.5.28, 95도1200).

Chapter 05 / 정보경찰

01 정보의 질적 요건 - 정보의 가치에 대한 평가요소 [B급] 11·18. 승진, 15. 채용, 20. 경특

적실성	정보가 정보사용자의 **사용목적**(당면문제 해결)에 얼마나 관련된 것인가의 여부(= 관련성)
정확성	**수집한 정보가 사실과 일치하는 성질** 18. 승진 예 징기스칸은 전쟁을 하기 전에 모든 계층과 여러 인종 중에서 선발된 간첩을 대상(隊商)으로 변장시킨 후 주변 각지의 부족에 침투시켜 첩보를 수집하고, 공격에 앞서 입수된 첩보를 **여러 경로로 확인**하였다.
완전성	제시된 주제와 **관련된** 사항을 모두 망라하여 작성되어야 하며, 부분적·단편적인 정보는 사용자가 의사결정을 하는 데 도움을 주지 못한다. 18. 승진
적시성	사용자가 필요한 때에 사용될 수 있도록 제공되었느냐의 여부를 말하는 것으로 정보의 제공이 너무 이르면 보안에 문제가 생길 수도 있고, 그렇다고 지나치게 늦으면 시기를 잃어 의사결정에 사용할 수 없게 된다. 11·18. 승진, 19. 법학 평가 기준이 되는 시점은 **사용자의 사용시점**이다. 19. 법학
객관성	정보는 **국익증대와 안보추구**라는 차원에서 완전한 객관적 입장을 유지해야 한다. 만일 생산자나 사용자의 의도에 따라 정보가 주관적으로 왜곡되면 선호정책의 합리화 도구로 전락될 수 있다. 11. 승진
무한가치성	정보는 필요한 사람에게는 누구에게나 가치가 있다. 즉, 사용하는 사람에 따라 가치가 달라진다.
신용가치성	정보의 출처가 얼마나 신용이 있느냐에 따라 가치가 달라진다.
비이전성	정보는 타인에게 전달해도 **본인에게 그대로 남아 있다.**

02 첩보와 정보의 비교 [C급]

구분	첩보(Information) [1차 정보, 생(生)정보]	정보(Intelligence) [2차 정보, 가공정보]
정확성	**부정확한 전문(傳聞)**지식을 포함 21. 경간	객관적으로 평가된 정확한 지식 21. 경간
완전성	기초적·단편적·불규칙적·미확인 상태의 지식(사실)	특정 사용목적에 맞도록 **평가·분석·종합·해석하여 만든 정확하고 완전한 지식**
적시성	시간에 구애받지 않고 과거와 현재의 것을 불문	정보사용자가 필요로 하는 때에 제공되어야 하는 **적시성이 특히 요구**
생산과정의 특수성	협동작업이 아닌 단편적이고 **개인의 식견에 의한 지식**	여러 사람의 **협동작업을 통하여 생산됨** ➔ 생산과정의 특수성 가짐
사용자의 목적성	사물에 대해 보고 들은 상태 그 자체의 묘사이므로 목적성이 없음	**사용자의 목적에 맞도록 작성된 지식**
공통점	첩보와 정보 모두 지식으로서의 자료적 가치를 가짐	

03 정보의 효용 – 정보의 효과적 사용기준 [C급]

형식효용	① 정보는 **정보사용자의 요구에 맞는 형식에 부합할 때** 형식효용이 높다는 평가를 받게 된다. 즉, **읽혀지지 않은 정보는 효용이 없다.** 11·12. 승진
	② 정보사용자의 수준에 따라 정보형태가 결정된다.
	③ 전략정보와 전술정보는 형식효용에 있어서 차이가 있을 수 있다. 19. 법학
	    ㉠ 전략정보: 최고정책결정자가 보는 만큼 **보고서 1면주의**가 바람직하다. 11. 승진
	    ㉡ 전술정보: 낮은 수준의 정책결정자나 **실무자에게 제공되므로 비교적 상세**하고 **구체적**일 필요가 있다.

시간효용	① 정보는 정보사용자가 정보를 필요로 하는 시점에 제공될 때 시간효용이 높다는 평가를 받는다. 11. 승진 ② 적시성의 원칙과 밀접한 관련성이 있다.
접근효용	① 정보는 정보사용자가 쉽게 접근할 수 있어야 효용이 높아진다. ② 접근효용은 통제효용과 충돌할 수 있어서 양자의 조화가 필요하다. 즉, 통제효용을 저해하지 않는 범위 내에서 정보자료들의 접근성을 높이는 방향으로 관리하여야 한다. 09. 채용
소유효용	① 정보는 상대적으로 많이 소유할수록 집적의 효과를 발휘할 수 있다. ② '**정보는 국력이다**'라는 표현은 정보의 소유효용을 잘 나타낸다. 09. 채용, 11. 승진
통제효용	① 정보는 정보를 필요로 하는 사람들에게 필요한 만큼 제공되도록 통제되어야 한다. ➡ 알 사람만 알아야 하는 원칙, 차단의 원칙 또는 필요성의 원칙이라고도 한다. 10·12. 승진 ② **방첩활동과 가장 밀접한 관련성**이 있다.

04 정보의 분류 개관 [B급] 10·11·18. 승진, 15. 채용, 15. 경간

기준	종류
사용주체에 따른 분류	내부정보, 외부정보
입수형태에 따른 분류	직접정보, 간접정보
사용목적(대상)에 따른 분류 19. 법학	**적극정보, 소극정보(보안정보)**
사용수준에 따른 분류	**전략정보(국가정보), 전술정보(부문정보)**
내용에 따른 분류	국내정보, 국외정보
성질에 따른 분류	전략정보, 전술정보, 방첩정보
출처에 따른 분류 19. 법학	근본 – 부차적 출처 / 정기 – 우연출처 / 비밀 – 공개출처
기능(분석형태)에 따른 분류	**기본정보, 현용정보, 판단정보**
경찰업무에 따른 분류	보안·범죄·외사·일반·교통정보
요소별 분류	정치·경제·사회·군사·과학·산업정보
수집활동에 따른 분류	인간정보, 기술정보

1. 사용목적(대상)에 따른 분류 `C급` 19. 법학, 21. 경간

적극정보	① 국가의 경찰기능에 필요한 정보 **이외의 모든** 정보 ② **국가이익을 증대**하기 위한 정책의 입안과 계획수립 및 정책계획의 수행에 있어서 필요한 정보 (정치 · 경제 · 군사 · 복지행정에 필요한 정보 등)
소극정보 (= 보안정보)	① 국가의 **경찰기능을 위한** 정보 ② 국가안전보장을 위태롭게 하는 간첩활동 · 태업 및 전복에 대비할 국가적 취약점의 분석과 판단에 관한 정보 17 · 19. 경간

2. 사용수준에 따른 분류 `C급` 18. 승진, 19. 법학

전략정보 (국가정보)	국가가 **사용주체**이며, **국가정책과 안전보장에 막대한 영향**을 주는 국가수준의 정보
전술정보 (부문정보)	각 부처가 **사용주체**이며, 전략정보의 기본적인 방침하에서 이를 구체적으로 수행하기 위한 세부적이고 부분적인 정보

3. 기능에 따른 분류(분석 형태에 따른 분류: Sherman Kent) `B급` 11. 승진, 15 · 19. 경간, 18. 지능, 18. 법학

기본정보	① 모든 사상(事象)의 정적(靜的)인 상태를 기술한 정보 ② 과거의 사례에 대한 기본적 · 서술적 또는 일반 자료적 유형의 정보 ③ 비교적 변화가 적은 **정태적이고 기초적인 사항**
현용정보	① 모든 사상(事象)의 동태(動態)를 현재의 시점에서 객관적으로 기술한 정보 ② 의사결정자에게 그때그때의 상황을 알리기 위한 정보 ③ 현 시점에서 활용 가능한 현상 보고적 정보(= 시사정보, 현행정보, 현상정보) ④ 정보사용자(정책결정자)는 판단정보보다 **현용정보를 더 선호**한다.
판단정보	① 특정문제를 체계적이며 실증적으로 연구하여 미래에 있을 어떤 사실 또는 예측 · 평가 또는 보고적 정보로서 **정보생산자의 능력과 재능을 가장 많이 필요**로 한다. 17. 경간 → 정보사용자는 발등에 떨어진 불인 현안문제 해결에 급급하므로 현용정보에 비해 **판단정보**를 다소 소홀히 하는 경향이 있다. ② 기초정보와 현용정보를 기초로 해서 추리 · 판단한 정보(= 기획정보) ③ 판단정보는 과거와 현재를 바탕으로 하여 미래의 가능성을 예측한 평가정보로서 **정책결정자에게 정책의 결정에 필요한 사전적인 지식을 제공**하는 기능을 한다. 17 · 19. 경간

4. 출처에 따른 분류

입수단계	근본출처 (직접정보)	정보가 획득되는 실질적인 원천 그 자체를 의미하며, 이러한 첩보의 원천을 이용한 정보활동도 가능
	부차적 출처 (간접정보)	근본출처에서 입수된 첩보가 정보작성기관(중간기관)에 의하여 **부분적으로 평가·요약·변형된 것을 제공받는 출처**(제2차적 출처)
주기성 여부	정기출처	**정기적으로 정보를 획득할 수 있는 출처**로 일반적으로 우연출처정보에 비해 출처의 신빙성과 내용의 신뢰성 면에서 우위를 점한다고 볼 수 있음 20. 승진
	우연출처	정보관이 **의도한 정보입수의 시점과는 무관하게 얻어지는 출처**로서 소극적 우연출처와 적극적 우연출처로 구분 20. 승진
공개여부	공개출처	**특별한 보호조치가 요구되지 않는 출처**로서 일상적인 방법으로 첩보를 수집하는 출처 19. 법학, 20. 승진
	비밀출처	출처가 보안적인 상태로 유지되어 있어 **자유로이 접근이 어려운 출처**로서, 외부로부터 강력히 보호를 받아야 하는 출처를 의미(비공개출처)

5. 입수형태에 따른 분류

직접정보	매개체 없이 직접 입수하는 것으로, 정보의 입수자가 **직접적으로 경험**하거나 **직접 보고 듣고 느껴서 얻은 정보**로서 일반적으로 신뢰성이 가장 높은 정보
간접정보	책이나 라디오, 잡지 등 **중간매체를 통하여 입수한 정보**로서 정보관은 이들 매체를 통해 정보를 감지하게 되지만 사실은 그 내용에 해당 매체의 주관이나 편견이 개입될 소지가 있다는 면에서 **직접정보에 비해 출처의 신빙성과 내용의 신뢰성이 낮게 평가** 20. 승진

05 정보의 순환과정

1. 정보순환과정의 개관 C급 22. 경간

정보의 순환과정	정보의 순환과정별 소순환과정
정보요구	첩보기본요소결정 ➡ 첩보수집계획서작성 ➡ 첩보수집 명령하달 ➡ 사후검토
첩보수집 10. 승진	첩보수집계획 ➡ 첩보출처의 개척 ➡ 첩보의 획득 ➡ 첩보의 전달 ✭ 정보의 순환과정 중 가장 중요하고도 어려운 단계 19. 경간
정보생산 19. 경간	**선택 ➡ 기록 ➡ 평가 ➡ 분석 ➡ 종합 ➡ 해석**
정보배포	필요성, 적시성, 보안성, 적당성, 계속성

2. 정보요구방법 [C급] 09·18. 경간, 11·14·15·17·18·19. 승진, 14. 채용

PNIO (국가정보목표우선순위)	국가안전보장이나 정책에 관련되는 국가정보목표의 우선순위로서, 정부에서 기획된 연간 기본정책을 수행함에 있어 필요로 하는 자료들을 목표로 하여 선정하는 경우
EEI(첩보기본요소)	각 정보부서에 맡고 있는 정책을 수행함에 있어서 필요한 **일반적·포괄적 정보로서 계속적이고 반복적으로** 수집해야 할 필요가 있는 경우
SRI(특별첩보요구)	어떤 수시적 돌발상황의 해결에 필요한 한도 내에서 **임시적·단편적·지역적인 특수**사건을 단기에 해결하기 위하여 필요한 경우
OIR(기타정보요구)	정세의 변화에 따라 불가피하게 정책상 수정이 요구되거나 이를 위한 자료가 절실히 요구되는 경우

⊕ PLUS 계획성 있는 첩보수집을 위해 우선순위를 결정할 때 고려해야 할 기준 [C급]

고이용정보우선의 원칙	이용가치(중요성)가 높은 정보부터 수집
참신성의 원칙	이제까지 알려져 있지 않은 정보를 우선적으로 수집
긴급성의 원칙	긴급한 정보일수록 우선순위를 두어 수집 19. 채용
수집가능성의 원칙	수집가능성이 있는 정보부터 수집
경제성의 원칙	경제성 있는 정보부터 수집

3. 정보생산과정 [B급] 11. 경간

선택	수집된 첩보 중에서 긴급성·유용성·신뢰성·적합성 등을 기준으로 **필요한 첩보와 불필요한 첩보를 분류**하는 과정으로 1차적인 평가과정이라 할 수 있다.
기록	수집된 첩보 중에서 즉각 사용되지 않거나 이미 사용된 첩보를 **기록하여 관리**하는 과정을 말한다.
평가	첩보의 출처 및 내용에 관하여 그 **신뢰성과 사실성, 즉 타당성을 판정**하는 생산과정이다. 이때 첩보의 가망성은 출처의 신뢰성과는 관계없이 검토되어야 한다. 즉, 출처의 신뢰성은 A등급을 받아도 첩보가 망성은 B나 C로 평가될 수 있다.
분석	평가된 첩보를 기본요소별로 분류하여 상호 관련성을 발견하고 다른 사실과 비교하여 모순을 보충하는 등 수집된 첩보를 **재평가하는 과정(가설의 검증)**이라고 할 수 있다.
종합	부여된 주제에 대한 정보를 생산하기 위하여 동류의 것끼리 분류된 사실을 **하나의 통일체로 결합**하는 과정이다. 분석과 종합은 정보처리의 핵심과정으로서 양자는 흔히 동시에 이루어진다.
해석	평가·분석·종합된 새로운 정보에 대하여 그 의의와 중요성을 결정하고 **건전한 결론을 도출**할 수 있게 하는 과정이다. 분석관의 주관이 개입할 가능성이 많으므로 타당한 해석은 객관적인 관찰과 예리한 판단력이 필요하다.

➕ PLUS 첩보의 분류원칙 [C급]

통합의 원칙	첩보를 분류하는 데 있어서 다른 사항과의 관계를 고려하여 분류
일관성의 원칙	동일한 분류기준에 따라 끝까지 동일하게 분류
점진의 원칙	간단한 것에서 복잡한 것으로, 일반적인 것에서 특수한 것으로 분류
상호배제의 원칙	분류의 세부항목을 확실하게 하여 중복 없이 분류
병치의 원칙	유사한 것이나 관계되는 자료는 가깝게 위치할 수 있도록 분류

4. 정보배포의 원칙 [B급] 10·11·15·20. 승진, 11·19. 채용, 19. 경간, 20. 법학

필요성의 원칙 (차단의 원칙) 19. 경간	① 정보는 **알아야 할 필요가 있는 대상자에게만** 알려야 하고, 알 필요가 없는 대상에게는 알려서는 안 된다는 원칙 ② 배포기관은 누가 어떤 정보를 언제, 어떻게 사용할 것인가를 파악하고 있어야 한다.
적시성의 원칙	① 정보는 **사용자가 필요로 하는 적당한 시기에 배포되어야** 한다는 원칙 19. 채용, 19. 법학 ② 정확하고 완전한 정보라 할지라도 배포과정에서 지연되어 사용시기를 놓치거나 너무 일찍 전달되면 정보의 가치는 상실된다. ➡ 정보는 의사결정의 자료가 되기 때문
보안성의 원칙 19. 경간	① 정보의 누설을 막기 위해 보안대책을 강구하여야 한다는 원칙 19. 채용 ② **구두배포가 가장 보안성이 우수하다.**
적당성의 원칙	정보는 사용자의 능력과 상황에 맞추어서 **적당한 양**을 조절하여 필요한 만큼만 배포하여야 한다는 원칙
계속성의 원칙	정보가 필요한 기관에 배포되었으면 배포된 정보와 관련성을 가진 새로운 정보가 작성되었을 때는 **계속 배포**해 주어야 한다는 원칙 19. 채용
기타	완전성의 원칙 · 간결성의 원칙 · 경제성의 원칙 등

➕ PLUS 정보의 보안성의 원칙 [C급]

정보의 분류조치	① 주요문서와 같은 정보들을 여러 등급으로 분류하여 각각의 관리방법과 열람자격 등을 규정함으로써 정보의 유출을 막는 일련의 조치 ② 문서에 비밀임을 표시하거나 관련 정보나 문서를 열람하는 자격을 제한하는 등의 조치, 관련문서의 배포범위를 제한하거나 폐기 대상인 문서를 파기하는 등의 관리방법
인사 보안조치	① 민감한 정보를 취급할 가능성이 있는 공무원을 채용하고 관리하는 데 있어서 해당 정보들이 공무원에 의해 유출될 가능성을 차단하는 것 ② 정보의 배포과정에서는 배포 담당 공무원의 채용과 임명 과정에서의 보안심사 또는 보안서약의 징구, 이들에 대한 보안교육 등의 조치
물리적 보안조치	① 보호가치 있는 정보를 보관하는 보호구역을 지정하여 관리하고 그 시설에 대한 보안조치를 실시하는 방안들을 총칭하는 것 ② 일반적으로 정보관리 부서가 속한 건물에 대한 보호구역의 설정과 시설보안의 분야로 분류됨 ③ 정보부서의 소재지 또는 소재 시설물에 대한 보안조치의 성격이 강한 분야로서 배포과정에는 적용될 여지가 낮으나, 정보배포기관 또는 부서, 정보배포를 위한 이동수단 등에 대해서는 적절한 물리적 보안조치가 필요함

통신 보안조치	① 종래 전선과 전파를 이용한 통신이 도청당하는 것을 방지하는 일련의 조치들을 의미했으나 정부의 주요한 통신수단으로 컴퓨터 통신이 등장함에 따라 이에 대한 침입을 방지하기 위한 일련의 조치들을 포함하는 개념으로 확장됨 ② 컴퓨터 네트워크에 대한 보안조치는 오늘날 통신보안의 가장 중요한 분야임 ③ 정보의 배포수단으로 전선과 전파, 또는 컴퓨터 네트워크를 이용할 경우 정보유출을 방지하기 위한 보안조치는 필수적임

5. 정보배포의 수단 B급 17. 채용, 19. 승진

비공식적 방법	통상 개인적인 대화의 형태로 이루어지며, 질문에 대한 답변이나 토의 형태로 직접 전달하는 방법
브리핑	정보사용자 또는 다수 인원에게 정보내용을 **요약하여 신속하게 구두로 설명**하는 것으로 **통상 강연식이나 문답식으로 진행**되며 시간을 절약할 수 있어 현용정보의 배포수단으로써 많이 이용된다.
메모	정보분석관이 가장 많이 활용하는 방법으로 **정기간행물에 포함시키는 것이 적절하지 못한 긴급한 정보를 전달**하는데 주로 사용되며, 신속성이 중요하다.
일일정보보고서	**매일 24시간에 걸친 정치, 경제, 사회, 문화 등 제반 정세의 변화를 중점적으로 망라한** 보고서로서 사전에 고안된 양식에 의해 매일 작성되며, 제한된 범위에서 배포된다.
정기간행물	광범위한 배포를 위하여 주·월간 등으로 발행한다.
특별보고서 19. 경간	축적된 정보가 다수의 사람이나 기관에게 이해관계가 있거나 가치가 있을 때에 사용
지정된 연구과제보고서	어떤 기관 또는 사용자가 요청한 문제에 대하여 정보를 작성하고 배포
서적	정보가 다수인의 참고자료나 교범을 위하여 요구될 때 이용
연구참고용 보고서	정보사용자들에게는 배포되지 않고 분석관 상호 간의 연구를 돕기 위하여 작성되고 배포
도표 및 사진	내용을 쉽게 이해하는 데 효과적이며 통상 타 수단의 설명을 보충하거나 요약하기 위하여 이용
필름	반복하여 계속적인 전달이 요구되는 경우 이용되며 특히 교육적 전달방법으로 이용
전화(전신)	돌발적이고 긴급을 요하는 정보의 배포를 위하여 이용되는 수단으로, 흔히 해외에서 주재하는 기관이나 요원에게 최근의 상황을 신속히 전달하는 데 효과적인 정보의 배포수단으로 보안유지가 특히 요구되는 방법
구두	정보배포에 있어서 보안성이 가장 좋은 것
문자메시지	정보사용자가 공식회의·행사 등에 참석하여 물리적인 접촉이 용이하지 않은 경우나 사실확인 차원의 단순 보고에 활용하는 방식, 최근 활용도가 점차 높아지고 있다.

06 정보보고서의 종류 C급 18·19. 승진

견문보고서	경찰관이 공·사생활을 통하여 **보고 들은** 국내외의 정치·경제·사회·문화 등 제 분야에 관한 각종 보고자료를 말한다.
중요상황정보	**매일** 전국의 사회갈등이나 집회시위 상황을 정리하여 **그 다음 날 아침에** 경찰 내부와 정부 각 기관에 전파하는 보고서를 말한다.
정보상황보고서	일반적으로 **상황속보** 또는 속보로 불리는데 경찰 내부뿐만 아니라 필요시 **경찰 외부에도 전파**하는 시스템으로 운용되고 있다. 상황정보의 내용은 사회갈등이나 집회시위 관련한 경우가 대부분이다. 19. 승진
정보판단(대책)서	타 견문과 자료를 종합·분석하여 작성한 보고서로서 **지휘관으로 하여금 경력동원 등 상황에 대한 조치를 요하는 보고서**(집회시위대책, 정보대책) 19. 승진
정책정보보고서	**정부 정책의 문제점을 파악**하고 그 개선책을 보고하는 데 주안점을 두는 정보보고이며, '예방적 상황정보'라고 볼 수 있다.

⊕ PLUS 정보보고서를 작성할 때 판단을 나타내는 용어 C급 09. 경간, 11·13·18. 승진

판단됨	어떤 징후가 나타나거나 상황이 전개될 것이 **거의 확실시되는** 근거가 있는 경우
예상됨	첩보 등을 분석한 결과 단기적으로 어떤 상황이 전개될 것이 **비교적 확실한** 경우
전망됨	과거의 움직임이나 현재동향, 미래의 계획 등으로 미루어 **장기적**으로 활동의 윤곽이 어떠하리라는 **예측**을 할 경우
추정됨	구체적인 근거는 없이 현재 나타난 동향의 원인·배경 등을 다소 **막연히 추측**할 경우
우려됨	구체적인 징후는 없으나 전혀 그 가능성을 배제하기 곤란하여 **최소한의 대비**가 필요한 때

07 신원조사(보안업무규정) A급

의의	**국가정보원장**은 국가안전보장에 한정된 국가 기밀을 취급하는 인원에 해당하는 사람의 **충성심·신뢰성** 등을 확인하기 위하여 **신원조사**를 한다. 12·17·18. 채용, 17·19. 승진
신원조사 요청 및 대상 (제36조)	관계 기관의 장은 다음 각 호에 해당하는 사람에 대하여 **국가정보원장에게 신원조사를 요청해야 한다.** 17·19. 승진 1. 공무원 임용 예정자(국가안전보장에 한정된 국가 기밀을 취급하는 직위에 임용될 예정인 사람으로 **한정한다**) 12·17·18. 채용 2. 비밀취급 인가 예정자 3. 국가보안시설·보호장비를 관리하는 기관 등의 장(해당 국가보안시설 등의 관리 업무를 수행하는 소속 **직원을 포함한다**) 12·17·18. 채용, 17·19. 승진 4. 그 밖에 다른 법령에서 정하는 사람이나 각급기관의 장이 국가안전보장을 위하여 필요하다고 인정하는 사람

신원조사 결과의 처리 (제37조)	① 국가정보원장은 신원조사 결과 국가안전보장에 해를 끼칠 정보가 있음이 확인된 사람에 대해서는 관계 기관의 장에게 그 **사실을 통보하여야 한다.** ② 통보를 받은 관계 기관의 장은 신원조사 결과에 따라 필요한 **보안대책을 마련하여야 한다.** 12·17·18. 채용, 17·19. 승진
권한의 위탁 (제45조)	① 국가정보원장은 신원조사와 관련한 권한의 **일부**를 **국방부장관**과 **경찰청장**에게 **위탁할 수 있다.** ② 국가정보원장은 필요하다고 인정할 때에는 각급기관의 장에게 보안측정 및 보안사고 조사와 관련한 권한의 **일부를 위탁할 수 있다.** 다만, 국방부장관에 대한 위탁은 국방부 본부를 제외한 합동참모본부, 국방부 직할부대 및 직할기관, 각군, 「방위사업법」에 따른 방위산업체, 연구기관 및 그 밖의 군사보안대상의 보안측정 및 보안사고 조사로 한정한다. ③ 국가정보원장은 필요하다고 인정할 때에는 제2항에 따라 권한을 위탁받은 **각급기관의 장**에게 보안측정 및 보안사고 조사 결과의 통보를 요구할 수 있다.

08 집회 및 시위에 관한 업무 - 집회 및 시위에 관한 법률 [시행 2021.1.1.] A급
11·12·13·14·15·17·18·19. 채용, 11·19. 승진, 13·20. 경간

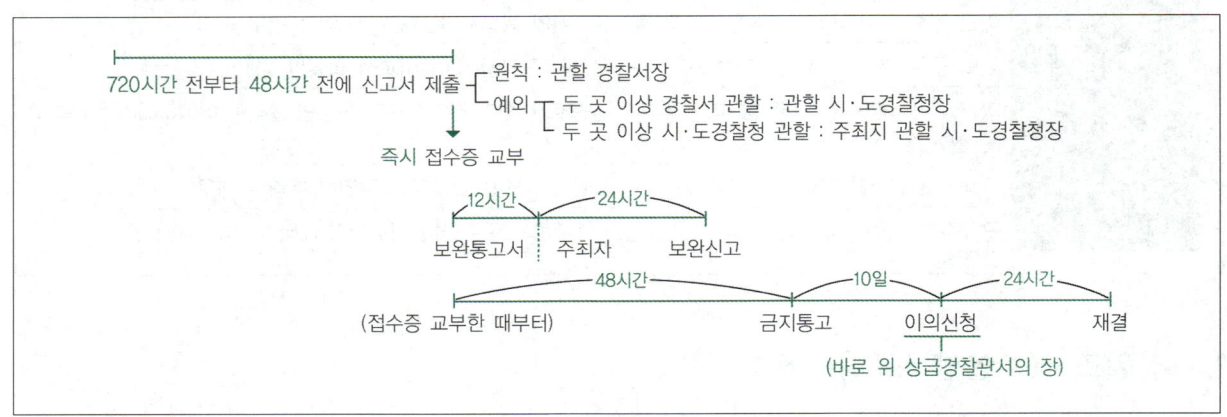

1. 제정목적 및 용어정리 16. 채용

제정목적		적법한 집회 및 시위를 최대한 보장하고, 위법한 시위로부터 국민을 보호
용어정리	옥외집회	천장이 없거나 사방이 폐쇄되지 아니한 장소에서 여는 집회 13·16. 채용
	시위 12·13·14. 채용	① 여러 사람이 공동의 목적을 가지고 도로, 광장, 공원 등 **일반인이 자유로이 통행할 수 있는 장소를 행진**하거나 **위력 또는 기세**를 보여, 불특정 여러 사람의 의견에 영향을 주거나 제압을 가하는 행위 12·16. 채용, 13. 경간, 13·18. 승진 ② 시위의 장소에 관하여 행진의 경우에는 도로·광장·공원 등 일반인이 자유로이 통행할 수 있는 장소로 한정하고, 위력 또는 기세를 보이는 형태의 시위는 장소적 제한이 없다(헌재결).

주최자 12·13·16·17. 채용		① 주최자란 **자기 이름으로 자기 책임**아래 집회나 시위를 여는 **사람**이나 단체를 말한다. ② 주최자는 **주관자**를 따로 두어 집회 또는 시위의 **실행을 맡아 관리하도록 위임**할 수 있으며, 이 경우 주관자를 그 위임의 범위 안에서 주최자로 본다. ③ 주최자의 자격에는 특별한 제한이 없으며, 단체인 경우 법인격의 유무를 불문한다. 20. 경간
질서유지인		① 주최자가 자신을 보좌하여 집회 또는 시위의 **질서를 유지하게 할 목적으로 임명한 18세 이상의 자를 질서유지인으로 임명할 수 있다.** 12·13·16·17·18. 채용, 16·22. 경간, 21. 법학 ② 참가자 등이 질서유지인임을 쉽게 알아볼 수 있도록 **완장, 모자, 어깨띠, 상의 등을 착용하여야 한다.** 16. 지능, 22. 경간
질서유지선		관할 경찰서장이나 시·도경찰청장이 **적법한** 집회 및 시위를 보호하고 질서유지나 원활한 교통소통을 위하여 집회 또는 시위의 장소나 행진 구간을 일정하게 구획하여 설정한 **띠, 방책, 차선 등의 경계 표지**를 말한다.
경찰관서		국가경찰관서를 말한다.

2. 집회 및 시위의 신고

옥외집회	원칙	모든 옥외집회 및 도로·광장·공원 등 공중이 자유로이 통행할 수 있는 장소에서의 집회 또는 시위 ➡ **신고대상(○), 허가대상(×)**
	예외	**학문·예술·체육·의식·친목·오락·관혼상제 및 국경행사에 관한 집회** ➡ **신고대상(×), 소음제한 규정 적용(○)** 18. 채용, 20. 경간
성역에서의 집회	원칙	대학구내·종교시설 구내·회사구내 등 소위 '성역'에서의 집회도 원칙적으로 옥외집회에 해당되어 신고대상이다. 다만, 현실적으로 시설당국의 자치권을 인정하여 시설주에게 일임한다.
	예외	시설이용권이 없는 외부인이 동 시설에서 집회를 개최하는 경우 ➡ 신고대상(○)
공공장소	원칙	도로·역광장 등 공공장소에서 다수인이 공동목적을 가지고 행하는 가두성명·유인물배포·캠페인 등 ➡ **시위에 해당되므로 신고대상(○)**
	예외	흥행목적의 행렬, 마라톤경기, 학생들의 소풍행렬, 종교의식 및 문화행사의 제등행렬, 관혼상제의 장렬행렬 등 ➡ **시위가 아니므로 신고대상(×)**
공공용물		공공용물로서 건설된 시설이 일반인에게 개방된 시간에는 사방이 폐쇄되지 아니한 장소로서 **옥외집회에 해당되므로 신고대상(○)**
		군작전 관할 구역 내에서 옥외집회도 신고대상이나, 사실상 경찰행정권이 미치지 않으므로 작전관할권이 있는 군부대장의 허가를 받아 개최하여야 한다. 12. 채용
기타		① 옥내집회 후 행진하는 경우 또는 행진만을 개최하는 경우는 신고해야 한다. ② 해상·수상·공중 그리고 차량시위의 **신고를 접수하지 않을 법적 근거가 「집회 및 시위에 관한 법률」상에는 없다.** 그러므로 법률상 신고대상이 아니기 때문에 접수를 받지 않는 것이 아니라, 현실적으로 위험성이 높은 시위의 형태이므로 접수하지 않고 **반려하거나 철회하도록 행정지도**한다. 12. 채용

3. 신고 및 처리절차

신고·접수기한	신고서는 주최자가 옥외집회나 시위를 시작하기 720시간 전부터 48시간 전에 관할 경찰서장에게 제출하여야 한다. 09·10·11·12·13·14·16·17. 채용, 11·14·17·18·19. 승진, 15·16. 경간
신고서 기재내용	① 목적 ② 일시(필요한 시간을 포함함) ③ 장소 ④ 주최자 ⑤ 참가 예정인 단체와 인원 ⑥ 시위의 방법 ㉠ 시위의 대형 ㉡ 차량·확성기·입간판·그 밖에 주장을 표시한 시설물의 이용 여부와 그 수 ㉢ 구호제창의 여부 ㉣ 진로(출발지, 경유지, 중간행사지, 도착지 등) ㉤ 약도(시위행진의 진행방향을 도면으로 표시한 것) ㉥ 차도·보도·교차로의 통행방법 ㉦ 그 밖에 시위방법과 관련되는 사항
신고관서 11. 경간, 11·19. 승진, 12·17·18. 채용, 21. 법학	① 원칙: 행사개최지 관할 경찰서장 ② 예외 ㉠ 옥외집회 또는 시위 장소가 두 곳 이상의 경찰서의 관할에 속하는 경우: 관할 시·도경찰청장에게 제출 20. 채용, 21. 법학 ㉡ 두 곳 이상의 시·도경찰청장 관할에 속하는 경우: 주최지를 관할하는 시·도경찰청장에게 제출 ③ 관련판례 ㉠ 집회 및 시위에 관한 법률은 그 제13조의 집회를 제외한 옥외집회에 대하여 관할경찰서장에게 신고할 것을 요구하고 있고, 관할 경찰서장의 부당한 금지통고에 대하여는 이의신청과 행정소송 등을 통하여 집회의 권리를 행사할 수 있도록 규정하고 있는 점에 비추어 보면, 단지 당국이 피고인이 간부로 있는 전국교직원노동조합이나 기타 단체에 대하여 모든 옥내외 집회를 부당하게 금지하고 있다고 하여 그 집회신고의 기대가능성이 없다 할 수 없으므로, 위와 같은 이유만으로 관할 경찰서장에게 신고하지 않고 옥외집회를 주최한 것이 죄가 되지 않는다고 할 수 없다(대판 1992.8.14. 92도1246). ㉡ 옥외집회 또는 시위가 개최될 것이라는 것을 관할 경찰서가 알고 있었다거나 그 집회 또는 시위가 평화롭게 이루어진다 하여 신구 집회 및 시위에 관한 법률 소정의 신고의무가 면제되는 것이라고는 할 수 없으므로 소정의 신고서 제출 없이 이루어진 옥외집회 또는 시위를 사회상규에 반하지 아니하는 정당한 행위라고 할 수 없다(대판 1990.8.14. 90도870). ㉢ 집회장소 사용 승낙을 하지 않은 甲대학교 측의 집회 저지 협조요청에 따라 경찰관들이 甲대학교 출입문에서 신고된 甲대학교에서의 집회에 참가하려는 자의 출입을 저지한 것은 경찰관 직무집행법 제6조의 주거침입행위에 대한 사전 제지조치로 볼 수 있고, 비록 그 때문에 소정의 신고 없이 乙대학교로 장소를 옮겨서 집회를 하였다 하여 그 신고없이 한 집회가 긴급피난에 해당한다고도 할 수 없다(대판 1990.8.14. 90도870).

| 동일장소 동일시간 개최 접수한 집회 및 시위 | ① 관할경찰관서장은 집회 또는 시위의 **시간과 장소가 중복되는 2개 이상의 신고**가 있는 경우 그 목적으로 보아 서로 상반되거나 방해가 된다고 인정되면 각 옥외집회 또는 시위간에 **시간을 나누거나 장소를 분할하여 개최하도록 권유**하는 등 각 옥외집회 또는 시위가 서로 방해되지 아니하고 평화적으로 개최·진행될 수 있도록 **노력**하여야 한다.
② 관할경찰관서장은 ①에 따른 권유가 받아들여지지 아니하면 **뒤에 접수된 옥외집회 또는 시위**에 대하여 그 집회 또는 시위의 **금지를 통고**할 수 있다. 16. 경간
③ 뒤에 접수된 옥외집회 또는 시위가 금지통고된 경우 먼저 신고를 접수하여 옥외집회 또는 시위를 개최할 수 있는 자는 집회 시작 **1시간 전에 관할경찰관서장에게 집회 개최 사실을 통지**하여야 한다.
④ 뒤에 접수된 옥외집회·시위가 금지통고를 받은 경우, 먼저 신고된 옥외집회 또는 시위의 **주최자가 정당한 사유 없이 철회신고서 제출규정**(신고한 옥외집회·시위를 하지 아니하게 된 경우에는 신고서에 적힌 집회일시 24시간 전에 철회신고서를 관할경찰관서장에게 제출하여야 한다)을 위반한 경우에는 **100만원 이하의 과태료**를 부과한다. 18. 승진, 19. 경간 |

4. 신고의 접수처리

| 접수증 교부 및 철회신고서 | ① 관할 경찰관서장은 신고서를 접수하면 신고자에게 접수 일시를 적은 **접수증을 즉시 교부**하여야 한다. 13·17. 채용, 18·19. 승진
② 옥외집회·시위는 허가사항이 아니고 신고사항이므로 **신고서류에 미비점이 있다 하더라도 일단 접수하고 접수증을 교부**하여야 한다.
③ 주최자는 신고한 옥외집회 또는 시위를 하지 아니하게 된 경우에는 신고서에 적힌 집회 일시 **24시간 전**에 그 철회사유 등을 적은 **철회신고서를 관할경찰관서장에게 제출**하여야 한다. 10·17·18·19. 승진, 17. 채용, 19. 경간
④ 철회신고서를 받은 관할경찰관서장은 시간과 장소가 중복되는 2개 이상의 신고가 있고 그 목적으로 보아 서로 상반되거나 방해가 된다고 인정되어 뒤에 접수된 옥외집회 또는 시위에 대하여 금지통고를 한 경우에는 그 금지통고를 받은 주최자에게 **철회신고서를 받은 사실을 즉시 알려야** 한다.
⑤ 위 ④에 따라 통지를 받은 주최자는 그 금지통고된 집회 또는 시위를 **최초에 신고한 대로 개최할 수 있다.** 다만, 금지통고 등으로 시기를 놓친 경우에는 일시를 새로 정하여 집회 또는 시위를 시작하기 **24시간 전**에 관할경찰관서장에게 신고서를 제출하고 집회 또는 시위를 개최할 수 있다. |
| 보완통고
09·11·12·13·14·15·17·19·20. 채용,
12·14·18·19·20. 승진,
13·15. 경간 | ① 보완통고: 관할 경찰관서장은 신고서의 기재사항에 미비한 점을 발견하면 **접수증을 교부한 때부터 12시간 이내**에 주최자에게 **24시간을 기한**으로 그 기재사항을 보완할 것을 통고할 수 있다.
② 보완통고방법: 보완통고는 보완할 사항을 분명히 밝혀 **서면**으로 **주최자 또는 연락책임자**에게 **송달**(부득이한 경우 대리송달, 교부송달 가능)하여야 한다. |

5. 금지 또는 제한통고

금지 또는 제한 통고 사유	① 신고된 옥외집회 또는 시위가 제5조 제1항의 **절대적 금지사유**에 해당하는 경우
	② 신고된 옥외집회 또는 시위가 제10조의 옥외집회와 시위의 **금지 시간**(야간옥외집회 및 시위 금지)에 해당하는 경우 - **헌법불합치결정**(야간옥외집회), **위헌결정**(밤 12시 이전 야간시위)
	③ 신고된 옥외집회 또는 시위가 제11조의 옥외집회와 시위의 **금지장소**에 해당하는 경우
	④ 제7조 제1항의 규정에 의한 기재사항을 **보완하지 아니한 때**
	⑤ 신고된 옥외집회 또는 시위가 제12조(**교통소통을 위한 제한**)의 옥외집회와 시위의 금지 장소에 해당하는 경우
	⑥ 집회 또는 시위의 시간과 장소가 **경합되는 2 이상의 신고**가 있고 그 목적으로 보아 서로 상반되거나 방해가 된다고 인정될 경우, 뒤에 접수된 집회 또는 시위에 대한 금지통고
	⑦ 다음에 해당하는 경우로서 그 **거주자 또는 관리자가 시설이나 장소의 보호**를 요청하는 때
	   1. 신고서에 기재된 장소(신고 장소)가 타인의 **주거지역**이나 이와 유사한 장소로서 집회 또는 시위로 인하여 재산 또는 시설에 심각한 피해가 발생하거나 사생활의 평온에 현저한 해를 입힐 우려가 있는 경우
	   2. 신고 장소가 초·중등교육법 제2조의 규정에 의한 **학교의 주변지역**으로서 집회 또는 시위로 인하여 학습권을 현저히 침해할 우려가 있는 경우 11. 채용
	   3. 신고 장소가 군사시설보호법 제2조 제1호의 규정에 의한 **군사시설의 주변지역**으로서 집회 또는 시위로 인하여 시설이나 군작전의 수행에 심각한 피해가 발생할 우려가 있는 경우 11. 채용

금지통고 기한	① **원칙**: 신고서를 접수한 때부터 **48시간 이내**에 주최자에게 금지통고할 수 있다. 12·19. 채용, 13·19. 승진, 14·15. 경간 ② **예외**: 집회 또는 시위가 **집단적인 폭행, 협박, 손괴, 방화** 등으로 공공의 안녕과 질서에 **직접적인 위험**을 초래한 경우에는 남은 기간의 해당 집회 또는 시위에 대하여 신고서를 접수한 때부터 48시간이 지난 경우에도 금지통고를 할 수 있다. 19. 채용

6. 금지통고에 대한 이의 신청 09·11·12·14·15·20. 채용, 10·11·12·14·18·19. 승진, 11·14·15. 경간

이의 신청 (법률 제9조)	① 집회 또는 시위의 주최자는 금지통고를 받은 날부터 **10일 이내**에 해당 경찰관서의 **바로 위의 상급경찰관서의 장**에게 이의를 신청할 수 있다. 12·13·14·16. 채용, 15·20. 경간 ② 이의 신청을 받은 경찰관서의 장은 접수 일시를 적은 접수증을 이의 신청인에게 즉시 내주고 **접수한 때부터 24시간 이내에 재결(裁決)**을 하여야 한다. 이 경우 접수한 때부터 24시간 이내에 재결서를 발송하지 아니하면 관할경찰관서장의 금지통고는 소급하여 그 효력을 잃는다. 12·13·14. 채용 ③ 이의 신청인은 위에 따라 금지통고가 위법하거나 부당한 것으로 재결되거나 그 효력을 잃게 된 경우 처음 신고한 대로 집회 또는 시위를 개최할 수 있다. 다만, 금지통고 등으로 시기를 놓친 경우에는 일시를 새로 정하여 집회 또는 시위를 시작하기 **24시간 전**에 관할경찰관서장에게 **신고함**으로써 집회 또는 시위를 개최할 수 있다.

이의 신청의 통지 및 답변서 제출 (시행령 제8조)	① 이의 신청을 받은 경찰관서장은 **즉시** 집회 또는 시위의 금지를 통고한 경찰관서장에게 이의 신청의 취지와 이유(이의 신청시 증거서류나 증거물을 제출한 경우에는 그 요지를 포함한다)를 알리고, 답변서의 제출을 명하여야 한다. 20. 채용 ② 위 답변서에는 금지통고의 근거와 이유를 구체적으로 밝히고 이의 신청에 대한 답변을 적되 필요한 증거서류나 증거물이 있으면 함께 제출하여야 한다.
재결의 통지 (시행령 제9조)	이의 신청을 받은 경찰관서장은 위에 따라 재결을 한 때에는 집회 또는 시위의 **금지를 통고한 경찰관서장에게** 재결 내용을 **즉시** 알려야 한다.

7. 신고의 효과 16·19. 경간, 19. 채용

집회 및 시위의 보호	누구든지 폭행·협박 기타의 방법으로 평화적인 집회 또는 시위를 방해하거나 질서를 문란하게 하여서는 안 된다.
주최자 등의 보호	누구든지 폭행·협박 기타의 방법으로 집회 또는 시위의 주최자 및 질서유지인의 이 법의 규정에 의한 임무의 수행을 방해하여서는 안 된다.
보호요청	① 집회 또는 시위의 주최자는 평화적인 집회 또는 시위가 방해될 염려가 있다고 인정될 때에는 관할 경찰관서에 그 사실을 통고하여 보호를 요청할 수 있다. ② 보호요청이 있는 경우 관할 경찰관서의 장은 정당한 이유 없이 보호요청을 거절할 수 없다.
방해시 처벌	**3년 이하의 징역 또는 300만원 이하의 벌금**에 처한다.
가중처벌	군인·검사 또는 경찰관이 집회나 시위를 방해한 경우에는 가중처벌(**5년 이하의 징역**)한다.

8. 집회 및 시위의 금지와 제한

금지사유 (제5조)	① 누구든지 다음 어느 하나에 해당하는 집회나 시위를 주최하여서는 아니 된다. 　㉠ 헌법재판소의 결정에 따라 해산된 정당의 목적을 달성하기 위한 집회 또는 시위 　㉡ 집단적인 폭행, 협박, 손괴(損壞), 방화 등으로 공공의 안녕 질서에 직접적인 위협을 끼칠 것이 명백한 집회 또는 시위 ② 누구든지 ①에 따라 금지된 집회 또는 시위를 할 것을 선전하거나 **선동하여서는 아니 된다**.
금지장소 (제11조)	누구든지 다음 각 호의 어느 하나에 해당하는 청사 또는 저택의 **경계 지점으로부터 100미터 이내**의 장소에서는 옥외집회 또는 시위를 하여서는 아니 된다. 1. **국회의사당**. 다만, 다음 각 목의 어느 하나에 해당하는 경우로서 국회의 기능이나 안녕을 침해할 우려가 없다고 인정되는 때에는 그러하지 아니하다. 　가. 국회의 활동을 방해할 우려가 없는 경우 　나. 대규모 집회 또는 시위로 확산될 우려가 없는 경우 2. **각급 법원, 헌법재판소**. 다만, 다음 각 목의 어느 하나에 해당하는 경우로서 각급 법원, 헌법재판소의 기능이나 안녕을 침해할 우려가 없다고 인정되는 때에는 그러하지 아니하다. 　가. 법관이나 재판관의 직무상 독립이나 구체적 사건의 재판에 영향을 미칠 우려가 없는 경우 　나. 대규모 집회 또는 시위로 확산될 우려가 없는 경우

	3. 대법원장 공관, 헌법재판소장 공관
	
	🔍 **참고** '대통령 관저'와 '국회의장 공관'에 관한 부분은 헌법불합치결정과 함께 2024.5.31.을 시한으로 개정 권고를 받았으나, 현재 법개정이 이뤄지지 않아 해당 조문의 **효력은 없어졌다**[헌법불합치 2018헌바48, 2019헌가1(병합), 2021헌가1]. 그러므로 현재 **대통령 관저**와 **국회의장 공관**의 경계 지점으로부터 **100미터 이내**에서도 **집회·시위가 가능하다.**
	
	4. **국무총리 공관.** 다만, 다음 각 목의 어느 하나에 해당하는 경우로서 국무총리 공관의 기능이나 안녕을 침해할 우려가 없다고 인정되는 때에는 그러하지 아니하다.
	
	   가. 국무총리를 대상으로 하지 아니하는 경우
	   나. 대규모 집회 또는 시위로 확산될 우려가 없는 경우
	
	5. **국내 주재 외국의 외교기관이나 외교사절의 숙소.** 다만, 다음 각 목의 어느 하나에 해당하는 경우로서 외교기관 또는 외교사절 숙소의 기능이나 안녕을 침해할 우려가 없다고 인정되는 때에는 그러하지 아니하다.
	
	   가. 해당 외교기관 또는 외교사절의 숙소를 대상으로 하지 아니하는 경우
	   나. 대규모 집회 또는 시위로 확산될 우려가 없는 경우
	   다. 외교기관의 업무가 없는 휴일에 개최하는 경우

교통소통을 위한 금지·제한 (제12조)	① 관할 경찰관서장은 **대통령령으로 정하는 주요 도시의 주요 도로**에서의 집회 또는 시위에 대하여 교통 소통을 위하여 필요하다고 인정하면 이를 **금지하거나 교통질서 유지를 위한 조건을 붙여 제한**할 수 있다. ② 집회 또는 시위의 주최자가 **질서유지인을 두고 도로를 행진**하는 경우에는 금지를 할 수 없다. 다만, 해당 도로와 주변 도로의 교통 소통에 장애를 발생시켜 **심각한 교통 불편을 줄 우려**가 있으면 금지를 할 수 있다.

9. 확성기등의 소음기준(시행령 [별표2])

확성기등 사용의 제한 (법률 제14조)	① 집회 또는 시위의 **주최자**는 확성기, 북, 징, 꽹과리 등의 기계·기구("확성기등")를 사용하여 타인에게 심각한 피해를 주는 소음으로서 대통령령으로 정하는 **기준을 위반하는 소음을 발생시켜서는 아니 된다.** ② 관할경찰관서장은 집회 또는 시위의 주최자가 기준을 초과하는 소음을 발생시켜 타인에게 피해를 주는 경우에는 그 기준 이하의 소음 유지 또는 확성기등의 **사용 중지를 명하거나** 확성기등의 **일시보관** 등 필요한 조치를 할 수 있다. ③ 학문, 예술, 체육, 종교, 의식, 친목, 오락, 관혼상제 및 국경행사에 관한 집회뿐만 아니라 **모든 집회와 시위는 소음기준을 적용한다.** 20. 경간 ④ **1인 시위에는 적용하지 않는다.** 21. 채용

① 확성기등의 소음기준(시행령 [별표2]) [단위: dB(A)] 19. 경간, 12·16·21. 채용, 21. 법학

소음도 구분		대상 지역	시간대		
			주간 (07:00~ 해지기 전)	야간 (해진 후~ 24:00)	심야 (00:00~ 07:00)
대상 소음도	등가 소음도 (Leq)	주거지역, 학교, 종합병원	65 이하	60 이하	55 이하
		공공도서관	65 이하	60 이하	
		그 밖의 지역	75 이하	65 이하	
	최고 소음도 (Lmax)	주거지역, 학교, 종합병원	85 이하	80 이하	75 이하
		공공도서관	85 이하	80 이하	
		그 밖의 지역	95 이하		

② 소음의 측정과 보정 21. 채용

1. 확성기등의 소음은 관할 경찰서장(현장 경찰공무원)이 측정한다.
2. 소음 측정 장소는 피해자가 위치한 건물의 외벽에서 소음원 방향으로 1~3.5m 떨어진 지점으로 하되, 소음도가 높을 것으로 예상되는 지점의 지면 위 1.2~1.5m 높이에서 측정한다. 다만, 주된 건물의 경비 등을 위하여 사용되는 부속 건물, 광장·공원이나 도로상의 영업시설물, 공원의 관리사무소 등은 소음 측정 장소에서 제외한다.
3. 제2호의 장소에서 확성기등의 대상소음이 있을 때 측정한 소음도를 측정소음도로 하고, 같은 장소에서 확성기등의 대상소음이 없을 때 5분간 측정한 소음도를 배경소음도로 한다. 이 경우 배경소음도가 위 표의 등가소음도 기준보다 큰 경우에는 배경소음도의 소수점 첫째 자리에서 올림한 값을 등가소음도 기준으로 하고, 등가소음도 기준에서 20dB을 더한 값을 최고소음도 기준으로 한다.
4. 측정소음도가 배경소음도보다 10dB 이상 크면 배경소음의 보정 없이 측정소음도를 대상소음도로 하고, 측정소음도가 배경소음도보다 3.0~9.9dB 차이로 크면 보정표의 보정치에 따라 측정소음도에서 배경소음을 보정한 소음도를 대상소음도로 하며, 측정소음도가 배경소음도보다 3dB 미만으로 크면 다시 한 번 측정소음도를 측정하고, 다시 측정하여도 3dB 미만으로 크면 확성기등의 소음으로 보지 아니한다.
5. 등가소음도는 10분간(소음 발생 시간이 10분 이내인 경우에는 그 발생 시간 동안을 말한다) 측정한다. 다만, 주거지역, 학교, 종합병원, 공공도서관의 경우에는 등가소음도를 5분간(소음 발생 시간이 5분 이내인 경우에는 그 발생 시간 동안을 말한다) 측정한다.
6. 최고소음도는 확성기등의 대상소음에 대해 매 측정 시 발생된 소음도 중 가장 높은 소음도를 측정하며, 동일한 집회·시위에서 측정된 최고소음도가 1시간 내에 3회 이상 위 표의 최고소음도 기준을 초과한 경우 소음기준을 위반한 것으로 본다. 다만, 주거지역, 학교, 종합병원, 공공도서관의 경우에는 1시간 내에 2회 이상 위 표의 최고소음도 기준을 초과한 경우 소음기준을 위반한 것으로 본다.
7. 다음 각 목에 해당하는 행사(중앙행정기관이 개최하는 행사만 해당한다)의 진행에 영향을 미치는 소음에 대해서는 그 행사의 개최시간에 한정하여 위 표의 주거지역의 소음기준을 적용한다.

> 가. 「국경일에 관한 법률」 제2조에 따른 국경일의 행사
> 나. 「각종 기념일 등에 관한 규정」 별표에 따른 각종 기념일 중 주관 부처가 국가보훈부인 기념일의 행사

확성기등의 소음기준과 측정
(시행령 제14조)
18·21. 채용, 19. 경간, 21. 법학

10. 질서유지선의 설정과 출입 · 참가배제

질서유지선의 설정 11 · 17. 경간, 15 · 18. 승진	질서유지선의 설정	① 옥외집회 및 시위의 신고를 받은 관할경찰관서장은 집회 및 시위의 보호와 공공의 질서 유지를 위하여 필요하다고 인정하면 최소한의 범위를 정하여 질서유지선을 설정할 수 있다. 17. 경간, 21. 채용 ② 경찰관서장이 질서유지선을 설정할 때에는 주최자 또는 연락책임자에게 이를 알려야 한다. 17. 경간, 20. 승진

	설정사유 및 범위	관할 경찰관서장은 집회 · 시위의 보호와 공공의 질서 유지를 위하여 다음의 경우에는 질서유지선을 설정할 수 있다. 21. 채용
		① 집회 · 시위의 장소를 한정하거나 집회 · 시위의 **참가자와 일반인을 구분**할 필요가 있을 경우
		② 집회 · 시위의 **참가자를** 일반인이나 차량으로부터 **보호할** 필요가 있을 경우 17. 경간
		③ **일반인의** 통행 또는 교통 **소통** 등을 위하여 필요할 경우
		④ 다음의 어느 하나의 시설 등에 **접근하거나 행진하는 것을 금지하거나 제한할 필요가 있을 경우**
		   ㉠ 법 제11조에 따른 집회 또는 시위가 금지되는 장소
		   ㉡ 통신시설 등 중요시설
		   ㉢ 위험물시설
		   ㉣ 그 밖에 안전 유지 또는 보호가 필요한 재산 · 시설 등
		⑤ 집회 · 시위의 **행진로를 확보**하거나 이를 위한 **임시횡단보도를 설치**할 필요가 있을 경우 21. 채용
		⑥ 그 밖에 집회 · 시위의 보호와 공공의 질서유지를 위하여 필요한 경우

	설정방법	① 띠 · 줄 · 방책 등 유형적 물건을 사전에 준비하여 **지상에 고착시키는 것에 한정되지 않고**, 상황에 따라 **휴대 · 이동시킬 수 있는 것을 포함**한다. ② '경찰관을 줄지어 세우는 형태'는 질서유지선에 해당하지 않으나, '경찰관이 띠 등을 가지고 서 있는 형태'는 질서유지선으로 활용 가능하다. ③ 당해 지역에 별도의 목적이나 용도에 사용하기 위해 이미 설치되어 있는 지상물(인도 경계석, 차선 등)을 질서유지선으로 설정 · 활용할 수도 있다. ④ 경찰관서장이 질서유지선을 설정할 때에는 주최자 또는 연락책임자에게 이를 서면으로 고지하여야 하며, 이러한 과정을 통해 설정 · 고지된 **질서유지선은 추후에 변경할 수 있다.** 21. 채용
	고지의무	경찰관서장이 질서유지선을 설정할 때에는 **주최자** 또는 **연락책임자**에게 이를 **서면으로** 고지하여야 한다. 다만, 집회 또는 시위 장소의 상황에 따라 질서유지선을 새로 설정하거나 변경하는 경우에는 집회 또는 시위의 장소에 있는 경찰공무원이 구두로 알릴 수 있다. 20. 승진
	질서유지선 효용침해죄	질서유지선의 효용을 해한 자는 **6월 이하의 징역** 또는 **50만원 이하의 벌금 · 구류 또는 과료**에 처한다. 11 · 16 · 17 · 19. 경간, 18. 승진, 20 · 21. 채용

경찰관의 출입	옥외집회 출입절차	경찰관은 집회 또는 시위의 주최자에게 **통보**하고 그 집회 또는 시위의 장소에 **정복을 입고 출입**할 수 있다.
	옥내집회 출입	옥내집회 장소에의 출입은 직무집행을 위하여 **긴급한 경우**에만 할 수 있다.
	주최자 등의 협조의무	집회나 시위의 주최자·질서유지인 또는 장소관리자는 질서를 유지하기 위한 경찰관의 직무집행에 협조하여야 한다.
특정인 참가배제 12·13·14·18. 채용, 18. 승진		집회 또는 시위의 **주최자 및 질서유지인**은 특정한 사람이나 단체가 집회나 시위에 참가하는 것을 배제할 수 있다. 다만, **언론사의 기자**는 **출입이 보장**되어야 하며, 이 경우 기자는 **신분증**을 **제시**하고 기자임을 표시한 완장을 **착용**하여야 한다.

11. 준수 사항

주최자의
준수 사항
(제16조)
	① 집회 또는 시위의 주최자는 집회 또는 시위에 있어서의 **질서를 유지하여야 한다.** 22. 경간
	② 집회 또는 시위의 주최자는 집회 또는 시위의 질서유지에 관하여 자신을 보좌하도록 **18세 이상의 사람을 질서유지인으로 임명할 수 있다.** 22. 경간
	③ 집회 또는 시위의 주최자는 제1항에 따른 **질서를 유지할 수 없으면** 그 집회 또는 시위의 **종결(終結)을 선언하여야 한다.** 22. 경간
	④ 집회 또는 시위의 주최자는 다음 각 호의 어느 하나에 해당하는 행위를 하여서는 아니 된다.
	  1. 총포, 폭발물, 도검(刀劍), 철봉, 곤봉, 돌덩이 등 다른 사람의 **생명을 위협**하거나 **신체에 해를 끼칠 수 있는 기구(器具)**를 휴대하거나 사용하는 행위 또는 다른 사람에게 이를 휴대하게 하거나 사용하게 하는 행위
	  2. 폭행, 협박, 손괴, 방화 등으로 **질서를 문란**하게 하는 행위
	  3. 신고한 목적, 일시, 장소, 방법 등의 **범위를 뚜렷이 벗어나는** 행위
	⑤ 옥내집회의 주최자는 확성기를 설치하는 등 주변에서의 **옥외** 참가를 유발하는 행위를 하여서는 아니 된다.

질서유지인의 준수 사항 (제17조)	① 질서유지인은 주최자의 지시에 따라 집회 또는 시위 질서가 유지되도록 하여야 한다. ② 질서유지인은 제16조 제4항 각 호의 어느 하나에 해당하는 행위를 하여서는 아니 된다. ③ 질서유지인은 참가자 등이 질서유지인임을 쉽게 알아볼 수 있도록 **완장, 모자, 어깨띠, 상의 등을 착용하여야 한다.** 22. 경간 ④ 관할경찰관서장은 집회 또는 시위의 **주최자와 협의**하여 질서유지인의 수(數)를 적절하게 조정할 수 있다. 22. 경간 ⑤ 집회나 시위의 주최자는 제4항에 따라 질서유지인의 수를 조정한 경우 집회 또는 시위를 개최하기 전에 조정된 질서유지인의 명단을 관할경찰관서장에게 알려야 한다.
참가자의 준수 사항 (제18조)	① 집회나 시위에 참가하는 자는 주최자 및 질서유지인의 질서 유지를 위한 지시에 따라야 한다. ② 집회나 시위에 참가하는 자는 제16조 제4항 제1호 및 제2호에 해당하는 행위를 하여서는 아니 된다.

12. 집회 및 시위의 해산 17. 채용

관할 경찰관서장은 해산사유에 해당하는 집회 또는 시위에 대하여는 상당한 시간 이내에 자진해산할 것을 요청하고 이에 따르지 아니하면 해산을 명할 수 있다. 17·20. 채용

해산절차	① 종결선언 요청(생략 가능) ➔ ② 자진해산 요청 ➔ ③ 해산명령 ➔ ④ 직접해산 ▶ 집회 또는 시위를 해산시키려는 때에는 관할 경찰관서장 또는 관할 경찰관서장으로부터 권한을 부여받은 경찰공무원은 해산순서에 따라야 한다. 다만, 주최자·주관자·연락책임자 및 질서유지인이 집회 또는 시위 장소에 없는 경우에는 종결선언의 요청을 생략할 수 있다. ▶ 자진해산 요청은 직접 참가자들에 대하여 자진해산할 것을 요청한다. ▶ 해산명령: 일정한 시간적 간격(판례는 10분 이상)을 두고 3회 이상하여야 한다.
해산명령의 효력	퇴거의무 / 해산명령을 받았을 때에는 모든 참가자는 지체 없이 해산하여야 한다. 퇴거의무 위반시 처벌 / 퇴거의무를 위반한 경우에는 6개월 이하의 징역 또는 50만원 이하의 벌금·구류·과료에 처한다.

13. 집시법 관련 판례

① 甲 노동조합이 소속 조합원들의 회사 매각 및 정리해고 등에 대하여 집회를 개최하기 위하여 시청 후문 앞 인도 부분에 관하여 옥외집회신고를 하였으나, 관할 경찰서장이 화단으로 조성된 시청 청사부지에서는 집회를 개최할 수 없으니 장소를 변경하여 재신고하도록 보완통고를 한 후 보완되지 않았다는 이유로 옥외집회 금지통고를 한 사안에서, 집회의 자유는 '허가'의 방식에 의한 제한이 허용되지 아니하는 점을 고려하면, 관할 경찰관서장은 신고서의 기재가 누락되었다거나 명백한 흠결이 있는 경우에만 **형식적인 내용에 관하여 보완통고를 할 수 있고**, 그 이외의 사항에 관하여는 **보완요구를 할 수 없는데**, 신고서의 기재에 누락이 있거나 명백한 흠결이 있지 아니하므로 보완통고는 근거가 없고, 집회장소가 집회의 금지 또는 제한통고에 관하여 정한 구 집회 및 시위에 관한 법률에도 해당하지 아니하므로, **통고처분이 구 집시법상 근거 없이 이루어져 위법하다**(부산지법 2016.4.1, 2015구합24643).

② 교통소통에 지장을 초래할 우려가 있다는 이유로 시위 자체를 원천적으로 금지한 경찰서장의 처분이 원활한 교통소통을 위해서는 시위 참가인원 및 행진노선과 행진방법의 제한 등 **조건을 부과하는 것만으로도 그 목적을 달성할 수 있는 경우라면 위와 같은 이유로 한 금지통고는 재량권의 범위를 일탈하여 위법이다**(서울고법 1998.12.29, 98누11290).

③ 특히 집회의 금지와 해산은 원칙적으로 공공의 안녕질서에 대한 직접적인 위험이 명백하게 존재하는 경우에 한하여 허용될 수 있다. **집회의 금지와 해산은 집회의 자유를 보다 적게 제한하는 다른 수단, 즉 조건을 붙여 집회를 허용하는 가능성을 모두 소진한 후에 비로소 고려될 수 있는 최종적인 수단이다**(헌재 2003.10.30, 2000헌바67).

④ 시위가, 참가인원이 40여 명에 불과하고, 그 장소가 하천부지로서 교통소통이나 일반인의 생활에 아무런 지장을 주지 않는 곳이며, 또한 시위 당시의 구호나 노래의 내용 등에 과격한 면이 보이지 않고 달리 다중의 위력을 통한 폭행이나 협박이 없었던 점에 비추어, 「집회 및 시위에 관한 법률」 제5조 제1항 제2호 소정의 **공공의 안녕질서에 직접적인 위협을 가할 것이 명백한 시위에 해당하지 아니한다**(대판 1991.11.26, 91도2440).

⑤ 피고인들을 포함한 **근로자 30여 명이 관할 경찰서장에게 신고하지 아니하고 회사 구내 옥외 주차장에서 5회에 걸쳐 집회를 개최**하였다고 하여 집회 및 시위에 관한 법률(이하 '집시법'이라 한다) 위반으로 기소된 사안에서, 위 집회는 회사 구내에서 업무시간을 피하여 매번 약 40분씩 한정된 시간 동안 개최된 것이고, 집회의 목적도 오로지 노조활동과 관련하여 회사에 대한 요구사항을 주장하기 위한 것이며, **집회 장소가 회사 안마당 주차장 공간으로서 옥외이기는 하지만 외부인의 출입이 통제·차단되어** 그곳에서 위와 같은 목적과 규모 및 방법으로 집회를 개최하더라도 인근 거주자나 일반인의 법익과 충돌하거나 공공의 안녕질서에 해를 끼칠 것으로는 예견되지 아니할 뿐 아니라 일반적인 사회생활질서의 범위 안에 있는 행위로 평가되므로, 피고인들의 행위를 집시법상 미신고 옥외집회 개최행위로 처벌할 수 없다(대판 2013.10.24, 2012도11518).

⑥ 피고인이 특정 인터넷카페 회원 10여 명과 함께 불특정 다수의 시민들이 지나는 명동 한복판에서 **퍼포먼스(Performance) 형태의 플래시 몹(flash mob) 방식으로 노조설립신고를 노동부가 반려한 데 대한 규탄 모임을 진행**함으로써 집회 및 시위에 관한 법률(이하 '집시법'이라고 한다)상 미신고 옥외집회를 개최하였다는 내용으로 기소된 사안에서, 위 모임의 주된 목적, 일시, 장소, 방법, 참여인원, 참여자의 행위 태양, 진행 내용 및 소요시간 등 제반 사정에 비추어 볼 때 집시법 제15조에 의하여 **신고의무의 적용이 배제되는 오락 또는 예술 등에 관한 집회라고 볼 수 없고**, 그 실질에 있어서 정부의 청년실업 문제 정책을 규탄하는 등 주장하고자 하는 정치·사회적 구호를 대외적으로 널리 알리려는 의도하에 개최된 집시법 제2조 제1호의 옥외집회에 해당하여 집시법 제6조 제1항에서 정한 사전신고의 대상이 된다는 이유로, 같은 취지에서 피고인에게 유죄를 인정한 원심판단은 정당하다(대판 2013.3.28, 2011도2393).

⑦ 당초 옥외집회를 개최하겠다고 신고하였지만 **신고 내용과 달리 아예 옥외집회는 개최하지 아니한 채 신고한 장소와 인접한 건물 등에서 옥내집회만을 개최한 경우**에는, 그것이 건조물침입죄 등 다른 범죄를 구성함은 별론으로 하고, 신고한 옥외집회를 개최하는 과정에서 그 **신고범위를 일탈한 행위를 한 데 대한 집시법 위반죄로 처벌할 수는 없다**(대판 2013.7.25, 2010도14545).

⑧ 피고인들이 이미 신고한 행진 경로를 따라 행진로인 하위 1개 차로에서 2회에 걸쳐 약 15분 동안 연좌하였다는 사실 외에 이미 신고한 집회방법의 범위를 벗어난 사항은 없고, 약 3시간 30분 동안 이루어진 집회시간 동안 연좌시간도 약 15분에 불과한 사안에서, 위 옥외집회 등 주최행위가 **신고한 범위를 뚜렷이 벗어나는 경우에 해당하지 아니한다**(대판 2010.3.11, 2009도10425).

⑨ 행진시위의 참가자들이 일부 구간에서 감행한 전차선 점거행진, 도로점거 연좌시위 등의 행위는 당초 신고된 범위를 현저히 일탈하거나 구 집시법 제12조의 규정에 의한 조건을 중대하게 위반한 것으로서 그로 인하여 **도로의 통행이 불가능하게 되거나 현저하게 곤란하게 된 이상 형법 제185조 소정의 일반교통방해죄에 해당한다**고 할 것이다(대판 2008.11.13, 2006도755). 14. 승진

⑩ 집회 및 시위에 관한 법률에 따라 신고된 옥외집회 또는 시위와 실제 개최된 옥외집회 또는 시위 사이에 동일성이 인정되는지는, 신고된 목적, 일시, 장소, 주최자, 참가단체 및 참가인원과 시위방법 등과 실제 개최된 옥외집회 등의 그것을 서로 비교하여 전체적·종합적으로 판단하여야 하고, 옥외집회 또는 시위를 신고한 주최자가 그 주도 아래 행사를 진행하는 과정에서 신고한 목적·일시·장소·방법 등의 **범위를 현저히 일탈하는 행위에 이르렀다고 하더라도 그것만으로 그 옥외집회 또는 시위가 신고 없이 개최된 것으로 볼 수는 없고**, 처음부터 옥외집회 또는 시위가 신고된 것과 다른 주최자나 참가단체 등의 주도 아래 신고된 것과는 다른 내용으로 진행되거나, 또는 처음에는 신고한 주최자가 주도하여 옥외집회 또는 시위를 진행하였지만 중간에 주최자나 참가단체 등이 교체되고 이들의 주도 아래 신고된 것과는 다른 내용의 옥외집회 또는 시위로 변경됨으로써 이미 이루어진 옥외집회 또는 시위의 신고는 명목상의 구실에 불과하게 된 것으로 볼 수 있는 정도에 이르러야 처벌할 수 있다(대판 2014.3.13, 2012도14137).

⑪ 납골당 설치 반대를 목적으로 한 옥외집회와 시위를 주최하면서 **신고하지 아니한 상여·만장 등을 사용한 사안**에서, 집회 및 시위에 관한 법률에서 정한 "신고한 범위를 현저히 일탈한 행위"에 **해당하지 않는다**(대판 2008.10.23, 2008도3974).

⑫ 집회나 시위는 다수인이 공동 목적으로 회합하고 공공장소를 행진하거나 위력 또는 기세를 보여 불특정 다수인의 의견에 영향을 주거나 제압을 가하는 행위로서, 그 회합에 참가한 다수인이나 참가하지 아니한 불특정 다수인에게 의견을 전달하기 위하여 어느 정도의 소음이나 통행의 불편 등이 발생할 수밖에 없는 것은 부득이한 것이므로 집회나 시위에 참가하지 아니한 일반 국민도 이를 수인할 의무가 있다. 따라서 그 집회나 시위의 장소, 태양, 내용, 방법 및 그 결과 등에 비추어, **집회나 시위의 목적 달성에 필요한 합리적인 범위에서 사회통념상 용인될 수 있는 다소간의 피해를 발생시킨 경우에 불과하다면, 정당행위로서 위법성이 조각될 수 있다**(대판 2009.7.23, 2009도840).

⑬ 건설업체 노조원들이 '임·단협 성실교섭 촉구 결의대회'를 개최하면서 차도의 통행방법으로 **신고하지 아니한 삼보일배 행진**을 하여 차량의 통행을 방해한 사안에서, 그 시위방법이 장소, 태양, 내용, 방법과 결과 등에 비추어 사회통념상 용인될 수 있는 다소의 피해를 발생시킨 경우에 불과하고, 구 집회 및 시위에 관한 법률에 정한 신고제도의 목적 달성을 심히 곤란하게 하는 정도에 이른다고 볼 수 없어, **사회상규에 위배되지 않는 정당행위에 해당한다**(대판 2009.7.23, 2009도840).

⑭ 신고를 하지 아니하였다는 이유만으로 옥외집회 또는 시위를 헌법의 보호 범위를 벗어나 개최가 허용되지 않는 집회 내지 시위라고 단정할 수 없다. 따라서 집회 및 시위에 관한 법률(이하 '집시법'이라고 한다) 제20조 제1항 제2호가 미신고 옥외집회 또는 시위를 해산명령 대상으로 하면서 별도의 해산 요건을 정하고 있지 않더라도, 그 옥외집회 또는 시위로 인하여 타인의 법익이나 공공의 안녕질서에 대한 **직접적인 위험이 명백하게 초래된 경우에 한하여** 위 조항에 기하여 해산을 명할 수 있고, 이러한 요건을 갖춘 해산명령에 불응하는 경우에만 집시법 제24조 제5호에 의하여 처벌할 수 있다고 보아야 한다(대판 2012.4.19, 2010도6388 전합). 14. 승진

⑮ 「집회 및 시위에 관한 법률」 제20조 제1항과 「집회 및 시위에 관한 법률 시행령」이 해산명령을 할 때 그 사유를 구체적으로 고지하도록 명시적으로 규정하고 있지 아니하나, 해산명령을 할 때에는 해산 사유가 「집회 및 시위에 관한 법률」 제20조 제1항 각 호 중 어느 사유에 해당하는지에 관하여 **구체적으로 고지하여야 한다**고 보아야 한다(대판 2012.2.9, 2011도7193). 14. 승진, 21. 경간

⑯ 해산명령은 자진 해산 요청에 따르지 않는 시위 참가자들에게 자진 해산할 의무를 부과하는 것이므로 **반드시 '자진 해산을 명령한다'는 용어가 사용되거나 말로 해산명령임을 표시해야 하는 것은 아니다**(표시해야 한다×)(대판 2017.12.22, 2015도17738). 21. 경간

⑰ 서울광장을 경찰버스로 둘러싸면서 **일반시민들이 통행할 수 있는 통로를 내지 않고 전면적으로 제지한 상태**에서 서울광장 인근에서 일부 시민들이 폭력행위를 저질렀다 하더라도 대규모의 불법·폭력 집회나 시위를 막아 시민들의 생명·신체와 재산을 보호한다는 공익 목적에 따른 것으로 **불가피한 것으로 보기 어렵다. 이 사건 통행제지행위는** 과잉금지원칙을 위반하여 청구인들의 일반적 행동자유권을 침해한 것이다(헌재 2011.6.30, 2009헌마406). 19. 승진

⊕ PLUS 집회 및 시위에 관한 법률 – 야간 옥외집회 및 시위에 관한 위헌판결

제10조【옥외집회와 시위의 금지 시간】 누구든지 해가 뜨기 전이나 해가 진 후에는 옥외집회 또는 시위를 하여서는 아니 된다. 다만, 집회의 성격상 부득이하여 주최자가 질서유지인을 두고 미리 신고한 경우에는 관할경찰관서장은 질서 유지를 위한 조건을 붙여 해가 뜨기 전이나 해가 진 후에도 옥외집회를 허용할 수 있다.

[헌법불합치, 2008헌가25, 2009.9.24. 집회 및 시위에 관한 법률(2007.5.11. 법률 제8424호로 전부개정된 것) 제10조 중 '옥외집회' 부분 및 제23조 제1호 중 '제10조 본문의 옥외집회' 부분은 과잉금지원칙에 위배하여 집회의 자유를 침해하는 것으로 헌법에 위반된다.]

[한정위헌, 2010헌가2, 2014.3.27. 집회 및 시위에 관한 법률(2007.5.11. 법률 제8424호로 개정된 것) 제10조 본문 중 '시위'에 관한 부분 및 제23조 제3호 중 '제10조 본문' 가운데 '시위'에 관한 부분은 각 '해가 진 후부터 같은 날 24시까지의 시위'에 적용하는 한 헌법에 위반된다.]

 결론적으로 야간(해가 뜨기 전이나 해가 진 후)에 '옥외집회'는 가능하다. 그리고 '시위'는 '해가 진 후부터 같은 날 24시까지의 시위'에 대해서만 가능하다. 24시 이후부터 해가 뜨기 전까지의 '시위'는 안 된다.

Chapter 06 / 안보경찰

01 안보수사의 개념 및 특징 [C급]

추상적 위험범	안보사범(정보사범)이란 국가존립상의 기본질서를 위태롭게 하는 국가안전보장과 관련되는 **반국가적 사범**을 말하는 것으로 범죄행위로 인하여 국가의 존립과 안전을 침해하는 **결과발생을 필요로 하지 아니하다**.
일반적 특징	확신범, 보안성, 비노출성, 조직적 범죄, 비인도적 범행

02 방첩의 기본원칙과 수단 [C급] 09·10·11·12. 승진, 14. 경간

방첩의 원칙	완전협조의 원칙	방첩기관과 보조기관 및 일반대중과 완전협조가 이루어져야 방첩목표를 달성할 수 있다.
	치밀의 원칙	치밀한 계획과 준비로서 방첩활동을 수행하여야 한다.
	계속접촉의 원칙	① 방첩기관이 간첩을 발견했다고해서 즉시 검거해서는 안 되며, 조직망 전체를 파악할 때까지 계속해서 유형·무형의 접촉을 해야 한다. ② 계속접촉의 유지는 **탐지, 판명, 주시, 이용, 타진**의 단계로 이루어진다. 10. 승진
방첩의 수단	적극적 수단	첩보수집·공작분석, 대상인물감시, 침투공작, 간첩신문, 검거한 간첩을 활용한 역용공작 등
	소극적 수단	정보·자재보안, 인원·시설보안, 보안업무의 규정화, 방첩업무관련 입법사항 건의
	기만적 수단	**양동간계시위, 허위정보 유포, 유언비어 유포** 10. 승진

03 간첩의 분류 [C급] 10·13. 승진

간첩이란 타국에 대한 **국가기밀수집(첩보수집행위), 태업행위, 전복행위 등을 목적으로** 대상국 내에 잠입한 자 또는 이를 지원·동조하거나 협조한 자를 말한다. 10. 승진, 14. 경간

1. 활동방법에 따라

고정간첩	일정한 공작기간이 없고, 지역적 연고권과 생업을 유지하며 **합법적으로 보장된 신분을 구비하여 일정지역에서 장기적·고정적으로 간첩활동**을 하도록 임무를 부여받고 활동하는 간첩을 의미한다.
배회간첩	일정한 공작기간이 설정되어 있는 점이 주된 특징으로서 **일정한 주거 없이 전국을 배회**하면서 임무를 수행하는 간첩으로서, 배회기간 중 확고한 토대가 구축되고 합법적 신분을 획득하면 고정간첩으로 변할 수 있다.
공행간첩	**상사주재원·외교관 등과 같이 공용의 명목하에 입국**하여 **합법적인 신분을 유지**하면서 상대국에 대한 각종 정보를 수집하는 간첩이다. 10. 승진

2. 임무에 따라

일반간첩	일반적인 정보를 수집 또는 태업·전복공작 등 가장 전형적인 형태의 간첩
증원간첩	이미 구성된 **간첩망의 보강**을 위해 파견되는 간첩 또는 간첩으로 이용할 양민의 납치·월북 등을 주된 임무로 하는 간첩
보급간첩	간첩을 파견함에 필요한 일정한 장소에서 거점을 구축하고 남파간첩의 공작활동에 필요한 공작금품·장비 등 **물적지원**의 사명을 수행하는 간첩 10. 승진
무장간첩	요인암살·파괴, 간첩의 호송·연락·안내를 위하여 특별히 무장한 간첩

3. 인원수(활동범위)에 의한 분류

대량형 간첩	특수한 대상의 지목도 없이 광범위한 분야에서 정보를 입수하는 간첩으로서 주로 전시에 파견되며, 색출이 상대적으로 용이
지명형 간첩	특정한 목표와 임무를 부여받아 특수한 정보를 수집하는 간첩으로서 주로 평시에 많이 파견되며, 색출이 곤란

04 간첩망 B급 10·11·14·19. 승진, 14·18. 경간, 15·16·17. 채용

구분	특징	장점	단점
단일형	① **대남간첩이 가장 많이 사용**하고 있는 형태 ② 간첩이 특정 목표 수행을 위해 대상국가에 머무르고 있는 동안 간첩 상호 간에 종적·횡적인 개별적 연락을 일체 회피하고 동조자를 포섭하지 않고 단독으로 활동하는 **점조직** 형태	보안유지 및 신속한 활동이 가능하다.	활동범위가 좁고 공작성과가 낮다.

삼각형	① 지하당 구축에 흔히 사용하는 형태 ② 간첩이 3명 이내의 행동공작원을 포섭하여 직접 지휘 ③ 공작원간 횡적 연락을 차단시키는 활동조직	① 공작원간의 횡적 연락이 안 되므로 비교적 보안유지에 유리하다. ② 일망타진의 가능성이 적다.	공작원의 검거시 간첩(주공작원)의 정체가 쉽게 규명되고 활동범위가 좁다.
피라미드형	간첩이 주공작원 2~3명을 두고, 주공작원은 그 밑에 각각 2~3명의 행동공작원을 두는 조직형태	일시에 많은 공작을 입체적으로 수행할 수 있어 활동범위가 넓다.	행동의 노출이 쉬워 일망타진 가능성이 높으며, 조직구성에 많은 시간이 소요된다.
서클형	① 첩보전에 많이 이용하는 형태 ② 간첩이 합법적 신분을 이용하여 적국의 이념이나 사상에 동조하도록 유도하여 공작목표를 달성하기 위한 조직형태이다.	① 간첩활동이 자유롭고 대중적 조직 및 동원이 가능하다. ② 전선조직(첩보전)에 많이 사용된다.	간첩의 정체가 폭로되었을 때 외교적 문제가 야기될 수 있다.
레포형	피라미드형 조직에 있어서 간첩과 주 공작원간, 행동공작원 상호간에 연락원을 두고 종·횡으로 연결하는 형태인데, 현재는 사용되지 않고 있다.		

05 태업 C급 14·19. 경간

의의	① 대상국가의 방위력 또는 전쟁수행능력을 약화시키기 위하여 행하여지는 직접·간접의 모든 손상·파괴행위를 말한다. ② 태업은 노동쟁의의 수단이었으나, 공산주의자들이 침략전술로 이용하여 방첩활동의 주요 대상이 되고 있다. ③ 태업에 대한 가장 근본적인 대책은 보안유지이다.
태업 대상의 조건	① 전략·전술적 가치가 있을 것 ② 태업에 필요한 기구를 용이하게 입수할 수 있고 접근이 가능할 것 ③ 일단 파괴되면 수리하거나 대체하기 어렵고 많은 시간이 소요될 것

06 전복 [C급]

의의	공산주의자들의 프롤레타리아 혁명 또는 이와 유사한 불순정치세력에 의하여 **폭력수단을 동원**하는 등 **위헌적인 방법**으로 헌법에 의하여 설치된 국가기관을 강압에 의하여 변혁시키거나 기능을 저하시키기 위하여 취하여지는 실력행위를 말한다.
전복의 형태	**국가전복 (협의의 혁명)**: 협의의 혁명으로 **피지배자가 지배자를 타도**하여 **정권을 탈취**하는 것
	정부전복 (쿠데타): **동일 지배계급** 내의 일부세력이 집권세력을 **폭력으로써 타도**하여 **정권을 탈취**하는 것

07 공작의 4대 요소 [C급] 11·16. 승진, 16. 지능

공작 목표	공작상황과 공작의 진행에 따라 구체화·세분화되는 것이 특징
주관자	상부로부터 받은 지령을 계획하고 수행하는 **하나의 집단**을 말하며, **그 집단의 책임자를 공작관**이라고 한다.
공작원	① 비밀조직의 최일선에서 철저한 가장과 통제하에 공작목표에 대하여 공작관을 대행하여 비밀을 탐지하거나 기타 부여받은 **임무를 수행하는 사람** ② **주 공작원(공작망의 책임자)**, 행동공작원, 지원공작원으로 분류한다.
공작금	공작목표의 달성을 위한 제한을 극복하기 위해 많은 공작금이 필요하다.

✓ SUMMARY | 공작활동

가장	정보활동에 관계되는 모든 요소의 정체가 **외부에 노출되지 않도록** 꾸며지는 내적·외적인 활동을 말하며, 외관만을 다르게 꾸미는 위장과는 구별된다.
연락	① 비밀공작을 수행함에 있어서 상·하급 인원이나 기관 간에 비밀을 은폐하려고 기도하는 방법으로 첩보, 문서, 관념, 물자 등을 전달하기 위하여 강구된 수단·방법의 유지 및 운용을 말한다. 20. 승진 ② 연락의 3대 요소로는 정확성·신속성·안전성이다. ③ 연락계획의 4대 요건은 통제요건·유동요건·연락요건·안전요건이다.
감시	① 공작대상인 인물·시설·물자 및 지역 등에 대한 정보를 획득할 목적으로 **시각이나 청각 등의 사용**으로 **관찰하는 기술**을 말한다. ② 감시는 비권력적 사실행위에 해당하지만, 국민의 기본권침해의 우려가 크기 때문에 감시에는 반드시 **법적 근거를 요한다**.
신호	비밀공작활동에 있어서 조직원 상호 간에 어떤 의사를 전달하기 위하여 **사전에 약정해 놓은 표시**를 말한다. 20. 승진
사전정찰	① 장래의 공작활동을 위하여 공작목표나 공작지역에 대하여 **예비지식을 수집하는 사전조사활동**을 말한다. 20. 승진 ② 사전정찰의 절차: **계획서 작성 ➜ 공작원 선정 ➜ 안전대책 점검 ➜ 정찰실시 ➜ 보고서 작성**
관찰·묘사	① 관찰이란 일정한 목적하에 **사물의 현상 및 사건의 전말을 감지하는 과정**을 말한다. 20. 승진 ② 묘사란 관찰한 경험을 재생하여 **표현·기술**하는 것이다.

08 선전의 유형(출처공개 여부에 따라) [C급] 10. 경간, 10·18·19. 승진

백색선전	의의	출처를 공개하고 행하는 선전
	장점	국가 또는 공인된 기관이 공식적인 보도기관을 통하여 행하게 되므로 주제·용어 등에 제한은 받지만 신뢰도가 높다.
	단점	적국 내에서 실시가 불가능하고 주제·용어 등에 제한을 받는다.
흑색선전	의의	출처를 위장하면서 암암리에 실시하는 선전(예 구 한민전의 구국의 소리방송)
	장점	적국 내의 백색선전인 것처럼 위장하여 행하게 되므로 적국 내에서도 수행이 가능하며, 특정한 목표에 대해 즉각적이고 집중적인 선전을 할 수 있다.
	단점	① 적진에서 노출될 위험이 크므로 출처 노출을 피하기 위한 주의가 요구된다. ② 정상적인 통신망을 이용할 수 없다.
회색선전	의의	출처를 밝히지 않고 행하는 선전
	장점	기술적으로 운용을 잘하면 적의 선전이라는 선입관을 주지 않고 효과를 얻을 수 있다.
	단점	① 적이 회색선전이라는 것을 감지하여 역선전을 할 경우 대항이 어렵다. ② 출처를 은폐하면서 선전의 효과를 거두기가 쉽지 않다.

09 국가보안법 [시행 2017.7.7.]

1. 국가보안법 일반 [B급]

목적	국가의 안전보장과 국민의 생존 및 자유의 확보를 목적으로 한다. 국가보안법을 해석·적용함에 있어서는 필요한 최소한도에 그쳐야 하며, 이를 확대해석해서는 아니 된다(제1조). 12. 채용, 22. 경간
성격	공법, 형사사법법, 형법과 형사소송법에 대한 특별법이다.
용어 정의	① 반국가단체: 정부를 참칭하거나 국가를 변란할 것을 목적으로 하는 국내외의 결사 또는 집단으로서 지휘통솔체제를 갖춘 단체를 말한다(제2조). 10. 채용, 22. 경간 ㉠ 정부를 참칭한다는 것은 함부로 단체를 조직하여 정부를 사칭하는 것으로 정부와 동일한 명칭을 사용할 필요는 없고 일반인이 정부로 오인할 정도면 충분하다. 10. 채용 ㉡ 국가변란이란 정부를 전복하여 새로운 정부를 조직하는 것을 의미하며, 정부전복이란 정부를 구성하고 있는 자연인의 사임이나 교체만으로는 부족하고 정부 조직이나 제도 그 자체를 파괴하는 것을 의미한다. 10. 채용 ㉢ 「형법」상 내란죄에서의 국헌문란이란 「헌법」 또는 법률의 기능을 소멸시키거나 「헌법」에 의하여 설치된 국가기관을 전복 또는 그 권능행사를 불가능하게 하는 것으로 「국가보안법」상 국가변란이 국헌문란보다 더 좁은 개념이다. 10. 채용 ㉣ 「국가보안법」 제2조에 의한 반국가단체로서의 지휘통솔체제를 갖춘 단체라 함은 2인 이상의 특정 다수인 사이에 단체의 내부질서를 유지하고, 그 단체를 주도하기 위하여 일정한 위계 및 분담의 체계를 갖춘 결합체를 의미한다는 것이 판례의 태도이다(대판 1995.7.28, 95도1121). 12. 승진

② **반국가단체의 지령을 받은 자**: 반국가단체로부터 직접 지령을 받은 자뿐만 아니라 위 지령을 받은 자로부터 다시 지령을 받은 자도 포함한다.
③ **지령**: 지휘와 명령을 의미하며, 양자는 상명하복의 지배관계가 있을 것을 필요로 하지 아니하고 형식에도 제한이 없다.

2. 국가보안법상 범죄의 유형 [A급]

① 반국가단체의 구성 · 가입 · 가입권유죄(제3조)
② 목적수행죄(제4조)
③ 자진지원죄(제5조 제1항)
④ 금품수수죄(제5조 제2항)
⑤ 잠입 · 탈출죄(제6조)
⑥ 찬양 · 고무등죄(제7조)

　㉠ 찬양 · 고무 · 선전 · 동조죄(제7조 제1항)
　㉡ 이적단체구성 · 가입죄(제7조 제3항)
　㉢ 이적단체구성원의 허위사실날조 · 유포죄(제7조 제4항)
　㉣ 이적표현물제작 등 죄(제7조 제5항)

⑦ 회합 · 통신등죄(제8조)
⑧ 편의제공죄(제9조)
⑨ 불고지죄(제10조)
⑩ 특수직무유기죄(제11조)
⑪ 무고날조죄(제12조 제1항)
⑫ 직권남용무고날조죄(제12조 제2항)

:두문자
① 불고지죄 대상범죄 – 반 · 목 · 자
② 미수, 예비 · 음모 모두 처벌 범죄 – 반 · 목 · 자 · 잠 · 편 · 이
③ 미수, 예비 · 음모 모두 불처벌 범죄 – 불 · 특 · 무
④ 필요적 감면사유 – 불 · 자 · 방
⑤ 임의적 감면사유 – 단 · 특
⑥ 편의제공죄 대상 범죄 – 제3조부터 제8조의 죄
⑦ 구속기간(50일) 연장 대상 범죄 – 제3조부터 제10조의 죄(제7조와 제10조의 죄는 위헌판결)

3. 국가보안법의 특성 A급 09·10·11·12·13·14. 채용, 09·11·14·15. 승진, 10·12·13·18. 경간

(1) 범죄의 성립범위 확장 09·11·14·15. 승진, 11. 채용, 19. 경간

예비·음모○, 미수○	반국가단체구성·가입죄, 목적수행죄, 자진지원죄, 잠입·탈출죄, 편의제공죄(무기류등 제공), 이적단체구성·가입죄
예비·음모×, 미수×	불고지죄, 특수직무유기죄, 무고·날조죄
예비·음모×, 미수○	그 외 나머지 범죄
고의범만 처벌	과실범에 대한 처벌 규정 없다.
정범의 범위를 확대	① 범인에게 각종 편의를 제공하거나 범죄를 선동·선전 및 권유한 경우 교사·방조가 아닌 **별도의 처벌규정**을 두어 정범으로서 처벌하고 있다. 08·18. 경간 ② 별도처벌 규정: 편의제공죄, 찬양·고무·선전·동조죄, 권유죄, 불고지죄
불고지에 대한 처벌	① 적용대상범죄: 반국가단체의 구성·가입·가입권유죄(제3조), 목적수행죄(제4조), 자진지원죄(제5조 제1항·제3항·제4항) 10. 승진 ② 모든 국민에게 국가보안법상의 특정범죄에 대해 고지의무를 부과하고 있다.

(2) 중형주의

재범자의 특수가중	형법의 경우	형법상 금고 이상의 형을 받아 그 집행을 종료하거나 면제받은 후 3년 이내에 금고 이상에 해당하는 죄를 범한 누범자는 그 죄에 정한 형의 장기의 2배까지 가중한다.
	국가보안법의 경우	국가보안법, 군형법 기타 형법에 규정된 반국가적 범죄로서 금고 이상의 형을 선고받고 그 형의 집행을 종료하지 아니한 자 또는 그 집행을 종료하거나 집행을 받지 않기로 확정한 후 **5년이 경과하지 아니한 자**가 다시 국가보안법상의 일정한 범죄를 범한 때에는 그 죄에 대한 **법정최고형을 일률적으로 사형으로 규정**하고 있다(제13조).
	관련 판례	반국가적 범죄를 반복하여 저지른 자에 대한 법정형의 최고를 사형으로 하도록 규정한 국가보안법 제13조를 다시 범한 죄가 '찬양·고무등죄'인 경우에도 법정형의 최고를 사형으로 하도록 규정한 부분은 비례의 원칙에 반한다(헌재결 2002.11.28, 2002헌가5).
자격정지 병과		(유기)징역형을 선고할 때에는 그 형의 장기 이하의 자격정지를 병과할 수 있다. 12·13. 채용, 12. 경간, 17. 승진
몰수·추징 및 압수물의 특별처분		본법의 범인이 범행의 보수를 받았을 때에는 필요적으로 몰수하며, 불기소처분시에도 압수물을 환부하지 않고 폐기 또는 국고 귀속을 명할 수 있다. 08. 경간

(3) 수사의 효율성 확보

형의 특별감면 (제16조) 12·17·18. 경간, 13·14. 채용, 14·15. 승진	① 형의 감면사유를 일반형법보다 확대하거나 필요적으로 감면하도록 함으로써 범인의 자수를 유도하거나 고발을 촉진하도록 유도하고 있다. ② **필요적 감면**: 타인의 범행을 **고발·방해**하였을 때, 범인이 **자수**하였을 때에는 그 형을 감경 또는 면제한다.
참고인의 구인과 유치 09·10·14·15. 승진, 10·12·13·15. 경간 12·14. 채용	① 검사 또는 사법경찰관으로부터 이 법에 정한 죄의 참고인으로 출석을 요구받은 자가 정당한 이유없이 **2회 이상** 출석요구에 불응한 때에는 관할 법원판사의 구속영장을 발부받아 구인할 수 있다. 22. 경간 ② 구속영장에 의하여 참고인을 구인하는 경우에 필요한 때에는 근접한 경찰서 기타 적당한 장소에 임시로 유치할 수 있다.
피의자 구속기간의 연장(제19조) 09. 승진, 09·12. 채용, 18. 경간	① 지방법원판사는 제3조 내지 제10조의 죄로서 사법경찰관이 검사에게 신청하여 검사의 청구가 있는 경우에 수사를 계속함에 상당한 이유가 있다고 인정한 때에는 형사소송법 제202조의 구속기간의 연장을 1차에 한하여 허가할 수 있다. 즉, **사법경찰관의 구속기간은 1차, 검사의 구속기간은 2차**에 한하여 **각각 10일씩** 연장을 허가할 수 있다. 따라서 사법경찰관은 최장 20일, 검사는 최장 30일 구속할 수 있어 총 50일간 구속수사가 가능하다. ② 찬양·고무죄(제7조)와 불고지죄(제10조)의 경우에는 **위헌판결**을 받아 구속기간의 연장이 불가능하다. 즉, 일반형사사범과 같이 취급한다. ③ 특수직무유기죄(제11조)와 무고·날조죄(제12조)는 법조문상 구속기간 연장의 대상이 아니다.
공소보류 09·12·14. 채용, 14·18. 승진, 15. 경간	① 검사는 이 법의 죄를 범한 자에 대하여 범인의 연령, 성행 등을 참작하여 공소제기를 보류할 수 있다. 이때 공소보류를 받은 자가 공소의 제기 없이 **2년**을 경과한 때에는 소추할 수 없다. 국가보안법상 공소보류의 기간은 해당 범죄에 따른 공소시효의 차이 없이 항상 2년이다. ② 공소보류를 받은 자가 **법무부장관이 정한 '감시·보도에 관한 규칙'**에 위반한 때에는 공소보류를 취소할 수 있다. ③ 공소보류가 취소된 경우에는 '재구속의 제한규정(형사소송법)'에도 불구하고, 동일한 범죄사실로 재구속·소추를 할 수 있다.

(4) 국가보안법상 형의 감경과 면제

임의적 감면	필요적 감면
① 단순(기타)편의제공죄(제9조) 　➡ 본범과 친족관계에 있을 때 ② 특수직무유기죄(제11조) 　➡ 본범과 친족관계에 있을 때	① 불고지죄(제10조) ➡ 본범과 친족관계에 있을 때 ② 자수한 때(제16조) ③ 고발·방해한 때 ➡ 국가보안법상의 죄를 범한 타인의 범행을 고발·방해하였을 때

4. 반국가단체의 구성등죄(제3조) :A급: 10·13. 채용, 12·13. 경간, 14·18. 승진

의의		반국가단체를 구성하거나 이에 가입하거나 타인에게 가입할 것을 권유함으로써 성립한다.
요건	주체	누구든지(내·외국인, 기존 반국가단체의 구성원 등) 가능하다.
	행위	① 구성(예비·음모처벌, 미수처벌), 가입(예비·음모처벌, 미수처벌) – **일정한 시간적 계속×** ② **가입권유(미수만 처벌)**
	주관적 요건	① 행위시에 반국가단체라는 점에 대한 인식이 있을 것 ② 반국가단체의 구성·가입·가입권유에 대한 고의가 있을 것
처벌	특징	필요적 공범으로 행위자의 **지위와 역할의 차이**에 따라 법정형의 **구별**을 두고 있다. ① 수괴의 임무에 종사하는 자는 **사형 또는 무기징역**에 처한다. 　➜ 수괴의 임무에 종사한 자: 반국가단체의 구성이나 목적수행을 위한 일체의 행위에 대하여 이를 총지휘, 통솔하는 최고 책임자의 지위에 있는 자 ② 간부 기타 지도적 임무에 종사한 자는 **사형·무기 또는 5년 이상의 징역**에 처한다. 　➜ 간부: 수괴를 보좌하여 단체의 목적수행을 위한 활동의 전부 또는 일부를 지휘하는 자 　➜ 지도적 임무를 종사한 자: 지위여하를 불문하고 실제에 있어서 단체를 위해 중요한 역할이나 활동을 한 자 ③ 그 이외의 자는 2년 이상의 유기징역에 처한다.

5. 목적수행죄(제4조) :B급:

의의 11. 승진, 17. 경간		**정부를 참칭하거나 국가를 변란할 목적으로 조직**된 결사·집단의 구성원 또는 그 지령을 받은 자가 그 결사·집단의 **목적수행**을 위하여 자행하는 간첩·인명살상·시설파괴 등의 범죄를 중하게 처벌하기 위하여 마련
형법과의 관계		① 목적수행죄도 형법범에 대한 **특별법적 성격**을 가진다. ② 목적수행죄는 대부분 **형법보다 법정형을 가중**한다. ③ 국가보안법은 같은 죄질에 속하는 한 **법정형을 통일**하여 규정한다. 　↔ 형법은 유형에 따라 법정형에 차등을 두고 있다.
행위주체		반국가단체의 구성원 또는 그 지령을 받은 자만 성립가능하므로 행위 주체에 제한이 있다.
행위유형 11. 채용	제1호	외환의 죄, **존속살해**, **강도살인**, 강도치사 등
	제2호	**간첩죄**, 간첩방조죄, **국가기밀 탐지·수집·누설** 등
	제3호	**소요**, 폭발물사용, 도주원조, 방화, 일수, 음용수사용방해, 통화위조, 살인, 강도 등
	제4호	**중요시설파괴**, **약취·유인**, 항공기·무기 등의 이동·취거
	제5호	**유가증권위조**, 상해, 국가기밀서류, 물품의 손괴·은닉 등
	제6호	선동·선전, 허위사실 날조·유포

6. 자진지원죄(제5조 제1항) B급 18. 승진

의의	① 본죄는 반국가단체의 **구성원 또는 그 지령을 받은 자 이외의 자가** 반국가단체나 그 구성원 또는 그 지령을 받은 자를 **지원할 목적으로** 자진(自進)하여 외환유치·간첩·소요·중요시설파괴·유가증권위조·선동 등의 행위를 함으로써 성립하는 범죄 ② 입법취지: 소위 자생적 공산주의자 등이 사전 의사연락 없이 반국가단체나 그 구성원 또는 그 지령을 받은 자 등을 지원하기 위해 반국가적인 행위를 하는 사례를 차단하기 위한 목적이다.
주체	반국가단체의 구성원 또는 그 지령을 받은 자를 제외한 모든 사람 ➡ 행위 주체에 제한이 있다. 17. 경간, 18. 승진
행위태양	① 자진하여 반국가단체의 **구성원 또는 그 지령을 받은 자와 아무런 의사연락 없이** 자기 스스로의 의사에 의하여 범행 ② 「국가보안법」 제4조 제1항 각 호에 규정된 행위
주관적 요건	① 자진하여 제4조 제1항 각 호에 규정된 행위를 한다는 인식 ② 반국가단체나 그 구성원 또는 그 지령을 받은 자를 지원한다는 목적 ➡ 목적의 달성 여부는 본죄의 성립과 무관
처벌	① 제4조 제1항의 예에 의하여 처벌 ② 미수, 예비, 음모를 처벌

7. 금품수수죄(제5조 제2항) B급 11·18·19. 승진

의의	국가의 존립·안전이나 자유민주적 기본질서를 위태롭게 한다는 정을 알면서 반국가단체의 **구성원 또는 그 지령을 받은 자로부터 금품을 수수함**으로써 성립하는 범죄
주체	제한이 없다.
객체	① 반국가단체의 구성원 또는 그 지령을 받은 자로부터 금품을 수수하는 것 ② 금품은 사람의 수요나 욕망을 충족시킬 수 있는 일체의 물건 또는 이익
주관적 요건	① 국가의 존립, 안전이나 자유민주적 기본질서를 **위태롭게 한다는 정을 알아야** 한다. ② 금품을 제공하는 **상대방이 반국가단체의 구성원이나 그 지령을 받은 자임을 알아야** 한다. ③ 수수가액이나 가치는 물론 그 의도나 목적은 가리지 아니한다. 「국가보안법」 제5조 제2항(금품수수죄)은 주관적 구성요건으로서 국가의 존립·안전이나 자유민주적 기본질서를 위태롭게 한다는 정을 알아야 하나 **금품수수의 목적이나 의도가 대한민국을 해할 의도가 있어야 하는 것은 아니라**는 것이 판례의 태도이다(대판 1995.9.26. 95도1624). 12. 승진
처벌	① 기수범은 7년 이하의 징역에 처한다. ② 미수범 처벌 ③ 예비·음모는 불벌

8. 잠입 · 탈출죄(제6조) C급 10 · 19. 승진

의의		국가의 존립 · 안전이나 자유민주적 기본질서를 위태롭게 한다는 정을 알면서 반국가단체의 지배하에 있는 지역으로부터 **잠입(북한 ➡ 한국)**하거나 그 지역으로 **탈출(한국 ➡ 북한)**함으로써 성립한다. 12. 승진
주체		제한 없다.

행위태양		① 반국가단체의 지배하에 있는 지역(예 북한지역, 외국에 있는 북한공관, 안전가옥, 공작선 등)으로부터 잠입하거나 탈출하는 것
		② 잠입의 기수시기
		    ㉠ 육로: 휴전선 월경시
		    ㉡ 해상 · 공중: 영해 · 영공침해시

주관적 요건		① 국가의 존립, 안전이나 자유민주적 기본질서를 위태롭게 한다는 정을 알면서 행했을 것 ② 잠입 · 탈출 행위 자체에 대한 인식이 있을 것
특수잠입 · 탈출죄	의의	반국가단체나 그 구성원의 **지령**을 받거나 받기 위하여 또는 그 **목적수행을 협의**하거나 협의하기 위하여 잠입하거나 탈출함으로써 성립한다. 19. 승진
	주체	제한 없다.
	행위	① 지령은 지시와 명령을 의미 ② 수단 · 방법에는 제한 없다. ③ 상하관계를 전제하지 않는다. ④ 본죄는 반국가단체의 지배하에 있는 지역이 아니라도 무방하다.
	주관적 요건	① 지령을 받거나 목적수행을 협의하기 위해 대한민국이 지배하는 지역에 들어오거나 그 지역으로부터 이탈한다는 인식이 있을 것 ② 지령을 받고 잠입하는 경우에는 지령을 받는 것만으로는 부족하고 그 지시사항을 실천할 의사와 목적이 있어야 한다.

9. 찬양 · 고무등죄(제7조) C급

찬양 · 고무 · 선전 · 동조죄 (제1항)	의의	국가의 존립 · 안전이나 자유민주적 기본질서를 위태롭게 한다는 정을 알면서 반국가단체나 그 구성원 또는 그 지령을 받은 자의 활동을 찬양 · 고무 · 선전 또는 이에 동조하거나 국가변란을 선전 · 선동함으로서 성립한다.
	주체	제한 없다.
	행위태양	① 찬양 · 고무 · 선전 · 동조행위 ② 국가변란 선전 · 선동행위
	공통요건	① 행위의 내용이 객관적으로 국가의 존립 · 안전이나 자유민주적 기본질서를 위태롭게 할 위험성이 있는 경우에만 본죄가 성립한다. ② 행위의 일부에 반국가단체의 활동을 찬양 · 동조하거나 국가변란을 선전 · 선동하는 내용이 포함되어 있어도 처벌 가능하다. ③ 특정 또는 불특정인이 인식할 수 있는 상태하에서 행해져야 한다.
	주관적 요건	국가의 존립 · 안전이나 자유민주적 기본질서를 위태롭게 한다는 정을 알 것

이적단체 구성·가입죄 (제3항)	의의	이적찬양·고무·선전·선동 또는 국가변란 선전·선동행위를 목적으로 하는 단체를 구성하거나 이에 가입함으로써 성립한다.
	주체	제한 없다.
	행위	반국가단체나 그 구성원 또는 그 지령을 받은 자의 활동을 찬양·고무·선전·동조 또는 국가변란 선전·선동의 행위를 목적으로 하는 단체를 구성하거나 이에 가입함으로써 성립한다. → 가입권유(×)
	주관적 요건	① 국가의 존립, 안전이나 자유민주적 기본질서를 위태롭게 한다는 인식 ② 이적동조 등 행위를 목적으로 단체를 구성하거나 그러한 목적으로 가입한다는 인식
	처벌	① 처벌의 강화: 본죄의 행위는 예비·음모단계에 불과하나 그 위험성이 더욱 크기 때문에 1년 이상의 유기징역에 처하도록 하여 오히려 처벌을 강화하고 있다. ② 필요적 공범: 본죄는 필요적 공범의 일종으로서 반국가단체의 구성·가입죄와는 달리 **행위자의 지위와 역할의 차이에 따른 법정형의 구별을 두고 있지 않다.** ③ **미수범 처벌**: 본죄의 미수범은 처벌 ④ **예비·음모의 처벌**: 국가보안법 제7조의 죄 중에서는 유일하게 그 예비·음모행위도 처벌
이적단체 구성원의 허위사실 날조·유포죄 (제4항)	의의	이적단체의 구성원이 사회질서의 혼란을 조성할 우려가 있는 사항에 대하여 허위사실을 날조·유포함으로써 성립한다.
	주체	이적단체의 구성원에 한하여 성립 가능하므로 행위주체에 제한이 있다.
	행위	① 사회질서가 혼란될 우려가 있는 허위의 사실의 날조·유포 ② '허위사실'은 객관적 진실에 맞지 않는 사실로 건전한 사회생활을 하는데 혼란을 초래할 가능성이 있는 것이면 충분하다. ③ '날조'란 전혀 없는 사실을 마치 있는 것처럼 조작하는 것 ④ '유포'란 불특정 또는 다수인에게 전파하는 것
	주관적 요건	허위사실을 날조·유포한다는 인식이 있어야 한다.
안보위해문건 제작등죄 (제5항) 11. 승진	의의	제7조 제1항·제3항·제4항의 행위를 할 목적으로 문서·도화 기타의 표현물을 제작·수입·복사·소지·운반·반포·판매 또는 취득함으로써 성립한다.
	주체	제한 없다.
	객체	① 문서·도화 기타의 표현물이며 기타의 표현물에는 컴퓨터 디스켓, 영화·사진의 필름, 음반 등이 해당한다. ② 문서는 형법상의 개념과는 다르며, 명의의 유무를 불문하며 초고, 초안, 사본 등도 해당한다.
	행위	문서·도화 기타의 표현물을 제작·수입·복사·소지·운반·반포·판매·취득
	주관적 요건	① 해당 표현물의 이적성을 인식한 것만으로는 부족하다. ② 제7조 제1항·제3항·제4항의 이적행위를 할 목적이 인정되어야 한다.

10. 회합·통신등죄(제8조) C급 19. 승진

개념	본죄는 국가의 존립·안전이나 자유민주적 기본질서를 위태롭게 한다는 정을 알면서 반국가단체의 구성원 또는 그 지령을 받은 자와 회합·통신 기타의 방법으로 연락함으로써 성립하는 범죄
주체	제한 없다.
행위	① 회합: 2인 이상이 일정한 장소에서 만나는 것 ② 통신: 우편·전신·전화 등을 통하여 서로의 의사를 전달하는 것 ③ 기타 방법: 회합, 통신 외의 방법으로 의사를 전달하는 일체의 행위
주관적 요건	① 국가의 존립·안전이나 자유민주적 기본질서를 위태롭게 한다는 점에 대한 인식 ② 상대방이 반국가단체의 구성원 또는 그 지령을 받은 자라는 점에 대한 인식 ③ 반국가단체의 구성원 등과 회합·통신 등 연락한다는 점에 대한 인식 ④ 단순한 신년인사나 안부편지는 본죄를 구성하지 아니한다.

11. 편의제공죄(제9조) B급 11. 승진

개념	국가보안법상 제3조 내지 제8조의 죄(반국가단체 구성·가입·가입권유, 목적수행, 자진지원, 금품수수, 잠입·탈출, 찬양·고무 등, 회합·통신)를 범하거나 범하려고 하는 자에게 유형 또는 무형의 편의를 제공하여 그들의 목적수행활동을 용이하게 함으로써 성립하는 범죄
주체	제한 없다.
객체	① 국가보안법 제3조(반국가단체 구성등) ② 동법 제4조(목적수행) ③ 동법 제5조(자진지원·금품수수) ④ 동법 제6조(잠입·탈출) ⑤ 동법 제7조(찬양·고무등) ⑥ 동법 제8조(회합·통신등)의 죄를 범하거나 범하려는 자
행위태양	① 총포·탄약·화약 기타 무기의 제공(제1항) ② 금품 기타 재산상의 이익 제공(제2항 본문 전문) ③ 잠복·회합·통신·연락을 위한 장소의 제공(제2항 본문 중단) ④ 기타의 방법으로 편의 제공(제2항 본문 후단)
주관적 요건	① 상대가 국가보안법 제3조부터 제8조까지의 죄를 범하려는 자라는 정을 인식 ② 그에게 편의를 제공한다는 사실에 대한 인식
처벌	① 제1항·제2항 모두 미수범을 처벌 ② 단순(기타) 편의제공(제2항)은 행위자와 편의제공을 받은 상대방 사이에 **친족관계가 있는 때는 형을 감형 또는 면제할 수 있으나**(임의적 감면), 무기류 등의 편의제공(제1항)은 감면 안 된다.

12. 불고지죄(제10조) [A급] 09·11·12·14. 채용, 10·11·14·19. 승진, 12·13. 경간

의의	반국가단체를 구성하거나 반국가단체에 가입한 자 또는 그 구성원 및 그들로부터 지령을 받은 자의 일정한 범죄행위 또는 그들에 대한 자진지원 행위를 알면서도 그 사실을 수사기관이나 정보기관에 신고하지 않음으로써 성립하는 범죄
입법취지	국가보안법 위반 범인에 대한 불가비호성(不可庇護性)에 있다.
성격	**진정부작위범**
주체	제한 없다.

객체	① 국가보안법은 다음의 범죄를 범한 자를 객체로 한다.
	    ㉠ 반국가단체의 구성·가입·가입권유죄(제3조)
	    ㉡ 목적수행죄(제4조)
	    ㉢ 자진지원죄(제5조 제1항), 자진지원 미수죄(제5조 제3항), 자진지원 예비·음모죄(제5조 제4항)
	② 불고지죄의 대상이 아닌 범죄는 그것이 비록 국가안위를 위태롭게 하거나 국가보안법에 규정된 행위라 하더라도 본죄의 대상이 되지 않는다.

행위태양	① 수사기관이나 정보기관에 신고하지 아니함으로서 성립한다. ② 고지의 수단, 방법에는 제한 없다.
처벌	국가보안법 중 유일하게 그 법정형에 벌금형을 규정하고 있다. ➡ 5년 이하의 징역 **또는** 200만원 이하의 **벌금**
친족간의 특례	본범과 친족관계가 있을 때에는 그 형을 감경 또는 면제한다(필요적 감면).

13. 특수직무유기죄(제11조) [B급] 18. 승진

개념	**범죄수사** 또는 **정보의 직무**에 종사하는 **공무원**이 국가보안법에 규정된 죄를 범한 자라는 것을 인지하고도 그 직무를 유기하기 위하여 수사 등 필요한 조치를 취하지 않음으로써 성립하는 범죄
주체	범죄수사 또는 정보의 직무에 종사하는 공무원만이 본죄의 주체가 되므로 행위주체에 제한이 있다.
객체	국가보안법의 죄를 범한 자
행위태양	직무를 유기
주관적 요건	① 국가보안법 위반죄를 범한 자라는 정을 알 것 ② 직무유기를 인식
친족간의 특례	본범과 친족관계가 있을 때는 그 형을 감경 또는 면제할 수 있다(임의적 감면).

14. 무고·날조죄(제12조) [C급] 15. 승진

개념	타인으로 하여금 **형사처분을 받게 할 목적**으로 국가보안법에 규정된 죄에 대하여 무고·위증을 하거나 증거를 날조·인멸·은닉하는 행위를 함으로써 성립하는 범죄(목적범)
주체	① 제1항(일반 무고·날조): 제한 없다. ② 제2항(직권남용 무고·날조): 범죄수사 또는 정보의 직무에 종사하는 공무원이나 이를 보조하는 자 또는 지휘하는 자만이 본죄의 주체가 되므로 행위주체에 제한이 있다.
행위태양	① 제1항(일반 무고·날조) ② 제2항(**직권남용 무고·날조**): 직권을 남용하여 국가보안법에 규정된 죄에 대해 무고·위증하거나 증거를 날조·인멸·은닉하는 행위
주관적 요건	① 고의 외에 타인을 형사처분을 받게 할 목적이 있어야 한다. ② 형사처분을 받게 할 목적이 유일한 목적일 필요는 없고 다른 목적과 결부되어 있어도 본죄 성립한다.

15. 국가보안법상 각 범죄의 행위주체 구분 [A급] 11. 승진, 14. 채용, 19. 경간

행위주체에 제한 있는 범죄	행위주체에 제한 없는 범죄
① **목적수행죄**(간첩죄)(제4조) 　➔ 반국가단체의 구성원 또는 지령을 받은 자 ② **자진지원죄**(제5조) 　➔ 반국가단체의 구성원 또는 그 지령을 받은 자를 **제외한** 모든 사람 ③ **이적단체구성원의 허위사실 날조·유포죄**(제7조 제4항) 　➔ 반국가단체를 이롭게 하는 것을 목적으로 하는 단체(이적단체)의 구성원 ④ **특수직무유기죄**(제11조) 　➔ 범죄수사 또는 정보의 직무에 종사하는 공무원 ⑤ **직권남용 무고, 날조죄**(제12조 제2항) 　➔ 범죄수사 또는 정보의 직무에 종사하는 공무원이나 이를 보조하는 자 또는 이를 지휘하는 자	① 반국가단체구성죄(제3조) ② 금품수수죄(제5조) ③ 잠입·탈출죄(제6조) ④ 이적동조죄(제7조) ⑤ 이적단체구성·가입죄(제7조 제3항) ⑥ 불고지죄(제10조) ⑦ 이적표현물제작등(제7조 제5항) ⑧ 회합·통신죄등(제8조) ⑨ 편의제공죄(제9조) ⑩ 무고, 날조죄(제12조)

16. 국가보안법상 '이적지정'을 요건으로 하는 범죄 [C급] 18. 승진

① **금품수수죄**: 국가의 존립·안전이나 자유민주적 기본질서를 위태롭게 한다는 정을 알면서 반국가단체의 구성원 또는 그 지령을 받은 자로부터 **금품을 수수**한 자는 7년 이하의 징역에 처한다(제5조 제2항).
② **잠입·탈출죄**: 국가의 존립·안전이나 자유민주적 기본질서를 위태롭게 한다는 정을 알면서 반국가단체의 지배하에 있는 지역으로부터 **잠입**하거나 그 지역으로 **탈출**한 자는 10년 이하의 징역에 처한다(제6조 제1항).
③ **찬양·고무등죄**: 국가의 존립·안전이나 자유민주적 기본질서를 위태롭게 한다는 정을 알면서 반국가단체나 그 구성원 또는 그 지령을 받은 자의 활동을 **찬양·고무·선전** 또는 이에 **동조**하거나 국가변란을 선전·선동한 자는 7년 이하의 징역에 처한다(제7조 제1항).

④ **회합 · 통신등죄**: 국가의 존립 · 안전이나 자유민주적 기본질서를 위태롭게 한다는 정을 알면서 반국가단체의 구성원 또는 그 지령을 받은 자와 회합 · 통신 기타의 방법으로 연락을 한 자는 10년 이하의 징역에 처한다(제8조 제1항).

17. 상금 및 보로금 :C급:

상금 (제21조)	① 이 법의 죄를 범한 자를 수사기관 또는 정보기관에 통보하거나 체포한 자에게는 대통령령이 정하는 바에 따라 상금을 지급한다. 18. 채용, 22. 경간 ② 이 법의 죄를 범한 자를 인지하여 체포한 수사기관 또는 정보기관에 종사하는 자에 대하여도 같다. ③ 이 법의 죄를 범한 자를 체포할 때 반항 또는 교전상태하에서 부득이한 사유로 살해하거나 자살하게 한 경우에도 상금을 지급할 수 있다.
보로금 (제22조)	① 압수물이 있는 때에는 상금을 지급하는 경우에 한하여 그 압수물 가액의 2분의 1에 상당하는 범위 안에서 보로금을 지급할 수 있다. ② 반국가단체나 그 구성원 또는 그 지령을 받은 자로부터 금품을 취득하여 수사기관 또는 정보기관에 제공한 자에게는 그 가액의 2분의 1에 상당하는 범위 안에서 보로금을 지급할 수 있다. 반국가단체의 구성원 또는 그 지령을 받은 자가 제공한 때에도 또한 같다. ③ 보로금의 청구 및 지급에 관하여 필요한 사항은 대통령령으로 정한다. 18. 채용
국가보안유공자 심사위원회 (제24조)	상금과 보로금의 지급 및 보상대상자를 심의 · 결정하기 위하여 법무부장관소속하에 국가보안유공자 심사위원회를 둔다. 18. 채용

10 보안관찰법 [시행 2020.8.5.]

1. 보안관찰처분의 절차 개관 :A급: 17 · 18. 승진

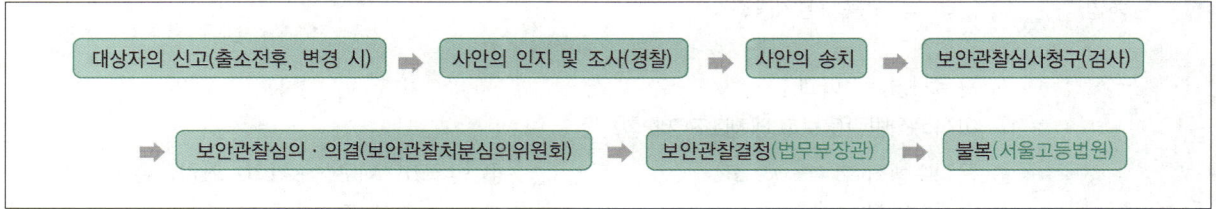

2. 보안관찰처분의 개념 및 대상자 [A급]

개념	① 보안관찰처분이란 재범의 위험성 예방과 건전한 사회복귀를 촉진하고 국가의 안전과 사회의 안녕유지를 목적으로 보안관찰이 필요한 자에 대하여 **보안관찰처분심의위원회의 심의·의결을 거쳐 법무부장관이 행하는 행정처분**을 말한다. 11. 채용, 13. 경간 ② 보안관찰처분은 보안처분의 일종으로 본질, 추구하는 목적 및 기능에 있어 형벌과는 다른 독자적 의의를 가진 사회보호적 처분이므로 형벌과 병과하여 선고한다고 해서 일사부재리 원칙에 위반하였다고 할 수 없다. 21. 경간
보안관찰처분 대상자	보안관찰해당범죄 또는 이와 경합된 범죄로 금고 이상의 형의 선고를 받고 그 형기 합계가 3년 이상인 자로서 형의 **전부 또는 일부**의 집행을 받은 사실이 있는 자를 말한다. 10·11·12·13·14·15·16·17. 채용, 10·11·13·19. 승진, 11·13. 경간, 18. 지능

3. 보안관찰 해당범죄(보안관찰법 제2조) [A급] 09·14. 경간, 10·14·17. 채용, 10·11·18·19. 승진

구분	해당범죄	제외범죄
형법	① 내란목적살인죄 ② 외환유치죄 ③ 여적죄 ④ 모병이적죄 ⑤ 시설제공이적죄 ⑥ 시설파괴이적죄 ⑦ 물건제공이적죄 ⑧ 간첩죄 및 동죄의 미수범과 예비·음모·선전·선동죄	① 내란죄 10·17. 채용, 18. 승진 ② 일반이적죄 10·17. 채용, 18. 승진 ③ 전시군수계약불이행죄 10·17. 채용, 18. 승진
군형법	① 반란죄 ② 반란목적군용물탈취죄 ③ **일반이적죄** 17. 채용, 18. 승진 ④ 군대 및 군용시설제공죄 ⑤ 간첩죄 ⑥ 군용시설 등 파괴 ⑦ **이적목적반란불보고죄(제9조 제2항)** 등	단순반란불보고죄(제9조 제1항) 11. 승진
국가보안법	① 목적수행죄 17. 채용, 18. 승진 ② 자진지원죄 17. 채용 ③ 금품수수죄 17. 채용 ④ 잠입·탈출죄 18. 승진 ⑤ 총포·탄약·무기 등 편의제공죄 등	① 반국가단체구성·가입·가입권유죄 ② 찬양·고무죄 ③ 회합·통신죄 ④ 불고지죄 ⑤ 특수직무유기죄 ⑥ 무고날조죄 ⑦ 단순(기타)편의제공죄

4. 보안관찰처분의 기간 및 갱신 [A급] 10·11·13·14·15. 채용, 11·13·15. 승진, 13·14·21. 경간, 18. 지능, 19. 법학

기간	2년
갱신	① **갱신기간 및 횟수**: **갱신된 기간**은 **2년**이며, 갱신횟수는 **제한이 없다**. ② **경찰서장의 조치**: 경찰서장은 **처분만료 3월 전**까지 용의자 동태조사서를 4부를 작성하여 경찰청, 시·도경찰청, 검찰청에 각 1부씩 송부 ③ **검사의 갱신청구**: 검사는 **기간만료 2월 전**까지 **법무부장관**에게 기간갱신을 청구
기간계산	보안관찰처분의 기간은 보안관찰처분 결정을 집행하는 날부터 계산 ➡ 초일 산입(○)
진행정지	다음의 경우에는 보안관찰처분의 기간은 그 진행이 정지된다. ① 보안관찰처분의 **집행중지결정**(검사가 결정한 후 법무부장관에게 보고)이 있는 때 ② 징역·금고·구류·노역장유치 중에 있는 때 ③ 「사회보호법」에 의한 감호의 집행 중에 있는 때 또는 「치료감호법」에 의한 **치료감호의 집행 중에 있는 때**

5. 보안관찰처분대상자와 피보안관찰자의 신고 [A급] 09. 승진, 12·13·14·17. 채용, 18. 지능

신고 종류		
	대상자 신고	① **교도소 내 신고**: 보안관찰처분대상자는 그 형의 집행을 받고 있는 교도소등에서 **출소 전에 교도소등의 장을 경유하여 거주예정지 관할 경찰서장에게 신고**하여야 한다. 16. 채용 ② 거주예정지 관할 경찰서장의 조치 　㉠ 신고서를 송부받은 거주예정지 관할 경찰서장은 보안관찰처분대상자가 출소 후 거주예정지에 거주하지 아니할 것이 명백한 때에는 지체 없이 그 사유를 교도소 등의 장에게 통보하여야 한다. 16. 채용 　㉡ 교도소등의 장으로부터 대상자의 출소통보를 받은 때에는 보안관찰처분 대상자 관리부에 그 내용을 기재하여야 한다.
	대상자의 출소사실 신고	① **신고기간**: 보안관찰처분대상자는 **출소 후 7일 이내**에 그 거주예정지 **관할 경찰서장**에게 출소사실을 신고하여야 한다. 16·17. 채용, 18. 지능 ② 관할 경찰서장의 조치: 신고서를 접수한 거주예정지 관할 경찰서장은 신고인에게 신고필증을 교부하고, 지체 없이 이를 그 거주예정지 또는 주거지 관할 검사에게 보고하여야 한다. ③ 교도소등의 장은 보안관찰처분대상자가 생길 때에는 **지체 없이 보안관찰처분심의위원회와 거주예정지를 관할하는 검사 및 경찰서장에게 통고**하여야 한다. 16. 채용
	대상자 신고의 변동사항 신고	① **사후신고**: 보안관찰처분대상자는 교도소등에서 출소한 후 신고사항에 변동이 있을 때에는 **변동이 있는 날부터 7일 이내**에 그 변동된 사항을 **관할 경찰서장**에게 신고하여야 한다. 16·17. 채용 ② **사전신고**: 거소제공을 받은 자가 **주거지를 이전**하고자 할 때에는 **미리 관할 경찰서장**에게 **신고**를 하여야 한다.

	피보안
	관찰자의
	신고
		① 보안관찰처분을 받은 자(피보안관찰자)는 보안관찰처분결정고지를 받은 날부터 **7일 이내**에 일정한 사항을 주거지를 관할하는 지구대 또는 파출소의 장(지구대·파출소장)을 거쳐 관할경찰서장에게 신고하여야 한다. 17. 채용, 17. 경간
		② 피보안관찰자는 보안관찰처분결정고지를 받은 날이 속한 달부터 **매 3월**이 되는 달의 말일까지 다음 각 호의 사항을 지구대·파출소장을 거쳐 관할경찰서장에게 신고하여야 한다. 17. 채용, 17. 경간
		  1. 3월간의 주요활동사항
		  2. 통신·회합한 다른 보안관찰처분대상자의 인적사항과 그 일시, 장소 및 내용
		  3. 3월간에 행한 여행에 관한 사항(신고를 마치고 중지한 여행에 관한 사항을 포함한다)
		  4. 관할경찰서장이 보안관찰과 관련하여 신고하도록 지시한 사항
		③ 피보안관찰자는 **신고사항에 변동이 있을 때에는 7일 이내**에 지구대·파출소장을 거쳐 관할경찰서장에게 신고하여야 한다. 피보안관찰자가 신고를 한 후 거소제공을 받거나 거소가 변경된 때에는 제공 또는 변경된 거소로 이전한 후 **7일** 이내에 지구대·파출소장을 거쳐 관할경찰서장에게 신고하여야 한다.
		④ 피보안관찰자가 **주거지를 이전하거나 국외여행 또는 10일 이상 주거를 이탈하여 여행하고자 할 때에는 미리** 거주예정지, 여행예정지 기타 대통령령이 정하는 사항을 지구대·파출소장을 거쳐 관할경찰서장에게 신고하여야 한다.

미신고자 처리	경찰서장의 조치	거주예정지 관할 경찰서장은 출소한 보안관찰처분대상자가 **신고기간 내(7일 이내)**에 신고를 하지 아니한 때에는 지체 없이 이를 거주예정지 관할검사에게 보고하여야 한다.
	검사의 조치	보안관찰처분대상자가 신고를 불이행할 경우 거주예정지 관할검사는 신고를 적극 유도하고 계속 신고를 거부하는 때에는 특별한 사정이 없는 한 지체 없이 보안관찰처분청구를 함과 동시에 보안관찰법 위반으로 입건·수사하여야 한다.

6. 보안관찰처분의 청구 B급 12·13·17. 채용, 18. 승진

청구권자	**검사는** 사안의 조사를 종결한 때에는 **법무부장관에게 보안관찰처분청구**를 하여야 한다. 다만, 보안관찰처분청구의 필요가 없다고 인정하는 경우에는 그 청구를 하지 아니하는 조치를 할 수 있다.
청구방법	검사가 처분청구서를 제출할 때에는 청구의 원인이 되는 사실을 증명할 수 있는 자료와 의견서를 첨부하여야 한다.
송달	① 검사는 보안관찰처분청구를 한 때에는 지체 없이 **처분청구서등본**을 피청구자에게 **송달**하여야 한다. ② 송달에 관하여는 민사소송법 중 송달에 관한 규정을 준용한다.

7. 보안관찰처분 사안의 조사 [C급] 13. 승진

조사	① 검사는 보안관찰처분청구를 위하여 필요한 때에는 **보안관찰처분대상자, 청구의 원인이 되는 사실과 보안관찰처분을 필요로 하는 자료**를 조사할 수 있다. ② **사법경찰관리와 특별사법경찰관리**는 검사의 지휘를 받아 제1항의 규정에 의한 조사를 할 수 있다. **관련 조문** **보안관찰법 시행규칙** **제30조【송치 후의 조사등】** ① 사법경찰관리는 사안송치 후 조사를 계속하고자 하는 때에는 **미리 주임검사의 지휘를 받아야 한다.** 12. 승진 ② 사법경찰관리는 사안송치 후 당해사안에 속하는 용의자의 다른 재범의 위험성을 발견한 때에는 즉시 주임검사에게 보고하고 그 지휘를 받아야 한다.
조사 범위	검사 또는 사법경찰관리(특별사법경찰관리를 포함한다. 이하 같다)는 법 제9조의 규정에 의한 조사를 위하여 필요한 경우에는 다음의 조치를 할 수 있다. 1. 보안관찰처분대상자 또는 그 관계인에 대한 출석요구, 자료제출 요구 2. 감정 · 통역이나 번역의 위촉 3. 공무소 기타 공 · 사단체에 대한 조회와 자료 제출 요구
조사시 유의사항	① **비밀의 유지 및 명예훼손 금지(시행규칙 제13조)**: 검사 및 사법경찰관리는 사안을 조사함에 있어 비밀을 유지하고, 용의자 기타 관계인의 명예를 훼손하지 않도록 하여야 한다. ② **조사의 회피(시행규칙 제14조)**: 검사 또는 사법경찰관리는 용의자 또는 그 관계인과 친족 기타 특별한 관계로 인하여 조사의 공정성을 잃거나 의심을 받을 염려가 있다고 인정되는 사안에 대하여는 **소속관서의 장의 허가를 받아 그 조사를 회피**하여야 한다.

8. 보안관찰처분 사안의 송치 [C급]

송치서류 작성	① 송치서류는 형사사건 기록과 같은 요령으로 작성 ② 의견서는 사법경찰관 명의로 작성
송치기간	사법경찰관리는 조사를 종결한 때에는 지체 없이 사안을 **관할검사장에게 송치**하여야 한다.
송치시 명의	사법경찰관리는 **사안을 송치하는 때에는 소속관서의 장의 명의**로 하여야 한다.
송치 후의 조사	① 사법경찰관리는 **사안송치 후 조사를 계속하고자 하는 때에는 미리 주임검사의 지휘를 받아야 한다.** ② 사법경찰리는 사안송치 후 당해 사안에 속하는 용의자의 다른 재범의 위험성을 발견한 때에는 즉시 주임검사에게 보고하고 그 지휘를 받아야 한다.

9. 보안관찰처분의 면제 [C급] 12. 채용, 12·18. 승진

면제요건	법무부장관은 보안관찰처분대상자 중 다음의 요건을 갖춘 자에 대하여는 **보안관찰처분을 하지 아니하는 결정**을 할 수 있다. 1. **준법정신**이 **확립**되어 있을 것 2. 일정한 주거와 생업이 있을 것 3. 대통령령이 정하는 **신원보증(2인 이상)**이 있을 것
면제 여부 결정	① **법무부장관**은 면제요건을 갖춘 보안관찰처분대상자의 신청이 있을 때에는 부득이한 사유가 있는 경우를 제외하고는 **3월 내**에 **보안관찰처분 면제 여부를 결정**하여야 한다. ② 검사는 면제요건의 1. 및 2.의 요건을 갖춘 보안관찰처분대상자의 정상을 참작하여 위험성이 없다고 인정되는 때에는 법무부장관에게 면제결정을 청구할 수 있다. ③ 면제결정을 받은 자가 그 면제결정요건에 해당하지 아니하게 된 때에는 검사의 청구에 의하여 법무부장관은 면제결정을 취소할 수 있다.
불복소송	면제결정 신청에 대한 기각결정을 받은 자가 그 결정에 이의가 있을 때에는 **그 결정이 있는 날부터 60일 이내**에 **서울고등법원**에 소를 제기할 수 있다. 21. 경간

10. 보안관찰처분의 결정 [A급] 11·12·13. 승진, 13. 경간, 18. 지능

결정권자	① **보안관찰처분**에 관한 결정은 **위원회의 의결**을 거쳐 **법무부장관**이 행한다. 18. 지능, 21. 경간 ② 법무부장관은 위원회의 의결과 다른 결정을 할 수 없다. 다만, 보안관찰처분대상자에 대하여 위원회의 의결보다 유리한 결정을 하는 때에는 위원회의 의결과 다른 결정을 할 수 있다. 21. 경간
결정형식	법무부장관의 결정은 이유를 붙이고 법무부장관이 기명·날인하는 문서로써 행한다.

보안관찰
처분심의위원회
11·12·17. 채용,
11·19. 경간, 19. 법학
	① 설치: **법무부**에 설치
	② 구성: **위원장 1인**과 **6인의 위원**으로 구성
	③ 위원장: **법무부차관**(사고가 있는 경우 미리 지정한 위원이 직무대행)
	④ 위원: 학식과 덕망이 있는 자로 하되, 그 **과반수**는 **변호사의 자격**이 있는 자이어야 한다.
	⑤ 위원의 임명: **법무부장관의 제청**으로 **대통령이 임명** 또는 위촉한다.
	⑥ 위원의 임기: **2년** ➡ 다만, 공무원인 위원은 그 직을 면한 때에는 위원의 자격을 상실한다.
	⑦ **심의·의결사항**
	
	    ㉠ 보안관찰처분 또는 그 기각의 결정
	    ㉡ 면제 또는 그 취소결정
	    ㉢ 보안관찰처분의 취소 또는 기간의 갱신결정
	
	⑧ 의결: 위원장을 포함한 **재적위원 과반수**의 출석으로 개의하고 **출석위원 과반수의 찬성**으로 의결한다.

불복	법무부장관의 결정을 받은 자가 그 결정에 이의가 있을 때에는 행정소송법이 정하는 바에 따라 그 **결정이 집행된 날부터 60일 이내**에 **서울고등법원**에 소를 제기할 수 있다.

11. 보안관찰처분의 집행 :A급: 09 · 11. 경간, 12. 승진, 12 · 14 · 17. 채용

집행	집행은 **결정서등본**을 첨부하여 검사가 서면으로 관할경찰서장에게 지휘하여 실시
집행의 개시	① 관할경찰서장이 보안관찰처분을 받은 자(피보안관찰자)에게 결정서등본을 교부한 때부터 집행이 개시된다. ② 피보안관찰자가 결정서등본의 수령을 거부하는 경우: 결정서 내용을 구두로 고지하였다는 취지 등을 기재한 보고서를 작성하여 사안기록에 편철하여야 하며, 이 경우 고지일이 집행기산일이 된다.
집행중지	**사유** 19. 법학	① 피보안관찰자가 도주한 때 ② 피보안관찰자 1월 이상 그 소재가 불명한 때
	결정절차	① 검사의 집행중지결정: 집행중지사유가 발생한 경우 관할 경찰서장이 검사에게 신청하고, 검사가 집행중지결정을 할 수 있다. ② 검사는 보안관찰처분의 집행중지 결정을 한 때에는 관할 경찰서장에게 보안관찰처분 집행중지결정의 집행지휘를 하고 지체 없이 이를 법무부장관에게 보고한다.
	결정효과	**보안관찰처분 기간의 진행정지**: 집행중지 결정일로부터 집행중지결정이 취소될 때까지 보안관찰처분 기간의 진행이 정지된다.
	결정의 취소	① 집행중지결정의 취소: 집행중지 사유가 소멸된 때에는 지체 없이 그 결정을 취소하여야 한다. ② 보안관찰처분의 재집행: 보안관찰처분의 재집행을 위하여 검사는 집행중지 결정 취소와 동시에 잔여기간에 대한 집행지휘를 하여야 한다.

12. 검사 및 사법경찰관리의 직무 :C급:

지도	① 피보안관찰자의 재범을 방지하고 건전한 사회복귀를 촉진하기 위한 제도 　㉠ 피보안관찰자와 긴밀한 접촉을 가지고 항상 그 행동 및 환경 등을 관찰하는 것 　㉡ 피보안관찰자에 대하여 신고사항을 이행함에 적절한 지시를 하는 것 　㉢ 기타 피보안관찰자가 사회의 선량한 일원이 되는데 필요한 조치를 취하는 것 ② 피보안관찰자의 재범방지를 위하여 특히 필요한 경우의 조치 　㉠ 보안관찰해당범죄를 범한 자와의 회합·통신을 금지하는 것 　㉡ 집단적인 폭행, 협박, 손괴, 방화 등으로 공공의 안녕 질서에 직접적인 위협을 가할 것이 명백한 집회 또는 시위 장소에의 출입을 금지하는 것 　㉢ 피보안관찰자의 보호 또는 조사를 위하여 특정장소에의 출석을 요구하는 것
보호	피보안관찰자가 자조의 노력을 함에 있어, 그의 개선과 자위를 필요하다고 인정되는 적절한 보호를 할 수 있다. ① 주거 또는 취업을 알선하는 것 ② 직업훈련의 기회를 제공하는 것 ③ 환경을 개선하는 것 ④ 본인의 건전한 사회복귀를 위하여 필요한 원조를 하는 것

응급구호	검사 및 사법경찰관리는 피보안관찰자에게 부상·질병 기타 긴급한 사유가 발생했을 때는 필요한 구호를 할 수 있다.
경고	검사 및 사법경찰관리는 피보안관찰자가 의무를 위반하였거나 위반할 가능성이 있다고 의심할 상당한 이유가 있는 때에는 그 이행을 촉구하고 형사처벌 등 불이익한 처분을 받을 수 있음을 경고할 수 있다.

13. 보안관찰처분 관련 벌칙 [C급]

① 보안관찰처분대상자 또는 피보안관찰자가 보안관찰처분 또는 보안관찰을 면탈할 목적으로 은신 또는 도주한 때에는 3년 이하의 징역에 처한다.
② 보안관찰처분대상자 또는 피보안관찰자를 은닉하거나 도주하게 한 자는 2년 이하의 징역에 처한다. 다만, **친족이 본인을 위하여 본문의 죄를 범한 때에는 벌하지 아니한다.**

11 남북교류협력에 관한 법률 [시행 2021.3.9.] [C급]

정의 (제2조)	출입장소	군사분계선 이북지역(북한)으로 가거나 북한으로부터 들어올 수 있는 군사분계선 이남지역(남한)의 항구, 비행장, 그 밖의 장소로서 대통령령으로 정하는 곳을 말한다.
	교역	남한과 북한간의 물품, 대통령령으로 정하는 용역 및 전자적 형태의 **무체물**(이하 "물품등"이라 한다)의 반출·반입을 말한다.
	반출·반입	매매, 교환, 임대차, 사용대차, 증여, 사용 등을 목적으로 하는 남한과 북한간의 물품등의 이동(단순히 제3국을 거치는 물품등의 이동을 포함한다)을 말한다. 19. 채용
	협력사업	남한과 북한의 주민(**법인·단체를 포함한다**)이 공동으로 하는 환경, 경제, 통계, 학술, 과학기술, 정보통신, 문화, 체육, 관광, 보건의료, 방역, 교통, 농림수산, 해양수산 등에 관한 모든 활동을 말한다.
다른 법률과의 관계 (제3조)		남한과 북한의 왕래·접촉·교역·협력사업 및 통신 역무(役務)의 제공 등 남한과 북한간의 상호 교류와 협력(이하 "**남북교류·협력**"이라 한다)을 목적으로 하는 행위에 관하여는 이 법률의 목적 범위에서 다른 법률에 우선하여 이 법을 적용한다. 12. 승진
남북교류협력 추진협의회 (제4조)		① 남북교류·협력에 관한 정책을 협의·조정하고, 중요 사항을 심의·의결하기 위하여 **통일부**에 **남북교류협력 추진협의회**(이하 "협의회"라 한다)를 둔다. ② 협의회는 위원장 **1명을 포함한 25명 이내**의 위원으로 구성한다. ③ **위원장은 통일부장관**이 되며, 협의회의 업무를 총괄한다. ④ 협의회의 회의는 **재적위원 과반수의 출석과 출석위원 과반수의 찬성**으로 의결한다.

남북한 방문 (제9조)	① 남한의 주민이 북한을 방문하거나 북한의 주민이 남한을 방문하려면 **대통령령으로 정하는 바에 따라 통일부장관의 방문승인을 받아야** 하며, **통일부장관이 발급한 증명서**(이하 "**방문증명서**"라 한다)를 소지하여야 한다. 17. 승진, 19. 채용 　　＊ **대통령령**: 북한을 방문하기 위하여 통일부장관의 방문승인을 받으려는 남한의 주민과 재외국민은 방문 **7일 전까지 방문승인 신청서를 통일부장관에게 제출하여야 한다.** 20. 승진 ② 방문증명서는 유효기간을 정하여 북한방문증명서와 남한방문증명서로 나누어 발급하며, 다음과 같이 구분한다. 　　1. **한 차례만** 사용할 수 있는 **방문증명서** 　　2. 유효기간이 끝날 때까지 **여러 차례** 사용할 수 있는 방문증명서(이하 "**복수방문증명서**") ③ **복수방문증명서의 유효기간은 5년 이내**로 하며, **5년**의 **범위**에서 **연장**할 수 있다. ④ 통일부장관은 방문승인을 하는 경우 대통령령으로 정하는 범위에서 방문기간을 부여하여야 하고, 남북교류ㆍ협력의 원활한 추진을 위하여 대통령령으로 정하는 바에 따라 북한방문결과보고서 제출 등 조건을 붙일 수 있다. ⑤ **방문승인을 받은 사람**은 방문기간 내에 **한 차례에 한하여** 북한 또는 남한을 **방문**할 수 있다. ⑥ 통일부장관은 방문승인을 받은 사람이 다음의 어느 하나에 해당하는 경우에는 그 승인을 **취소할 수 있다.** 다만 **제1호의 경우에는 그 승인을 취소하여야 한다.** 　　1. **거짓**이나 그 밖의 **부정한 방법**으로 방문승인을 받은 경우 20. 승진 　　2. 제4항에 따른 조건을 위반한 경우 　　3. 남북교류ㆍ협력을 해칠 명백한 우려가 있는 경우 　　4. 국가안전보장, 질서유지 또는 공공복리를 해칠 명백한 우려가 있는 경우 ⑦ **재외국민이 외국에서 북한을 왕래할 때에는 통일부장관이나 재외공관의 장에게 신고하여야** 한다. 다만, 외국을 거치지 아니하고 남한과 북한을 **직접 왕래할 때에는 방문증명서**를 **소지하여야 한다.** 19ㆍ20. 승진
남북한 주민 접촉(제9조의2)	① 남한의 주민이 북한의 주민과 회합ㆍ통신, 그 밖의 방법으로 접촉하려면 **통일부장관에게 미리 신고하여야** 한다. 다만, 대통령령으로 정하는 부득이한 사유에 해당하는 경우에는 **접촉한 후에 신고할 수 있다.** 14ㆍ17. 승진, 19. 채용 ② 방문증명서를 발급받은 사람이 그 방문 목적의 범위에서 당연히 인정되는 접촉을 하는 경우 등 대통령령으로 정하는 경우에 해당하면 접촉신고를 한 것으로 본다. ③ **통일부장관**은 접촉에 관한 신고를 받은 때에는 남북교류ㆍ협력을 해칠 명백한 우려가 있거나 국가안전보장, 질서유지 또는 공공복리를 해칠 **명백한 우려가 있는 경우에만** 신고의 수리를 거부할 수 있다.
외국 거주 동포의 출입 보장(제10조)	외국 국적을 보유하지 아니하고 대한민국의 여권을 소지하지 아니한 외국 거주 동포가 남한을 왕래하려면 여권법에 따른 **여행증명서를 소지하여야** 한다.
남북한 거래의 원칙(제12조)	남한과 북한간의 거래는 국가간의 거래가 아닌 **민족내부의 거래**로 본다. 19. 채용
반출ㆍ반입의 승인(제13조)	**물품등을 반출하거나 반입하려는 자**는 대통령령으로 정하는 바에 따라 그 물품등의 품목, 거래형태 및 대금결제 방법 등에 관하여 **통일부장관의 승인**을 받아야 한다. 승인을 받은 사항 중 대통령령으로 정하는 주요 내용을 변경할 때에도 또한 같다. 20. 승진

협력사업의 승인 (제17조)	협력사업을 하려는 자는 **협력사업마다** 정해진 요건을 모두 갖추어 **통일부장관의 승인**을 받아야 한다. 승인을 받은 협력사업의 내용을 변경할 때에도 또한 같다. 14·20. 승진 1. 협력사업의 내용이 실현 가능하고 구체적일 것 14. 승진 2. 협력사업으로 인하여 남한과 북한간에 분쟁을 일으킬 사유가 없을 것 3. 이미 시행되고 있는 협력사업과 심각한 경쟁을 하게 될 가능성이 없을 것 4. 협력사업을 하려는 분야의 사업실적이 있거나 협력사업을 추진할 만한 자본·기술·경험 등을 갖추고 있을 것 14. 승진 5. 국가안전보장, 질서유지 또는 공공복리를 해칠 명백한 우려가 없을 것 14. 승진
절차위반시 적용법률(사례형)	① 남북교류·협력에 관한 행위 중 일부는 「국가보안법」상의 잠입·탈출, 금품수수, 회합·통신규정에 대해 각각 저촉될 수 있다. 이 경우 **목적의 정당성**을 검토하여야 한다. ② 무승인·법정절차 위반시 「남북교류협력에 관한 법률」이 적용된다. ③ **처음부터 국가의 안전보장을 해칠 목적으로 또는 해가 될 것을 알면서 남북교류협력을 한** 경우는 「국가보안법」이 적용된다. ④ **단순히 증명서를 발급받지 않고 남북을 왕래하거나 신고 없이 회합하면** 「남북교류협력에 관한 법률」이 적용된다. ⑤ 재외국민이 재외공관장에게 **단순히** 신고하지 않고 북한을 왕래하면 「남북교류협력에 관한 법률」이 적용된다. ⑥ 「남북교류협력에 관한 법률」에 의해 남북을 왕래하면서 승인 없이 금품을 수수한 경우 **정당성이 인정**되면 「국가보안법」이 적용되지 않는다.

12 북한이탈주민의 보호 및 정착지원에 관한 법률 [시행 2025.4.23.] A급

정의 (제2조)	북한이탈주민	군사분계선 이북지역(북한)에 주소, 직계가족, 배우자, 직장 등을 두고 있는 사람으로서 북한을 벗어난 후 **외국 국적을 취득하지 아니한 사람**을 말한다. 15·18·19. 승진, 19. 채용, 20·21. 경간
	보호대상자	이 법에 따라 보호 및 지원을 받는 북한이탈주민을 말한다. 18. 경간
	정착지원시설	보호 및 정착지원을 위하여 설치·운영하는 시설을 말한다.
	보호금품	이 법에 따라 보호대상자에게 **지급하거나 빌려주는** 금전 또는 물품을 말한다. 18. 경간, 19. 승진
기본원칙 (제4조)		① 대한민국은 보호대상자를 **인도주의에 입각하여 특별히 보호**한다. 15. 채용, 21. 경간 ② 대한민국은 **외국에 체류하고 있는 북한이탈주민의 보호 및 지원** 등을 위하여 외교적 노력을 다하여야 한다. 15. 채용, 21. 경간 ③ **보호대상자는** 대한민국의 자유민주적 법질서에 적응하여 건강하고 문화적인 생활을 할 수 있도록 **노력하여야 한다**. 15. 채용 ④ 통일부장관은 북한이탈주민에 대한 보호 및 지원 등을 위하여 **북한이탈주민의 실태를 파악하고**, 그 결과를 **정책에 반영하여야 한다**. 15. 채용, 18. 경간

국가 및 지방자치단체의 책무 (제4조의2)	① 국가 및 지방자치단체는 보호대상자의 성공적인 정착을 위하여 보호대상자의 보호·교육·취업·주거·의료 및 생활보호 등의 지원을 지속적으로 추진하고 이에 필요한 재원을 안정적으로 확보하기 위하여 노력하여야 한다. 21. 경간 ② 국가 및 지방자치단체는 제1항에 따라 보호대상자에 대한 지원시책을 마련하는 경우 아동·청소년·여성·노인·장애인 등에 대하여 특별히 배려·지원하도록 노력하여야 한다.
기본계획 및 시행계획 (제4조의3)	① **통일부장관**은 북한이탈주민 보호 및 정착지원협의회의 심의를 거쳐 보호대상자의 보호 및 정착지원에 관한 **기본계획을 3년마다 수립·시행하여야 한다.** 18. 채용 ② 통일부장관은 관계 중앙행정기관의 장과 협의하여 기본계획에 따른 연도별 시행계획을 수립·시행하여야 한다.
보호기준 (제5조)	① 보호대상자에 대한 보호 및 지원 기준은 나이, 성별, 세대 구성, 학력, 경력, 자활 능력, 건강 상태 및 재산 등을 **고려하여** 합리적으로 정하여야 한다. ② 이 법에 따른 보호 및 정착지원은 원칙적으로 **개인을** 단위로 하되, 필요하다고 인정하는 경우에는 대통령령으로 정하는 바에 따라 **세대를** 단위로 할 수 있다. ③ **보호대상자를 정착지원시설에서 보호하는 기간은** 1년 이내로 하고, **거주지에서 보호하는 기간은 5년으로 한다.** 다만, 특별한 사유가 있는 경우에는 북한이탈주민 보호 및 정착지원협의회의 심의를 거쳐 그 기간을 단축하거나 연장할 수 있다.
북한이탈주민 보호 및 정착지원협의회 (제6조)	① 북한이탈주민에 관한 정책을 협의·조정하고 보호대상자의 보호 및 정착지원에 관한 사항을 심의하기 위하여 통일부에 북한이탈주민 보호 및 정착지원협의회(이하 "협의회"라 한다)를 둔다. ② 협의회는 **위원장 1명을 포함한 25명 이내의 위원**으로 구성한다. ③ 위원장은 통일부차관이 되며, 협의회의 업무를 총괄한다.
보호신청 (제7조)	① 북한이탈주민으로서 이 법에 따른 보호를 받으려는 사람은 재외공관이나 그 밖의 행정기관의 장(각급 군부대의 장을 포함한다. 이하 "재외공관장등"이라 한다)에게 보호를 직접 신청하여야 한다. 다만, 보호를 직접 신청하지 아니할 수 있는 대통령령으로 정하는 사유가 있는 경우에는 그러하지 아니하다. 09·18·19. 채용, 21. 승진 ② 보호신청을 받은 **재외공관장등**은 지체 없이 그 사실을 소속 중앙행정기관의 장을 거쳐 **통일부장관과 국가정보원장에게 통보하여야 한다.** 21. 채용 ④ 통보를 받은 **국가정보원장**은 보호신청자에 대하여 보호결정 등을 위하여 **필요한 조사 및 일시적인 신변안전조치 등 임시보호조치**를 한 후 지체 없이 그 결과를 통일부장관에게 통보하여야 한다. 21. 채용 ⑤ 국가정보원장은 임시보호시설을 설치·운영하여야 한다.
보호결정 (제8조)	통일부장관은 통보를 받으면 협의회의 심의를 거쳐 **보호 여부를 결정한다.** 다만, **국가안전보장에 현저한 영향을 줄 우려가 있는 사람에 대하여는 국가정보원장**이 그 **보호 여부를 결정**하고, 그 결과를 지체 없이 통일부장관과 보호신청자에게 통보하거나 알려야 한다. 09·19. 채용, 20. 경간

보호결정의 기준 (제9조)	보호 여부를 결정할 때 다음의 어느 하나에 해당하는 사람은 보호대상자로 **결정하지 아니할 수 있다.** 11·18·19. 승진, 15·18·19·20. 경간, 18. 채용 1. 항공기 납치, 마약거래, 테러, 집단살해 등 **국제형사범죄자** 2. 살인 등 중대한 **비정치적 범죄자** 19. 경간 3. **위장탈출 혐의자** 18. 승진, 18·21. 채용, 19. 경간 4. 삭제 〈2020.12.8.〉 5. **국내 입국 후 3년이 지나서 보호신청한 사람** 18·19. 승진, 19. 경간, 21. 채용 6. 그 밖에 국가안전보장·질서유지·공공복리에 대한 중대한 위해 발생 우려, 보호신청자의 경제적 능력 및 해외체류 여건 등을 고려하여 보호대상자로 정하는 것이 부적당하거나 보호 필요성이 현저히 부족하다고 대통령령으로 정하는 사람
정착지원시설의 설치(제10조)	**통일부장관**은 보호대상자에 대한 보호 및 정착지원을 위하여 **정착지원시설을 설치·운영한다.** 다만, 국가정보원장이 보호하기로 결정한 사람을 위하여는 국가정보원장이 별도의 정착지원시설을 설치·운영할 수 있다.
학력인정 (제13조)	보호대상자는 대통령령으로 정하는 바에 따라 북한이나 외국에서 이수한 학교 교육의 과정에 상응하는 학력을 인정받을 수 있다. 15. 경간
자격인정 (제14조)	보호대상자는 관계 법령에서 정하는 바에 따라 북한이나 외국에서 취득한 자격에 상응하는 자격 또는 그 자격의 일부를 인정받을 수 있다. 11. 승진
취업보호 (제17조)	① **통일부장관**은 보호대상자가 정착지원시설로부터 그의 거주지로 전입한 후 대통령령으로 정하는 바에 따라 **최초로 취업한 날부터 3년간 취업보호를 실시한다.** 다만, 사회적 취약계층, 장기근속자 등 취업보호 기간을 연장할 필요가 있는 경우로서 대통령령으로 정하는 사유에 해당하는 경우에는 **1년의 범위에서 취업보호 기간을 연장할 수 있다.** 18. 채용 ② 통일부장관은 대통령령으로 정하는 바에 따라 **보호대상자의 취업을 알선할 수 있다.** 이 경우 통일부장관은 고용노동부장관등과 협의하여 보호대상자의 직업훈련 분야와 북한에서의 경력 등을 고려하여야 한다. 11. 승진
특별임용 (제18조)	① 북한에서의 자격이나 경력이 있는 사람 등 북한이탈주민으로서 공무원으로 채용하는 것이 필요하다고 인정되는 사람에 대하여는 「국가공무원법」 제28조 제2항 및 「지방공무원법」 제27조 제2항에도 불구하고 북한을 벗어나기 전의 자격·경력 등을 고려하여 국가공무원 또는 지방공무원으로 특별임용할 수 있다. ② 북한의 군인이었던 보호대상자가 국군에 편입되기를 희망하면 북한을 벗어나기 전의 계급, 직책 및 경력 등을 고려하여 국군으로 특별임용할 수 있다. 11. 승진, 18. 채용
주거지원 등 (제20조)	통일부장관은 보호대상자에게 대통령령으로 정하는 바에 따라 주거지원을 할 수 있다. 09. 채용
정착금 등의 지급 (제21조)	통일부장관은 보호대상자의 정착 여건 및 생계유지 능력 등을 고려하여 정착금이나 그에 상응하는 가액의 물품(이하 "정착금품"이라 한다)을 지급할 수 있다. 이 경우 정착금품의 2분의 1을 초과하지 아니하는 범위에서 감액할 수 있다. 09. 채용

거주지에서의 신변보호 (제22조의2)	① 통일부장관은 보호대상자가 거주지로 전입한 후 그의 신변안전을 위하여 **국방부장관이나 경찰청장에게 협조를 요청할 수 있으며**, 협조요청을 받은 국방부장관이나 경찰청장은 이에 협조한다. 21. 경간 ② **신변보호에 필요한 사항은 통일부장관이 국방부장관, 국가정보원장 및 경찰청장과 협의하여 정한다**. 이 경우 해외여행에 따른 신변보호에 관한 사항은 외교부장관과 법무부장관의 의견을 들을 수 있다. ③ **신변보호기간은 5년으로 한다**. 다만, 통일부장관은 보호대상자의 의사, 신변보호의 지속 필요성 등을 고려하여 협의회 심의를 거쳐 그 기간을 연장할 수 있다.	
북한이탈주민 신변보호 등급	가급	재북시 **고위직**, 북한의 테러기도 예상자 등 **신변위해를 당할 상당한 우려가 있는 자**
	나급	거주지 보호대상자 가운데 북에서 **중요 직책에 종사**하여 **신변위해를 당할 잠재적 우려가 있는 자**와 사회정착이 심히 불안정하여 특별한 관찰과 지원이 필요한 자 18. 경간
	다급	거주지에 편입된 보호대상자 가운데 재북 경력 등을 감안할 때 **신변위해를 당할 우려는 희박**하나, 초기 사회정착 제도 차원에서 **일정기간 보호가 필요한 자**
	종료자	거주지 편입시 **연소자**(15세 이하), **연장자**(65세 이상), 중증질환자 등 신변위해를 당할 우려가 극히 희박한 자
각종 지원 및 특별임용	통일부장관은 북한이탈주민에 대해 **학력**이나 **자격의 인정**, **사회적응교육** 및 **직업훈련**, **영농정착지원**, **특별임용** 등을 **할 수 있다**(~하여야 한다×).	

Chapter 07 / 외사경찰

01 다문화사회의 접근유형 B급 12·13·19. 승진

자유주의적 다문화주의 또는 동화주의 13·19. 승진	다문화주의의 **차별을 금지**하고 사회참여를 위해 기회평등을 보장하는 것으로, 사회통합을 이룩하기 위해 국가 내부의 문화적 다양성을 허용하고, 소수 인종집단 고유의 문화와 가치를 인정하지만, **시민생활이나 공적 생활에서는 주류 사회의 문화, 언어, 사회습관에 따를 것을 요구**한다.
조합주의적 다문화주의 또는 다원주의 13·19. 승진, 19. 법학	자유주의적 다문화주의와 급진적 다문화주의의 절충적 형태로서 다문화주의를 결과에 있어서의 평등보장이라는 측면에서 접근, 문화적 소수자가 현실적으로 문화적 다수자와의 경쟁에서 불리한 위치에 있다는 것을 전제로 하여, **소수집단의 사회참가를 촉진하기 위해 적극적인 재정적·법적 원조**를 한다. 다언어방송, 다언어의사소통, 다언어문서, 다언어 및 다문화 교육 등을 추진하고, 사적 영역에서 소수민족 학교나 공공단체에 대해 지원하기도 한다.
급진적 다문화주의 12·13·19. 승진	다문화주의는 '차이에 대한 권리'로 해석되며, 다문화주의는 소수자의 문화적 권리(cultural rights)와 결부되어 이해된다. 그리고 소수집단 자결(self-determination)의 원칙을 내세워 문화적 공존을 넘어서는 **소수민족 집단만의 공동체 건설을 지향**한다. 다민족 다문화사회에서는 주류사회의 문화, 언어, 규범, 가치, 생활양식을 부정하고 **독자적인 생활방식을 추구**하는 것이 그들의 입장으로, 미국에서의 흑인과 원주민에 의한 격리주의 운동이 대표적인 사례이다. 또한 아프리카의 소부족 독립운동 등도 일례를 들 수 있다.

02 국적법 [시행 2020.10.1.]

1. 내국인 복수국적자의 국적선택의무(제12조) C급 17·19. 승진

> 만 20세가 되기 전에 복수국적자가 된 자는 만 22세가 되기 전까지, 만 20세가 된 후에 복수국적자가 된 자는 그 때부터 2년 내에 하나의 국적을 선택하여야 한다. 다만, 법무부장관에게 대한민국에서 외국 국적을 행사하지 아니하겠다는 뜻을 서약한 복수국적자는 제외한다.

2. 외국인의 귀화 요건과 외국 국적 포기의무 B급

귀화	일반귀화 (제5조) 14. 승진, 15·19. 채용	① 5년 이상 계속하여 대한민국에 **주소가 있을 것** ② 대한민국에서 **영주할 수 있는 체류자격**을 가지고 있을 것 ③ 대한민국의 「민법」상 **성년**일 것 ④ **법무부령**으로 정하는 **품행 단정**의 요건을 갖출 것 ⑤ **생계를 유지할 능력**이 있을 것 ⑥ 대한민국 국민으로서의 **기본 소양**을 갖추고 있을 것 ⑦ 귀화를 허가하는 것이 국가안전보장·질서유지 또는 공공복리를 해치지 아니한다고 **법무부장관이 인정**할 것
	간이귀화 (제6조)	① 다음 각 호의 어느 하나에 해당하는 외국인으로서 대한민국에 3년 이상 계속하여 **주소가 있는 사람**은 귀화허가를 받을 수 있다. 19. 승진 　1. 부 또는 모가 대한민국의 국민이었던 사람 　2. 대한민국에서 출생한 사람으로서 부 또는 모가 대한민국에서 출생한 사람 　3. 대한민국 국민의 양자로서 입양 당시 대한민국의 「민법」상 성년이었던 사람 ② 배우자가 대한민국의 국민인 외국인으로서 다음 사람은 귀화허가를 받을 수 있다. 　1. 그 배우자와 **혼인한 상태로 대한민국에** 2년 이상 **계속하여 주소가 있는 사람** 19. 승진 　2. 그 배우자와 **혼인한 후** 3년이 지나고, **혼인한 상태로 대한민국에** 1년 이상 **계속하여 주소가 있는 사람**
	특별귀화 (제7조)	다음 외국인으로서 대한민국에 주소가 있는 사람은 일반귀화나 간이귀화 요건을 갖추지 아니하여도 귀화허가를 받을 수 있다. 10. 채용 　1. 부 또는 모가 대한민국의 국민인 사람. 다만, 양자로서 대한민국의 「민법」상 성년이 된 후에 입양된 사람은 제외한다. 　2. 대한민국에 특별한 공로가 있는 사람 　3. 과학·경제·문화·체육 등 특정 분야에서 매우 우수한 능력을 보유한 사람으로서 대한민국의 국익에 기여할 것으로 인정되는 사람
포기 기한 (제10조)		대한민국의 국적을 취득한 외국인으로서 외국국적을 가지고 있는 자는 대한민국의 국적을 취득한 날부터 1년 내에 **그 외국국적을 포기하여야 한다**. 국적포기를 이행하지 아니한 자는 그 기간이 지난 때에 대한민국 국적을 상실한다. 19. 승진
국적의 선택절차 (제13조)		① 복수국적자로서 제12조 제1항 본문에 규정된 기간 내에 대한민국 국적을 선택하려는 자는 외국 국적을 포기하거나 법무부장관이 정하는 바에 따라 대한민국에서 **외국 국적을 행사하지 아니하겠다는 뜻을 서약**하고 법무부장관에게 대한민국 국적을 선택한다는 뜻을 신고할 수 있다. ② 복수국적자로서 제12조 제1항 본문에 규정된 **기간 후에** 대한민국 국적을 선택하려는 자는 **외국 국적을 포기한 경우에만** 법무부장관에게 대한민국 국적을 선택한다는 뜻을 신고할 수 있다. 다만, 제12조 제3항 제1호의 경우에 해당하는 자는 그 경우에 해당하는 때부터 2년 이내에는 제1항에서 정한 방식으로 대한민국 국적을 선택한다는 뜻을 신고할 수 있다. ③ 제1항 및 제2항 단서에도 불구하고 **출생 당시에 모가 자녀에게 외국 국적을 취득하게 할 목적으로 외국에서 체류** 중이었던 사실이 인정되는 자는 외국 국적을 포기한 경우에만 **대한민국 국적을 선택한다는 뜻을 신고할 수 있다**. 19. 승진

03 출입국관리법 [시행 2023.12.14.]

1. 외국인의 개념과 외국인등록(출입국관리법) C급

개념	「출입국관리법」상 "외국인"이란 대한민국의 국적을 가지지 아니한 사람을 말하는 것으로 무국적자와 외국국적자 모두 외국인에 해당한다. 그러나 대한민국의 국적을 가진 복수국적자는 외국인이 아니다.

외국인등록
(제31조)
11. 경간
	① 외국인이 입국한 날부터 90일을 초과하여 대한민국에 체류하려면 대통령령으로 정하는 바에 따라 입국한 날부터 90일 이내에 그의 체류지를 관할하는 지방출입국·외국인관서의 장에게 **외국인등록을** 하여야 한다. 다만, 다음 각 호의 어느 하나에 해당하는 외국인의 경우에는 그러하지 아니하다.
	
	  1. 주한외국공관(대사관과 영사관을 포함한다)과 국제기구의 직원 및 그의 가족
	  2. 대한민국정부와의 협정에 따라 외교관 또는 영사와 유사한 특권 및 면제를 누리는 사람과 그의 가족
	  3. 대한민국정부가 초청한 사람 등으로서 법무부령으로 정하는 사람
	
	② 제23조에 따라 체류자격을 받는 사람으로서 그 날부터 90일을 초과하여 체류하게 되는 사람은 체류자격을 받는 때에 **외국인등록을** 하여야 한다.
	
	  제23조 【체류자격 부여】 ① 다음 각 호의 어느 하나에 해당하는 외국인이 체류자격을 가지지 못하고 대한민국에 체류하게 되는 경우에는 다음 각 호의 구분에 따른 기간 이내에 대통령령으로 정하는 바에 따라 체류자격을 받아야 한다.
	    1. 대한민국에서 출생한 외국인: **출생한 날부터 90일**
	    2. 대한민국에서 체류 중 대한민국의 국적을 상실하거나 이탈하는 등 그 밖의 사유가 발생한 외국인: 그 **사유가 발생한 날부터 60일**
	  ② 제1항에 따른 체류자격 부여의 심사기준은 법무부령으로 정한다.
	
	③ 제24조에 따라 체류자격 변경허가를 받는 사람으로서 입국한 날부터 90일을 초과하여 체류하게 되는 사람은 체류자격 변경허가를 받는 때에 **외국인등록을** 하여야 한다.
	
	  제24조 【체류자격 변경허가】 ① 대한민국에 체류하는 **외국인이** 그 체류자격과 **다른 체류자격에** 해당하는 활동을 하려면 대통령령으로 정하는 바에 따라 미리 **법무부장관의 체류자격 변경허가를** 받아야 한다.
	  ② **외국인등록 면제대상(제31조 제1항)에** 해당하는 사람으로서 그 신분이 변경되어 체류자격을 변경하려는 사람은 신분이 **변경된 날부터 30일 이내에 법무부장관의 체류자격 변경허가를** 받아야 한다.
	  ③ 제1항에 따른 체류자격 변경허가의 심사기준은 법무부령으로 정한다.

외국인등록증의 발급 등 (제33조) 18. 법학	① 외국인등록을 받은 지방출입국·외국인관서의 장은 대통령령으로 정하는 바에 따라 그 외국인에게 외국인등록증을 발급하여야 한다. 다만, 그 **외국인이 17세 미만인 경우에는** 발급하지 아니할 수 있다. ② **외국인등록증을 발급받지 아니한 외국인이** 17세가 된 때에는 90일 이내에 체류지 관할 지방출입국·외국인관서의 장에게 **외국인등록증 발급신청을** 하여야 한다.
강제퇴거의 대상자 (제46조)	지방출입국·외국인관서의 장은 외국인등록 의무를 위반한 사람을 외국인을 대한민국 밖으로 강제퇴거시킬 수 있다.

2. 여권 - 여권법 [시행 2024.8.14.] C급 12. 채용, 12. 경간, 12·17·18·19. 승진

발급권자 (제3조)	① 여권은 **외교부장관**이 발급한다. ② 권한의 대행(제21조): 외교부장관은 여권 등의 발급, 재발급과 기재사항변경에 관한 사무의 일부를 대통령령으로 정하는 바에 따라 **지방자치단체의 장에게 대행**하게 할 수 있다. 17. 승진 ③ 관용여권과 외교관여권의 발급대상자는 대통령령으로 정한다.
여권의 종류 및 유효기간 (제4조, 제5조)	1. **일반여권** ➡ 유효기간은 10년 이내 2. **관용여권** ➡ 유효기간은 5년 이내 17. 승진 3. **외교관여권** ➡ 유효기간은 5년 이내 17. 승진 4. **긴급여권**(다른 여권을 발급받거나 재발급받을 시간적 여유가 없는 경우로서 여권의 긴급한 발급이 필요하다고 인정되어 발급하는 여권을 말한다)
여권의 발급 거부·제한 (제12조)	외교부장관은 다음의 어느 하나에 해당하는 사람에 대하여는 여권의 발급 또는 재발급을 **거부할 수 있다.** 1. **장기 2년 이상의 형**에 해당하는 죄로 인하여 **기소되어 있는 사람** 또는 **장기 3년 이상의 형**에 해당하는 죄로 인하여 **기소중지 또는 수사중지(피의자중지로 한정한다)**되거나 체포영장·구속영장이 발부된 사람 중 국외에 있는 사람 2. 제24조부터 제26조까지에 규정된 죄를 범하여 형을 선고받고 그 집행이 종료되지 아니하거나 집행을 받지 아니하기로 확정되지 아니한 사람 3. 제2호 외의 죄를 범하여 **금고 이상**의 형을 선고받고 그 집행이 종료되지 아니하거나 그 집행을 받지 아니하기로 확정되지 아니한 사람 4. 국외에서 대한민국의 안전보장·질서유지나 통일·외교정책에 중대한 침해를 일으킬 우려가 있는 경우로서 다음 각 목의 어느 하나에 해당하는 사람 　　가. 출국할 경우 테러 등으로 생명이나 신체의 안전이 침해될 위험이 큰 사람 　　나. 「보안관찰법」 제4조에 따라 보안관찰처분을 받고 그 기간 중에 있으면서 같은 법 제22조에 따라 경고를 받은 사람
여권의 효력상실 (제13조)	여권은 다음의 어느 하나에 해당하는 때에는 **그 효력을 잃는다.** 1. 여권의 명의인이 사망하거나 「국적법」에 따라 대한민국 국적을 상실한 때 1의2. 여권의 유효기간이 끝난 때 2. 여권이 발급된 날부터 6개월이 지날 때까지 신청인이 그 여권을 받아가지 아니한 때 19. 승진 3. 여권을 잃어버려 그 명의인이 대통령령으로 정하는 바에 따라 분실을 신고한 때 4. 여권의 발급 또는 재발급을 신청하기 위하여 반납된 여권의 경우에는 신청한 여권이 발급되거나 재발급된 때 5. 발급된 여권이 변조된 때 6. 여권이 다른 사람에게 양도되거나 대여되어 행사된 때 7. 삭제 〈2021.1.5.〉 8. 제19조에 따라 여권의 반납명령을 받고도 지정한 반납기간 내에 정당한 사유 없이 여권을 반납하지 아니한 때 9. 단수여권의 경우에는 여권의 명의인이 해당 단수여권을 발급한 국가(재외공관의 장이 단수여권을 발급한 경우에는 그 재외공관이 설치된 국가)로 복귀한 때

구분	내용
여권을 갈음하는 증명서 (제14조)	① 외교부장관은 국외에 체류하거나 거주하고 있는 사람으로서 여권의 발급·재발급이 거부 또는 제한되었거나 외국에서 강제 퇴거된 사람 등 대통령령으로 정하는 사람에게 여행목적지가 기재된 서류로서 여권을 갈음하는 증명서(이하 "**여행증명서**"라 한다)를 발급할 수 있다. ② **여행증명서의 유효기간은 1년 이내**로 하되, 그 여행증명서의 발급 목적을 이루면 그 효력을 잃는다. 19. 승진 **여행증명서의 발급대상자**(동법 시행령 제16조) 1. **출국하는 무국적자** 2. 삭제 〈2021.7.6.〉 3. 삭제 〈2021.7.6.〉 4. 해외 입양자 5. 「남북교류협력에 관한 법률」 제10조에 따라 여행증명서를 소지하여야 하는 사람으로서 여행증명서를 발급할 필요가 있다고 외교부장관이 인정하는 사람 5의2. 국외에 체류하거나 거주하고 있는 사람으로서 여권의 발급·재발급이 거부 또는 제한되었거나 외국에서 강제 퇴거된 경우에 귀국을 위하여 여행증명서의 발급이 필요한 사람 6. 「출입국관리법」 제46조에 따라 대한민국 밖으로 강제퇴거되는 외국인으로서 그가 국적을 가지는 국가의 여권 또는 여권을 갈음하는 증명서를 발급받을 수 없는 사람 7. 그 밖에 제1호, 제4호, 제5호, 제5호의2 및 제6호에 준하는 사람으로서 긴급하게 여행증명서를 발급할 필요가 있다고 외교부장관이 인정하는 사람
여권등의 휴대 및 제시 (출입국관리법 제27조)	① 대한민국에 체류하는 외국인은 항상 여권·선원신분증명서·외국인입국허가서·외국인등록증 또는 상륙허가서를 지니고 있어야 한다. 다만, **17세 미만**인 외국인의 경우에는 그러하지 아니하다. 17. 승진 ② 외국인은 출입국관리공무원이나 권한 있는 공무원이 그 직무수행과 관련하여 **여권등의 제시를 요구하면 여권등을 제시하여야** 한다. 17. 승진 ③ 여권등의 휴대 또는 제시 의무를 위반한 사람은 **100만원 이하의 벌금**에 처한다. 17. 승진

➕ PLUS 외교부에서 발령하는 여행경보제도 [C급] 19. 승진

특정 국가(지역)여행·체류시 특별한 주의가 요구되는 국가 및 지역에 경보를 지정하여 위험수준과 이에 따른 안전대책(행동지침)의 기준을 안내하는 제도

구분	내용
남색경보 (여행유의)	① 강·절도, 납치 및 금품요구 등 사건·사고가 자주 발생 ② 신변안전 유의
황색경보 (여행자제)	① 치안 악화로 살인·납치 등 강력사건 등이 상당히 빈번하게 발생, 인접국에 상황 확산 가능성(내란·전염병 등) ② 신변안전 특별유의·여행필요성 신중 검토
적색경보 (철수권고)	① 다수 및 전체 지역에서 테러 및 사상자 산발적 발생, 구체적 테러정보 다수 입수 등 우리 국민에 대한 테러 위험 고조 ② 가급적 여행삼가·긴급용무가 아닌 한 귀국
흑색경보 (여행금지)	① 전쟁 임박, 광범위한 치안부재 및 무정부상태로 발전가능성 ② 즉시대피·방문금지 또는 철수

3. 사증(VISA) [B급] 11·17. 승진, 12. 경간, 12·14. 채용

개념	외국에 여행하고자 하는 자에게 목적지 국가에서 발급하는 **입국허가서**
성격	① 사증은 해당국에서 입국과 체류가 적당하다고 확인하는 행위 ② 사증은 여권과 함께 외국여행에 필수적인 것이므로 여권이 있어도 사증을 받지 못하면 그 나라에 입국할 수 없다.
종류	**단수사증** ① **1회만** 입국이 유효한 사증 ② 유효기간: **발급일로부터 3월** **복수사증** ① 2회 이상 입국이 가능한 사증 ② 유효기간 　㉠ 체류자격이 **외교(A-1), 공무(A-2), 협정(A-3)**에 해당: 3년 이내 　㉡ 방문취업(H-2)에 해당: 5년 이내 　㉢ 복수사증발급협정 등에 의하여 발급된 복수사증은 협정상의 기간 　㉣ 상호주의 기타 국가이익 등을 고려하여 발급된 복수사증은 법무부장관이 따로 정하는 기간 　㉤ 교수(E-1), 회화지도(E-2), 연구(E-3), 기술지도(E-4), 전문직업(E-5), **예술연예활동(E-6), 일반취업(E-9)**
발급	① **발급국**: 입국하고자 하는 국가에서 발급 ② **발급권자**: 원칙적으로 법무부장관이나, 권한을 **재외공관장**에게 위임할 수 있다. ③ 형태: 통상 **제출된 여권**에 표시한다.

4. 외국인의 장기체류자격(출입국관리법 시행령 별표1) [A급] 16·19. 채용, 17·18. 승진, 18. 경간

외교(A-1)	대한민국정부가 접수한 외국정부의 **외교사절단**이나 영사기관의 구성원, 조약 또는 국제관행에 따라 외교사절과 동등한 특권과 면제를 받는 사람과 그 가족
공무(A-2)	대한민국정부가 승인한 외국정부 또는 국제기구의 **공무를 수행**하는 사람과 그 가족
협정(A-3)	대한민국정부와의 **협정**에 따라 외국인등록이 면제되거나 면제할 필요가 있다고 인정되는 사람과 그 가족
문화예술 (D-1)	**수익을 목적으로 하지 않는** 학술 또는 예술 관련 활동을 하려는 사람(대한민국의 고유문화 또는 예술에 대하여 **전문적인 연구**를 하거나 **전문가의 지도를 받으려는 사람**을 포함한다)
유학(D-2)	**전문대학 이상**의 교육기관 또는 학술연구기관에서 정규과정의 교육을 받거나 특정 연구를 하려는 사람
교수 (E-1)	**고등교육법에 따른 자격요건을 갖춘 외국인**으로서 전문대학 이상의 교육기관이나 이에 준하는 기관에서 전문 분야의 **교육 또는 연구·지도 활동**에 종사하려는 사람
회화지도 (E-2)	법무부장관이 정하는 자격요건을 갖춘 외국인으로서 외국어전문학원, 초등학교 이상의 교육기관 및 부설 어학연구소, 방송사 및 기업체 부설 어학연수원, 그 밖에 이에 준하는 기관 또는 단체에서 **외국어 회화지도**에 종사하려는 사람

전문직업 (E-5)	대한민국 법률에 따라 자격이 인정된 외국의 변호사, 공인회계사, 의사, 그 밖에 국가공인 자격이 있는 사람으로서 대한민국 법률에 따라 할 수 있도록 되어 있는 법률, 회계, 의료 등의 전문업무에 종사하려는 사람[교수(E-1) 체류자격에 해당하는 사람은 **제외한다**]
예술흥행 (E-6)	**수익이 따르는** 음악, 미술, 문학 등의 **예술활동**과 **수익을 목적으로** 하는 **연예**, 연주, 연극, 운동경기, 광고·패션 모델, 그 밖에 이에 준하는 활동을 하려는 사람
비전문취업 (E-9)	「외국인근로자의 고용 등에 관한 법률」에 따른 국내 취업요건을 갖춘 사람(일정 자격이나 경력 등이 필요한 **전문직종**에 종사하려는 사람은 **제외한다**)
재외동포 (F-4)	「재외동포의 출입국과 법적 지위에 관한 법률」상 **대한민국의 국적을 보유하였던 자**(대한민국정부 수립 전에 국외로 이주한 동포를 포함) 또는 **그 직계비속으로서 외국국적을 취득한 자** 중 대통령령으로 정하는 자(단순 노무행위 등 법령에서 규정한 취업활동에 종사하려는 사람은 제외한다)
결혼이민 (F-6)	① 국민의 배우자 ② 국민과 혼인관계(**사실상의 혼인관계를 포함**한다)에서 출생한 자녀를 양육하고 있는 부 또는 모로서 법무부장관이 인정하는 사람 ③ 국민인 배우자와 혼인한 상태로 국내에 체류하던 중 그 배우자의 사망이나 실종, 그 밖에 자신에게 책임이 없는 사유로 정상적인 혼인관계를 유지할 수 없는 사람으로서 법무부장관이 인정하는 사람

5. 상륙의 종류와 상륙기간 B급 09·10·18·19. 승진, 11·14·19. 경간, 12·14·16. 채용, 21. 법학

종류	내용	상륙기간
관광상륙	외국인승객이 관광을 목적으로 상륙하고자 할 때	3일
승무원 상륙	외국인승무원이 다른 선박에 옮겨 타거나 휴양 등의 목적으로 상륙하고자 할 때	15일
긴급상륙	선박등에 타고 있는 외국인이 **질병 기타의 사고**로 인하여 긴급한 상륙이 필요할 때	30일
재난상륙	조난한 선박등에 타고 있는 외국인을 긴급히 구조할 필요가 있다고 인정한 때	30일
난민 임시상륙	선박등에 타고 있던 외국인이 생명·신체 또는 신체의 자유를 침해받을 공포가 있는 영역으로부터 도피하여 곧바로 대한민국에 비호를 신청하는 경우로 **외교부장관**과 **협**의 후 **법무부장관의 승인** 필요	90일
기간 연장	상륙허가를 받은 자가 그 허가기간 내에 출국할 수 없는 때에는 원래의 **허가기간만큼 기간의 연장이 가능하다.**	

6. 출국금지 · 출국정지 기간 비교(제4조) B급 06·17·21. 채용, 17. 승진, 21. 채용

① 출국금지(내국인)와 출국정지(외국인) 기간 비교

출국금지(내국인)	구분	출국정지(외국인)
1개월 이내	범죄수사	1개월 이내
3개월 이내	도주, 기소중지 또는 수사중지(피의자중지로 한정)	3개월 이내
영장 유효기간 이내	영장 발부	영장 유효기간 이내
6개월 이내	범죄수사 외의 사유(아래 ②번 1.~6.의 사유)	3개월 이내

② 범죄수사 이외의 출국금지 및 출국정지 사유(내·외국인 동일하게 적용)

1. 형사재판에 계속 중인 사람
2. 징역형이나 금고형의 집행이 끝나지 아니한 사람
3. **벌금(1천만원 이상)**이나 **추징금(2천만원 이상)**을 내지 아니한 사람
4. **국세·관세(5천만원 이상)** 또는 **지방세(3천만원 이상)**를 정당한 사유 없이 그 납부기한까지 내지 아니한 사람
5. 「양육비 이행확보 및 지원에 관한 법률」 제21조의4 제1항에 따른 양육비 채무자 중 양육비이행심의위원회의 심의·의결을 거친 사람
6. 그 밖에 제1호부터 제5호까지의 규정에 준하는 사람으로서 대한민국의 이익이나 공공의 안전 또는 경제질서를 해칠 우려가 있어 그 출국이 적당하지 아니하다고 법무부령으로 정하는 사람

7. 출국금지기간의 연장과 긴급출국금지 C급

출국금지 기간의 연장 (제4조의2)	① **법무부장관**은 출국금지기간을 초과하여 계속 출국을 금지할 필요가 있다고 인정하는 경우에는 그 기간을 연장할 수 있다. ② 출국금지를 요청한 기관의 장은 출국금지기간을 초과하여 계속 출국을 금지할 필요가 있을 때에는 출국금지기간이 **끝나기 3일 전까지 법무부장관**에게 출국금지기간을 연장하여 줄 것을 요청하여야 한다.
출국금지결정 등에 대한 이의신청 (제4조의5)	① 제4조 제1항 또는 제2항에 따라 출국이 금지되거나 제4조의2 제1항에 따라 **출국금지기간이 연장된 사람**은 출국금지결정이나 출국금지기간 연장의 통지를 받은 날 또는 그 사실을 안 날부터 **10일 이내**에 **법무부장관**에게 출국금지결정이나 출국금지기간 연장결정에 대한 이의를 신청할 수 있다. 21. 채용 ② **법무부장관**은 이의신청을 받으면 그 **날부터 15일 이내**에 이의신청의 타당성 여부를 **결정하여야 한다**. 다만, 부득이한 사유가 있으면 15일의 범위에서 한 차례만 그 기간을 연장할 수 있다. ③ 법무부장관은 이의신청이 이유 있다고 판단하면 즉시 출국금지를 해제하거나 출국금지기간의 연장을 철회하여야 하고, 그 이의신청이 이유 없다고 판단하면 이를 기각하고 당사자에게 그 사유를 서면에 적어 통보하여야 한다.

긴급출국금지 (제4조의6)	① 수사기관은 범죄 피의자로서 **사형·무기** 또는 **장기 3년 이상**의 징역이나 금고에 해당하는 죄를 범하였다고 의심할 만한 상당한 이유가 있고, 피의자가 증거를 인멸할 염려가 있거나 피의자가 도망하거나 도망할 우려가 있고 긴급한 필요가 있는 때에는 출국심사를 하는 **출입국관리공무원에게 출국금지를 요청**할 수 있다. ② 수사기관은 긴급출국금지를 요청한 때로부터 **6시간 이내**에 법무부장관에게 긴급출국금지 승인을 요청하여야 한다. 이 경우 검사의 검토의견서 및 범죄사실의 요지, 긴급출국금지의 사유 등을 기재한 긴급출국금지 보고서를 첨부하여야 한다. 21. 채용 ③ 법무부장관은 수사기관이 긴급출국금지 승인 요청을 하지 아니한 때에는 수사기관 요청에 따른 출국금지를 해제하여야 한다. 수사기관이 긴급출국금지 승인을 요청한 때로부터 12시간 이내에 법무부장관으로부터 긴급출국금지 승인을 받지 못한 경우에는 출국금지를 해제하여야 한다.

8. 입국금지사유(제11조) A급 08·10·17. 채용, 09·12. 경간, 17. 승진

법무부장관은 다음 각 호의 어느 하나에 해당하는 외국인에 대하여는 입국을 금지할 수 있다.

1. 감염병환자·마약류중독자 **기타** 공중위생상 위해를 미칠 **염려**가 있다고 인정되는 사람
2. 「총포·도검·화약류 등의 안전관리에 관한 법률」에서 정하는 총포·도검·화약류 등을 **위법하게** 가지고 입국하려는 사람
3. 대한민국의 이익이나 **공공의 안전**을 해하는 행동을 할 **염려**가 있다고 인정할 만한 상당한 이유가 있는 사람
4. 경제질서 또는 사회질서를 해치거나 **선량한 풍속을 해치는 행동**을 할 **염려**가 있다고 인정할 만한 상당한 이유가 있는 사람
5. 사리 분별력이 없고 국내에서 체류활동을 보조할 사람이 없는 **정신장애인, 국내체류비용을 부담할 능력이 없는 사람**, 그 밖에 구호가 필요한 사람
6. 강제퇴거명령을 받고 출국한 후 **5년**이 지나지 아니한 사람
7. 1910년 8월 29일부터 1945년 8월 15일까지 일본정부, 일본정부와 동맹관계에 있던 정부, 일본정부의 우월한 힘이 미치던 정부의 지시를 받거나 그 정부와 연계하여 인종·민족·종교·국적·정치적 견해 등을 이유로 사람을 학살·학대하는 일에 관여한 사람
8. 기타 이에 준하는 사람으로서 **법무부장관**이 그 입국이 적당하지 아니하다고 인정하는 사람

9. 외국인의 강제퇴거 A급 10·18·19. 승진, 11·14·21. 채용, 18·20. 경간, 21. 법학

대상자	지방출입국·외국인관서의 장은 이 장에 규정된 절차에 따라 다음 각 호의 어느 하나에 해당하는 외국인을 대한민국 밖으로 강제퇴거시킬 수 있다. 1. 유효한 여권 또는 사증없이 **입국한 사람 또는 입국하는 사람** 2. 허위초청 등의 금지 규정에 위반한 외국인 또는 허위초청 등의 행위로 입국한 외국인 3. **입국금지 사유가 입국 후에 발견되거나 발생한 사람** 4. 입국심사 또는 선박 등의 제공 금지 규정을 위반한 사람 5. 지방출입국·외국인관서의 장이 붙인 조건부 입국 허가조건을 위반한 사람 6. 각종 상륙허가시 **상륙허가** 없이 상륙하였거나 상륙허가시 붙인 허가조건을 위반한 사람 7. 체류와 관련된 각종 규정을 위반한 사람

		8. 허가를 받지 아니하고 근무처를 변경·추가하거나 위반하여 외국인을 고용·알선한 사람 9. 법무부장관이 정한 거소 또는 활동범위의 제한이나 그 밖의 준수사항을 위반한 사람 10. 부정한 방법으로 체류허가를 신청한 사람 11. **출국심사규정을 위반하여 출국하려고 한 사람** 12. 외국인등록 의무를 위반한 사람 13. 외국인등록증 등의 채무이행 확보수단 제공 등의 금지규정을 위반한 사람 14. **금고 이상의 형을 선고받고 석방된 사람** **영주자격을 가진 사람은 위 1.~14. 규정에도 불구하고 대한민국 밖으로 강제퇴거되지 아니한다. 다만, 다음 각 호의 어느 하나에 해당하는 사람은 그러하지 아니하다**(출입국관리법 제46조 제2항). 1. 「형법」 제2편 제1장 내란의 죄 또는 제2장 외환의 죄를 범한 사람 2. 5년 이상의 징역 또는 금고의 형을 선고받고 석방된 사람 중 법무부령으로 정하는 사람 3. 밀입국을 위한 선박등의 제공 금지 규정을 위반하거나 이를 교사 또는 방조한 사람
강제퇴거 대상자의 보호		① 출입국관리공무원은 외국인이 강제퇴거대상자에 해당된다고 의심할 만한 상당한 이유가 있고 도주하거나 도주할 염려가 있으면 지방출입국·외국인관서의 장으로부터 보호명령서를 발급받아 그 외국인을 보호할 수 있다. ② 보호된 외국인의 강제퇴거 대상자 여부를 심사·결정하기 위한 보호기간은 10일 이내로 한다. 다만, 부득이한 사유가 있으면 지방출입국·외국인관서의 장의 허가를 받아 10일을 초과하지 아니하는 범위에서 한 차례만 연장할 수 있다.

04 국제형사사법 공조법 [시행 2021.1.5.]

1. 의의 및 기본원칙 :A급:

의의 09. 채용	협의의 공조	형사사건에 있어서의 수사·기소·재판절차와 관련하여 어느 한 국가의 요청에 의하여 다른 국가가 행하는 형사사법상의 협조를 의미(통상적 의미의 국제형사사법공조)
	광의의 공조	협의의 공조에 범죄인 인도를 포함하는 의미
기본원칙	상호주의	외국이 사법공조를 해주는 만큼 자국도 동일하거나 유사한 범위 내에서 공조요청에 응하여야 한다는 원칙 14. 승진
	쌍방가벌성의 원칙	국제형사사법공조의 대상이 되는 범죄는 **피요청국과 요청국 모두에서 처벌이 가능한 범죄이어야 한다**는 원칙
	특정성의 원칙	요청국이 공조에 의하여 취득한 증거를 **공조요청의 대상이 된 범죄 이외의 수사나 재판에 사용하여서는 안 된다**는 원칙 14. 승진, 19. 채용, 20. 경간
정의 (제2조)	공조	대한민국과 외국간에 형사사건의 수사 또는 재판에 필요한 협조를 제공하거나 제공받는 것을 말한다. 09. 채용
	공조조약	대한민국과 외국간에 체결된 공조에 관한 조약·협정 등을 말한다.
	요청국	대한민국에 공조를 요청한 국가를 말한다.
	공조범죄	공조의 대상이 되어 있는 범죄를 말한다.

2. 공조조약 [B급]

공조조약 우선 (제3조)	「국제형사사법 공조법」 제3조에서 "공조에 관하여 공조조약에 이 법과 다른 규정이 있는 경우에는 그 규정에 따른다."라고 명문규정으로 공조조약과 「국제형사사법 공조법」의 규정이 상충(경합)하는 경우 공조조약의 우선적 효력을 인정하고 있다. 19. 채용
공조조약의 장점	① 공조를 제공하여야 할 국제법상의 의무를 부담하게 되므로 국제적 협력이 강화된다. ② 신속하고 효율적인 공조가 가능하다. ③ 공조조약은 공조법의 공조범위에 포함되지 않은 사항을 공조대상으로 규정하고 있으므로 공조범위가 확대된다.

3. 공조의 범위와 제한 [B급]

공조범위 (제5조) 15. 승진	① 서류·기록의 제공 ② 서류 등의 송달 ③ 사람·물건의 소재수사 ④ 증거수집·압수·수색·검증 ⑤ 증거물 등 물건의 인도 ⑥ 진술청취, 그 밖에 요청국에서 증언하게 하거나 수사에 협조하게 하는 조치
공조의 제한 (임의적 거절사유) (제6조) 09·10·19. 채용, 13·19. 경간, 14·15·19. 승진	다음의 어느 하나에 해당하는 경우에는 공조를 하지 아니할 수 있다. ① 대한민국의 주권, 국가안전보장, 안녕질서 또는 미풍양속을 해할 우려가 있는 경우 ② 인종·국적·성별·종교·사회적 신분 또는 특정 사회단체에 속한다는 사실이나 정치적 견해를 달리한다는 이유로 처벌되거나 형사상 불리한 처분을 받을 우려가 있다고 인정되는 경우 ③ 공조범죄가 정치적 성격을 지닌 범죄이거나, 공조요청이 정치적 성격을 지닌 다른 범죄에 대한 수사 또는 재판을 할 목적으로 한 것이라고 인정되는 경우 ④ 공조범죄가 대한민국의 법률에 의하여는 범죄를 구성하지 아니하거나 공소를 제기할 수 없는 범죄인 경우 ⑤ 이 법에 요청국이 보증하도록 규정되어 있음에도 불구하고 요청국의 보증이 없는 경우
공조의 연기 (제7조)	대한민국에서 수사가 진행 중이거나 재판에 계속된 범죄에 대하여 외국의 공조요청이 있는 경우에는 그 수사 또는 재판 절차가 끝날 때까지 공조를 연기할 수 있다. 09·14. 승진, 10·20. 경간, 19. 채용

4. 공조의 절차 [B급]

경찰서 ➡ 검사 ➡ 대검찰청 ➡ 법무부장관 ➡ 외교부장관 ➡ 상대국 주재 한국대사관 ➡ 상대국 외무부장관 ➡ 상대국 경찰기관

5. 공조요청의 접수, 송부 및 공조방식, 행정안전부장관의 공조 관련 조치 :C급:

공조요청의 접수 및 공조 자료의 송부 (제11조)	공조요청 접수 및 요청국에 대한 공조 자료의 송부는 **외교부장관**이 한다. 다만, **긴급한 조치가 필요한 경우나 특별한 사정이 있는 경우**에는 **법무부장관이 외교부장관의 동의**를 받아 이를 할 수 있다. 21. 경간
공조방식 (제13조)	요청국에 대한 공조는 **대한민국의 법률이 정하는 방식에 의하여 실시한다**. 다만, 요청국이 요청한 공조 방식이 대한민국의 법률에 저촉되지 아니하는 경우에는 그 방식에 의할 수 있다.
국제형사경찰기구와의 협력 (제38조)	**행정안전부장관**은 국제형사경찰기구로부터 외국의 형사사건 수사에 대하여 협력을 요청받거나 국제형사경찰기구에 협력을 요청하는 경우에는 다음의 **조치를 취할 수 있다**. ① 국제범죄의 정보 및 자료 교환 ② 국제범죄의 동일증명(同一證明) 및 전과 조회 ③ 국제범죄에 관한 사실확인 및 그 조사

6. 검사 등의 처분(제17조) :C급:

① **검사**는 공조에 필요한 자료를 수집하기 위하여 관계인의 출석을 요구하여 진술을 들을 수 있고, 감정·통역 또는 번역을 촉탁할 수 있으며, 서류나 그 밖의 물건의 소유자·소지자(所持者) 또는 보관자에게 그 제출을 요구하거나, 행정기관이나 그 밖의 공사단체(公私團體)에 공조에 필요한 사실을 조회하거나 필요한 사항의 **보고**를 요구할 수 있다. 17. 승진
② 검사는 공조에 필요한 경우에는 판사에게 청구하여 발급받은 영장에 의하여 압수·수색 또는 검증을 할 수 있다. 17. 승진
③ 검사는 요청국에 인도하여야 할 증거물 등이 법원에 제출되어 있는 경우에는 **법원(법무부장관×)의 인도허가 결정**을 받아야 한다. 17. 승진
④ 검사는 **사법경찰관리를 지휘**하여 제1항의 수사를 하게 할 수 있고, 사법경찰관은 검사에게 신청하여 검사의 청구로 판사가 발부한 영장에 의하여 제2항에 따른 압수·수색 또는 검증을 할 수 있다. 17. 승진

05 범죄인 인도법 [시행 2021.1.5.]

1. 의의와 조약과의 관계 :A급:

의의	① 범죄인 인도란 한 국가의 형법 기타 형사관계법에 위반한 범죄인이 다른 나라에 있는 경우 범죄인의 현재지 국가에서 범죄지 국가의 요청에 따라 그 범죄인을 인도하는 것을 말한다. ② 범죄인 인도를 의무로 강제지우는 **일반국제법은 존재하지 아니하며**, 범죄인 인도는 조약상의 의무 또는 국제예양에 의하여 행하여진다. 즉, 특별조약의 당사국간에만 범죄인 인도의무가 발생하게 된다.
인도사건 관할 (제3조)	이 법에 규정된 범죄인의 인도심사 및 그 청구와 관련된 사건은 **서울고등법원과 서울고등검찰청**의 **전속관할**로 한다. 22. 경간
인도조약 우선 (제3조의2)	범죄인 인도법 제3조의2에서 "범죄인 인도에 관하여 인도조약에 이 법과 다른 규정이 있는 경우에는 그 규정에 따른다."라고 명문규정으로 인도조약과 범죄인 인도법의 규정이 상충(경합)하는 경우 **인도조약의 우선적 효력**을 인정하고 있다.

2. 범죄인 인도에 관한 원칙 :A급:

> **제5조【인도에 관한 원칙】** 대한민국 영역에 있는 범죄인은 이 법에서 정하는 바에 따라 청구국의 인도청구에 의하여 소추(訴追), 재판 또는 형의 집행을 위하여 청구국에 인도할 수 있다.

상호주의의 원칙 (제4조) 09·11·15. 승진, 13·17. 채용		우리나라와 범죄인 인도조약이 체결되어 있지 않은 경우에도 범죄인의 인도를 청구하는 국가가 같은 종류 또는 유사한 인도범죄에 대한 대한민국의 범죄인 인도청구에 응한다는 **보증을 하는 경우에는** 범죄인 인도법을 적용한다는 원칙
쌍방 가벌성의 원칙 (제6조) 09·18. 승진, 12. 경간, 12·14. 채용	의의	범죄가 **청구국과 피청구국의 쌍방법률에 의하여 범죄를 구성하지 않는 경우에는 범죄인을 인도하지 않는다**는 원칙
	최소한 중요성의 원칙	대한민국과 청구국의 법률에 따라 인도범죄가 **사형·무기징역·무기금고·장기 1년 이상의 징역 또는 금고에 해당**하는 경우에만 범죄인을 인도할 수 있다는 원칙 22. 경간
유용성의 원칙 (제7조) 15. 경간, 19. 승진		범죄인의 인도는 **실제로 처벌하기 위한 것**이므로 범죄인 인도가 처벌목적에 유용해야 한다는 원칙으로 대한민국 또는 청구국의 법률에 따라 인도범죄에 관한 공소시효 또는 형의 **시효가 완성된 경우 또는 사면을 받은 경우에는 범죄인을 인도할 필요가 없다.**
정치범 불인도의 원칙 (제8조) 12. 채용, 15·17. 경간, 19. 승진		① 의의: 인도범죄가 **정치적 성격을 지닌 범죄이거나 그와 관련된 범죄인 경우에는 범죄인을 인도하여서는 아니 된다**(절대적 인도거절 사유). ② 예외: 다음의 범죄는 인도의 대상에 해당한다. 　㉠ 국가원수·정부수반 또는 그 가족의 생명·신체를 침해하거나 위협하는 범죄 　㉡ 다자간 조약에 따라 대한민국이 범죄인에 대하여 재판권을 행사하거나 범죄인을 인도할 의무를 부담하고 있는 범죄 　㉢ 여러 사람의 생명·신체를 침해·위협하거나 이에 대한 위험을 발생시키는 범죄 ③ 정치범의 정의: 정치범에 해당하는지 여부는 전적으로 **피청구국의 판단에 의존**하는 것으로 우리의 범죄인 인도법에는 정치범의 개념정의는 하지 않고 예외적 인도조항만 열거적으로 규정하고 있다.
자국민 불인도의 원칙 (제9조) 11·19. 승진, 12. 채용, 15. 경간		자국민은 청구국에 인도하지 않는다는 원칙으로 우리나라는 **임의적 인도거절 사유**이다.
특정성의 원칙 (제10조)		인도된 범죄인은 **인도가 허용된 범죄 외의 범죄로 처벌받지 아니하고 제3국에 인도되지 아니한다**는 청구국의 보증이 없는 경우에는 범죄인을 인도하여서는 안 된다는 원칙
군사범 불인도의 원칙 09·10·12. 채용, 12·15. 경간, 19. 승진		① 군사적 의무관계에 기인하는 군사범죄, 즉 탈영·항명 등의 범죄자는 인도하지 않는다는 원칙 ➡ 군대 내 범죄라 할지라도 일반범죄의 성격도 동시에 갖고 있는 직권남용 가혹행위, 절도와 같은 범죄는 인도대상에 해당한다. ② 우리나라는 남북한 대치상황으로 인하여 **군사범 불인도의 원칙에 대한 명문 규정이 없다.**

3. 인도거절 사유 [A급] 09·19. 승진, 12·14·15·17·19. 경간, 13·14·15·16·17·18. 채용

절대적 인도거절 사유 (제7조)	① 대한민국 또는 청구국의 법률에 따라 인도범죄에 관한 공소시효 또는 형의 시효가 완성된 경우(유용성의 원칙) 17. 경간, 17·18. 채용 ② 인도범죄에 관하여 대한민국 법원에서 재판 계속 중이거나 재판이 확정된 경우 17. 경간 ③ 범죄인이 인도범죄를 범하였다고 의심할만한 상당한 이유가 없는 경우. 다만, 인도범죄에 관하여 청구국에서 유죄의 재판이 있는 경우는 제외한다. 17. 채용 ④ 범죄인이 인종·종교·국적·성별·정치적 신념 또는 특정 사회단체에 속한 것 등을 이유로 처벌되거나 그 밖의 불리한 처분을 받을 염려가 있다고 인정되는 경우 15·18. 채용
임의적 인도거절 사유 (제9조)	① 범죄인이 대한민국 국민인 경우 15. 채용 ② 인도범죄의 전부 또는 일부가 대한민국 영역에서 범한 것인 경우 15. 채용 ③ 범죄인이 인도범죄 외의 범죄에 관하여 대한민국 법원에 재판이 계속 중인 경우 또는 범죄인이 형을 선고받고 그 집행이 끝나지 아니하거나 면제되지 아니한 경우 18. 채용 ④ 범죄인이 인도범죄에 관하여 제3국(청구국이 아닌 외국을 말함)에서 재판을 받고 처벌되었거나 처벌받지 아니하기로 확정된 경우 18. 채용 ⑤ 인도범죄의 성격과 범죄인이 처한 환경 등에 비추어 범죄인을 인도함이 비인도적이라고 인정되는 경우

4. 범죄인 인도의 절차 - 외국의 인도청구가 있는 경우 [A급]

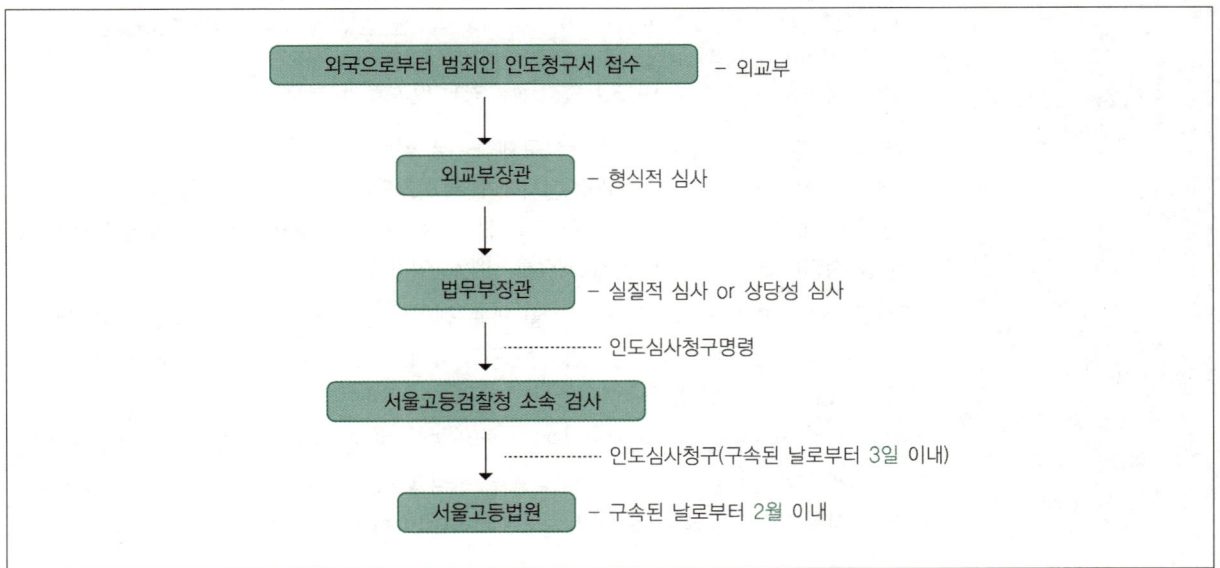

5. 범죄인 인도 절차 세부내용 :A급: 09·12·18. 채용, 10·11. 승진, 12. 경간

외교부장관의 조치 (제11조)	외교부장관은 범죄인의 인도청구를 받았을 때에는 인도청구서와 관련 자료를 **법무부장관**에게 송부하여야 한다. 22. 경간
법무부장관의 인도심사청구명령 (제12조)	① **법무부장관**은 외교부장관으로부터 인도청구서 등을 받았을 때에는 이를 **서울고등검찰청 검사장**에게 송부하고 그 소속 **검사**로 하여금 **서울고등법원**에 범죄인의 인도심사를 **청구하도록 명**하여야 한다. 다만, 인도조약 또는 이 법에 따라 범죄인을 인도할 수 없거나 인도하지 아니하는 것이 타당하다고 인정되는 경우에는 그러하지 아니하다. ② **법무부장관**은 인도심사청구명령을 하지 **아니하는 경우**에는 그 사실을 **외교부장관**에게 **통지**하여야 한다.
인도심사청구 (제13조)	**서울고등검찰청 검사의 인도심사청구 ➡ 서울고등법원의 심사·결정** ① 검사는 법무부장관의 인도심사청구명령이 있을 때에는 지체 없이 서울고등법원에 인도심사를 청구하여야 한다. 다만, 범죄인의 소재를 알 수 없는 경우에는 그러하지 아니하다. ② 범죄인이 인도구속영장에 의하여 구속되었을 때에는 **구속된 날부터 3일** 이내에 인도심사를 청구하여야 한다. 18. 채용
법원의 인도심사 (제14조)	① 법원은 인도심사의 청구를 받은 때에는 지체 없이 인도심사를 시작하여야 한다. ② 법원은 범죄인이 인도구속영장에 의하여 구속 중인 경우에는 **구속된 날로부터 2개월** 이내에 인도심사에 관한 결정을 하여야 한다. 18. 채용

법원의 결정
(제15조)
	① 법원은 인도심사의 청구에 대하여 다음의 구분에 따라 결정을 하여야 한다.
	
	  1. 인도심사의 청구가 적법하지 아니하거나 취소된 경우: **인도심사청구 각하결정**
	  2. 범죄인을 인도할 수 없다고 인정되는 경우: **인도거절 결정**
	  3. 범죄인을 인도할 수 있다고 인정되는 경우: **인도허가 결정**
	
	② 제1항에 따른 결정에는 그 이유를 구체적으로 밝혀야 한다.
	③ 제1항에 따른 결정은 그 주문을 **검사에게 통지함으로써 효력이 발생**한다.
	④ **법원**은 제1항에 따른 결정을 하였을 때에는 **지체 없이 검사와 범죄인에게 결정서의 등본을 송달**하고, 검사에게 관계 서류를 반환하여야 한다.

인도청구의 경합 (제16조)	**법무부장관**은 2 이상의 국가로부터 동일 또는 상이한 범죄에 관하여 동일한 범죄인에 대한 인도청구가 있는 경우에는 범죄인을 인도할 국가를 결정하여야 하며, 필요한 경우 **외교부장관과 협의**할 수 있다.
검찰총장 경유 (제47조)	이 법에 따라 법무부장관이 검사장 등에게 하는 명령과 검사장·지청장 또는 검사가 법무부장관에게 하는 건의·보고 또는 서류 송부는 **검찰총장을 거쳐야** 한다. 다만, 고위공직자범죄수사처장 또는 그 소속 검사의 경우에는 그러하지 아니하다. 22. 경간

06 국제형사경찰기구(인터폴)

1. 주요내용 [B급]

연혁 22. 경간	① 1914년 모나코에서 제1차 국제형사경찰회의(International Criminal Police Congress)가 개최되어 국제범죄 기록보관소의 설립, 범죄인 인도절차의 표준화 등에 대하여 논의하였는데 이것이 국제경찰협력의 기초가 되었다. 11. 경간, 18. 채용 ② 1923년 비엔나에서 제2차 국제형사경찰회의가 개최되어 국제형사국가경찰위원회(International Criminal Police Commission)가 창설되었으며 이는 국제형사경찰기구의 전신이라 할 수 있다. 18. 채용 ③ 1956년 비엔나에서 제25차 국제형사국가경찰위원회가 개최되어 국제형사경찰기구가 발족하였고, 당시 사무총국을 파리에 두었다. 18. 채용
협력사항	① 범죄의 예방과 진압에 관한 **자료 교환** ② 국제범죄에 관한 사실 확인 및 그에 관한 **조사** ③ 국제범죄인의 **소재수사** ④ **국제수배서 및 간행물 발간**
공조절차	지구대 등 ➡ 경찰청 외사과(계) ➡ 한국 인터폴 국가중앙사무국 ➡ 인터폴 사무총국 ➡ 상대국 인터폴 국가중앙사무국 ➡ 상대국 경찰관서
법적 지위	① 국제형사경찰기구(INTERPOL)는 회원국 상호간 필요한 **각종 정보와 자료를 교환**하고, 또한 범인체포 및 인도에 있어서 상호 신속·원활한 협조관계를 유지하는 형사경찰의 정부 간 **국제공조수사기구**이다. ② 인터폴은 자체 수사권을 가진 **국제수사기관이 아니라** 경찰협력을 통한 **국제공조수사기구**일 뿐이다. 따라서 인터폴은 체포나 구속 등에 대한 권한이 없다. ③ 인터폴 헌장은 국제조약이나 협약이 아니라 경찰기관들의 국제적 공지기구의 헌장일 뿐이므로 **외교적 서명이나 정부의 비준을 필요로 하지 않는다.**

조직 10·12·18. 승진, 11. 경간, 12. 채용, 18. 지능	총회	인터폴의 최고의결기관으로 매년 1회 개최하여 일주일간 진행한다. 18. 지능
	집행위원회 18. 지능	① 제한적 심의기관이며, 총회에서 선출되는 **13명의 위원**으로 구성되며, 총재는 4년 임기로 선출되고 부총재와 집행위원은 3년 임기로 선출된다. 18. 승진 ② **총회 결정사항의 이행 여부 확인**, 총회의제안 준비, 총회에 제출될 활동계획 및 예산안 승인, **사무총국 운영에 대한 감독업무**를 수행한다. 17. 승진
	사무총국	① 상설행정기관임과 동시에 기술기관으로서 총회와 집행위원회에서 결정된 사항을 집행한다. ② 회원국간 협조관계를 유지하면서 각종 국제범죄에 관한 정보를 교환함으로써 국제경찰협력에 있어 중추적 역할을 수행한다. ③ 사무총장은 총회에서 5년 임기로 선출되며, 인터폴의 본부(사무총국)는 현재 프랑스 리옹(Lyon)에 있다. 18. 법학, 22. 경간
	국가중앙 사무국	① **모든 회원국 내에 설치된 상설기구**로 회원국 간의 각종 공조업무와 자국 내의 법집행기관들과의 협력업무를 수행한다. 09. 경간, 17. 승진, 18. 지능 ② 우리나라의 경우 **경찰청 외사국 인터폴 국제공조과 인터폴계**에 설치되어 있다. 18. 채용

기본원칙 10 · 13 · 18. 승진, 11. 경간	① 주권의 존중: 회원국의 국내법에 따라 행하는 통상적 업무수행의 범위 내에서 협조한다. ② 인터폴은 오로지 **일반범죄만 취급**하고, 정치 · 군사 · 종교 · 인종적 성격을 가진 사항에 대한 관여나 활동은 엄격히 금지되고 있다. ③ **보편성**: 모든 회원국은 타 회원국과 협력 할 수 있으며, 그러한 협력은 지리 · 언어 등 요인에 의해 방해받아서는 안 된다. ④ **평등성**: 모든 회원국은 재정분담금의 규모와 관계없이 동일한 혜택과 지원을 받는다. ⑤ 타 기관과의 협력: 각 회원국은 국가중앙사무국을 통해 일반범죄의 예방과 진압에 관여하고 있는 타 국가기관과도 협력할 수 있다. ⑥ 협력방법의 융통성: 협조방식은 규칙성 · 계속성이 있어야 하나 **회원국의 국내실정을 충분히 고려하여 협조의 방식을 변경할 수 있다.** ⑦ **인터폴의 공용어**: 영어, 불어, 스페인어, 아랍어 ⑧ 국제형사경찰기구는 회원국 상호간 필요한 각종 정보와 자료를 교환하고, 또한 범인체포 및 인도에 있어서 상호 신속 · 원활한 협조관계를 유지하는 형사경찰의 정부 간 **국제공조수사기구(국제수사기관×)**이다. 11. 채용 ⑨ 국제형사경찰기구의 협력은 **범죄예방을 위한 협력과 범죄수사를 위한 협력**으로 이루어진다. 11. 채용 ⑩ 국제형사경찰기구는 범죄의 예방과 진압을 위해 각 회원국간의 현행법 범위 내에서 세계 인권선언의 정신에 입각하여 회원국 간 가능한 다방면에 걸쳐 상호협력을 증진시키는 것을 목적으로 한다. 11. 채용 ⑪ 국제형사경찰위원회(ICPO)는 근본적으로 유럽대륙 위주의 기구였다는 **지역적 한계성을 가지고 있었다.** 09. 경간

2. 국제수배서의 종류 [A급] 09 · 12 · 13 · 15 · 17. 채용, 10 · 11 · 12 · 13 · 14 · 18 · 19. 승진, 11 · 13 · 14. 경간

적색수배서	수배자 체포 및 **범죄인 인도**를 목적으로 발행(국제체포수배서) ▶ 우리나라 적색수배서 발부요건 장기 2년 이상 징역이나 금고에 해당하는 죄를 범하여 체포영장 · 구속영장 또는 형집행장이 발부된 자로서 다음에 해당하는 사람을 말한다. 1. 범죄단체 조직 · 가입 · 활동 2. 살인 · 상해 · 강도 등 **강력범죄** 3. 강간 · 강제추행 등 **성범죄** 4. **마약류 제조, 수출 · 입, 유통행위**(단, 마약류 단순 구매 · 소지 · 투약은 제외) 5. 전화금융사기 또는 범죄금액 5억원 이상 경제범죄 6. 범죄금액 100억원 이상 사이버도박 운영 7. 산업기술 유출 등 **지식재산 범죄** 8. 그 밖에 사안의 중대성 등을 고려하여 적색수배가 특별히 필요하다고 인정되는 자
청색수배서	수배자의 신원과 소재의 확인을 위해 발행(국제정보조회수배서)
황색수배서	가출인 · 기억상실자 · 실종자의 소재 확인을 위해 발행
녹색수배서	우범자에 관한 정보제공을 위해 발행

흑색수배서	변사자의 신원확인을 목적으로 발행
보라색수배서	관심을 끌 수 있는 범죄, 새로운 범죄수법에 관한 정보제공을 위해 발행
오렌지색수배서	위험물질 등에 대하여 경고하기 위하여 발행
UN특별수배서	UN안보리 제재대상 정보 제공

⊕ PLUS 조약의 유형 [C급]

조약	가장 격식을 따지는 정식문서로서 주로 정치적·외교적 기본관계나 지위에 관한 포괄적인 합의를 기록하는 데 사용하며, 체결주체는 주로 국가가 된다.
헌장	국제기구를 구성하거나 특정제도를 규율하는 국제적인 합의에 사용된다.
협정	정치적인 요소가 포함되지 않은 전문적·기술적인 주제를 다룸으로써 조정하기 어렵지 아니한 사안에 대한 합의에 사용된다.
협약	양자 조약의 경우 특정분야 또는 기술적인 사항에 관한 입법적 성격의 합의에 사용된다.
의정서	주로 기본적인 문서에 대한 개정이나 보충적인 성격을 띠는 조약에 주로 사용되나 최근에는 전문적 성격의 다자조약에도 사용된다.
각서교환	일국의 대표가 그 국가의 의사를 표시한 각서를 타방 국가의 대표에 전달하면 타방 국가의 대표는 그 회답각서에 전달받은 각서의 전부 또는 중요한 부분을 확인하고 그에 대한 동의를 표시하여 합의를 성립시키는 형태를 말한다.
양해각서	이미 합의된 내용 또는 조약 용어의 개념들을 명확히 하기 위하여 당사자 간 외교교섭의 결과 상호 양해된 사항을 확인·기록하는 데 사용된다.

07 주한미군지위협정(SOFA 규정)

1. 의의

주한미군지위협정은 주한미군의 법적 지위를 규정한 협정으로 1953년 체결된 '한·미상호방위조약'에 근거하고 있으며, '접수국법령 존중의 원칙'을 기본으로 하되, 주한미군의 효율적 업무수행을 위하여 편의와 배려를 제공하고 있다. 11. 승진

2. SOFA 적용대상자 [B급] 09. 채용, 11·13. 경간, 11·20. 승진

미군	① 대한민국의 영역 안에 주둔하고 있는 미합중국의 육·해·공군에 속하는 현역군인을 의미 ➡ 관광목적으로 우리나라에 여행 중인 미군은 대상에서 제외 ② 주한미대사관에 부속된 합중국 군대의 인원과 주한미군사고문단원·주한미대사관에 근무하는 무관과 군인은 대상에서 제외 ➡ 이들은 준외교특권을 향유(「외교관계에 관한 비엔나협약」이 적용) ③ 카투사(KATUSA)의 지휘·감독권은 미군에 있지만 인사행정권은 한국군에 있어 미군으로 간주되지 않는다.

군속	① 미합중국의 국적을 가진 민간인으로서 대한민국에 주둔하고 있는 미국군대에 고용되어 근무하거나 또는 동반하는 자를 의미 ② 한·미 양국의 국적을 모두 가진 복수국적자인 군속의 경우에도 그가 주한미군사령부의 지휘·통제를 받는 자이면 협정의 적용대상에 해당
가족	① 미군·군속의 **배우자** ② 미군·군속의 21세 미만의 **자녀** ③ 미군·군속의 **부모** 및 21세 이상의 **자녀** 또는 **친척**으로 그 **생계비(반액 이상)**를 미군·미군속에게 **의존하고 있는 자**
초청계약자	미합중국법에 의하여 설립된 법인이나 미합중국 내에 통상적으로 거주하는 자의 고용원 및 그의 가족으로서 주한미군 등의 군대를 위하여 특정된 조건하에 미합중국정부의 지정에 의한 수의계약을 맺고 한국에서 근무하는 자 ➡ **법인 고용인 및 그 가족을 포함**

3. 사건 처리요령 〔C급〕

재판 관할권	의의	① 외국군대의 구성원은 국가면제를 누리지 못하며 원칙적으로 영토국인 접수국의 관할권에 속한다. ② 재판권분장의 원칙이 적용되어 대한민국과 미군당국이 모두 재판권의 행사주체
	내용	① **평화시**: 평화시에는 **미군의 군속 및 가족**에 대한 형사재판권은 **대한민국** 당국이 행사 ② **계엄시**: 한국이 계엄령을 선포할 경우 계엄선포지역 내에서는 형사재판권의 모든 규정의 효력이 즉시 정지되고 **계엄이 해제될 때까지 미군당국이** 재판권을 행사
전속적 재판권	한국 전속	대한민국의 안전에 대한 범죄를 포함하여, 우리나라 법령에 의하여서는 처벌할 수 있으나 미국의 법령으로는 처벌할 수 없는 범죄에 관하여 대한민국이 전속재판권을 가진다.
	미국 전속	미국의 안전에 대한 범죄를 포함하여, 미국 법령에 의하여서는 처벌할 수 있으나 대한민국의 법령에 의하여서는 처벌할 수 없는 범죄에 대하여 미국이 전속재판권을 가진다.
재판권의 경합	미국의 1차적 재판권 행사	① **오로지** 미합중국의 재산이나 안전에 관한 범죄 ② **오로지** 미합중국 군대의 타구성원이나 군속 또는 그들의 가족의 신체나 재산에 대한 범죄 ③ 공무집행 중의 작위 또는 부작위에 의한 범죄(부수적인 행위 포함) ➡ 공무에 대한 판단은 1차적으로 미군당국이 발행한 **공무증명서**(공무집행증명서는 법무참모의 권고에 의하여서만 발급되어야 하며, 공무집행증명서를 발급하는 주무당국자는 장성급 장교라야 한다)에 의하고 **검사가 공무증명서를 거부한 경우** 이의제기·조정을 거쳐 미군과 **의견조정**을 하며, 의견조정 실패시 최종적으로 **한·미 동수가 참여**하는 **합동위원회**의 결정에 따른다.
	대한민국의 1차적 재판권 행사	① 미군당국의 제1차적 재판권 행사의 대상에 속하지 않는 모든 범죄 ② 대한민국의 국가의 안전에 관한 범죄

4. 제3자에 대한 손해배상(국가배상)책임 [C급]

공무 중 발생한 손해	① 전적으로 미군의 책임인 경우: 미군 75%, 한국 25% 배상 11. 승진 ② 미군과 한국의 공동책임인 경우: 각각 50%씩 배상
공무 외 발생한 손해	100% 미군이 배상부담

08 외국인 관련 범죄수사

1. 경찰수사규칙(행정안전부령) [시행 2024.5.24.] [C급]

외국인에 대한 조사 (제91조)	① 사법경찰관리는 외국인을 조사하는 경우에는 조사를 받는 **외국인이 이해할 수 있는 언어로 통역**해 주어야 한다. ② 사법경찰관리는 **외국인을 체포·구속하는 경우** 국내 법령을 위반하지 않는 범위에서 **영사관원과 자유롭게 접견·교통**할 수 있고, 체포·구속된 사실을 **영사기관에 통보**해 줄 것을 요청할 수 있다는 사실을 알려야 한다. ③ 사법경찰관리는 체포·구속된 외국인이 제2항에 따른 통보를 **요청하는 경우**에는 별지 제93호 서식의 영사기관 체포·구속 통보서를 작성하여 지체 없이 **해당 영사기관**에 체포·구속 사실을 통보해야 한다. ④ 사법경찰관리는 **외국인 변사사건이 발생한 경우**에는 제94호서식의 **영사기관 사망 통보서**를 작성하여 지체 없이 해당 영사기관에 통보해야 한다.
한미행정 협정사건의 통보 (제92조)	① 사법경찰관은 주한 미합중국 군대의 구성원·외국인군무원 및 그 가족이나 초청계약자의 범죄 관련 **사건을 인지하거나** 고소·고발 등을 **수리한 때에는 7일 이내**에 별지 제95호서식의 한미행정협정사건 통보서를 **검사에게 통보**해야 한다. ② 사법경찰관은 주한 미합중국 군당국으로부터 공무증명서를 제출받은 경우 지체 없이 공무증명서의 사본을 검사에게 송부해야 한다. ③ 사법경찰관은 **검사로부터 주한 미합중국 군당국의 재판권포기 요청 사실을 통보받은 날부터 14일 이내**에 검사에게 사건을 송치 또는 송부해야 한다. 다만, 검사의 동의를 받아 그 기간을 연장할 수 있다.

2. 범죄수사규칙(경찰청훈령) [시행 2025.4.7.] C급

국제법의 준수 (제207조)	경찰관은 외국인 등 관련범죄의 수사를 함에 있어서는 국제법과 국제조약에 위배되는 일이 없도록 유의하여야 한다.
외국인 등 관련범죄 수사의 착수 (제208조)	경찰관은 외국인 등 관련 범죄 중 중요한 범죄에 관하여는 미리 국가수사본부장에게 보고하여 그 지시를 받아 수사에 착수하여야 한다. 다만, 급속을 요하는 경우에는 필요한 처분을 한 후 신속히 국가수사본부장의 지시를 받아야 한다.
대·공사 등에 관한 특칙 (제209조)	① 경찰관은 외국인 등 관련범죄를 수사함에 있어서는 다음 각 호의 어느 하나에 해당하는 사람의 외교 특권을 침해하는 일이 없도록 주의하여야 한다. 1. 외교관 또는 외교관의 가족 2. 그 밖의 외교의 특권을 가진 사람 ③ 경찰관은 **피의자가 외교 특권을 가진 사람인지 여부가 의심스러운 경우에는 신속히** 국가수사본부장에게 보고하여 그 지시를 받아야 한다.
대·공사관 등에의 출입 (제210조 제1항)	① 경찰관은 대·공사관과 대·공사나 대·공사관원의 사택 별장 혹은 그 숙박하는 장소에 관하여는 해당 대·공사나 대·공사관원의 청구가 있을 경우 이외에는 출입해서는 아니 된다. 다만, 중대한 범죄를 범한 자를 추적 중 그 사람이 위 장소에 들어간 경우에 **지체할 수 없을 때에는** 대·공사, 대·공사관원 또는 이를 **대리할 권한을 가진 사람**의 **사전 동의**를 얻어 **수색하여야** 한다.
외국군함에의 출입 (제211조)	① 경찰관은 외국군함에 관하여는 **해당 군함의 함장의 청구가 있는 경우 외에는 이에 출입해서는 아니 된다.** ② 경찰관은 중대한 범죄를 범한 사람이 도주하여 대한민국의 영해에 있는 **외국군함으로 들어갔을 때에는 신속히 국가수사본부장에게 보고하여 그 지시를 받아야 한다. 다만, 급속을 요할 때에는** 해당 군함의 함장에게 범죄자의 **임의의 인도**를 요구할 수 있다.
외국군함의 승무원에 대한 특칙 (제212조)	경찰관은 외국군함에 속하는 군인이나 군속이 그 군함을 떠나 대한민국의 영해 또는 영토 내에서 죄를 범한 경우에는 신속히 국가수사본부장에게 보고하여 그 지시를 받아야 한다. 다만, 현행범 그 밖의 급속을 요하는 때에는 체포 그 밖의 수사상 필요한 조치를 한 후 신속히 국가수사본부장에게 보고하여 그 지시를 받아야 한다.
영사 등에 관한 특칙 (제213조)	① 경찰관은 임명국의 국적을 가진 대한민국 주재의 총영사, 영사 또는 부영사에 대한 사건에 관하여 구속 또는 조사할 필요가 있다고 인정될 때에는 미리 **국가수사본부장에게 보고하여 그 지시를 받아야 한다.** ② 경찰관은 총영사, 영사 또는 부영사의 사무소는 해당 영사의 청구나 **동의가 있는 경우 외에는 이에 출입해서는 아니 된다.** ③ 경찰관은 총영사, 영사 또는 부영사의 사택이나 명예영사의 사무소 혹은 사택에서 수사할 필요가 있다고 인정될 때에는 미리 **국가수사본부장에게 보고하여 그 지시를 받아야 한다.** ④ 경찰관은 총영사, 영사 또는 부영사나 명예영사의 **사무소 안에 있는 기록문서에 관하여는 이를 열람하거나 압수하여서는 아니 된다.**

외국 선박 내의 범죄 (제214조)	경찰관은 대한민국의 영해에 있는 외국 선박 내에서 발생한 범죄로서 다음 각 호의 어느 하나에 해당하는 경우에는 수사를 하여야 한다. 1. 대한민국 육상이나 항내의 안전을 해할 때 2. **승무원 이외의 사람**이나 **대한민국의 국민에 관계**가 있을 때 3. **중대한 범죄**가 행하여졌을 때
통역인의 참여 (제217조)	① 경찰관은 외국인인 피의자 및 그 밖의 관계자가 한국어에 능통하지 않는 경우에는 통역인으로 하여금 **통역하게 하여 한국어로 피의자신문조서나 진술조서를 작성**하여야 하며 특히 필요한 때에는 외국어의 진술서를 작성하게 하거나 외국어의 진술서를 제출하게 하여야 한다. ② 경찰관은 **외국인이 구술로써 고소·고발이나 자수를 하려 하는 경우**에 한국어에 능통하지 않을 때의 고소·고발 또는 자수인 진술조서는 **제1항의 규정에 준하여 작성**하여야 한다.
번역문의 첨부 (제218조)	경찰관은 다음 각 호의 경우 **번역문을 첨부**하여야 한다. 1. 외국인에 대하여 구속영장 그 밖의 **영장을 집행하는 경우** 2. 외국인으로부터 압수한 물건에 관하여 **압수목록교부서를 교부하는 경우**

2026 대비 최신개정판

해커스경찰 김민철 경찰학 기본서

개정 2판 1쇄 발행 2025년 7월 2일

지은이	김민철 편저
펴낸곳	해커스패스
펴낸이	해커스경찰 출판팀
주소	서울특별시 강남구 강남대로 428 해커스경찰
고객센터	1588-4055
교재 관련 문의	gosi@hackerspass.com
	해커스경찰 사이트(police.Hackers.com) 교재 Q&A 게시판
	카카오톡 플러스 친구 [해커스경찰]
학원 강의 및 동영상강의	police.Hackers.com
ISBN	979-11-7404-239-2 (13350)
Serial Number	02-01-01

저작권자 ⓒ 2025, 김민철

이 책의 모든 내용, 이미지, 디자인, 편집 형태는 저작권법에 의해 보호받고 있습니다.
서면에 의한 저자와 출판사의 허락 없이 내용의 일부 혹은 전부를 인용, 발췌하거나 복제, 배포할 수 없습니다.

**경찰공무원 1위,
해커스경찰 police.Hackers.com**

해커스경찰

· 정확한 성적 분석으로 약점 극복이 가능한 **경찰 합격예측 온라인 모의고사**(교재 내 응시권 및 해설강의 수강권 수록)
· 해커스 스타강사의 **경찰학 무료 특강**
· **해커스경찰 학원 및 인강**(교재 내 인강 할인쿠폰 수록)

한경비즈니스 2024 한국품질만족도 교육(온·오프라인 경찰학원) 부문 1위